कमलेश्वर : जीवन यथार्थ के शिल्पी

कमलेश्वर
जीवन यथार्थ के शिल्पी

डॉ. सुधारानी सिंह, डी. लिट्.

एल. एल. बी., सी. एच. आर.

असिस्टेंट प्रोफेसर (हिन्दी विभाग)
शहीद मंगल पांडे गवर्नमेण्ट गर्ल्स पी. जी. कॉलेज
माधवपुरम, मेरठ, उ.प्र.।

वाणी प्रकाशन

वाणी प्रकाशन

4695, 21-ए, दरियागंज, नयी दिल्ली 110 002

शाखा

अशोक राजपथ, पटना 800 004

फ़ोन: +91 11 23273167 फ़ैक्स: +91 11 23275710

www.vaniprakashan.in
vaniprakashan@gmail.com

KAMLESHWAR : JEEVAN YATHARTH KE SHILPI
by Dr. Sudharani Singh

ISBN : 978-93-5072-523-8
Criticism

प्रथम संस्करण

मूल्य : ₹500

न्यू कृष्णा ऑफ़सेट, दिल्ली-110093 में मुद्रित

वाणी प्रकाशन का लोगो मक़बूल फ़िदा हुसेन की कूची से

समर्पण

स्मृतिशेष पिताश्री रामफेरे लाल जी
(02.01.1937-03.01.2002)

स्मृतिशेष माता श्रीमती उमा देवी जी
(*1939*-16.08.2000)

को

जिनका अलौकिक सान्निध्य पाकर ही मैं इस कार्य को सम्पन्न करने योग्य हुई हूँ। जो भले ही आज इस लौकिक जगत से विदा ले चुके हैं, फिर भी उनकी मधुर स्मृतियाँ पग-पग पर मेरा मार्ग प्रशस्त कर साहित्य-साधना हेतु प्रेरित करती रहती हैं। ऐसे माता-पिता को श्रद्धा सुमन अर्पित करते हुए शत-शत नमन्!

प्राक्कथन

यह सर्वविदित सत्य है कि कहानियाँ सर्वांगीण जीवन से सम्बन्धित विचाराभिव्यक्ति का सशक्त माध्यम हैं। कहानी एक कठिनतर विधा है। वह चुस्त, पैनी, सटीक अपनी धुरी पर कायम रहते हुए भी समय के तीनों आयामों की जटिलताओं को साथ लेने और इंगित करने के अवसरों का अनुमान लगाती हुई, एक ऐसा नुस्खा चुनती है, जहाँ कम कहते हुए भी भीतर-बाहर का सब कुछ एक साथ प्रकाशित हो सके। कहानी की सिद्धि प्रभाव की एकान्विति को पाने में है। वही उसके शिल्प का निर्माण करती है। वे कहानियाँ अधिक लोकप्रिय हो जाती हैं, जिनमें लेखक स्वयं की व्यतीत की हुई ज़िन्दगी की विषम परिस्थितियों को वाणी देता है तथा जिन्हें पढ़कर पाठक तादात्म्य का अनुभव करता है।

हिन्दी साहित्य के सम्पन्न सृजन-संसार में विगत छह दशकों में कमलेश्वर जैसा सार्थक कृतित्व से सम्पन्न व्यक्तित्व ढूँढ़ पाना सहज नहीं। 'एक अकल्पित, सतत ऊर्जावान तथा सामर्थ्य सम्पन्न सृजक। कथा-साहित्य की दुनिया में 'नई कहानी' की धमक से प्रवेश करने वाले कमलेश्वर ने, मुहावरे में कहें तो—फिर कभी पीछे मुड़कर नहीं देखा। लेखन, सम्पादन, पत्रकारिता, फिल्म-लेखन तथा दूरदर्शन के विभिन्न पक्षों से सम्बद्ध कमलेश्वर ने साहित्य के अतिरिक्त प्रचार-प्रसार माध्यमों की नीतियों और चुनौतियों में सार्थक हस्तक्षेप किया है। चुनौतियों को उन्होंने निजी और सार्वजनिक जीवन में आमंत्रित किया है, उन्हें जिया है, उन्हें जीता है और फिर अगली चुनौतियों का रुख़ करते हुए उन्हें इतिहास का अंग मानकर छोड़ भी दिया है। उनके यथार्थवादी लेखन ने रचनात्मकता के साथ-साथ जीवन और इतिहास के उदार चिन्तन के नये द्वार भी खोल दिये हैं।

प्रख्यात कहानीकार और मीडियामैन कमलेश्वर ने विविध क्षेत्रों में अनेकानेक मानक स्थापित किये हैं। उनके कृतित्व का मुख्य क्षेत्र कहानियाँ ही हैं। उन्होंने एक विशिष्ट विचारधारा तथा भावना से परिचालित होकर ही अपनी सभी कहानियाँ लिखी हैं। यही नहीं, इसके उन्नयन के लिए उन्होंने साहित्यिक आन्दोलनों का भी संचालन किया है। उनके समर्पण भाव से कृत लेखन से हिन्दी कथा-साहित्य जगत अति समृद्ध हुआ है। कमलेश्वर बेशुमार पाठकों और श्रोताओं के मन में पैठ बनाने में सफल रहे।

कमलेश्वर केवल कहानीकार ही नहीं अपितु नाटक, उपन्यास, आलोचना आदि सभी विधाएँ उनकी अपनी हैं किन्तु कहानी साहित्य में अपनी सीमा लाँघने का लोभ मैं संवरण नहीं कर सकी। जीवन के बहुआयामी रूपों तथा विविध समस्याओं की अभिव्यक्ति इनके कहानी साहित्य में विद्यमान है। हिन्दी कहानियों में अपनी विशिष्ट पहचान बनाने वाले कमलेश्वर अपने

उपन्यास 'कितने पाकिस्तान' के कारण भी विशेष चर्चा में रहे।

कहानियाँ अपने माध्यम से समय, समाज, परिस्थिति और पूरे परिवेश को मूर्त करने, उसके आमने-सामने आने, उसमें शामिल होकर उसकी चुनौतियों को स्वीकार करने और उनसे टकराने का हथियार होती हैं। कमलेश्वर ने जो भी यथार्थ देखा-भोगा, उसका अनुभव कितना ही प्रामाणिक हो पर उसकी जाँच-परख समकालीन और सामान्य मनुष्य के भोगे जाते यथार्थ और अनुभव के समानान्तर ही की गयी है।

मेरी इस कृति में पाठकों को कमलेश्वर की साहित्यिक उपलब्धियों और उनके जीवन-दर्शन को जानने एवं समझने का एक साथ अवसर मिलेगा। एक कृतिकार और मीडियाकार के सृजन के न केवल सुख-दुःख अपितु उनकी अनवरत साधना और अन्तर्द्वन्द्व भी इसकी सामग्री में मिलेगा जैसा कि कमलेश्वर ने कहा है कि–"यह इत्तफाक की बात है कि मुझे साहित्य के साथ-साथ पत्रकारिता व इलेक्ट्रॉनिक मीडिया और फिल्मों में लगातार काम करने का मौका मिला और साहित्य के इतिहास में जीने की गजबूरी के अलावा अपने समय के इतिहास में जीने का अवसर हमेशा मेरे सामने रहा। 'दूरदर्शन' में मेरी लोकप्रियता और फिल्मों में मिली सफलता के कारण मुझ पर अंग्रेजी अखबारों का ध्यान अत्यधिक केन्द्रित हुआ और उनके 'आक्रमण' शुरू हो गये.....एक तरह से कहूँ तो जो आक्रमण दूरदर्शन की लोकप्रियता के साथ शुरू हुए वे फिल्मी सफलता हासिल होते ही और तूफानी हो गये।" बहुआयामी व्यक्तित्व एवं विलक्षण प्रतिभा के धनी साहित्यकार कमलेश्वर की स्वातन्त्र्योत्तर काल के कहानीकारों में एक अलग पहचान है।

दस अध्यायों में विभक्त इस पुस्तक के माध्यम से, कमलेश्वर के जीवन संघर्षों तथा उनके सामान्य जीवन से अधिक जुड़े रहने की प्रवृत्ति, युगबोध और युगसत्य को सदैव प्राथमिकता देने की ललक, मनोवैज्ञानिक चित्रण, समर्थ एवं सशक्त भाषा, कलात्मक एवं यथार्थ अभिव्यक्ति ऐसी अनेक विशेषताएँ जो उनके कहानी साहित्य की अमूल्य निधि हैं, को पाठकों के समक्ष लाने का प्रयास किया गया है।

सर्वप्रथम मैं उस असीम सत्ता के प्रति नतमस्तक हूँ जिसकी अनुकंपा से यह सारस्वत यज्ञ सम्पन्न हुआ। कोई भी सृजन कार्य अध्ययन के बिना संभव नहीं होता। उक्त के सन्दर्भ में मुझे जिन पुस्तकालयों में जाना पड़ा, वहाँ के अधिकारियों के प्रति धन्यवाद ज्ञापित करती हूँ जिनसे मुझे समय-समय पर अपेक्षित ग्रन्थ प्राप्त होते रहे।

मेरे इस व्यक्तित्व को सक्रिय एवं गतिशील करने में मेरे पूज्य स्नेहिल माता-पिता का जो सहयोग एवं आशीर्वाद मिला उसी से मैं आज इस दुस्साध्य कार्य को पूर्णता प्रदान करने में सक्षम हुई हूँ। उनका यह स्नेहिल दुलार आजीवन मेरा सम्बल रहेगा।

परम श्रद्धेय डॉ. अन्नपूर्णा भदौरिया, डी.लिट्., अध्यक्ष एवं प्रोफेसर, भाषा अध्ययनशाला, जीवाजी विश्वविद्यालय, ग्वालियर (म.प्र.) का स्नेहिल सहयोग, कृपामयी प्रोत्साहन एवं वैदुष्यपूर्ण मार्गदर्शन मुझे समय-समय पर मिलता रहा। अतः इनके प्रति मेरा हृदय कृतज्ञता से भरा हुआ है, जो आभार प्रदर्शन की औपचारिकता से व्यक्त नहीं हो सकता।

इस अनन्त अर्णव को सहजता से पार करने में जिन महानुभावों ने प्रत्यक्ष अथवा अप्रत्यक्ष रूप से मेरा सहयोग किया, उनके प्रति कृतज्ञता ज्ञापित करना मेरा नैतिक कर्तव्य है।

मैं अपने प्रेरणास्रोत, सुयोग्य जीवन सहचर पतिदेव श्री विजय सिंह की, जो उ.प्र. शासन के गृह कारागार विभाग में जेलर सुपरिंटेंडेंट के राजपत्रित पद पर आसीन हैं, आजीवन ऋणी रहूँगी। उन्होंने समयाभाव और विषम परिस्थितियों के होते हुए भी मुझे संघर्षरत रहने, हिम्मत न हारने तथा कठिनाइयों पर विजय पाने की प्रेरणा देकर इस कृति को पूर्ण करने में अपना अतुलनीय सहयोग दिया। साथ ही मेरी प्रेमवाटिका में प्रफुल्लित एवं प्रमुदित होने वाले दो पुष्प कुँवर प्रतीक सिंह एवं कुँवर अभिनन्दन सिंह जिन्होंने अपनी बालसुलभ क्रियाओं के द्वारा मेरे इस कार्य को भार नहीं बनने दिया और अपनी चंचलताओं द्वारा वातावरण खुशहाल बनाये रखा, उन्हें मेरा प्यार भरा आशीष!

मैं वाणी प्रकाशन के संचालक श्री अरुण माहेश्वरी तथा उनके सहयोगियों का भी आभार प्रकट करती हूँ जिन्होंने पुस्तक प्रकाशन में अपनी रुचि, आत्मीयता तथा तत्परता दिखाकर सहयोग प्रदान किया।

अन्त में, मैं अपने सभी शुभचिन्तकों, गुरुजनों, सहयोगियों एवं परिजनों के प्रति आभार व्यक्त करती हूँ जिन्होंने मुझे निरन्तर आगे बढ़ते रहने की प्रेरणा दी।

यह पुस्तक व्यस्त जीवनशैली और अतिमहत्वाकांक्षाओं से संघर्षरत पीढ़ी पर अवश्यमेव अपनी अमिट छाप छोड़ेगी और सुधी पाठकों के लिए निश्चय ही उपयोगी सिद्ध होगी।

–डॉ. सुधारानी सिंह

भूमिका

किसी भी राष्ट्रभक्त साहित्यकार की पहचान उसकी चिन्तन-दृष्टि, उसकी समाज एवं सामाजिक संवेदना तथा उसकी साहित्यिक आस्था, वैयक्तिक संस्कार एवं चारित्रिक दृढ़ता से होती है। अपने सृजन-धर्म का ईमानदारी से निर्वाह करते हुए जब वह बन्द कमरों में अपनी साँसों को घुटता हुआ देखता है और कमरे से बाहर निकलने की छटपटाहट के बाद खुली ज़हरीली हवा में परिव्याप्त विष का पान करके विषपायी बनने की प्रक्रिया से गुज़रता है तो उसकी 'वेदना' और 'पीड़ा' उसके साहित्य से, निर्मित चरित्रों से तथा कथावस्तु से प्रवाहित होती प्रतीत होती है। कमलेश्वर एक ऐसे ही संवेदनशील, निष्ठावान, राष्ट्रभक्त तथा मानवीयता के प्रबल पक्षधर रचनाकार का नाम है जिन्होंने आजीवन अपने जीवन, व्यक्तित्व तथा कृतित्व से समाज और संस्कृति का उन्नयन चाहा, उसके लिए समर्पित-अर्पित भाव से दायित्व का निर्वाह किया। विभाजन की त्रासदी और साम्प्रदायिकता की विडम्बना के प्रति उन्होंने अपनी प्रतिरोधी शक्ति से कटु पड़ताल की, उसकी मुखर निन्दा की तथा मानवीयता के इस नग्न-नृत्य पर अपना दुःख और पीड़ा प्रकट की। यही ईमानदार साहित्यकार का सामाजिक-सरोकार कहलाता है।

कमलेश्वर एक पत्रकार के रूप में, कहानीकार और उपन्यासकार के रूप में, मीडियाकर्मी के रूप में तथा सिनेमा जगत के विशेषज्ञ के रूप में जब-जब पाठक-जगत के समक्ष आये उन्होंने असहिष्णुता और हिंसा से, विभक्त मानसिकता और विभाजन की त्रासदी से, बिखरते परिवार और विघटित होते रिश्तों-सम्बन्धों की विडम्बना से, खंडित होती राष्ट्रीय एकता के दर्द से अपने को आहत और त्रस्त पाया। राष्ट्र की एकता-अखण्डता और परिवार की समन्वय शक्ति के वे सदैव उपासक, प्रशंसक रहे। मनु की तरह हिमगिरी के उत्तुंग शिखर पर बैठकर कमलेश्वर भारतीय और वैश्विक समाज के प्रलय-प्रवाह की लहरों को जब-जब देखते उनका हृदय रो उठता और वे अपनी लेखनी से उन अश्रुओं को अक्षरों में परिवर्तित करने लगते।

'नयी कहानी' और 'समानान्तर कहानी' आन्दोलन के माध्यम से कमलेश्वर ने सामाजिक विद्रूपताओं को भी उजागर किया तो मूल्यों के विघटन के कारणों की भी पड़ताल की। कमलेश्वर ने कहानी का एक नया मुहावरा तराशा और एक नया व्याकरण तैयार किया। नाटक और मंचन की अद्भुत समझ तथा छोटे-बड़े पर्दे की मर्मज्ञ-विशेषज्ञता के आधार पर कमलेश्वर ने हर उस कोने में अपना साहित्यिक कैमरा घुमाया जहाँ सूर्य की किरणें नहीं पहुँच पा रही थीं। निर्भीक पत्रकार, संवेदनशील साहित्यकार और तटस्थ आलोचक की 'त्रिवेणी' बहाते हुए कमलेश्वर ने जिन साहित्यिक मान्यताओं और निष्कर्षों की स्थापना की है वे नितान्त मौलिक, कालजयी और प्रासंगिक हैं। विचार और मतवाद के सीमित दायरों से ऊपर उठकर, पार्टी-पॉलिटिक्स को पीछे

छोड़कर कमलेश्वर सदैव अपने 'साहित्यकार-कर्म' तथा 'धर्म' का निर्वाह निडरता से करते रहे। यही कारण है कि उनका समस्त साहित्य हिन्दी भाषा और साहित्य की ही नहीं, भारतीय और वैश्विक साहित्य की विलक्षण निधि बन गया। लोकमंगल का साहित्यिक प्रयोजन उन्हें साहित्यकार के रूप में लौकिक धरातल की भौगोलिक पैमाइश कराते-कराते अलौकिक धरातल पर ले जाता है। वे एक साहित्यकार के रूप में समाज से साधारणीकरण करते हुए भी लोकोत्तर हो जाते हैं। वे जाति, धर्म, भाषा, राज्य, देश और संस्कृतियों की विभाजक रेखा को स्वीकार नहीं करते। उन्होंने मानव-जीवन के यथार्थ को यथारूप उकेरा और पाठक-जगत को सोचने के लिए बाध्य किया कि इस विडम्बनात्मक स्थिति से निकलने और इसका प्रतिरोध कर इस पर विजय हासिल करने के अतिरिक्त अन्य कोई विकल्प नहीं है। इसलिए उन्होंने मानव-जीवन के अँधेरे कमरों को भी उघाड़ा, मनुष्य जाति की कुरूपताओं को भी उकेरा और फिर उनसे मुक्ति की प्रेरणा का बीज वपन भी बखूबी किया।

ऐसे अद्भुत और समाज सुधारक कथाकार के कथा-साहित्य पर तटस्थ आलोचना की शक्ति और धैर्य भी निश्चित ही विलक्षण प्रतिभा की देन हो सकता है। डॉ. सुधारानी सिंह ने 'कमलेश्वर : जीवन यथार्थ के शिल्पी' शीर्षक से यह जो शोधपरक पुस्तक तैयार की है, वह इस दृष्टि से निश्चित ही श्लाघनीय है, स्तुत्य प्रमाण है। लेखिका के गम्भीर एवं अध्ययनशील व्यक्तित्व का बोध कराने वाली यह रचना कमलेश्वर के जीवन, व्यक्तित्व तथा उनके रचना-संसार का कोना-कोना झाँक लेती है।

दस अध्यायों में विभक्त इस पुस्तक का विषय-विवेचन तथा विषय-विभाजन पूरी तरह वैज्ञानिक एवं विवेकसम्मत है। शोध-समीचीन दृष्टि और समकालीन समाज, साहित्य तथा सांस्कृतिक मूल्यों की परख से लेखिका ने अपनी विद्वत्ता, गम्भीरता एवं साहित्यिक एकनिष्ठता का परिचय दिया है। कमलेश्वर के कथा-साहित्य के सभी आयामों, पात्र-योजनाओं, कथानक-प्रेरणाओं तथा वस्तु और शिल्पगत समस्त कौशलों की समीक्षा प्रामाणिक रूप से करने वाली यह पुस्तक निश्चित ही हिन्दी कथा-साहित्य के समीक्षा जगत को नयी राह दिखाएगी, ऐसा मेरा विश्वास है। लेखिका की भाषा, शैली एवं विवेचना शक्ति पूर्णतः प्रौढ़, अनुभवजन्य एवं गहन-गम्भीर अध्ययन पर आधारित है। विषय की गरिमा की रक्षा लेखिका ने अपनी विश्लेषणात्मक भाषा-शैली के द्वारा हर तरह से की है। लेखिका डॉ. सुधारानी सिंह के पास साहित्यिक, शैक्षिक, तार्किक, शोध-समीचीन तथा प्रशासकीय सभी दृष्टियाँ विद्यमान हैं। शिक्षा जगत की उच्चतम उपाधि डी. लिट्.से विभूषित डॉ. सुधारानी सिंह ने अपनी इन समस्त दृष्टियों का रचनात्मक एवं सन्दर्भ-सापेक्ष उपयोग पूरी रचनात्मकता के साथ इस रचना में किया है। मैं उन्हें हृदय से साधुवाद देता हूँ और उनकी इस साहित्य-साधना के लिए उनके प्रति हिन्दी-जगत की कृतज्ञता भी ज्ञापित करता हूँ। उपकृत होना गौरव की बात है।

डॉ. सुधारानी सिंह निरन्तर पठन-पाठन, अध्यापन तथा लेखन से सम्बद्ध रहती हैं। काव्य और गद्य की पारखी समझ उनका अमूल्य आभूषण है। पत्रकारिता, साहित्य, भाषा और शिक्षा के ऐसे अद्भुत समन्वय का ही सुखद परिणाम है यह पुस्तक। मैं ईश्वर से प्रार्थना करता हूँ कि डॉ. सुधारानी सिंह अपनी इस लेखकीय वृत्ति को, आलोचनात्मक सन्तुलित दृष्टि को तथा

साहित्यिक-संवेदना शोध को निरन्तर प्रखर करें। माँ सरस्वती की असीम कृपा उन पर सदैव बनी रहे और उनके सृजनात्मक प्रदेय से हिन्दी जगत, भारतीय समाज और पूर्ण मानवता इसी प्रकार उपकृत होती रहे।

शत्-शत् बधाई। अनन्त शुभकामनाएँ।

अक्षय तृतीया : 13.05.2013.

–डॉ. पूरनचंद टंडन
डी. लिट्.
एसोसिएट प्रोफेसर, हिन्दी विभाग
दिल्ली विश्वविद्यालय, दिल्ली

अध्यक्ष,
नव उन्नयन साहित्यिक सोसाइटी,
नयी दिल्ली।
महासचिव एवं निदेशक,
भारतीय अनुवाद परिषद,
नयी दिल्ली।

कमलेश्वर : जीवन यथार्थ के शिल्पी

डॉ. सुधारानी सिंह द्वारा लिखित 'कमलेश्वर : जीवन यथार्थ के शिल्पी' एक महत्त्वपूर्ण प्रस्तुति है। सामाजिक परिवेश में शोध के धरातल पर अनेकानेक नवीन खोज तथा तथ्यों से समाहित यह पुस्तक शोधार्थियों के लिए उपयोगी होने के साथ-साथ, कमलेश्वर की लेखन शैली, उनका कहानियों के प्रति नज़रिया तथा समाज और राष्ट्र की वस्तुस्थिति को भी उद्घाटित करती है। निःसन्देह डॉ. सुधारानी सिंह का यह शोध प्रबन्ध जो डी. लिट्. के लिए प्रस्तावित था तथा अब पुस्तकाकार में पाठकों के हाथों में है—सराहनीय प्रयास है। उनकी मौलिक सृजनात्मक प्रवृत्ति ने इस पुस्तक को एक वैशिष्ट्य प्रदान किया है।

प्रस्तुत पुस्तक का नवीन कलेवर आकर्षक है। इसके अन्तर्गत डॉ. सुधारानी सिंह ने कमलेश्वर के समग्र साहित्य का आकलन तथ्यात्मक ढंग से करते हुए पुस्तक को बहुआयामी बना दिया है। डॉ. सुधारानी सिंह भविष्य में भी निरन्तर इसी प्रकार सृजन एवं शोध से हिन्दी साहित्य-जगत को नव-नव उपलब्धियाँ प्रदान करती रहें। उनको साधुवाद।

हार्दिक शुभकामनाओं सहित—

अक्षय तृतीया : 13.05.2013

—**डॉ. अन्नपूर्णा भदौरिया**
डी. लिट्.
अध्यक्ष एवं अ. आचार्य, हिन्दी विभाग
भाषा अध्ययनशाला, जीवाजी विश्वविद्यालय,
ग्वालियर, मध्य प्रदेश

कथा-रस और समालोचना दोनों के फल को चखने का स्वाद देती है यह पुस्तक

कोई भी शोधकार्य शोध-विषय और शोधार्थी के बीच की कड़ी होता है। एक किनारा शोध-विषय तो दूसरा किनारा शोधार्थी। शोधकार्य दोनों किनारों के बीच में बहती हुई नदी है जिसकी लहरें दोनों क़िनारों से टकराती हैं। इस शोधकार्य की नदी में डुबकियाँ लगाने वाला अगर एक ही किनारे पर डुबकी लगाता रहा तो नदी के सम्बन्ध में पूरा न्याय नहीं हो पाता। उसे एक ओर शोध-विषय की व्यापकता और गहराई की खोज करनी पड़ती है तो दूसरी ओर शोधार्थी की शोध दृष्टि पर भी नज़र दौड़ानी पड़ती है। क्योंकि शोध-विषय की गहराई और शोधार्थी की दृष्टि जहाँ सम पर मिलती हैं, वहीं शोध की सच्चाइयाँ और वास्तविकताएँ अपने स्पष्ट स्वरूप को लेकर उजागर होती हैं। शोध-विषय जितना व्यापक और गहरा होता है उतना ही परिश्रम शोधार्थी को करना पड़ता है किन्तु किसी भी शोधकार्य पर कुछ कहने की ललक रखने वाले को भी ऐसे ही परिश्रम की आवश्यकता होती है। उसे भी दोनों किनारों पर बहुत गहरे उतरकर उसमें से रत्न निकालकर लाने पड़ते हैं।

यहाँ एक ओर शोध-विषय के रूप में कमलेश्वर जैसे एक महान कहानीकार, एक सफल उपन्यासकार, एक कुशल नाटककार, एक सार्थक पटकथा लेखक, संवाद-लेखक और फिल्म-लेखक, एक सच्चे आत्मकथा लेखक, एक प्रखर वक्ता और शाश्वत मानव-मूल्यों के समर्थक एक पू॰ पुरुष हैं तो दूसरी ओर डॉ. सुधारानी सिंह जैसी विदुषी, भाषाविज्ञ, संवेदनशीला और संजग शोधकर्त्री हैं।...और इधर मैं हतप्रभ-सा, स्तब्ध सा एक छोटा-सा कवि हूँ, एक अकिंचन सा गोताखोर हूँ जिसे इस विस्तृत और गहरी नदी के दोनों सिरों पर रहना है। उनमें डुबकियाँ लगाकर कुछ कहना भी है।...

मैं स्वयं एक शोधकर्ता रहा हूँ और शोध निर्देशक भी। दोनों रूपों में रहकर जो एक तथ्य मेरे सामने आया वह यह कि शोध करने वाले को अपने शोध विषय के एक-एक बिन्दु पर विचार करना होता है, सही तथ्यों की तलाश करनी गड़ती है...और अगर शोध-विषय कोई व्यक्ति और उसका कृतित्व दोनों ही हों तो उस व्यक्ति के सम्पूर्ण व्यक्तित्व को उसके कृतित्व में तलाशना पड़ता है। दोनों की जाँच-परख ज़रूरी हो जाती है। बात यहीं नहीं रुक जाती वरन् उसके ज़हन में शोध विषय के सम्बन्ध में जो-जो बातें आती हैं सहज-सरल और शोधपरक प्रांजल भाषा में अभिव्यक्त भी करना होता है। जो सोचा है उसे हू-ब-हू किसी भी भाषा में अभिव्यक्त करना कोई हँसी-खेल नहीं है। मेरी प्रसन्नता का उस समय ठिकाना नहीं रहा जब मैंने डॉ. सुधारानी सिंह के शोध प्रबन्ध में उनकी भाषा-सामर्थ्य और उनकी कथन-शैली का चमत्कार देखा। वे जो

चाहती हैं उसे पूरी तरह कह देने की क्षमता रखती हैं। उनके विचार उनके शब्दों में आकर ऐसे बैठ जाते हैं जैसे वे विचार नहीं, वरन् उनके अपने घर के सदस्य हों। उनके शब्द भावों में डुबकी लगाकर, उनमें नहाकर धुले-मँजे रूप में अपने अर्थ को ध्वनित करते हुए साफ दिखाई देते हैं। उनकी पंक्तियाँ कतार में बैठे हुए शब्दों की चमक से द्योतित रहती हैं और एक नया उजाला बिखेरती नज़र आती हैं। ऐसा उजाला जिसमें कोई अर्थ छुपने की कोशिश भी करे तो भी न छुप सके। उन्होंने कमलेश्वर जी के सम्पूर्ण साहित्य में जिस जीवन-यथार्थ की खोज की है उसे पूरी तरह उजागर होने का मौका भी दिया है। हम उसे देखकर समझ सकते हैं और समझ कर देख सकते हैं। यह देखना-समझना और समझना-देखना उनके पूरे के पूरे प्रबन्ध में बड़े ही आकर्षक रूप में उपस्थित है। उनके शब्द पहले आँखों की तरह खुलते हैं और फिर होठों की तरह। वे देखते भी हैं और बोलते भी हैं। वे जब खुलते हैं तो सारी चीज़ें साफ दिखाई पड़ती हैं। वे जब बोलते हैं तो सब साफ सुनाई पड़ता है।...अभिव्यक्ति के लिए जैसी भाषा की ज़रूरत होती है वैसी ही भाषा उनके पास है। कहीं मुहावरेदार भाषा, कहीं तत्सम शब्दावलीपूर्ण भाषा। कहीं काव्यमयी तो कहीं शुद्ध विश्लेषणात्मक भाषा। कहीं छोटे-छोटे वाक्य तो कहीं बड़े वाक्यों की छटा। कहीं भावपरक भाषा तो कहीं विचारोत्तेजक। कहीं रेखाचित्रात्मक भाषा तो कहीं संस्मरणात्मक। कहीं शब्दों का विस्तार तो कहीं सूक्तिमयता। आशय यह है कि उनकी भाषा की सुघर वाटिका में शब्दों के फूल खिलकर अपनी प्राकृतिक सुगन्ध बिखेरने लग जाते हैं और हम सब उस सुगन्ध को आत्मसात् करके उसका साक्षात्कार भी करने लग जाते हैं।

कमलेश्वर जी के कथा-साहित्य का तो कहना ही क्या। उसने पर्वत के उच्चतम शिखरों को भी छुआ है और सागर की गहराई को भी। जीवन का कोई भी क्षेत्र ऐसा नहीं है, जो उनके साहित्य से अछूता रहा हो। वे जीवन यथार्थ के अनुपम शब्द-शिल्पी है। निम्नमध्यवर्ग और मध्यवर्ग की आशाओं-आकांक्षाओं, सुख-दुखों, विसंगतियों और विवशताओं का जैसा चित्रण कमलेश्वर जी के साहित्य में मिलता है वैसा अन्यत्र दुर्लभ है। अत्यन्त संवेदनशील होने के कारण ही वे एक ऐसे चिन्तक हैं, जो विभिन्न शैलियों में अपनी चिन्ताओं और अपने चिन्तन को दूसरों तक ऐसे पहुँचाते हैं कि सबको वे सब अपने-से लगें। उनके साहित्य का अपना सा लगना ही उनके साहित्य की सबसे बड़ी विशेषता है। कमलेश्वर के भीतर जो मानवीय संवेदनाएँ हैं, उनको कहने की जो तड़प है, मानव की व्यथा-कथा को समझने के लिए जिस सहज अनुभूति की आवश्यकता है, ये सब चीज़ें ही उन्हें एक महान कथाकार बनाती हैं। उनका साहित्य मानवीय दुर्बलताओं के पीछे के इतिहास की भी झलक देता चलता है। मानव की कमज़ोरियों के साथ भी वे उस पर निष्ठा रखते हैं, उसे प्यार करते हैं। वे सौन्दर्य-पूजक भी हैं मगर सौन्दर्य-पूजक जो सौन्दर्य को अपनी आँखों में भरकर आगे बढ़ जाते हैं किन्तु उसकी टीस उनके मन में 'नीली झील' बनकर तैरने लगती है। जीवन की विवशताओं को भी वे समझते हैं और वे उन्हें सहानुभूति से देखते हैं। उनका उपन्यास 'मांस का दरिया' इस तथ्य का साक्षी है। कमलेश्वर जी को टूटन पसन्द नहीं चाहे वह भीतर की हो या बाहर की। भीतर का बँटना और बाहर का बँटना उन्हें तोड़ देता है। इस तड़प को उनके सर्वाधिक प्रसिद्ध उपन्यास 'कितने पाकिस्तान' में देखा जा सकता है। उनकी प्रत्येक कृति में कुछ ऐसा ज़रूर है, जो जीवन यथार्थ को उजागर करता है।

उनके साहित्य में जीवन की सारी सच्चाइयाँ अपने सामने का पर्दा हटाकर बोलने लग जाती हैं किन्तु उनके बोलने में एक पर्दा ज़रूर रहता है। प्रतीक का पर्दा। कथन शैली का पर्दा।

डॉ. सुधारानी सिंह ने उनके सारे उपन्यासों, कहानियों, कथा-संवादों, पट-कथाओं तथा उनकी आत्मकथा आदि का गहन अध्ययन करके जो निष्कर्ष निकाले हैं वे एकदम सच्चे और प्रभावित करने वाले हैं। कमलेश्वर जी की जीवन की पकड़ बड़ी अनूठी और गहरी है। जीवन यथार्थ को जैसा उन्होंने जाना और समझा है वह एक समाजशास्त्री और मनोवैज्ञानिक का काम है। उन्होंने जो जाना और समझा उसे कथा का रूप दे दिया। कमलेश्वर जी का सारा साहित्य समाज को जोड़ने का काम करता है। वे अपने साहित्य में संवेदना और समझ के वे प्रसंग ले आते हैं कि पाठक टूटकर भी टूटने से बच जाता है। वह अपने को भी जोड़ने की कोशिश करता है और समाज से जुड़े रहने की भी। उनका चिन्तन और साहित्य एकदेशीय और स्थानीय न होकर विश्वव्यापी है। डॉ. सुधारानी जी ने ठीक ही कहा है—"कमलेश्वर का कथा-साहित्य हिन्दी साहित्य की अमूल्य निधि है।...वे हिन्दी कथा-साहित्य को विश्वस्तर तक उठाने के लिए प्रयत्नशील रहे। अति स्पष्टता, सरलता, सटीकता, चित्रात्मकता एवं प्रभावशीलता कमलेश्वर के कथा-साहित्य की अमिट विशेषताएँ हैं।" मुझे यह कहने में बिलकुल भी संकोच नहीं है कि यह पुस्तक यदि एक ओर कमलेश्वर जी की साहित्यिक प्रतिभा, उनके चिन्तन और उनके व्यक्तित्व को उजागर करने में पूर्ण सफल है तो दूसरी ओर डॉ. सुधारानी सिंह जी की शोध-क्षमता, उनकी भाषा की पकड़ और विषय के साथ पूरी तरह न्याय करने की विशेषता को भी रेखांकित करती है। पाठक को दो पेड़ों की छाया प्राप्त करने का अवसर मिलेगा। नदी के दो किनारों पर डुबकियाँ लगाने का सौभाग्य प्राप्त होगा। उसे कथा-रस और समालोचना के मीठे फल दोनों को चखने का स्वाद और आनन्द मिलेगा। आखिर में यह बात कहकर अपनी बात समाप्त करता हूँ—

इक तरफ़ चीज़ें हैं सारी, इक तरफ़ यह दृष्टि है,
दृष्टि गहरी हो तो, चीज़ें बोलने लगती हैं खुद।

दिनांक : 06.06.2013

—डॉ. कुँवर बेचैन

2 एफ, 51, नेहरू नगर,
गाजियाबाद-201001

आशीर्वचन

कमलेश्वर (1932-2007) आधुनिक हिन्दी कथा-साहित्य के बहुत सशक्त हस्ताक्षर हैं। उनका सर्जनात्मक अवदान बहुआयामी है। अपनी किशोरावस्था से लेकर जीवन की अन्तिम साँस तक आप सृजनशील रहे। यह सर्वविदित है कि कमलेश्वर एक उत्कृष्ट कहानीकार, उपन्यासकार, आलोचक, स्तम्भ लेखक, सम्पादक, फिल्म एवं टेलीविज़न जैसे जनप्रिय माध्यमों के लिए लिखने वाले पटकथा लेखक थे। इन क्षेत्रों में उन्होंने सर्जनात्मकता के नये आयामों का स्पर्श किया, उनका विस्तार किया, उनको समृद्ध किया और अपनी स्वतन्त्र पहचान बनाई। वे भारतीय दूरदर्शन के अतिरिक्त महानिदेशक भी रहे। 'सारिका' जैसी श्रेष्ठ साहित्यिक पत्रिका सहित अनेक उत्कृष्ट पत्रिकाओं के सम्पादक रहे। हिन्दी कहानी में 'नयी कहानी' तथा 'समान्तर कहानी' का विचार उनका ही है। इन विचारों की गम्भीरता के साथ उन्होंने आधारशिला रखी। आलोचना के मानदण्ड स्थापित किये। उनको अपनी रचनात्मक ऊर्जा से समृद्ध भी किया। साहित्य का; विशेष रूप से कथा-साहित्य का जीवन तथा समाज के साथ जुड़ाव; जीवन के व्यापक एवं ठोस यथार्थ के साथ गहन संलग्नता उनके कथा-साहित्य की केन्द्रीय संवेदना है। यह उनके व्यक्तित्व की बहुआयामिता एवं प्रखरता का परिचायक है।

यों तो कमलेश्वर के व्यक्तित्व एवं कृतित्व पर बहुत लिखा गया है। अनेक विश्वविद्यालयों में अनुसन्धान कार्य हुए हैं। स्वतन्त्र पुस्तकें भी प्रकाशित हुई हैं। समीक्षात्मक लेखों की संख्या भी बहुत है। इस दृष्टि से नयी कहानी के तीन प्रमुख प्रतिस्थापकों—मोहन राकेश, राजेन्द्र यादव और कमलेश्वर में से कमलेश्वर सबसे आगे हैं।

मुझे यह देखकर वास्तव में हर्ष की प्रतीति हो रही है कि सजग समीक्षक डॉ. सुधारानी सिंह की पुस्तक कई दृष्टियों से कमलेश्वर की सर्जनात्मकता को विश्लेषित करने वाली अनूठी कृति है। उन्होंने कमलेश्वर के समूचे कथा-साहित्य का गहनतापूर्वक अवगाहन किया है और वस्तुनिष्ठ विश्लेषण करते हुए अपनी मौलिक उद्भावनायें प्रस्तुत की हैं। उनकी शोध-दृष्टि, अध्यापन की शैली और भाषा की स्पष्टता जैसे गुण इस कृति को मूल्यवान बनाते हैं। वे तर्कपूर्वक अपनी बात करती दिखाई देती हैं।

डॉ. सुधारानी सिंह ने कमलेश्वर के समग्र कृतित्व का परिचय देते हुए कहानी एवं उपन्यास साहित्य को केन्द्र में रखा है। इन विधाओं का उद्भव विकास दर्शाते हुए कमलेश्वर की प्रासंगिकता को भी रेखांकित किया है। वे कमलेश्वर के कथा-साहित्य के विविध आयामों का विस्तारपूर्वक सन्धान करने में प्रवृत्त हुई हैं और रेखांकित करती हैं कि उनकी कथा-यात्रा के तीन सोपान हैं—1. मैनपुरी से इलाहाबाद, 2. इलाहाबाद से दिल्ली, 3. दिल्ली से बम्बई (मुम्बई)। इन सोपानों का सुधा जी ने सूक्ष्मता के साथ अवलोकन किया है और कमलेश्वर जी की रचनाधर्मिता के विविध पक्षों को सामने रखा है। साथ ही कमलेश्वर की रचनाशीलता में आये

1

कमलेश्वर का व्यक्तित्व

(क) कमलेश्वर का जीवन-वृत्त

कहानी का विकास मानव सृष्टि के विकास के साथ ही माना जाता है। कहानी हिन्दी गद्य साहित्य की सबसे महत्त्वपूर्ण एवं लोकप्रिय विधा है। इस कहानी रूपी पौधे को अपनी लेखनी से सींचकर वृक्ष का रूप देने में जिन साहित्यकारों की शृंखला का अविस्मरणीय योगदान रहा, उसमें से एक सशक्त कड़ी का नाम है कमलेश्वर।

अपनी विलक्षण मौलिक प्रतिभा एवं प्रभावपूर्ण भावाभिव्यक्ति के माध्यम से कहानी विधा को आगे बढ़ाने वाले कमलेश्वर का जन्म 06 जनवरी 1932 ई. को 229, कटरा कस्बा, मैनपुरी (वर्तमान में जिला) उत्तर प्रदेश में हुआ था। एक साधारण परिवार में जन्मे असाधारण प्रतिभा के धनी कमलेश्वर हिन्दी साहित्य के सर्वोच्च शिखर को छूने में सफल हुए। इतना ही नहीं कमलेश्वर मुम्बई के फिल्म जगत में भी प्रतिष्ठित हुए। वे हिन्दी साहित्य के अग्रणी लेखकों में से एक हैं। इनका फिल्म सम्बन्धी लेखन भी उतना ही उत्कृष्ट एवं विशिष्ट है, जितना कि साहित्यिक लेखन। आत्मकथा लेखन में भी कमलेश्वर ने अभिनव प्रयोग सच्चाई को सापेक्ष मानकर किया, जिसमें उन्होंने न खुद को बख़्शा न दूसरों को।

कमलेश्वर के पिता का नाम श्री जगदम्बा प्रसाद सक्सेना था। जगदम्बा प्रसाद जी की दो पत्नियाँ थीं। शान्ति देवी की कोख से कमलेश्वर का जन्म हुआ। इनका पूरा नाम कमलेश्वर प्रसाद सक्सेना है। कमलेश्वर की माता उनके पिता की दूसरी पत्नी थीं जिनका पालन-पोषण वैष्णव संस्कारों में हुआ था। उन्होंने बहुत ही मेहनत व संघर्ष करके अपना तथा अपने परिवार का जीवन-यापन किया था। जीवन की संघर्षशील परिस्थितियों के चलते कमलेश्वर भी अपनी माता की भाँति कठिनाइयों को सहने के आदी हो गये थे। कमलेश्वर सात भाई थे, पर सबसे बड़े भाई मन्ना दादा और सबसे छोटे (कमलेश्वर) को छोड़कर कोई भी भाई जीवित न रहा।

कमलेश्वर की कोई बहन नहीं थी। सिद्धार्थ कमलेश्वर के दूसरे बड़े भाई थे तथा बड़े होने के कारण परिवार का भार उन्हीं के कन्धों पर था, परन्तु उनकी भी असमय मृत्यु हो गयी। इस घटना ने परिवार को और भी जटिल परिस्थितियों में लाकर खड़ा कर दिया। 24 जून, 1958 को फतेहगढ़ में गायत्री से कमलेश्वर की शादी हुई। इनकी बेटी का नाम मानू, धेवती का नाम मनुजा तथा धेवते का नाम अनन्त है।

अपनी लेखनी से हिन्दी साहित्य की श्रीवृद्धि करने वाले कालजयी रचनाकार, उपेक्षित

साहित्यकारों के मसीहा, आम आदमी की पीड़ा को स्वर देने वाले और उनके हक के लिए निरन्तर लड़ते रहने वाले प्रख्यात साहित्यकार कमलेश्वर का निधन 27 जनवरी, 2007 को शनिवार की रात्रि दिल्ली में हुआ। अपने जीवन के पचहत्तर बसन्त देख चुके कमलेश्वर को दिल्ली में दिल का दौरा पड़ा और इन्होंने इस नश्वर-जगत से असमय ही विदा ले ली। कमलेश्वर मृत्यु से पूर्व 26 जनवरी सन् 2007 तक लेख लिखते रहे। 27 जनवरी को भी सारे दिन लेख लिखा और कहीं भेज दिया। उनकी पत्नी गायत्री कमलेश्वर लिखती हैं– "26 तारीख को एक और आर्टिकल लिखते रहे, बिल्कुल ठीक-ठाक थे। 27 तारीख को भी सारे दिन आराम से लिखते रहे, अपना आर्टिकल लिखकर उसको करीब तीन बजे फैक्स कर दिया, फिर थोड़ा लेट गये। करीब शाम को पाँच बजे उठे और बोले, गायत्री, मुझे एक प्याला दूध दे दो, मैं उसमें प्रोटीनैक्स डालकर पीना चाहता हूँ। मैंने एक प्याला दूध दे दिया, आराम से पीते रहे। सुबह मानू से फोन पर बात हुई। बोले, 'मैं बिल्कुल ठीक हूँ। आज शाम को मुझे अपने दोस्त से मिलने जाना है। मानू ने मना भी किया, पापा आप घर से बाहर बिल्कुल न जाइये, आराम कीजिये। पर कमलेश्वर जी के मन में अपने दोस्त से मिलने की इतनी ललक थी कि मैं उनको रोक नहीं पायी।"[1]

कमलेश्वर अपने मित्र राजेश्वरनाथ से मिलने मयूर विहार गये। कमलेश्वर की घड़ी बन्द हो गयी थी। प्रहलादपुर में गाड़ी रुकवाई। सुधीर से उसमें सैल डलवाया। सामने रेस्टोरेंट देखकर उन्होंने अपनी पत्नी से कहा–'गायत्री, यहाँ के छोले-भटूरे बहुत अच्छे होते हैं अबकी बार हम लोग यहीं से मँगवाकर खाएँगे।' मयूर विहार पहुँचकर वे अमेरिका से आये अपने मित्र राजेश्वरनाथ जी से मिले। उनकी पत्नी भी उनके साथ थीं। रमेशदत्त तथा और टी.वी. के दोस्त वहीं मौजूद थे। कमलेश्वर के साथ टी.वी. की पुरानी यादें ताजा हो गयीं। करीब एक घण्टा कमलेश्वर ने वहाँ बिताया। ड्राइवर को गाड़ी लाने में पन्द्रह मिनट लगे। कमलेश्वर बेहद थका-सा अनुभव करने लगे। वे वहीं मुँडेर पर बैठ गये। गाड़ी आते ही दरवाजा खोलकर बैठ गये। गाड़ी ज्यों ही आगे बढ़ी कमलेश्वर को एकदम गर्मी लगी। उन्होंने ड्राइवर से पानी की बोतल ली, पानी पिया और थोड़ी देर बाद फिर उन्होंने मेरी तरफ फटी आँखों से देखा और मेरी गोद में गिर गये। मैंने बहुत हिलाया पर कोई हरकत नहीं। उनका हाथ लटक-सा गया था। मैंने छूकर देखा शरीर बिल्कुल ठंडा पड़ गया था। मैं डर गयी।

मैंने ड्राइवर से कहा– 'गाड़ी जल्दी घर ले चलो, साहब को कुछ हो गया है।' घर से लगा हुआ अस्पताल है। गाड़ी जब घर पहुँची, तो ड्राइवर जल्दी से डॉक्टर को बुला लाया। डॉक्टर ने पूरी तरह देखा और फिर सिर हिलाकर कहा, "अब कुछ नहीं।"[2] प्रयाणोपरान्त विलक्षण प्रतिभा के धनी कमलेश्वर की शख़्सियत पर आचार्य सारथी 'रूमी' द्वारा लिखित कृतियाँ 'कितने कमलेश्वर' एवं 'कमलेश्वर नयी कहानी के नायक' बतौर संस्मरण प्रकाशित हुए हैं।

शिक्षा-दीक्षा एवं व्यवसाय : कमलेश्वर की बाल्यावस्था और युवावस्था दोनों ही गरीबी, अभावों और मजबूरियों के बीच गुज़री थी। यहाँ तक कि मानव जीवन का हर सम्भव अभाव ये अपनी युवावस्था आने तक देख चुके थे तथा हर समस्या से लड़ना सीख चुके थे। इनकी शिक्षा के मार्ग में भी अनेक प्रकार की बाधाएँ आयीं, जिनका प्रभाव इनकी शिक्षा पर पड़ा परन्तु उन बाधाओं से लड़ते हुए कमलेश्वर ने निरन्तर शिक्षा ज्योति को जलाये रखा। इन्होंने राजकीय

हाईस्कूल, मैनपुरी (उ.प्र.) से सन् 1948 में हाईस्कूल की परीक्षा उत्तीर्ण की। इसके पश्चात् के. पी. इण्टर कालेज से सन् 1950 में इण्टरमीडिएट उत्तीर्ण किया। वे कक्षा में प्रथम आने वाले प्रतिभावान छात्र थे। बी. ए. के सहपाठी तथा मित्र दुष्यन्त कुमार इनके विषय में कहते हैं–"उसमें शुरू से ही साधारण से कहीं अधिक प्रतिभा, सूझबूझ एवं सुरुचि थी।"[3] कमलेश्वर प्रारम्भ में विज्ञान के छात्र थे। उस समय जमालपुर रेलवे कारखाने में इंजीनियरिंग एप्रेंटिसशिप के लिए उन्हें प्रवेश दिलाया गया लेकिन उन्हें तो हिन्दी जगत पुकार रहा था। फलतः उनका मन अध्ययन में नहीं लगा। अतः उन्होंने एप्रेंटिसशिप बीच में ही छोड़कर हिन्दी विषय लेकर एम. ए. में सन् 1952 में दाखिला ले लिया और इसके बाद इलाहाबाद विश्वविद्यालय से सन् 1954 में स्नातकोत्तर की उपाधि प्राप्त की।

इनके मुख्य पठित विषयों में गणित, भौतिकी, अर्थशास्त्र, भूगोल, रसायनशास्त्र और हिन्दी रहे हैं। हिन्दी ने उन्हें पहचान प्रदान की। इस विषय में वे स्वयं कहते हैं–"सन् 1952 में मैं एम. ए. हिन्दी में दाखिला ले चुका था क्योंकि मुझे देरी होने के कारण किसी और विषय में दाखिला नहीं मिला था। अपना एक वर्ष बचाने के लिए मैंने हिन्दी में दाखिला ले लिया था और जो दाखिला लिया तो फिर मैं हिन्दी का ही बनकर रह गया। मैं शुरू से विज्ञान का विद्यार्थी था पर हिन्दी ने मुझे पहचान दी। यह पहचान विज्ञान नहीं दे सकता था। इसलिए संघर्षपूर्ण मार्ग चुना।"[4] वे एम. ए. के उपरान्त पीएच.डी. भी करना चाहते थे, उन्होंने अनुसन्धान कार्य भी प्रारम्भ किया लेकिन अच्छी नौकरी न मिल पाने के कारण उसे बीच में ही छोड़ दिया तथा साहित्य-साधना में लग गये, जिस पर वे आजीवन चलते रहे उन्होंने कभी पीछे मुड़कर नहीं देखा।

इस प्रकार कमलेश्वर एक ऐसे परिवार से थे, जहाँ अभावों का अभाव नहीं था। अतः ये शीघ्र ही व्यवसाय में लग गये, परन्तु अपने स्वच्छन्द स्वभाव के कारण एक लम्बे अन्तराल तक एक ही स्थान पर कार्य करते रहना इनके वश से बाहर था। अपने स्वभावानुसार एक स्थान पर टिके बिना, इन्होंने अपने जीवन में अनेक व्यवसाय अपनाये, जिनमें से मुख्य व्यवसायों का विवरण अधोलिखित है–

1. प्रकाश प्रेस, मैनपुरी में प्रूफ रीडिंग और स्थानीय पत्र में यदा-कदा लेखन कार्य किया।
2. 'जनक्रान्ति' (कानपुर-इलाहाबाद) पत्र में अवैतनिक कार्य और विधिवत् लेखन कार्य किया।
3. 'बहार' मासिक (इलाहाबाद) में मात्र पचास रुपये मासिक वृत्ति पर सम्पादन कार्य किया।
4. शहनाज़ आर्ट, साइन बोर्ड पेंटर्स, इलाहाबाद में साइन बोर्ड पेंटिंग अनियमित वेतन पर सम्पादन कार्य किया।
5. राजा आर्ट, इलाहाबाद में कागज़ के डिब्बों आदि की डिज़ाइनें तैयार करने का ड्रॉइंग कार्य अनियमित वेतन पर किया।
6. कमलेश्वर ने ब्रुकबॉण्ड चाय के गोदाम इलाहाबाद पर रात की पाली में दूसरे नाम से चौकीदारी का कार्य किया।
7. 'कहानी' मासिक पत्रिका (इलाहाबाद) में एक सौ रुपये माहवार तनख़्वाह पर सहयोगी

उप-सम्पादक के रूप में कार्य किया।

8. राजकमल प्रकाशन (इलाहाबाद) में डेढ़ सौ रुपये मासिक वृत्ति पर साहित्य सम्पादन का कार्य किया।
9. सेंट जोसेस मिशनरी (इलाहाबाद) में भारतीय तथा विदेशी कैथोलिक ब्रदर्स हेतु एक सौ पच्चीस रुपये मासिक पर अध्यापन कार्य किया।
10. स्वयं श्रमजीवी प्रकाशन प्रारम्भ किया किन्तु बत्तीस हज़ार का कर्ज़ चढ़ने के कारण उसे बीच में ही ठप्प करना पड़ा।
11. आकाशवाणी (इलाहाबाद) व दूरदर्शन दिल्ली में दो सौ पचहत्तर रुपये मासिक वृत्ति पर पटकथा लेखन कार्य किया।
12. प्रायोगिक स्तर पर शुरू किये गये भारतीय दूरदर्शन, दिल्ली में सन् 1959 से 1961 तक स्क्रिप्ट रायटर की नौकरी की। यह उनकी पहली सरकारी नौकरी थी।
13. सन् 1961 में दिल्ली से निकलने वाली साहित्यिक पत्रिका 'इंगित' साप्ताहिक का सम्पादन किया।
14. सन् 1963 से 1966 तक प्रख्यात हिन्दी पत्रिका 'नयी कहानियाँ' का सम्पादन किया। हैदराबाद से प्रकाशित होने वाली 'कल्पना' के लिए भी लिखा। 'विहान' पत्रिका का भी सम्पादन किया।
15. दिसम्बर, 1966 से मई, 1978 तक टाइम्स ऑफ इण्डिया प्रकाशन समूह की बम्बई से निकलने वाली भारत में हिन्दी कहानी की श्रेष्ठतम पत्रिका 'सारिका' का सम्पादन किया। बम्बई से ही उन्होंने 'श्रीवर्षा' और 'कथा यात्रा' का सम्पादन किया। उन्होंने समानान्तर कहानी का आन्दोलन भी चलाया।
16. श्रीमती अरुणा आसफ अली के अनुरोध पर उन्होंने बम्बई से दिल्ली आकर लगभग चार वर्षों तक हिन्दी की स्तरीय पत्रिका 'गंगा' निकाली।
17. सन् 1972 में बम्बई टी.वी. केन्द्र के स्थापित होने के दूसरे दिन से ही आम आदमी से सम्बन्धित लोकप्रिय साप्ताहिक टी.वी. कार्यक्रम 'परिक्रमा' का लगातार हर मंगलवार को सन् 1978 तक उन्होंने समायोजन और प्रस्तुतीकरण किया। "सारिका में रहते हुए कमलेश्वर ने बम्बई दूरदर्शन से परिक्रमा प्रोग्राम शुरू किया, जो सप्ताह में एक दिन दिखाया जाता था। टी.पी. जैन जो बाद में दूरदर्शन छोड़कर फिल्मों में काम करने लगे थे, इस प्रोग्राम के प्रोड्यूसर थे। इस प्रोग्राम में कमलेश्वर ने कमाल ही कर दिया। वह दलित, उपेक्षित, दबे-कुचले विकलांग लोगों को इस प्रोग्राम में शामिल करते थे जैसे बूट पॉलिश वाले, दफ्तरों में खाने के डिब्बे पहुँचाने वाले, वेश्याएँ, अंधे, अपाहिज और गम्भीर रोगों से पीड़ित लोग। यह प्रोग्राम इतना मशहूर हुआ कि कमलेश्वर पूरी बम्बई के लिए सेलिब्रिटी हो गये।"[5] सन् 1978 से 1979 तक दो सालों के अन्तराल के बाद यह कार्यक्रम फिर शुरू हुआ और 1982 तक चला तथा पाक्षिक कार्यक्रम 'लोकमंच' का प्रसारण भी जारी रखा।
18. बहुआयामी व्यापक दृष्टिकोण रखने वाले कमलेश्वर की सन् 1980 में भारतीय दूरदर्शन

के अतिरिक्त महानिदेशक के अति महत्त्वपूर्ण शासकीय पद पर नियुक्ति हुई। इनके अतिरिक्त "आकाशवाणी के लिए लगभग सात सौ स्क्रिप्ट्स का लेखन। टेलीविज़न के लिए लगभग ढाई सौ स्क्रिप्ट्स का लेखन। टेलीविज़न दिल्ली के लिए समाचार तथा अन्य कार्यक्रमों का प्रस्तुतीकरण। टेलीविज़न पर कार्यक्रम 'पत्रिका' की शुरुआत। आकाशवाणी तथा टेलीविज़न पर रनिंग कमेंट्री का प्रस्तुतीकरण। भारतीय टेलीविज़न के लिए पहली फिल्म 'पन्द्रह अगस्त' का निर्माण। भिवण्डी (महाराष्ट्र) में हुए हिन्दू-मुस्लिम दंगों पर भारतीय टेलीविज़न के लिए फिल्म का निर्माण। बांगलादेश मुक्ति-संग्राम में बीस दिन मुक्तिवाहिनी के साथ।"[6] 'आँधी', 'मौसम', 'अमानुष', 'घड़ी के दो हाथ', 'पति पत्नी और वह', 'आनन्द आश्रम', 'वही बात', 'मृगतृष्णा' तथा 'राम-बलराम' फिल्म की पटकथा एवं संवाद लेखन का कार्य किया।

19. कमलेश्वर ने सन् 1990-92 तक दैनिक जागरण तथा सन् 1996-2002 तक दैनिक भास्कर के सम्पादक के रूप में कार्य किया।

हिन्दी फिल्मों के लिए कहानी, संवाद, पटकथा लेखन, स्वतन्त्र रूप से कहानी, उपन्यास, आलोचना, नाटक, नाट्य-रूपान्तरण, सम्पादन तथा लेखन-कार्य करके अपनी आजीविका के साथ-साथ अपने लेखन को भी सफल बनाने में कमलेश्वर सतत प्रयासरत रहे।

वे उन पाँच लोगों में से एक थे, जिन्होंने 1959 में भारत में दूरदर्शन की शुरूआत की थी। उन्हें ही टी.वी. पर हिन्दी का पहला कार्यक्रम प्रस्तुत करने का अवसर मिला था। भारत में पहला टी.वी. आलेख उन्होंने ही लिखा था। भारत में पहली टी.वी. फिल्म बनाने वाले पहले व्यक्ति कमलेश्वर ही थे। वे रेडियो आलेख भी लिखा करते थे और इससे उन्हें ध्वनि बोध का गहरा ज्ञान प्राप्त हुआ। वे बम्बई टी.वी. केन्द्र के एक प्रमुख टी.वी. संयोजक भी रहे। इस प्रकार उन्होंने अनेक छोटे से लेकर बड़े कार्य सफलतापूर्वक किये।

(ख) पारिवारिक पृष्ठभूमि

कमलेश्वर का जन्म स्थान 229, कटरा, मैनपुरी, जो कस्बा समाज के उस वर्ग का है, जिसकी सुबह की शुरुआत रोटी की चिन्ता के साथ और शाम का अन्त कठिन परिश्रम पर होता है। ऐसे संघर्षशील कस्बे में उत्पन्न हुए कमलेश्वर ने अपने परिवार के विषय में स्वयं ही लिखा है– "घर में बहुत सी तस्वीरें थीं.....वे तस्वीरें मुझे वंश का परिचय देती थीं...सिद्धार्थ ने ही बताया था, बाबूजी का हार्ट फेल हो गया था, तब तू बहुत छोटा था...बाबा को मैंने भी नहीं देखा...।"[7] कमलेश्वर तीन वर्ष की अवस्था में ही पिता की छत्र-छाया से वंचित हो गये थे।

कमलेश्वर को अपने पिता के विषय में कुछ भी याद नहीं था। सिद्धार्थ कमलेश्वर के बड़े भाई थे। सिद्धार्थ से उनका एक बहुत ही कीमती व सजीव रिश्ता था। सिद्धार्थ बहुत होनहार भी थे। परिवार का भविष्य भी उन्हीं पर आश्रित था। दुर्भाग्यवश उनकी मृत्यु भी अल्प-आयु में ही हो गयी थी। सिद्धार्थ की मृत्यु से परिवार को काफी झटका लगा। अपने भाई सिद्धार्थ की मृत्यु के बाद कमलेश्वर पूर्णरूपेण अकेले ही हो गये थे।

इनके परिवार की आर्थिक दशा बहुत ही दयनीय थी। इनके बड़े भाई जो सिद्धार्थ से भी

बड़े थे, इलाहाबाद में काम करते थे। जब भी बड़े भाई इलाहाबाद से घर आते, वे कुछ न कुछ चीजें लेकर आते थे, तब इन्हें यह पता चलता था कि बाजार में ये वस्तुएँ भी आती हैं। पैसे के अभाव में वे बाजार नहीं जा पाते थे। अपने सबसे बड़े भाई के विषय में कमलेश्वर ने लिखा है– ''भाई का आना सबसे ज़्यादा सुख का क्षण था और उनका लौट कर जाना सबसे ज़्यादा दुःख का क्षण होता था।''[8]

कमलेश्वर की माँ परिश्रम की जीती जागती प्रतिमूर्ति थीं। इनका परिवार अभावों के बुरे दौर से गुज़र रहा था परन्तु समाज के लिए इनकी माँ अब भी पुराने जमींदार घराने की मालकिन थीं। ''माँ रात ढाई-तीन बजे उठकर हाथों में कपड़ा लपेट-लपेटकर चक्की से आटा पीसती, बर्तन धोती और सुबह होते-होते नहा-धोकर 'पुराने जमींदार घराने की मालकिन' हो जाती।''[9] अपने परिवार की विपन्नता का वर्णन करते हुए कमलेश्वर कहते हैं कि– ''परिवार की आर्थिक स्थिति इतनी गड़बड़ा चुकी थी कि घर की छत तक अनिश्चय में थी। वह न जाने कब गिर सकती थी, साथ ही अपने साथ न जाने कितनों को ले जाने की स्थिति में आ गयी थी। इतना होते हुए भी कमलेश्वर की माँ पास-पड़ोस की हर सम्भव सहायता को सदैव तत्पर रहती थीं। आन्तरिक और बाहरी दोनों विवशताओं को धोते-धोते अब तो उनकी अश्रुधारा भी सूख गयी थी। उनकी आँखों में आँसू नहीं आते थे, वे सूखी आँखों से दीवारें ताकती रहतीं और दिल के दौरे पड़ने शुरू हो गये थे।''[10]

इस संसार में कुछ लोग दूसरों को अपने से आगे निकलते हुए कदापि नहीं देखना चाहते अथवा अपनी विफलताओं से अधिक दूसरे की सफलताओं से दुःखी रहते हैं। यही मनोदशा कमलेश्वर के बड़े सौतेले भाई की भी थी। उनका मानना था कि– ''ज़्यादा पढ़ाने से लड़के हाथ से निकल जाते हैं।''[11] आदमी को जब घर में प्यार-स्नेह नहीं मिलता तो वह उसकी खोज में घर से बाहर निकलता है। ऐसा ही कमलेश्वर के साथ भी हुआ था। अपने एकाकीपन को बाँटने के लिए उनका घर में कोई साथी नहीं था, कोई ऐसा नहीं था जो उनके मनोभावों को समझ सके, जान सके तथा पढ़ सके, परन्तु समाज उस व्यक्ति को भी कहाँ सहन कर सकता था। उस पर भी समाज की कुपित-दृष्टि पड़ी। बालक कमलेश्वर को अपने से बड़ी उम्र की एक लड़की से प्यार हो गया। जब उस प्रेमिका की शादी हुई तब कमलेश्वर इलाहाबाद से मैनपुरी पहुँचे ही थे कि उनकी माँ ने उनके बाल कटवाकर छोटे करवा दिये। कटे हुए बालों के कारण चाहते हुए भी वह उससे मिलने नहीं जा सके। कमलेश्वर कहते हैं–''यह समाज बहुत ज़ालिम है, जो हमें मिलने नहीं देता। तब हमें सिर्फ इतना पता था कि समाज नाम की कोई बेरहम चीज़ होती है, जो प्रेमी-प्रेमिकाओं को नहीं मिलने देती।''[12] कमलेश्वर एक बार फिर पूर्णरूपेण अकेले हो गये थे, क्योंकि उनकी प्रेमिका उन्हें छोड़कर चली गयी थी, परिवार भी बड़ा नहीं था और इनका कोई हमउम्र भी नहीं था।

(ग) सामाजिक परिवेश

परिवेश एवं परिस्थितियों का प्रभाव मानव के व्यक्तित्व पर किसी न किसी रूप में अवश्य पड़ता

है। कमलेश्वर पर भी उनकी पारिवारिक, सामाजिक और आर्थिक परिस्थितियों का अतिगहन प्रभाव पड़ा है। यह उनकी आर्थिक विपन्नता ही थी जिसकी वजह से वे नयी पुस्तकें तक नहीं खरीद पाते थे "पुरानी किताबें...वह भी पूरी नहीं। कापियाँ खरीदने को पैसे नहीं होते थे।"[13] पुस्तकों के अभाव में कभी-कभी वे कक्षा में नहीं जा पाते थे। उन्होंने इन सभी बाधाओं को निकटता से झेला है। पैसों की कमी की वजह से साइकिल वाले साइकिल छीन लेते थे क्योंकि उसकी मरम्मत का पूरा पैसा नहीं चुकाया गया होता था। अपने विद्यालय में कमलेश्वर एक कुशाग्र छात्र रहे हैं। हर सम्भव प्रयास कर वे स्कूल जाते, पूरे मनोयोग से पढ़ाई करते, छमाही में प्रथम आते, किन्तु सालाना में किसी तहसीलदार, थानेदार या कोतवाल का लड़का प्रथम आता। इस प्रकार के भेदभावपूर्ण व्यवहार को कमलेश्वर ने बचपन से देखा और सहा है। इसके अतिरिक्त इनके अपने पुरस्कार प्रायः दूसरों को दे दिये जाते थे, फीस हेतु अपमानित किया जाता था तथा सिद्धार्थ के जाने के बाद इनकी फीस माफी की अर्ज़ी भी मंजूर होनी बन्द हो गयी। समाज का क्रूर रूप इन्हें अक्सर देखने को मिलता रहता था। बचपन में अनेक शारीरिक चोटें लगी थीं। वे अकेले ही दर्द से कराहते हुए अस्पताल जाते थे।

अकेला देखकर कम्पाउण्डर बड़ी ही बेरहमी से घाव को दबा दिया करता था, उसे बेचारा कमलेश्वर खामोशी में आँसू रोके हुए मरहम-पट्टी करा लेता था। इस प्रकार ऊँचे-नीचे, कंकड़ीले, कँटीले डगर में उन्होंने हिम्मत नहीं हारी। इतना ही नहीं उन्होंने बड़े भाई के द्वारा सरकारी कागज से बनाई बेनाप की कॉपियों के सहारे शिक्षा प्राप्त की तथा उच्च शिक्षा की ओर अग्रसर कमलेश्वर निरन्तर प्रयत्नशील रहते थे। तात्पर्य है कि उच्च शिक्षा काल में भी कमलेश्वर बेडौल बनाई गयी कॉपियों से काम चलाते थे। अपनी सहनशीलता, सहजता एवं सौजन्य का परिचय देते थे। भाई से पैसे नहीं माँगते थे। कमलेश्वर स्वतन्त्रता आन्दोलन के भी प्रत्यक्ष दर्शक रहे हैं। वह ऐसा समय था जब देश की स्वतन्त्रता के लिए देश का प्रत्येक व्यक्ति संघर्ष कर रहा था। वहीं दूसरी ओर हिन्दुओं व मुस्लिमों में दंगा छिड़ा हुआ था। जो हिन्दू-मुस्लिम कभी भाइयों की तरह रहते थे वे अब एक-दूसरे को जान से मारने में भी संकोच नहीं कर रहे थे। देश अपनी कठिनतम परिस्थितियों से गुज़र रहा था। शरणार्थियों का आदान-प्रदान हो रहा था। यहाँ आने वाले शरणार्थी शिविरों में रखे गये। ऐसी जटिल परिस्थितियों में कमलेश्वर स्वयं भी इन शरणार्थियों के शिविर में जाते थे, उनकी सेवा करते, उन्हें आवश्यक सामग्री दिलाते थे। उन्हीं के शब्दों में—"हमारा ट्रक पहुँचते ही वे आपस में लड़ने लगते थे, पर बाद में हर व्यक्ति का हिस्सा खुद लड़-झगड़ कर दिलवाते थे....वे मौत का दरिया पार करके आये थे।"[14]

इस प्रकार यह स्पष्ट है कि कमलेश्वर के हृदय में मानवता के प्रति उदार प्यार कूट-कूट कर भरा हुआ था। उनके हृदय में दया, क्षमा, सहृदयता, करुणा एवं सहानुभूति के स्रोत उमड़ते रहते थे। शरणार्थियों की सेवा करने में उन्होंने कभी संकोच नहीं किया, जी नहीं चुराया।

कमलेश्वर के मन में अपने कस्बे मैनपुरी एवं उसके समाज से अत्यधिक लगाव था। वे चाहे कहीं भी रहते, उन्हें सदैव अपने कस्बे के लोगों की याद सताती रहती थी। इस विषय में कमलेश्वर के घनिष्ठ मित्र दुष्यन्त कुमार लिखते हैं— "वह अपने छोटे से कस्बे मैनपुरी

से मानसिक रूप से इतना जुड़ा हुआ था कि इलाहाबाद में रहते हुए भी वह वहीं की बातें सोचा करता था।''[15]

कमलेश्वर के मन में मैनपुरी के समाज से जो अटूट सम्बन्ध एवं लगाव दिखाई देता है, उसका जीता जागता प्रमाण तो उसकी कहानियाँ हैं तथा कहानियों का दौर है। उन्होंने मैनपुरी एवं इलाहाबाद के विषय में लिखा है– ''इलाहाबाद की भट्ठी और मैनपुरी की मिट्टी ने जो कुछ दिया था–वह हमेशा काम आया।''[16]

कमलेश्वर के व्यक्तित्व पर प्रभाव : कमलेश्वर के व्यक्तित्व पर इन तत्कालीन परिस्थितियों, समाज एवं परिवेश का प्रचुर प्रभाव पड़ा। वे और अधिक सबल बन संसार को समझने में लग गये। युगीन क्रान्तिकारियों से साक्षात् परिचय करने के पश्चात् कमलेश्वर उनके समाजवादी क्रान्तिकारी दल में जा मिले। वे उसके सक्रिय सदस्य के रूप में कार्य करने लगे। उनके इस दल में भगत सिंह, चन्द्रशेखर आज़ाद, केशव मिश्र तथा योगेश चटर्जी सरीखे देशभक्त थे। इस दल में आकर वे विश्व में हो रहे स्वतन्त्रता प्राप्ति के प्रयासों से परिचित होते रहे, लेकिन पैसे का अभाव उन्हें यहाँ भी खटकता रहा– ''हममें से किसी के पास पैसा नहीं है, कपड़ा नहीं है, जूते नहीं हैं, बिस्तर नहीं हैं। प्रस्ताव है, वक्तव्य है...आन्दोलन है...इसलिए सब कुछ है।''[17] इन्होंने 'जनक्रान्ति' समाचार-पत्र निकाला जिससे इनके दल का निरन्तर विस्तार होने लगा था। स्वयं कमलेश्वर ने इस विषय में लिखा है– ''जनक्रान्ति बराबर निकल रहा था। उसमें लिखना कुछ और बढ़ गया था। आदर्शों के प्रति आस्था और भी बढ़ गयी थी। साथियों की अडिग आस्था मुझे और पुख़्ता करती जा रही थी।''[18] और इस प्रकार एक नये, जुझारू, कर्मठ और संघर्षशील जागरूक साहित्यकार कमलेश्वर का निर्माण हुआ। वही जुझारूपन की प्रवृत्ति उनकी आदत बनकर उनके साहित्य में निरन्तर ढलती चली गयी। वे संकोची, भावप्रवण, निडर, स्वाभिमानी, संवेदनशील एवं गम्भीर व्यक्ति थे, साथ ही उनमें जुझारूपन की भी आदत थी। संघर्षशीलता उनका जीवन धर्म बन चुकी थी। मैनपुरी से कमलेश्वर इलाहाबाद पहुँचे, वहाँ वे क्रान्तिकारी समाजवादी पार्टी का कार्य करते थे, साथ ही साथ पढ़ाई भी जारी रखी फिर वे मार्क्सवादी सक्रिय पाठशाला में शामिल हुए। 'जनक्रान्ति' अखबार निकाला जिसमें क्रान्तिकारियों की जीवनियाँ लिखना प्रारम्भ किया। आगे चलकर वे प्रतिबद्ध वामपंथी बन गये। उनके व्यक्तित्व को हम निम्नलिखित दृष्टियों में जान सकते हैं–

आन्तरिक साक्ष्य

कमलेश्वर : अन्तर्यात्रा

कमलेश्वर ने हिन्दी साहित्य की जिन ऊँचाइयों को छुआ है वहाँ तक चुनिंदा लोग ही पहुँच पाये हैं। इतनी ऊँचाई तक पहुँच कर भी मिट्टी की सुगन्ध स्वयं में समेट कर चलना कमलेश्वर की सबसे बड़ी विशेषता है। इन्होंने कहानी के एक नये युग का सूत्रपात किया और उपन्यास के क्षेत्र में एक ठहरी हुई परम्परा को आगे बढ़ाया। कला और सौन्दर्यबोध को शीर्ष पर रखकर उन्होंने सदैव सोद्देश्य लिखा है। कमलेश्वर का मानना है कि अपने वक्त का सबसे बड़ा लेखक वही हो सकता है, जो आदमी से सम्बद्ध है। वास्तव में उनकी यही मान्यता उनके साहित्य में

भी स्पष्ट रूप से दृष्टिगोचर होती है।

एक साहित्यकार अपने जीवन में जो कुछ देखता व भोगता है, उसी को शब्दबद्ध कर साहित्यिक विधाओं के माध्यम से समाज के समक्ष प्रस्तुत कर देता है। कमलेश्वर ने अपने जीवन में विपन्नता, अभाव तथा अनेक दुःखों को करीब से देखा व सहा है। समाज की निर्दयी, शोषणवादी, भाई-भतीजावादी प्रवृत्ति व भेदभाव आदि से तो ये बाल्यकाल से ही परिचित हैं। अतः जो कुछ इन्होंने अपने जीवन में भोगा, उसी को अपने साहित्य की नींव बनाया जिस पर खड़ी इमारत आज हिन्दी साहित्याकाश की अनन्त ऊँचाइयों को स्पर्श करती दृष्टिगोचर हो रही है।

अपने बाल्यकाल की परिस्थितियों का वर्णन करते हुए कमलेश्वर स्वयं लिखते हैं– ''मंडियों में बेशुमार अन्न, घी, गुड़, आलू और कपास थी पर माँ की धोती की खूँट में एक दो नोट और कुछ सिक्के थे.....और जब मैं अन्न लेने जाता था तो दुकानदार बड़ा तराजू पीछे सरकाकर सबसे छोटे वाले तराजू से मेरे लिए चीज़ें तौलता था।''[19] इस कटु यथार्थ को कमलेश्वर ने स्वयं अपने विषय में भी उजागर करते हुए स्पष्ट लिखा है। वे कहते हैं– ''एक अमीर कहे जाने वाले घर में ग़रीब की तरह रहना, खाना खाकर भी भूखा उठना, अकुलाहट भरे दुःखों के बीच में भी हँस सकना, बच्चा होते हुए भी वयस्कों की तरह निर्णय ले सकना—यह मेरी आदत नहीं, मजबूरी थी।''[20] जीवन के प्रति ऐसा सुस्पष्ट दृष्टिकोण, ऐसी धारणा और ऐसी स्वीकृति कमलेश्वर जैसे सजीव व्यक्तित्व का ही प्रतिरूप हो सकती है। इस प्रकार हम देखते हैं कि कमलेश्वर कितने स्पष्ट होकर स्वयं को अभिव्यक्त करने के आदी हैं। उनकी यही स्पष्टता, उनकी ऊँचाइयों, उनकी प्रगति एवं उनकी विकासशीलता का कारण बनी।

इस प्रकार कमलेश्वर का बाल्यकाल अति विकट परिस्थितियों में व्यतीत हुआ है। कॉलेज के दिनों में भी यह दुर्भाग्यपूर्ण वातावरण इसी प्रकार उन्हें आहत करता रहा। ''कॉलेज की परीक्षा में, झूठा इल्ज़ाम लगाकर, दो साल तक बैठने से रोक दिया गया था और मैं अपने से हारने लगा था।''[21] ऐसी विषम परिस्थितियों में भी वे निरन्तर शिक्षा की ओर अग्रसर रहे और हर सम्भव प्रयत्न करते हुए शिक्षा ग्रहण करने में तत्पर रहे। जब वे कालेज में पढ़ते थे तभी कालेज के दिनों से ही कमलेश्वर में साहित्यिक रुचि विकसित हो गयी थी। इतना ही नहीं, शनैः-शनैः उनकी यह साहित्यिक दृष्टि सबल से सबलतर होती चली गयी। एक समय ऐसा आ गया कि उनका वंश ही बदल गया था। स्वयं कमलेश्वर के शब्दों में– ''आगे की यह यात्रा उस दिन से शुरू होती है, जिस दिन से मेरा वंश बदला था। मैं एक टूटा हुआ जमींदार घराना छोड़कर प्रेमचन्द, यशपाल, अमृतलाल नागर के घराने में आ गया था।''[22] कमलेश्वर के द्वारा रचित साहित्य की सबसे बड़ी विशेषता यही है कि उनमें स्थितियों पर आधारित कथानकों को ही आधार बनाया गया है। अपने पिता जी का स्नेह इन्हें नहीं मिला। इस अभाव के कारण कमलेश्वर के मन में भी विरक्ति उत्पन्न हो गयी थी। कुंठा पैदा हो गयी थी, हीनता पैदा हो गयी थी।

कमलेश्वर ने अपने उपन्यासों में उनकी उपेक्षा कर अपने मन में उपजी कुंठा को शान्त करने का सत्प्रयास किया है– ''समुद्र में खोया हुआ आदमी में, उन्हें मैंने अपने बेटे का इन्तज़ार करते और तड़पते उसी तरह देखा, जिस तरह मैं जिन्दगी में उनका इन्तज़ार करता और तड़पता

रहा हूँ।"[23] सन् 1950 के उपन्यासकारों में कमलेश्वर एक सुचर्चित उपन्यासकार हैं। उन्होंने आधुनिक उपन्यासकारों में स्वयं को प्रेमचन्द का अनुयायी कहकर उनकी परम्परा को आगे बढ़ाने का प्रयास किया है। इन उपन्यासकारों में बहुत से केवल परम्परा निर्वाह का ढोंग रच रहे थे, तो कुछ उसका नैतिकता से अनुसरण भी कर रहे थे। मैनपुरी का आम आदमी ही कमलेश्वर के लिए प्रेमचन्द है। वे कहते हैं– "सही साहित्य की दृष्टि यदि मुझे प्रेमचन्द से मिलती है तो सही ज़िन्दगी की दृष्टि मुझे चाट-मिठाई लगाने वाले ठेले वाले से मिलती है...मेरा प्रेमचन्द वह ठेले वाला है, यही मैंने प्रेमचन्द से सीखा है और यही प्रेमचन्द की देन है।"[24]

प्रेमचन्द की इसी सीख का इन पर प्रभाव निरन्तर रहा है। कमलेश्वर के व्यक्तिगत जीवन में इस सीख का सुस्पष्ट एवं व्यापक प्रभाव देखा जा सकता है। अपने इलाहाबाद प्रवास में भी आम आदमी से जुड़े, इसी सन्दर्भ में कमलेश्वर का कथन है–"इलाहाबाद पन्त, निराला और महादेवी का शहर था...। मेरी दुनिया में उस वक़्त बीड़ी बनाने वाले, दूध दुहने वाले, पंडे, मोती महल सिनेमा के गेट-कीपर, नानबाई, ए.जी. ऑफ़िस में काम करने वाले, अग्रवाल कॉलिज के सामने अख़बार बेचने वाले, हंस प्रकाशन के सामने रात को पराँठे-सब्जी के खोंचे लगाने वाले और चटर्जी टेलर के ऊपर चौथे माले पर क्रान्तिकारी पार्टी में काम करने वाले सभी साथी, प्रेस के कम्पोजीटर वगैरह थे।"[25] इनका वर्ण्य विषय यह आम आदमी प्रारम्भ से ही रहा है। फिर शनैः-शनैः इसी पीड़ित आदमी का सजीव चित्रण इनके समस्त साहित्य में चित्रित होता रहा। इस प्रकार इनकी रचनाओं में सर्व सामान्य व्यक्ति का जीवन चित्रित हुआ है।

इस संसार में किसी भी व्यक्ति के जीवन में, उसका पारिवारिक सामाजिक एवं परिवेशीय वातावरण, उसके मित्र, सगे सम्बन्धी, हितैषी तथा साथ-साथ काम करने वाले व्यक्तियों का अत्यधिक प्रभाव पड़ता है जिसके परिणामस्वरूप कुछ व्यक्ति जीवन में अति प्रभावशाली एवं महत्त्वपूर्ण हो जाते हैं। यही कमलेश्वर के जीवन में भी हुआ, उनके एकाकी, नीरस एवं विपन्नता भरे जीवन में भी कुछ विशिष्ट व्यक्तियों का स्थान अत्यन्त महत्त्वपूर्ण रहा है। ये व्यक्ति कमलेश्वर के लिए सबल रहे, प्रभावकारी रहे। "पर मुझे सबल परम्परा के साथ-साथ मिले–दुष्यन्त कुमार, जितेन्द्र, ओमप्रकाश श्रीवास्तव, अमरकान्त, ओंकार, अजीत, वीरेन्द्र, मेंहदीरत्ता, मार्कण्डेय, सतीश पाण्डेय, बंशीधर पंडा, प्रो. प्रकाश चन्द्र गुप्त, आशाराम, बच्चन जी, रामकुमार वर्मा, भारती, उपेन्द्रनाथ अश्क, रघुवंश, साही, लक्ष्मीकान्त वर्मा, अमृत राय, भैरव भाई, बलवन्त सिंह तथा शेखर जोशी जैसे लोग–जिनसे बहसें भी हुईं, लड़ाइयाँ भी लड़ी गयीं और अपनेपन की बेहद खूबसूरत घड़ियाँ भी बीतीं!"[26] इन्हीं अपने साथ रहने, उठने-बैठने, खाने-पीने और काम करने वाले लोगों का प्रभाव कमलेश्वर के सन्तप्त एवं कुंठित जीवन पर पड़ना स्वाभाविक ही था।

कमलेश्वर एक नूतन जीवन दृष्टि लेकर साहित्य सेवा में संलग्न हुए। इसी नवीन दृष्टि के फलस्वरूप कमलेश्वर अपने युग के साहित्यकारों में प्रमुख स्थान को प्राप्त हो गये और एक सशक्त हस्ताक्षर के रूप में उभरे। अपने साहित्यिक जीवन के सन्दर्भ में स्वयं कमलेश्वर का कहना है– "'नयी कहानी' आन्दोलन.....इलाहाबाद का साहित्य-सार सम्मेलन, साहित्यिकी, अमिताभ गोष्ठी, परिचय और प्रगतिशील लेखक संघ की गोष्ठियाँ। दिल्ली, अलीगढ़, मेरठ,

चंडीगढ़, नागपुर और फिर वह कलकत्ता का 'कथाकार सम्मेलन'.....छोटे-छोटे कस्बों में गोष्ठियाँ.....राकेश, राजेन्द्र यादव के साथ लम्बी मुलाकातें और बहसें।''[27] कमलेश्वर के लिए ये व्यक्ति, ये गोष्ठियाँ तथा ये बहसों से भरी हुई मुलाकातें अत्यन्त महत्त्वपूर्ण रही हैं। उनके श्रेष्ठ एवं संघर्षशील व्यक्तित्व और कर्मठ-साहित्यकार के निर्माण में इनका अति महत्त्वपूर्ण स्थान रहा है। अपने साथ चले इन व्यक्तियों के विषय में स्वयं कमलेश्वर का स्पष्ट मान्यतापरक कथन है–''मैं मात्र एक पूरक हूँ और मेरे समय के लोग-सामान्य लोग और मेरे समय के समानान्तर प्रतिबद्ध और सम्बद्ध लेखक मुझे निरन्तर पूरा करते हैं।''[28]

इस प्रकार हम देखते हैं कि कमलेश्वर ने जहाँ सामान्य व्यक्तियों तथा अन्य दूसरे आदमियों का सटीक एवं सजीव चित्रण किया है, वहीं उन्होंने स्वयं अपने प्रति भी एक सुस्पष्ट दृष्टिकोण बनाये रखा है। कान्ति भट्ट से कमलेश्वर कहते हैं कि–''आस-पास के सम्बन्धों से तो मैं बना हूँ। यह जो कमलेश्वर आपके समक्ष बैठा है, वह कई व्यक्तियों के साथ के सम्बन्धों से बना है।.....मनुष्य को अगर कोई बनाता है तो सुख और दुःख दोनों ही। मित्र तथा दुश्मनी का भी 'उस' के बनने में उतना ही हिस्सा होता है।''[29] वे स्वयं ही सीमित एवं संकुचित होकर रहने वाले व्यक्तियों में से कदापि नहीं हैं, अपितु अपने साथ-साथ आगे बढ़ने, चलने, रहने, लड़ने तथा सीखने वाले लोगों से निरन्तर कुछ न कुछ ज्ञान प्राप्त करते, सीखते हुए चलने वाले व्यावहारिक व्यक्ति हैं। यही कारण है कि हम कमलेश्वर के साहित्य को व्यावहारिकता के अधिक निकट देख सकते हैं। उन्होंने अपने उपन्यासों के माध्यम से आधुनिक संचेतना को अभिव्यक्त किया है, युगीन यथार्थ का भी सशक्त चित्रण किया है।

बाह्य साक्ष्य

कमलेश्वर : मित्रों की दृष्टि में

किसी व्यक्ति के बारे में उसके मित्र से अच्छा रहस्योद्घाटन कोई नहीं कर सकता।

कमलेश्वर के साथ भी कुछ ऐसा ही है। विभिन्न क्षेत्रों से जुड़े होने के कारण विभिन्न विचारों एवं प्रकृतियों के विशिष्ट व्यक्तियों का कमलेश्वर का मित्र बनना स्वाभाविक ही था।

समाज में हर प्रकार का व्यक्ति मौजूद होता है। अपने कार्यक्षेत्र में साथ रहने वाले व्यक्ति से भी वह काफी हद तक प्रभावित होता है। मित्र ऐसी डोर होता है जिसका एक सिरा उस व्यक्ति के अन्तस में छिपे रहस्यों से तथा दूसरा सिरा समाज से जुड़ा होता है। मित्रों की छाप व्यक्ति के जीवन पर स्पष्ट रूप से दृष्टिगोचर होती है। कमलेश्वर के मित्रों तथा उनसे जुड़े हुए व्यक्तियों के कमलेश्वर के विषय में विचार प्रस्तुत हैं–

1. कमलेश्वर के प्रति राजेन्द्र यादव के विचार : हिन्दी साहित्य जगत में कहानी-लेखन में एक नवीन युग 'नयी कहानी' का सूत्रपात हुआ। इसे गति देने में राजेन्द्र यादव, मोहन राकेश और कमलेश्वर का नाम शीर्षस्थ स्थान पर रहा है। इस युग-निर्माणकारी त्रिमूर्ति ने हिन्दी-साहित्य जगत को 'नयी कहानी' आन्दोलन के द्वारा धरती, मिट्टी और आम-आदमी से जुड़ने की परम्परा का अभिनव मार्ग प्रशस्त किया है। इसी कड़ी में राजेन्द्र यादव ने कमलेश्वर के विषय में तथा कमलेश्वर ने राजेन्द्र यादव के सन्दर्भ में बहुत कुछ कहा है। राजेन्द्र यादव की वैचारिक दृष्टि

में कमलेश्वर क्या हैं? यही विचार किया जा रहा है—कमलेश्वर तथा राजेन्द्र यादव के मध्य प्रथम परिचय हुआ, उस समय कमलेश्वर की स्थिति क्या थी? इस विषय में राजेन्द्र यादव अपने विचार इस प्रकार प्रकट करते हैं— "मेरा व्यक्तिगत परिचय कमलेश्वर से उन दिनों हुआ, जब दुष्यन्त, मार्कण्डेय और कमलेश्वर का त्रिशूल, त्रिवेणी का त्रास बना हुआ था। इन तीनों में सबसे छोटे कद के, साफ कुरता-पाजामा पहने लड़के से लगने वाले कमलेश्वर को ही मैंने सबसे अधिक ज़िन्दादिल वार्तालापकर्ता के रूप में पाया।"[30] कमलेश्वर के विषय में राजेन्द्र यादव विस्तार से चर्चा करते हुए उनके प्रखर व्यक्तित्व में विद्यमान गुणों के बारे में बताते हैं—

(अ) **सामाजिकता :** राजेन्द्र यादव के अनुसार सामाजिकता कमलेश्वर का विशिष्ट गुण है। वे लेखन कार्य में अति व्यस्त रहने के पश्चात् भी सामाजिक दैनिक कार्यों तथा मित्रों की छोटी-बड़ी सभी समस्याओं को स्वयं ओढ़ लेने हेतु अति आतुर रहे हैं। कमलेश्वर की सामाजिकता के विषय में राजेन्द्र यादव ने लिखा है कि—"यही नहीं आज जयंत की समस्या हल कर रहे हैं, कल जोशी जी की शादी करने में बड़े भाई बने हैं, परसों नरेश का सामान लदवाने चले आ रहे हैं...।"[31]

इस प्रकार हम देखते हैं कि व्यवहारकुशलता के साथ-साथ सामाजिकता उनमें कूट-कूट कर भरी है।

(ब) **सबसे समानता का व्यवहार :** कमलेश्वर की दृष्टि में सभी वर्गों के लोग समान रहे हैं। वे सभी से समान व्यवहार करते हैं। उनके पास आने-जाने वाले प्रत्येक स्तर के व्यक्ति का अधिकार समान रहता है। इस विषय में राजेन्द्र यादव कहते हैं— "इसका कमरा क्या है, अच्छा-खासा वेटिंग रूम है। कोई-न-कोई बैठा ही रहता है और हाँडी— जैसी ऐश-ट्रे में चारमीनार झाड़ते हुए आप उसे प्रवचन पिला रहे होते हैं। कभी-कभी वेटिंग-रूम ऐसी धर्मशाला भी बन जाता है, जहाँ खाना-कपड़ा से लेकर हजामत का सामान, जूता और जेबखर्च बिना 'ऑब्लिगेशन' मिलता हो और गुसलखाना साफ करने वाला जमादार भी बिना किसी दुविधा-संकोच के सिगरेट या ब्लेड खुद निकाल लेना अपना अधिकार मानता हो। मैं इन मामलों में कुछ यूडल हूँ और ये बातें मेरा मूड खराब कर देती हैं, लेकिन खुद तंगी और तकलीफ में रहकर औरों की सुविधा जुटाने में कहीं कमलेश्वर का बड़प्पन तृप्त होता है और वह धर्मशाला के यात्रियों के बीच निहायत इत्मीनान से औंधा लेटकर अपनी बेहद सधी खूबसूरत हैण्डराइटिंग में किसी कहानी, रेडियो या टेलीविज़न स्क्रिप्ट को पहली और अन्तिम बार लिख रहा होता है...उसकी यह शान्ति और एकाग्रता मुझे जलाकर ख़ाक कर देती है...।"[32] उच्च-नीच, गरीब-अमीर सबके प्रति कमलेश्वर के हृदय में समानता के भाव निहित हैं। वे किसी का अनादर करना तो जानते ही नहीं।

(स) **निराली-झूठ बोलने की कला :** कमलेश्वर को झूठ बोलने की एक निराली आदत है। उन्हें मिथ्या भाषण की एक विशिष्ट कला मिली है। इस स्वभाव की अनूठी एवं कलात्मक झूठ बोलने की आदत के विषय में राजेन्द्र यादव स्पष्ट करते हुए इस प्रकार कहते हैं— "कमलेश्वर? सच बोल ही नहीं सकता!...

...आपको घण्टों किसी ऐसी किताब, फिल्म, घटना, कहानी या चीज़ के बारे में विस्तार और

पूर्ण आत्मविश्वास से बताता रहेगा, जिसे न उसने पढ़ा है न देखा है...। इसलिए दुष्यन्त की इतनी बात सच है– कमलेश्वर अव्वल नम्बर का 'झूठा' है। मुँह से जब वह 'झूठ' बोलता है, तो एक अच्छी कम्पनी होता है और कलम से बोलता है तो सफल कहानीकार। हर कहानीकार को कहीं-ना-कहीं 'झूठ' को साधना ज़रूर पड़ता है।..... उसने हम सबके बारे में कुछ बहुत ही दिलचस्प चुटकुले गढ़ रखे हैं।..... 'उखड़े हुए लोग' और राजेन्द्र यादव का 'इलाहाबाद आगमन', 'मार्कण्डेय ने प्रकाशक के यहाँ नौकरी की'....'राकेश का विरोधी कैम्पों में मेल कराने का प्रयत्न'... इत्यादि दर्जनों चण्डूखाने के किस्से उससे आप सुन लीजिये।''[33] इस प्रकार मिथ्या बोलने को उन्होंने कलात्मक रूप देने की कला सीख ली है।

(द) **सीख :** कमलेश्वर ने अपनी गलतियों से अक्सर कुछ सीखा है। वह खुद कहता है कि– ''यह अहसास मुझमें न होता तो मेरा आज पता न होता–खोखले सामन्तवाद के जिस माहौल में मैं पला हूँ, उसमें क्या-क्या बुराइयाँ नहीं थीं, लेकिन बचपन में ही पितृहीन हो जाने ने मुझमें एक ज़िम्मेदारी का एहसास भी भर दिया.... ।''[34] बाद में तो उन्होंने अपने ही गढ़े हुए इस झूठ का ऐसा घटाटोप अपने आस-पास बना लिया कि खुद उससे बाहर निकल पाना उनके लिए असम्भव हो गया।

(य) **व्यस्त जीवन तथा कहानी-लेखन :** कमलेश्वर आधुनिक जीवन के व्यस्ततम लेखकों में से एक थे। अति व्यस्त कमलेश्वर कहानी लिखने का समय ही नहीं पाते थे। व्यस्तताओं से घिरे जीवन में कहानी लिखने का समय कहाँ? जब कभी भी कहानी लिखने के विषय में कहो तो नकारात्मक स्वर में कह देता–''तो यार, जान क्यों खाता है, सुबह कहानी ले लेना.... ऐसी न जाने कितनी सुबहें हुईं और समय नहीं रह गया। एक दिन सुबह उठकर देखा तो तकिये को मरोड़ पसली के नीचे रक्खे, मेढक मुद्रा में कथाकार कहानी पर जुट जाते हैं और दस-पन्द्रह मिनट बाद ही उसने कहानी मेरे सामने फेंककर कहा– ''लीजिए साहब, कर दीजिए मन्नू जी को खबर.....। कहानी में कहीं कोई काट-छाँट नहीं-नाम रखा 'जो लिखा नहीं जाता'। मैं सचमुच दंग रह गया था। दो आदमी सामने बैठे बातें करें और मैं रुक-रुककर ऐसे हल्केपन से हर स्थिति की ख़बर देता जाऊँ.....यह मेरे लिए कतई.....कतई मुमकिन नहीं है। इसे कहते हैं कहानी लिखना।''[35] यदि कमलेश्वर से घर पर मिलना चाहें तो रात दो बजे से पहले नहीं मिल सकते। राजेन्द्र यादव के अनुसार– ''यार इस आदमी में कितना स्टैमिना थकान या शिकन नहीं। जाने किस चक्की का आटा खाता है।''[36]

वे सच्चे कथाकार हैं। अति व्यस्त रहते हुए, आजकल कहते हुए कभी-कभी कहानी लेखन में जुट जाते तथा किसी पत्रिका के लिए अथवा अपने मित्र के लिए कहानी लिखकर दे देते थे। व्यस्तता में भी उनका लेखन चलता रहता था।

(र) **फक्कड़पन :** कमलेश्वर के व्यक्तित्व का एक प्रधान गुण है फक्कड़पन, निरालापन अथवा अपने प्रकार का विचित्र स्वभाव जो कमलेश्वर के व्यक्तित्व को एक महत्त्वपूर्ण सजीवता प्रदान करता है, अपने में मस्त रहना ही उनका फक्कड़पन है। वह अपनी इस प्रवृत्ति के कारण ही साहित्यकारों में एक विशिष्ट छवि रखते हैं। राजेन्द्र यादव का इस सम्बन्ध में कथन है कि–''लिखते-लिखते उठेगा, गुड्डी को ऊपर-नीचे झुलाएगा, रसोई में जाकर दो-चार कौर कुछ

चबाएगा और फिर आकर लिखने लगेगा, बातें करते-करते अचानक उठेगा, सिगरेट का धुआँ घूँटता हुआ इस कमरे से उस कमरे में झाँकेगा, खिड़की पर खड़ा होगा और फिर बातें करने लगेगा ....। रात को ग्यारह बजे सिगरेट लेने 'गली के कोने तक' जाएगा, आप प्रतीक्षा करते रहेंगे और वह दो बजे लौटकर कुछ पढ़ता हुआ सो जाएगा।"[37]

यह फक्कड़पन कमलेश्वर के व्यक्तित्व को और अधिक मुखर बनाने में सहायक रहा है। दिनचर्या में तारतम्य एवं समरसता का अवगुण ही उनके व्यक्तित्व की अपनी निजी विशेषता बन गया था। इस वर्णन से यह स्पष्ट है कि राजेन्द्र यादव ने जैसा उन्हें देखा, चित्रित किया। एक मित्र का अन्तरंगता से परिपूर्ण वर्णन उनकी महानता को प्रकट करने वाला है। वे अपने मित्र राजेन्द्र यादव की दृष्टि में बड़े ही फक्कड़ स्वभाव के थे। उनका जीवन अति व्यस्त था, वे अति व्यस्त होकर भी श्रेष्ठ कथाकार के रूप में हमारे सामने प्रकट हुए। वे सबके साथ समान व्यवहार करते थे। उनमें झूठ बोलने की आदत थी, सीधा-सीधा झूठ न बोलकर बड़े ही कलात्मक ढंग से झूठ बोलने में उन्हें महारत हासिल थी। वे सबसे सद्व्यवहार करते थे। उनसे कोई भी निराश एवं हताश नहीं होता था, सबके साथ मिलकर चलने वाले जीव थे—कमलेश्वर। सहृदयता एवं कोमलता का अद्भुत मिश्रण उनके व्यक्तित्व में देखा जा सकता था, और यही उनकी सामाजिकता थी।

2. कमलेश्वर के प्रति दुष्यन्त कुमार के विचार : छात्र जीवन से ही कमलेश्वर के सहपाठी व मित्र रहे दुष्यन्त कुमार कमलेश्वर की निर्धनता का वर्णन करते हुए कहते हैं कि– "वह बहुत बेरहम-संघर्षों से गुजरा था, पर उसके चेहरे पर एक भी शिकन नहीं होती थी। मुझे यह भी पता था कि उसके पास चार जोड़ी से ज्यादा कपड़े नहीं हैं....वह एक छकड़ा साइकिल पर यूनिवर्सिटी आया करता था...। शायद हर महीने उसका नाम फ़ीस जमा न करने वाले की 'डिफ़ॉल्टर' छात्रों की लिस्ट पर रहा करता था।"[38] दुष्यन्त कुमार के विचार में कमलेश्वर बहुत ही संकोची स्वभाव के थे। उनके संकोची स्वभाव के बारे में वे लिखते हैं—"उसकी माँ ने ही मुझे एक बार बताया था– "कैलाश (यही उसका घर का नाम है) इतना संकोच करता है कि दुबारा रोटी तक नहीं माँगता।"[39]

कमलेश्वर के लेखन में किसी भी व्यक्ति या लेखक विशेष का प्रभाव देखने में नहीं आता। उनका लेखन तथा उनका चरित्र उनके स्वयं के जीवनानुभवों से निर्मित है। दुष्यन्त कुमार स्वयं यह अनुभव करते हैं कि कमलेश्वर के चरित्र में अहं जैसा कोई भी दुर्गुण नहीं है। वह बहुत ईमानदार हैं। "सफलतम लेखक के रूप में आज, जो उसकी ख्याति है, उसके बावजूद वह ईमानदारी से महसूस करता है कि गर्व करने लायक़ उसने अभी कुछ नहीं लिखा है।"[40] कमलेश्वर का व्यक्तित्व ऐसा था कि वह दूसरे व्यक्ति को प्रभावित कर लेता था। उसे अपने से सहमत कर लेता था। यह गुण प्रायः कम लोगों में देखा जाता है पर कमलेश्वर के व्यक्तित्व का यह सहज गुण था। कमलेश्वर के 'घोर विरोधी' भी इसके व्यक्तित्व के इस गुण से सहज ही प्रभावित एवं पराजित होकर उसके गुणों की प्रशंसा करते देखे जा सकते हैं। सामने वाला उसकी प्रतिभा से पराजित होता था, उसका लोहा मानता था, उससे पूर्णरूपेण प्रभावित होता था।

3. कमलेश्वर के प्रति अरविंद कुमार के विचार : अरविन्द कुमार के विचार में आदर्श पुरुष

वह होता है, जिससे प्रेरणा लेकर उसका अनुसरण किया जाये तथा जिसके पगचिह्नों पर चला जाये। वे इन सब गुणों का समावेश कमलेश्वर में पाते हैं। वे कमलेश्वर को अपना आदर्श पुरुष मानते हैं। अरविन्द कुमार कमलेश्वर के चाल-चलन, तौर-तरीकों तथा उनके व्यवहार आदि के सदैव प्रशंसक रहे हैं। वे स्वयं कहते हैं– "उसमें ईमानदारी, निष्ठा, दोस्तों के प्रति लॉयल्टी, मेहनत, दिमाग व सिद्धान्तवादिता–सभी कुछ है।"[41] कमलेश्वर स्वाभिमानी प्रकृति के व्यक्ति थे। उनके इस गुण की इनके सभी मित्र प्रशंसा करते हैं। इसी सन्दर्भ में अरविन्द कुमार कहते हैं– "उसने कभी अपने को छोटा नहीं समझा–न किसी से, न पूरी व्यवस्था से।"[42]

कमलेश्वर समाज की रग-रग पहचानते थे। उनके इस गुण का प्रदर्शन उनके साहित्य से हो जाता है। अरविन्द कुमार कमलेश्वर के खुलेपन, सादगी व आत्मविश्वास के कायल थे। वह अपनी रचनाओं से अन्य साहित्यकारों, लेखकों, कवियों, दर्शकों तथा श्रोताओं को प्रभावित करता है। प्रभावित होकर किसी ना किसी रूप में अपने महान साहित्यकार को देखते हैं। अरविन्द कुमार कमलेश्वर की अद्‌भुत कार्य-क्षमता से प्रभावित होकर उनके विषय में लिखते हैं कि–"कमलेश्वर एक नहीं, कई काम एक साथ करता है। कहानियाँ लिखना, उपन्यास लिखना, एडिटरी करता है, आन्दोलन चलाता है, टी.वी. पर कार्यक्रम देता है, फिल्में लिखता है.....। सब बड़ी खूबी से करता है। वाहवाही लूटता है...।"[43]

आगे अरविन्द कुमार कमलेश्वर की प्रशंसा करते हुए कुछ इस प्रकार वर्णन करते हैं कि– "हर तरफ उसकी चर्चा है। लोग उसे घेरे रहते हैं फिल्मों का मुसाहिबी का माहौल.....आन्दोलन में कई तरह के पिछलग्गू.....प्रकाशकों द्वारा इश्तहारों में भारी-भरकम लफ़्फ़ाज़ी....।"[44]

अरविन्द कुमार कमलेश्वर की योग्यता की प्रशंसा में कहते हैं कि–"मुझे मालूम है कि कमलेश्वर वक़्त से बड़ा नहीं है, पर मैं जानता हूँ कमलेश्वर तारीफ़ से बड़ा साबित होगा।"[45]

कमलेश्वर की अनुपम प्रतिभा के कारण ही ऐसी विलक्षण भविष्यवाणियाँ की गयी हैं, उनके मित्र साहित्यकार कहते थे और वे समय के साथ सही एवं खरी उतरीं। वास्तव में उनके मित्रों ने उनकी प्रशंसा की, वह उनके विराट व्यक्तित्व के समक्ष बौनी ही कही जाएँगी। वे एक महान साहित्यकार थे, उनमें बहुमुखी प्रतिभा थी।

4. कान्ति भट्ट की दृष्टि में कमलेश्वर : कान्ति भट्ट कमलेश्वर को कुछ इस प्रकार परिभाषित करते हैं– "बम्बई के बोरीबन्दर स्टेशन के समक्ष 'टाइम्स ऑफ इंडिया' बिल्डिंग में उनका दस बाई दस का एक 'कैबिन' है जो तमाम किताबों, मैगजीनों तथा फाइलों से भरा है और उन सबके बीच बैठा हुआ व्यक्ति कमलेश्वर है।"[46] कमलेश्वर आत्मीयता से सराबोर व्यक्ति हैं। किसी भेंट को स्मृति में बदल देने में कमलेश्वर सिद्धहस्त हैं। वे अपने प्रशंसकों, पाठकों व मिलने जुलने वालों आदि का सदैव हँसते हुए चेहरे से स्वागत करते हैं। कुछ ही लोग ऐसे होते हैं जिनसे अन्य लोग व समाज प्रेरणा लेता है, कमलेश्वर भी ऐसे ही कुछ चुनिंदा लोगों में से एक थे। मनुष्य के निर्माण में अनेक सम्बन्धों का योगदान होता है। कमलेश्वर के सन्दर्भ में कान्ति भट्ट कहते हैं– "उससे मिलना लगता है, हम एक साथ समाज के विभिन्न लोगों से मिल रहे हैं, क्योंकि वह कई व्यक्तियों के साथ के सम्बन्धों से बना है। इन सबके बावजूद वह अपनी एक खासियत के साथ मिलता है– सदैव हँसते हुए।"[47]

5. कमलेश्वर के विषय में दामोदर सदन के विचार : दामोदर सदन की दृष्टि में कमलेश्वर एक शक्ति-पुंज हैं। कहानी-साहित्य में उन्होंने एक से एक नये आयाम स्थापित किए। इतना ही नहीं कमलेश्वर ने एक नया कथा-आन्दोलन चलाया। आन्दोलन ही नहीं चलाया, अपितु उस आन्दोलन को गति देने में अग्रसर करने में भी सतत प्रयास किये। वे कहते हैं– "कमलेश्वर एक शक्ति पुंज है–वह बोलता है, बोलता है और बोलता है और बेहद अच्छा बोलता है। इतना अच्छा कि उसके बोलने और बात करने के सम्प्रेषित हो जाने में कोई फासला बच नहीं पाता यदि उसके सारे भाषणों को टेप कर लिया जाये तो बिना एडिटिंग के अच्छा बढ़िया वाङ्मय तैयार हो जाये।"[48] इस प्रकार कमलेश्वर एक प्रखर एवं स्फुट वक्ता थे। आगे उनके व्यक्तित्व के महत्त्वपूर्ण पक्षों का उद्घाटन करते हुए दामोदर सदन इस प्रकार कहते हैं कि–"कमलेश्वर का व्यक्तित्व दुनिया भर के उन बैंकों की तरह नहीं है, जो फेल हो जाते हैं, वह एक पुख़्ता और गर्म रेत है। आप उस पर जितना दौड़ना चाहें दौड़ सकते हैं। वह दोस्ती का बैंक है, जहाँ आप आसानी से अपना खाता खोल सकते हैं।"[49] कमलेश्वर के सर्वांग पूर्ण एवं प्रभावी व्यक्तित्व के विषय में ऐसे विचार यकायक ही नहीं बन जाते अपितु इन विचारों के बनने के पीछे एक अटूट आस्था, एक ठोस-विश्वास और एक अगाध स्नेह की त्रिवेणी प्रवाहित होती है। कमलेश्वर का हृदय भावुकता का कोष है। वे एक भावुक मित्र हैं–मोहन राकेश और दुष्यन्त के मरने के बाद वह अपने को बेहद अकेला महसूस करता है। उसके मन में प्यार का विशाल समुद्र लहराता रहता है। जो भी मिले, वह कब उसका हो गया, पता नहीं चलता। वह प्यार बाँटता फिरता है, नफ़रत के लिए उसके दिल में कोई जगह नहीं है। इस प्रकार कमलेश्वर के हृदय में आर्द्र-स्नेहशीलता है।

6. डॉ. आलम शाह खान की दृष्टि में : इनकी दृष्टि में–"कमलेश्वर एक बेहद जिद्दी और तल्ख़ आदमी है। उसकी ज़िद है कि इनसान के चोले में जो आदमी पैदा हुआ है उसे इनसान का मरतबा मिलना ही चाहिए। वो तल्ख है उस निजाम के लिए जो आदमी और आदमी में तफ़रीक करता है। कमलेश्वर की क़लम में वो जादू है जो चाहे तो दो साल में चार 'गुलशन नंदा' बनाने वाली चालीस किताबें पैदा कर दे। लेकिन उसके लिए उसे उभरे हुए मलाईदार सीनों, हसीन शानों पे लहराते गेसुओं, गुदाज़ बाँहों और मरमरी रानों के दलदल में ऐयाश निगाहों का कमल बनना पड़ेगा, जो उसे हरगिज़ क़बूल नहीं।"[50] डॉ. आलम शाह खान कमलेश्वर को पहले एक इनसान मानते हैं उसके बाद कुछ और। "कमलेश्वर एक मामूली आदमी और गैरमामूली फ़नकार है, जो कमल था और पत्थर होकर कमलेश्वर बना।"[51] इस प्रकार डॉ. आलम खान ने कमलेश्वर को कलम का जादूगर माना है, जो मामूली सा इनसान दिखने पर भी असामान्य कलाकार के रूप में अवतरित हुआ है।

7. शौरिराजन की दृष्टि में : तमिल तथा हिन्दी के विख्यात लेखक के रूप में प्रतिष्ठित शौरिराजन कमलेश्वर के बारे में लिखते हैं कि– "वह सुई का जवाब कटार से दे देता है। ....वह एक ओर अबूझ पहेली है, तो दूसरी ओर साफ खुला पन्ना भी है।"[52] इनके अनुसार कमलेश्वर एक जनवादी, प्रगतिशील और सम्यक् क्रान्ति के पक्षधर लेखक हैं। उनमें हर चीज़ को अपने ढंग से बहुत खूबसूरती के साथ कहने की अनूठी अदा है। उनमें इनसानियत तथा

जनहित की प्रबल इच्छा थी। वे हर कार्य एक नवीन तथा अनोखे ढंग से करते थे। शौरिराजन कमलेश्वर की जिंदादिली, हिम्मत, आत्मविश्वास, भावुकता तथा स्वाभिमान से अत्यधिक प्रभावित थे।

8. कमलेश्वर के विषय में आबिद सुरती के विचार : श्री सुरती गुजरात की नयी पीढ़ी के विवादास्पद प्रयोगवादी लेखक, प्रख्यात चित्रकार और व्यंग्यकार के रूप में प्रसिद्ध हैं।

''यदि सन्ति गुणाः पुंसा विकसन्त्येव ते स्वयं।
नहि कस्तूरिका मोदः शपथेन विभाव्यते।।''

''यदि मानव में गुण हैं तो वे स्वयं ही विकसित हो जाते हैं। कस्तूरी की सुगन्ध कहीं शपथ खिलाने से प्रकट नहीं होती।'' यह उक्ति वास्तव में कहानीकार कमलेश्वर पर चरितार्थ होती है। वास्तव में कमलेश्वर की मित्र-प्रियता, सहृदयता तथा भावुकता का खुला कैनवास चारों ओर समान रूप से फैला हुआ है। आबिद सुरती कमलेश्वर से अत्यधिक प्रभावित हैं। अपने हृदय पर पड़ी कमलेश्वर की भावुकता की छाप को आबिद सुरती भी पुष्ट करते हुए कहते हैं कि– ''कमलेश्वर एक 'नाजुक दिल' भी हैं यह शायद बहुत कम लोग जानते होंगे। वे खुश होते हैं तो उनकी खुशी किसी से छुपी नहीं रहती। वे दुःखी होते हैं तो उनका चेहरा पोस्टर की तरह ज़ाहिर कर देता है। क्या आप यह सोच सकते हैं कि कमलेश्वर जैसी शख़्सियत दस लोगों के बीच भी एक मासूम बच्चे की तरह आँसू बहा सकती है?''[53]

कमलेश्वर के श्रेष्ठ एवं सम्पन्न-व्यक्तित्व का एक महत्त्वपूर्ण पक्ष यही भावुकता है, जो निरन्तर परिवर्तित विश्व में, शनैः-शनैः चारों ओर के परिवेश में आ गया है तथा इसके परिणामस्वरूप मानव में भी व्यापक परिवर्तन आ गया है, लेकिन कमलेश्वर के अन्तर में भावुकता की गहनता अति प्रगाढ़ है, अकूत-अथाह है। साथ ही उसे व्यक्तित्व की अमूल्य थाती कहा जा सकता है। अमूल्य धरोहर कहा जा सकता है। ''सड़सठ के कमलेश्वर, जबकि वे नये-नये बम्बई आये थे और आज के कमलेश्वर में–जो सफलताओं के कई शिखर विजित कर चोटी पर जा बैठे हैं कोई फ़र्क नज़र नहीं आता।''[54] इस प्रकार आबिद सुरती के अनुसार कमलेश्वर के कार्य व्यवहार एवं उनके रहन-सहन में अधिक परिवर्तन नहीं हुआ है। वे वही मित्रों के मित्र हैं। उन्नति के शिखर पर स्थित होने पर भी उनमें अहम् लेशमात्र भी नहीं आ पाया है। कमलेश्वर मित्रों के बड़े प्रेमी थे। आबिद सुरती स्वयं कहते हैं कि चाहे मित्र उनके करीब हों या दूर, वे उनके हृदय में समाये रहते हैं।

10. कमलेश्वर के विषय में कृश्न चन्दर के विचार : उर्दू के श्रेष्ठ एवं सम्मान्य कहानीकार कृश्न चन्दर के विचार में, मुश्किल लहजे में बात करना आसान है लेकिन आसान लहजे में गम्भीर और मुश्किल बात करना बहुत मुश्किल है। परन्तु कमलेश्वर ने अपनी योग्यता के बल पर अपने साहित्य में यह कार्य बखूबी कर दिखाया है। कमलेश्वर में वास्तविकता को वास्तविक तरीके से प्रदर्शित करने का गुण विद्यमान है। कृश्न चन्दर लिखते हैं कि–''ग़रीब जनता के लहज़े को अपनाने और उनके दुःखों को उन्हीं की जुबान में ड्रामाई अंदाज़ और खोखली भावुकता के बग़ैर पेश करने में उनका सानी और उनकी कला का मुक़ाबला करने वाला किसी को नहीं पाया।''[55] अल्प अवधि में ही कमलेश्वर अपने युग के साहित्यकारों की श्रेणी में उच्च स्थान पर बैठने

में सुसफल हो गये। कृश्न चन्दर कमलेश्वर के विषय में अपना अभिमत प्रकट करते हुए कहते हैं कि– "कमलेश्वर का शुमार आधुनिक साहित्य की प्रथम पंक्ति के उन अदीबों में होता है, जिसमें रेणु, भारती, मोहन राकेश, राजेन्द्र यादव, निर्मल वर्मा और दूसरे शीर्षस्थ कहानीकारों के नाम आते हैं...। वह हिन्दी कहानी को घर की चारदीवारी से बाहर निकाल कर खेत, चौपाल, सड़क से फुटपाथ पर ले आया है।"[56] कमलेश्वर आम आदमी की कहानियों के लेखक थे। वे भारतीय आम आदमी को अपनी कहानियों का विषय बनाने वाले कथाकार थे।

हिन्दी साहित्य महाधारा के साहित्यकारों के अतिरिक्त अन्य भाषाओं के साहित्यकारों के विचारों के आधार पर निष्कर्षतः हम यह कह सकते हैं कि प्रौढ़ कथाकार कमलेश्वर का व्यक्तित्व एक अति विलक्षण प्रतिभा से परिपूर्ण है, उसमें आम-आदमी की सामान्य घटना को सहज ही आत्मसात् कर लेने की परम एवं अद्भुत शक्ति है। उन्होंने अपने 'सारिका' सम्पादन काल में नये लेखकों को अधिक अवसर प्रदान किया। प्रख्यात कवि केदारनाथ सिंह के मतानुसार– "सारिका के सम्पादन के तौर पर कमलेश्वर ने नये हस्ताक्षरों को अधिक से अधिक मौका दिया।"[57] इस प्रकार उनके व्यक्तित्व में नये लोगों के प्रति उदारता एवं सहृदयता थी, ऐसा स्पष्ट है।

11. पी. एन. भट्टतिरी के विचार : पी. एन. भट्टतिरी कमलेश्वर को कुशल कहानीकार, उत्तम उपन्यासकार, प्रभावी लेखक, सक्षम सम्पादक तथा टी.वी. का सफल प्रोड्यूसर मानते हैं। वे कमलेश्वर को सिद्धान्त का पुनरुत्थान मानते हुए लिखते हैं कि– "भाई कमलेश्वर एक आइडियोलॉजी का–सिद्धान्त का पुनरुत्थान हैं और यही उनको उन दूसरे 'बहुत कुछ' वालों से भिन्न बना लेता है और इसकी निशानी 'समान्तर-लेखक' मंच में उभर आयी। इसके द्वारा लेखकों की एक ऐसी नयी पीढ़ी का निर्माण हो रहा है, जो गिरती-लुढ़कती-रोती नहीं, मगर उठती-लड़ती-बढ़ती है। यही बात भाई कमलेश्वर की सबसे बड़ी देन मानी जाएगी।"[58] लेखक भट्टतिरी को कमलेश्वर की यही भूमिका रुचिकर लगी है। उनकी भूमिका है 'समान्तर-लेखक' आन्दोलन की।

12. डॉ. मनुभाई पाँधी के विचारों में कमलेश्वर : डॉ. मनुभाई पाँधी, कमलेश्वर को छोटे एवं आम आदमियों का रचनाकार मानते हुए लिखते हैं– "मैं सही कहता हूँ कि कमलेश्वर जन-समुदाय की तकलीफ़ों में हिस्सा बँटाने में कभी पीछे नहीं रहते और सबसे ज्यादा ध्यान देने योग्य बात यह है कि उन्होंने हमेशा सोद्देश्य लिखा है लेकिन कला और सौन्दर्य बोध को कभी धुँधला नहीं होने दिया। उन्होंने बदलते हुए हालात में आम भारतीय की मानसिकता और व्यवहार के बदलाव को बड़ी खूबसूरती के साथ अभिव्यक्ति दी है। उन्होंने कला-साधनों को व्यापक बनाया है।"[59]

कमलेश्वर की प्रतिभा एवं गुणों की चर्चा करते हुए पाँधी कहते हैं-- "कमलेश्वर में मैंने एक विशिष्ट गुण हमेशा महसूस किया है कि वे किसी भी व्यक्ति के दिल में गहरे उतरकर उसकी छिपी हुई बातें बड़ी खूबी से बाहर निकलवा लेते हैं। एक चुप्पा और शर्मीला व्यक्ति भी बेझिझक उनके सामने अपने रहस्य प्रकट कर देता है। वे आदमी और आदमी के बीच की रुकावटें दूर

करने में कुशल हैं। उस समय वे कमलेश्वर नहीं रहते, एक साधारण आदमी बन जाते हैं और असाधारण बातों को भी साधारण बना देते हैं। सही अर्थों में वे अपने वक़्त और समकालीन लेखकों के प्रतिनिधि हैं। यही बातें किसी भी लेखक के लिए सबसे बड़ी उपलब्धियाँ होती हैं और कमलेश्वर में ये सब हैं।''[60]

13. गुलाबदास ब्रोकर के कमलेश्वर विषयक विचार : गुलाबदास गुजराती के प्रख्यात कथाकार हैं, चिंतक हैं, विचारक हैं उनकी मान्यता है कि साहित्यिक अनुभव यदि श्रेष्ठ हैं, प्रामाणिक हैं तो वह सदा जीवित रहता है। कमलेश्वर तथा उनकी पीढ़ी की तीव्रता आलोचना के बावजूद भी हिन्दी जगत में विशेष महत्त्व रखते हुए जिन्दा है। कमलेश्वर की कहानियों में कथ्य एवं रूप की श्रेष्ठता के साथ ही ''सम्पूर्ण दलित वर्ग के प्रति उनकी सहानुभूति ने उन्हें पाठकों का प्रिय बना दिया है। उनकी कलात्मकता से रश्क होता है, उनकी संवेदना अत्यन्त विस्तृत है, उनका कैनवास बहुत बड़ा है। हिन्दी पाठकों के बीच उनका नाम लम्बे अरसे तक जिन्दा रहने वाला है।''[61]

14. हरिकृष्ण कौल के कमलेश्वर विषयक विचार : हरिकृष्ण कौल कश्मीरी, उर्दू और हिन्दी के प्रख्यात कथाकार हैं। उन्हें कमलेश्वर की कहानियों ने अत्यधिक प्रभावित किया है। वे कमलेश्वर को पूरे भारत का कथाकार मानते हैं तथा उनकी कहानियों को आम आदमियो की दास्तान। 'राजा निरबंसिया' और 'खोई हुई दिशाएँ' से लेकर 'बयान' और 'रातें' तक जिसकी सारी कहानियाँ उस आम आदमी की दास्तान है जिसकी हालत पर बड़े-बड़े क़ौमी और अन्तरराष्ट्रीय वाक़यात-आजादी, जम्हूरियत और इंक़लाब के लम्बे-चौड़े दावे कोई असर नहीं डालते, जो गुमनाम जिन्दगी जीता और मौजूदा समाज के निजाम की चक्की में पिसा जा रहा हैं।''[62]

15. विमल मित्र की दृष्टि में : कमलेश्वर गतिशील व्यक्तित्व के धनी हैं तथा यथार्थवादी हैं। विमल मित्र के अनुसार ''कमलेश्वर परम्परा के शत्रु हैं। यह साहित्य का एक शुभ लक्षण भी है। और वह वर्तमान समाज-सभ्यता एवं स्वयं अपने ऊपर Dissatisfied हैं! Disatisfaction in a writer is always an element of talent. कमलेश्वर कभी एक स्थान पर स्थिर बैठ सकते नहीं। उनका लेखन भी कभी एक आइडिया लेकर चलता नहीं...प्रेमचन्द एक शताब्दी में दो-तीन पैदा होते हैं। मेरे निरपेक्ष विचार में कमलेश्वर जी साहित्य के 'डिकेन्स' हैं। कमलेश्वर के किसी भी लेखन में पुनरावृत्ति नहीं पायी जाती।''[63] वे वास्तविकता को समक्ष रखकर कहानी लिखते हैं। विमल मित्र के अनुसार वे हिन्दी साहित्यकार नहीं बल्कि विश्व साहित्यकार हैं। उनमें युग परिवर्तन की शक्ति का विशाल भंडार था।

16. ओम गोस्वामी की दृष्टि में : डोगरी के प्रख्यात कथाकार ओम गोस्वामी जी लिखते हैं कि– ''कमलेश्वर एक शख़्सियत हैं कि– जिनमें 'कथनी' और 'करनी' की एकात्मकता का विहंगम दिग्दर्शन मौजूद है। उसने हमारे कालखंड की हिप्पोक्रेसी के खिलाफ़ लेखनीय भूमिका से पूरी ईमानदारी के साथ दो टूक बातें की हैं।''[64] उनकी लेखन क्षमता व प्रतिभा के सन्दर्भ में ओम गोस्वामी जी कहते हैं– ''उसकी कलम ने दोधारी तलवार की तरह बीहड़ों में रास्ते बनाये हैं, साहित्यिक अराजकता को बेपर्दा किया है और 'जेनुइन कहानी' को अभय प्रदान किया है।.....आज उन्हें कलम का सिपाही कहा जा रहा है लेकिन कमलेश्वर को कलमेश्वर या

कलम क। खुदा कहने में मुझे कोई गुरेज़ नहीं।''[65]

अमर साहित्यकार और पत्रकार कमलेश्वर के कृतित्व से सब परिचित हैं पर उनके वात्सल्य भाव का हर किसी को पता नहीं। कमलेश्वर बच्चों के साथ खुद बच्चा बन जाते थे। नन्हे शिशुओं के मुँह से कच्चे-कच्चे दूध की जो सुगन्ध आती है—कमलेश्वर की मानें तो दुनिया के बेशकीमती से बेशकीमती इत्र की सुगन्ध उसका रत्ती भर मुकाबला नहीं कर सकते। पुष्पा भारती का तीन वर्षीय ब्रेटा किंशुक और कमलेश्वर कई दिनों से एक खेल खेलते थे। एक दिन के खेल की बानगी कमलेश्वर के वात्सल्य पक्ष को उजागर करती है– ''किंशुक अपनी छोटी-छोटी उँगलियों को आड़ा-तिरछा मोड़कर कई तरह की मुद्राएँ बनाता और पूछता, 'अंकल आप ऐछा कल छकते हैं।' और कमलेश्वर भी ठीक वैसी ही मुद्राएँ बनाकर दिखाते– 'जरूर कर सकते हैं।' किंशुक लाख कोशिश करता पर रोज उसके अंकल खासी बेरहमी से उसे हरा जाते। उस दिन इसी खेल को जारी रखते हुए किंशुक ने अपने नन्हे-नन्हे अँगूठे कानों में डाले और बीच की उँगलियों से सिर में सींग जैसे बनाकर लम्बी सी जबान बाहर निकाली। उसे पक्का भरोसा था कि यह राक्षसी मुद्रा भला ये क्या बना सकेंगे। पर कमलेश्वर जी थे कि ठीक वैसी ही मुद्रा बनाकर उसे अँगूठा दिखाकर चिढ़ाने लगे और यह लीजिये– किंशुक जी ने आव देखा न ताव– एक झटके से अपनी शर्ट और निक्कर उतार फेंका और नंग-धड़ंग होकर भारती जी के चारों ओर ताली बजा-बजाकर चक्कर मारने लगा। 'अंकिल ऐछा कल छक्ते हैं।'..... हम सब बेतहाशा हँसे जा रहे थे और कमलेश्वर जी किंशुक से हार मान रहे थे। नहीं भइया तुम जीते हम हारे। अब हमारी मजाल कि तुमसे कभी अदा-बदी का खेल खेलें।''[66]

एक सामान्य जन से, आम आदमियों तक से स्नेह एवं प्रेम करते हुए, आम आदमी का चित्रण करते हुए कमलेश्वर विशिष्ट मानवीय गुण समन्वित श्रेष्ठ कथाकार बन गये, इनका व्यक्तित्व स्पृहणीय बन गया है।

अलंकरण

यद्यपि इससे पूर्व उनके अनेक बेहतरीन कहानियों के संग्रह आ चुके थे। उन्हें अखिल भारतीय शिखर साहित्य सम्मान प्रदान किया गया। उन्हें इनके बहुचर्चित उपन्यास 'कितने पाकिस्तान' के लिए वर्ष 2003 में साहित्य अकादेमी अवार्ड प्रदान किया गया तथा वर्ष 2005 में पद्मभूषण सम्मान से सम्मानित किया गया। ''समाचार पट्टी पर लिखा था कि श्री कमलेश्वर प्रसाद सक्सेना को पद्मभूषण से अलंकृत किया गया। कमलेश्वर जी बड़े झुंझलाए उन्होंने कहा, 'मुझे लग रहा है कि यह मैं नहीं हूँ, किसी और को अलंकृत किया जा रहा है।'''[67]

इस प्रकार समाज एवं सरकार ने उन्हें सम्मानित किया तब तक कमलेश्वर इन सभी सम्मानों से ऊपर उठ चुके थे। उन्हें समाज की परख थी, संस्कृति की परख थी और समाज के टूटते हुए सम्बन्धों की पूर्ण परख एवं चिन्ता थी। 'कमलेश्वर जी ने शुरुआती टिप्पणी की, ''साम्प्रदायिकता और जातिवादी ताकतों के खिलाफ लड़ाई जारी है और जारी रहेगी। हमारी

सामाजिक संस्कृति बहुलतावादी रही है और रहेगी, जहाँ तक बाजार के वर्चस्व का सवाल है तो खतरा चकाचौंध का नहीं, सवाल रिश्तों के खत्म होने का है, जो एकाकीपन में ढकेल रहा है और दूर करने का रास्ता, रास्तों को ही खत्म कर घेरे में समेट रहा है।''[68] वे समाज के व्यक्ति से इतना घुलमिल गये थे कि वे उसी में से अपनी कहानियों का सृजन कर लेते थे, पात्र गढ़ लिया करते थे। ''कमलेश्वर ने अपनी कहानियों और किरदारों की जो दुनिया आबाद की है, उसकी गूँज तो कभी बन्द ही नहीं होगी और बड़ा फनकार मरता कहाँ है? कमलेश्वर सबके दोस्त थे शायद हर मिलने वाला उनके लिए एक किरदार के मानिंद था, जिससे बातें करते-करते वे उसमें कहानियाँ भी ढूँढ़ लेते थे।''[69]

कोई भी साहित्यकार मरता नहीं वह अपनी रचनाओं, कृतियों, सर्जनाओं एवं सिद्धान्तों को लेकर युगों-युगों तक जीता है। कमलेश्वर भी ऐसे ही हैं, जो मरकर भी अमर हैं। उनकी कहानियाँ, रचनाएँ, उपन्यास एवं उसमें निहित आदर्श अमर हैं। उनके प्रदत्त साहित्य सन्देश अमर हैं, उनका जीवन हमें प्रगति की शिक्षा देता है। उनका जीवन अनुकरणीय है कोई भी काम छोटा नहीं होता यह उनके जीवन का अमर सन्देश है।

सन्दर्भ

1. परिकथा (मई-जून 2007) उनके पदचिह्नों में उनके सफर के मायने हैं : गायत्री कमलेश्वर, पृष्ठ 4
2. वही, पृष्ठ 5
3. कमलेश्वर (कमलेश्वर : दुष्यन्त कुमार की निगाह में) : सं. मधुकर सिंह, पृष्ठ 87
4. जो मैंने जिया (आधारशिलाएँ-1) : कमलेश्वर, पृष्ठ 43
5. परिकथा (मई-जून 2007) कमलेश्वर एक विरल व्यक्तित्व : कामतानाथ, पृष्ठ 21
6. कमलेश्वर : सं. मधुकर सिंह, पृष्ठ 393
7. वही, पृष्ठ 77
8. वही, पृष्ठ 82, 78
9. वही।
10. आईने के सामने : सम्पादक मोहन राकेश, पृष्ठ 68,103
11. वही।
12. कमलेश्वर : एक कथा-यात्रा (अपनी निगाह में) : कमलेश्वर, पृष्ठ 61
13. कमलेश्वर : सम्पादक मधुकर सिंह, पृष्ठ 80
14. वही, पृष्ठ 85
15. वही, पृष्ठ 90
16. जो मैंने जिया (आधारशिलाएँ-1) : कमलेश्वर, पृष्ठ 46
17. आईने के सामने : सम्पादक मोहन राकेश, पृष्ठ 107
18. वही, पृष्ठ 107
19. वही, पृष्ठ 79
20. कमलेश्वर : एक कथा-यात्रा (अपनी निगाह में) : कमलेश्वर, पृष्ठ 54
21. कमलेश्वर : सम्पादक मधुकर सिंह, पृष्ठ 86
22. कमलेश्वर : एक कथा-यात्रा (अपनी निगाह में) : कमलेश्वर, पृष्ठ 66,67,68
23. वही।

24. वही।
25. कमलेश्वर : एक कथा.यात्रा (अपनी निगाह में) : कमलेश्वर, पृष्ठ 73
26. वही, पृष्ठ 74
27. वही, पृष्ठ 74
28. वही, पृष्ठ 75
29. मेरे साक्षात्कार : कमलेश्वर, पृष्ठ 60-61
30. मेरा हमदम मेरा दोस्त : सम्पादक कमलेश्वर, पृष्ठ 34
31. औरों के बहाने (संश्लेषण) : सम्पादक राजेन्द्र यादव, पृष्ठ 54
32. मेरा हमदम मेरा दोस्त : सम्पादक कमलेश्वर, पृष्ठ 37-38
33. वही, पृष्ठ 33-34
34. औरों के बहाने (संश्लेषण) : सम्पादक राजेन्द्र यादव, पृष्ठ 51
35. वही, पृष्ठ 52-53
36. कमलेश्वर : एक कथा-यात्रा (अपनी निगाह में) : कमलेश्वर, पृष्ठ 80
37. औरों के बहाने (संश्लेषण) : सम्पादक राजेन्द्र यादव, पृष्ठ 53
38. कमलेश्वर : एक कथा-यात्रा (अपनी निगाह में) : कमलेश्वर, पृष्ठ 75
39. वही, पृष्ठ 88
40. कमलेश्वर : सं. मधुकर सिंह, पृष्ठ 94
41. वही, पृष्ठ 97
42. वही, 97
43. कमलेश्वर : एक कथा-यात्रा (अपनी निगाह में) : कमलेश्वर, पृष्ठ 101
44. कमलेश्वर : सम्पादक मधुकर सिंह, पृष्ठ 102
45. वही, पृष्ठ 102
46. मेरे साक्षात्कार : कमलेश्वर पृष्ठ, 58
47. वही, पृष्ठ 61
48. कमलेश्वर : सम्पादक मधुकर सिंह, पृष्ठ 287, 288
49. वही।
50. वही, पृष्ठ 387, 384
51. वही।
52. कमलेश्वर : सम्पादक मधुकर सिंह, पृष्ठ 368
53. वही, पृष्ठ 362
54. वही, पृष्ठ 373
55. वही, पृष्ठ 388
56. वही।
57. कौन कमलेश्वर.....कितने पाकिस्तान वाले : राष्ट्रीय सहारा दि. 27.01.08, पृष्ठ 2
58. कमलेश्वर : सं. मधुकर सिंह, पृष्ठ 383
59. वही, 372
60. वही, पृष्ठ 372-73
61. वही, पृष्ठ 370-71
62. वही, पृष्ठ 378
63. वही, पृष्ठ 366-67
64. वही, पृष्ठ 380

65. वही, पृष्ठ 381

66. राष्ट्रीय सहारा (गोरखपुर संस्करण) दि. 04.01.2009

67. परिकथा (मार्च-अप्रैल 2007) कमलेश्वर जी : ममता कालिया, पृष्ठ 13

68. परिकथा (मई-जून 2007) मुझे एहसास है, सन्नाटा या ठहरा हुआ जीवन कितना खतरनाक होता है : प्रसून वाजपेयी, पृष्ठ 109

69. परिकथा (मई-जून 2007) उर्दू और कमलेश्वर : मुशर्रफ आलम जौकी, पृष्ठ 112

2

कमलेश्वर का कृतित्व

किसी भी श्रेष्ठ रचनाकार का सामर्थ्य एवं रचनात्मकता का आकलन उसकी श्रेष्ठ एवं अनुपम कृतियों के आधार पर ही किया जाता है। आधुनिककालीन हिन्दी कथा-साहित्य में कमलेश्वर का स्थान अति उच्च एवं महत्त्वपूर्ण है। संघर्षपूर्ण जीवन की अनेक विसंगतियों के बीच तालमेल बैठाने वाले कमलेश्वर की कथात्मक रचनाओं के बीच मध्य-वर्गीय यथार्थ स्पष्ट रूप से झलकता है। सच तो यह है कि कमलेश्वर ने अपनी कहानियों में युगीन सच को उद्‌घाटित किया है तथा उन्हें इस उद्‌घाटन में पर्याप्त सफलता मिली है। उन्होंने अपने उपन्यासों एवं कहानियों में बड़ी सूक्ष्मता और सांकेतिकता के साथ नये सामाजिक यथार्थ को निरूपित किया है तथा अपने निजीपन के द्वारा उसे अभिनव रूप दिया है। कमलेश्वर साठोत्तरी कहानी एवं उपन्यास साहित्य के प्रेमचन्द के रूप में अवतरित हुए। उनमें सूक्ष्म निरीक्षण, शक्तिपटुता के दर्शन होते हैं जिससे उनका यथार्थ चित्रण अप्रतिम बन पड़ा है। अपनी इसी विशेषता के कारण वे अपने समकालीन कथाकारों एवं उपन्यासकारों में श्रेष्ठ बन गये। उनके जैसे सामाजिक यथार्थ चित्रण की झलक अन्यत्र किसी भी उनके समकालीन लेखक में दिखलाई नहीं देती।

(क) साहित्य यात्रा का आरम्भ

एक छोटे से मैनपुरी कस्बे में रह-बसकर तथा उससे जुड़कर कमलेश्वर ने अपनी प्रारम्भिक कहानियाँ और उपन्यास एक निश्चित वर्ग के दुःख-दर्द की सच्चाई को केन्द्र मानकर लिखे व रूपायित किये हैं। इस विषय में डॉ. घनश्याम 'मधुप' के विचार अवलोकनीय हैं—"कस्बाई-निम्न मध्यवर्ग के वर्ग-वैषम्य, शोषण और सामाजिक असामान्यता का चित्रण लेखक ने अपनी प्रगतिशील विचारधारा के आधार पर किया है। लेकिन यह प्रगतिशीलता यशपाल या नागार्जुन जैसी राजनीतिक सिद्धान्त-प्रधान नहीं है। जीवन के संघर्षों से उत्पन्न उनकी यह विचारधारा हर मध्यवर्गीय बुद्धिजीवी की है।"[1] कमलेश्वर के कृतित्व का मूल्यांकन करने हेतु हम उनके समग्र साहित्यकार रूप जिसमें उपन्यासकार, कहानीकार, नाटककार, आलोचक, सम्पादक, टी.वी. स्क्रिप्ट लेखक तथा उनकी अन्य साहित्यिक गतिविधियाँ सन्निहित हैं, का विशेष आकलन करते हुए सर्वप्रथम उनके औपन्यासिक साहित्य पर विचार करेंगे।

उपन्यासकार कमलेश्वर

सन् 1950 के बाद के प्रमुखतम् उपन्यासकारों में कमलेश्वर एक चर्चित उपन्यासकार रहे हैं। वे एक व्यक्ति एवं साहित्यकार दोनों ही रूपों में सफल दृष्टिगोचर होते हैं। स्वातन्त्र्योत्तर हिन्दी साहित्य विशेषरूपेण उपन्यास साहित्य को नयी दिशा देने में भी कमलेश्वर का महत्त्वपूर्ण योगदान है। उनके उपन्यासों में एक सामान्य हिन्दुस्तानी की जिन्दगी दिखाई देती है, यही कारण है कि इनकी समस्त कृतियों में रोजी-रोटी, पति-पत्नी की कलह, प्रेम, शंकाए, आस्थाएँ एवं निराशाएँ आदि सभी यथार्थ रूप में स्वयं ही आ जाते हैं।

कमलेश्वर की सर्वोत्कृष्ट विशेषता उनकी स्पष्टवादिता है। वे प्रत्येक बात को अत्यन्त स्पष्टता के साथ पाठकों के समक्ष रखने का प्रयास करते हैं तथा इस प्रयास में वे काफी सीमा तक सफल भी हुए हैं। उनके समस्त उपन्यासों की एक प्रमुख विशिष्टता उनकी साफ-सुथरी भाषा, उसका प्रवाह तथा उनकी यथार्थता है। उनकी भाषा चित्रात्मक है। इस चित्रात्मक भाषा को सँजोने एवं वातावरण को यथार्थ रूप प्रदान करने में, वे पूर्णरूपेण सफल हुए हैं। अपने आस-पास के परिचित परिवेश के छोटे-छोटे विवरण एवं बारीक रेशों को भी उनकी सूक्ष्म अन्तर्दृष्टि कहीं छूटने नहीं देती है। वे सूक्ष्मातिसूक्ष्म वर्णन करने में पटु हैं। वे वर्णन करने में कहीं कोई कोर-कसर नहीं छोड़ते। साथ ही सामाजिक दायित्व का निर्वाह तथा सोद्देश्यता उनके सभी उपन्यासों की द्वितीय प्रमुख विशेषता कही जा सकती है।

कमलेश्वर के विचार करने का ढंग ही अपने आप में एक विचित्रता लिए हुए है। वे सदैव अपने युग की किसी समस्या को सोचते हैं तो सोचते ही रहते हैं। उनकी यह चिन्तनशीलता ही उनके उपन्यासों की रचना का मूलाधार है। उनके उपन्यासों और कहानियों में उनकी यही चिन्तना प्रमुख रूप से विद्यमान रहती है। साथ ही उनका चिन्तन दार्शनिकता के बोझ से पूर्णरूपेण मुक्त है, बोझिल कदापि नहीं। उनके चिन्तन का मूलाधार उनकी बुद्धिपरकता है वह चिन्तन एक बुद्धिजीवी का चिन्तन है, जो जन साधारण के लिए है, आमजन हेतु है। उन्होंने अपने उपन्यासों में कुंठाग्रस्तंतायुक्त परिस्थितियों, मनोवैज्ञानिकतापरक विश्लेषणों तथा अनेकानेक यौनविकृतियों का भ्रमपूर्ण उलझाव एवं अटकाव उत्पन्न नहीं किया है। वे जीवन के यथार्थ को सहज एवं प्रभावशाली शैली के माध्यम से प्रस्तुत करने में सक्षम हैं तथा यही कारण है कि वे पाठक को अन्त तक पहुँचाकर कुछ सोचने हेतु मजबूर करते हैं।

इससे स्पष्ट हो जाता है कि वे युगबोध और युगसत्य को सदैव ही प्राथमिकता देते रहे हैं। वे अपने युग के आम आदमी का चूड़ान्त निदर्शन करने में पूर्णरूपेण समर्थ एवं सफल हुए हैं। उनकी चेतना में आम आदमी की समस्याएँ बस गयी हैं, उनका आम आदमी की समस्याओं के विषय में सोचना तथा चिन्तन करना अपने ढंग का अनूठा एवं बेजोड़ गुण है। कमलेश्वर युग यथार्थ एवं युगसत्य के स्फुट वक्ता एवं उत्कृष्ट लेखक हैं। इसी सन्दर्भ में राजेन्द्र यादव के मतानुसार– "कमलेश्वर अपना सच नहीं बोल सकता, मगर अपने युग और पीढ़ी का सच वह जरूर बोल सकता है। उसके पास ज़बान है और उसे बात करनी भी आती है, क्योंकि इसी समय सच पर आकर बड़े-बड़े ज़बानदार लोग चुप हो जाते हैं।"[2] इस प्रकार हम देखते हैं कि

वे अपनी पीढ़ी के युग सत्य के उद्घाटक हैं, जिस सत्य का उद्घाटन करने में अनेक साहित्यकार सक्षम नहीं हो पाते हैं उसे कमलेश्वर करके दिखाते हैं, यही उनकी विशेषता है।

कमलेश्वर का औपन्यासिक साहित्य

कमलेश्वर सजीवता एवं निरंतरता लिए हुए श्रेष्ठ उपन्यासकार हैं। उन्होंने ग्यारह उत्कृष्ट उपन्यासों की रचना की है, जो प्रकाशित हो चुके हैं। 'एक सड़क सत्तावन गलियाँ' (बदनाम गली) कमलेश्वर का सर्वप्रथम उपन्यास है, जो सन् 1958-59 में लिखा गया था और बाद में प्रकाशक की भूल के कारण 1968 'बदनाम गली' शीर्षक के नाम से भी प्रकाशित हुआ था। इसके बाद 'डाक बँगला' (1961), 'लौटे हुए मुसाफिर' (सन् 1963 ई.), 'तीसरा आदमी' (सन् 1964 ई.), 'समुद्र में खोया हुआ आदमी' (सन् 1965 ई.) लिखे गये। ये उपन्यास कमलेश्वर के दूसरे दौर के उपन्यास हैं, जो उन्होंने दिल्ली में रहते हुए लिखे। इसके बाद उन्होंने 'काली आँधी' लिखा जो धारावाहिक के रूप में 'साप्ताहिक हिन्दुस्तान पत्रिका' में दिसम्बर सन् 1974 ई. में प्रकाशित हुआ था। तत्पश्चात उन्होंने सन् 1976 ई. में 'आगामी अतीत' लिखा जो 'धर्मयुग' में छपा। इसके बाद 'वही बात' सन् 1980 ई. में प्रकाशित हुआ तथा फिर 'सुबह-दोपहर-शाम' का प्रकाशन सन् 1985 ई. में हुआ।

'एक सड़क सत्तावन गलियाँ', 'डाक बँगला', 'काली आँधी' तथा 'आगामी अतीत' इन चारों उपन्यासों पर फिल्में बन चुकी हैं। वे फिल्में क्रमशः हैं– बदनाम बस्ती, डाक बँगला, आँधी तथा मौसम। उन्होंने 'कितने पाकिस्तान' उपन्यास की रचना की जो कि सन् 2000 में प्रकाशित हुआ। इस उपन्यास से उन्हें बहुत ख्याति प्राप्त हुई तथा इसके लिए उन्हें साहित्य अकादेमी पुरस्कार से सम्मानित किया गया। 'कितने पाकिस्तान' कमलेश्वर द्वारा लगभग दस वर्ष में पूरा किया गया है, जिसमें कई सारी ज्वलन्त समस्याओं व मुद्दों का समावेश किया गया है। हम कमलेश्वर के एक-एक उपन्यास को लेकर उसके वस्तु-पक्ष और शिल्प-पक्ष पर विचार करना आवश्यक एवं समीचीन समझते हैं, यहाँ यह अत्यावश्यक भी है जिससे उनके उपन्यास-लेखन का स्थितिपरक समुचित स्पष्टीकरण सम्भव हो सके।

1. एक सड़क सत्तावन गलियाँ : 'एक सड़क सत्तावन गलियाँ' (बदनाम गली) कमलेश्वर का प्रथम उपन्यास है। इस उपन्यास ने कमलेश्वर को हिन्दी उपन्यासकारों की प्रथम पंक्ति में खड़ा कर दिया है।

'एक सड़क सत्तावन गलियाँ' उपन्यास में मैनपुरी कस्बे की कहानी है। इसमें स्वातन्त्र्योत्तर पूर्व की कस्बाई ज़िन्दगी का चित्रण है। लेखक ने इसका बड़ा ही सघन एवं संवेदनात्मक चित्रण प्रस्तुत किया है। प्रस्तुत उपन्यास का नायक सरनाम सिंह है। इस उपन्यास के विषय में वैसे सच बात तो यह है कि इसका नायकत्व बिखर गया है, जिसकी खोज सरनाम सिंह, शिवराज और रंगीले के खण्डित व्यक्तित्वों में की जा सकती है। इसी प्रकार नायिका की स्थिति है–बंसी, हेम और कमला का संयुक्त स्वरूप ही नायिका पद की पूर्ति कर सकता है। अकेला किसी का व्यक्तित्व इस पद तक नहीं पहुँच पाता है। प्रारम्भिक उपन्यास होने के कारण कमलेश्वर नायक-नायिका स्वरूप निखार में उलझते से प्रतीत होते हैं। नायक-नायिकाओं के लिए कई नाम

आना पाठकीय अक्षमता नहीं कही जा सकती है। किसी भी लेखक की प्रथम रचना ऐसी समस्याग्रस्त हो सकती है।

लेखक के चरित्र-चित्रण करने की अपनी अनूठी शैली है जिसके द्वारा उन्होंने एक विशेष औपन्यासिक यात्रा में जो मंजिल तय की उसे सम्भवतः उनके समकालीन कोई भी पार नहीं कर सका है। कमलेश्वर ने अपनी अनूठी शैली के द्वारा 'सरनाम' और 'बंसिरी' दोनों चरित्रों की सर्जना अजीब अनूठे ढंग से की है। लोहे से कठोर बाह्य व्यक्तित्व के भीतर दोनों के ही मन, मक्खन से अधिक कोमल, स्निग्ध एवं सचिक्कण हैं। सरनाम के सम्बन्ध में बंसिरी को सदैव यही लगा है कि–"जब वह आँखों के सामने होता, उसके होने का अनुभव होता तो उसके मन में प्रतिहिंसा धधकती रहती और आँखों से ओझल होते ही व्याकुलता भरी छटपटाहट कुरेदने लगती है। न उसका जीना सह पाती है और न मरना।"[3]

सरनाम सिंह के संगीत पर मुग्ध होकर बंसिरी उसको अपने घर से निकालकर अपमान ही नहीं करती बल्कि उस पर आक्षेप भी मढ़ देती है। ऐसे व्यवहार को सहज भाषा में त्रिया-चरित्र अथवा नारी-चरित्र भी कहा जा सकता है। यही प्रेम की आपूर्ति के कारण उत्पन्न सहज घृणा भी होती है किन्तु यह घृणा दूसरे के प्रति है, अपनी उपेक्षा के प्रति है। सरनाम का चरित्र अधिक ठोस धरातल पर है। वह बंसिरी से प्यार करता है, नफरत करता है और फिर वह प्यार करता है। इस प्यार और नफरत के झूले के बीच उसके मन में कहीं एक विश्वास भी है, जिसके बल पर ही वह पुलिस से अपना बचाव करने के लिए अपने आपको बंसिरी तथा रंगीले के घर में छिपाता है, परन्तु इसके विपरीत बंसिरी के मन में उसके प्रति असीम एवं अकूत घृणा है। वह इसी घृणा के कारण उसे घर से भी निकाल देती है और ऐसा होने पर वह पकड़ा जाता है।

अन्त में रंगीले भी अपनी चारित्रिक विशेष कमजोरी-मिथ्या साक्ष्य देने के कारण जेल चला जाता है तथा "सरनाम बंसिरी के बच्चे को गोद में लिए अस्पताल से लौट रहा है। बंसिरी उसकी चट्टान सी पीठ को निहारती चली आ रही है–क्यों झूठा इल्ज़ाम लगाया उसने–इसी सरनाम पर।"[4] इस प्रकार दैनिक-अपव्यवहार का नमूना हमारे सामने आता है और उसका परिणाम भी। यही सत्य झूठ के आवरण में लिपटी दुनिया है, जहाँ हम सब जीवन जीते हैं, भोग भोगते हैं तथा अन्त में इस असार संसार से विदा ले लेते हैं अथवा यह कहा जाय कि दुनियावी मानव की यही नियति है।

'एक सड़क सत्तावन गलियाँ' (बदनाम गली) स्वतन्त्रता से पूर्व लिखी गयी कहानी पर आधारित उपन्यास है, जिसका अन्त 1947 के अनन्तर के भारत में हुआ है। आज़ादी के लिए लड़ने वाले मध्य एवं निम्न वर्ग ने जिस नवीन समाज की कल्पना की थी, वह प्रभामयी मूर्ति छिन्न-भिन्न होकर बिखर गयी। मास्टर हबीब, सम्पादक निर्मोही तथा बाजा मास्टर जैसे हज़ारों-लाखों लोगों के अरमान बिखर जाते हैं। 'एक सड़क सत्तावन गलियाँ' (बदनाम गली) एक निम्न मध्यवर्गीय भारतीय समाज के आर्थिक, सामाजिक एवं वैयक्तिक जीवन का सजीव चित्रण है। कमलेश्वर ने अपने प्रगाढ़ अनुभवों तथा संवेदनात्मक अनुभूतियों पर आधारित कथात्मक उपन्यास लिखा है। यद्यपि इस उपन्यास की कहानी उत्तर प्रदेश के मैनपुरी कस्बे की कथा पर

आधारित है, किन्तु इसमें आंचलिकता अथवा स्थानीयता की रंगमयी कोई अनुभूति नहीं दिखलाई देती है। ऐसा न होने को इस उपन्यास की कमी नहीं माना जायेगा अपितु यह विशेषता ही कही जायेगी।

कमलेश्वर ने अपने इस प्रथम प्रयासरूप सामाजिक उपन्यास में स्वातन्त्र्योत्तर एवं पूर्वकालीन युग को अति सूक्ष्म रूप में प्रस्तुत किया है। हरिजन आन्दोलन, कम्युनिस्ट कांग्रेस विवाद, साम्प्रदायिक तनाव, हिंसा, अख़बारनवीसी, किराये के नेता और उनके उद्घोषों के मध्य शिवराज, हेम, कमला, बाजा मास्टर, हफ़ीज़ साहब और निर्मोही आदि व्यक्तियों के टूटने की किसी प्रकार की ध्वनि तक नहीं आती है लेकिन कुल मिलाकर भग्न बिखराव से एक सम्पूर्ण चित्र उभरकर पाठकों के समक्ष प्रस्तुत होता है, जो 'एक सड़क सत्तावन गलियाँ' का प्रभावपूर्ण अंकन प्रस्तुत करता है। स्वयं कमलेश्वर की दृष्टि में इस उपन्यास के महत्त्व को जानने हेतु हम उन्हीं के मत का आश्रय लेते हुए उसे उद्धृत कर रहे हैं– "मेरे लिए यह उपन्यास उतना ही प्रिय है, जितनी प्रिय मेरे लिए मेरी माँ और मेरी जन्मभूमि मैनपुरी रही थी। इसे बेचकर करीब 20 साल मेरी आत्मा दुखती रही–लगता रहा, जैसे मैंने अपनी जन्मभूमि या माँ बेच दी हो!"[5] इस प्रकार कमलेश्वर की दृष्टि में यह उपन्यास जननी जन्मभूमि के समान एक अमूल्य एवं अद्वितीय निधि थी।

आज भी यह उपन्यास पहले जैसा ही तरो-ताजा लगता है। इसकी सबसे बड़ी विशेषता हमें यह लगती है कि यह उपन्यास आकार में लघु है, परन्तु विस्तार में यह काफी बड़ा और गहराई इतनी है कि जिसकी थाह पाना अति दुष्कर है। इसकी दूसरी विशेषता हमारी दृष्टि में यह है कि पात्रों की संख्या इसमें बहुत ज़्यादा है फिर भी पाठक को पढ़ते समय यह नहीं लगता कि वह इनमें कहीं उलझ गया है। लेखक ने जो कुछ भी लिखा है वह बहुत ही सन्तुलित ढंग से लिखा है। कमलेश्वर की प्रभावोत्पादिनी प्रतिभा पर हमें विशेष आश्चर्य होता है। इस उपन्यास में वैचारिकता के साथ-साथ कोमल और कठोर दोनों ही प्रकार के भावों को भली प्रकार से अभिव्यक्ति प्रदान की गयी है।

भाषा की दृष्टि से भी 'एक सड़क सत्तावन गलियाँ' एक समर्थ एवं उच्च कोटि का उपन्यास है। इसकी भाषा में इतनी सामर्थ्य है कि वह विभिन्न स्थितियों का पूरा-पूरा चित्रण हमारे सम्मुख कर देती है यथा–"नदियाँ गहरा उठी हैं, पर आदमी का आना-जाना नहीं रुकता। नदियों में कड़ाह पड़ जाते हैं और इन छोटी-छोटी बस्तियों के दिलेर लोग उन कड़ाहों में बैठकर बड़ी-बड़ी भँवरें, हाथी-डुबाऊ गहराइयाँ और चौड़े पाट पार कर जाते हैं। जानवरों तक को लँघा ले जाते हैं।"[6] वर्णन के साथ-साथ संवादों की भाषा-व्यंजना को भी स्पष्ट रूप से देखा जा सकता है। "......तू कह देना मैंने बुलाया है। नाच-गाने में जी लगाने का दोष तो तुम्हारे सिंह जी का है। कौन सा ऐसा कदम है, जो बाकी बचा है। उनसे किसी दिन दड़ा पकड़ा गया तो जेल में सड़ेंगे।"[7]

सन् 1968-69 ई. में श्री प्रेम कपूर ने इस पर एक फिल्म बनाई...'बदनाम बस्ती', जो एक सफल कृति रही। इस फिल्म को आम-दर्शकों द्वारा बहुत पसन्द किया गया।

2. डाक बँगला : 'डाक बँगला' कमलेश्वर का द्वितीय उपन्यास है, जिसे उन्होंने सन् 1962 ई. में लिखा था। इस उपन्यास पर भी 'डाक बँगला' नाम की एक फिल्म का निर्माण हो चुका

है। इस उपन्यास की कहानी कोई अति सहज एवं यथार्थ कहानी नहीं है– इसमें एक स्त्री है इरा जिसके माध्यम से डाक-बँगले के प्रतीक को रूपायित करने का सम्यक् प्रयास किया गया है और इस प्रतीक योजना को पूरी तरह निभाने में उपन्यासकार ने कहीं भी तनिक सी भी कृत्रिमता नहीं आने दी है, ऐसा शायद सम्भव नहीं हो सकता था। इसलिए इस उपन्यास में भाषा-प्रवाह उतना सहज न रहकर कृत्रिम-सा हो गया है। ऐसा लगता है मानो कमलेश्वर ने यह उपन्यास एक विचित्र-सी रूमानियत के वशीभूत होकर लिखा है, जिसके परिणामस्वरूप इरा जैसी नारी का जीवन-संघर्ष अपने पूर्ण प्रभाव के साथ नहीं आ पाता और पाठक उपन्यास के कुछ अच्छे विवरणों, चित्रणों तथा काव्यात्मक या सूत्रात्मक वाक्यों के मकड़जाल में उलझ कर ही रह जाता है।

यह भी हो सकता है कि उपन्यासकार कमलेश्वर ने प्रस्तुत उपन्यास को एक-दूसरे ही प्रकार की भाषा-शैली में अपने को परखने के लिए लिखा हो और बाद में यह अनुभव किया हो कि वह इस भाषा-शैली के लिए नहीं बने हैं। लेकिन इसका यह तात्पर्य नहीं कि 'डाक बँगला' एक नितान्त ही असफल उपन्यास है और कमलेश्वर की उपन्यास यात्रा में 'डाक बँगला' के पड़ाव का कोई महत्त्व नहीं है। जहाँ तक गहन अनुभूतियों का प्रश्न है विशेषकर नारी-जीवन के अवसाद, त्रासद और कष्टदायक अनुभूतियों के रूप में 'डाक बँगला' अपने आप में एक महान उपलब्धि ही कहा जा सकता है, क्योंकि इसमें एक असामान्य असाधारण नारी इरा के माध्यम से एक साधारण नारी की नियति और उसके आन्तरिक एवं बाह्य संघर्ष को रूपायित करने की गहन चेष्टा की गयी है। इस प्रकार इसमें एक ओर असामान्या के माध्यम से सामान्या की नियति चित्रित है तो दूसरी ओर उसके आन्तरिक एवं बाह्य संघर्ष की अप्रतिम झाँकी प्रस्तुत की गयी है।

उपन्यासकार कमलेश्वर ने मूलतः इरा और तिलक दो पात्रों को पाठकों के समक्ष मंच पर प्रस्तुत किया है। अल्पकाल हेतु सोलंकी भी सामने आता है, लेकिन कश्मीर-यात्रा के दौरान अपनी पिछली ज़िन्दगी को इरा तिलक के सामने खोलकर स्पष्ट रख देती है। तिलक के भावुक हो जाने पर वह तिलक से कह उठती है–"जिसे मैंने सब कुछ बताया है, उससे शादी नहीं कर सकती, क्योंकि मैं यह नहीं कह सकती कि तुम ज़िन्दगी में पहले हो।"[8] यह नारी की वास्तविकता है कि जिसको वह अपना पूर्व जीवन विवरण सुना देती है फिर उससे विवाह कैसे करे। वह शादी के अनन्तर उससे कैसे कहेगी कि तुम्हीं मेरे प्रथम एवं अन्तिम सर्वस्व हो, जीवन धन हो, प्राणेश्वर हो, क्योंकि वह जानती है कि "जो भी मेरी ज़िन्दगी में आया उसने जाने-अनजाने घुमा-फिराकर या सीधे-सीधे हमेशा यही जानने की कोशिश की कि मैंने पहले किसी से प्यार तो नहीं किया, पुरुष का यही सबसे बड़ा सन्तोष है और हर बार मैंने अपने हर प्रेमी से यही कहा कि तुम मेरी ज़िन्दगी में पहले हो, तुम प्रथम हो।"[9] यही नारी-जीवन का मूल रहस्य तथा जीवन का सर्वोत्तम धन है।

'डाक बँगला' की कथा-धारा एक साथ दो स्तरों पर उमड़-उमड़कर बहती चलती है। वास्तव में प्रस्तुत औपन्यासिक कथा इरा के बाह्य और अन्तर की कहानी है। कश्मीर-यात्रा और सोलंकी इरा की बाह्य कथा के साथी हैं तथा तिलक एवं इरा का अतीत उसकी आन्तरिक कथा

के साथ चलते हैं। इरा ने सोलंकी बतरा या डॉक्टर को अपनी इस बाह्य यात्रा का सहयात्री बनाया है। वह एकान्त के क्षणों में तिलक से कहती है—"पर तिलक! यह तुम्हारी दुनिया बहुत कमीनी है। यहाँ औरत बगैर आदमी के रह ही नहीं सकती।...चाहे उसके साथ उसका पति या भाई या बाप हो। कोई न हो तो नौकर ही हो, पर आदमी की छाया ज़रूर चाहिए। इसलिए हर लड़की एक कवच ढूँढ़ती है.....चाहे वह पति का हो, भाई का या बाप का या किसी झूठे रिश्तेदार का। इस कवच के नीचे वह अच्छी या बुरी, हर तरह अपना जीवन बिता सकती है। उसे पहनने के लिए जैसे एक साड़ी चाहिए, वैसे ही यह कवच भी चाहिए।"[10] इस प्रकार इरा का यह कथन दुनियादारी में नारी जीवन के प्रति कितना सटीक बैठता है कि नारी का पुरुष से रहित जीवन निराश्रित जीवन है, उसे कोई न कोई तो आधार चाहिए ही।

कमलेश्वर ने इस उपन्यास की नायिका इरा को एक विशेष प्रकार की दार्शनिकतापरक जीवन शैली दी है। उसका हर वाक्य जैसे सूक्ति वाक्य है। वास्तव में इरा का जीवन निरन्तर सहते-सहते जीवित रहने का जीवन है। लेकिन इस सहनशीलता में उसकी अपनी यह विशेषता रही है कि वह हर बार एक नये ढंग से जीवन क्षेत्र में मुस्कुराती हुई प्रविष्ट होती दृष्टिगोचर होती है। जीवन से जूझते हुए संघर्षशील चरित्रों के रूप में कमलेश्वर की इरा शायद सर्वाधिक सशक्त है। "पात्रों के अन्तस का विश्लेषण कर उसके मानस का सूक्ष्म विवेचन करने एवं उनके व्यक्तित्व को प्रकाशित करने में कमलेश्वर सफल रहे हैं।"[11] यदि कमलेश्वर इस उपन्यास को अपनी सुपरिचित यथार्थवादी शैली में लिखते तो उसकी प्रभावशीलता और भी अधिक बढ़ी हुई दिखलाई देती। इरा का सटीक एवं सुचित्रित यह विशिष्ट चरित्र 'डाक बँगला' की और भी अधिक बड़ी उपलब्धि कही जा सकती थी।

3. लौटे हुए मुसाफिर : कमलेश्वर की तृतीय सफल औपन्यासिक कृति है—'लौटे हुए मुसाफिर'। भारत की आजादी और उसके बँटवारे के प्रभाव को कमलेश्वर ने 'लौटे हुए मुसाफिर' कहानी में स्पष्ट रूप से झलकाया है। छोटे से कस्बे के लोग जो आजादी की लड़ाई में एकजुट थे, हिन्दुस्तान-पाकिस्तान विभाजित होने पर अत्यधिक परेशान हो गये और अपना दिल तथा दिमाग खो बैठे। देश के बँटवारे के साथ लोग विघटित हो गये और उनके दिलों की खाइयाँ और अधिक चौड़ी होती चली गयीं। रतन और मकसूद जैसे हजारों लोगों ने अपनी भावी पीढ़ियों के साथ जो गद्दारी की है, उसकी कीमत हमारे देश को चुकानी काफी महँगी पड़ेगी। अनेक सत्तार एवं सलमा, बच्चन तथा नसीबन की कुर्बानियाँ भी उस भूल को नहीं सुधार पायेंगी।

कमलेश्वर ने देश-विभाजन की संवेदना को अति गहरे रूप में बिल्कुल अलग स्तर पर देखा एवं अनुभव किया है। ठीक उसी प्रकार जिस प्रकार उन्होंने भारत-चीन अथवा भारत-पाक युद्ध के प्रभाव को अपनी कहानी 'दिल्ली में एक और मौत' के रूप में भिन्न स्तर पर अभिव्यक्त किया है। छोटे से कस्बे के लोग, जो कल तक न हिन्दू थे, न मुसलमान मात्र इनसान थे, सन् 1945-46 ई. के बाद अपनी इनसानियत को भूलकर केवल हिन्दू और मुसलमान भर रह गये हैं। उनका प्रेम, रोटी-रोजी, भूत-भविष्य तथा वर्तमान सभी अब पाकिस्तान तथा हिन्दुस्तान के साथ बँध गया है। एक अदृश्य सा भय हर तरफ, हर क्षण में व्याप्त है, कोई भी अपने को सुरक्षित एवं संरक्षित नहीं समझ पा रहा है। धरती फट गयी, एक खाई खुद गयी, हिन्दू और

मुसलमान के बीच।

स्वतन्त्रता से पूर्व देश के विभाजन का यह भूत आम हिन्दुस्तानी के दिल और दिमाग पर खौफ बनकर सवार हो गया था लेकिन असलियत पता लगने पर जैसे सबको एक बहुत बड़ा झटका लगा। सामान्य मुस्लिम बुरी तरह टूट गये, विभाजन का परिणाम सभी को भोगना पड़ा। सत्तार की आत्महत्या, इतिख़ार का हाथरस में ताँगा चलाकर रोटी-रोजी कमाना, गनी मिस्त्री का अपना स्थान छोड़कर फिरोज़ाबाद में बस जाना ही गरीब, दीन-हीन एवं मज़लूम मुसलमानों को बँटवारे की विचित्र नियामत के रूप में प्राप्त हुआ।

वापस हुए मुसाफिर के रूप में स्वतन्त्रता के बाद जन्मी पीढ़ी में से कुछ ने अपने-अपने ठौर ठिकाने खोज लिए हैं और अधिकांश ऐसे लोग हैं, जो भटक गये हैं। यह भटकन नयी पीढ़ी को उसकी विरासत के रूप में मिली है। इस उपन्यास के कथानक का अन्त लेखक ने आदर्शवादी ढंग से किया है।

"नसीबन खुशी से रो पड़ी थी—वे सब बच्चे बशीर, बाकर, रमजान, फत्ते वगैरह जवान हो-होकर लौटे थे। नसीबन उन्हें अपने साथ ले गयी थी—उन निशानों के पास जो अभी बाकी थे।"[12] इधर-उधर भटके हुए मुसाफिरों में से फिर कुछ लौटकर आ गये हैं। यह बात असम्भव तो नहीं है परन्तु आज के लिए कठिन अवश्य है। कमलेश्वर की सूक्ष्म-अनुभूतियों तथा संवेदनाओं के कारण प्रस्तुत उपन्यास एक विशेष सीमा तक सफल बन गया है। इसमें लेखक ने मानव में रागात्मक गुण विकसित करने की चेष्टा की है। "लौटे हुए मुसाफिर में आस्था, आत्म-विश्वास, कर्त्तव्यपरायणता, देशानुराग एवं दायित्व निर्वाह का, जो महान सन्देश उन्होंने दिया है, वह आज के परिप्रेक्ष्य में अत्यन्त महत्त्वपूर्ण है और इसलिए इस पीढ़ी के प्रकाशित उपन्यासों में कमलेश्वर का यह उपन्यास विशेष उल्लेखनीय हो जाता है।"[13]

कथात्मक शैली में लिखे गये प्रस्तुत उपन्यास की भाषा अत्यन्त सहज एवं सरल है। भाषा शैली की दृष्टि से भी उपन्यास अत्युच्च कोटि का बन पड़ा है। दैनिक जीवन में प्रयुक्त शब्दावली को एक सीमा तक अभिजात-भाषा से लेखक ने भली-भाँति बचाया है। कमलेश्वर की भाषा एक आम हिन्दुस्तानी की भाषा है, जो भाषायी राजनीति से पर्याप्त दूर है। इसमें सभी भाषाओं के शब्द प्रयुक्त किये गये हैं। यह उपन्यास सत्संवेदनाजन्य सम्प्रेषणीयता और सांकेतिक अभिव्यक्ति का एक श्रेष्ठ उदाहरण है। अपने चारों ओर घटते हुए वर्तमान एवं टूटते हुए अतीत के बीच भविष्य के शुभ की कामना करती हुई अन्त में नसीबन दौड़कर घर में गयी थी और जो कुछ भी मिला था, उसे उठा लायी थी—बोरा, फटी दरी, मैली चादर वगैरह और बोली— "लो इन्हें यहीं पेड़ के नीचे बिछा लो और आराम करो। और सुबह तक के लिए रात उसी पेड़ के नीचे कट गयी थी।"[14]

इस उपन्यास की भाषा सरल, सहज, मधुर है जिसमें चलताऊ मुहावरे एवं प्रतीक भी प्रयुक्त हुए हैं।

4. तीसरा आदमी : प्रेम और प्रतिद्वन्द्विता की भूमिका में प्रस्तुत यह रोमांचक उपन्यास है। इस लघुकाय उपन्यास में एक निम्न-मध्यमवर्गीय युवक की हताशाओं, हीन भावनाओं, कुंठाओं एवं अटूट सन्देह-वृत्ति से उत्पन्न विफल जीवन की कहानी है। इस कथा को प्रथम पुरुष

में कहा गया है। उपन्यास का 'मैं' सुन्दरी चित्रा को पत्नी रूप में पाकर चाहते हुए भी उसका सहज आह्लादपूर्ण भावों से स्वागत नहीं कर पाता है। कहीं मन में बैठी कोई असहजता, कोई हीन भावना उसे पूर्ण उन्मुक्त नहीं होने देती। ऐसे में रिश्ते का छोटा भाई सुमन्त चित्रा के अधिक निकट पहुँचता-सा जान पड़ता है। 'मैं', रेडियो पर एनाउन्सर है। वह इलाहाबाद से दिल्ली नौकरी के आकर्षण में सपत्नीक पहुँचता है और कम वेतन पाने के कारण उसे सुमन्त के साझे के मकान में रहने के लिए विवश होना पड़ता है। किसी प्रकार समय बीतता चलता है। 'मैं' का सशंकित मन सुमन्त और चित्रा के मध्य आकर्षण के लक्षण अनुभव कर निरन्तर उद्विग्न रहने लगा। सन्देह उसके अन्तर्मन को भीतर से खोखला बनाये हुए रहता है। उसके पास इसके लिए कोई चारा नहीं है। आर्थिक विषमताओं के कारण वह सुमन्त से पृथक होने में भी असमर्थ है। उपन्यास का कथानक, दूसरे शब्दों में, सन्देह की यातना की कथा है। विकल होकर वह अकेला पत्नी को छोड़ जाता है और उससे सम्बन्ध विच्छेदित मान लेता है।

काफी समय बाद उसे पुत्र जन्म की सूचना मिलती है तथा उसकी पत्नी सपुत्र 'मैं' के घर लौट जाती है। पुत्र गुड्डू की आकस्मिक बीमारी होने पर सुमन्त पुनः उसके घर में प्रवेश पाता है, जाने-अनजाने यह प्रवेश बढ़ता ही जाता है।

'मैं' व्यावहारिक जीवन के साधन जुटाने में सुमन्त का पल्ला नहीं छोड़ पाता है। यही मानसिक दुर्बलता पुनः उसके लिए अभिशाप सिद्ध होती है। वह सुमन्त के प्रभाव से घर तथा पत्नी को बचाने के लिए पटना चला जाता है किन्तु पत्नी साथ नहीं जाती, दिल्ली में ही रह जाती है। 'मैं' की अनुपस्थिति में स्थिति बदल जाती है तथा अन्त में सुमन्त और चित्रा नये पति-पत्नी के रूप में साथ-साथ रहने लगते हैं। इसके बाद मालूम होता है कि किसी होटल के कमरे में जाकर सुमन्त ने आत्मघात कर लिया था। सम्भवतः उन 'पति-पत्नी' के बीच तीसरे आदमी के आने की कुंठा के कारण ही मनुष्य लाचार हो जाता है तथा आत्महत्या के अतिरिक्त उसके पास कोई अन्य चारा नहीं रहता। यह आत्महत्या शायद 'तीसरा आदमी' नरेश के कारण ही होती है।

'तीसरा आदमी' एक मनोवैज्ञानिक उपन्यास है। ऐसे उपन्यास में सामाजिक उपन्यास की स्थूल घटनाओं का प्रायः अभाव रहता है। इसमें मानसिक द्वन्द्व चलता है। साथ ही किसी मर्मस्पर्शी स्थिति के कारण पात्र-विशेष के मन पर पड़ने वाले सूक्ष्म प्रभावों का ब्योरेवार अंकन किया जाता है। यही मानसिक स्थिति मनोवैज्ञानिक उपन्यास का प्राण होती है। ऐसा ही 'तीसरा आदमी' में हुआ है जिसमें पति के शंकित मन की आन्तरिक कथा कही गयी है। ऐसी स्थिति किसी के भी दाम्पत्य जीवन को समूल नष्ट कर सकती है। शंका का विष मारक होता है। इस उपन्यास में मानो उपन्यासकार ने मनोवांछित कथा को मोड़ देने के लिए ऐसी स्थिति को उपन्यास में बरबस आरोपित किया है। नहीं तो स्वाभाविक यही है कि सन्देहशील व्यक्ति अपने और पत्नी के बीच आने वाले तीसरे आदमी को सदा-सदा के लिए निकाल फेंकता है किन्तु उपन्यास में यह स्थिति बराबर बनी रहती है। यही इसकी विशेषता बन गयी है।

हिन्दी-साहित्य जगत में दिल्ली वैभव, ऐश्वर्य, वासना और सौन्दर्य के अनेक रूपों को लेकर ही प्रकट हुई है, किन्तु कमलेश्वर ने उसी दिल्ली को अपने वास्तविक रूप में दिखाने का प्रयास

किया है। वहाँ पति-पत्नी के स्वतन्त्र मिलन पर पुलिस के सिपाही की रोकथाम है, पुलिस का पहरा है। मिली-जुली गंधों के बीच पति-पत्नी की घुटती ज़िन्दगी और अन्त में टूट-टूटकर बिखर जाती हुई ज़िन्दगी का चित्रण निश्चय ही स्वाभाविक कहा जा सकता है। इसी जीवन की यथार्थता का अंकन कमलेश्वर का उद्देश्य रहा है जिसके चित्रण में वह पूर्णरूपेण सफल रहे हैं।

सांकेतिक अभिव्यक्ति उपन्यास की अपनी विशेषता है। छोटे कस्बे का आदमी महानगर में आते-आते टूट जाता है, बिखर जाता है। 'मैं' की भी दिल्ली में आकर कस्बाई महत्वाकांक्षाओं की प्रतिमूर्ति लगातार टूटती ही जाती है। छोटी-छोटी बातों से दोनों के बीच उभरती हुई ख़ामोशी बढ़ती जाती है और वे सुमन्त के नाम से बचना चाहते हैं। प्लेट या ग्लास पकड़ने, साड़ी के नीचे प्रेस की हुई कमीज़ को रखने जैसी छोटी-छोटी घटनाओं ने चित्रा को 'मैं' से दूर कर दिया। 'संशयात्माविनश्यति' के अनुसार संशय का यह भूत बढ़ते-बढ़ते मन की सारी सहमतियों एवं समस्थितियों को नष्ट कर देता है। 'मैं' का यह सोचना कि "वैवाहिक अपेक्षाओं की पूर्ति में संलग्न व्यक्ति कितना भद्दा और बेहूदा लगता है। शायद इसीलिये और भी ज्यादा कि विवाह का वह परम्परागत स्वरूप अब नष्ट हो चुका है– उसकी सामाजिक अपेक्षाएँ बदल गयी हैं।"[15]

अपनी सांकेतिक अभिव्यक्ति एवं आत्मकथात्मक शैली में लिखा गया 'तीसरा आदमी' लेखक की औपन्यासिक यात्रा को कस्बाई और महानगरीय सभ्यता की एक जुड़ती हुई कड़ी के रूप में स्पष्ट करता है। दिल्ली के विशाल तथा बहुरंगी आकाश के नीचे अत्यन्त लघु जीवन जीने की आशा में टूटते-बिखरते 'नये सामाजिक मूल्यों' का नित्य निर्माण होता रहता है। उसकी जिस प्रक्रिया को कमलेश्वर ने पकड़ने का प्रयत्न किया है, वह निश्चय ही आकर्षक है।

'तीसरा आदमी' में चित्रा एक स्वाभिमानी चरित्र की महिला है। आर्थिक स्वावलम्बन के कारण वह अपने बच्चों के साथ दिल्ली में ही रहना निश्चित कर लेती है, उसे परम्पराएँ पसन्द नहीं। वह अपनी शक्ति, बुद्धि, बल तथा कौशल से जीवन बिताना चाहती है। वह समाज एवं पति की रंच मात्र भी चिन्ता नहीं करती तथा न पति से समझौता ही करती है। वह यह स्पष्ट करना चाहती है कि पति के बिना भी नारी समाज में जीवित रह सकती है।

नरेश कई बार यह चाहता है, चित्रा उसे याद करे। वह अकेली समाज में नहीं जी सकती। वह हारकर अवश्य आयेगी तथा पुराना सम्बन्ध स्थापित किया जा सकेगा। लेकिन ऐसा नहीं होता वह वापस पटना नहीं जाती तथा नरेश अपने व्यक्तित्व को विकसित कर आकार नहीं दे पाता। वह यहीं पराजित हो जाता है तथा पलायनवादी बन जाता है। नरेश सुमन्त को अधिक अधिकार देकर अपने ही अधिकार से वंचित हो जाता है जहाँ समझौता नहीं पृथकता हो जाती है।

कमलेश्वर ने 'तीसरा आदमी' उपन्यास में महानगरीय जीवन से ऊबकर नरेश को कस्बाई जीवन की ओर बढ़ता हुआ दिखाया है। महानगर में ऊब, अनिश्चय, अस्थिरता, वासना, बिखराहट, कटुता, ईर्ष्या, द्वेष, टीस, आत्म-विस्मृति, आदमी का बौना होना, दरिद्र होना तथा स्त्री-पुरुष के बदलते सम्बन्ध हैं। दिल्ली आने पर नरेश कहता है कि–"दिल्ली में आकर तो मैं और भी ग़रीब हो गया था। मन में यह कही बात टीसती रहती थी कि दिल्ली आकर मैंने अपनी खुदी को और भी खो दिया है।"[16]

छोटा पारेवार पति-पत्नी तक सिमट कर रह जाता है। यह 'तीसरा आदमी' की पुरस्कार स्वरूप देन है। लेखक ने इस उपन्यास में हिन्दू विवाह पद्धति की भी आलोचना की है। दो अनजानों के शादी करने पर समाज में अति कठिनाइयाँ आ सकती हैं। विवाह से पूर्व दोनों एक-दूसरे को समझें, जानें। चित्रा व नरेश हिन्दू पद्धति से विवाहित हुए तथा नरेश ने सोचा था कि "जब हमारा घर टूटा था तो मैंने यही सोचा था कि अब मैं चित्रा की शायद गहरी आत्मीय निकटता महसूस कर सकूँगा। हम अकेले होते हुए अपनी भावनात्मक दुनिया में एक-दूसरे पर इतने निर्भर हो जायेंगे कि हमारा एक-दूसरे के बगैर रहना मुश्किल हो जायेगा लेकिन ऐसा कुछ भी नहीं हुआ।"[17]

इस उपन्यास के माध्यम से उपन्यासकार ने जो सन्देश दिया है उससे पाठक नयी दिशा प्राप्त करता है। तीसरे आदमी के कारण जीवन में जो स्थिति पैदा होती है, उसका सम्यक् एवं सांगोपांग सही विवरण प्रस्तुत करना ही लेखक का अभिप्रेत रहा है और उसमें उसे पूर्ण सफलता मिली है। कमलेश्वर की उपन्यास श्रृंखला में 'तीसरा आदमी' अपना विशेष स्थान रखता है, जिसमें बदलते महानगरीय मानव मूल्यों का उत्कृष्ट चित्रण है।

5. समुद्र में खोया हुआ आदमी : इस उपन्यास में निम्न मध्यवर्गीय समाज के जीवन का चित्रण है, जो पाठकों द्वारा बहुत पसन्द किया गया। प्रस्तुत उपन्यास सन् 1969 ई. में लिखा गया था। अभी तक लिखे गये कमलेश्वर के उपन्यासों में यह उपन्यास एक मील का पत्थर है। निम्न मध्यमवर्गीय परिवार की कहानी को लेखक ने इसका आधार बनाया है। लेखक ने बदलते हुए परिवेश में आर्थिक विषमताओं के कारण टूटकर बिखरी हुई ज़िन्दगी का बड़ी ही मानवीय संवेदनात्मकता के आधार पर स्वाभाविक चित्रण किया है। इसमें नग्न-ज़िन्दगी की यथार्थता है, वास्तविकता है, यथातथ्यता है एवं महानगरीय जीवन के बिखराव एवं टूटन को अभिव्यक्त किया गया है। यह दिल्ली की ही नहीं प्रत्येक महानगर की कहानी है।

कमलेश्वर के अभी तक के उपन्यासों में यह सम्भवतः सर्वाधिक सफल है, विशेष रूप से यथार्थता की दृष्टि से। प्रायः किसी भी महानगर की कथा की भाँति इसमें भी भीड़, अकेलेपन, कर्ज, बेरोज़गारी तथा मकानों की सीलन का वर्णन है। इतना ही नहीं इसमें पगड़ी, हत्याएँ, जवान लड़कियाँ और उनके पीछे भागती लार टपकाती कामुक नज़रें हैं। मन की चंचलता का चारु चित्रण है। ऐसा मात्र दिल्ली का ही नहीं भारत के किसी भी महानगर का वर्णन हो सकता है। सिंधी ट्रांसपोर्ट कम्पनी, ब्रांच दिल्ली का अल्प पेंशनभोगी श्यामलाल बाप होते हुए भी अपनी बेटी तारा को चालीस रुपये माहवार में हरवंश के साथ कर देने से स्पष्ट हो जाता है—जैसे घर को मात्र चालीस रुपये माहवार की ज़रूरत थी। "वृद्ध श्यामलाल सिर्फ एक फालतू चीज़ की तरह रह गये हैं, जिसे फेंका नहीं जा सकता, सिर्फ बर्दाश्त किया जाता है। जिसे सहेजा भी नहीं जाता, सिर्फ होने को महसूस किया जाता है।"[18] थोड़ी बहुत पेंशनभोगियों की कैसी अनाद्रित स्थिति होती है, इसका यथार्थ चित्रण किया है। श्यामलाल का वैयक्तिक तथा पारिवारिक जीवन बिखर जाता है।

पेंशनभोगी श्यामलाल के घर में एक पुराना काला खानदानी सन्दूक है, जिसमें सारी पुरानी वस्तुएँ सँजोकर रखी गयी हैं। वे चीजें परम्परा की प्रतीक हैं, जो दादी, बाबा की ज़माने की

यादें दिलाती हैं। श्यामलाल की पत्नी रम्मी घर की देहरी से बाहर नहीं निकलती थी और न उनका चेहरा किसी बाहर वाले ने देखा था। लेकिन रम्मी को अपनी ही बेटी तारा का गर्भ गिराने के लिए पड़ोसिन से पूछना पड़ता है। तब वह कहती है– "आप परेशान न हों। जगह मैं आपको बता दूँगी। हमारी बुआ की कुँवारी लड़की थी। उसका सारा काम हमने करवाया था।"[19]

पड़ोसिन रम्मी को उसकी एक बोझिल समस्या से निजात दिला देती है। लगता है कि रम्मी की पुत्री तारा जैसी यह दशा महानगरों में आम होती जा रही है। बदलती हुई नैतिक मान्यताओं और सामाजिक परिस्थितियों का यह एक विशद चित्र है, जिसमें यथार्थता, वास्तविकता और सत्यता है। इस बदलती परिस्थिति में सब कुछ बदलता सा प्रतीत हो रहा है। नैतिक मान्यताओं का तो रूप ही उलट गया है।

तारा, समीरा दो जवान बेटियों के मध्य वीरेन्द्र सोलह वर्ष का था। सबकी आँखों में वीरेन्द्र को लेकर एक सपना पल रहा था। वीरेन्द्र की नौकरी कुछ दिनों के लिए इस छोटे से परिवार में रौनक ला देती है, लेकिन उसका समुद्र में खो जाना जैसे परिवाररूपी जहाज के कप्तान का खो जाना है। जहाज तहस-नहस हो जाता है और सब आदमी जैसे कहीं-कहीं बिखर जाते हैं। माँ, बाप और बेटी, पति-पत्नी आदि के सम्बन्ध जैसे सब कितने व्यर्थ हैं। यही सब कमलेश्वर ने इस उपन्यास में प्रस्तुत किया है कि आर्थिक संकट ने मध्यमवर्गीय परिवार को कहाँ और किस स्थिति में पहुँचा दिया तथा न जाने किस-किस के हाथ बेच दिया है।

हरवंश, श्यामलाल और रम्मी को वीरेन्द्र की समुद्र में खोने के कारण हुई मौत को इसलिए स्वीकार करने हेतु कहता है जिससे उसके बदले में सरकारी मुआवजा मिल सके। इस प्रकार वह उन्हें बेटे की लाश पर मकान एवं शेष भविष्य की तस्वीर बनाने की सलाह देता है तथा उसे सही ठहराते हुए कहता है कि–"मेरा मतलब है–सोच-समझकर काम कीजिए। अगर वीरेन्द्र की मौत मान ली जाए तो सरकार से मुआवजा भी मिल जाएगा।"[20] और रम्मी इस मुआवजे को प्राप्त करने के लिए पति को छोड़ देती है तथा बेटी को नर्सिंग ट्रेनिंग स्कूल के हॉस्टल में दाखिल करा देती है। श्यामलाल को यह बात कचोटती है क्योंकि अब उसका अधिकार घर पर से हटता जा रहा है। उसका निर्णय लेने का अधिकार हट रहा है। तारा एवं हरवंश घर के सब निर्णय लेते हैं। श्यामलाल घर का मुखिया होते हुए भी एक निरीह प्राणी बन गया है। वह संसार सिंधु में खोया हुआ-सा है।

वास्तव में 'समुद्र में खोया हुआ आदमी' वीरेन्द्र नहीं स्वयं श्यामलाल है। वह और उसका परिवार भीड़ के सैलाब में भीषण आर्थिक असमानताओं के समुद्र में खो गया है।

यहाँ कमलेश्वर ने जिस सांकेतिक माध्यम से संवेदनात्मक अनुभूति को अभिव्यक्त किया है, उससे यह उपन्यास काफी आत्मसमन्वित, भावमय और अपना-सा ही लगता है। श्यामलाल, रम्मी, तारा, हरवंश और समीरा के साथ नमिता का चरित्र पर्याप्त एवं स्वाभाविक ढंग से प्रस्तुत किया गया है। पुलिस, हलवाई, मकान मालिक, मजदूर तथा मिल का वातावरण कहानी के यथार्थ धरातल को प्रस्तुत करता है। इन सबके बीच भाषा का सहज एवं स्वाभाविक प्रयोग सोने में सोहागा बनकर 'समुद्र में खोया हुआ आदमी' उपन्यास को श्रेष्ठता प्रदान करता है।

"कमलेश्वर के अन्य उपन्यासों की अपेक्षा इसमें आदर्श या विशेष प्रकार का समझौता आदि भी नहीं दीख पड़ता। 'एक सड़क सत्तावन गलियाँ' से प्रारम्भ हुई लेखक की इस औपन्यासिक यात्रा की यह सर्वाधिक यथार्थ एवं उज्ज्वल सीढ़ी 'समुद्र में खोया हुआ आदमी' है।"[21]

कमलेश्वर इस उपन्यास में नारी को देवीत्व एवं सतीत्व की सीमा से परे उसे इनसान के रूप में समझने का प्रयास करते हैं। विवाह पूर्व यौन सम्बन्ध स्थापित करने वाला हरवंश समाज के भय से तारा को पत्नी के रूप में स्वीकार करके भी भाग खड़ा होता है। तारा संकट में पड़ जाती है। हरवंश नैतिक मानदंडों को नकारते हुए तारा से प्रेमासक्त होकर अन्त में पत्नी रूप में उसे स्वीकार कर लेता है।

कमलेश्वर का 'समुद्र में खोया हुआ आदमी' उपन्यास सांकेतिक माध्यम से संवेदनात्मक अनुभूतियों की सफल अभिव्यक्ति है।

6. काली आँधी : 'काली आँधी' में स्वाधीनता प्राप्ति के बाद के भारत की राजनीतिक स्थिति का सम्यक् एवं यथार्थ चित्रण किया गया है। इसमें चुनाव तथा उसमें होने वाली धाँधली का स्पष्ट चित्रण हुआ है। राजनीतिक जागरण, चुनाव सामग्री से नहीं हलचल एवं परिवर्तन से दिखाई देता है। यह उपन्यास एक असफल दाम्पत्य की करुण कहानी मात्र है। यह करुण कहानी मात्र मालती और जग्गी बाबू की नहीं है बल्कि उनके अतिरिक्त देश में व्याप्त राजनीतिक भ्रष्टाचार और छल-छद्म की भी कारुणिक गाथा है। राजनीति की 'काली आँधी' में फँसी मालती किस तरह जीवन से दूर होती चली जाती है। इसका बहुत ही सशक्त वर्णन इस उपन्यास में देखने को मिलता है।

दो स्तरों पर चलने वाली कहानी के दूसरे, किन्तु ज्वलन्त पक्ष की ओर पाठकों का ध्यान आकृष्ट करने हेतु कमलेश्वर ने प्रयास किया है कि आज राजनीति कितनी खोखली, बेमानी एवं व्यर्थ हो गयी है जिसके कारण अति निकट के अन्तरंग सम्बन्धों में भी भयावह खोखलापन आ गया है। भोले-भाले मानव को चारों ओर से राजनीतिक छल-कपटरूपी मगरमच्छ ने धीरे-धीरे अपने जबड़ों में फाँस लिया है। मानव असहाय है, वह अभिमन्यु की भाँति राजनीति के भ्रष्ट चक्रव्यूह में घिर गया है। कमलेश्वर ने दो व्यक्तियों की कहानी के माध्यम से अपने आस-पास के सामाजिक और राजनीतिक यथार्थ की भीतरी कहानी भी कही है, जिसमें राजनीतिक समस्याओं का सामाजिक एवं आर्थिक समस्याओं के सन्दर्भ में करारा व्यंग्य प्रस्तुत किया है।

चाहते तथा न चाहते हुए जाने-अनजाने में मालती ने राजनीति में प्रवेश किया। उसे था—राजनीति में सफलता का नशा, जिसमें जिन्दगी पीछे रह गयी है और जब समय आया तो मालती के पास अतीत को याद करने के अतिरिक्त कुछ भी नहीं रहा। आखिर मालती क्या चाहती है और वह किसकी प्रतीक है? इस बारे में केवल इतना ही कहना आवश्यक है कि वह हमारी पूँजीवादी व्यवस्था की उन गलत महत्वाकांक्षाओं एवं सफलताओं की प्रतीक है, जो अपनी स्वार्थ-सिद्धि के लिए साहस, चातुर्य एवं कौशल से साधनहीन सामान्य जनों को बहलाने-फुसलाने तथा उनका इस्तेमाल करने से कोई परहेज नहीं करती। अभूतपूर्व सफलताएँ पारिवारिक जीवन को असफल बना सकती हैं। यही छोटी-सी बात इस उपन्यास का मूल कथ्य है। मालती

चुनाव-विजय हेतु एवं प्रसिद्धि प्राप्त करने के लिए कुछ भी कर सकती है। वह किसी भी अवसर को गँवाना नहीं चाहती। विदेशियों को डिनर देते समय वह मदिरापान तक करती है।

बुद्धिजीवी चिन्तनीय विचारों के साथ-साथ अभिव्यक्ति की दृष्टि से भी 'काली आँधी' एक सशक्त और सार्थक उपन्यास है, इस तथ्य से इनकार नहीं किया जा सकता। कमलेश्वर के पास स्वातन्त्र्योत्तर भारतीय राजनीति की सही शब्दों में सही बात कहने की जो कला है, वह स्थान-स्थान पर प्रस्तुत उपन्यास में भी स्पष्ट रूप से उजागर हुई है। यथा—"सफलता कितनी क्रूर होती है, कितनी ज़ालिम होती है, इसका नशा कितना गहरा होता है और खुद अपनी सफलता में व्यक्ति कैसे कैद हो जाता है, इसका जीता-जागता उदाहरण है मालती जी। दुःख और त्याग कितना ज़ालिम होता है और इसमें व्यक्ति कैसे बुझ जाता है, इसका जलता हुआ उदाहरण है जग्गी बाबू!"[22]

जग्गी बाबू राजनीति के ओछेपन, उसमें प्रयुक्त हर घटना व वस्तु के सम्बन्ध में वास्तविकता का वर्णन करते हैं—"तुम लोगों ने आदमियों के आँसुओं और जज़्बातों तक को नहीं छोड़ा.....उसकी आशाओं और सपनों तक को नहीं बख़्शा.....तुमने उसके सपनों को गारे बनाकर निचोड़ लिया। अब क्या बचा है आदमी के पास?"[23]

'काली आँधी' उपन्यास में कमलेश्वर ने उच्च वर्ग एवं मध्य वर्ग के राजनीतिक, सामाजिक एवं वैयक्तिक जीवन का सूक्ष्म एवं यथार्थ चित्रण किया है। प्रस्तुत उपन्यास में स्वाधीनता के पश्चात् देश में व्याप्त राजनीति के आन्तरिक पहलुओं को निर्ममता से अभिव्यक्त किया गया है। मालती राजनीति में सफलता के उच्च से उच्चतर शिखर पर पहुँचने के अन्तराल में अपनी पारिवारिक जिम्मेदारियों का निर्वाह नहीं कर पाती। वह पत्नी एवं माँ तक की भूमिकाएँ नहीं निभा पाती। वह अपने पुत्र एबं पुत्री की चिन्ता न करते हुए उनसे भी विमुख हो जाती है।

मालती राजनीति के अपमानजनक वातावरण से पीड़ित अपने पति जग्गी बाबू से भी दूर हो जाती है। वे संतप्त, पीड़ित तथा व्यथित हैं। वे मालती से समझौता नहीं करते हैं, जो इस बात का परिचायक है कि वह उच्च वर्ग की खोखली, झूठी, छद्म एवं आडम्बरपूर्ण ज़िन्दगी नहीं जीना चाहते– अपितु इसका भी संकेत है कि जग्गी बाबू अनवरत संघर्ष करने में विश्वास करते हैं और अपने वर्ग (मध्य वर्ग) को नहीं छोड़ना चाहते। जग्गी बाबू गोल्डन सन होटल के मैनेजर हैं। वे हंगामे से दूर रहकर शान्त रहते हैं। इसके साथ ही वे अपने स्वाभिमान को भी बनाये रखना चाहते हैं। वे मालती से अपने रिश्ते का ढोल नहीं पीटना चाहते हैं। दो-तीन वर्ष बाद जब वे दोनों मिलते हैं तो मालती जग्गी बाबू के व्यवहार से काफी परेशान होती है। जग्गी बाबू मालती से कहते हैं– "जरूरत के बगैर आपके लिए कोई जरूरी नहीं होता और वक़्त की अहमियत के बग़ैर बेवक़्त आप किसी को बुलाती नहीं!"[24]

यह उपन्यास वास्तव में राजनीति पर एक करारा व्यंग्य है। इसी उपन्यास पर बनी फिल्म 'आँधी' ने जहाँ व्यावसायिक रूप से सफलता ही सफलता प्राप्त की, वहीं यह फिल्म राजनीतिक रूप से अतिशय चर्चित रही, जो कमलेश्वर की राजनीतिक चेतना की सफलता की प्रतीक है। स्वाधीन भारतीय राजनीति का स्पष्ट चित्रण ही इस उपन्यास की अपनी श्रेष्ठता है। चुनाव काल की बेईमानियों, दंगे-फसादों एवं तिकड़मबाजियों का उद्घाटन करना ही कमलेश्वर का मूल

उद्देश्य रहा है, जो इस उपन्यास का प्राण है।

इस उपन्यास की सबसे बड़ी विशेषता है उसकी मौलिकता। इससे भी बड़ी विशेषता है उनकी औपन्यासिक ताजगी। उनकी बहुमुखी प्रतिभा से प्रभावित होकर विमल मित्र लिखते हैं कि "...मेरे निरपेक्ष विचार में कमलेश्वर जी साहित्य के 'डिकेन्स' हैं, कमलेश्वर के किसी भी लेखन में पुनरावृत्ति नहीं पायी जाती। सूर्य एक होने पर भी हर रोज प्रत्येक सुबह नव-जन्म लेता है। कमलेश्वर एक लेखक होने पर भी हर लेखन में नव-जन्म लेता है!"[25] यही उसकी बहुमुखी प्रतिभा सम्पन्नता है।

7. आगामी अतीत : 'आगामी अतीत' कमलेश्वर का चर्चित उपन्यास है। अपने इस 'आगामी अतीत' में कमलेश्वर ने 'काली आँधी' की भाँति असफल सम्बन्धों की परिणति का मार्मिक चित्रण किया है। आज सामन्तवादी और पूँजीवादी सामाजिक व्यवस्था के गलत एवं घातक तरीकों को अपनाकर 'सफलता कैसे मिलती है', इसका चित्रण 'आगामी अतीत' में हुआ है। इस उपन्यास पर सुपरहिट फिल्म 'मौसम' का निर्माण गुलज़ार के निर्देशन में हुआ है। पुस्तक के रूप में आने से पूर्व यह उपन्यास 'धर्मयुग' साप्ताहिक में धारावाहिक के रूप में प्रकाशित हुआ।

प्रस्तुत उपन्यास में आधुनिक शहरों की निकट से देखी जिन्दगी, इनके दुःख-दर्द, उनकी आशा, आकांक्षाओं तथा निराशा, अभाव, स्पर्धा और सामान्य व्यक्ति के दर्द को यहाँ सही अभिव्यक्ति दी गयी है, जो सफलता प्राप्ति हेतु गलत एवं घातक मार्ग अपनाता है। इस उपन्यास में उपेक्षित लोगों की जिन्दगी तथा अपने वर्ग से कटे हुए व्यक्तियों का मार्मिक चित्रण है। इस उपन्यास में कस्बे की वेश्याओं की अनुभूति एवं प्रतिक्रियाओं से भरी जिन्दगी को अत्यन्त सूक्ष्मता एवं स्वाभाविकता से अंकित किया गया है। उनके जीवन में आर्थिक संकट के कारण कितनी कटुता एवं वाणी में कृत्रिमता आ गयी है। लेखक ने सहज और यथार्थ चित्रण करके उनकी दारुण तथा क्रूर परिस्थितियों को पाठकों के सामने मानो यथार्थरूपेण निचोड़ कर रख दिया है।

'चाँदनी' के रूप में जिस नारी पात्र का चित्रण कमलेश्वर ने किया है, वह प्रशंसनीय है। वह अति जीवन्त एवं स्वाभिमानी है। 'चाँदनी' के चरित्र द्वारा लेखक ने कस्बाई वेश्याओं की जिन्दगी का वर्णन किया है। चाँदनी का यह कथन उसकी यथार्थ स्थिति और विवशता को सहज ही प्रकट कर देता है। अपने लिए एक ग्राहक बने कमल बोस से वह स्पष्ट कहती है– "चले आते हैं, मरदुए! इश्क लड़ायेंगे......अबे, यहाँ धन्धा होता है, धन्धा! इश्क नहीं......अगली बार आना बच्चू तो जेब गरम और कमर पुख्ता करके आना.....।"[26] चाँदनी का यह कथन उसके भोगे हुए यथार्थ जीवन की कटु अभिव्यक्ति है।

चाँदनी जैसा सजीव और प्रभावी पात्र अन्यत्र कदाचित् ही देखने को मिलेगा जिसमें वेश्या जीवन की सच्चाई मुखरित हो रही है।

'आगामी अतीत' उपन्यास की एक अन्य विशेषता यह है कि वह हमारे समक्ष चाँदनी जैसा जीवन्त नारी पात्र प्रस्तुत कर सका है और आश्चर्य की बात यह है कि कमलेश्वर ने उसे अपने व्यक्तित्व-कौशल से बिल्कुल सजीव रूप में उपन्यास के पृष्ठों पर ला खड़ा किया है। वेश्या जीवन जीने को मजबूर चाँदनी का अनूठा व्यक्तित्व सम्पूर्ण उपन्यास पर छाया हुआ है। चाँदनी बुर्जुआ

समाज व्यवस्था की शिकार हुई है, वेश्या होना उसकी मजबूरी है। उसके द्वारा कहा हुआ एक-एक वाक्य उसके अन्तर्मन की करुण कथा और साथ ही साथ उसके वर्ग चरित्र पर प्रकाश डालता है। चाँदनी जिस वर्ग की है उसकी स्थिति अत्यन्त दारुण ही नहीं बल्कि बड़ी दयनीय भी है। अपनी विवशता को प्रकट करते हुए वह कहती है– "जो होना था हो गया, अब चाँदनी किसी के हत्थे नहीं चढ़ेगी। इस धन्धे की भी दुनिया बुरी नहीं है....।"[27] यह सब वह बलात्कार होने के बाद कमल बोस से आत्म-विश्वास के साथ कहती है। जीवन को मोड़ देने वाला अमानवीय बलात्कार भी चाँदनी ने सह लिया। उसने वेश्यावृत्ति भरा जीवन जिया। चाँदनी देह व्यापार की मजबूरी बयान करते हुए कहती है–"अच्छा, अब तू जाता है कि नहीं! पिण्ड तो छोड़! जैसे-तैसे पेट पालते हैं हम लोग। क्यों पेट पर लात मारने चला आता है?"[28] चाँदनी के सन्दर्भ में प्रेम न तो अलौकिक आनन्द देने वाला है और न ही शारीरिक, अपितु वह जीवन गुजारने का आर्थिक साधन बन गया है। वास्तव में चाँदनी प्रेम शब्द से ही नफरत करती है।

कमल बोस चाँदनी को बेटी रूप में स्वीकार करना चाहता है। वह उसे वेश्या जीवन से मुक्ति दिलाना चाहता है। वह चाँदनी के कोठे पर जाकर उसे बेटी कहकर सम्बोधित करता है। वह ऐसे रिश्तों से घृणा करती है। उसे बेटी-बेटी पुकारा जाना कतिपय पसन्द नहीं। वह वेश्या जीवन के यथार्थ को अश्लीलता भरे वाक्यों में, कोठे पर पहुँचे कमल बोस से वेश्या चाँदनी इस प्रकार बयां करती है– "फिर वही साली बेटी-बेटी की रट। अरे! यहाँ बेटियाँ नहीं, बीवियाँ मिलती हैं, घंटे-भर की बीवियाँ..., वह बिगड़ी थी–जा, जा शिलाजीत खा के पहले हौसला पैदा कर, समझे बुढ्ढे।"[29]

उपन्यास 'आगामी अतीत' का चाँदनी के बाद दूसरा महत्त्वपूर्ण पात्र है– कमल बोस। कमल बोस की महत्वाकांक्षा उसे चैन से बैठने नहीं देती। वह हर सही या ग़लत तरीके को अपनाकर पैसे कमाते हुए बड़ा आदमी बनना चाहता है। राजनीति में उसकी घुसपैठ कुछ ऐसी हुई कि वह शीघ्र ही वास्तव में बड़ा आदमी बन जाता है। राजनीतिक स्वार्थ की पूर्ति नें उसने कभी किसी दूसरे की बात नहीं सोची। वह तो केवल स्पर्धा के इस युग में दौड़ता ही रहा और सफल भी हो गया। प्रशान्त के अनुसार सफलता मंत्र है–....."इस मुक़ाबले की दौड़ में जीतने के लिए सिर्फ अक़्ल और तेजी ही नहीं चाहिए, बल्कि.....एक खूबसूरत बीवी चाहिए, पैसा चाहिए.....ऊँची रिश्तेदारी चाहिए.....और सबसे बड़ी चीज जो चाहिए वह यह है कि मुक़ाबले की इस दुनिया में सफल होने के लिए, उसे दूसरों के जज़्बातों का कोई खयाल नहीं करना चाहिए।"[30] कमल बोस ने एम. बी. बी. एस. की परीक्षा सत्तर प्रतिशत अंकों से उत्तीर्ण की है। वह मानसी केमिकल्स कारखाने के मालिक चन्द्रमोहन सेन की अमीरी में बिगड़ती लड़की निरुपमा से विवाह कर लेता है। चन्द्रमोहन सेन उसे उक्त कारखाना शादी की सौगात के रूप में दे देता है।

प्रस्तुत उपन्यास के चरित्रों के माध्यम से कमलेश्वर ने पूँजीवादी षड्यन्त्र का पर्दाफाश किया है। इस रचना में भाषा का एक आत्मीय-बोध दिखाई देता है, जो रचना को स्वाभाविकता प्रदान करता है। उनकी भाषा में चित्रात्मकता और निखार है। वर्तमान जीवन का घटनाहीन अलगाव, फीकापन और भावशून्यता को उनकी भाषा ने बिना उत्तेजना के व्यक्त किया है। कम शब्दों में सम्पूर्ण परिवेश व्यक्त हो उठा है। यथा–"न बाबा न, मुझे नहीं चाहिए ये हराम के पैसे"

वह बोली "हराम के?" और क्या? "कुछ करते-धरते तो हो नहीं.....समझते हो, मैं फोकट में पैसे लेके चली जाऊँगी, और बाबू एक दिन सबको ईश्वर के यहाँ जवाब देना पड़ता है। ये पाप मैं काहे को लूँ?.....धन्धा करूँगी तो पैसे लूँगी, ये मामूली काम नहीं है बाबू, बहुत पित्ता मारकर अनजान आदमी को सहना पड़ता है। तुम औरत होते तो समझ पाते।"[31]

इन चरित्रों के अतिरिक्त प्रशान्त एवं चन्दा भी दो चरित्र हैं। इसमें चन्दा एक स्वाभिमानी चरित्र है। वह आखिरी साँस तक कमल बोस की प्रतीक्षा करती है। कमल बोस कार्सियाँग में उसको खोजते हुए पहुँचता है तो वहाँ उसकी पुत्री चाँदनी उसे वेश्या रूप में मिलती है। 'आगामी अतीत' उपन्यास यह सन्देश देता है कि जीवन में मात्र अर्थ अथवा सुविधाएँ महत्त्वपूर्ण नहीं होती हैं, महत्त्वपूर्ण हैं, जीवन के वे मूल्य जिन्हें लेकर हम जीवित रहते हैं।

8. वही बात : कमलेश्वर ने इस उपन्यास को एक विशेष गति दी है। इसकी कथा एक तेज नदी के बहाव की भाँति है, जिसमें पाठक कहीं रुक ही नहीं पाता। एक सफल दाम्पत्य जीवन की गाड़ी के लिए पति-पत्नी रूपी दोनों पहिये समान धुरियों पर साथ-साथ घूमने चाहिए, लेखक का मुख्य मन्तव्य यही है। प्रेम जो जीवन की अनिवार्यता है, उसे पाठकों के सम्मुख आधुनिक भाव-बोध के साथ प्रस्तुत किया गया है। इस उपन्यास की नायिका के जीवन में दो पुरुष क्रमशः पति के रूप में आते हैं, परन्तु दोनों ही असीमित सफलता की तलाश में अपनी पत्नी की निरन्तर बुझती जिन्दगी की ओर झाँकने का ज़रा भी प्रयास नहीं करते। लेकिन दोनों में एक मूलभूत अन्तर है कि जहाँ एक ओर प्रशान्त स्थिति को अनदेखा करता रहा है और उसे अन्त में समीरा से हाथ धोना पड़ा, वहीं दूसरी ओर नकुल का चरित्र लेखक ने अत्यन्त संवेदनशील दिखाया है। वह प्रत्येक स्थिति को ध्यान में रखकर कार्य करता है, परन्तु सफलता की अन्धी दौड़ में समीरा को उसने भी हताश किया है। अन्त में वह परिस्थितियों को कुछ इस प्रकार लेता है कि समीरा उसकी निकटता अनुभव करने लगती है और वे फिर मानसिक रूप से दाम्पत्य सुख प्राप्त करने में सफल हो जाते हैं। जीवन का सच्चा प्यार उन्हें भली-भाँति सुलभ होने लगता है।

वैचारिक सम्पदा और अभिव्यक्ति की दृष्टि से भी 'वही बात' एक सशक्त, श्रेष्ठ एवं सार्थक उपन्यास है। छोटे-छोटे संवादों में लेखक ने स्पष्ट अभिव्यक्ति को स्थान दिया है। यहाँ समीरा व प्रशान्त का संवाद उल्लेखनीय है– "मुझे सफलता की नहीं, तुम्हारी जरूरत है, पर तुम जानती हो समीरा, असफल आदमी की ज़रूरत किसी को नहीं होती।"[32] और "एक के लिए समी थी, दूसरे के लिए मीरा.....समीरा तो कभी नहीं हो पायी.....।"[33]

इस प्रकार कितने ही उदाहरणों से लेखक ने इस उपन्यास को सजाया है। साथ ही एक जीवन्त पात्र खजांची बाबू के रूप में उभारकर लेखक ने अपने नारी-विषयक दृष्टिकोण को अभिव्यक्ति प्रदान की है–"औरत को अपनी जिन्दगी जीने का हक क्यों नहीं है? हम कब तक उसे बेइज्जत करते रहेंगे? आदमी औरत बदल ले, तो ठीक। औरत आदमी बदल ले तो गलत.....। वाह क्या मैथेमैटिक्स है।"[34]

एक ओर कमलेश्वर ने जहाँ खजांची बाबू के रूप में एक समर्थ पुरुष का चित्रण किया है, वहीं दूसरी ओर सफलता की अपार भीड़ में पहुँचने के लिए प्रशान्त के रूप में एक

आधे-अधूरे पुरुष का निर्माण किया है। वह नकुल के सामने बौना होता चला गया है तथा अन्त में लेखक ने उसे एक प्रकार से 'कनफैस' करते हुए दिखाया है।

प्रस्तुत 'वही बात' एक सशक्त उपन्यास ही कहा जा सकता है। लेखक अपने उद्देश्य के साथ अपनी बात कहने में पूर्णरूपेण सफल रहा है, सम्पूर्ण उपन्यास में भाषा वातावरणगत एवं पात्रानुकूल है। आधुनिक युग में मानव किस प्रकार अति व्यस्त एवं यान्त्रिक जीवन जीने के लिए बाध्य होता जा रहा है। उसी समग्र व्यस्तता को यहाँ कमलेश्वर ने सफलतापूर्वक अंकित किया है।

9. सुबह...दोपहर...शाम : स्वतन्त्रता पूर्व की स्थितियों का चित्रण करने वाला कमलेश्वर का श्रेष्ठ एवं नवीनतम उपन्यास है– 'सुबह...दोपहर...शाम'। प्रस्तुत उपन्यास में अंग्रेजी राज्य-काल में भारतीय जन-मानस में व्याप्त राष्ट्रीय भावना, स्वतन्त्रता प्राप्त करने में क्रान्तिकारियों की भूमिका तथा तत्कालीन परिस्थितियों का प्रतिबिम्ब तो है ही साथ ही इसमें ग्रामीण व्यवस्था, गाँवों में फैले संस्कारों तथा परम्पराओं की मार्मिक प्रस्तुति भी है। प्रस्तुत उपन्यास ग्रामीण परिवेश से सम्पूरित है।

कमलेश्वर स्वातन्त्र्योत्तर कालीन हिन्दी के लब्ध प्रतिष्ठित उपन्यासकार हैं। उनके अनेक उपन्यासों पर आधारित सफल फिल्में भी बन चुकी हैं तथा इस उपन्यास पर भी इसी नाम से फिल्म का निर्माण हुआ है। लेखक की कलम का जादू प्रस्तुत उपन्यास में भी पूर्णरूपेण दिखाई देता है। प्रकाशन एवं फिल्म निर्माण से पूर्व यह उपन्यास 'साप्ताहिक हिन्दुस्तान' पत्रिका में धारावाहिक रूप में प्रकाशित होकर बहुचर्चित हो चुका है।

'सुबह...दोपहर...शाम' कमलेश्वर की लेखकीय लम्बी यात्रा का एक महत्त्वपूर्ण पड़ाव है, जो कमलेश्वर की इस यात्रा में उन्हें बहुत आगे तक चलने, चढ़ने, बढ़ने के लिए प्रेरित करता ही चला गया है। सम्पूर्ण उपन्यास जहाँ एक ओर संस्कारीय मानसिकता से ग्रसित है, वहीं दूसरी ओर इसमें क्रान्तिकारी विचार हैं। यह इन विचारों से पूर्णरूपेण ओत-प्रोत भी होता चला गया है। इस उपन्यास को पढ़ने के पश्चात् पाठक के मन में एक विशेष उत्तेजनापूर्ण देशभक्ति की भावना सहज में ही उदित हो जाती है।

प्रस्तुत उपन्यास भारतीय संस्कृति, प्राचीन परम्पराओं, रीति-रिवाजों, सामाजिक सम्बन्धों की एक जीवन्त कृति है। कमलेश्वर ने कई पीढ़ियों की टकराहट, कई संस्कृतियों का संघर्ष, कई अवस्थाओं का प्रभावपूर्ण चित्रण कर इस उपन्यास को एक महत्त्वपूर्ण कृति के रूप में प्रस्तुत किया है। यह उनकी एक अनुपम एवं अमर कृति है, जिसका पाठकों के हृदय पर अमिट प्रभाव देखा गया है।

10. रेगिस्तान : 'रेगिस्तान' उपन्यास में आजादी का सपना पूरा न होने की मार्मिक कहानी है। यह उपन्यास कमलेश्वर की औपन्यासिक यात्रा में एक महत्त्वपूर्ण पड़ाव है। इस नवीनतम उपन्यास में लेखक ने एक विशेष मार्मिकता एवं सुदृढ़ देशभक्ति से परिपूर्ण विषय लेकर सफल अंकन किया है। प्रस्तुत उपन्यास आकार में लघु होते हुए भी एक अति विशाल घटना का पटाक्षेप करता है। गाँधीवादी विचारधारा से ओत-प्रोत तथा देशभक्ति की भावना से परिपूर्ण प्रस्तुत उपन्यास अपने कथानक या विषय-वस्तु में राष्ट्रीय भक्ति का सुसंचार करता है।

स्वतन्त्रता प्राप्ति से पूर्व हमारे देशभक्तों, शहीदों, क्रान्तिकारियों तथा युगीन नेताओं ने जो सपने सँजोये थे, वे स्वतन्त्रता के पश्चात् एक-एक करके टूटते चले गये। उनका मोह भंग होता चला गया विशेषकर महात्मा गाँधी ने जो आदर्श 'रामराज्य' के रखे थे, उनका टूटना विश्वनाथ को अधिक खलता है। राष्ट्रभक्ति और राष्ट्रभाषा के उत्थान के लिए आरम्भ से अन्त तक विश्वनाथ प्रयास करता रहा किन्तु अन्त में उसे निराशा और कुंठा ही हाथ लगी। वह अपने महत्त्वपूर्ण प्रयासों में विफल हो गया।

विश्वनाथ हिन्दी के उत्थान के लिए पूरब-पश्चिम-उत्तर-दक्षिण सभी दिशाओं में सर्वत्र घूमता रहता है। हिन्दी मन्दिरों की स्थापना करता है। पुस्तकें एकत्र करता है। लोगों को पढ़ाता है किन्तु शनैः-शनैः लोगों की आस्था निज भाषा में नहीं रहती। हिन्दी से विश्वास उठने पर उनके संस्कारों में परिवर्तन आ जाता है। विश्वनाथ हिन्दी-सेवा के लिए अपना घर-परिवार सब कुछ त्याग देता है किन्तु फिर भी उसे हिन्दी का उत्थान दिखाई नहीं देता। उसे सर्वत्र अन्धकार ही दिखाई देता है। हिन्दी की दुर्गति देख वह घोर निराशा में डूब जाता है। विश्वनाथ की भाँति सभी दूसरे देशभक्त भी इस प्रतिकूल वातावरण में शनैः-शनैः उसमें भटकते और समाप्त होने लगते हैं। विश्वनाथ इन सबका प्रतीक बन गया है। अन्त में विश्वनाथ सबके मन पर जहाँ एक अमिट छाप छोड़कर जाता है, वहीं एक दर्द, एक बेचैनी, एक टीस भी छोड़ता है। देशभक्त अपने संस्कार, अपने रीति-रिवाजों, अपनी संस्कृति तथा अपनी भाषा की सम्यक् प्रगति न देखकर अति विह्वल हो उठते हैं क्योंकि उन्हें अपने चारों ओर अन्धकार दिखाई देता है। न 'रामराज' है न अपने संस्कार हैं, न अपनी भाषा है। यह सब क्या हो गया? हम स्वतन्त्र गुलाम बन गये। संस्कृति का सूर्य डूबने के कगार पर है। देशभक्तों की सरसता सूख गयी और वे नीरसता के रेगिस्तान बन गये हैं।

उपन्यास का कथानक भले ही छोटा है, किन्तु इतने में भी यह पाठक के मन पर अति गहन प्रभाव छोड़ता है। हिन्दी भाषा, राष्ट्रप्रेम जैसी पावन धारा का क्या भविष्य होगा? इस पर तीखे प्रश्न हमारे सामने खड़े होते हैं जिनका उत्तर स्वयं पाठकों को खोजना है। कमलेश्वर की औपन्यासिक कला का यह उत्कृष्ट नमूना है। उपन्यास में छोटा कलेवर, छोटे पात्र होते हुए भी कमलेश्वर बहुत बड़ी बात कहने में सफल रहे हैं। यह उपन्यास उनकी लेखन-कला को प्रकट करने वाली प्रभावशाली अनुपम कृति है, जिसे पढ़कर पाठक देशभक्ति के भावों से सराबोर हो उठता है। वह भविष्य के विषय में चिन्ता मग्न हो उठता है। गहन अन्धकार से निकलना है तो सामान्य पाठकों को सोचना होगा, समझना होगा और अपनी भाषा एवं संस्कृति की रक्षा-सुरक्षा एवं संरक्षा करनी ही होगी।

11. कितने पाकिस्तान : कमलेश्वर ने इस उपन्यास का लेखन मई, 1990 में प्रारम्भ किया तथा इसे पूर्ण करने में लगभग दस वर्ष लगे। 'कितने पाकिस्तान' उपन्यास शिल्प की दृष्टि से एक नवीनतम प्रयोग है। सुप्रसिद्ध उपन्यासकार कमलेश्वर का यह उपन्यास प्रकाशित होने से पूर्व ही चर्चा का विषय बन गया था। प्रकाशन से पूर्व एक दशक से प्रस्तुत उपन्यास की लेखन-प्रक्रिया उपन्यासकार के मन में चलती रही। कमलेश्वर के अनुसार यह उपन्यास— "मन के भीतर लगातार चलने वाली एक ज़िरह का नतीजा है।"[35] कमलेश्वर आदमी और उसकी

जाति, कबीले, राष्ट्र, सभ्यता, धर्म आदि विविध समूहों के आपसी जानलेवा संघर्ष की समस्या से सदैव जूझते रहे हैं। इसमें उन्होंने लेखक यानी 'अदीब' की कचहरी बैठाकर दुनिया भर की सभी सभ्यताओं में चलने वाले संघर्ष की समस्याओं को उठाया है, जो साहित्य के इतिहास में अपनी तरह का पहला और सार्थक प्रयोग है।

भारत के वर्तमान इतिहास में हिन्दू-मुस्लिम संघर्ष, पाकिस्तान के रूप में देश का विभाजन आदि घटनाओं को भी उन्होंने इसमें विस्तार से लिया है और इनके माध्यम से देश के भविष्य को देखने की कोशिश की है। कमलेश्वर का यह उपन्यास "मावनता के दरवाजे पर इतिहास और समय का एक दस्तक है...इस उम्मीद के साथ कि भारत ही नहीं, दुनिया भर में एक के बाद दूसरे पाकिस्तान बनाने की लहू से लथपथ यह परम्परा अब खत्म हो।"[36]

औपन्यासिक परम्परागत सीमाओं, तत्त्वों और अवधारणाओं को त्याग कर लेखक ने एक अनूठा प्रयोग कर उपन्यास लेखन किया है। आदिकाल में आर्यों का आगमन, उनका संघर्ष, मोहनजोदड़ो, हड़प्पा-सभ्यता, वेदों में असुरों के युद्धों की अनुगूँज, महाभारत का युद्ध, झेलम, केन, सोमनाथ, तराइन, क्रेसी, पानीपत जैसे युद्धों और अँग्रेजों द्वारा हर बार मरने वाले मनुष्य और मनुष्यहंता का अन्वेषण किया है।

विश्व इतिहास के फलक पर धार्मिक उन्माद और देश के बँटते रहने की समस्या पर एक विचारोत्तेजक नवीनतम उपन्यास है। सभी क्षेत्रों में इसकी मुक्त कंठ से प्रशंसा हुई है। भारत की सभी प्रमुख भाषाओं के साथ-साथ अंग्रेजी और फ्रेंच में भी यह उपन्यास प्रकाशित हुआ है।

लेखक ने समय को ही नायक-महानायक और खलनायक सिद्ध किया है। उन्होंने घटनाओं के चक्र को एक क्रूर काल-चक्र के रूप में प्रस्तुत करने, युद्ध और घिनौने राजनीतिक कुप्रयासों को भी उजागर करने में सफलता प्राप्त की है।

कहानीकार कमलेश्वर

कहानियाँ मानव सभ्यता की अनवरत यात्रा की साक्षी होती हैं। कहानीकार कमलेश्वर के विषय में यदि यह कहें कि कमलेश्वर भी प्रेमचन्द की भाँति एक पैदाइशी कहानीकार हैं, तो कोई अतिशयोक्ति न होगी। एक सहृदय और ईमानदार रचनाकार की भाँति कमलेश्वर हमेशा इतिहास की प्रगतिशील वैचारिकता के साथ, अपने को संशोधित-परिवर्धित कर दोषपूर्ण अंशों को छोड़ते और नकारते हुए, सच्चाई को लगातार स्वीकार करते रहे हैं। कमलेश्वर की पहली कहानी 'कामरेड' है, जो एटा से निकलने वाली पत्रिका (अप्सरा) में प्रकाशित हुई थी किन्तु यह उनके किसी भी संकलन में नहीं आयी। कमलेश्वर ने सन् 1952 के आस-पास कहानी लिखना प्रारम्भ किया। उनका पहला कहानी संग्रह 'राजा निरबंसिया' सन् 1957 में प्रकाशित हुआ और तब से लेकर जीवनपर्यन्त कहानी सृजन चलता रहा है। मुख्य रूप से उनकी कहानियों के तीन दौर हैं। जैसे-जैसे उनका परिवेश बदला, उनकी कहानियों में भी बदलाव आया है।

स्वयं कमलेश्वर ने अपने परिवेश के आधार पर अपने तीन कथा-दौर निश्चित किये हैं। उनके अनुसार कथा-विकास के तीन दौर माने जा सकते हैं। स्वयं कमलेश्वर के शब्दों

में—"अपने कथा स्रोतों की पहचान और अपने परिवेश में जीने का प्रयत्न यह (मेरे) कहानी लेखन का पहला दौर था अर्थात् यहाँ 'अनुभव के क्षेत्र की प्रामाणिक पहचान' का प्रयत्न है।"[37]

"पहला दौर—परम्परा से विद्रोह और अनुभव क्षेत्र की प्रामाणिक पहचान (सन् 1952 से 1959 ई. तक)।

दूसरा दौर— समय संगत यथार्थ का स्वीकार-दारुण विसंगत सन्दर्भों की समझ (सन् 1959-60 से 1966 ई. तक)

तीसरा दौर— सामान्य आदमी की नियति से जुड़ा लेखन-यातनाओं के जंगल से गुजरते मनुष्य के साथ समानान्तर चालों का उपक्रम (सन् 1966 से अद्यतन)।"[38]

मोटे तौर पर कमलेश्वर जी की कथा यात्रा के तीन पड़ाव हैं—1. मैनपुरी से इलाहाबाद 2. इलाहाबाद से दिल्ली 3. दिल्ली से मुम्बई। सन् 1950 तक की सारी कहानियाँ मैनपुरी में ही लिखी गयीं। कुछेक इलाहाबाद में भी।

कमलेश्वर के प्रथम दौर की श्रेष्ठ कहानियाँ हैं—'राजा निरबंसिया', 'कस्बे का आदमी', 'गर्मियों के दिन' तथा 'नीली झील', जिन्हें उन्होंने मैनपुरी एवं इलाहाबाद में लिखा।

इनकी कथा-यात्रा के दूसरे दौर की प्रसिद्ध कहानियाँ हैं—'दिल्ली में एक मौत', 'खोई हुई दिशाएँ', 'तलाश' तथा 'मांस का दरिया', जिनकी रचना कमलेश्वर ने दिल्ली महानगर में निवास करते हुए की।

कमलेश्वर की कथा यात्रा के तृतीय दौर का स्थान मुम्बई रहा है तथा इस दौर की प्रसिद्ध कहानियाँ हैं—नागमणि, बयान, आसक्ति, उस दिन वह मुझे ब्रीच कैण्डी..., जोखिम, लाश, रातें, अपना एकान्त, इतने अच्छे दिन, मैं, चार महानगरों का तापमान इत्यादि जैसी कहानियाँ।

कमलेश्वर लिखते हैं कि दिल्ली लौटकर आने की मेरी रचना का चौथा दौर कहा जा सकता है। इस दौर में इन्तजार, वीपिंगविलो, कुहरा, हवा है हवा की आवाज नहीं, सफेद सड़क, अपने देश में, इतिहास कथा, तुम कौन हो, रावल की रेल, आजादी मुबारक जैसी कहानियाँ लिखीं।

इनका विस्तृत वर्णन अधोलिखित है—

प्रथम दौर की कहानियाँ

'राजा निरबंसिया' संग्रह में 'देवा की माँ' कमलेश्वर की पहली कहानी है। प्रस्तुत कहानी में देवा की माँ के माध्यम से नारी संघर्ष का स्वरूप प्रस्तुत किया गया है। 'राजा निरबंसिया' कहानी में आर्थिक विषमताओं से उत्पन्न दाम्पत्य सम्बन्धों में तनाव तथा सम्बन्धों में दरार पड़ना एवं आर्थिक मजबूरियों में मानव की निरुपायता का अति सशक्त चित्रण हुआ है। 'नीली झील' भी कहानीकार की इस दौर की श्रेष्ठ तथा अति चर्चित कहानी है। इस कहानी में पच्चीस-छब्बीस वर्षीय महेसा तथा चालीस की होकर भी चालीस की न लगने वाली पारबती की प्रेम कथा का बड़ा ही मार्मिक एवं संश्लिष्ट चित्रण हुआ है।

'मुर्दों की दुनिया' कहानी में एक ओर कस्बे के शहरीकरण से उत्पन्न भाईचारे का अभाव चित्रित है, तो दूसरी ओर जीवन मूल्य टूटने की दुःखद स्थिति है। 'गर्मियों के दिन' में कस्बाई जीवन की आर्थिक मजबूरियाँ एवं विवशताएँ एक छोटे से वैद्य के माध्यम से सफल रूप में चित्रित

हैं। 'नौकरी-पेशा' कहानी में कस्बे का जीवन, कस्बे का आदमी एवं उनकी प्रवृत्तियों का अति सुन्दर अंकन है। 'पानी की तसवीर' एक असफल प्रेम की रोमानी शैली में वर्णित श्रेष्ठ कहानी है। 'सुबह का सपना' युद्ध की निस्सारता को प्रकट करने वाली कहानी है।

'आत्मा की आवाज' दाम्पत्य सम्बन्धों को स्पष्ट प्रदर्शित करती हुई मध्यमवर्गीय परिवार की कहानी है। 'तीन दिन पहले की रात' कहानी अपूर्ण एवं अतृप्त प्रेम का लेखा-जोखा प्रकट करती है।

'भटके हुए लोग' विस्थापित शरणार्थी जीवन पर लिखित एक सामान्य कहानी है। 'चाय घर' कहानी में विभाजन की विभीषिका से जीवन मूल्य टूटने का दर्द निहित है। 'सीखचे' में बेमेल विवाह की समस्या का अंकन किया गया है। 'इनसान और हैवान' पुलिस की कार्य-प्रणाली का दिग्दर्शन कराती है। 'गाय की चोरी' में कस्बे की मनोवृत्ति अंकित है। 'सच और झूठ' भी रोमानी प्रेम शैली में लिखी एक सामान्य कहानी है। 'बेकार आदमी' कहानी में रोजगार कार्यालय जैसी सरकारी संस्था के माध्यम से रोजगार दिलाने की स्थिति पर तीव्र व्यंग्य किया गया है। 'थानेदार साहब' कहानी में पुलिस की कार्य-प्रणाली का वर्णन किया गया है।

उनकी इस दौर की कहानियों में कस्बे के जीवन का ही स्पष्ट चित्रण अभिव्यंजित हुआ है। यह उनकी कहानियों का मैनपुरी-एटा-इलाहाबाद का समय है। ये कस्बे ऐसे हैं जैसा कि भारत का कोई भी कस्बा हो सकता है। बड़े शहरों में साइनबोर्ड लगाने का प्रचलन तभी प्रारम्भ हुआ था। इस दौर की कहानियाँ कमलेश्वर की कहानी कला की दृष्टि से भी पृथक दिखाई देती हैं। इन कहानियों में कथ्य का विस्तार है, घटनाओं का वैविध्य है तथा वातावरण का सूक्ष्म एवं प्रभावकारी चित्रण है। वातावरण का इतना सूक्ष्म एवं सघन चित्रण अनिवार्य भी था। कमलेश्वर प्रगतिशीलता एवं यथार्थ का आग्रह करने वाले कथाकार हैं। उन्होंने सूक्ष्म सौन्दर्य बोध की कहानियाँ लिखी हैं फिर भी उन्होंने कहानियों के विषय में एक निश्चित ढाँचा तैयार कर रखा था। कमलेश्वर की प्रतिभा उस ढाँचे को तोड़कर नवीन धारणाओं पर भी कहानी लिखती है। वास्तव में उनके कहानी लेखन को सीमाबद्ध नहीं किया जा सकता।

द्वितीय दौर की कहानियाँ

कमलेश्वर की कहानियों का द्वितीय दौर 1959-60 ई. में उनके दिल्ली आगमन से प्रारम्भ हुआ। 'जार्ज पंचम की नाक' में सरकारी काम-काज की रीति-नीति, दफ्री-दुनिया के माहौल एवं व्यवस्था पर तीक्ष्ण व्यंग्य किया गया है। कहानी में आद्योपान्त व्यंग्यात्मकता का पूर्ण निर्वाह फंतासी शैली में हुआ है। 'खोई हुई दिशाएँ' इस दौर की सर्वाधिक महत्त्वपूर्ण, समर्थ और चर्चित कहानी है। इस कहानी में महानगरीय जीवन की झाँकी प्रस्तुत की गयी है जिसमें अजनबीपन, अकेलेपन की ऊब और उदासी तथा सम्बन्धों के चूक जाने की स्थिति का सशक्त चित्रण हुआ है। 'मांस का दरिया' वेश्या जीवन पर लिखी कमलेश्वर की एक प्रसिद्ध एवं विवादास्पद कहानी है। "मैक्सिम गोर्की, स्माइल जोला, पर्लबक, हेनरी मिलर, इर्विंग स्टोन, अल्वर्तो मोराविमा, जान गलास्को, सआदत हसन मंटो जैसे प्रसिद्ध कथा शिल्पियों ने वेश्या जीवन को आधार बनाकर सशक्त कहानियों की रचना की है।"[39] उसी क्रम में कमलेश्वर का जुगनू नाम की वेश्या पर

आधारित यह कृति सफल प्रयास है। कहानी की विशेषता यह है कि वेश्या के शरीर व्यापार का, कोठों और कोठेवालियों का खूब खुला चित्रण लेखक ने किया है, "कैसे बीतेगी यह पहाड़ सी बीमार जिन्दगी! सहारा......कोई और सहारा भी तो नहीं, कोई हुनर भी तो नहीं.... ।"[40] इस प्रकार स्पष्ट है कि अश्लीलता का कोई भी नामोनिशान कहानी में नहीं आ पाया है। वेश्या जीवन का भयावह तथा त्रासद जीवन व्यापार यहाँ अंकित किया गया है। लेखक ने इस प्रकार के वर्णन में रुचि लेकर उसे श्रेष्ठता की सीमा तक पहुँचाया है। कमलेश्वर की कहानी 'तलाश' इस दौर की एक प्रमुख एवं शिल्प ढली सफल कहानी है। इस कहानी में एक विधवा प्रोफेसर द्वारा प्रेम की व्यक्तिगत सुख की तलाश चित्रित है, जो अपनी सयानी लड़की के सामने प्रेम की तलाश के लिए प्रयत्नशील दिखाई गयी है।

कहानीकार ने आदर्श की झोंक में मातृत्व की रक्षा के लिए नारीत्व की बलि नहीं दी है। 'दिल्ली में एक मौत' कहानी में बताया गया है कि स्वार्थ-संघर्ष परिपूर्ण महानगरीय जिन्दगी में इनसानी रिश्ते कितने खोखले, बेमानी एवं शून्य रह गये हैं। मानवीय संवेदना, दर्द तथा एक व्यक्ति की मौत भी एक व्यर्थ के दिखावे की वस्तु भर रह गयी है। 'दिल्ली में एक मौत' कहानी में बदली-बदली परिस्थितियाँ चित्रित की गयी हैं। भारत-पाक युद्ध में एक मेजर के शव को अन्तिम संस्कार हेतु ले जाया जा रहा है। सभी एक अनजान सैन्य अधिकारी के निधन के नाम से दुःखी हैं, जैसे कोई अपना सगा सम्बन्धी ही चल बसा हो। यह कहानी मानवीय गुणों एवं अच्छाइयों के प्रति एक निष्ठा एवं आस्था भाव प्रदान करती है। 'दुःख भरी दुनिया' में मध्यमवर्गीय परिवारों की जिन्दगी की आशाओं-आकांक्षाओं का पूर्ण एवं नग्न यथार्थ सम्यक्रूपेण चित्रण किया गया है। साथ ही इस कटु यथार्थ से टकराकर टूटने के दर्द को भी अंकित किया गया है। 'पराया शहर' कहानी का स्वर व्यक्तियों के जीवन में भर गया है। इसमें नगरीय जीवन का सूनापन, एकाकीपन तथा अकेलापन है, जहाँ मानव का एक अजनबी रूप दिखाई देता है।

'ऊपर उठता हुआ मकान' में वृद्धावस्था की बेबसी का सम्यक् चित्रण है। 'दूसरे' में मध्यमवर्गीय परिवार की आर्थिक विषमता और टुकड़ों में नौकरी करती एक लड़की की परवशता का चित्रण देखने को मिलता है। 'बदनाम बस्ती' में देश के इतिहास को मद्देनज़र रखते हुए कस्बे के विकास और कार्य व्यवस्था पर व्यंग्य किया गया है। 'अपने देश के लोग' 'भरेपूरे-अधूरे' तथा 'अपने अजनबी देश में' आदि सभी कहानियों का स्वर व्यंग्यात्मक है। 'अपने देश के लोग' में दिल्ली के कार्यालयी माहौल में घुटते क्लर्कों की संघर्षरत जीवन की सही तस्वीरें आँकी गयी हैं। 'अपने अजनबी देश में' देश की भ्रष्टाचारपरक व्यवस्था को उद्घाटित किया गया है। 'एक अश्लील कहानी', 'प्रेमिका', 'पीला गुलाब' रोमानी प्रेम शैली की कहानियों की श्रेणी में रखने योग्य कहानियाँ ही कही जा सकती हैं।

'युद्ध' कहानी में युद्धकालीन मानव की मनःस्थितियों का चित्रण है। 'दुःखों के रास्ते' कहानी में दाम्पत्य दूरियों एवं उलझनों का स्पष्ट वर्णन किया गया है। 'जो लिखा नहीं जाता' में भी प्रेम के त्रिकोण के माध्यम से दाम्पत्य सम्बन्धों के उलझाव पर विशेष ढंग से प्रकाश डाला गया है। 'कुछ नहीं, कोई नहीं' एक विशिष्ट प्रकार की प्रेम कहानी है, जिसमें बाप-बेटे में दुश्मनी हो जाती है। 'फालतू आदमी' में प्रतीकात्मक ढंग से प्रेम की मजबूरियों और दूरियों का चित्रांकन

है। 'स्मारक' में साहित्यकार की नियति का वर्णन है। 'नाच' कहानी एक बहुत ही बचकानी-सी कहानी है और 'शरीफ आदमी' भी बहुत हल्की-फुल्की-सी कहानी है। 'आत्मा अमर है' में क्लब जीवन का व्यंग्यात्मक वर्णन प्रस्तुत किया गया है। 'ब्रांच लाइन का सफर' में ढोंगी साधुओं की करतूतों का पर्दाफाश करने में लेखक को पूर्ण सफलता मिली है। 'नया किसान' में जमींदारों के बीते वैभव का खाका खींचा गया है। 'जिंदा मुर्दे' कहानी भारत-पाक युद्ध की पृष्ठभूमि पर लिखी शैली शिल्प और कथ्य प्रधान है। 'दुःखों के रास्ते' में मूल्य दृष्टि का आग्रह है, समस्या से जूझने का सरोकार नहीं।

इस प्रकार कमलेश्वर का कहानियों के लिखने का यह दौर सन् 1959 से 1966 तक रहा। इस दौर में मानव के दारुण एवं विसंगत सन्दर्भों को समय के परिप्रेक्ष्य में समझने का सफल प्रयास किया गया है, जो इनकी कहानियों में दिखलाई देता है। इस दौर की कहानियों में वातावरण सृजन करने में लेखक सफल रहा है। कमलेश्वर वातावरण के सजीव एवं सफल चित्रकार हैं। इन कहानियों से वातावरण चित्रण निकाल देने पर ये पूर्णरूपेण रिक्त एवं नग्न दिखाई देंगी। पात्रों का दर्द वातावरण के कारण अधिक तीक्ष्ण एवं पैना हो जाता है। उनके पात्र वातावरण की नींव पर खड़े हैं। इस दौर की कहानियों में सहज मानवीयता है तथा जीवन्त वातावरण चित्रित हुआ है। इसमें प्रगतिशीलता है, मानवीय संवेदना है तथा नारी पात्रों में विशेष छटपटाहट है। कुल मिलाकर इनकी कहानियाँ श्रेष्ठता के शिखर पर पहुँच चुकी हैं। कमलेश्वर ने अपनी भाषा-शैली से पाठकों को प्रभावित करने में कोई कमी नहीं छोड़ी है। वर्ण्य विषय विस्तार लेखकीय अनुभव को प्रकट करता है। कथ्य एवं शिल्प की दृष्टि से भी इस दौर की कहानियाँ श्रेष्ठ बन पड़ी हैं।

तृतीय दौर की कहानियाँ

कमलेश्वर की कथा यात्रा का तृतीय दौर सन् 1966 से 1972 ई. तक का है तथा स्थान बम्बई है। तीसरे दौर के विषय में स्वयं कमलेश्वर कहते हैं– "यातनाओं के जंगल से गुजरते मनुष्य के साथ और समानान्तर चलने का यह तीसरा दौर है अर्थात् अनुभव के अर्थों तक जाने की कोशिश यहाँ है।"[41]

'जोखिम' कहानी में कस्बे से बम्बई जैसे महानगर में जीविका की खोज में आये व्यक्ति का दोहरा दर्द चित्रित है। 'सारिका' के अप्रैल 1973 अंक में प्रकाशित 'मानसरोवर के हंस' कमलेश्वर के इस दौर की एक और सफल रचना है, जिसमें पत्र शैली में आम आदमी के दुःख-दर्द और संघर्षशील जीवन की अभिव्यक्ति है। 'इतने अच्छे दिन' में भूख को कथ्य बनाकर कमलेश्वर ने श्रेष्ठ रचना की है। 'नागमणि' में घर की तलाश और उसके लिए छटपटाहट दिखाई देती है। प्रस्तुत कहानी सर्वप्रथम 'धर्मयुग' के स्वाधीनता-विशेषांक, 17 अगस्त, 1969 में प्रकाशित हुई थी। इसमें यह बताया गया है कि इतने वर्षों बाद देश में हिन्दी की क्या दुर्गति है? 'लाश' देश की राजनीति पर कटाक्ष करने वाली एक सशक्त कहानी है। '...या कुछ और' कहानी में रामनाथ के माध्यम से व्यक्ति के निरर्थक, बेमानी जीवन में सार्थकता की तलाश की गयी है। 'बयान' कहानी कमलेश्वर की तृतीय दौर की बहुचर्चित कहानी है। इस कहानी को

गलत व्यवस्था के शिकार व्यक्ति का बयान कहना अनुचित न होगा। 'अपना एकान्त' कहानी "प्रसिद्ध कहानीकार चेखव की सुप्रसिद्ध कहानी 'दुःख' (मिजरी) की याद दिलाती है।"[42] 'अपना एकान्त' में महानगर में व्यक्ति के अकेलेपन को बहुत अच्छी तरह व्यंजित किया गया है।

'दुनिया बहुत बड़ी है' कहानी में नारी के अपने प्रकार के अकेलेपन तथा अजनबीपन की व्यथा व्यक्त हुई है। 'उस रात वो मुझे ब्रीच कैण्डी पर मिली थी' सर्वप्रथम यह कहानी धर्मयुग (16 अगस्त, 1970) में प्रकाशित हुई थी। यह कहानी पाठक को एक अस्पष्ट, कुहासे के-से वातावरण में छोड़ जाती है। 'साँप' कहानी में मजदूरों के जीवन का आंचलिक स्तर पर तथा अच्छी भाषा-शैली में अच्छा चित्रण है। 'कितने पाकिस्तान' भारत-पाक विभाजन की पृष्ठभूमि के आधार पर लिखी कमलेश्वर की एक श्रेष्ठ कहानी है। 'अकाल' में वर्तमान जीवन की विसंगतियाँ हैं। 'मेरी प्रेमिका' सामान्य और हल्की लेकिन प्रेम विषयक श्रेष्ठ कहानी है। 'भूखे और नंगे लोग' में भूखे और नंगे लोगों की निरीहता एवं विवशता का स्पष्ट चित्रण है। 'आसक्ति' में दो भाई-बहनों की विवशताओं, हीनताओं, निराशाओं तथा विविध प्रकार की अन्य मजबूरियों का अंकन हुआ है। 'अब और नहीं...' में महानगरीय मानव जीवन की ऊब और खोखलापन चित्रित है। 'मैं' कहानी में नायक अपनी निजता की तलाश में भटकता है। 'लहर लौट आयी' एक ऐसी कहानी है, जिसमें नायिका शादी की प्रतीक्षा में दस-बारह साल निपट अकेलेपन को भोगती है। 'फैसला' कहानी पहलवानों के हठपूर्ण वहशीपन की कहानी है।

कहानी 'फटे पाल की नाव' में थोथे और निरर्थक आदर्शों एवं सिद्धान्तों तथा दिखावटी कर्मकाण्डों की खिल्ली उड़ाई गयी है। 'लड़ाई' एक सामान्य कहानी है। 'अजनबी' एक साधारण एवं बचकानी कहानी है। 'आधी दुनिया' कहानी भी सामान्य ही कही जा सकती है किन्तु इतना सुनिश्चित रूप से कहा जा सकता है कि ये सामान्य कहानियाँ यातनाओं के जंगल से गुजरे हुए मनुष्य की कहानियाँ हैं। ये कहानियाँ बाहर से घबराकर भीतर की ओर और भीतर से घबराकर बाहर की ओर लौटने की कहानियाँ हैं। "कमलेश्वर एक ऐसा लेखक है, जिसके यहाँ हिन्दी-कहानी की पूरी यात्रा उसके लगभग हर मोड़ की प्रतिनिधि कहानी मिल सकती है।...उसकी सारी कहानियाँ कथ्य और शिल्प के स्तर पर ही नहीं भाव-बोध और चेतना के स्तर पर भी एक क्रमिक और अनुवर्ती-संक्रमण की द्योतक है।"[43]

अन्त में कमलेश्वर के तीनों दौरों की इस कथा यात्रा के सन्दर्भ में स्वयं कमलेश्वर ने कहा है कि—"मोटे तौर पर यदि कहूँ तो पहला दौर था अपने कथा-स्रोतों की पहचान और अपने परिवेश में जीने का, जिनके लिए 'नयी कहानी' ने रूढ़िबद्ध गद्य साहित्य से विद्रोह किया और कथ्य की धुरी पर कहानी को केन्द्रित किया था। दूसरा दौर था—'व्यक्ति के दारुण और विसंगत सन्दर्भों को समय के परिप्रेक्ष्य में समझने का और तीसरा दौर यातनाओं के जंगल से गुजरते मनुष्य के साथ और समानान्तर चलने का।' यातनाओं के जंगल से गुजरते मनुष्य की इस सहयात्री का जो महायात्री है, वही आज का लेखक है। सह और समानान्तर जीने वाला, लेखक ने तीसरे दौर में जो कहानियाँ लिखी हैं, उनमें आज की मूल्यहीन सामान्य आदमी के साथ"[44] सामाजिक अवस्था का चित्रण किया है। स्वतन्त्रता पूर्व गाँधी युग में इस देश का जनमानस आदर्श प्रेरित था। गाँधी जी ने अपने व्यक्तित्व एवं कृतित्व से जनमानस के समक्ष आदर्श प्रस्तुत

किये थे। वह नवीन राष्ट्रीय भावनाओं से ओत-प्रोत होने के साथ उनका अनुकरण भी करते थे। सैकड़ों नवयुवक गाँधी जी से प्रोत्साहित होकर राष्ट्रीय सेवा हेतु निकल पड़े थे। उनके सम्मुख स्वत्रंत भारत की नयी तस्वीर थी एवं नये स्वप्न थे। इन सपनों की पूर्ति हेतु वे कटिबद्ध थे। वे सम्पूर्ण विश्व को अपना घर मान रहे थे। देश के भीतर पिछले 25-30 वर्षों में मूल्यगत परिवर्तन आया। सामाजिक व्यवस्था अर्थ प्रधान हो गयी, राजनीति ने मूल्यों को बहिष्कृत कर दिया। गाँधी के देश में उन्हीं के आदर्श, ध्येयवादिता तथा समर्पण हँसी मजाक़ का विषय बन गये हैं। लोग अनेक तकलीफों से जूझने लगे। कार्य के प्रति निष्ठा, लगन तथा आस्था रखने लगे। समाज उन्हें उपेक्षा से देखता था तो भी वे बढ़ते थे, लेकिन वातावरण ने उन्हें निराश बनाया। सांस्कृतिक संकट तथा मूल्य संक्रमण आदि विषयों का सम्यक् चित्रण कमलेश्वर ने तीसरे दौर की कहानियों में किया है।

कमलेश्वर के कहानी संग्रह

'राजा निरबंसिया' (1956), 'कस्बे का आदमी' (1958), जॉर्ज पंचम की नाक, 'मांस का दरिया' (1963-64), 'खोई हुई दिशाएँ' (1963), 'बयान' (1972), 'जिन्दा मुर्दे' (1969), 'मेरी प्रिय कहानियाँ' (1972), 'श्रेष्ठ कहानियाँ', 'कथा प्रस्थान' (प्रारम्भिक वर्षों की श्रेष्ठ कहानियाँ), 'कोहरा' (1994), 'कमलेश्वर की समग्र कहानियाँ' (2001)।

नाटककार कमलेश्वर

उपन्यासकार एवं कहानीकार के रूप में चर्चित कमलेश्वर ने नाटकों का भी प्रणयन किया है। नाटक लेखन एवं नाट्य रूपान्तरण के क्षेत्र में कमलेश्वर ने स्वप्रतिभा का परिचय दिया है। उन्होंने मौलिक तथा अनूदित नाटक लिखे। वैसे नाटक लेखन की दृष्टि से कमलेश्वर को सामान्य-सी सफलता मिली, यही कारण है कि उनके नाटक अधिक प्रसिद्ध नहीं हो सके। कमलेश्वर एक प्रसिद्ध व स्थापित कहानीकार तथा उपन्यासकार अधिक हैं। वैसे नाटक विधा को कमलेश्वर ने छुआ अवश्य है और 'अधूरी आवाज़' एवं बाल नाटक 'खड़िया का घेरा' और 'चारुलता' लिखे हैं। वैसे 'चारूलता' नवीन ठाकुर के 'नष्टनीड़' का रूपान्तरण है। मोहन राकेश का अधूरा नाटक 'पैर तले की ज़मीन' भी कमलेश्वर ने सफलतापूर्वक पूरा किया है। गोदान, गबन, निर्मला के नाट्य रूपान्तरण तथा 'दर्पण' संग्रह में विभिन्न भारतीय भाषाओं की कहानियों के नाट्य रूपान्तरण उनके नाटकों में आते हैं। इन्होंने बाल नाटकों के चार संग्रह लिखे हैं जिनमें से कुछ प्राप्य एवं कुछ अप्राप्य हैं। इनके ये संग्रह आत्माराम एण्ड संस दिल्ली तथा शकुन प्रकाशन दिल्ली से प्रकाशित हुए, लेकिन आज सभी उपलब्ध नहीं हैं। कमलेश्वर ने 'रेगिस्तान' नामक नाटक की रचना भी की है, परन्तु यह नाटक अभी तक अप्रकाशित ही है।

इस प्रकार कमलेश्वर ने नाट्य-साहित्य के क्षेत्र में भी अपना अमूल्य योगदान दिया है।

यात्रा संस्मरण

यायावरी विधा भी कमलेश्वर से अछूती नहीं रही है। केवल एक यात्रा विवरण से ही इन्होंने यायावरी साहित्य विधा को सुसम्पन्न बनाया। कमलेश्वर ने तीन संग्रहों में यात्रा संस्मरण लिखे–'खण्डित यात्राएँ',

'बंगलादेश की यात्राएँ', 'चुनावों के मैदान' (प्रकाश्य) हैं।

यात्रा विषयक रचना 'खण्डित यात्राएँ' ने कमलेश्वर के जीवन को एक नया मोड़ दिया है। लेखक कमलेश्वर ने केसर-क्यारी कश्मीर को बिल्कुल एक नयी दृष्टि से देखा है, जो उससे भिन्न है, जो कश्मीर की सुन्दरता के साथ वहाँ की निर्धनता को अपनी ऐयाशी का शिकार बनाकर अन्य लेखक प्रस्तुत करते आये हैं। इन यात्राओं के दौरान कश्मीर की मनोरम किन्तु गरीब वादी में कमलेश्वर की मानवीय संवेदना को एक नया आयाम मिला। इसी यात्रा के सन्दर्भ में कमलेश्वर ने मौत की दस्तक को चुनौती दी। इसलिए 'खण्डित यात्राएँ' कमलेश्वर की आस्था, विश्वास एवं वैचारिक धरातल की धरोहर का दस्तावेज है, जिसमें कथाकार कमलेश्वर के अतिरिक्त व्यक्ति कमलेश्वर की जिन्दगी की पूरी आस्था प्रतिध्वनित होती दिखाई देती है। 'खण्डित यात्राएँ' होते हुए भी यह यात्रावृत्त विषयक रचना अपने में अखण्डित एवं पूर्ण है। 'देश देशान्तर' एवं 'कश्मीर : रात के बाद' भी यात्रा-वृत्तांत विषयक रचनाएँ हैं।

'आत्मकथा-कमलेश्वर' तीन खंडों में प्रकाशित हुई है। 'जो मैंने जिया' (खंड 1)–बड़ी बेबाकी और स्पष्टवादिता से लिखित संस्मरण है जिसमें लेखक ने न खुद को बख्शा है, न दूसरों को। 'यादों के चिराग़' (खंड 2)–हलचलों, दोस्ती-दुश्मनी, आधी शताब्दी के अनेक छोटे-बड़े साहित्यिक कारनामों से भरी-पूरी दुनिया है। 'जलती हुई नदी' (खंड 3)–इसमें साहित्य के अतिरिक्त फिल्मी दुनिया के भी रोचक संस्मरण हैं।

कमलेश्वर का सम्पादन कार्य

सामाजिक सन्दर्भ में पत्रकार की भूमिका बहुत ही महत्त्वपूर्ण व अहम होती है। वह समय-समय पर घटने वाली घटनाओं की यथातथ्य सूचना देकर उन्हें सही परिप्रेक्ष्य प्रदान करते हैं। प्रारम्भ से ही कमलेश्वर कथाकार के रूप में ही प्रख्यात हुए। यद्यपि समय-समय पर उन्होंने सम्पादन कार्य भी किया है। पहले वे सन् 1954 में इलाहाबाद से प्रकाशित होने वाली 'कहानी' पत्रिका के सह सम्पादक रहे। इस पत्रिका के लिए वे समाजवादी देशों की कहानियों का अनुवाद भी करते रहे किन्तु उनके सम्पादन-व्यक्तित्व का पूर्ण विकास 'सारिका' के माध्यम से ही हुआ है।

सर्वप्रथम हिन्दी 'संकेत' में उन्होंने सम्पादक के रूप में कार्य किया था। दिल्ली से निकलने वाले साप्ताहिक 'इंगित' का सम्पादन भी कमलेश्वर ने किया। कमलेश्वर ने कई उपन्यासों में तत्कालीन सामाजिक, आर्थिक तथा राजनीतिक आदि विभिन्न विषयों पर सार्थक टिप्पणियाँ एवं लेख लिखे हैं।

'इंगित' साप्ताहिक की जानकारी बहुतों को नहीं है। पर यह ऐसा पत्र था, जो समाचारों को विचारों की पीठिका के साथ प्रस्तुत करता था। यह कहने में कोई अतिशयोक्ति न होगी कि कमलेश्वर इस पत्र की पचास प्रतिशत सामग्री लिखते थे। अनुवाद करते थे। 'पर्यवेक्षक' के उपनाम से कमलेश्वर ही इस पत्र में तीसरी दुनिया के देशों की आर्थिक संयोजना पर टिप्पणियाँ लिखते रहे हैं। ''फ़ासिस्ट विरोधी लेख 'संजय' उपनाम के अन्तर्गत उन्हीं के लिखे हुए हैं। सम्प्रदायवाद, अन्ध-राष्ट्रीयतावाद और हिन्दूवाद की बखिया कमलेश्वर ही 'हरिश्चन्द्र'

उपनाम से उधेड़ते रहे थे। पूँजीवादी अर्थव्यवस्था, युद्ध उन्माद और भारतीय बुर्जुवा वर्ग की साजिशों को कमलेश्वर ही 'सौमित्र सिन्हा' के नाम से बेनक़ाब करते रहे थे।.... प्रतिक्रियावादी, सेक्सवादी, स्वच्छन्दतावादी प्रवृत्तियों के विद्रोही बनकर कमलेश्वर ने ही 'विप्र गोस्वामी' बनकर लेख लिखे हैं।''[45]

इससे पहले कमलेश्वर ने 'नयी कहानियाँ' का सम्पादन सँभाला था। इस काल में उन्होंने प्रगतिशील रचनात्मकता को रेखांकित करते हुए जिन एकदम नये कथाकारों को छापा था, वे आज हिन्दी साहित्य में चर्चित नाम हैं...। कमलेश्वर ने कभी आगे आने वाले लेखकों को नहीं रोका, बल्कि इनकी रचनात्मकता को रेखांकित किया। ''यहाँ पर यह जान लेना भी अनावश्यक नहीं होगा कि जब सन् 1954 में इलाहाबाद से 'कहानी' पत्रिका का प्रकाशन शुरू हुआ था तो उसके पहले अंक से ही 'कमलेश्वर' कहानी-पत्रिका के सहयोगी सम्पादक के रूप में.... कार्य करते रहे थे और समाजवादी देशों की कहानियों के अनुवाद विशेषतः करते रहे थे। यानी कमलेश्वर का बपतिस्मा ही प्रेमचन्द की परम्परा में हुआ था।''[46]

'नयी कहानियाँ' पत्रिका जिससे कमलेश्वर को साहित्यिक-समस्याओं को प्रकाश में लाने का अवसर प्राप्त हुआ। 'मेरा हमदम मेरा दोस्त' जैसे कॉलम में स्थापित लेखकों के जीवन के अन्तरंग सन्दर्भों को पाठकों के सामने रखा। नये लेखकों व समकालीन कथाकारों की प्रतिभा का सुपरिचय कराया तथा उन्हें प्रश्रय दिया। यहीं से उनके साहित्यिक सम्पादक का व्यक्तित्व उभरकर सामने आने लगता है। इस सन्दर्भ में 'नयी धारा' के 'समकालीन कहानी विशेषांक' की चर्चा भी आवश्यक है क्योंकि इसे उन्होंने विशेष रूप से सम्पादित किया था। कहानियों के अतिरिक्त बहुत से लेखकों ने 'आधुनिक संक्रमण और लेखन दृष्टि' कहानी परिचर्चा के अन्तर्गत अपने-अपने विचार प्रकट किये।

कमलेश्वर ने सुप्रसिद्ध मासिक पत्रिका 'सारिका' का सम्पादन सन् 1967 ई. में किया। इस पत्रिका में 'मेरा पन्ना' नामक कॉलम में कमलेश्वर ने 'आम आदमी' को उसकी सामाजिक, आर्थिक और राजनीतिक परिस्थितियों के बीच उजागर किया है। 'सारिका' के कई अन्तरराष्ट्रीय अंक निकालकर कमलेश्वर ने हिन्दी कथा-साहित्य को अन्तरराष्ट्रीय कथा क्रम से परिचित करवाया है। उनके विशेष अंक 'यूगोस्लावियन कहानी अंक', 'अफ्रीकी कहानी अंक', 'तीसरी दुनिया', 'सामान्य जन' और 'सहयात्री' लेखन अंक प्रमुख हैं।

उन्होंने 'आद्यकथाकार', 'प्रगतिशील कहानियाँ', 'नयी धारा', 'कल्पना', 'विहान', 'कथा यात्रा', 'हंस', 'गंगा', 'बहार', 'समानान्तर' और 'श्री वर्षा' (साप्ताहिक) का सम्पादन भी किया। कमलेश्वर दैनिक भास्कर (राजस्थान) के प्रधान सम्पादक रहे तथा उन्होंने दैनिक जागरण समाचार पत्र आदि का सम्पादन कार्य भी किया। अजित पुष्कल का कथन है कि—''सम्पादक के रूप में भारतीय चिन्तन एवं सम्मिलित भारतीय साहित्य के स्वरूप को भाषायी सीमाओं के ऊपर ले जाकर एकात्म करने का जो ऐतिहासिक दायित्व कमलेश्वर ने निभाया है वह यथार्थवादी सोच और प्रगतिशील चिन्तन की परम्परा की ही अगली कड़ी है।''[47] वास्तव में कमलेश्वर सामयिक परिवर्तनशील चेतना को विकसित करने वाले अग्रणी माने जाते हैं। आधुनिक भारतीय कहानी के प्रखरतम लेखक कमलेश्वर ने समस्त भाषाओं के रचनाशील अनुवादकों के सहयोग

से, संविधानसम्मत भारतीय भाषाओं के अलावा लोकसम्मत भाषाओं-उपभाषाओं- गोंडी, हल्बी, डूगड़ी, चिंताली, निमाड़ी, खासी, जयंती, लाखी, नेपाली, सिंधी आदि की आधुनिकतम, अद्वितीय, पठनीय और चर्चित कहानियों सम्बन्धी 'भारतीय शिखर कथा कोश' (30 भागों में) का भी सम्पादन-संयोजन किया है।

आलोचक

एक सामान्य साहित्यकार प्रायः आलोचना के क्षेत्र से दूर ही रहता है। फिर भी आलोचना के क्षेत्र में कमलेश्वर ने अपनी जीत के झंडे गाड़ ही दिये। उन्होंने अनेक आलोचनात्मक रचनाओं का सृजन किया। दिल्ली आने पर 1959-60 में कमलेश्वर ने 'नयी कहानी की भूमिका' एक आलोचक के रूप में लिखी जिसमें उन्होंने कहानी के स्वरूप का विश्लेषण एवं निरूपण किया है। इसके चार वर्ष बाद उन्होंने 'धर्मयुग' पत्रिका में अपनी बहुचर्चित लेखमाला 'ऐयाश प्रेतों का विद्रोह' नामक आलोचनात्मक लेखों के रूप में प्रकाशित करायी। 'सारिका' पत्रिका के सम्पादकत्व में इन्होंने इस पत्रिका में अनेकानेक आलोचनात्मक निबंध समयानुसार लिखे हैं। इस पत्रिका का 'मेरा पन्ना' शीर्षक सम्पादकीय लेख आज के साहित्यकारों के लिए महत्त्वपूर्ण माने जाते हैं। इन्होंने 'मेरा पन्ना', 'समानान्तर सोच' नामक शीर्षक में नयी कहानी के सन्दर्भ में महत्त्वपूर्ण आलोचनाएँ लिखी हैं।

"मेरा पन्ना के लेखक के विरुद्ध पोस्टर व हैंडबिल निकाले गये, जान से मारने की धमकियाँ दी गयीं और घातक हमला भी किया, लेकिन कमलेश्वर अडिग रहा, अन्ततः कमलेश्वर को नौकरी से भी हटा दिया गया, इसलिए 'मेरा पन्ना' एक शिलालेख है कमलेश्वर की जीत का, आम आदमी और उसके सतत संघर्ष की जीत का, 'मेरा पन्ना' शिलालेख है, व्यवस्था से एक बुद्धिजीवी के संघर्ष का। 'मेरा पन्ना' शिलालेख है लेखक और सत्ता के बीच संघर्ष का। 'मेरा पन्ना' शिलालेख है 'एक पक्षधर लेखक और सम्पादक की विजय का और पूँजीवादी प्रतिष्ठान की पराजय का।"[48] उपरोक्त टिप्पणी किसी अनाम लेखक की है, जो कमलेश्वर की आलोचनात्मक गुणवत्ता की साक्षी है। कमलेश्वर ने स्वातन्त्र्योत्तर विविध साहित्यिक पहलुओं एवं संकल्पों को बखूबी उजागर किया है। उन्होंने कहानी के साथ अन्य दूसरी विधाओं की सम्यक्, सटीक आलोचना प्रस्तुत की। कहानी की आलोचना के क्षेत्र में वे एक समर्थ आलोचक के रूप में हमारे सामने आये हैं।

कमलेश्वर की दूरदर्शन एवं फिल्मी गतिविधियाँ

सन् 1958 ई. में कमलेश्वर दूरदर्शन में नियुक्त हुए। पहले इलाहाबाद रेडियो में 'स्टाफ आर्टिस्ट' नियुक्त हुए फिर एक माह बाद दूरदर्शन के दिल्ली केन्द्र पर स्थानान्तरित हो गये, तभी दूरदर्शन प्रारम्भ हुआ था। कमलेश्वर के व्यक्तित्व का एक महत्त्वपूर्ण पहलू दूरदर्शन के माध्यम से मुखर होता है। कमलेश्वर एक कथाकार ही नहीं एक अति उच्चकोटि के दूरदर्शन कलाकार भी थे। वे स्क्रिप्ट लिखते तथा कार्यक्रम पेश करते थे। एक बार इन्होंने दूरदर्शन की नौकरी छोड़ दी। सन् 1980 में वे पुनः दूरदर्शन में आये। कमलेश्वर टी.वी. पर आम आदमी के दुःख-सुख सम्बन्धी

'परिक्रमा' (यूनेस्को द्वारा दुनिया के 10 टॉप सर्वश्रेष्ठ कार्यक्रमों में रेखांकित) कार्यक्रम देते थे। इस कार्यक्रम में दस रुपये प्रति व्यक्ति हजामत बनाने वाले ओबराय शेरेटन के नाई से लेकर रेलवे स्टेशन पर चवन्नी में बाल काटने वाले नाई, मकान बनाने वाले मजदूर, विक्टोरिया चलाने वाले, खाने के डिब्बे सिर पर उठाकर पहुँचाने वाले, झोपड़पट्टी में रहने वाले, टैक्सी वाले, कचरा जमा करने वाले, गटर में उतरने वाले, सड़कों पर गाने वाले—इन सब लोगों के साक्षात्कार लिए जाते थे। ये सब तथ्य इस बात के प्रमाण हैं कि यह कार्यक्रम निम्न मध्यवर्ग के लोगों के कितने निकट था। 'परिक्रमा' कार्यक्रम के विषय में निसीम इजीकेल लिखते हैं—''कमलेश्वर के कार्यक्रम (परिक्रमा) भारतीय टेलीविजन की उपलब्धि हैं। वे कार्यक्रम हैं ही नहीं, घटनाएँ हैं! अब बार-बार कमलेश्वर के कार्यक्रमों के बारे में लिखने और कहने को कुछ शेष नहीं रह गया है!''[49]

टी.वी. जैसे सशक्त संचार माध्यमों को उन्होंने भारतीय साहित्य और रंगमंच से जोड़ने का प्रयास किया था। उनका यह प्रयास तब से चल रहा था, जब से वे भारतीय दूरदर्शन के प्रथम स्क्रिप्ट राइटर (1959) के रूप में पहुँचे और उनकी यह कोशिश तब भी जारी रही जब वे बीस वर्ष बाद भारतीय दूरदर्शन के एडिशनल डायरेक्टर जनरल (1980-82) बनकर दूरदर्शन में पुनः पहुँचे। इस स्थिति में उन्होंने जो कार्य किये, वे सर्वविदित हैं।

कमलेश्वर राष्ट्रीय और महत्त्वपूर्ण घटनाओं-व्यक्तियों से सम्बन्धित रनिंग कमेंट्री (पं. नेहरू, लाल बहादुर शास्त्री, इन्दिरा गाँधी, राजीव गाँधी और मदर टेरेसा की अन्तिम यात्राओं) के सीधे प्रसारण के प्रमुख कमेंटेटर रहे थे। 'हिंदोस्ताँ हमारा' आजादी की पचासवीं वर्षगाँठ के लिए विशेष रूप से लिखित तथा सफलतापूर्वक मंचित उनकी अनोखी रोमांचक कृति है।

'तुम्हारा कमलेश्वर' कृति कमलेश्वर के पत्र पत्नी गायत्री के नाम का संकलन है, जो लेखक की जद्दोजहद को उजागर करते हैं।

परिक्रमा (1996)—दूरदर्शन से प्रसारित कमलेश्वर की अत्यन्त लोकप्रिय तथा दिशादर्शी साक्षात्कार माला की प्रस्तुति है साथ ही भूमिका का भी अंकन है। महफिल (2001)— आज के मनुष्य जीवन का विलक्षण, रोचक क्लाइडॉस्कोप, जिन्दगी की तल्ख़ सच्चाइयों पर रखी गयी पैनी नज़र पर आधारित पुस्तक है। लाल बहादुर शास्त्री (टेली-नाटक)—टी.वी. के इस युग में कमलेश्वर इस विधा से पूरी तरह जुड़े रहे थे। टेली-कथा कैसे लिखी जानी चाहिए, यह इसका उदाहरण है। 'आँखों देखा पाकिस्तान'-एक लेखक सम्मेलन में कमलेश्वर को पाकिस्तान जाने का अवसर मिला था। वहाँ रहकर, छोटे-बड़े सभी व्यक्तियों से मिलकर, पाकिस्तानी लेखकों और लेखिकाओं से खुले दिल से बातें करके, वहाँ की सामाजिक एवं आर्थिक स्थिति को देख-भालकर जो अनुभव उन्होंने प्राप्त किये, उन्हें अपने खास अन्दाज़ में लिखा है।

कमलेश्वर ने दूरदर्शन के प्रायोजित कार्यक्रमों के लिए पहला साहित्यिक सीरियल 'दर्पण' प्रस्तुत किया। अलग-अलग भारतीय भाषाओं से चुनी गयी कहानियों को पटकथा और संवाद द्वारा हिन्दी के माध्यम से प्रस्तुत करके एक श्रमसाध्य, चुनौतीपूर्ण एवं श्रेष्ठ कार्य किया। दर्शकों में स्थापित 'दर्पण' की लोकप्रियता और ख्याति ने यह स्पष्ट कर दिया कि भारतीय भाषाओं की संस्कृति, साहित्यिक धरोहर को हिन्दी के माध्यम से ही प्रकट एवं प्रस्तुत किया जा सकता

है। कमलेश्वर ने दूरदर्शन से 'लोकमंच', 'आकाशगंगा', 'रेत पर लिखे नाम', 'बिखरे पन्ने', 'विराट', 'बेताल पच्चीसी', 'युग' तथा 'दूरदर्शन क्लब' जैसे कार्यक्रम भी प्रस्तुत किये, जिनमें उनके प्रिय मित्र एवं समकालीन मोहन राकेश, राजेन्द्र यादव, मन्नू भण्डारी आदि लेखक-लेखिकाओं ने उन्हें हार्दिक सहयोग दिया। उन्होंने कहानी के क्षेत्र में 'नई कहानी' का आन्दोलन चलाया तथा 'समानान्तर सिनेमा' का सूत्रपात किया।

कमलेश्वर ने दूरदर्शन के साथ-साथ हिन्दी फिल्मों के लिए भी अविस्मरणीय श्रेष्ठ कहानियाँ दी हैं। यथा—आँधी, मौसम, बदनाम बस्ती, फिर भी, अमानुष, पति-पत्नी और वह, आनन्द आश्रम, वही बात, मृगतृष्णा तथा सुबह...दोपहर...शाम जैसी यादगार फिल्मों की कथा, पटकथा तथा संवाद भी लिखे हैं। इनमें उनकी सबसे बड़ी शक्ति है उनकी सृजनशीलता तथा सद्यता। उन्हें अपने समय एवं जनता की नब्ज़ की पकड़ थी। उनसे फिल्में लिखवाने वालों की एक लम्बी पंक्ति थी। कमलेश्वर के दूरदर्शन कार्यक्रमों के सन्दर्भ में अनेक विद्वानों ने सहज एवं स्वाभाविक प्रतिक्रियाएँ व्यक्त की हैं। यथा—सुप्रसिद्ध फिल्मकार ख्वाजा अहमद अब्बास के अनुसार— "एक टेलीविजन स्टार हमारे कमलेश्वर साहब हैं, जो अपने प्रोग्राम 'परिक्रमा' के जरिये हमें अपने जैसे दूसरे लोगों से परिचित कराते हैं और इन इन्सानों के जरिये हमारे समाज के दुःखते हुए हिस्सों पर हाथ रख कर दिखाते हैं।"[50] फिल्म इण्डस्ट्री के एक सज्जन कमलेश्वर के विषय में कहते हैं—"हिन्दी से जो कमलेश्वर नाम का लेखक मिला है—वह अपनी जनता को प्यार करता है और उस जनता को अहंकार से नहीं प्यार से अपनी बात समझाना चाहता है—यहीं पर फ़िल्म उसके कन्धों से कन्धा मिलाकर खड़ी हो जाती है, कमलेश्वर हिन्दी फ़िल्मों की ताकत बन जाता है।"[51]

प्रसिद्ध सिने-अभिनेता 'आयी. एस. जौहर' ने एक जगह लिखा— "जो लोग चार हजार रुपये खर्च करके टी.वी. खरीदते हैं, वे हज्जामों और कुलियों के कार्यक्रम नहीं देखना चाहते। कमलेश्वर के प्रोग्राम बकवास हैं।"

कमलेश्वर ने टी.वी. पर इसका उत्तर दिया-"जो लोग अपनी आँखों पर चार हजार का चश्मा लगाए बैठे हैं, उन्हें जो दिखाई नहीं देता, वही मैं अपने कार्यक्रमों में पेश करता हूँ।"[52] तथा इस भाँति अपनी कर्मठता, क्रियाशीलता एवं कर्तव्यनिष्ठता के कारण कमलेश्वर एक विख्यात टी.वी. स्टार बन गये। उनकी इस अद्वितीय प्रतिभा के कारण ही बम्बई की पत्रिका 'डेबोनियर' ने सन् 1975 के सर्वश्रेष्ठ टी.वी. व्यक्तित्व के रूप में इन्हें चुना था।

कमलेश्वर की कलम से लगभग 99 हिन्दी फिल्मों की पटकथाएँ निकली हैं, जिनमें आँधी, अमानुष, सारा आकाश, फिर भी, उसके बाद, पति-पत्नी और वह, सौतन की बेटी, दि बर्निंग ट्रेन, सौतन, राम बलराम, मौसम, छोटी-सी बात, मि. नटवरलाल एवं रजनीगन्धा आदि विशेष चर्चित रहीं।

पटकथा लेखन क्षेत्र में कमलेश्वर ने लोकप्रिय दूरदर्शन धारावाहिक 'चंद्रकांता' का लेखन कर लोक मानस पर अमिट छाप छोड़ी। 'चंद्रकांता' दूरदर्शन के लिए लिखने वालों के लिए पाठ्य पुस्तक के समान कही जाती है।

(ख) प्रेरणा स्रोत

कमलेश्वर उपन्यास, कहानी, नाटक, सम्पादन आदि में सफलता अर्जित करते रहे। वे आजीवन आत्मप्रेरित रहे और दूसरों के लिए प्रेरणा स्रोत बने। उन्होंने अपने जीवन के अनुभवों एवं दृढ़ संकल्पों को निष्ठापूर्वक अपनाया तथा उनसे प्रेरणा ग्रहण की। आर्थिक विपन्नता, पारिवारिक बोझ एवं एकाकीपन ने इन्हें बहुत कुछ सिखाया। वे अपने मित्रों से प्रेरित हुए। उन्होंने अपने मन के अनुसार साहित्य का मार्ग चुना, जिस पर वे आजीवन चलते रहे तथा कभी पीछे मुड़कर नहीं देखा। इस विषय में कमलेश्वर ने दुष्यन्त कुमार से कहा– "दुष्यन्त! जिन्दगी में सब हासिल नहीं होता। चुनना तो होगा ही कि मैं क्या चाहता हूँ।"

कमलेश्वर ने राष्ट्र, समाज, परिवार एवं मित्रों के साथ अनुभवों, भौतिक परिवेश एवं परिस्थितियों को देखा, परखा, भोगा, उनके आघात सहे तथा एक सामान्य जन की भाँति अनेक प्रकार के अनुभवजन्य संस्कार प्राप्त किये। उन्होंने अपनी निजी विचारधारा को प्रकाश स्तम्भ बनाया तथा उससे प्रेरणा प्राप्त करते हुए साहित्य सृजन किया। अपनी ही वैचारिकता से प्रेरित होकर सबल एवं पुष्ट व्यक्तित्व बनाया तथा उसे अपने कृतित्व में उड़ेलकर पाठकों के समक्ष प्रस्तुत किया। उन्होंने स्वयं ही अनेकानेक पुस्तकों का अध्ययन कर वैदुष्य प्राप्त किया व अपने व्यक्तित्व को ठोस बनाया।

गुरुदास शौरी ने उनके विषय में लिखा है– "इतना ज्ञानी, इतना विद्वान आदमी तो मैंने देखा नहीं। ज्ञान के वो भंडार थे और सारा जीवन उन्होंने ज्ञान में ही बिताया। मैंने कई दूसरे लेखकों को देखा है, ये कहते हुए कि आज हमारा मूड नहीं है लेकिन कमलेश्वर के मुँह से हमने कभी कोई ऐसी बात नहीं सुनी। एक और बड़ी बात मैंने उनमें देखी कि एक बार जो उन्होंने लिख दिया, उसे कभी काटा नहीं, कभी बदला नहीं यानी जो लिख दिया वो लिख दिया, वह फाइनल होता था।"[53] उनके व्यक्तित्व में कोई छद्म नहीं था, वह स्वस्थ शुद्ध सही था, जिसमें उनकी आस्थाएँ, उनकी वैचारिकता, उनके अर्जित संस्कार, उनकी चारित्रिक दृढ़ता, उनका मन्तव्य, उनका उद्देश्य लक्ष्य आदि स्पष्ट झलकते थे और वे ही उनकी कृतियों में स्पष्ट परिलक्षित होते थे। रचनादर्पण में साहित्यकार का असली रूप प्रतिबिंबित होता है। ऐसा कमलेश्वर की कृतियों में स्पष्ट हो रहा है। उनके लेखन में उनकी पकड़ एवं वैचारिकता सम्मिलित है।

कमलेश्वर स्वतः सम्प्रेरित तो थे ही, वे अपने समस्त समकालीन लेखकों के लिए प्रेरणापुंज बनकर उभरे। उन्होंने कहानीकारों की एक सेना खड़ी कर दी। वे कहानी विशेष रूप से समान्तर कहानी के क्षेत्र में आचार्य महावीर प्रसाद द्विवेदी के रूप में अवतरित हुए। उनमें प्रेमचन्द जैसा प्रबुद्ध कहानीकार छिपा हुआ था। "हिन्दी कहानी सतही सैक्सी रिश्तों की सड़ाँध से ग्रसित हो चुकी थी। गाली-गलौज के लुम्पेनवादी साहित्य की प्रवृत्तियाँ 'बोल्डनेस' की आड़ में सराही जा रही थीं। ऐसे जीवन विरोधी दौड़ में राष्ट्र की प्रगति, आम आदमी के सुखी भविष्य, अन्यायहीन-शोषणहीन-वर्गविहीन समाज की संरचना से प्रतिबद्ध एवं पक्षधर जनवादी, प्रगतिशील नये-पुराने रचनाकार पुनः अपने ऐतिहासिक दायित्व के निर्वाह हेतु सक्रिय हो उठे। स्थान-स्थान

पर स्वतः स्फूर्त संगठन और आन्दोलन समय के तकाज़े के रूप में सामने आने लगे और तभी, इसी शृंखला में, समान्तर आन्दोलन सामने आया।''[54]

उन्होंने सन् 1984 में दूरदर्शन की नौकरी छोड़ दी थी लेकिन उससे जुड़ कर कार्य करते रहे। उनकी साहित्यिक यात्रा को देखकर यह प्रतीत होता है कि उन्हें 'कवि' का लिबास अच्छा नहीं लगा। उन्होंने आजीवन हिन्दी साहित्य की विविध विधाओं एवं कार्यक्षेत्रों में अपनी प्रखर प्रतिभा प्रदर्शित की। वे स्वयं निष्ठावान, प्रतिबद्ध एवं साहित्य के प्रति समर्पित थे, जिनसे अनेक कहानीकार संप्रेरित हुए।

(ग) कमलेश्वर की भाव-भूमि एवं सृजन

कमलेश्वर हिन्दी साहित्य के अत्यन्त विलक्षण प्रतिभा-सम्पन्न साहित्यकार के रूप में सदैव चर्चित रहे। उन्होंने स्वयं को साहित्यकारों की प्रथम पंक्ति में स्थापित किया। यह उनके श्रेष्ठ व्यक्तित्व एवं मेधा सम्पन्न कृतित्व से ही सम्भव हुआ। अल्पकाल में अपना एक विशिष्ट स्थान कमलेश्वर के जागरूक एवं अनथक श्रम से ही निर्मित हुआ है। कमलेश्वर का सम्पूर्ण साहित्य हिन्दी-साहित्य की अमूल्य एवं कालजयी कृतियाँ हैं। कमलेश्वर के कृतित्व के यथासम्भव विवेचन-विश्लेषण के उपरान्त निष्कर्षरूपेण निःसंकोच कहा जा सकता है कि उनका रचनाकार बहुत समय तक लेखन की भाव भूमि तैयार कर सृजन के क्षेत्र में उतरा, जो निरन्तर निखरता एवं प्रौढ़ होता चला गया। वे प्रारम्भ में ज्ञानामृत की जिस छोटी सी गगरिया को लेकर निकले थे, आज वह ज्ञानामृत महासिन्धु बनकर पाठकों को निरन्तर तृप्त कर रहा है। विगत तीन दशकों से अपनी रचनाओं द्वारा समाज के प्रत्येक वर्ग, वर्ण, सम्प्रदाय, आयु और व्यक्ति का वर्णन कर कमलेश्वर हिन्दी-साहित्य धारा में सर्वाधिक प्रभावशाली सिद्ध हुए हैं। साहित्यिक विधाओं में इनकी कहानियों और इनके उपन्यासों ने तो हिन्दी जगत में धूम मचाते हुए तथा सुविज्ञ एवं प्रबुद्ध साहित्यकारों के मध्य अपना उच्च स्थान बनाते हुए जन-मानस को अत्यधिक प्रभावित किया है। अपनी कहानियों-उपन्यासों में इन्होंने आदर्श के स्थान पर यथार्थ का चित्रण करके समाज, देश और परिस्थितियों के स्पष्ट एवं संश्लिष्ट चित्र अंकित किये हैं। इनकी रचनाधर्मिता में यात्रावृत्त, संस्मरण, नाटक और सम्पादन कार्य हिन्दी-साहित्य में कीर्ति-स्तम्भ हैं।

आलोचना के क्षेत्र में कमलेश्वर ने अपना स्थान बनाया है, जो अन्य आधुनिक आलोचक के लिए कठिन ही है। इस प्रकार के धुरन्धर आलोचक तथा यथार्थवादी साहित्यकार साहित्य के क्षेत्र में यदा-कदा ही जन्म लेते हैं। उन्होंने दूरदर्शन की अपनी गतिविधियों से सारे राष्ट्र का ध्यान अपनी ओर आकृष्ट किया। यह केवल कमलेश्वर के ही बूते की बात थी। देश की ज्वलन्त समस्याओं को साहित्य के माध्यम से दूरदर्शन पर जितनी सटीक और सुस्पष्ट भाषा में इन्होंने प्रस्तुत किया है वैसा किसी अन्य साहित्यकार ने नहीं। वे एक श्रेष्ठ साहित्यकार ही नहीं बल्कि साहित्यकारों के पथ प्रदर्शक भी थे। उन्होंने अपने समकालीन अनेक कहानीकारों को नयी कहानी आन्दोलन के माध्यम से आगे बढ़ाया। यह सब कमलेश्वर ने अपनी कारयित्री प्रतिभा के बल पर किया, सृजनात्मक मेधा के बल से किया तथा श्रम साधनारत प्रज्ञा से किया। उन्होंने राष्ट्र कल्याण की दृष्टि से साहित्य सृजन किया। उन्हें राष्ट्र निर्माता साहित्यकार के रूप में देखा जायेगा। कमलेश्वर

को जो साहित्यिक सफलता मिली वह एक तूफान थी, उसे प्राप्त कर वे औरों के लिए ईर्ष्या के पात्र बने अथवा नहीं, ये अलग बात है पर उनका आत्मविश्वास भरा जीवन दूसरों का हो गया। उन्होंने आम आदमी को अपने साहित्य की भावभूमि का विषय बनाया। वे दलित मानवता के अहसासों के रूप में उभरकर सामने आये। वे प्रसन्न व्यक्तित्व के धनी थे। अपने अन्दर की बातों को अनायास ही प्रकट करने में सक्षम थे। अपने मृदुल एवं आकर्षक व्यवहार से सबको अपना बनाकर उनके मन की बात निकलवाकर उसे कहानी के साँचे में ढाल लेते थे।

कमलेश्वर की कहानियों का अन्य भाषाओं में भी अनुवाद हुआ क्योंकि उनमें आम आदमियों का दर्द रूपायित था। उन्होंने कभी एक घिसी-पिटी परम्परा को पकड़कर नहीं लिखा। उन्होंने लेखन की इतनी विस्तृत भावभूमि तैयार कर ली थी कि वे विषय बदलते रहते थे। सामाजिक, आर्थिक, राजनीतिक तथा सांस्कृतिक सभी क्षेत्रों पर उनका प्रभाव था तथा उन सब पर उन्होंने लेखनी चलाई। 'इतने अच्छे दिन' में एक परिचित दलित एक दुखान्त विषयवस्तु है तो 'नीली झील' में लेखन की प्रतिभा ने रोमांटिक भावभूमि तैयार करके स्त्री-पुरुष के नाजुक सम्बन्धों को स्पष्ट रूप से चित्रित किया है। इसी क्रम में 'खोई हुई दिशाएं', 'पराया शहर', 'मांस का दरिया', 'देवा की माँ', 'अश्लील कहानी', 'राजा निरबंसिया' आदि कहानियों की भावभूमि का विस्तार एवं रचना की कलात्मकता कमलेश्वर की कथा प्रतिभा के निजी परिणाम हैं। यह प्रतिभा उनकी अपनी है, उनके विचारों की छाप एवं प्रतिभा उनके सम्पूर्ण कथा-साहित्य में मुखरित हुई है।

आस-पास घटने वाली घटनाओं को अपने अनुभव से बहुत कम ही लेखक नूतनता प्रदान कर नया अर्थ दे पाते हैं। कमलेश्वर यह कार्य बड़ी ही आसानी से कर लेते हैं। घटना को नया रूप देने में उनका स्थान बहुत ऊँचा है। इन्हें सामाजिक जकड़नों का विशेष तथा पक्का ज्ञान था, जिसे उन्होंने अपनी कहानियों में उड़ेला है।

निष्कर्ष

कमलेश्वर कारयित्री प्रतिभा के धनी हैं। उन्होंने अपनी बहुमुखी कलात्मक प्रतिभा से उपन्यास, कहानी, नाटक, यात्रा संस्मरण, टिप्पणियाँ, फीचर लिखे। उन्होंने अनेक पत्र-पत्रिकाओं का सम्पादन किया, आलोचनाएँ लिखीं, दूरदर्शन की स्क्रिप्ट्स लिखीं तथा फिल्म जगत को अनेक पटकथाएँ देकर ऋणी बनाया। कमलेश्वर की कथा यात्रा ग्राम से प्रारम्भ होकर नगर व महानगर से होती हुई विश्व के महानगरों तक पहुँची। वे स्वतः प्रेरणा प्राप्त थे। उन्होंने समाज, राजनीति, रूढ़ियों तथा मित्रों से प्रेरणा प्राप्त करके साहित्य का जो मार्ग अपनाया, उस पर कदम बढ़ाते हुए दिन दूनी रात चौगुनी प्रगति की तथा अपने समय के शीर्ष साहित्यकारों की श्रेणी में पहुँच कर अन्तरराष्ट्रीय ख्याति प्राप्त की।

अमृता प्रीतम के अनुसार कमलेश्वर का कालजयी उपन्यास 'कितने पाकिस्तान' "बीसवीं सदी की महान उपलब्धि है"[55] तथा हिमांशु जोशी के अनुसार– "इस उपन्यास को हिन्दी के प्रथम विश्व उपन्यास की संज्ञा दी जा सकती है।"[56] इन सबके पीछे उनकी बहुमुखी प्रतिभा रही। वे साहित्य के प्रति समर्पित थे तथा उनमें वामपंथी प्रतिबद्ध वैचारिकता छिपी थी। उन्होंने लेखकों को खोजा

और उनसे पत्राचार किया, उनका मार्गदर्शन किया, उन्हें आगे बढ़ाया तथा उन्हें सारिका के माध्यम से कीर्ति दिलाई।

कमलेश्वर वाक्पटु थे, प्रभावी व्यक्तित्व के धनी थे तथा उनमें अहंकार नहीं था। वे सामने वाले को अपना बना लेते थे– "कमलेश्वर ने मिलते ही हमें अपना बना लिया, उनके स्वभाव में अहंकार का लेश दिखाई नहीं दिया। अपनत्व ऐसा, जैसे कई दिनों से बिछुड़े.....मिल रहे हों।"[57] अहंकारहीनता, आत्मीयता, प्रभावशीलता आदि गुण मानव को महान मानव बनाते हैं तथा लेखक को महान लेखक। ये सभी कारक उनकी महानता के मूल कारक कहे जा सकते हैं।

सन्दर्भ

1. हिन्दी लघु उपन्यास : डॉ. घनश्याम 'मधुप', पृष्ठ 160
2. औरों के बहाने : सं. राजेन्द्र यादव, पृष्ठ 57
3. एक सड़क सत्तावन गलियाँ : कमलेश्वर, पृष्ठ 79
4. वही, पृष्ठ 120
5. एक सड़क सत्तावन गलियाँ (भूमिका), समग्र उपन्यास : कमलेश्वर, पृष्ठ 1,11
6. वही।
7. समग्र उपन्यास (एक सड़क सत्तावन गलियाँ) : कमलेश्वर, पृष्ठ 59
8. डाक बँगला : कमलेश्वर पृष्ठ 92,75,45
9. वही।
10. वही।
11. हिन्दी कहानी उद्‌भव व विकास : डॉ. सुरेश सिन्हा, पृष्ठ 558
12. लौटे हुए मुसाफिर : कमलेश्वर पृष्ठ, 101
13. हिन्दी उपन्यास उद्‌भव और विकास : सुरेश सिन्हा, पृष्ठ 558
14. लौटे हुए मुसाफिर : कमलेश्वर, पृष्ठ 101
15. तीसरा आदमी : कमलेश्वर, पृष्ठ 57,38
16. वही।
17. तीसरा आदमी (द्वितीय संस्करण सन् 1978) : कमलेश्वर, पृष्ठ 41
18. समुद्र में खोया हुआ आदमी : कमलेश्वर, पृष्ठ 13,28
19. वही।
20. वही, पृष्ठ 84
21. हिन्दी लघु उपन्यास : घनश्याम 'मधुप', पृष्ठ 169
22. समग्र उपन्यास (काली आँधी) : कमलेश्वर, पृष्ठ 371,366
23. वही।
24. वही, पृष्ठ 394
25. कमलेश्वर : सं. मधुकर सिंह, पृष्ठ 367
26. समग्र उपन्यास (आगामी अतीत) : कमलेश्वर, पृष्ठ 482
27. आगामी अतीत : कमलेश्वर पृष्ठ, 88, 76
28. वही।
29. समग्र उपन्यास (आगामी अतीत) : कमलेश्वर, पृष्ठ 487
30. आगामी अतीत : कमलेश्वर, पृष्ठ 46

31. वही, पृष्ठ 46
32. वही बात : कमलेश्वर, पृष्ठ 33, 75, 79-80
33. वही।
34. वही।
35. कितने पाकिस्तान : कमलेश्वर, पृष्ठ 1
36. कितने पाकिस्तान (पुस्तक के फ्लैप पर दी गयी टिप्पणी) : कमलेश्वर
37. कहानीकार कमलेश्वर सन्दर्भ और प्रकृति : मा. सूर्यनारायण रणसुभे, पृष्ठ 01
38. कमलेश्वर कहानी का सन्दर्भ : पुष्पपाल सिंह, पृष्ठ 22-23
39. कमलेश्वर कहानी का सन्दर्भ : पुष्पपाल सिंह, पृष्ठ 60
40. मेरी प्रिय कहानियाँ : कमलेश्वर पृष्ठ, 87
41. कहानीकार कमलेश्वर सन्दर्भ और प्रकृति : सूर्यनारायण मा. रणसुभे, पृष्ठ 75
42. कहानी का सन्दर्भ : कमलेश्वर, पृष्ठ 66
43. मेरी प्रिय कहानियाँ : कमलेश्वर, पृष्ठ 7
44. कहानीकार कमलेश्वर सन्दर्भ और प्रकृति : सूर्यनारायण मा. रणसुभे, पृष्ठ 75
45. कमलेश्वर : सम्पादक मधुकर सिंह, पृष्ठ 335
46. वही, पृष्ठ 336
47. कमलेश्वर (चिन्तन, पत्रकारिता और सम्पादक के सन्दर्भ–अजित पुष्कल) : सं. मधुकर सिंह, पृष्ठ 342
48. मेरा पन्ना (पृष्ठ बाहरी आवरण फ्लैप पर) : कमलेश्वर
49. कमलेश्वर (टेलीविजन और कमलेश्वर) : सम्पादक मधुकर सिंह, पृष्ठ 305
50. कमलेश्वर : सं. मधुकर सिंह, पृष्ठ 308, 306
51. वही।
52. कमलेश्वर हिन्दी फिल्मों की ताकत–अनाम : सं. मधुकर सिंह, पृष्ठ 351
53. परिकथा, मई-जून 2007 (अद्भुत ज्ञान-गुरुदास शौरी, सन्ती शौरी), पृष्ठ 105
54. कमलेश्वर (कमलेश्वर एक प्रतिबद्ध वामपंथी–ललित मोहन अवस्थी) : सं. मधुकर सिंह, पृष्ठ 225-226
55. अक्षरम् संगोष्ठी (अप्रैल-जून 2008) : कवर पेज से उद्धृत
56. वही।
57. कमलेश्वर (दलित मानवता के अहसास का लेखन–दया पवार) : सं. मधुकर सिंह, पृष्ठ 239

3

कहानी का उद्भव एवं विकास

(क) कहानी की परिभाषा एवं स्वरूप

मानव ने जब से इस वसुधा पर आँखें खोलीं तभी से उसकी कहानी प्रारम्भ हो जाती है। उसके उस काल में कहानी बुनने में नवीनता थी और आज कहानी की रचना करने में भी नूतनता उसके साथ है। उस समय के और आज के उद्देश्य भले ही भिन्न रहे हों, यह उद्देश्यों की भिन्नता ही युग सन्दर्भ में कहानी का रूप बदलती रही है। साहित्य के विविध रूप जीवन को समझने के माध्यम विशेष हैं। कभी एक माध्यम मन्द गति से चलता दृष्टिगोचर होता है तो कहीं समय आने पर दौड़ता है। माध्यम निर्माण मानव की आत्म प्रकाशन की जगयात्रा के विशेष अंग हैं, जिनसे मानव सत्यम् शिवम् सुन्दरम् के दर्शन करता है तथा तभी वह नये कला रूपों का स्वाभाविक सृजन भी करता है जिससे वह नित्य विकसित होने वाली वास्तविकता को समझ सके तथा उसे समेटने में सक्षम हो सके। "हमारी इसी ऐतिहासिक आवश्यकता से एक समय कहानी भी उत्पन्न हुई और अपने रूप सौन्दर्य के द्वारा इसने हमारे सत्य सौन्दर्य को भी विकसित किया।"[1] कहानी की इसी ऐतिहासिक भूमिका की माँग है कि हम वर्तमान परिस्थिति एवं परिप्रेक्ष्य में उसकी सफलता की सम्यक जाँच व्यापक सन्दर्भों में करें।

साहित्य के क्षेत्र में प्राचीन काल से लेकर आज तक जिन-जिन साहित्य विधाओं का उद्भव एवं क्रमिक विकास हुआ है उनमें कहानी का स्थान अत्युच्च है। विभिन्न रुचिकर एवं गहन साहित्यिक विधाओं के होते हुए भी कहानी का अपना एक अलग ही महत्त्व है। समस्त साहित्यिक विधाओं में केवल कहानी ही एक ऐसा माध्यम है, जो अपने सीमित एवं लघु परिवेश में भी जीवन के वृहद् यथार्थ को अभिव्यंजित करने में सुसक्षम है। "गम्भीर साहित्य की आकांक्षा रखने वाले पाठक को कहानी में चिन्तन दर्शन की सामग्री मिलती है और सामयिक मनोरंजन की इच्छा रखने वाले व्यक्ति की भी इससे मनः तुष्टि होती है।" अतः कहा जा सकता है कि विश्व की प्रत्येक भाषा में जहाँ एक ओर गम्भीरतापरक एवं वृहद साहित्यिक माध्यमों की श्रेष्ठ एवं प्रशस्त परम्परा प्राप्त होती है वहीं दूसरी ओर कहानी की भी समुचित प्रगति स्पष्टरूपेण दिखलाई देती है।

अधुनातन हिन्दी के कहानी साहित्य की गतिविधियों को भली-भाँति जानने-समझने हेतु यह परमावश्यक है कि सर्वप्रथम हम देश के अति प्राच्यकालीन कहानी साहित्य की गतिविधियों एवं स्वरूप से परिचय प्राप्त करते रहें।

प्राचीन कथा तथा आख्यायिका आदि से आधुनिक कहानियाँ नितान्त भिन्न हैं। उसकी

कला, विधान, भाषा तथा शैली सभी कुछ तो भिन्न हो गयी हैं। आधुनिक कहानियाँ पूर्णरूपेण आधुनिक हैं। उनमें नवीनता समा गयी है। सच कहा जाये तो प्राचीन कथा-साहित्य से इनका दूर-दूर तक का कोई सम्बन्ध नहीं है। यह एक धारणा बना ली गयी है कि हिन्दी उपन्यास एवं कहानियाँ संस्कृत की कथा एवं आख्यायिकाओं की सीधी सन्तान हैं परन्तु यह धारणा नितान्त भ्रामक एवं मिथ्या है। "पुराने साहित्य में कथा, आख्यायिका आदि के रूप में इस जाति का साहित्य मिलता है पर उनमें और आधुनिक कथाओं-उपन्यास और कहानियों में मौलिक भेद हैं।"[2]

"कहानी की परम्परा अत्यन्त प्राचीन है यद्यपि आधुनिक कहानी साहित्य का इतिहास उन्नीसवीं शती से प्रारम्भ होता है, जिसमें प्राप्त सबसे प्राचीन लिखित साहित्य में ऐसी कहानियाँ मिली हैं, जिनमें पर्याप्त साहित्यिक कौशल पाया जाता है। अनुमान है कि जादूगरों की कहानियाँ किसी न किसी रूप में 4000 ई.पू. से 3000 ई.पू. तक प्रचलित थीं। यद्यपि 'वेस्ट कोर्पोरिस' ज़िस पर वे लिखी हुई मिलती हैं, कुछ समय बाद की जान पड़ती हैं। भारतीय कहानी की परम्परा अत्यन्त सम्पन्न है। मध्य युग में यूरोप में कहानियों की आश्चर्यजनक विविधता पायी जाती है। चौसर की 'केण्टरबरी टेल्स' और बोकेसियो की गद्य में लिखित 'डिकेमेरॉं' प्रसिद्ध कहानी संग्रह है। 17वीं-18वीं शती तक छोटी बड़ी कहानियों के अनेक प्रकार के नमूने मिलते हैं, जिनमें कुछ आधुनिक कहानी के निकट पहुँच सकते हैं परन्तु जान-बूझकर पृथक साहित्य रूप में निर्मित सुनियोजित कहानियों का उदय 19वीं शती के प्रथम चरण में हुआ है।

आधुनिक कहानी का प्रारम्भ 19वीं शती के चार देशों के लेखक समूह के द्वारा हुआ, जिनमें परस्पर 15 वर्षों से अधिक का अन्तर नहीं है। जर्मनी के ई. टी. डब्ल्यू. हॉफमैन के कहानी संग्रह 1814 और 1821 के बीच प्रकाशित हुए। जेकब और विल्हेल्म ग्रिम के परियों की कथाओं और पुराण कथाओं के संग्रह 1812 से 1815 के बीच निकले और जॉन लुडविंग टीकले ने भी इसी काल में तत्परता से कहानियाँ लिखीं। इंगलैण्ड निवासी अमेरिकन लेखक वाशिंगटन इविंग की 'स्केच बुक' 1819-20 में तथा तीन अन्य कहानी की पुस्तकें 1832 के पूर्व प्रकाशित हुईं। इसी समय लगभग नैथनील हॉथॉर्न और एडगर एलन पो कहानी लेखक के रूप में प्रकट हो रहे थे। रूस के एलेक्जेण्डर पुश्किन, निकोलाई गोगोल ने 1831 में लिखना प्रारम्भ किया तथा फ्रांस के प्रॉस्फर मेरिमी का कहानी संग्रह 1829 में प्रकाशित हुआ। थियोफिल गौतिए और बालजक की कहानियाँ भी 1830 में प्रारम्भ हुईं। ये सब कहानी को साहित्य का एक पृथक रूप मानकर लिखने वाले सजग कहानीकार थे।"[3]

इस प्रकार 19वीं शताब्दी से पहले तक विश्व साहित्य में कहानी को लोग 'कथा', 'आख्यायिका' तथा 'आख्यान' समझते थे।

उन्नीसवीं शताब्दी के अन्त तक हमारे प्राचीन साहित्य में प्रयुक्त कथा, आख्यायिका तथा आख्यान आदि की ही रचना हुई लेकिन बीसवीं शताब्दी आते-आते हिन्दी साहित्य में जिस प्रकार की कहानियों की रचना की जाने लगी, वे कहानियाँ वास्तव में ही प्राचीन कथा-साहित्य से एकदम भिन्न थीं। इस प्रकार आधुनिक अर्थ में कहानियाँ उन्नीसवीं शताब्दी की ही देन हैं।

साहित्यकार एडगर एलन पो (1809-49) आधुनिक कहानी के जन्मदाता माने जाते हैं किन्तु

एडगर एलन पो से भी पूर्व एवं उनके साथ-साथ रूस तथा फ्रांसीसी लेखक कहानी के आधुनिक रूप को स्थिरता प्रदान कर चुके थे। "जिस समय आधिभौतिक शक्तियों, भूत-प्रेतों को आधार बनाकर पो ने अपनी कहानियों को प्रभावोत्पादक बनाया है, उसी आधार को हम अधिक युक्तिसंगत रूप मे रूसी लेखकों, विशेषकर पुश्किन और पो के समकालीन निकोलाई गोगोल (1809-52) में पाते हैं। अलाव के आसपास बैठे हुए किसानों द्वारा अपने-अपने भूतप्रेतों या साहसिक घटनाओं के किस्से सुनाना हमें जितना परिचित, तर्कसम्मत और निकट लगता है, उतना भयानक काली बिल्ली के कारनामे या कुएँ में पड़े आदमी के ऊपर मँडराते दाँतेदार पेण्डुलम का हर बार पास आता रोमांचक स्पर्श नहीं। बाल्जाक (1799-1850) की कहानियों का वीभत्स यथार्थ हमें अधिक सच्चा, विश्वसनीय और एक वास्तविक विद्रोही के विक्षोभ से उत्पन्न प्रतीत होता है और ईवान तुर्गनेव (1818-82) के 'शिकारी के संस्मरण' की कहानियाँ हमें अधिक कवित्वपूर्ण, आत्मीयता की अनुभूति देती हैं।

किसी भी मानक से वे निर्दोष कहानियाँ हैं।"[4]

कहानियों के लिखने से अधिक कहानी के शिल्प से जुड़ी अनेक सम्स्याओं का विवेचन करने वाले साहित्यकारों में पो का विशेष स्थान है।

कहानी एक ऐसा आख्यान है, जो इतना लघु होता है कि पाठक उसे एक बार में पढ़ सकता है तथा इससे प्रभावित होता है। इसी प्रभाव को उत्पन्न करने के उद्देश्य से ही उसे लिखा जाता है। उसमें ऐसी बातों का बहिष्कार किया जाता है जो बातें उस प्रभाव को आगे बढ़ाने में सहायक नहीं होती हैं। इस प्रकार वह स्वतः पूर्ण होता है।

प्राचीन कहानियों का क्षेत्र अति व्यापक एवं विस्तृत है जिसमें पशु-पक्षियों तक को भी पात्र रूप में चित्रित किया गया है जबकि आधुनिक कहानी सामान्यतया मानव केन्द्रित है, वह सिर्फ मानव वर्ग तक ही सीमित है। प्राचीन कहानियों में उच्च वर्ग राजा-रानी, सेठ-सेठानी आदि के जीवन की काल्पनिक घटनाओं का वर्णन हुआ करता था जबकि आधुनिक युग की कहानियों में जन साधारण के जीवन की यथाशक्ति, यथार्थ परिस्थितियों का अंकन होता है। प्राचीन कहानियों में पात्रों के चरित्र का सम्यक् विश्लेषण नहीं हो पाता था जबकि आधुनिक कहानियों में ऐसा नहीं। वास्तव में पात्रों का सम्यक् विश्लेषण करते हुए उनके गुण-दोषों का विवेचन होता है।

ऐसे ही प्राचीन काल में देश काल तथा परिस्थिति पर भी कोई विशेष ध्यान नहीं दिया जाता था लेकिन आजकल देश-काल तथा वातावरण का चित्रण आवश्यक ही नहीं अनिवार्य है। वस्तुतः प्राचीन कहानियाँ अलौकिकता, आदर्शवादिता, उपदेशात्मकता तथा काल्पनिकता से भरी पड़ी हैं, जबकि आधुनिक कहानियों में यथार्थवादिता है, विचारात्मकता है, स्वाभाविकता है तथा लौकिकता है। प्राचीन कहानी में स्वर्ग लोक की कल्पना निवास करती थी जबकि आधुनिक कहानियाँ हमें धरती से जुड़े आदमी के दुःख-सुख का स्मरण कराती हैं। उनके गुण-दोषों का यथार्थ में विस्तार से वर्णन किया जाता है। प्राचीन कहानियों में परियाँ नाचती हुई अठखेलियाँ करती हुई तथा राजप्रासादों की सैर करती हुई दृष्टिगोचर होती हैं तो आधुनिक कहानियाँ आम आदमी की व्यथा को प्रकट करती हैं। पहले विस्तार कहानी की विशेषता थी, जबकि आज

संक्षिप्तता एवं सार्थकता पर कहानियाँ आधारित हैं। वैल्स ने तो आधुनिक कहानी को समय सीमा में जकड़ दिया है– ''वैल्स ने बैठक का समय निश्चित कर दिया–कहानी बीस मिनट में पढ़ा जा सकने वाला कथा रूप है।''[5] वास्तव में यह समयबद्ध कहानी की संक्षिप्तता कदापि ग्राह्य नहीं। कोई भी जन सामान्य इसे ग्रहण नहीं करेगा। कहानी को समयबद्ध करने के लिए यह आवश्यक है कि पाठक की गति जानी जाए, रुचि जानी जाए। यह मान्यता तात्कालिक हो सकती है सार्वकालिक नहीं। हाँ, वैसे कहानी में संक्षिप्तता आवश्यक है।

यहाँ यह स्पष्ट करना भी आवश्यक है कि– ''वैल्स ने 'समय' की यह मान्यता तात्कालिक कहानियों को ध्यान में रखकर ही आरोपित करने की चेष्टा की है।''[6] कहानी की संक्षिप्तता एवं प्रभावान्विति के विषय में महाकवि प्रसाद ने इन दोनों के विषय में इस प्रकार समझाते हुए कहा है– ''मान लीजिए, आप किसी तेज़ सवारी से चले जा रहे हैं, रास्ते में एक गोलमटोल शिशु खेल रहा है। उसकी सुन्दरता की झलक मिलने पर ही सवारी आगे निकल जाती है किन्तु उतनी झलक ही इतनी होती है कि उसकी स्थायी रेखा आपके अन्तर्मन पर अंकित हो जाय, यही काम कहानी करती है।''[7] मन में यह रेखा खिंच जाना ही प्रभावान्विति है। कहानी का प्रभाव सीधी रेखा की भाँति होना चाहिए, उसमें कोई घुमाव एवं वक्रता नहीं होनी चाहिए। यही कहानी की विशेषता है। आधुनिक कहानी अपनी लघुता में जिस विशाल प्रभाव को अपने में समेटे बैठी है, उसी से वह साहित्य की दूसरी महत्त्वपूर्ण विधाओं में अपना पृथक स्थान बना चुकी है।

कहानी की परिभाषाएँ

कहानी सीधे-सीधे मानव जीवन से सुसम्बद्ध है। संसार नित्य परिवर्तनशील है। जीवन की प्रकृति भी नित्य परिवर्तनशीलता से जुड़ी है। अतः परिवर्तनीय वस्तुओं को परिभाषा में आबद्ध करना अति कठिन है क्योंकि समयानुसार उनमें परिवर्तन अवश्य आएगा। इतने पर भी 'कहानी क्या है?' इस प्रश्न के उत्तर में समय-समय पर विद्वानों ने कहानी की परिभाषाएँ दी हैं। ये परिभाषाएँ कहानी के विभिन्न रूपों को हमारे समक्ष प्रकट करती हैं। इन परिभाषाओं से सहमत होना आवश्यक नहीं क्योंकि इस प्रकार की परिभाषाएँ उस विद्वान के दृष्टिकोण को प्रकट करती हैं, जो उनका रचयिता होता है। कुछ पाश्चात्य विद्वानों की परिभाषाएँ यहाँ दी जा रही हैं–

(क) एडगर एलन पो (Edgar Allen Poe) द्वारा प्रदत्त परिभाषा है– 'कहानी एक छोटी सी विवरणात्मक रचना है, जो इतनी छोटी होती है कि वह एक ही बैठक में पढ़ी जा सके। उसे पाठक पर एक प्रभाव डालने के लिए लिखा जाता है। उसमें ऐसे तत्त्वों का बहिष्कार किया जाता है, जो उस प्रभाव को अग्रसर करने में योग न दें। वह अपने आप में पूर्ण होती है।'

(ख) सर ह्यू वालपोल (Sir Hughd Walpole) ने कहानी की परिभाषा इस प्रकार दी है– 'लघुकथा एक कहानी होनी चाहिए, जिसमें घटनाओं तथा दुर्घटनाओं, तीव्र कार्य व्यापार और कौतूहल के द्वारा चरम बिन्दु तथा सन्तोषजनक अन्त तक ले जाने वाले अप्रत्याशित विकास से पूर्ण बातों का चरम विकास तथा विवरण प्रस्तुत किया गया हो।'

(ग) जेम्स डब्ल्यू. लिन (James W. Linn) के शब्दों में कहानी की परिभाषा है– 'संक्षेप में कहानी नाटकीय रूप में एक चरित्र के जीवन में संक्रमण बिन्दु की अभिव्यक्ति है।'

(घ) ब्रेण्डर मैथ्यू (Brander Mathew) के मतानुसार आधुनिक कहानी की परिभाषा है– 'कहानी में एक ही चरित्र अथवा एक ही स्थिति के द्वारा अनेक भावनाओं का चित्रण रहता है। कहानी को स्वतः पूर्ण होना चाहिए।'

(ङ) विलियम हेनरी हडसन के शब्दों में कहानी इस प्रकार से परिभाषाबद्ध की गयी है– 'कहानी को इस रूप में हमें प्रभावित करना चाहिए कि वह रूपरेखा में पूर्णतः स्पष्ट, सन्तुलित उद्‌देश्य हेतु पर्याप्त विस्तृत किन्तु भीड़-भाड़ के तनिक भी संकेत से रहित और अपने ताने बाने में पूर्ण रहती है।'

(च) डॉ. श्याम सुन्दर दास ने कहानी को परिभाषित करते हुए लिखा है कि– "आख्यायिका लेखक सदैव पाठक के सम्मुख उपस्थित होकर आमने सामने बातें करता सा प्रतीत होता है। उसकी शैली प्रत्यक्ष शैली कही जा सकती है...आख्यायिका लेखक की शैली पाठक के अन्तरंग मित्र की सी होती है। वह घरेलू और आपसी आदमियों की भाँति गपशप करता है, उसकी कला ऐसी ही शैली की आवश्यकता रखती है। वह व्यक्ति प्रधान शैली की कला है।"[8]

(छ) आचार्य रामचन्द्र शुक्ल के मतानुसार कहानी है– "आख्यायिका साहित्य का वह रूप है, जिसके कथा प्रवाह और कथोपकथन में अर्थ अपने प्रकृत रूप में अधिक विद्यमान रहता है और उसे दबाने वाले भाव विधान या उक्ति वैचित्र्य के लिए और थोड़ा स्थान बचता है।"[9]

(ज) मुंशी प्रेमचन्द के शब्दों में कहानी की परिभाषा निम्नलिखित है– "कहानी वह ध्रुपद की तान है, जिसमें गायक महफ़िल शुरू होते ही अपनी सम्पूर्ण प्रतिभा दिखा देता है। एक क्षण के चित्र को इतने माधुर्य से परिपूरित कर देता है जितना रात भर गाना सुनने से भी नहीं हो सकता।"[10]

(झ) डॉ. गुलाब राय की मान्यतानुसार कहानी है– "छोटी कहानी एक स्वतः पूर्ण रचना है, जिसमें एक लक्ष्य या प्रभाव को अग्रसर करने वाली व्यक्ति केन्द्रित घटना या घटनाओं के आवश्यक परन्तु कुछ-कुछ अप्रत्याशित ढंग के उत्थान, पतन और मोड़ के साथ पात्रों के चरित्र पर प्रकाश डालने वाला कौतूहलपूर्ण वर्णन हो।"[11]

कहानी का स्वरूप

प्रायः यह देखा गया है कि लोग कहानी के वास्तविक स्वरूप निर्धारण के समय उसके विविध तत्त्वों का बखान करने लग जाते हैं। वे कथावस्तु, कथोपकथन, चरित्र चित्रण, वातावरण, उद्‌देश्य तथा शैली की चर्चा करते हैं। कहानी के मर्म को समझने हेतु ये तत्त्व उपयोगी एवं आवश्यक हो सकते हैं परन्तु क्या इन्हीं तत्त्वों के आधार पर कहानी की सफलता एवं असफलता निर्भर करती है। प्रायः समस्त कहानियों में उक्त तत्त्व मिलते हैं फिर इनकी सार्थकता कितनी है?

क्या कहानीकार इनके ज्ञान के बिना कहानी नहीं लिख सकता? क्या इनका ज्ञान अत्यावश्यक है? जैनेन्द्र कुमार के मतानुसार– "टैकनीक जाने बिना भी कहानी लिखी जा सकती है। वास्तव में जो टैकनीक को जानता है, वह कहानी नहीं लिख सकता।" साधारण पाठक तो

केवल इतना जानता है कि उसने क्या पढ़ा, वह कितना रोचक है और उसका प्रभाव उसके हृदय पर क्या पड़ा तथा कितना पड़ा। पाठक को शिल्प की कितनी चिन्ता है, यह नहीं कहा जा सकता। कहानी के तत्त्व 'कथ्य' को कहानी बनाने में आवश्यक हैं लेकिन यही तो सब कुछ नहीं।

कहानी के शिल्प की श्रेष्ठता ही उसका 'कहानीपन' कही जा सकती है। यदि एक कहानी में कहानीपन का अभाव है तो उसे हम जो चाहे कहें, कहानी नहीं कह सकते। वास्तव में तो कहानी उसका कहानीपन ही कहलाता है–"कहानी की सही ज़मीन उसका कहानीपन ही है।.... यदि शिल्प कथा को कोई आयाम नहीं दे पाता तब निश्चय ही वह कहानी को कमजोर बनाता है।"[12]

कहानी के 'कहानीपन' के लिए दो अनिवार्य बातें होती हैं–(1) प्रभावान्विति (2) प्रतिपाद्य की एकान्तता। कहानी के जन्मदाता 'पो' ने जिस प्रभावान्विति (to make an impression) की बात को स्वीकार कर निश्चित किया था, उसे उनके परवर्ती कहानीकारों एवं समालोचकों ने भी किसी न किसी रूप में अवश्य ही स्वीकार किया था। इस "प्रभावान्विति को विषय का एकत्व या विषयगत एकदेशीयता कहते हैं।"[13] तथा इसी को सच्चिदानन्द हीरानन्द वात्स्यायन अज्ञेय "प्रभाव की एकान्तिकता मानते हैं।"[14] इसी बिन्दु पर कहानी उपन्यास से पृथक होकर अपना निजी स्थान बनाती है। वास्तव में यही एक तथ्य, प्रभावशीलता अथवा प्रभावान्विति कहानी के संवेदन का मूलाधार है। कहानी का तीव्र संवेदन प्रभावान्विति पर ही निर्भर है।

कहानी में विकासशीलता के साथ जो प्रभाव पड़ता है, वह अनेक प्रकार का होता है लेकिन अन्त में मिलकर एक हो जाता है। प्रभाव का यह एकीकृत रूप पाठकीय सच को प्रभावित करता है वह उस पर छा जाता है। पाठक का हृदय एक तीव्र संवेदन का अनुभव करता है, वह एक होकर एक तान, एक लय तथा एक रस हो जाता है। यही संवेदनशीलता की तीव्रता कहानी का वैभव है। साहित्य में अनेक विधाएँ हैं लेकिन उनमें से कहानी के अतिरिक्त अन्य किसी विधा के पास ऐसा अद्वितीय वैभव नहीं है और न किसी अन्य साहित्यिक विधा की पहुँच ही वहाँ तक देखी गयी है।

कहानी का प्रतिपाद्य कोई घटना, चरित्र, कोई वातावरण, कोई भाव अथवा कोई विचार हो सकता है, इतना ही नहीं एक ही कहानी के घटना, चरित्र, वातावरण, भाव तथा विचार एक साथ प्रतिपाद्य हो सकते हैं। कभी इनमें से एक कहानी का प्रतिपाद्य हो सकता है शेष उसके सहायक। कहानी का यह प्रतिपाद्य पाठक के समक्ष इस प्रकार प्रस्तुत किया जाता है कि वह पाठक के संवेदन को तीव्र रूप में उभार सके। संवेदनीय तीव्रता तभी सम्भव है जब लेखक का ध्यान पूर्णरूपेण कहानी रचना के सामयिक विचार, भाव, वातावरण, चरित्र एवं घटना में से किसी एक पर ही केन्द्रित रहे।

निष्कर्षतः कहानी की पहचान हम इस प्रकार कर सकते हैं कि वह एक इस प्रकार की कथात्मक विधा है, जो सृजनात्मक धरातल पर दृष्टि की एकाग्रता से समन्वित एवं संश्लिष्ट प्रभाव निष्पादनीय है तथा आस्वाद के स्तर पर अन्विति प्रभाव के माध्यम से मानवीय सम्बन्धों के प्रति दृष्टिबोध देकर विभोर कर देती है, यदि कोई चाहे तो इसको कहानी की परिभाषा के रूप में स्वीकार कर सकता है।

(ख) सामयिक परिप्रेक्ष्य की कहानियाँ एवं उनकी उपादेयता

सामयिक परिप्रेक्ष्य की कहानियाँ : आज की हिन्दी कहानी मात्र सत्तर वर्ष पुरानी है। हिन्दी कहानी, कहानी की विकास यात्रा में काफी समय बाद सम्मिलित हुई, इस विलम्ब का कारण अंग्रेजों ने हमारे लिए दुनिया के द्वार बन्द कर दिये थे। हमने विश्व को इंग्लैण्ड के माध्यम से जाना। हमारे सभी प्रकार के पिछड़ेपन का कारण हमारी लम्बी परतन्त्रता कही जायेगी। हमारा विश्व प्रतिभाओं से सीधा-सीधा सम्बन्ध नहीं हो पाया। जब बालजाक, जोला, स्ताण्ढाल, दोस्तयात्सकी, लावेयर, चेखव, तुर्गनेव तथा तोल्सतोय जैसे कालजयी साहित्यकार अपनी रचनाओं से विश्व को चमत्कृत कर चुके थे तब हमारी नींद टूटी थी। हेनरी, मोपासाँ तथा चेखव कहानी के प्रगति की तीन शिखरों तक पहुँचा चुके थे तब हमने हिन्दी कहानी का जन्म दिवस मनाया था। हम हिन्दी कहानी के विकास काल को स्वतन्त्रता के आधार पर तीन भागों में विभाजित कर सकते हैं– (1) स्वतन्त्रता से पूर्व हिन्दी कहानी (2) स्वतन्त्रता के पश्चात् हिन्दी कहानी (3) समकालीन कहानी।

1. स्वतन्त्रता से पूर्व हिन्दी कहानी

1857 की क्रान्ति से पूर्व अंग्रेजों ने हिन्दी प्रदेश को अपने राज्य सीमा विस्तार के अन्तर्गत कर लिया था। सन् 1857 की क्रान्ति के पश्चात् यह राज्य ईस्ट इंडिया के हाथों से निकलकर सम्राट के अधीन ब्रिटिश मंत्रिमंडल के हाथों में चला गया। 1857 का यह वर्ष अति महत्त्वपूर्ण है। इससे कुछ ही समय पूर्व हिन्दी प्रदेश में वैज्ञानिक आविष्कारों का प्रचार-प्रसार हुआ। सन् 1850-51 में क्रमशः रेल एवं तार का सूत्रपात हुआ, जिससे आलोच्यकाल अति प्रभावित हुआ तथा साहित्यिक गतिविधियाँ भी इससे अछूती न रही। चार्ल्स वुड की शिक्षा योजना से हमारा सीधा सम्बन्ध रहा जो सन् 1854 में प्रस्तुत की गयी।

साहित्य में इस नवीनता की प्रतिक्रिया हुई। 1857 में विश्वविद्यालय स्थापित हुए। साहित्य के क्षेत्र में भारतेन्दु का इसी समय (1850-1885) में आगमन हुआ तथा उनके नायकत्व में साहित्य तीव्र गति से बढ़ा। नाटक, प्रहसन, उपन्यास, कविता तथा निबन्ध आदि पर धार्मिक, सामाजिक आन्दोलनों की गहन छाप मिली है। भारतेन्दु जी के साथ राय कृष्ण दास, बालकृष्ण भट्ट, प्रतापनारायण मिश्र, श्रीनिवास दास, बदरी नारायण चौधरी 'प्रेमघन', बालमुकुन्द गुप्त, किशोरीलाल गोस्वामी, श्रीधर पाठक, देवकीनन्दन खत्री तथा अन्य अनेक कवि, लेखक एवं साहित्यकार थे। उन्नीसवीं सदी के उत्तरार्ध में हिन्दी लेखकों तथा कवियों ने अपनी रचनाओं में तत्कालीन भारत की राजनीतिक तथा आर्थिक महत्वाकांक्षाएँ प्रकट कर अपने चारों ओर के धर्म एवं समाज की पतितावस्था का क्षोभमय चित्रण किया है तथा भावी उन्नति एवं शान्त जीवन कामना भी प्रकट हुई है। अंग्रेजी साहित्य से भी हमारे साहित्यकार प्रभावित हुए। नव साहित्यिक विधाओं का उदय हुआ, जिसमें कहानियों का विशेष स्थान है। हिन्दी कहानी साहित्य के मूल में सुधारवादी दृष्टिकोण ही क्रियाशील रहा।

सैयद इंशा अल्ला खाँ ने अपनी प्रसिद्ध कहानी 'रानी केतकी की कहानी' सन् 1800 से 1808 के मध्य में लिखी। यह कहानी उन्होंने कहानी लिखने की भावना से नहीं लिखी क्योंकि

एक स्थान पर उन्होंने अपने स्थान का स्पष्टीकरण करते हुए लिखा है– "एक दिन बैठे-बैठे अपने ध्यान में यह बात चढ़ी कि कोई कहानी ऐसी कहिए कि जिसमें हिन्दी की छुट और किसी बोली की पुट ना मिले तब जाकर मेरा मन फूल की कली के रूप में खिले। बाहर की बोली और गँवारी कुछ उसके बीच में न हो। अपने मिलने वालों में से एक कोई पढ़े-लिखे, पुराने-धुराने. ......यह खटराग लाएगा, सिर हिलाकर, मुँह घुमाकर, नाक-भौंहें चढ़ाकर, आँखें फिराकर लगे कहने यह बात होते दिखाई नहीं देती। हिन्दवीपन भी न निकले और भगवापन भी न हो।"[15] यहीं से कहानी का प्रारम्भ हुआ।

भारतेन्दु युग में अनेक पत्रिकाएँ प्रकाशित होने लगीं। कविवचन सुधा (1867), हरिश्चन्द्र मैग्ज़ीन (1873), हरिश्चन्द्र चन्द्रिका (1874), हिन्दी प्रदीप (1877), ब्राह्मण (1880), सार सुधानिधि (1879), क्षेत्रीय पत्रिका (1880) तथा भारत मित्र (1877) आदि पत्रिकाओं के साथ आनन्द, कादम्बिनी, नागरी, बंगवासी आदि मासिक एवं साप्ताहिक पत्र भी निकले। इन पत्रिकाओं में हिन्दी गद्य के विकास के साथ साहित्य के अन्य रूपों के आविर्भाव एवं विकास को भी गति मिली।

हिन्दी की प्रथम कहानी किसे माना जाए, इस विषय में विद्वानों में मतभेद है। कुछ लोग इंशा अल्ला खाँ विरचित 'रानी केतकी की कहानी' को हिन्दी की प्रथम कहानी मानते हैं तो दूसरी ओर किशोरी लाल गोस्वामी कृत 'इंदुमती' को। कालक्रमानुसार हिन्दी कहानियों की तालिका निम्नवत है–

1. इंशा अल्ला खाँ विरचित 'रानी केतकी की कहानी' सन् 1800 से 1808 ई.।
2. शिव प्रसाद सितारे हिन्द रचित 'राजा भोज का सपना।'
3. भारतेन्दु हरिश्चन्द्र रचित 'अद्भुत अपूर्ण स्वप्न।'
4. किशोरी लाल गोस्वामी कृत 'इन्दुमती' सन् 1900 ई.।
5. किशोरी लाल गोस्वामी कृत 'गुलबहार' सन् 1902 ई.।
6. मा. भगवान दास विरचित 'प्लेग की चुड़ैल' सन् 1903 ई.।
7. आचार्य रामचन्द्र शुक्ल रचित 'ग्यारह वर्ष का समय' सन् 1903 ई.।
8. गिरिजा दत्त वाजपेयी विरचित 'पण्डित और पण्डितानी' सन् 1903 ई.।
9. बंगमहिला द्वारा रचित 'दुलाई वाली' सन् 1906 ई.।

श्री रायकृष्ण दास 'दुलाई वाली' को हिन्दी की प्रथम कहानी मानते हैं। प्रो. वासुदेव हिन्दी की प्रथम मौलिक कहानी जयशंकर प्रसाद की 'ग्राम कहानी' को मानते हैं। इतना ही नहीं इन सभी से भिन्न मत प्रकट करने वाले राजेन्द्र यादव हैं। वे हिन्दी की सर्वप्रथम कहानी 'उसने कहा था' को मानते हैं।"[16] लेकिन हमारे विचार से 'इन्दुमती' कहानी ही हिन्दी की प्रथम कहानी है। इसके निश्चित कारण इस प्रकार हैं– कहानी निर्धारण समय क्रम में होना चाहिए न कि कथानक तथा शिल्प आदि की दृष्टि से। 'इन्दुमती' अपने आप में एक मौलिक कहानी है न कि किसी प्रकार की रूपान्तरित कथा ही। कहानी वर्णनात्मक शैली में लिखी गयी है। इसमें कथोपकथन एवं चरित्र चित्रण को कोई विशेष स्थान प्राप्त नहीं है। इस कहानी में रोचकता है, प्रवाह है जिनके कारण किशोरी लाल गोस्वामी को वांछित सफलता मिली है। अतः

इस कहानी को ही प्रथम मौलिक कहानी मानना समीचीन होगा।

'सरस्वती' के समान ही हिन्दी कहानी की उत्पत्ति एवं विकास में 'इन्द्र' का भी महत्त्वपूर्ण योगदान है। 'इन्द्र' में प्रसाद की कहानी 'ग्राम' निकली, उसी साल 'पिकनिक' कहानी निकली, जो गंगाप्रसाद श्रीवास्तव की प्रथम कहानी है। पिकनिक हास्य व्यंग्य कहानियों में प्रथम स्थान रखती है। सन् 1911 में चन्द्रधर शर्मा गुलेरी की 'सुखमय जीवन' कहानी भारत मित्र में निकली। 1912 में प्रसाद जी की 'रसिया बालम' तथा विश्वम्भरनाथ 'जिज्जा' की 'परदेशी' कहानी निकली। 'कानों में कंगना' राजा राधिकारमण प्रसाद सिंह की सफल कहानी 1913 में 'इन्द्र' में प्रकाशित हुई तथा विश्वम्भरनाथ शर्मा कौशिक की 'रक्षाबन्धन' कहानी 'सरस्वती' में 1913 में ही निकली। सन् 1914 में ज्वाला दत्त शर्मा एवं चतुरसेन शास्त्री की कहानियाँ प्रकाश में आने लगीं। सन् 1915 में गुलेरी जी की 'उसने कहा था' कहानी 'सरस्वती' में छपी। शिल्प की दृष्टि से इस कहानी को ऐतिहासिक महत्त्व की कहानी माना गया। सन् 1916 ई. से प्रेमचन्द कहानी लेखन के क्षेत्र में आये। उनकी प्रथम कहानी 'पंचपरमेश्वर' 1916 ई. में ही 'सरस्वती' में प्रकाशित हुई। इसके बाद हिन्दी में कलात्मक मौलिक कहानियाँ प्रकाशित होने लगीं और कहानी के क्षेत्र में एक नवीन युग का सूत्रपात हुआ।

कहानी का जन्म सन् 1900 ई. में हुआ था। तत्कालीन कहानियों में जिन भिन्न-भिन्न कलात्मक प्रयोगों का अभ्यास हुआ, उनकी समाप्ति सन् 1910 में हो गयी तथा 1911 में नयी कलात्मक कहानी के दर्शन हुए। 1910 से पूर्व रामचन्द्र शुक्ल 'ग्यारह वर्ष का समय' तथा बंगमहिला की 'दुलाई वाली' जैसी कलात्मक कहानियाँ उदाहरणस्वरूप प्राप्त होती हैं। उस समय इनकी परम्परा नहीं थी। 1900 से 1910 तक की कहानियों में जीवन्तता का अभाव था जिसके कारण वे कहानी विधा का आधार न बन सकीं, वे मात्र ऐतिहासिक महत्त्व की ही हैं।

1911 में तीन उच्चकोटि की कलात्मक कहानियों का प्रकाशन हुआ। जयशंकर प्रसाद की 'ग्राम' तथा गंगा प्रसाद श्रीवास्तव की 'पिकनिक' कहानी 'इन्द्र' में, गुलेरी जी की 'सुखमय जीवन' 'भारत मित्र' में प्रकाशित हुई। इस समय में कहानी के अनेक प्रयोग एवं प्रयत्न हुए, हिन्दी कहानी का विकास हुआ। इस समय के उल्लेखनीय कहानीकार हैं– जयशंकर प्रसाद, विश्वम्भर नाथ कौशिक 'जिज्जा', जी.पी. श्रीवास्तव, राधिकारमण प्रसाद सिंह, ज्वालादत्त शर्मा, चन्द्रधर शर्मा गुलेरी, चतुरसेन शास्त्री, प्रेमचन्द, पदुमलाल पुन्नालाल बख्शी, रायकृष्ण दास, चण्डीप्रसाद हृदयेश, सुदर्शन, गोविन्द वल्लभ पन्त, पाण्डेय बेचन शर्मा उग्र, विनोद शंकर व्यास, भगवती प्रसाद वाजपेयी, सूर्यकान्त त्रिपाठी 'निराला', उपेन्द्रनाथ 'अश्क' आदि।

सन् 1911 में बंग भंग, दक्षिण अफ्रीका में भारतीयों के प्रति दुर्व्यवहार, मुस्लिम लीग द्वारा लखनऊ अधिवेशन में भारतीयों के अन्य समुदायों की सहायता से स्वराज्य प्राप्ति, 1914-18 तक प्रथम विश्व युद्ध, रॉलट एक्ट, जलियाँवाला हत्याकाण्ड, सन् 1920 में महात्मा गाँधी द्वारा असहयोग आन्दोलन, सन् 1913 में 'स्वराज्य पार्टी' का गठन, साइमन कमीशन, नेहरू प्रतिवेदन, भद्र अवज्ञा आन्दोलन आदि राजनीतिक घटनाओं का प्रभाव प्रत्यक्ष एवं अप्रत्यक्ष रूप से हमारे कहानी साहित्य पर भी पड़ा।

साहित्य समाज का दर्पण है, अतः तत्कालीन कहानी साहित्य में भारतीय समाज की झलक किसी न किसी रूप में प्राप्त होती है। कहानियों में नारी आंदोलन, अछूतोद्धार, बाल विवाह, विधवा विवाह, सती प्रथा तथा पर्दा प्रथा विषयक चित्र अंकित किये गये। इन सुधारों के चित्रण के माध्यम से भारतीय समाजोत्थान में कहानीकारों का भी सहयोग प्रशंसनीय रहा। सामान्य जन की आर्थिक स्थिति, सामाजिक एवं धार्मिक सुधार ब्रह्म समाज, प्रार्थना समाज, आर्य समाज, थियोसोफिकल सोसाइटी, रामकृष्ण मिशन सेवा समिति, बालचर संस्था, खालसा दीवान तथा दक्षिणी शिक्षा सोसायटी से हुए। हिन्दी कहानीकार इन संस्थाओं से प्रेरित होकर कहानियाँ लिखने लगे। पूर्व की कहानियों की अपेक्षा इस युग की कहानियों में कलात्मक प्रौढ़ता आने लगी। यहाँ यह कहने में कोई अतिशयोक्ति न होगी कि इस समय में कलात्मक-शिल्प की दृष्टि से एक नये युग का सूत्रपात हुआ। इस युग में हमें ऐसी कहानियाँ अधिक संख्या में मिलीं जिनमें सूत्रबद्धता एवं संवेदनशीलता का पुट था। इस समय के कहानीकारों का ध्यान सामाजिक यथार्थ उद्घाटन की ओर था, साथ ही मानव चित्तवृत्तियों का सम्यक् चित्रण भी हुआ।

ठोस कथानकों के साथ सूक्ष्म दृष्टि कौशल एवं व्यापक परिवेश का भी सुगुम्फन किया गया। कहानियों में स्थूलता बढ़ी, वे सुनिश्चित उद्देश्य को लेकर चलीं। इससे स्पष्ट है कि इस युग के कहानीकार अपने दायित्व के प्रति अधिक जागरूक तथा सचेत हुए। उन्होंने जीवन के यथार्थ चित्रण को ही अपना मूल दायित्व माना तथा अपना सर्वप्रमुख लक्ष्य भी। इस युग की कहानियों के कथानकों के लिए सभी प्रकार की शैलियाँ अपनायी गयीं।

इस युग की कहानियों में सत्यबोध, युगबोध तथा भावबोध के यथार्थ चित्रण पर आधारित आदर्शवाद की भावना मुखरित होती है। इस युग के समस्त साहित्यकार एवं कहानीकार जीवन के यथार्थ से ही पात्र चयन करते हैं। ये कहानीकार व्यक्ति को महत्त्व देकर उसे समाज से अलग नहीं देखते हैं। उन्होंने चित्रण में आत्मपरक दृष्टिकोण अपनाया है। इन कहानीकारों ने पात्र एवं समाज को अन्योन्याश्रित रूप में चित्रित किया है। चरित्र चित्रण करते समय उन्होंने नाटकीय एवं विश्लेषणात्मक दोनों ही पद्धतियों को अपनाया है। मानव अन्तर्द्वंद्व एवं आन्तरिक प्रवृत्तियों को सूक्ष्मातिसूक्ष्म रूप से स्पष्ट करने के लिए मनोविज्ञान का भी आश्रय लिया गया है। इस युग की कहानियों में कथोपकथन को सम्यक् स्थान मिला है। इस युग के कथोपकथन संक्षिप्तता, भावाभिव्यक्ति सामर्थ्यपूर्णता तथा नाटकीयता से परिपूर्ण हैं–

धीवर-बाला आकर खड़ी हो गयी। बोली– "मुझे किसने पुकारा?"

"मैंने।"

"क्या कहकर पुकारा?"

"सुन्दरी"

"क्यों, मुझमें क्या सौन्दर्य है? और है भी कुछ, तो क्या तुमसे विशेष?"

"हाँ, मैं आज तक किसी को सुन्दरी कहकर नहीं पुकार सका था, क्योंकि वह सौन्दर्य-विवेचना मुझमें अब तक नहीं थी।"[17]

भाषा की दृष्टि से प्रसाद जी की भाषा संस्कृतगर्भित भाषा है। क्लिष्ट भाषा प्रयोग से उनकी कहानियों में कहीं-कहीं पर दुरूहता सी आ गयी है लेकिन उनके अतिरिक्त अधिकतर

कहानीकारों की भाषा सहज, स्वाभाविक तथा यथार्थ है। प्रसाद, प्रेमचन्द एवं चन्द्रधर शर्मा गुलेरी इस युग के प्रमुख कहानीकार हैं। उनके समकालीन अन्य कहानीकारों ने इन्हीं की परम्परा को आगे बढ़ाया। इन तीनों को हम उस काल के आधार स्तम्भ कह सकते हैं जिन पर समस्त कहानी का विकास भवन आधारित है।

प्रसाद जी संस्कृति चेतना के कहानीकार हैं। प्रसाद पहले कवि हैं, फिर नाटककार और अन्त में कहानीकार। इनकी कहानियाँ इतिहास एवं संस्कृति पर आधारित हैं। इतिहास एवं संस्कृति के प्रति अनुरक्ति के कारण इनकी कहानियों में वातावरण, काल, घटना स्थल एवं पात्रों का चयन है। उनका झुकाव छायावादी काव्यबोध का ही है। प्रसाद की रचना प्रक्रिया प्रेम एवं सौन्दर्य चेतना से आप्लावित है। उनकी कहानी कला में उदात्त मूल्य निरूपित हैं। भाषा शैली भी छायावादी एवं अलंकृत है, जिसमें नाट्यपरकता का विशेष पुट है। प्रसाद जी की कहानियों का रचनात्मक उद्देश्य आन्तरिक जागतिक द्वन्द्वों का सुचित्रण करना है। उसमें ईर्ष्या, द्वेष, प्रेम तथा करुणादि मनोभावों का सूक्ष्म विवेचन किया गया है। इनकी कहानियाँ प्रभाव की दृष्टि से पिछड़ जाती हैं क्योंकि कहानियों की रचना पद्धति नाट्यात्मकतापरक है तथा शैलीगत अलंकृति आपस में मेल नहीं खाती। वे कहानी लेखन, काव्य एवं नाट्य पद्धतियों का प्रयोग सम्मिलित रूप से करने लगते हैं। इस प्रकार मिश्रित कहानी रचना प्रक्रिया दिखलाई देती है। 'देवदासी' में काव्यात्मक तथा 'आकाशदीप' में नाट्य पद्धति संश्लिष्टता परक सी प्रतीत होती है। इनकी कहानियों में एक प्रकार की सम्मोहनशीलता तो है लेकिन सामान्य जन के मर्म की परतें खोलने का कार्य कम। प्रसाद जी की कहानियों की कथावस्तु पौराणिक है साथ ही ऐतिहासिक भी, इनकी शैली प्रतीकात्मक है साथ ही रूपात्मक भी, इनके मूल में कवि का रोमांटिक बोध छिपा है। इस प्रकार इनकी कहानियों में सौन्दर्य चेतना के स्वरूप चित्रण के साथ व्यक्तिनिष्ठ जीवनदृष्टि भी है।

नैतिक आदर्श स्थापन प्रसाद जी का लक्ष्य नहीं, समस्या समाधान भी उनकी कहानियों में मिलता है लेकिन कहानीकार अपने पाठकों के साथ तादात्म्य स्थापित करने में सफल होता है। यह किसी भी श्रेष्ठ कहानी की महत्त्वपूर्ण विशेषता होती है। प्रसाद जी की भाषा में एकरूपता है जो भाषा की प्रशंस्य स्थिति नहीं, यद्यपि संश्लिष्ट पदावलीयुक्त काव्यात्मक भाषा प्रयोग उनकी विशेषता है फिर भी प्रसाद की कहानियाँ चित्रात्मक वर्णन से युक्त हैं।

चन्द्रधर शर्मा गुलेरी ने केवल तीन कहानियाँ लिखकर कहानी जगत में अपना विशेष नाम कमाया। इनकी 'सुखमय जीवन' कहानी सन् 1911 में 'भारत मित्र' में प्रकाशित हुई। 'बुद्ध का काँटा' कहानी 1911 से 1915 ई. के मध्य लिखी गयी तथा उनकी तीसरी कहानी सन् 1915 में 'सरस्वती' पत्रिका में प्रकाशित हुई। इनकी तीनों कहानियों का कथानक प्रेम प्रधान है। कहानियाँ कौतूहल प्रधान घटनाओं की प्रभा से अभिमंडित हैं। उनके पात्र पाठकों को स्वतः ही अपनी ओर खींचने में समर्थ हैं। 'उसने कहा था' ने हिन्दी कहानियों को एक नयी दिशा प्रदान की है।

प्रेम कहानियों को विराट एवं व्यापक परिवेश में कर्तव्य एवं प्रेरणा से सुसंबद्ध कर जीवन यथार्थ के विविध-आयामों में विकसित होने का पथ प्रशस्त किया है। इसका एक मात्र कारण है कि चन्द्रधर शर्मा गुलेरी का जीवन के प्रति बड़ा ही स्वस्थ दृष्टिकोण है। जीवन में नीति एवं

सदाचार, पुष्ट यथार्थ, भावुकता उनकी कहानियों में सुस्पष्ट है। 'उसने कहा था' कहानी में आदर्श त्याग एवं बलिदान की शुद्ध भारतीय परम्परा सन्निहित है। पच्चीस वर्षों के बाद अमृतसर की गलियों में खेलने वाली लड़की अचानक सूबेदार की पत्नी के रूप में मिलती है। इससे 'आकस्मिक संयोग' तो स्पष्ट होता ही है अमृतसर तथा लड़ाई के मैदानों का वातावरण भी स्पष्ट होता है। आलोचकगण 'उसने कहा था' कहानी को लहना सिंह के प्रेम एवं बलिदान के रूप में देखते हैं लेकिन यह सूबेदारनी के उदात्त प्रेम एवं अडिग विश्वास की कहानी है। लहना सिंह को सूबेदारनी याद न दिलाती तो उसे 'रेशम के सालू' वाली लड़की का ध्यान शायद ही आता। प्रस्तुत कहानी मन के गुहा स्थलों से चलकर यथार्थ की ओर मन्दगति से बढ़ती है।

गुलेरी की कहानियों के पात्र यथार्थवादी एवं मध्यमबर्गीय हैं– गुलाबराय, कमला, जयदेव शरण, रघुनाथ, भागवन्ती तथा सूबेदार हजारा सिंह।

इस काल में दो प्रमुख धाराएँ कहानी लेखन को लेकर चलीं–

(1) आदर्शोन्मुख यथार्थवादी कहानियाँ : इस धारा के प्रमुख प्रवर्तक प्रेमचन्द माने जाते हैं।

(2) भावमूलक आदर्शवादी कहानियाँ : इस धारा के प्रमुख प्रवर्तक जयशंकर प्रसाद माने जाते हैं।

आदर्शोन्मुख यथार्थवादी परम्परा के प्रमुख एवं प्रथम कहानीकार प्रेमचन्द हैं। वे पहले उर्दू में सन् 1901 में कहानी लेखन के क्षेत्र में कदम बढ़ा चुके थे। हिन्दी में उनका आगमन सन् 1915 के आसपास हुआ। प्रेमचन्द के साहित्यिक जीवन का प्रारम्भ उर्दू उपन्यास एवं गल्प से होता है। इन्होंने उर्दू में 178 कहानियाँ लिखी हैं, जो तत्कालीन पत्रिका 'जमाना' में प्रकाशित हुईं। उर्दू कहानियों का हिन्दी में अनुवाद भी किया गया। प्रेमचन्द ने उर्दू से हिन्दी में आकर निरन्तर 21 वर्ष तक हिन्दी उपन्यास एवं कहानियाँ लिखीं। हिन्दी में इनकी लगभग 250-300 कहानियाँ प्रकाशित हुईं। उर्दू की कहानियाँ भी उन्होंने व्यावहारिक तथा सरल भाषा में लिखी थीं। इनकी शैली वर्णात्मक शैली थी, अभ्यास करते-करते इनकी शैली मँज चुकी थी। इसी मँजी साफ-सुथरी शैली को लेकर वे हिन्दी में आये और उपन्यास लिखने से पूर्व उन्होंने अनेक उच्चकोटि की कहानियाँ लिखीं जिनमें 'सौत' कहानी सर्वश्रेष्ठ मानी गयी है, जो दिसम्बर 1915 में 'सरस्वती' में प्रकाशित हुई। इनका प्रथम कहानी संग्रह 'सप्तसरोज' प्रकाशित हुआ। इनकी श्रेष्ठतम कहानी के विषय में चंद्रगुप्त विद्यालंकार लिखते हैं–"मुझे यदि कोई पूछे कि प्रेमचन्द की सर्वश्रेष्ठ कहानी कौन सी है तो मैं इसी क्षण निर्णय (जवाब) दूँगा–'कफन', कफन को पढ़कर मैं लगातार एक सप्ताह तक सुरूर में रहा।...कफन की गणना मैं संसार की सर्वश्रेष्ठ कहानियों में करता हूँ। हिन्दी की तो यह सर्वश्रेष्ठ कहानी है ही।"[18]

प्रेमचन्द की कहानी कला, आदर्श एवं यथार्थ की समन्वयपरक कला है। प्रेमचन्द की कहानियों का उद्‌देश्य नैतिक-उत्थान है। उनका विश्वास था कि कहानी एक उच्च नैतिक सन्देश दे, वही श्रेष्ठ है, ऐसा न होने पर साहित्य एवं समाज को कोई लाभ नहीं। नैतिक उद्‌देश्यहीन कहानी समाज को पथभ्रष्ट कर सकती है।

प्रेमचन्द ने अपनी आधी से अधिक कहानियाँ सन् 1930 के बाद लिखी हैं, इनकी विशेषता है मनोविज्ञान की अनुभूति, जिसे प्रेमचन्द की कहानी कला की दूसरी विशेषता कह सकते हैं।

उन्होंने इन कहानियों में मनोवैज्ञानिक चरित्रों का सृजन किया है। वे इन कहानियों में आदर्शवाद से हटकर मनोवैज्ञानिक सत्य का शोधन करते हैं। 'कफन', 'शतरंज के खिलाड़ी' तथा 'सत्याग्रह' कहानियाँ इसी कोटि की हैं।

प्रेमचन्द की कहानियों के पात्र भी समय एवं परिस्थिति के अनुसार विकसित हुए हैं। वे कहानी का विकास स्थिति एवं चरित्र की आधारशिला पर ही करते हैं। सामाजिक, राजनीतिक परिस्थिति के कारण वे बदलते परिवेश में लिखते हैं। वैसे उनके पात्र सामन्तयुगीन मूल्यों से जुड़े हुए हैं। मानवीय-अन्तर्द्वन्द्वों पर भी उन्होंने मात्र 'बूढ़ी काकी', 'मनोवृत्तियाँ' तथा 'बड़े भाई साहब' कहानियाँ ही लिखी हैं। प्रेम कहानियों का उनकी कहानियों में अभाव दिखाई देता है। हाँ उनकी कहानियाँ गाँधीवादी आध्यात्मिकता से प्रभावित हैं।

भावमूलक आदर्शवादी कहानियों के प्रणेता प्रसाद जी हैं। प्रसाद जी द्वारा इन कहानियों का प्रारम्भ सन् 1911 में किया गया। प्रसाद की कहानी परम्परा भी प्रेमचन्द के साथ सन् 1936-37 तक निरन्तर चलती रही। वैसे सन् 1930 से 1937 ई. तक के समय को हम कहानियों के संक्रान्ति काल की संज्ञा दे सकते हैं जिसमें एक ओर पुरानी और दूसरी ओर नवयुग संदेशदायिनी नवीन कहानियाँ बढ़ने लगीं। पुरानी परम्परा ने गाँधीवाद को अपनाया तथा नूतन विचारधारा के कहानीकारों ने समाजवाद, यथार्थवाद, मनोवैज्ञानिक-यथार्थवाद, दर्शन तथा फ्रायड के यौनवाद आदि से स्वयं को प्रभावित कर कहानियाँ लिखीं।

सन् 1930, भद्र अवज्ञा आन्दोलन का समय कहानी के विकास का प्रथम चरण था। उसी समय असन्तोष एवं विद्रोह फैला हुआ था। नमक कानून को भंग किया जा रहा था।

विदेशी वस्त्र धू-धू कर जल रहे थे। सत्याग्रही त्याग एवं बलिदान पर आरूढ़ थे। सरकार अपनी दमनकारी नीति पर डटी हुई थी। कांग्रेस, मुस्लिम लीग, हिन्दू महासभा, अकाली दलों ने दिनोंदिन साम्प्रदायिकता का विष फैलाया। क्रिप्स योजना (1942), भारत छोड़ो प्रस्ताव (1942), देसाई लियाकत योजना (1944), वैवेल योजना (1945), इनके अतिरिक्त कैबिनेट मिशन, लीग की प्रत्यक्ष कार्यवाही तथा कलकत्ता, नोआखाली की निर्मम हत्याएँ, बिहार का हत्याकाण्ड आदि घटनाएँ घटीं तथा अन्त में 15 अगस्त 1947 ई. में भारत पाकिस्तान विभाजन की ऐतिहासिक घटना हुई। इस घटनाक्रम का हमारे देशवासियों और उनके साथ कहानीकारों पर भी विशेष प्रभाव पड़ा। इस युग की समस्याएँ संक्षेप में निम्नवत हैं–

1. स्वाधीनता प्राप्ति समस्या प्रधान एवं सर्वाधिक महत्त्वपूर्ण रही।
2. स्वतन्त्रता प्राप्ति के अनन्तर तक आर्थिक समस्या भारतीयों के समक्ष प्रस्तुत थी।
3. प्रगतिशीलता के विकास के कारण जागरूक वातावरण में शिक्षा की समस्या।
4. विधवा एवं नारी की आर्थिक परतन्त्रता की समस्या।
5. सामाजिक व्यवस्था शृंखलाओं में टूटन एवं नवसमाज निर्माण समस्या।
6. अस्पृश्यता एवं दरिद्रता वृद्धि के साथ-साथ जनसंख्या विस्फोट की समस्या।

इन सभी समस्याओं के परिणामस्वरूप हमारे मनीषियों का ध्यान इन समस्याजन्य परिवर्तनों की ओर गया। इन परिवर्तनों की नयी दशा एवं दिशाओं का प्रभाव हमारे साहित्यकारों पर भी स्वाभाविक रूप से पड़ा। एक नवयुग का सूत्रपात हुआ। हमारे कहानीकारों का ध्यान भी इस

ओर गया। विभिन्न विचारधाराओं के संस्पर्श से मनोविज्ञान, समाजवाद, मनोविश्लेषणवाद तथा व्यक्तित्ववाद पर आधारित कहानियाँ लिखी जाने लगीं। सन् 1930 में भारतीय कम्युनिस्ट पार्टी जन्मी। साहित्यकार भी रूसी साहित्य से प्रभावित हुए। सन् 1936 में प्रगतिशील लेखक संघ की स्थापना हुई। प्रथम एवं द्वितीय महायुद्धों के कारण यूरोप तथा अन्य देशों में निराशा भरी कुंठा, घुटन तथा विभ्रान्ति उत्पन्न हो गयी, जिसे कहानीकारों ने ओढ़ लिया और वे पलायनवादी बन गये।

भारतीय जीवन पद्धति में नवोल्लास एवं उत्साह का समावेश हो चुका था। यहाँ निराशा न थी फिर भी कुछ लेखकों ने विदेशी कुंठा, निराशा एवं घुटन को अपनी कहानियों में आरोपित कर पलायनवादी प्रवृत्ति प्रदर्शित की।

इस युग की कहानियाँ दो भागों में बाँटी जा सकती हैं–

1. जीवनीय सामाजिक यथार्थ एवं युगबोधपरक कहानियाँ : इस प्रकार की कहानियाँ प्रेमचन्द की कहानियों की ही विकसित परम्परा में आती हैं। यशपाल, विष्णु प्रभाकर, अमृतलाल नागर, रांगेय राघव, अमृतराय, भगवतीचरण वर्मा, बलवंत सिंह एवं भैरव प्रसाद गुप्त आदि ने इस परम्परा को आगे बढ़ाया। ये जीवनीय सामाजिक यथार्थ को आधार बनाकर लिखी जाने वाली कहानियों का विकास है। इन कहानियों में समाज की आधुनिक समस्याओं को लक्ष्य करके लिखा गया। इनमें सामाजिक समस्याओं एवं विषमताओं का समाधान करना इनका लक्ष्य नहीं, बल्कि समाज के वास्तविक स्वरूप एवं यथार्थ का चित्रण करना था। प्रेमचन्द, विश्वम्भरनाथ शर्मा कौशिक आदि की कहानियाँ आदर्शवादी दृष्टिकोण लेकर चलती हैं। इसका कारण इन लेखकों के समक्ष पुराने नीति शास्त्र का होना था।

प्राचीन आदर्श एवं उनकी चिरातनता पर विश्वास था। अन्य कारण यह है कि इन लेखकों के समक्ष सामाजिक अवस्थाएँ भी इतनी जटिल न थीं जैसी कि आज हैं। भौतिक आवश्यकताओं की पूर्ति के अभाव में मानव क्या करता है, यह आज हमारे सामने प्रत्यक्ष है। आज धर्म, दर्शन, नीति एवं उच्च मान्यताएँ बाद में हैं।

इस युग के पूर्वार्द्ध में अछूतोद्धार, विधवा विवाह, बाल विवाह तथा सम्बन्धियों का स्वार्थपूर्ण व्यवहार कहानियों के विषय हैं जिनमें सामाजिक प्रवृत्तियों का सुधार चित्रित होता था। क्रान्तिकारी विद्रोहात्मक प्रकार के चित्रण का अभाव था। उस समय संयम, मर्यादा, मूल्य प्रतिष्ठा तथा आदर्श की स्थापना आदि प्रश्न कहानीकारों के सामने थे, लेकिन आज कहानीकारों के समक्ष यथार्थ चित्रण के प्रश्न हैं। इसी यथार्थ चित्रण को प्रगतिवाद के रूप में जाना जाता है। इसका सम्बन्ध मार्क्सवाद से है। मार्क्सवाद नवीन सृष्टि के उदय की आकांक्षा रखता है, जिसमें समानता एवं न्याय होगा। श्रमिक शोषण नहीं होगा।

समाजवाद ने भी साहित्य में समाज विमुखता के प्रति विद्रोही तेवर दिखाना प्रारम्भ किया। समाजवादी विचारधारा मार्क्स के द्वन्द्वात्मक भौतिकवाद एवं वर्ग संघर्ष पर विश्वास करने लगीं। 'अर्थ' इस विचारधारा का मूलाधार है। मानव जीवन एवं इतिहास का मूल भी आर्थिक है। उत्पादन एवं वितरण साधनों में परिवर्तन के साथ-साथ सामाजिक, आर्थिक एवं सांस्कृतिक व्यवस्थाओं में भी परिवर्तन स्पष्ट दिखाई देने लगता है। वर्ग संघर्ष से निश्चय ही सामाजिक

प्रगति होती है। ज्ञान-विज्ञान, साहित्य आदि सभी कुछ आर्थिक व्यवस्था एवं वर्ग व्यवस्था पर ही आधारित होता है। शोषित एवं सर्वहारा वर्ग के प्रति समाजवाद की सहानुभूति होती है। यशपाल, रांगेय राघव, अमृतराय तथा भैरवप्रसाद गुप्त आदि की कहानियाँ समाजवाद पर आधारित हैं।

2. आत्मपरक दृष्टिकोण पर आधारित कहानियाँ : आत्मपरक दृष्टिकोण पर आधारित कहानियाँ मानव मन की उलझनों का मनोवैज्ञानिक विश्लेषण करती हैं। इस प्रकार के कहानीकारों का विशेष आग्रह मनोवैज्ञानिक यथार्थवाद के प्रति होता है। मनोवैज्ञानिक यथार्थवाद बाहरी संसार की सत्ता को अस्वीकारता है। वह तो मानव की आन्तरिक, बौद्धिकता एवं भावनात्मकता पर ही बल देता है। मानव चेतन मन दौर्बल्य एवं शक्तिहीनताग्रस्त है। वह गत्यात्मक जीवन के परिस्थितिजन्य बन्धनों को विच्छिन्न करता है। अवचेतन मन चेतन मन से अधिक शक्तिसम्पन्न होता है। वह प्रत्येक नियन्त्रण एवं सीमाबन्दी को अस्वीकार करता है परन्तु मानव जीवन में मर्यादा एवं अनुशासन पालनीय है। सभ्यता, संस्कृति तथा शील अवचेतन मन हेतु अर्थहीन है, चेतन मन के लिए ये सभी अनिवार्य हैं। इस प्रकार दोनों में विरोधाभास एवं कटुता दिखलाई देती है, जिसे मनोवैज्ञानिक यथार्थवाद प्रकाशित करता है।

मानव के आन्तरिक जगत का अध्ययन साहित्य में मनोविश्लेषणवाद कहा जाता है। इस विषय में इलाचन्द्र जोशी कहते हैं– "हिन्दी का मनोवैज्ञानिक कथा-साहित्य आश्चर्यजनक रूप से उन्नति कर रहा है और भारत की अन्य सभी भाषाओं के कथा-साहित्य को इस क्षेत्र में बहुत पीछे छोड़कर आगे निकल गया है। आज न वह पाश्चात्य जगत के किसी मनोवैज्ञानिक स्कूल का आश्रय प्रार्थी रह गया है न रवीन्द्र और शरत की औपन्यासिक रचनाओं के आधार का।"[19] अज्ञेय पाश्चात्य मनोविज्ञानकार 'फ्रायड' से प्रभावित हैं। इसके विपरीत इलाचन्द्र जोशी और जैनेन्द्र कुमार युंग की मनोवैज्ञानिकता के अति निकट हैं क्योंकि युंग (Yung) भारतीय आध्यात्मवाद के अति निकट हैं।

आत्मपरक दृष्टिकोण विषयक कहानी लेखकों में जैनेन्द्र कुमार, अज्ञेय, इलाचन्द्र जोशी एवं अश्क विशेष रूप से उल्लेखनीय हैं। इनकी कहानियाँ छायावादी रोमांटिक संस्कारों में जीने और उनसे मुक्ति की छटपटाहट की कहानियाँ हैं। अतः एक ही कहानीकार में हमें दोनों ही भावबोध दिखलाई देते हैं। ये कहानीकार की टैकनीक की बिल्कुल चिन्ता नहीं करते वरन् कहानी में आगत भाव एवं विचारों के विषय में सोचते हैं। एक ओर प्राचीनता है तो दूसरी ओर युक्ति एवं बौद्धिक अपील। इस द्विधा में एक ओर यज्ञोपवीत है तो दूसरी ओर कोट पतलून। तत्कालीन मध्यवर्गीय मानसिकता में दोनों को स्पष्ट रूप से देखा जा सकता है। यह संक्रमण युग था। यहाँ ब्रह्मचर्याश्रित 'चारित्रिक मर्यादा' तथा 'प्यार की महानता' एक साथ स्वीकार किये जाते थे।

प्रेमचन्द युगीन कहानियों में नर-नारी सम्बन्धों पर लेखनी नहीं चलायी गयी थी, यदि किसी कहानीकार ने नारी चित्रण किया तो वह भी एक आदर्श रूप में किया गया था। 'नारी' माँ, बहन तथा पत्नी के रूप में चित्रित की गयी, वहाँ प्रेमिका का रूप देखने को नहीं मिलता है, परन्तु इस युग के कहानीकारों ने नारी विषयक मनोवृत्तियों का खुलकर वर्णन किया है। शील, समाज एवं परिवार की मर्यादाओं को तिलांजलि देकर आत्मनिर्भर रहने वाली नारी की विद्रोहिणी एवं

विलक्षण कल्पनाएँ इस युग की प्रतिनिधि वेश्याएँ हैं। वेश्या को भी इस युग ने आदर्श नायिका का स्थान दिया है। शरत चन्द्र से विष्णु प्रभाकर तक के लगभग सभी कहानीकारों ने इस परम्परा का निर्वाह करते हुए उसमें यथार्थ नारी के समस्त सामान्य गुण प्रतिष्ठित किये हैं।

इन लेखकों की इस 'हवाई गृहस्थ नारी' के विषय में एक बार कमलेश्वर ने इस प्रकार उल्लेख किया है कि– ''या तो उसका कोई रूप नज़र ही नहीं आता और आता है तो वह है–धुंध के पार खड़ी एक नारी-आकृति की कुछ रूपरेखाओं वाला–उसके बाल नहीं, केश या अलकें हैं, जिनसे नहाने के बाद की कुछ बूँदें टपकती हैं। माँग व माथा सिन्दूर लगाने के काम आता है। पलकों का काम केवल जल्दी-जल्दी झपकना या आँसू भर लाना है। कान सुनने के लिए नहीं, बिखरी लटों को अटकाने भर के लिए हैं। गाल नहीं कपोल हैं और वे शर्म से लाल होने के अलावा आँसू ढुलकाकर आँचल पर टपकाने के लिए हैं। कन्धे गायब हैं, केवल कलाइयाँ हैं, जिनमें चूड़ियाँ हैं, आँचल वस्त्र नहीं सिरे वाली कोई चीज़ है, जिसे उसकी उँगलियाँ मरोड़ती बल देती रहती हैं, वक्ष ऊपर नीचे उठने के लिए हैं। बीच का धड़ गायब है। पाँव के तलुवे हैं, जिनमें महावर है और अँगूठा, चप्पल या मिट्टी कुरेदने के लिए होता है। यह वह नारी है, जो इलाचन्द्र जोशी की समस्त सेक्स ग्रंथियों के बावजूद प्रसाद से लेकर यशपाल तक हमें मिलती है। वह विद्रोह करके क्रान्तिकारिणी बन जाए या किसी की पत्नी के रूप में अपने को समर्पित कर दे–मर्यादाओं में बँधा उसका रेखाचित्र यही है। आज भी जैनेन्द्र जी को उसका यही रूप आक्रान्त किये है।''[20]

सन् 1930 से 1947 तक के समय के कहानीकार दो धाराओं में विभाजित थे। प्रथम प्रगतिवादी धारा थी जिसके प्रमुख कहानीकार यशपाल थे तथा दूसरी धारा व्यक्तिवादी थी, जिनमें जैनेन्द्र, अज्ञेय, इलाचन्द्र जोशी तथा अश्क के नाम उल्लेखनीय हैं। यहाँ पर साम्यवादी कहानी के विकास में इनके व्यक्तिगत योग का मूल्यांकन करने का प्रयास किया जा रहा है।

साम्यवादी कहानीकार : यशपाल ने लगभग 125 कहानियाँ लिखी हैं। उन्हें समाजवादी विचारधारा ने अत्यधिक प्रभावित किया है। वे समाजवादी यथार्थवाद के कहानीकारों में अपना महत्त्वपूर्ण स्थान रखते हैं। इनकी कहानियों में राजनीति, समाज तथा रोमांस का समन्वय स्पष्ट दिखलाई देता है। इन्होंने मध्यवर्गीय समस्याओं को उठाया है। इनमें समसामयिक जीवन एवं समाजगत यथार्थ के विभिन्न आयामों का चित्रण मिलता है। ये कहानियाँ प्रेमचन्द जैसी वर्णनात्मकता एवं स्थूलता लिए हुए हैं। 'काला आदमी', 'आदमी का बच्चा' तथा 'रोटी का मोल' इसी प्रकार की कहानियाँ हैं। दैनिक जीवन की घटनाओं को लेकर चलने वाली ये कहानियाँ सत्यान्वेषिणी एवं यथार्थ परिवेश को स्पष्ट करने वाली हैं। इनकी पृष्ठभूमि अति विस्तृत है, उत्तराधिकारी, फूलो का कुर्ता, दास धर्म, हिंसा तथा पराई आदि ऐसी ही कहानियाँ हैं।

यशपाल की कहानियाँ प्रचारवादी हैं, उन्होंने स्वयं इस आरोप को स्वीकारा है– ''विचारों को प्रकट करना यदि प्रचार करना है, तो प्रभावशाली सम्पूर्ण साहित्य प्रचारात्मक साहित्य है। केवल विचारशून्य साहित्य ही प्रचाररहित अथवा 'कला मात्र के लिए' हो सकता है।''[21] लेकिन रचनाकार का कर्त्तव्य है कि वह अपनी मान्यताओं, आदर्शों एवं वैचारिक वैभव को एक सन्तुलित

रूप प्रदान करे तथा कला से पूर्णरूपेण निर्लिप्त रहे। इस विषय में यशपाल की मान्यता है कि– ''कहानीकार खुल्लम-खुल्ला कला को ठोकर मारकर प्रचारक नहीं हो सकता, उसे इस बात का अधिकार भी नहीं है। यदि कला, कला के लिए नहीं है तो पूर्णतया जीवन के लिए भी नहीं है। दोनों की समन्वयात्मक स्थिति में ही उसकी पूर्णता एवं सार्थकता सिद्ध होती है।''[22] इस तरह अन्य विचारधाराओं के आलोचकों ने यशपाल पर प्रचारात्मक कला का आरोप लगाया था, जो मतभेद के कारण सबका अधिकार कहा जा सकता है। यशपाल का समग्र कहानी साहित्य प्रचारवादी नहीं है। मार्क्सवाद यशपाल की कमी अथवा कमजोरी नहीं बल्कि शक्ति है। उनके साथ राहुल सांकृत्यायन, भगवतशरण उपाध्याय, रांगेय राघव, अमृतराय, मन्मथनाथ गुप्त आदि की एक सशक्त एवं समर्थ पीढ़ी है।

प्रकृतिवादी कहानीकार : प्रकृतिवादी हिन्दी कहानीकारों में रमाप्रसाद 'पहाड़ी' का हिन्दी की प्रकृतिवादी कहानियों में बहुत उच्च स्थान है। ये हिन्दी के मौलिक कहानीकार हैं। इनकी कहानियों द्वारा कहानी कला का विकास हुआ है। वे एक स्थान पर स्वयं लिखते हैं– ''मैं एक मौलिक कहानी लेखक हूँ, समालोचक नहीं।''[23] कहानी रचना के विषय में इनका अभिमत है– ''यह कोई खास कला नहीं, जिस तरह बातें करने के अलग-अलग तरीके होते हैं, उसी तरह घुमा-फिराकर कहानियाँ भी लिखी जाती हैं। सब पुरानी दुनिया में फैली बातों को नया रंगरूप देकर आज के वातावरण और घटना के अनुकूल बना दिया जाता है।......मैं पात्र को उठा लेता हूँ...... .घटनाएँ स्वयं उसे चारों ओर से घेरती हैं। कहानी का एक पूरा ढाँचा मैं पहले कभी नहीं बनाता हूँ। वह स्वयं ही बनता है। यही मेरी कहानी की कहानी है।''[24]

'पहाड़ी' की अधिकांश कहानियाँ सन् 1937 ई. तथा सन् 1940 ई. के मध्य लिखी गयीं थीं। इनके लगभग 12 कहानी संग्रह निकल चुके हैं। इनकी कहानियों में स्त्री-पुरुष के यौन सम्बन्धों की अभिव्यक्ति अति व्यापकता के साथ हुई है तथा व्यक्ति, परिवार तथा सामाजिक जीवन में प्रेम अथवा काम भावनाओं का व्यापक प्रभाव अपने नग्न रूप में दिखलाया गया है। इनकी कहानियों के पात्र पश्चिमी एवं भोग पद्धति से प्रभावित दिखलाई देते हैं। प्रेम प्रभाव, संयोग-वियोग, पागलपन, आत्महत्या, गृहत्याग, देशत्याग एवं मृत्यु आदि के रूप में अभिव्यक्त किया गया है। इनकी कहानियों में निराश प्रेमी-प्रेमिकाओं को आत्महत्या करते हुए दिखलाया गया है।

आखिरी स्केच, एक विराम, मौजू और माला, रुकमणी घर, विश्राम तथा कुसुम की बात ऐसी ही कहानियाँ हैं। इनकी सामाजिक कहानियाँ प्रेम समस्या एवं काम वासना के व्यापक प्रभाव से परिपूर्ण हैं। विवाहित स्त्री-पुरुषों का एक-दूसरे के प्रेम में आहें भरना, प्रेम विहार स्वातन्त्र्य न मिलने के दुष्परिणाम आदि भी इनकी कहानियों में खुले रूप में मिलते हैं। ऐसा लगता है कि इन्होंने यौनवाद के फ्रायड के सिद्धान्तों पर आधारित कहानियाँ लिखी हैं। स्त्री-पुरुष की अतृप्त काम वासनाओं पर धर्म नीति आदि का नियन्त्रण फ्रायडवादी नहीं मानते। शारीरिक काम वासना की भूख के समक्ष सामाजिक नियम बन्धन अति कमजोर पड़ जाते हैं। इनकी कहानियों में उच्च वर्ग की अपेक्षा निम्न वर्गीय पात्रों की अधिकता है। 'पहाड़ी' की कहानियों में यौनवाद का अस्वस्थ रूप अपनाया गया है, जिससे समाज में अनैतिकता, दुश्चरित्रता तथा पाप सर्वत्र दिखलाई देते हैं।

व्यक्तिवादी कहानीकार : व्यक्तिवादी कहानीकारों में जैनेन्द्र कुमार का स्थान श्रेष्ठ है। कहानी की परिभाषा देते हुए वे कहते हैं कि– "कहानी तो एक भूख है, जो निरन्तर समाधान पाने की कोशिश करती है। हमारे अपने सवाल होते हैं, शंकाएँ होती हैं, चिन्ताएँ होती हैं और हम ही उनका उत्तर, उनका समाधान खोजने का सतत प्रयत्न करते रहते हैं। उदाहरणों और मिसालों की खोज होती रहती है। हमारे प्रयोग होते रहते हैं। उदाहरणों के सम्बन्ध में यह कहना समीचीन है कि कहानी उस खोज के प्रयत्न का एक उदाहरण है। ......वह सूचक होती है, कुछ सुझा देती है और पाठक अपनी चिन्तन क्रिया के सहारे उस सूझ को ले लेते हैं।"[25]

प्रेमचन्द के बाद जैनेन्द्र कुमार कथा जगत में आये। वे एक सफल कहानीकार के रूप में प्रतिष्ठित हैं, भले ही इसे समीक्षक स्वीकार न करें। उनका ऐतिहासिक महत्त्व है, भले ही वे कथा जगत में वर्तमान को सम्यक्‌रूप से नहीं उकेरते हैं। उनके पात्र प्रायः एकाकी होते हैं, जो सामाजिक विकास परम्परा से पूर्णरूपेण असम्पृक्त, नैराश्य, कुंठा, घुटन एवं उत्पीड़न प्रवृत्तियों से युक्त होते हैं।

जैनेन्द्र कुमार ने उन्हीं मनोभावों एवं अन्तर्द्वन्द्वों का सूक्ष्म विश्लेषण किया है। जैनेन्द्र कुमार की कहानियों के कुछ पात्र क्रान्तिकारी अथवा कुछ गाँधीवादी हैं। कहीं-कहीं वे आदर्शवादी भी दिखलाई देते हैं। इस प्रकार उनके पात्रों में विरोधाभास दिखलाई देता है। नारी पात्रों की भी विचित्र स्थिति दिखलाई देती है। उनके नारी पात्र मध्यमवर्गीय हैं। उनमें समर्थ व्यक्तित्व एवं चरित्र का पूर्णरूपेण अभाव है। वे किसी के भी सम्मुख आत्मसमर्पण कर अव्यावहारिक रूप से सतीत्व से मुक्ति पाना चाहती हैं। जैनेन्द्र कुमार कलावादी कहानीकार हैं लेकिन उनके पास कोई जीवनीय दृष्टि नहीं। यदि है भी, तो वह निश्चय ही दिग्भ्रमित है। इनकी शैली में बौद्धिकता का गहरा पुट है। उनकी शैलीगत विशिष्टता का कारण उनकी दार्शनिक प्रवृत्ति ही है। कुल मिलाकर देखा जाए तो जैनेन्द्र की कहानियाँ कथात्मक निबन्ध हैं अथवा वे निबन्धात्मक कहानियाँ हैं। प्रसाद जी की कहानियों में आन्तरिक द्वन्द्व है, जिसमें व्यक्त सत्य का शोधन किया गया है, वही प्रयास एवं शोध जैनेन्द्र की कहानियों में भी पाया जाता है।

अज्ञेय की कहानियाँ दो प्रकार की हैं। प्रथम वे जिनमें लेखक ने भारतीय सामाजिक जीवन के कारुणिक खण्डचित्र समुपस्थित किये हैं। दूसरे प्रकार की वे जिनमें राजनीतिक विद्रोह की चिनगारियाँ फूटती हैं। इनमें विदेशी वातावरण की सृष्टि की गयी है। अज्ञेय की कहानियों में प्रेम तथा कर्त्तव्य का संघर्ष मिलता है। इनकी कहानियों का नायक 'मैं' का पर्याय है। उन्होंने अपनी कहानियों के माध्यम से दृढ़, निर्भीक, अडिग एवं यायावर नायक ही हिन्दी कहानियों को नहीं दिये वरन् उनके विशिष्ट व्यक्तित्व के अनुरूप भाषा को संयत एवं शैली को परिनिष्ठित भंगिमामय भी बनाया। अज्ञेय की कहानी कला का विकास इनके काव्य विकास के अनुरूप ही होता रहा है।

"अज्ञेय की कहानी कला की देन के सम्बन्ध में यह कहना अनुचित है कि शिकारी के पाँव तले अगर दो चार बटेर दब गये हैं तो उसे शिकारी किस तरह कहा जा सकता है?..... (इस तरह तो अनेक हिन्दी कहानीकारों को चेखव की तरह शिकारी कहना कठिन होगा जिसके प्रायः हर कदम के नीचे एक बटेर आकर दब जाता है। अज्ञेय की कहानियों में आन्तरिक

जटिलता को जिस धरातल पर संगठित रूप दिया गया है, उसके मूल में व्यक्ति चेतना है या व्यष्टि संवेदना है)....यह अनुभव सत्य को इसी तरह इस स्तर पर ही संश्लिष्ट अभिव्यक्ति देते हैं, जिस तरह प्रेमचन्द अपने अनुभव सत्य की समष्टि यथार्थ के स्तर पर देते हैं।''[26]

मनोवैज्ञानिक कहानीकारों में इलाचन्द्र जोशी का विशिष्ट स्थान है। जोशी का मनोविज्ञान का अध्ययन अति गहन है। वे वास्तव में कहानी कला के आधुनिक आयामों को जानते हुए भी सफलतापूर्वक प्रस्तुत करने में असमर्थ से प्रतीत होते हैं। वे फ्रायड के मनोविश्लेषण से आक्रान्त हैं। इसलिए वे किसी घटना के मध्य पात्र को गहन आत्ममंथन करते हुए दिखाते हैं तथा किसी घटना के बीच पात्र को मानसिक ग्रंथि के अनुरूप घटना संयोजन करके कहानी का चयन करते हैं। उनके पात्र न सामाजिक होते हैं तथा न वैचारिक। उनके पात्र मनोवैज्ञानिक ग्रंथिग्रस्त होते हैं। इस ग्रंथि को सुलझाने में लेखक समाज को भी जोड़ लेता है। जोशी जी पर यह आरोप लगाया जाता है कि उन्होंने फ्रायड के सेक्स और स्वप्न सिद्धान्त के कुछ सूत्रों को लेकर केस हिस्ट्रियाँ लिखी हैं। ''वे व्यक्ति के मन की चेतन, उपचेतन के अनेक अप्रीतकर स्तरों से उतरे हैं। उनकी यात्रा 'भीतर' से भीतर की ओर है। 'बाहर' छूट जाता है और इस प्रक्रिया में उनके पात्र साधारण सामान्य के बजाय विलक्षण विकलांग और हीन होते हुए दीखने लगे हैं। उनकी कहानियाँ (केस हिस्ट्री) मनोविज्ञान के विद्यार्थी के लिए तो रोचक हो सकती हैं, कहानी के पाठकों के लिए नहीं क्योंकि उनकी कहानियाँ कोई संवेदनशीलता उत्पन्न करने या मानवीय सम्बन्धों का उद्‌घाटन करने में पूर्णतया असमर्थ रहती हैं।''[27]

भगवतीचरण वर्मा, अमृतलाल नागर, उपेन्द्रनाथ अश्क, चन्द्रगुप्त विद्यालंकार, विष्णु प्रभाकर, भगवती प्रसाद बाजपेई, रांगेय राघव, द्विजेन्द्र नाथ मिश्र निर्गुण आदि स्वतन्त्रता पूर्व के महत्त्वपूर्ण कथाकार हैं। अश्क एवं विष्णु प्रभाकर ने दो सौ से अधिक कहानियाँ लिखी हैं। अश्क तो आज भी नयी पीढ़ी की होड़ में नयी भाव भूमि की कहानियाँ प्रस्तुत करते रहते हैं लेकिन ऐसा उनकी कहानियों से स्पष्ट नहीं होता। उनके क्रमिक विकास की शृंखला एकदम बिखरी-बिखरी-सी मिलती है। सुभद्रा कुमारी चौहान की कुछ कहानियाँ नारी जीवन के कुछ दुखद चित्र प्रस्तुत करती हैं। ये कहानियाँ भावुकता से दबी हुई सी प्रतीत होती हैं।

वृन्दावन लाल वर्मा, प्रसाद, चतुरसेन शास्त्री तथा डॉ. भगवत शरण उपाध्याय की कहानियाँ ऐतिहासिक दृष्टि से अति महत्त्वपूर्ण हैं। स्वतन्त्रता प्राप्ति से पूर्व के कहानीकारों पर शिल्प की दृष्टि से बाहरी कथाकारों का प्रभाव पड़ा है। शिल्प विधि एवं रचना विधान पर ये जर्मनी के कथाकार टॉमसन, फ्रेंच लेखक अराँगी तथा अंग्रेजी लेखक प्रीस्टले अथवा रूसी कथाकार गोर्की तथा शोलोखोव आदि से प्रभावित रहे हों परन्तु उनकी मानसिकता भारतीय ही है। इन कहानीकारों ने जीवन के सभी पक्ष चित्रित किये हैं। लेखक के लिए प्रेरणा स्रोत जीवन की विसंगतियाँ एवं जटिलताएँ कम थीं प्राचीन आदर्श एवं मान्यताएँ अधिक।

2. स्वतन्त्रता के पश्चात हिन्दी कहानी

यह समय विभाजन एवं उथल-पुथल का था। महँगाई, मुद्रास्फीति, चोरबाजारी से मानव का परिचय हुआ। शरणार्थियों के आगमन हत्या, लूटपाट, बलात्कार जैसी हृदय द्रावक घटनाओं

की वृद्धि से मानव त्रस्त हो उठा। स्वार्थ, संघर्ष तथा अनेक राजनीतिक घटनाओं का भी उदय हुआ। व्यावसायिक, राजनीतिक तथा सामाजिक स्तरों पर एक अजीब अनकहे एवं अनसुने संघर्ष की हलचल प्रारम्भ हो गयी थी। "पाकिस्तान में अगर ईंट चूने के मकान-जमीनों का ध्वंस हुआ तो इधर सारी मर्यादाओं, नैतिक मान्यताओं, अच्छे-बुरे की बड़ी-बड़ी इमारतें गिरने लगी थीं और अस्तित्व का संघर्ष एक बार फिर मनुष्य को आदिम स्तर पर उतर जाने को मजबूर कर रहा था। चूँकि इन सारे परिवर्तनों की जड़ राजनीति है इसलिए जीवन की हर गतिविधि में राजनीतिक स्वर सुनाई देने लगा है।"[28] विभाजनोपरान्त परिस्थितियाँ बदलीं और तेजी से बदलीं। नयी पीढ़ी ने अपने को संकट बिन्दु पर पाया। परम्परागत संस्कार खोखले प्रतीत होने लगे, हताशाओं का जन्म हुआ, असन्तोष बढ़ा, कुंठाएँ जागीं, भाषा समस्याएँ पैदा हुईं, जीवन विश्रृंखलित-सा लगने लगा। कहानी एवं साहित्य में भी अस्थिरता का जन्म हुआ। आपसी संघर्ष में कहानी का स्वरूप भी टूट गया। चिन्तन, विचार एवं ऊँची-ऊँची नकली स्थितियों से पाठक ऊब चुके थे। उन्हें यथार्थ की आवश्यकता थी, यथार्थ को सशक्त रूप से अभिव्यक्त करने मार्क्सवाद आया। प्रेमचन्द ने प्रगतिशील लेखक संघ का सूत्रपात पहले ही कर दिया था। भारतीय लेखकों को विदेशी लेखक प्रभावित कर चुके थे। उर्दू पंजाबी के लेखक अपने को भाँति-भाँति से अभिव्यक्त करने में लगे थे। अमृता प्रीतम, मंटो, राजेन्द्र सिंह बेदी ने कहानी कला के नये मानदंड स्थापित किये। कृश्न चन्दर भी चर्चित हुए। ये कहानियाँ सामयिक भावुकता और रोमांटिक यथार्थवाद की अतिशयोक्ति के साथ व्यक्त होने लगी। अमृतलाल नागर, चन्द्रकिरण सोनरेक्सा, गिरीश अस्थाना, तेज नारायण चौधरी तथा उपेन्द्रनाथ 'अश्क' इन्हीं का साथ देने लगे। यथार्थ चित्रण के आग्रह पर रिपोर्ताज एवं संस्मरण विकसित हुए। भाषायी परम्परागत रूप टूटने लगा। इसका श्रेय प्रगतिशील आन्दोलन को है।

मन के भीतर के रिपोर्ताजों और व्यक्ति के बाहर के रिपोर्ताजों ने कहानी की हर मर्यादा को तोड़ दिया था। एक अतीत की ओर मुँह किये था। दूसरा भविष्य के सपनों में खोया था। वर्तमान में दोनों अपने आप से अनुपस्थित व नगण्य हो गये थे। वह सारी आकुलता कला और शिल्प में नये-नये प्रयोग करने में अभिव्यक्ति पा रही थी। पुरानी प्रतिभाएँ—जैनेन्द्र कुमार, भगवतीचरण वर्मा, अश्क, इलाचन्द्र जोशी, पहाड़ी सहसा मौन हो गयीं। प्रयोगवादी अज्ञेय और प्रगतिवादी यशपाल कुछ समय तक इसके अपवाद रहे।

समस्त प्रयोगवादी कवि धीरे-धीरे अपना ध्यान कहानी पर केन्द्रित करने लगे। धर्मवीर भारती, नरेश मेहता, रघुवीर, सर्वेश्वर दयाल तथा श्रीकान्त वर्मा आदि कवियों को कहानी ने अपनी शक्ति और युगबोध के स्तर को सम्पूर्णता और प्रभाव के साथ अभिव्यक्ति देने की क्षमता के कारण अपनी ओर आने का प्रलोभन दिया। कुछ ने अति महत्त्वपूर्ण कहानियाँ लिखने का श्रेय भी प्राप्त किया। अनेक आलोचनाओं के पश्चात् नयी कहानी ने एक रचनात्मक विधा के रूप में प्रतिष्ठा प्राप्त की। इस विषय में नामवर सिंह कहते हैं कि—"कहानी हिन्दी जगत के आकर्षण का केन्द्र हो गयी। वस्तुतः केन्द्र में स्वयं कहानी जा नहीं पहुँची, बल्कि जहाँ वह थी, वह कोना ही सहसा रंगमंच का केन्द्र बन गया और इस तरह केन्द्र स्थित कविता देखते-देखते

एक किनारे पर जा पड़ी। बहुतों को आश्चर्य हुआ कि एक गौण साहित्य विधा इतनी प्रमुख कैसे हो उठी।"[29]

राजनीतिक स्वतन्त्रता मिलने पर नयी पीढ़ी ने अपने को स्वतन्त्र अनुभव किया। नयी पीढ़ी यह अनुभव करने लगी कि—पुराने लोग, पुरानी बातें, पुरानी नीतियाँ, पुराने आचरण, पुरानी प्रतिस्थापनाएँ आज बेमेल एवं अर्थहीन हो रहे हैं। पारिवारिक रिश्तों में भी उसे स्वार्थमूलक उपयोगिता की गन्ध आने लगी। सामाजिक सम्बन्धों में भी शंका एवं अविश्वास जन्म लेने लगा। कुशलता ही उत्तरदायित्व बोध बन गयी। चेतना के पीछे राजनीति ही सक्रिय रहने लगी। राजनीतिक धाँधलेबाजी के कारण नयी पीढ़ी विद्रोही बन गयी। उसे सर्वत्र अनास्था एवं अस्वीकार दिखलाई देने लगा, जो व्यक्ति, दर्शन एवं आदर्श उसकी आस्था के पात्र थे वे मिथ्या एवं गलत साबित हो गये। नये परिप्रेक्ष्य में बाप-बेटे, भाई-बहिन, पति-पत्नी, प्रेमी-प्रेमिका, मित्र एवं नारी मित्र सब मिलाकर नाम के दिखलाई देने लगे। व्यक्ति व्यक्ति के बीच कुछ मर गया, कुछ बदल गया, जो नया जन्म लेने लगा, उसे खोजना, समझना एवं अभिव्यक्त करना ही नयी कहानी की सबसे महत्त्वपूर्ण विशेषता बन गयी। तलाश (कमलेश्वर), प्रतीक्षा (राजेन्द्र यादव), सम्बन्ध (ज्ञानरंजन), आत्मीय (अवध नारायण), एक और जिन्दगी (मोहन राकेश) इसी खोज की कहानियाँ हैं।

आंचलिक कहानियाँ भी 'नयी कहानी' में एक ओर अंचल को विषय बनाकर लिखी गयीं, दूसरी ओर उनमें शहरी दर्द की पहचान भी है। शिव प्रसाद सिंह, रेणु तथा समरेश बसु में यही विशेषता मिलती है। नयी कहानी अपने विचारगत एवं वस्तुगत तथ्यों के कारण समूचे साहित्य पर प्रबल वेग से छा गयी। वैसे शिल्प की एक कीमती विरासत उसे पुरानी पीढ़ी से मिली थी। पिछली पीढ़ी की भाँति नयी कहानी का आग्रह इस शिल्प पर था ही नहीं, उसका समस्त आग्रह जीवन पर था। भाषा एवं अभिव्यक्ति की प्रभावोत्पादकता नयी कहानी का अमूल्य सत्य है। भावुक रोमांटिक लाक्षणिक भाषा को छोड़कर भाषा में अभिधा शक्ति का आगमन हुआ। "नये कथाकारों में कमलेश्वर का भाषिक संस्कार जैनेन्द्र और प्रेमचन्द के निकट पड़ता है और निर्मल तथा मोहन राकेश का 'अज्ञेय' के निकट। रघुवीर सहाय की आत्मसजगता और आत्मविधा की प्रवृत्ति ज्ञानरंजन की भाषा में भी महसूस होती है। निर्मल वर्मा की 'संसिबिलिटी' दूधनाथ सिंह का भाषादर्श जान पड़ती है। इन दोनों से बिलकुल भिन्न प्रकार के स्वाद की भाषा हमें प्रयाग शुक्ल और श्रीकान्त वर्मा में मिलती है। सर्वेश्वर दयाल सक्सेना की प्रारम्भिक कहानियों पर प्रसाद की छाप है।"[30]

नयी कहानी के कहानीकार मानसिकता के सामान्य धरातल पर रहते हुए एक-दूसरे से स्वतन्त्र एवं अपनी-अपनी निजी दृष्टि लेकर चले हैं। उन्होंने अलग-अलग अभिव्यक्ति प्रयोग भी किये हैं। कमलेश्वर, निर्मल वर्मा, राजेन्द्र यादव, भीष्म साहनी, मोहन राकेश, अमरकान्त, रमेश बक्षी, मार्कण्डेय, रेणु, परसाई, रामकुमार, कृष्ण बलदेव वैद, शिव प्रसाद सिंह, उषा प्रियंवदा, मन्नू भंडारी, राजेन्द्र अवस्थी, शेखर जोशी, शरद जोशी, राजकमल चौधरी, विजय चौहान, प्रयाग नारायण शुक्ल, श्रीकान्त वर्मा, शैलेश मटियानी, महेन्द्र भल्ला, राम नारायण शुक्ल, मनहर चौहान, दूधनाथ सिंह तथा रवीन्द्र कालिया आदि कहानीकारों ने अलग-अलग ढंग

से जीवन के संकट को जिया तथा 'पुरानी कहानी की जड़ता, आदर्शवादिता और 'मैनरिज़्म' को तोड़कर समाज, जीवन और आदमी के यथार्थ से सम्बद्ध कर अपनी रचनाओं को नयी कहानी के नाम से प्रस्तुत किया। नयी कहानी का मूल स्रोत जीवन है। समय की माँग के अनुरूप बदला हुआ आग्रह ही वह बिन्दु है, जहाँ से कहानी मोड़ लेकर जनधर्मा हुई है तथा कथ्य और शैली शिल्प के स्तर पर उसने अपने कथाकारों की वैयक्तिकता को अक्षुण्ण रखा है।''[31]

कमलेश्वर नयी कहानी के आदमी को परिभाषित करते हुए कहते हैं कि वह आदमी न जैन संशयवाद का शिकार है, न बौद्धवादी दुःखवाद का, न हिन्दू भाग्यवाद का। वह चाहे तो अतिशय अकिंचन और अति साधारण हो, चाहे नितान्त भौतिक आवश्यकताओं का मारा हुआ हो, पर वह है मात्र आदमी। वह अपने यथार्थ और परिवेश में साँस लेता है और जीविका से सम्बद्ध व्यक्ति है। नयी कहानी का व्यक्ति लेखक का गवाह नहीं है, स्वयं अपनी बात का और अपना गवाह है।

नयी कहानी के दूसरे स्तम्भ मोहन राकेश की मान्यता है कि–''मेरे लिए नयी कहानी की दृष्टि अपने सन्दर्भों में रहकर उनके अन्दर से अपने समय और परिवेश को आँकने की दृष्टि है, जो हर बार नये प्रयोगों में यथार्थ को उसकी सजीवता में प्राप्त करने की एक नयी कोशिश करती है।''[32]

राजेन्द्र यादव ने नयी कहानियों को आज की कहानियाँ कहना ज्यादा उचित समझा है। उनकी दृष्टि में ''स्वतन्त्रता के बाद के कथाकार का एक संसार वह है, जो उसके चारों ओर है जिससे उसे आन्तरिक घृणा है, बेहद नफरत है लेकिन उसमें रहने, टूटने और समझौता करने को बाध्य है। दूसरा संसार वह है जिसे उसने अपने भीतर से निकाल कर बाहर फैला दिया, उसका निर्माण उसने स्वयं किया है। उसके टूटने, घुटने और घिसटने की घिनौनी तस्वीर को सामने रखता है। उसकी असामर्थ्य, पराजय और हताशा का लेखा है।''[33]

3. समकालीन कहानी

सन् 1960 के बाद कहानी के लिए समीक्षकों ने अकहानी, सचेतन कहानी, समानान्तर कहानी तथा समकालीन कहानी आदि कई नाम दिये, जो विवादास्पद हैं। अकहानी के विषय में गंगा प्रसाद विमल का विचार है कि– ''वस्तुतः अकहानी, कथा के स्वीकृत आधारों का निषेध तथा इसी तरह के मूल्य स्थापन का अस्वीकार है।''[34] इसी भाँति सचेतन कहानी के विषय में महीप सिंह बतलाते हैं– ''सचेतना एक दृष्टि है, वह दृष्टि जिसमें जीवन जिया भी जाता है और उसे जाना भी जाता है। अपने संक्रान्ति काल में चाहे हमें जीवन अच्छा लगे या बुरा लगे।... कड़वे घूँटों से घबराकर जीवन से भाग खड़े होने की घटना वैयक्तिक रूप से मानव इतिहास में अनेक बार दुहराई गयी है...परन्तु मनुष्य की प्रकृति जीवन से भागने की नहीं रही है। जीवन की ओर भागना ही उसकी नियति है।''[35]

वर्तमान कहानी के लिए समकालीन नाम सर्वथा मान्य हो चला है। इससे पूर्व की कहानी नयी कहानी कहलाती थी तथा नयी कहानी से पहले की कहानी को हम पुरानी कहानी का नाम दे सकते हैं। पुरानी शब्द की अपनी मर्यादा है। गुलेरी तथा प्रेमचन्द की कहानियों को इस सीमा

में रखा जा सकता है। सन् 1962 के बाद की कहानियों को सचेतन कहानी का नाम दिया गया है। इसके बाद की कहानी हेतु समकालीन कहानी का नाम निकल कर आया। कुछ विद्वान 1965 से 1975 तक की कहानियों को समकालीन कहानी के अन्तर्गत रखते हैं। यह नाम देने के पीछे नयी कहानी, अकहानी, सचेतन कहानी जैसा कोई विशेष मन्तव्य अथवा विचार नहीं है।

नयी कहानी एवं सन् 1962 के बाद विकसित समकालीन कहानी में रूप एवं शिल्प दोनों ही दृष्टियों से अन्तर है क्योंकि समकालीन कहानी मोह भंग से उत्पन्न कहानी है। इसमें कलात्मकता, नकली कलात्मकता से मुक्त है, यथार्थ को उकेरने की दृष्टि है। भाषा से जीवन की निकटता है, क्षोभ एवं घृणा के साथ समूची व्यवस्था पर चोट करने की शक्ति है तथा यातना एवं कष्ट से क्षुब्ध कर देने वाले स्वर हैं। समकालीन कहानीकारों में मणि मधुकर, विश्वेश्वर, प्रभात मित्तल, स्वदेश दीपक, ईश्वर चन्दर, ध्रुव जायसवाल, निरूपमा सोवती, सतेन्द्र कुमार, दीप्ति खण्डेलवाल तथा सुदर्शन नारंग प्रमुख हैं, जो व्यवस्था विरोध करने में सफल हुए हैं। ये शतामुक्त संघर्षरत कहानीकार माने जाते हैं।

आशीष सिन्हा, रमेश उपाध्याय, इब्राहिम शरीफ, जितेन्द्र भाटिया, ऋतशेष (राम अरोड़ा) अरविन्द, मधुकर सिंह, मृदुला गर्ग, सतीश जमाली, श्रवण कुमार, सन्त कुमार, अमरकान्त, कमलेश्वर, डॉ. माहेश्वर, ज्ञानरंजन, काशीनाथ सिंह तथा रवीन्द्र कालिया आदि कहानीकार भी राजनीति, राजनीतिक भ्रष्टाचार, रिश्वत, कालाबाजारी, स्वार्थलिप्त नेता, अफसरशाही आदि को अपनी कहानियों का विषय बनाकर सफलतापूर्वक कहानी लिख रहे हैं। सामयिक कहानी को ही लेखकों ने समकालीन नाम दे दिया था, यह सब नयी कहानी के आन्दोलन के कुछ ही समय बाद हुआ। कमलेश्वर तो सम्कालीन कहानी को नयी कहानी का ही अंग मानते हैं–"समकालीन कहानी का आन्दोलन अपनी मूल प्रकृति में नयी कहानी से सम्पृक्त आन्दोलन है, जो कहानी के अतीव संयम, संक्षिप्तता और समकालीनता की माँग करता है। घटनात्मकता या नाटकीयता से इसका सख़्त विरोध है। इसमें एक अजीब तरह की खामोशी, ठंडापन और सहजता है। वैचारिक धरातल पर इसका सीधा सम्बन्ध गहन मानवीयता और जीवन सापेक्ष मूल्यों से है।"[36]

वे आगे कहते हैं कि–"समकालीन कहानी का मुख्य पात्र निम्न मध्यवर्गीय मनुष्य ही है, जो अपने परिवेश से सम्पृक्त और सामाजिक जड़ों द्वारा अपने अस्तित्व की खुराक पा रहा है। वह प्रवृत्तिमूलक या अहंमूलक व्यक्ति नहीं है। जीवन के घात और प्रतिघातों को सहता, हारता, हराता और क्षुद्रता और मनुष्यता को सहेजता, नकारता, अपनी निर्णय शक्ति को बचाता, लुटाता इसी दुनिया और इसी जीवन के अस्तित्व में विश्वास करता, सुख-दुःख उठाता, जाने-अनजाने नये क्षितिजों को उद्घाटित करता और नये सम्बन्धों और सन्तुलनों को जन्म देता जिन्दगी को वहन कर रहा है।"[37] नयी कहानी की प्रतिस्पर्धा में चलाए गये आन्दोलन के रूप में सचेतन कहानी ने अंगड़ाई ली।

सचेतन कहानी : नयी कहानी के बाद समकालीन आन्दोलन के साथ सबसे सशक्त एवं योजनाबद्ध ढंग से सचेतन कहानी का आन्दोलन भी चला आ रहा है। यह नयी कहानी की प्रतिस्पर्धा में चलाया गया आन्दोलन था। सचेतन कहानी विशेषांक के रूप में, महीप सिंह ने सन् 1964 में पत्रिका निकालकर सचेतन कहानी का आधार बनाया। डॉ. धनंजय के शब्दों में–

"समाज और व्यक्ति के आपसी सम्बन्धों पर जितनी सूक्ष्मता से दृष्टि जाती है, उतनी ही व्यक्ति के आन्तरिक सम्बन्धों पर भी। व्यक्ति जहाँ भी रहता है, आवेगों और संवेगों के साथ व्यवस्थित भावभूमि में रहता है किन्तु उसकी कार्यशीलता वैयक्तिक स्वार्थ की संकुचित पृष्ठभूमि में नहीं होती।"[38]

सचेतन कहानी शिल्प की ओर अत्यधिक सजग नहीं है लेकिन इसमें शिल्प का अवमूल्यन भी दिखाई नहीं देता। इसका शिल्प जटिल नहीं सहज एवं बोधगम्य है। सचेतन कहानी शिल्प की दृष्टि से वैविध्यपूर्ण है। सचेतन कहानीकार मानव को सर्वांग एवं सम्पूर्ण देखने के पक्षपाती हैं। राजीव सक्सेना ने 'सचेतन कहानी : साहित्य का नव परिप्रेक्ष्य' में इसके रूप को स्पष्ट किया है। सचेतन शब्द के यथार्थ के प्रति, परिवेश के प्रति और जीवन के प्रति एक विशेष दृष्टि का बोध होता है, मनुष्य की चेतना का, सक्रियता का। सचेतन कहानीकार इस संक्रमण काल के मूल्य विघटन पर दृष्टिपात करता है, तो वह मानव को निष्क्रिय नहीं सक्रिय तथा संघर्षपूर्ण स्थिति में पाता है। वह नये मूल्य सृजन हेतु कटिबद्ध है, क्रियाशील है।

सचेतन कहानीकारों में अनन्त प्रकाश जैन, महीप सिंह, राजीव सक्सेना, श्याम परमार, मनहर चौहान, योगेश गुप्त, बटरोही, सुखबीर, जगदीश चतुर्वेदी, धर्मेन्द्र गुप्त, हृदयेश तथा हिमांशु जोशी आदि के नाम उल्लेखनीय हैं। सचेतन कहानी के बाद सक्रिय कहानी विकसित हुई।

सक्रिय कहानी : सक्रिय कहानी, कहानी आन्दोलन क्रम में एक नया नाम है। राकेश वत्स सक्रिय कहानी से यह प्रथम अपेक्षा करते हैं कि—रचनाकार को संघर्षशील जन की स्थिति में सक्रिय होना चाहिए। सक्रिय कहानी को वे मानव की चेतनात्मक ऊर्जा एवं जीवन्तता की कहानी मानते हैं। वे उसे समझ, अहसास तथा बोध की कहानी मानते हैं, जो मानव को बेबसी, वैचारिक निहत्थेपन, नपुंसकता से निजात दिलाकर यथास्थितिवादी शक्तियों के खिलाफ खड़ा होने की तैयारी करने की जिम्मेदारी अपने ऊपर लेती है।

राकेश वत्स ने सक्रियता की व्यक्तिनिष्ठ और समानान्तर परम्पराओं की चर्चा करते हुए प्रथम परम्परा कबीर से महादेवी वर्मा तक तथा दूसरी परम्परा को 'कफन' से कमलेश्वर के 'इतने अच्छे दिन' तक फैली हुई बताया। विगत कहानी आन्दोलनों में राकेश वत्स ने पाया कि उन्होंने आम आदमी को नजरअन्दाज कर दिया है। उनकी मान्यतानुसार साधारण आदमी की तस्वीर नयी कहानी (नामवर सिंह), सचेतन कहानी (महीप सिंह), सहज कहानी (अमृत राय), अकहानी (जगदीश चतुर्वेदी) तथा दलित साहित्य एवं पैंसठोत्तरी युवा लेखन में एक निहत्थे, विचार शून्य, रौद्र आदमी के रूप में उभारी गयी है। शंभूनाथ का सक्रियता से तात्पर्य है जन साधारण के शत्रुओं को पहचानना, अपनी सीमाओं को समझना, अपने देशगत वर्गचरित्र में परिवर्तन लाना तथा छपाईतंत्र की सीमाओं को समझना। इस बीच सचेतन कहानी आन्दोलन लगभग दस वर्ष तक बन्द रहा। उसकी धारा जीर्ण रूप में बही।

समान्तर कहानी : सचेतन कहानी आन्दोलन के दस वर्ष तक शान्त रहने के उपरान्त कमलेश्वर ने सारिका के अक्टूबर 1974 के अंक में आम आदमी के आस-पास की कहानियाँ समान्तर कहानी के नाम प्रस्तुत कीं। समान्तर कहानी की पृष्ठभूमि में कमलेश्वर ने राजनीतिक सक्रियता का प्रश्न उठाया है। उनकी मान्यता है कि जो लेखक समान्तर समय की सापेक्षता को

मंजूर करता है, वह राजनीति से निरपेक्ष नहीं हो सकता। भ्रष्ट राजनीति को भोगकर आज का मानव निर्भ्रान्त, संशयहीन एवं निर्द्वन्द्व है। उसे बहुत सीमा तक उसकी करुणा जकड़े हुए है लेकिन करुणा की नैतिकता का प्रश्न आज की कहानियाँ उठा रही हैं। समान्तरता से ही साहित्य की सही और सापेक्ष मानवीयता तय हो सकती है। कहानी की समान्तर वैचारिकता ने साहित्यिकता को अस्वीकार करके समय को पूरी तरह स्वीकार किया है।

समान्तर कहानियाँ साधारण जन की अपराजेय परम्परा की कहानी मानी जाती है, जिसमें यथार्थ की लड़ाई भी सम्मिलित है। कमलेश्वर के अनुसार समय सापेक्ष समान्तर कहानियों के द्वारा अनपेक्षित जीने की शर्तों का सिलसिला खंडित तो होता ही है साथ ही आज के आदमी की पक्षधरता को भी ये कहानियाँ तल्ख आवेग के साथ सही रूप देती हैं। समान्तर कहानियाँ सही अर्थों में विषमतामूलक समाज के द्वन्द्व की कहानियाँ हैं। समान्तर कहानियों का मानव 'सांस्कृतिक निरीहता' के विरुद्ध संघर्ष में जुटा हुआ है।

निष्कर्ष : प्रस्तुत विवेचन, जहाँ प्रगुख कहानी आन्दोलनों का संक्षिप्त एवं वस्तुगत वर्णन है, से भली-भाँति स्पष्ट है कि कमलेश्वर ने नयी कहानी, समकालीन कहानी और फिर समान्तर कहानी तीन प्रमुख कहानी आन्दोलनों का प्रवर्तन किया और साथ दिया। उनकी नीयत का इस बात से स्पष्टरूपेण पता चलता है कि वे कहानी की राजनीति के केन्द्र बिन्दु थे। हम यह मानने से कदापि नहीं हिचकते हैं कि कमलेश्वर कहानी के केन्द्र बिन्दु बनने के योग्य थे। 'नयी कहानी' तथा 'समान्तर कहानी' को लेखक कमलेश्वर ने जो वक्तव्य दिये हैं वे स्वयं उन्हीं की कहानियों में 'मिसफिट' हैं। इस दृष्टि से उनकी 'देवा की माँ', 'सुबह का सपना', 'मांस का दरिया', 'एक रुकी हुई जिन्दगी' उन वक्तव्यों को रचनात्मक स्तर पर पूर्ण नहीं कर पाती हैं।

कमलेश्वर के साथ अन्य सशक्त कहानीकार हैं—राजेन्द्र यादव, महीप सिंह, राकेश वत्स आदि। सन् सत्तर के दशक में जनवादी कहानी का आन्दोलन द्रुत गति से उठा, आठवें दशक में पूर्णरूपेण खुलकर इनका रूप जनवादी होकर प्रेमचन्द परम्परा 7से जुड़ा। अकहानी, सचेतन कहानी आदि सभी जनवादी कहानी के ही संस्करण थे। जनवादी कहानी में आम आदमी को केन्द्र में रखा गया। आठवें दशक के कहानी लेखकों में इजराइल, असगर वजाहत, नीरज सिंह, नमिता सिंह, दूधनाथ सिंह, रमेश बख्शी, सतीश जमाली, शैलेश मटियानी, फणीश्वर नाथ रेणु, महीप सिंह, रामदरश मिश्र, सुरेन्द्र वर्मा, सुरेन्द्र अरोड़ा, मणि मधुकर, हिमांशु जोशी, मधुकर सिंह, देवेन्द्र इस्सर, राकेश वत्स, रवीन्द्र कालिया, कामता नाथ, शिव प्रसाद सिंह, जितेन्द्र भाटिया, से. रा. यात्री, राजकमल चौधरी, बलराम आदि उल्लेखनीय हैं।

इस काल की प्रतिष्ठित कथा लेखिकाएँ हैं—मन्नू भंडारी, निरुपमा सेवती, उषा प्रियंवदा, मेहरुन्निसा परवेज, दीप्ति खंडेलवाल, मृदुला गर्ग, विजय अरोरा, मणिका मोहिनी, मंजुल भगत, सिम्मी हर्षिता, शशिप्रभा शास्त्री, मालती जोशी, मृणाल पाण्डे, सूर्यबाला, रश्मि तन्खा, मृदुला सिन्हा, डॉ. अन्नपूर्णा भदौरिया, डॉ. महाश्वेता चतुर्वेदी तथा रेणु श्रीवास्तव आदि हैं।

नवें दशक के कुछ कहानीकार, कहानी एवं कहानी संग्रह इस प्रकार हैं— अन्तिम चढ़ाई, फालगुनी (मेहरुन्निसा परवेज), सेम जिजीविषा, भीतर-बाहर (मृदुला गर्ग), प्रतिदिन, बसन्त, सिर्फ एक तारीख, लैला-मजनूँ, आपकी छोटी बेटी, अट्ठावना साल (ममता कालिया), सर्पदंश, अतीत

का विष, हद से हद तक, रिफ्यूजी (रामदरश मिश्र), कर्मक्षेत्र मरुक्षेत्र (जानकी बल्लभ शास्त्री), जो आदमी हम बना रहे हैं (रघुवीर सहाय), नायक खलनायक (अचला नागर), सब ठीक हो जाएगा (कामता नाथ), इक्यावन कहानियाँ (विष्णु प्रभाकर), धर्मक्षेत्र कुरुक्षेत्र (मृणाल पाण्डे), तीसरा आदमी (विष्णु प्रभाकर), अकर्मक क्रिया (से. रा. यात्री), रास्ते अपने-अपने (राजेन्द्र अवस्थी), सफेद कौआ, खाली तारीख़, झरोखे से मुंडेर तक, शैतान बाजा, अपना अपना दामन (मंजुल भगत), प्रतिनिधि कहानियाँ (खुशवंत सिंह), प्रतिनिधि कहानियाँ (काशीनाथ सिंह), आवे तोबा (नासिरा शर्मा), बोलो भ्रष्टाचार की जय, महानगर की मैथिली (सुधा अरोड़ा), हाँ मैं दोषी हूँ, न्यौता (मृदुला सिन्हा), सर्द आग (ओम गोस्वामी), लाक्षागृह, अपनी वापसी, वाइफ स्वेपी (चित्रा मुद्‌गल), बुद्धिजीवी (देवेश ठाकुर), गोकुल (बालकवि वैरागी), साग मीट, लीला नन्दलाल की, रामचन्दानी, शोभायात्रा, सलमा आपा (भीष्म साहनी), त्रिशंकु (मन्नू भंडारी), कितनी परछाइयाँ, धूप की उँगलियों के निशान (महीप सिंह), ढाई आखर प्रेम का, उसने नहीं कहा, कोख का दर्द, क्षरण (मालती जोशी), सास-बहू, एक हवा पाण्डेय, जिजीविषा (रामेश्वर शुक्ल अंचल) स्वयं से स्वयं तक (विभांशु दिव्याल), क्यों (शिवानी), तिनका-तिनका मन, मुखौटा, कैक्टस, यही होना था, एक सन्नाटा भीतर, 15 अगस्त (डॉ. अन्नपूर्णा भदौरिया)।

नवें दशक के प्रमुख कहानी संग्रह हैं– तीसरी हवेली (राजी सेठ), शब्द भेदी, धर्मक्षेत्र कुरुक्षेत्र (मृणाल पाण्डे), शोभा यात्रा (भीष्म साहनी), दो समानान्तर (रघुवीर सिन्हा), कालातीत, नयी कोयल, बेटे की बिक्री, विवेकी राय की श्रेष्ठ कहानियाँ (विवेकी राय), अपने से परे (सं. मन्नू भंडारी), जो आदमी हम बना रहे हैं (रघुवीर सहाय), कब्बे और कालापानी (निर्मल वर्मा), प्रतिदिन (ममता कालिया), अपना-अपना सच, ढाई आखर प्रेम का (मणिका मोहिनी), इक्यावन कहानियाँ (विष्णु प्रभाकर), विरासत (कृष्णा अग्निहोत्री), सब ठीक हो जाएगा (कामता नाथ), एक श्रावणी दोपहर की धूप (फणीश्वर नाथ रेणु), एक बाप, अलग-अलग (गायत्री कमलेश्वर), अच्छे आदमी-फणीश्वर नाथ रेणु (सं. भारत यायावर), सफेद कौआ (मंजुल भगत), एक और कुन्ती (विष्णु प्रभाकर), पत्थर गली (नासिरा शर्मा), रास्ते अपने अपने (सम्पादक राजेन्द्र अवस्थी), ढाई आखर (आलम शाह खान), यात्रा मुक्त (राजी सेठ), नायक खलनायक (अचला नागर), मेरा पहाड़ (शेखर जोशी), चुनी हुई कहानियाँ (मार्कण्डेय), महानगर की मैथिली (सुधा अरोड़ा), सीखचों में कैद चाँदनी, लपटों भरी कुमकुमी क्यारियाँ, टूटते स्वप्न, मृगतृष्णा, सुबह होगी, मन का दीप, सर्पदंश, महिला दिवस के आँसू तथा मीठे गन्ने की खटास (डॉ. महाश्वेता चतुर्वेदी)।

सन् 2000 के बाद 21वीं सदी की कहानियों में नये भारत के निर्माण के साथ उपजे गुण दोषों का सटीक विवेचन मिलता है। कहानी में लघु कहानी का चलन बढ़ा है। दैनिक जीवन में घटित मानव व्यवहार की विसंगतियों तथा समाज के विभिन्न वर्गों के लोगों के आचरण की विद्रूपताओं का चित्रण कहानीकार का उद्‌देश्य बन गया। राजनीतिक स्वार्थ प्रेरित प्रायोजित छल छद्‌म तथा अपराध कृत्यों से भरी कहानियों के साथ लघुकथाएँ भी प्रकाश में आने लगी हैं। मानवीय चरित्र का दोहरापन बढ़ा है। हाँ, यह सच है (दिनेश पाठक शशि) का लघुकथा संग्रह उत्तम लघुकथा संग्रह है जिसमें कुलीन, दूरदृष्टि, हाँ, यह सच है, गणित, उपदेश, मानदण्ड, चेहरे

तथा दिव्य चक्षु आदि स्तरीय लघुकथाएँ हैं। अपरिमित (श्रीमती शशि पाठक) संग्रह में अनेक सामाजिक समस्याएँ तथा उनके समाधान खोजने का लेखिका ने सहज प्रयास किया है। इस संग्रह की कहानियाँ युगीन विसंगतियों से भरी हुई हैं।

"संग्रह 'अपरिमित' की कहानियाँ युगीन विसंगतियों के विभिन्न सोपानों पर संचरण करती हैं। कुछ कहानियाँ तो पाठक को वर्तमान समाज में घटित जीवन संघर्ष के बीच ले जाकर खड़ा कर देती हैं और उसे सोचने को विवश कर देती हैं।"[39] धुंध के पार (दिनेश पाठक शशि) की कहानियाँ भी आज के परिवेश की उपज हैं। आज का परिवेश दाम्पत्य की दरार, साम्प्रदायिकता, आतंकवाद, नारी उत्पीड़न, दलितों एवं हरिजनों पर अत्याचार, राजनेताओं की चारित्रिक भ्रष्टता तथा बेरोजगारी आदि की समस्याओं से परिपूर्ण है। जन शोषण की समस्या के साथ बदलते परिवेश की सही पहचा. कहानीकार को है, जिसका यथार्थतापरक एवं सूक्ष्म चित्रण कहानीकार ने किया है। इक्कीसवीं सदी के प्रथम दशक में आने वाले कथा संग्रहों में 'धुंध के पार' कहानी संग्रह अपना श्रेष्ठ स्थान बनाएगा।

कहानियों की उपादेयता : आज तक निरन्तर कथा-साहित्य लिखा जा रहा है। वर्तमान में कहानी लेखन भी उपादेय है। इसमें समाज के विभिन्न रूपों के दर्शन होते हैं। आज काव्य का युग नहीं है। काव्य अब घिस-घिस कर हाइकू का रूप लेने लगा है क्योंकि जनरुचि अधोगामिनी है। किसी के पास महाकाव्य, खंडकाव्य तो क्या लम्बी-लम्बी कविताएँ पढ़ने का समय ही नहीं। कविता रचने गढ़ने के लिए या तो प्रातिभ ज्ञान हो अथवा लम्बा समय हो, कारयित्री-प्रतिभा के अभाव में काव्य की गति नहीं। हमारे देश में अच्छे काव्य श्रोता एवं पाठक दोनों का ही अभाव है। जीवन का विकास, संघटन एवं विघटन साथ ही वर्तमान परिस्थितियों जैसे--सामाजिक, आर्थिक, राजनीतिक, सांस्कृतिक, शैक्षिक, नैतिक तथा मनोवैज्ञानिक को चित्रात्मकता प्रदान करने में काव्य महाकाव्य बन जाएगा। नाटक तथा एकांकी देखने सुनने के लिए भी समय चाहिए लेकिन पेट की आग ने समय को जलाकर रख दिया।

आज के अन्ध भौतिकवादी युग में मानव भी यंत्रवत है। महाकाव्य, बड़ी कहानियाँ और लम्बे उपन्यास पढ़ने के स्थान पर वह मुक्तक, लघुकथाएँ, दोहे, गज़लें आदि पढ़ना चाहता है। अतः इन कथाओं का सृजन भी अत्यल्प मात्रा में दिखता है। ऐसे काव्य के श्रोता, पाठक तथा सर्जक तीनों ही नहीं दिखलाई देते। कहानी भले ही रूप बदल रही है लेकिन उपादेयता की दृष्टि से कम नहीं है। प्रेमचन्द, प्रसादादि काल में कहानी की जितनी उपयोगिता थी, उतनी तो बनी ही हुई है। इतना ही नहीं, नब्बे के दशक से दो हजार तक तथा दो हजार से इक्कींसवी सदी के इस प्रथम दशक तक कहानी की उपयोगिता में कोई कमी नहीं आयी है। कहानी लेखकों की संख्या ही कहानी की उपादेयता की सूचक है। कहानी लेखकों के विस्तार के साथ कहानी के पाठकों की संख्या में भी कई गुनी वृद्धि हुई है। वैसे उपन्यास की रचना एवं पाठक विस्तार से उसकी भी उपादेयता बढ़ी है लेकिन कहानी की उपयोगिता के समक्ष साहित्य की अन्य प्राचीन एवं नवीन विधाएँ पीछे हैं। कहानी भले ही लघु हो, उसमें जीवन के किसी एक पक्ष का सर्वांग चित्रण स्पष्ट एवं सजीव तथा विस्तृत हो सकता है। समय सीमा एवं उपयोगिता की दृष्टि से कहानी आज भी समस्त विधाओं में सरल एवं उपादेय है।

(ग) कहानियों की वर्तमान में प्रासंगिकता

हिन्दी कहानी अपने बचपन में ही प्रेमचन्द की छत्रछाया में विकसित व सयानी होने लगी। महाजनी व्यवस्था से कुचले, पीड़ित, शोषित एवं उपेक्षित वर्ग के प्रति कहानी के हृदय में सहानुभूति उत्पन्न होने लगी। प्रपीड़ित निम्न वर्ग के शोषण, उपेक्षा, अन्याय, अत्याचार तथा दुःख तकलीफों के प्रति वन्य व्यवहार से कहानियाँ अन्दर ही अन्दर अकुलाने व तिलमिलाने लगीं। यही वह समय था जब 'ईदगाह', 'बड़े घर की बेटी' तथा 'पंचपरमेश्वर' जैसी श्रेष्ठ कहानियों का पानी उतरने लगा। प्रेमचन्द ने अपने रोमांटिक आदर्शवाद को धोया, पोंछा तथा 'पूस की रात', 'ठाकुर का कुआँ', 'कफन', 'शतरंज के खिलाड़ी' तथा 'सवा सेर गेहूँ' जैसी कहानियों ने आदमी को उसके परिवेश में खोजना प्रारम्भ कर दिया। फणीश्वरनाथ रेणु की 'उच्चाटन' जैसी कहानियाँ 'विलसिया' से 'रामविलास सिंघ' के रूप में अपनी पहचान को मनवाने एवं मरकट साहूकार के महाजनी कफ थूक में बिलबिलाते एवं कुलबुलाते कीटाणुओं को अपने द्वार से हटवाने तथा उसे धिक्कारने के साहस के साथ-साथ उसके विरुद्ध सीना ताने, खड़े होने तथा चेतना को नीचा दिखाने में संलग्न थी। वर्तमान कहानी का यही प्रस्थान बिन्दु था।

प्रेमचन्द तथा नयी कहानी के मध्य कुछ कहानियाँ गुमराह हो गयी थीं और वे दीदी, बहन जी तथा मामी के सम्बन्धों में कामुकता टटोलने लगी थीं। अतः इन रिश्तों के मध्य कामुकता की कुलबुलाहट स्त्री सम्बन्धों से परे औरत के रूप में ही निहार कर दमित काम कुंठाओं को अभिव्यक्त किया गया था। ऐसा प्रतीत होता था कि हिन्दी कहानी साहित्य के क्षेत्र में एक द्वितीय रीति काल का अवतरण हो गया हो। इस मध्य उपेन्द्र नाथ अश्क, नागार्जुन, अमृतराय, रांगेय राघव एवं चन्द्रकिरण सोनरेक्सा आदि कहानीकारों ने नयी कहानी की वसीयत तैयार करना प्रारम्भ कर दिया था। कथाकार कमलेश्वर ने प्रेमचन्द की 'कफन' एवं 'शतरंज के खिलाड़ी', जयशंकर प्रसाद की 'गुण्डा', यशपाल की 'पराया सुख', भगवतीचरण वर्मा की 'अंग्रेजों ने सल्तनत बख़्श दी', अमृतलाल नागर की 'जूँ' कहानियों को 'नयी कहानी' की पूर्व पीठिका के रूप में स्वीकार किया है।

देश के विभाजन, मोहभंग, बढ़ती हुई यांत्रिकता, पारिवारिक विघटन, राजनीतिक भ्रष्टाचार एवं व्यापक असन्तोष के मध्य टूटते सम्बन्धों की पीठिका पर 'नयी कहानी' का प्रवेश हुआ। नयी कहानी ने जीवन के विविध स्तरों पर तीव्रगामी अँधड़ को पहचान कर आधुनिक भयंकर एवं दुर्दान्त संकट को सहन करने वाले मध्य तथा निम्न मध्यवर्गीय केन्द्रीय पात्रों के द्वारा जीवन यथार्थ की खोज—'पराया सुख', 'गदल', 'धरती अब भी घूम रही है', 'खोई हुई दिशाएँ', 'जानवर और जानवर', 'जहाँ लक्ष्मी कैद है', 'दोपहर का भोजन', 'चीफ की दावत', 'गुलकी बन्नो', 'शुतुरमुर्ग', 'बदरू', 'हंसा जाई अकेला', 'नन्हों', 'चौदह कोसी पंचायत', 'पंखा कुली', 'भैंस का कट्या', 'तीसरी कसम', 'लंदन की एक रात', 'रेवा', 'यही सच है', 'गुलाब के फूल और काँटे', 'हिरन की आँखें', 'सिक्का बदल गया', 'कस्तूरी मृग', 'समय', 'जमीन-आसमान', 'रक्तपात', 'फैंस के ऊपर और ऊपर' आदि कहानियों में की।

सन् 1960 तक आते-आते हमारा समूचा परिवेश ही परिपक्व हो गया। स्वतन्त्रता के

मूल्यांकन से उत्पन्न मोहभंग से समस्त जनमानस को करारा झटका लगा साथ ही जनजीवन के प्रत्येक क्षेत्र में मूल्य संक्रमण प्रारम्भ हो गया, जिससे मानव का पारिवारिक, सामाजिक, राजनीतिक, शैक्षिक तथा आर्थिक जीवन बुरी तरह नष्टप्राय हो गया तथा उन सम्पूर्ण प्रक्रियागत चक्रों में खंड-खंड होते हुए मनुष्यों, उनकी जीवन आस्थाओं एवं मानवीय सम्बन्धों ने कहानी को नवीनता प्रदान की।

नवें दशक की कहानियाँ समकालीन जीवन के विविध क्षेत्रों पर आधारित अनेकानेक विषयों को ग्रहण करते हुए लिखी गयीं। रचनाकारों ने विघटन एवं संकट के कुहासे को भयमुक्त होकर झेला तथा पारिवारिक, सामाजिक, राजनीतिक, शैक्षिक, आर्थिक तथा सांस्कृतिक सभी स्तरों पर बोध को आत्मसात् किया। उन्होंने कहानियों में मौजूद सत्य को जीवन्तता प्रदान की और सामाजिक सरोकारों को स्वच्छ, सपाट एवं सही अभिव्यक्ति प्रदान की।

आधुनिक चिन्तन का व्यक्तिवादी रूप कहानियों में विकसित हुआ, साथ ही एक विशेष नैतिक मूल्य दृष्टि भी विकसित हुई। आज का मानव परम्परागत रूढ़ मान्यताओं को एक साथ एवं एक ही झटके में तोड़ने को अति व्याकुल है। वह मानव विकास में बाधक समस्त स्थितियों को तोड़ देना चाहता है। आज की कहानियाँ व्यक्ति स्वातन्त्र्य की अनुभूतियों को अभिव्यक्ति देने में सफल रही हैं। आज के मनुष्य के समस्त आपसी रिश्तों एवं सरोकारों में एक यान्त्रिक अपरिचय एवं अजनबीपन फैला हुआ है। समकालीन मानव जीवन में असुरक्षा, द्वन्द्व, विद्वेष, ईर्ष्या, संदेह और उपरामता-सी भर गयी है, जिससे वह अमानवीकृत-सा लगने लगा है। वैज्ञानिक यान्त्रिकोपलब्धियाँ तथा औद्योगिक क्रान्तियाँ अपनी समस्त सुखमय सुविधाओं से भी मानव जीवन की समसामयिक त्रासदी को और अधिक त्रासद बना रही है। ऐसे परिवेश में मानवीय व्यक्तित्व विखंडित-सा हुआ है। मानव के अन्दर छिपा हुआ जो आदिम अहंकार है, वह सर्वोपरि दिखाई देना चाहता है।

आधुनिक कहानियों में शिक्षा-दीक्षा, आर्थिक सामाजिक स्वतन्त्रता से आत्मनिर्भर हो चुकी स्त्री का सम्यक् चित्रण मिलता है। वह अपना स्वतन्त्र व्यक्तित्व प्राप्ति हेतु अनेक स्तरों पर यौद्धिक मुद्रा में दिखाई देती है। वह आलोचना हेतु उठी उँगली को काटने को दौड़ती है, आलोचना उसे किसी प्रकार सहन नहीं। उसके जीवन के परिवेशीय दबावों, तनावों से उत्पन्न आन्तरिक एवं बाह्य संघर्ष पुरुष के अहंकारों से टकराकर नवीन सामाजिक सम्बन्धों की सृष्टि करते हुए कहानियों में वर्तमान की प्रासंगिकता को दीप्ति दे रहे हैं। संयुक्त परिवार की टूटन प्रक्रिया पति-पत्नी के दाम्पत्य का भी अतिक्रमण कर चुकी है। इन परिस्थितिजन्य स्वाभाविक टकरावों को इन कहानियों ने अपना कथ्य बनाकर वर्तमान को चित्रित किया है।

भीष्म साहनी, महीप सिंह, गिरिराज किशोर, अचला नागर, जगन्नाथ प्रसाद दास, मणिका मोहिनी आदि की कहानियाँ व्यक्तित्व प्रतिष्ठा एवं पहचान के लिए ही प्रयत्नशील हैं, जिनमें कोई पाप बोध नहीं है।

आज के समाज में नारी की स्थिति अभी भी अनेक रूपों में जटिल एवं संघर्षपूर्ण दिखाई देती है। नारी स्वातन्त्र्य के दावे कई दबावों के नीचे दबे तथा खोखले प्रतीत होते हैं। वह परम्परागत परिवेश में जकड़ी हुई है उसकी हथकड़ियों एवं बेड़ियों की रुलाई मिली खनक अँधेरे

कोनों में आज भी सुनाई पड़ती है, उसका करुण स्वर आज की कहानियों में रूपायित हो रहा है। आज की इन कहानियों में यौन स्वच्छन्दता का व्यापक वर्णन मिलता है। उसका स्वरूप जीवन एवं देह दोनों की ही आवश्यकता पूर्ति हेतु है। दाम्पत्य जीवन की ऊब, घुटन एवं एकरसता में तीसरे का प्रवेश हुआ है, जो स्त्री भी है और पुरुष भी। कहीं-कहीं उसके कारण सुस्त एवं नीरस जीवन हरा-भरा हो जाता है तो कहीं उसका आगमन पारिवारिक विशृंखलता का कारण बनता है। स्त्री पुरुष की उन्मुक्त साहचर्य भावनाएँ जगी हैं जिन्होंने लालसाओं को जन्म दिया है।

विवाह पूर्व एवं विवाहोपरान्त यौन सम्बन्धों का चित्रण वर्तमान कहानियों में व्यापक रूप से चित्रित हुआ है। अतिशय अर्थलिप्सा एवं देह लालसाओं ने आज के परिवेश में यौनेच्छाओं की पूर्ति हेतु अनेक दरवाजे खोल दिये हैं। यौनेच्छा तृप्ति के अभाव के कारण स्त्री पुरुषों के मन में कुंठाएँ भी जन्म लेती हैं। राजकमल चौधरी के 'मछली जाल', मणिका मोहिनी के 'अपना अपना सच', उषा प्रियंवदा के 'होठों के नीले फूल' आदि में कहीं स्वच्छन्द यौन क्रीड़ाओं की पूर्णता है तो कहीं समलिंगी यौन विच्युतियाँ हैं। कहीं स्त्री पुरुष के मध्य शरीर स्पर्श से परे अनावृत्त वर्जनाहीन सम्बन्धों की आग मिलती है। सिद्धेश के कहानी संग्रह 'अर्थहीन वह मैं' की कहानियों में रतिक्रीड़ा के अनियंत्रित तथा बेपरवाह सेक्स-आवेश की पूर्णता दिखाई देती है। दीप्ति खंडेलवाल की 'दो पल की छाँव' तथा 'एक अदद औरत' यौन अतृप्ति की कहानियाँ ही कही जाएँगी।

शानी के कथा संग्रह 'सड़क पार करते हुए' एवं 'पीला बँगला', निर्मल वर्मा की 'आमालिया', कृष्ण बलदेव वैद की 'दूसरे का विस्तार' अमर्यादित सेक्स की कहानियाँ हैं। विष्णु विराट् की कहानी 'चोप साले चोपा' इस यौन स्वच्छन्दता को ग्रामीण जीवन में भी देखती है। संजीव की 'धनुष टंकार' कहानी महानगरीय जीवन के होटलों में होने वाली यौन क्रीड़ाओं का सटीक चित्रण करने में समर्थ है। श्रीमती कमल कुमार के कहानी संग्रह 'पहचान' की कहानी 'सीमाबोध' का साहब अपनी नौकरानी की अस्मत लूटने से नहीं चूकता। कुसुम अंसल के कहानी संग्रह 'पत्ते बदलते हैं', 'अँधेरे की छलाँग', 'एक मात और समुद्र की एक लहर' तथा 'सूखे गीले स्वाद' आदि कहानियाँ अवैध सम्बन्धों से परिपूरित कहानियाँ हैं। 'काला हंस' के कहानीकार सालिग्राम शुक्ल ने भी सभी कहानियों को सेक्स सम्बद्ध बनाया है। अन्विता अग्रवाल की 'कटी हुई तारीखें' तथा डॉ. महाश्वेता चतुर्वेदी की 'विरागी पति की पत्नी' कुंठाग्रस्त नारी पर आधारित कहानियों का संग्रह है। इसके अतिरिक्त नरेन्द्र कोहली की 'सार्थकता', श्रीकान्त वर्मा की 'मिचली' कहानियाँ भी यौन कुंठाजनित कहानियाँ हैं। इसी प्रकार की अन्य यौन कुंठाजनित कहानियाँ हैं—नरेश मेहता की 'अनबीता व्यतीत', कृष्ण बलदेव की 'भूत' तथा राकेश वत्स की 'एलबम'।

नवें दशक की हिन्दी कहानियों में कुंठा, संत्रास, अकेलापन, भय, निरर्थकता, टूटन, तनाव, विसंगति, हताशा, पति की यौन अक्षमता, पति के यौनाचारजन्य भार्याकुंठा, आन्तरिक विरोध, अवस्थाजन्य विकृतियाँ, भ्रष्टाचार, मानवीय सम्बन्ध विघटन, अतृप्ति, तन-मन की वेदना, बुद्धिवाद का कुमनोवैज्ञानिक प्रभाव, रूप यौवन, सौदा समस्या, चारित्रिक पतन, पराजय,

विवशता, पारिवारिक तनाव, दाम्पत्य जीवन की एकरसता से ऊब, असन्तोष, अभाव, मानसिक विचलन, विद्रोह, प्रवंचना, स्वार्थ, मूल्यहीनता, यौन रोग वितरण, दलित शोषण आदि विविध आयाम मिलते हैं। नारी दुर्दशा व्यंग्य बाणों की मार्मिक व्यथा, समाज में लड़की होना तथा दहेज अभिशाप आदि आधुनिक कहानियों में भरे पड़े हैं।

इस प्रकार यह स्पष्ट कहा जा सकता है कि—वर्तमान में कहानियाँ प्रासंगिक ही नहीं, अति प्रासंगिक हैं। जो भी वर्णन समस्याओं के रूप में मिलता है वह मल से मल धोने के लिए नहीं वरन् जल से मल धोने के लिए है। व्यंग्य के माध्यम से जो समस्याएँ कहानियों में उठाई गयी हैं, उनका उद्‌देश्य मात्र आधुनिक सामाजिक गन्दगी को दिखाना नहीं, उसे दूर करना है। मूल्यहीनता बढ़ रही है। इसका तात्पर्य यह है कि सभी मूल्य क्षरण को रोकें चाहे वे कहानीकार हों, कवि हों, नाटककार हों अथवा अन्य किसी विधा के संयोजक अथवा लेखक। सभी का उत्तरदायित्व बुराई को मिटाना एवं अच्छाई लाना है। सामाजिक मंगल एवं लोक कल्याण करना तथा करने को उत्प्रेरित करना ही साहित्यकार का दायित्व है, जिसे हमारे कहानीकार सजग होकर निभा रहे हैं।

कहानियों में रीति काल न आ जाए यह देखना प्रत्येक कहानीकार का सदोद्‌देश्य होना चाहिए। वर्तमान काल में जितना कहानी लेखन का कार्य हो रहा है उतना किसी अन्य विधा पर नहीं हो रहा है। कुछ पत्रिकाओं में साहित्यिकता से दूर कुपोषण फैलाने वाला भोजन परोसा जा रहा है। वे अपनी कहानियों में मूल्य सचेतनता से दूर अर्थकामी उद्‌देश्य पनपा कर बढ़ रही हैं। मानव मन को अधोगामी बनाकर हल्के-फुल्के मनोरंजन के रूप में कुछ भी लिखकर कुबेर बनने की दौड़ में हैं। कुल मिलाकर यह कहा जा सकता है कि कहानियाँ वर्तमान में समाज को बदलने के लिए प्रयत्नशील, सचेष्ट तथा सजग हैं। कहानियाँ लिखने का महत्त्व किसी भी बुद्धिजीवी से छिपा नहीं है।

(घ) कहानियों पर राजनीतिक, सामाजिक, सांस्कृतिक, धार्मिक एवं मनोवैज्ञानिक प्रभाव

1. राजनीतिक प्रभाव : स्वतन्त्रता प्राप्ति हमारे देश की एक महान घटना थी, जिसने हमारे देश के इतिहास को ही बदल दिया। स्वतन्त्रता मिली लेकिन स्वतन्त्रता का उल्लास देश के विभाजन के कारण उदासी में बदल गया। देश में मनुष्यों की अदल-बदल राजनीति का ही कुपरिणाम था। स्वतन्त्रता के सपने टूटे, हमारा मोह भंग हुआ, बापू की असामयिक मृत्यु का कारण भी हमारी बदलती हुई राजनीति का पहिया ही था। एक ओर बाह्य शक्तियों की परतंत्रता टूटी तो दूसरी ओर आन्तरिक शक्तियों ने जनजीवन को ही जकड़ डाला। स्वतन्त्रता के नाम पर सत्ता का हस्तान्तरण मात्र हुआ। गाँधी जी का रामराज्य का सपना उनके साथ ही चला गया। स्वतन्त्रता प्राप्ति के अनन्तर की स्थिति विषयक मंजुलता सिंह के विचार पठनीय एवं मननीय हैं— "स्वतन्त्रता प्राप्ति के बाद राष्ट्रीय मानस में 'टुच्चे' स्वार्थों ने जन्म लिया और लोग अपना घर भरने तथा आजादी की परवाह न करने के लिए आजाद हो गये।"[40]

राजनीतिक परिस्थितियाँ जैसे मानव को प्रभावित करती हैं, वैसे ही बुद्धिजीवी साहित्यकारों

को भी प्रभावित करती हैं। राजनीतिक गतिविधियों ने हमारे साहित्यकारों को भी प्रभावित किया, उनकी रचनाओं पर राजनीतिक प्रभाव अत्यधिक पड़ा है। कहानियों तथा उपन्यासों में भी राजनीति का प्रभाव स्पष्ट लक्षित होता है। कमलेश्वर ने राजनीतिक प्रभाव का चित्रण अपनी कहानियों एवं उपन्यासों में प्रभूत मात्रा में किया है। इन्होंने अपनी समकालीन राजनीतिक विसंगतियों पर तीक्ष्ण-व्यंग्य प्रहार किये हैं। इतना ही नहीं उन्होंने समाजवाद की स्थापना पर भी बल दिया है। राजनीतिक अस्थिरता के वातावरण से एक बार समूचा देश हिल गया। भारत को नवनिर्माण तथा अन्य अनेक समस्याओं का सामना एवं समाधान करना था। राजनीतिक एकीकरण की ओर कदम बढ़े। बल्लभ भाई पटेल ने देशी रियासतों को भारतीय संघ में मिलाकर भारतीय एकता का रूप अपनी प्रतिभा एवं दूरदृष्टि के बल पर बिखेरने का भगीरथ प्रयत्न किया। सन् 1949 में नव संविधान स्वीकृत हुआ।

स्वातन्त्र्योपरान्त सत्ता कांग्रेस ने सँभाली तथा पंडित जवाहर लाल नेहरू प्रधानमंत्री बने। श्रीमती इंदिरा गाँधी, प्रधानमन्त्री के काल में एक पाकिस्तान के, पाकिस्तान एवं बांग्लादेश दो देश अवश्य बन गये जिनकी झलक कमलेश्वर के साहित्य में मिलती है। शासन का पूरे का पूरा ढाँचा अंग्रेजों जैसा ही था। केवल झंडे बदल गये 'यूनियन जैक' का स्थान 'तिरंगे' ने ले लिया। डॉ. चातक के मतानुसार– "शासन के पुराने तरीके उसी प्रकार चलते रहे, अन्तर यही था कि कुर्सी पर गोरे साहब के स्थान पर काला साहब आ जमा था। पूँजीपति वर्ग को खूब अवसर मिल गया था।"[41] ज्यों-ज्यों नेताओं को अधिकार मिले, त्यों-त्यों आम आदमी से उनकी दूरियाँ बढ़ीं। देश में कांग्रेस के अतिरिक्त अन्य राजनीतिक दल विकसित तथा संगठित हुए।

सन् 1962 में अप्रत्याशित चीनी आक्रमण हुआ। 'हिन्दी चीनी भाई भाई' का नारा व्यर्थ साबित हुआ। युद्ध में भारत को पराजय का मुँह देखना पड़ा। डॉ. देवीशंकर ने अपने विचार इसी स्थिति पर इस प्रकार व्यक्त किये हैं:–"चीनी आक्रमण ने देश के मानस को बदला अवश्य था, एक बार फिर से अपने सन्दर्भ और परिवेश को परिभाषित करने की आकांक्षाएँ जागी थीं। युद्ध के सीमित और विराट अर्थों के द्वन्द्व वाले सन्दर्भ ने तमाम चीजों को उलटने-पुलटने के लिए विवश किया था।"[42] इस चीन आक्रमण के बाद अन्तरराष्ट्रीयता के प्रति भारतीय जनमानस का मोहभंग हो गया। सन् 1965 में पाकिस्तान के साथ हुए युद्ध में हमने विजय प्राप्त कर अपने खोये बल, सामर्थ्य एवं आत्मबल को पुनः प्राप्त कर विश्व को दिखा दिया कि हम भी पानीदार हैं। हमने लगभग एक लाख पाकिस्तानी सैनिकों से आत्मसमर्पण कराया और विजित स्थल को लौटाकर अपनी महान सदाशयता एवं औदार्य का परिचय दिया। 1971 में बांग्लादेश का उदय हुआ जिसमें तत्कालीन प्रधानमन्त्री श्रीमती इन्दिरा गाँधी की भूमिका अति महत्त्वपूर्ण रही। भारतीय इतिहास में यह हमारी गौरवमय विजय कहलाएगी।

जनतांत्रिक मूल्यों का ह्रास हुआ है, राजनीतिज्ञों की कथनी एवं करनी में जबरदस्त अन्तर आया है। अव्यवस्था, आतंक, अनुशासनहीनता, उत्तरदायित्वहीनता, अकुशलता तथा थोथी नारेबाजी पनपी है। आम आदमी की पीड़ा को समझने के स्थान पर राजनीतिज्ञों ने अपनी जेबें भरी हैं। राजनीति एवं राजनीतिज्ञों ने भाषावाद, साम्प्रदायिकता, प्रान्तवाद, जातिवाद व शिक्षा में

वजीफ़ावाद एवं आरक्षणवाद को अपनाया है। आचरण के सन्तुलन को राजनीतिज्ञों ने खोया है। समाजवाद एवं गरीबी हटाओ के मिथ्या वादे राजनीति की कुर्सी की देन है। इस परिवेश में प्रत्येक व्यक्ति संकीर्णता के घेरे में जी रहा है।

इस प्रकार निष्कर्षतः यह कहा जा सकता है कि स्वातन्त्र्योत्तर राजनीति ने राजनीतिक सदादर्शों एवं मानवीय मूल्यों को केवल तोड़ा ही नहीं, मिटा-सा दिया है। लोकतंत्र के रखवाले ही लोकतंत्रनाशक बन गये हैं। लोकतंत्र के नाम पर एक नया जातीय गठबन्धन अथवा 'सोशल इंजीनियरिंग' पनपा है, जो लोकतंत्रीय मूल्यों की जड़ में विष का कार्य करेगा। शिक्षा का स्तर गिरा है। अवसरवादिता एवं भ्रष्टाचार बढ़ा है। राजनीति राष्ट्रीय मूल्यों को गटक-सी रही है। त्याग, तपस्या, सेवा, बलिदान जैसे आदर्श पुस्तकीय मूल्य बन गये हैं। स्वार्थसिद्धि भारतीय कर्णधारों की आराध्या बन गयी है। वाक्चातुरी कुर्सी रक्षा हेतु शेष रह गयी है। विद्या एवं ज्ञान अब शुद्ध नहीं रहे। राजनीति सत्य, अहिंसा, ईमानदारी तथा न्याय आदि मूल्यों को मिटाने पर तुली है।

यही सब साहित्य में झलक रहा है, विशेष रूप से कहानी एवं उपन्यासों में।

2. सामाजिक प्रभाव : स्वतन्त्रता प्राप्ति के उपरान्त परिवर्तन की धूलभरी आँधी से हमारा भारतीय समाज कुप्रभावित हुआ। भारतीय समाज के इस परिवर्तन व उसकी परिस्थितियों को हम बदलते परिवारों के रूप में, परिवर्तित ग्रामीण परिवेश के रूप में, बदलते नगरीय रूप में, जातीय उथल-पुथल, बदलते धार्मिक परिवेश, वर्ण व्यवस्था, व्यक्ति, समाज एवं उनके आपसी सम्बन्ध में, आधुनिकीकरण में, औद्योगीकरण में तथा इनके जन समाज पर पड़ने वाले प्रभाव में देख सकते हैं। व्यक्ति, परिवार व समाज इन तीनों का अटूट सम्बन्ध कहीं किसी से छिपा नहीं है। परिवार समाज की इकाई है। परिवार एवं समाज व्यक्ति विकास के दो अत्यावश्यक चक्र हैं, जो मानव को गतिशीलता प्रदान करते हैं।

भारतीय पारिवारिक व्यवस्था संयुक्त पारिवारिक व्यवस्था है। वर्तमान में नगरीकरण एवं आर्थिक दबावों के चलते संयुक्त पारिवारिक व्यवस्था चरमरा कर टूटने लगी है। 'छोटा परिवार : सुख का आगार' की विचारधारा छोटे परिवार के सुख का आधार बनी है। इस प्रकार पुराने जीवन मूल्यों के प्रति विद्रोह भाव जाग उठे हैं। लोग 'दूधों नहाओ, पूतों फलो' से भागने लगे हैं तथा 'हम दो दमारे दो' का सिद्धान्त अपनाकर रोटी कपड़ा और मकान के लिए प्रयत्नशील हैं। जीवन मूल्य विद्रोह की आग गाँवों तक पहुँच चुकी है। वैज्ञानिक विकास एवं पश्चिमी सभ्यता के सम्पर्क से हमारे देश का सामाजिक जीवन अति प्रभावित हुआ है। पाश्चात्य शिक्षा ने हमें भौतिकवादी बनाया है। देश में आयी विदेशी कम्पनियों ने हमारे जन जीवन को प्रभावित किया है। भौतिकवाद का विष हमारी नस-नस में पहुँच चुका है। कृष्णा अग्निहोत्री के अनुसार— "मानव के सामने नयी समस्याओं ने एक नयी सामाजिक स्थिति सँवार कर रख दी, वैज्ञानिक आविष्कारों और वर्षों की गुलामी और उसके प्रभाव ने हमारे सामाजिक रहन-सहन और जीवन के मानव मूल्यों को झकझोर डाला।"[43] जिसके परिणामस्वरूप भारतीय अपनी सामाजिक व्यवस्था एवं उसके गठन को हेय, निम्न स्तरीय एवं त्याज्य समझने लगे। भारतीय मानव, जीवन के प्रत्येक क्षेत्र में पश्चिमी सभ्यता के विचारों में रंगने की नहीं, डुबकी लगाने की सोचने लगा

है, तो पाश्चात्य सभ्यता का गहन प्रभाव होना स्वाभाविक ही है।

स्वातन्त्र्योपरान्त सर्वाधिक परिवर्तन नारी जगत का हुआ। आर्थिक अभावों ने गृहिणी को 'कामकाजी महिला' बना दिया। वह कमाने के लिए घर से बाहर निकल पड़ी, अब घर के अतिरिक्त सब कुछ ठीक है। वह अपने अस्तित्व को बनाये रखने के लिए परिस्थितियों से जूझ रही है। घर-बाहर, दोनों की जिम्मेदारियाँ उसके सिर पर 'एक म्यान में दो तलवारों' की भाँति हैं। नये परिवेश एवं परिस्थितियों ने नारी को दुविधाग्रस्त बना दिया। नारी को शिक्षा का लाभ मिला लेकिन दहेज की तराजू में वह गाजर मूली बनकर रह गयी है। वह नये-पुराने संस्कारों के बीच में फँसी मछली-सी तड़प रही है। अपने अस्तित्व की रक्षा की चिन्ता, भौतिक सम्पन्नता की चिन्ता तथा पारिवारिक सम्बन्धों की दुश्चिन्ता में उसका मन पूर्णरूपेण हिल गया है। पति-पत्नी, भाई-बहन, माता-पिता, माता-पुत्र तथा पिता-पुत्र के सम्बन्ध भी परिवर्तन की वायु से कुछ हिले हैं। पति-पत्नी की घनिष्ठता एवं गहनता के सीमेंटीय सम्बन्धों में कहीं न कहीं बाल बराबर दरार देखी जा सकती है।

नारी शिक्षा, तलाक बिल, समान स्तर व आर्थिक स्वावलम्बन की दौड़ ने नर-नारी सम्बन्धों को पूर्णरूपेण नहीं तो आंशिक रूप से बदल कर रख दिया है। नारी स्वतन्त्रता का नारा बुलन्दी पर है। सौन्दर्य प्रतियोगिताओं की बहार में आदमी की चमक फीकी-सी पड़ी है तथा नारी की चमक नग्नता के साथ सौ गुनी बढ़ी है। प्रेम, विवाह एवं यौन विषयक मान्यताएँ कहाँ से कहाँ पहुँच गयीं। प्यार व्यापार की वस्तु बन गया है। बार बालाएँ तितलियों की भाँति उड़ रही हैं। पारिवारिक सम्बन्धों में विघटन के मूल में आर्थिक वैषम्य ही आड़े आ रहा है। धन प्राप्ति की प्यास 'हविषाकृष्णवर्त्म' की भाँति बढ़ रही है। स्वतन्त्रता प्राप्ति के अनन्तर समाज में जाति-वर्ण व्यवस्था में परिवर्तन के साथ दृढ़ीकरण हुआ है।

जाति के आधार पर कर्म चयन परम्परा समाप्तप्राय हो गयी लेकिन राजनीति की संपोषिका बनकर जातियाँ उभरने लगी हैं। स्वतन्त्रता, आर्थिक दबावों, आधुनिकीकरण, औद्योगीकरण तथा शहरीकरण के कारण परम्परागत कार्यों से मुक्त होकर लोग नवीन मनचाहे कार्य करने लगे हैं। अन्तर्जातीय खानपान एवं विवाह आदि के बन्धन शिथिल हुए हैं। इनमें मानव की उदार भावनाएँ दिखाई देने लगी हैं। शिक्षा ने मानव के रूप को निखारा है। प्रजातंत्र तथा धर्मनिरपेक्षता का विकास हुआ है। मनुष्यों की मानसिकता बदली है। इतना होने पर भी मानव का स्वार्थी रूप विकसित हुआ है। व्यक्ति आज पारिवारिक तथा सामाजिक स्तर पर द्वन्द्व झेल रहा है।

मानव एवं समाज परिवर्तनों से प्रभावित हुए हैं। इन परिवर्तनों का प्रभाव मानव के जीवन मूल्यों पर स्पष्ट दिखाई देने लगा है। मानव जीवन, मूल्यों के बिना सीधा नहीं चल सकता है। वह लड़खड़ाएगा और हो सकता है कि जरा से आघात से गिर जाए। जीवन मूल्य ह्रास की विकृति पीड़ादायिनी है। परिवर्तन की दौड़ में पड़कर मानव ने भूल की और वह अपना मूल गँवा बैठा। सत्य, न्याय, दया, क्षमा, करुणा, मैत्री, सहृदयता, त्याग, सेवा, परोपकार एवं परदुःखकातरता समय निरपेक्ष जीवन मूल्य हैं लेकिन वर्तमान में इनकी चमक फीकी पड़ गयी है। इन जीवन मूल्यों के बिना समाज की गति नहीं, प्रगति नहीं तथा सद्गति नहीं। साथ ही लड़खड़ाता, भटकता हुआ अनैतिक जीवन समाज एवं राष्ट्र के लिए भार है। बिना जीवन मूल्यों के व्यवस्थित समाज रचना

असम्भव ही है। इनके बिना समाज समाज नहीं, राष्ट्र राष्ट्र नहीं, भटकता हुआ मानव पुंज है।

समाज अनिश्चित मंजिल का राही बन गया है। कहानी, उपन्यास एवं अन्य साहित्यिक विधाएँ दिग्भ्रमित समाज को सही पटरी पर लाने में सहायक सिद्ध हो सकते हैं। वैसे कहानी साहित्य पर सामाजिक परिवर्तनों का प्रभाव पड़ा है, क्योंकि साहित्यकार पर सामाजिक परिवेश का निश्चित रूपेण प्रभाव पड़ता है।?

3. सांस्कृतिक प्रभाव : संस्कृति मानव की पहचान है। इसका सम्बन्ध मानव की आन्तरिक भावनाओं से है। संस्कृति हमारे मानव मूल्यों को आकार देने में सहायक है। किसी भी देश अथवा समाज की महानता उस देश अथवा समाज के श्रेष्ठ सांस्कृतिक मूल्यों पर ही पल्लवित होती है तथा सफल होती है। डॉ. सच्चिदानन्द हीरानन्द वात्स्यायन 'अज्ञेय' इस विषय में अपना अभिमत इस प्रकार प्रकट करते हैं– "सांस्कृतिक अस्मिता नकल से नहीं बनती, अपनी सही पहचान से बनती है। सांस्कृतिक जीवन के बारे में ही यह बात सबसे अधिक सत्य है कि हम वही बन सकते हैं, जो हम हैं।"[44]

परिवर्तित जीवन मूल्यों के परिणामस्वरूप सांस्कृतिक स्थितियाँ भी परिवर्तित हुईं, इस विषय में डॉ. देवेश ठाकुर की स्पष्ट मान्यता है कि– "आजादी के बाद की भारतीय संस्कृति पर पश्चिमी जीवन दर्शन और संस्कृति की छाप स्पष्ट दिखाई देती है। एक तरह से स्वतन्त्रता के पश्चात् भारतीय जीवन में भारतीय और पश्चिमी संस्कृति के समन्वयात्मक चित्र उभरे हैं।"[45]

स्वतन्त्रता प्राप्ति के बाद हमारी इच्छाएँ कुछ अधिक ही बढ़ीं तथा भौतिकता की दौड़ में सब कुछ भूलकर हमने ऐसा भाग लिया जिससे परम्परा की आस्थाओं की चूलें हिल गयीं। हमारे भौतिक एवं सांस्कृतिक दृष्टिकोण असन्तुलित हो गये। विज्ञान के विकास ने भारतीय मानव की तार्किकता में अभिवृद्धि की। इससे हमारी परम्परागत धार्मिक आस्थाएँ बिखरने लगीं तथा विश्वास हिल गये। धर्म हमारी संस्कृति का मूलभूत अंग न रहा, वह स्वार्थ साधन का एक सबल अस्त्र बन गया। धर्म का अस्तित्व मात्र स्वार्थ सिद्धि तक सीमित रह गया।

स्वतन्त्रता प्राप्ति के बाद कोई जन पथ प्रदर्शक एवं लोक हितैषी नहीं दिखाई दिया, जो दिग्भ्रमित जनमानस को सही राह दिखा सके। हमारा देश अतीत में ऐसे विचार सम्पन्न महापुरुषों से परिपूरित था। आज आध्यात्मिकता का स्थान स्वार्थ ने ले लिया। सबकी प्रतिष्ठा समाप्त, पद एवं पैसे की प्रतिष्ठा बढ़ी है, पैसे के लिए पिता पुत्र, पुत्रियों को बेच रहा है, भाई भाई का गला काट रहा है, पत्नी पति को छोड़ भाग खड़ी हो रही है। धैर्य विलीन हो गया है, धन की लूट बढ़ी है। साहित्य, संगीत कला सभी पैसे की खातिर हैं। आध्यात्मिक मूल्य मिट रहे हैं। कला, साहित्य, शिक्षा सभी का उद्देश्य मानव हित नहीं, लक्ष्य तो केवल धन कमाना मात्र बन गया है। कलाओं का ध्येय भी मानव मात्र को सौन्दर्यानुभूति एवं कलात्मकता की अनुभूति कराना न होकर स्थूल श्रृंगारिकता एवं यौन भावनाओं का उद्दीपन मात्र रह गया है। डॉ. महेश चन्द्र दिवाकर इस विषय में ऐसा मानते हैं कि– "जब युग बदल गया है, मान्यताएँ बदल गयी हैं, समाज बदल गया है तो स्वतन्त्रता के पश्चात यदि व्यक्ति और उसकी विचारधाराएँ बदल रही हैं तो इसमें आश्चर्य की बात ही क्या है?"[46]

सांस्कृतिक मूल्य सरोवर सूखने लगा है। पाश्चात्य संस्कृति के अन्धे अनुकरण ने धनलिप्सा

एवं भोगलिप्सा बढ़ाई है। उपभोक्तावादी संस्कृति से दबने के कारण भारत में भी अर्थ एवं स्वार्थ संस्कृति बढ़ी है लेकिन धर्म, संस्कृति, कला तथा दर्शन का लोप हुआ है। विवेक, न्याय तथा सत्य की त्रिवेणी सूखने लगी है। खुलेपन के नाम पर नग्नता की कालिमा का टीका मानवता के मस्तक पर लगाया जा रहा है। सब कुछ हो रहा है उसी स्वार्थ के लिए जिसकी बलिवेदी पर मानव के सभी सम्बन्ध चढ़ चुके हैं।

आधुनिक संक्रमणशील युग में सांस्कृतिकता की धज्जियाँ उड़ रही हैं। अपनी संस्कृति, उसके नियम, उसकी विशेषताओं का किसी को ज्ञान ही नहीं है। पवित्रता विशेषकर मूल्यों की, पुस्तकीय वस्तु हो गयी, व्यवहार की धारणीय वस्तु नहीं रही। हम संस्कार एवं मूल्यधारियों को अपशब्द कहते हैं। सम्मान अब माता-पिता का नहीं रह गया है तो मूल्यों, विशेषकर सांस्कृतिक मूल्यों का क्या होगा? महँगाई की मार ने आदमी को उदरपूर्तिकामी बना दिया फिर संस्कार एवं मूल्य गणना हेतु समय किसके पास है। सांस्कृतिक मूल्यहीनता की संस्कृति कैसे पनपी यह भी अपने आप में एक शोध का विषय है। हमारी संस्कृति विनाश के कगार पर पहुँच चुकी है। निशंक यह देखते ही देखते लुप्त हो जाएगी, इसे बचाने वाले चाहिए। कहानी साहित्य सांस्कृतिक प्रभाव से भली-भाँति प्रभावित है।

4. धार्मिक प्रभाव : भारत एक धर्मनिरपेक्ष राष्ट्र है। यहाँ पर धर्म एवं संस्कृति का पालन हमेशा से होता चला आया है। धार्मिक समानता हमारे देश की विशेषता है। हिन्दू, मुस्लिम, सिख, ईसाई सभी यहाँ भाई-भाई की तरह रहते चले आये हैं फिर भी यदाकदा यहाँ सांस्कृतिक उन्माद फैलता रहा है। विदेश के विभिन्न मतावलम्बियों ने यहाँ आकर अपना अधिकार जमाया। उन्होंने अपने धर्म के बल पर यहाँ राज्य करने की चेष्टा की। हमारे देश की यह विशेषता रही कि यहाँ के निवासियों ने आक्रान्ताओं के धर्म सिद्धान्तों को भी पचा लिया, फिर भी धर्म के नाम पर साम्प्रदायिकता भड़कती रही, दंगे होते रहे।

स्वतन्त्रता प्राप्ति के बाद ही देश का विभाजन भयंकर साम्प्रदायिकोन्माद का ही परिणाम था। विभिन्न धर्मों के अन्तर्द्वन्द्वों के कारण व्यक्ति, परिवार एवं समाज का धार्मिक एवं नैतिक पतन हुआ। मानवीयता का लोप हुआ तथा प्रत्येक क्षेत्र में मानव मूल्य पतन दिखाई दिया। धार्मिक अनास्थाएँ बढ़ीं तथा मानवीय सम्बन्ध अस्त व्यस्त हुए। नैतिक पतन की पराकाष्ठा नारी पुरुष सम्बन्धों में दिखाई दी। आध्यात्मिकता का ह्रास हुआ, हमारे देशवासियों ने भौतिकवाद को अपनाया। पाश्चात्य जीवन शैली का प्रभाव भी इसका बहुत कुछ कारण बना। डॉ. लक्ष्मी शंकर वार्ष्णेय के विचार इसी तथ्य को स्पष्ट करते हैं– "आज का भारतीय लम्बी दासता के बाद स्वातन्त्र्योत्तर काल में जीवन जीने के बावजूद दास मनोवृत्ति का ही शिकार है और पश्चिमी आचार व्यवहार को अधिक गर्व से देखता है। अपनी उपयोगी भारतीय परम्पराएँ भी उसे अपमानजनक प्रतीत होती हैं।"[47] इस धार्मिक पतन के कारण हम भारतीय निस्तेज एवं आत्मगौरवहीन हो गये हैं। पाश्चात्य प्रभाव के कारण भारतीय हिन्दू समाज के मन में धार्मिक अनास्था के विपुल भाव जाग गये, जिसका लाभ मुसलमान एवं ईसाइयों को प्रभूत मात्रा में मिला।

मानव अपने को अकेला, निराश, हताश एवं रिक्त-सा अनुभव करने लगा। इसका असर पारिवारिक सम्बन्धों पर पड़ा। वैज्ञानिक युग में ईश्वर एवं वेदों के प्रति विश्वास में कमी आयी।

व्यक्ति अपने आप को अपना स्वामी मान बैठा और यही सब उपन्यास एवं कहानी आदि साहित्य में प्रतिबिम्बित होने लगा।

हमारे कहानीकार धार्मिक प्रभाव एवं उससे उत्पन्न विसंगतियों से बच न सके। आर्थिक विपन्नता धर्म परिवर्तन का भी कारण बनती है। वास्तविकता तो यह है कि धार्मिक विश्वास धराशायी हुए हैं। नारी की पवित्रता भंग हुई है। आधुनिक परिवेश में विकसित नगरीकरण ने धार्मिक ढाँचे को और अधिक चरमरा दिया है। रोटी रोजी के संघर्ष में भी धर्म आड़े आया है। विदेशी कहानियों के प्रभाव के कारण भी हिन्दी साहित्य की कहानियाँ धर्मयुक्त बनी हैं तथा कुछ पर धार्मिक प्रभाव प्रभूत मात्रा में पड़ा है।

यह निष्कर्ष रूप में कहा जा सकता है कि स्वतन्त्रता प्राप्ति के बाद देश में धार्मिक क्षेत्र में अत्यधिक उथल पुथल दिखाई दी, जिससे हिन्दी साहित्य की सभी विधाएँ प्रभावित हुईं।

5. मनोवैज्ञानिक प्रभाव : मनोविज्ञान व्यक्ति के भाव, विचार एवं व्यवहार के अध्ययन का विज्ञान है। इन सबकी अभिव्यक्ति लिपि करती है। अतः ये एक-दूसरे को प्रभावित करते हैं। वैसे पुरातन युग से ही साहित्यकारों पर मनोविज्ञान का प्रभाव रहा है। वाल्मीकि, कालिदास, सूर एवं तुलसी मनोविज्ञान के आचार्य थे। सदैव लेखक, विचारक, मनीषी तथा मनोवैज्ञानिक विचारपूर्वक मानव मन के रहस्यों को खोलने की चेष्टा करते रहते थे। तिलस्म एवं अय्यारी लेखन भी मानव प्रकृति को देखकर लिखा जाता था। रीतिकालीन कवि राजदरबारों के ज्ञान से परिपूर्ण हो उनकी रुचि एवं अभिरुचि के अनुसार काव्य रचना करते थे, जो कवि अथवा साहित्यकार जितना मनोविज्ञान का ज्ञान रखते हुए लिखेगा उसका लेखन उतना ही महान होगा और उसे उतनी ही अधिक जनप्रियता मिलेगी।

साहित्यकार को पारिवारिक, सामाजिक मनोविज्ञान का ज्ञान होना आवश्यक होता है। मनोविज्ञान ज्ञानशून्य साहित्यकार श्रेष्ठता की पराकाष्ठा तक नहीं पहुँच सकता। सन् 1930 के बाद में प्रेमचन्द ने जो कहानियाँ लिखीं उनमें मनोवैज्ञानिक चरित्रों की सृष्टि की। स्वयं कथाकार प्रेमचन्द प्रेम पीयूष की भूमिका में लिखते हैं कि–"मनुष्य जाति के लिए मनुष्य सबसे विकट पहेली है। किसी न किसी मनोवैज्ञानिक सत्य पर अपनी ही आलोचना किया करता है, अपने ही मनोरहस्य खोला करता है। वर्तमान आख्यायिका मनोवैज्ञानिक विश्लेषण को अपना ध्येय समझती है और सबसे उत्तम कहानी वह होती है जिसका आधार किसी न किसी मनोवैज्ञानिक सत्य पर हो।" जब प्रेमचन्द मानव जीवन के किसी मनोवैज्ञानिक सत्य की खोज करने लगे तब वह धीरे-धीरे आदर्शवाद की आतिशबाजी से दूर हो गये। 'शतरंज के खिलाड़ी', 'कफन', 'सत्याग्रह' आदि इसी प्रकार की कहानियाँ हैं। मानसिक संघर्ष का भी उन्होंने यत्रतत्र सम्यक् चित्रण किया है। 'सोहाग का शव', 'बड़े भाई साहब', 'आत्माराम' आदि कहानियों में मानसिक संघर्ष छिपा है। अच्छा कहानीकार अच्छा मनोवैज्ञानिक भी होगा। इतना ही नहीं हिन्दी के श्रेष्ठ आलोचक श्रीप्रकाश गुप्त की मान्यता है कि प्रेमचन्द मनोविज्ञान के कुशल आचार्य हैं। प्रो. प्रभाकर माचवे के शब्दों में– "प्रेमचन्द जी मनोवैज्ञानिकता लाने वाले प्रथम प्रमुख रचनाकार माने जा सकते हैं परन्तु फिर भी मनोवैज्ञानिकता बहुत स्थूल अर्थ में प्रेमचन्द में प्रयुक्त मिलती है।"[48]

सन् 1930 में ही भारतीय कम्यूनिस्ट पार्टी का जन्म हुआ। धीरे-धीरे साहित्यकारों पर भी जन सामान्य की भावना का स्पर्श करने वाले रूस के साहित्य का प्रभाव पड़ने लगा तथा सन् 1936 में प्रगतिशील लेखक संघ की स्थापना हुई।

प्रेमचन्द ने व्यक्ति को एक सामाजिक इकाई के रूप में कल्पित कर उसे अपने साहित्य का आलम्बन बनाया तथा उनके समसामयिक समस्त कहानीकारों ने व्यक्ति को एक सामाजिक इकाई के रूप में नकार दिया। व्यक्तिवादी दृष्टिकोण, आत्मपरक भावना, पलायनवादी प्रवृत्ति, मनोविश्लेषण तथा अन्तश्चेतनावाद के सूक्ष्म विवेचन से मानव जीवन की समस्याओं पर नवीन अध्ययन एवं उनका मनोवैज्ञानिक समाधान प्रस्तुत करने का प्रयास किया गया।

इसके बाद आत्मपरक दृष्टिकोण से कहानी लिखने वालों में श्री जैनेन्द्र कुमार, अज्ञेय, इलाचन्द्र जोशी तथा उपेन्द्रनाथ 'अश्क' अति महत्त्वपूर्ण हैं। मानव मन की उलझनों का मनोवैज्ञानिक विश्लेषण प्रस्तुत करना इन कहानीकारों का प्रधान उद्देश्य है तथा इस सन्दर्भ में मनोवैज्ञानिक यथार्थवाद के प्रति कहानीकारों का आग्रह बढ़ा। भगवतीचरण वर्मा, अमृतलाल नागर, उपेन्द्रनाथ 'अश्क', चन्द्रगुप्त विद्यालंकार, विष्णु प्रभाकर, भगवती प्रसाद वाजपेयी, रांगेय राघव, द्विजेन्द्र नाथ मिश्र निर्गुण आदि स्वतन्त्रता से पूर्व के श्रेष्ठ कथाकार कहे जाते हैं। इन्द्रनाथ मदान, सुभद्रा कुमारी चौहान, अमृतलाल नागर, गिरीश अस्थाना, भगवत शरण उपाध्याय, अज्ञेय, यशपाल, धर्मवीर भारती, नरेश मेहता, सर्वेश्वर दयाल, श्रीकान्त वर्मा, फणीश्वर नाथ रेणु, कमलेश्वर, राजेन्द्र यादव, ज्ञानरंजन, अवध नारायण, मोहन राकेश, अमरकान्त, परसाई, मार्कण्डेय, भीष्म साहनी, कृष्ण बलदेव वैद, शिव प्रसाद सिंह, उषा प्रियंवदा, मन्नू भंडारी, शेखर जोशी, शरद जोशी, रमेश बख़्शी, राजकमल चौधरी, रघुवीर सहाय, विजय चौहान, प्रयाग नारायण शुक्ल, शैलेश मटियानी, महेन्द्र भल्ला, राम नारायण शुक्ल, मनहर चौहान, दूधनाथ सिंह आदि कितने ही कहानीकार ऐसे हैं, जो अलग-अलग ढंग से आज की जिन्दगी के संकट को पीकर अनूठी प्रतिक्रिया व्यक्त कर रहे हैं। इनकी इस प्रतिक्रिया पर कहीं न कहीं मनोविज्ञान का प्रभाव अवश्य पड़ा है। समकालीन लेखकों में मणिमधुकर, प्रभात मित्तल, स्वदेश दीपक, ईश्वर चन्दर, ध्रुव जायसवाल, निरुपमा सेवती तथा दीप्ति खण्डेलवाल आदि बाह्य परिवेश से जुड़कर अपने अन्दर की यात्रा कर रहे हैं।

निष्कर्ष : इन कहानीकारों में अपमान, दमन, पीड़ा से मुक्ति पाने की छटपटाहट है। राजनीतिक विकल्पहीनता, अनास्था आदि का चित्रण कमलेश्वर की कहानियों में मिलता है।

कहानी को लेखकों ने परिभाषित किया, उसका स्वरूप बदल रहा है। कहानी विविध धारा में फैल रही है। कहानियों की उपादेयता बढ़ रही है। वर्तमान परिप्रेक्ष्य में कहानी प्रासंगिक है तथा राजनीतिक, सामाजिक, सांस्कृतिक, धार्मिक तथा मनोवैज्ञानिक प्रभावों से प्रभावित हो रही है। समसामयिक प्रभाव से भी कहानी की धाराएँ वंचित नहीं रही हैं। अतः निष्कर्षरूपेण संक्षेप में यह कहा जा सकता है कि समकालीन कहानीकारों ने राजनीतिक परिवेशानुसार भ्रष्टाचार, रिश्वत, कालाबाजारी, स्वार्थलिप्त नेतागीरी तथा अफसरशाही का बड़े ही मनोवैज्ञानिक ढंग से चित्रण किया है। 'मानसरोवर के हँस' में अफसरशाही की बेईमानी का पर्दाफाश कमलेश्वर ने बड़े ही सटीक ढंग से किया है।

इस प्रकार यह स्पष्ट है कि कहानी विधा के विकास में राजनीतिक, सामाजिक, सांस्कृतिक, धार्मिक तथा मनोवैज्ञानिक प्रभाव किसी न किसी रूप में पड़े हैं। इन प्रभावों से प्रभावित कहानी विकास पथ पर अग्रसर हो रही है। इसी कथा धारा में कमलेश्वर एक सशक्त हस्ताक्षर हैं। उनका चिन्तन जन सामान्य की चिन्ता से उद्‌भूत जनवादी है। उन्होंने अपनी कहानियों एवं उपन्यासों में समसामयिक सामाजिक, राजनीतिक, आर्थिक तथा नैतिक क्षेत्रों में हुए परिवर्तन को अति सफलता से अनावृत किया है।

सन्दर्भ

1. नयी कहानी सन्दर्भ और प्रकृति– डॉ. नामवर सिंह के लेख 'नयी कहानी' सफलता और सार्थकता से अवतरित : सं. डॉ. देवीशरण अवस्थी, पृष्ठ 64
2. साहित्य सहचर : हजारी प्रसाद द्विवेदी, पृष्ठ 76
3. हिन्दी साहित्य कोश : प्रधान सम्पादक धीरेन्द्र वर्मा, पृष्ठ 182
4. कहानी स्वरूप और संवेदना : राजेन्द्र यादव, पृष्ठ 13-14
5. "Any piece of short fiction which can be read in twenty minutes would be a short story"— H.G. Wells
6. शास्त्रीय समीक्षा के सिद्धान्त (भाग-1) : गोविन्द त्रिगुणायत, पृष्ठ 454
7. काव्य कला तथा अन्य निबन्ध : जयशंकर प्रसाद
8. साहित्यालोचन : डॉ. श्याम सुन्दर दास, पृष्ठ 184
9. हिन्दी साहित्य का इतिहास : आचार्य रामचन्द्र शुक्ल, पृष्ठ 602
10. कुछ विचार : मुंशी प्रेमचन्द, पृष्ठ 27
11. काव्य के रूप : डॉ. गुलाब राय, पृष्ठ 213
12. नयी कहानी : प्रकृति और पाठ : श्री सुरेन्द्र पृष्ठ 76
13. कहानी का रचना विधान : जगन्नाथ प्रसाद शर्मा, पृष्ठ 7
14. हिंन्दी की प्रतिनिधि कहानियाँ (भूमिका) : अज्ञेय, पृष्ठ 22
15. हिन्दी कहानी का उद्‌भव और विकास : डॉ. सुरेश सिन्हा, पृष्ठ 106
16. कथा यात्रा : सम्पादक राजेन्द्र यादव, पृष्ठ 5
17. प्रसाद की सम्पूर्ण कहानियाँ एवं निबन्ध : सम्पादन एवं भूमिका डा. सत्यप्रकाश मिश्र, पृष्ठ 164-165
18. आधुनिक हिन्दी साहित्य : सम्पादक हजारी प्रसाद द्विवेदी, पृष्ठ 106
19. हिन्दी कहानी और कहानीकार : प्रो. वासुदेव, पृष्ठ 55
20. कहानी स्वरूप व संवेदना : राजेन्द्र यादव, पृष्ठ 36
21. हिन्दी कहानी उद्‌भव व विकास : डॉ. सुरेश सिन्हा, पृष्ठ 522,523
22. वही।
23. अधूरा चित्र (अपना दृष्टिकोण) : रमाप्रसाद 'पहाड़ी', पृष्ठ 1,2-3
24. वही।
25. जैनेन्द्र के विचार : जैनेन्द्र कुमार, पृष्ठ 273
26. हिन्दी कहानी : पहचान और परख : इन्द्रनाथ मदान, पृष्ठ 22-23
27. हिन्दी कहानी उद्‌भव व विकास : डॉ. सुरेश सिन्हा, पृष्ठ 513
28. कहानी स्वरूप और संवेदना : राजेन्द्र यादव, पृष्ठ 37
29. नयी कहानी सन्दर्भ और प्रकृति (एक और शुरुआत–डॉ. नामवर सिंह): सं. देवी शंकर अवस्थी, पृष्ठ 50
30. हिन्दी कहानी : पहचान और परख (कहानी की भाषा दृष्टि–रमेश चन्द्र शाह) : इन्द्रनाथ मदान,

पृष्ठ 227
31. नवें दशक की हिन्दी कहानी में मूल्य विघटन : राहुल भारद्वाज, पृष्ठ 19
32. परिवेश : मोहन राकेश, पृष्ठ 203
33. कथाक्रम : देवेश ठाकुर, पृष्ठ 13
34. हिन्दी कहानी : पहचान और परख (अकहानी–गंगा प्रसाद विमल) : इन्द्रनाथ मदान, पृष्ठ 13
35. हिन्दी कहानी : पहचान और परख (सचेतन कहानी–महीप सिंह) : इन्द्रनाथ मदान, पृष्ठ 88
36. नयी कहानी की भूमिका : कमलेश्वर पृष्ठ, 39-40
37. वही, पृष्ठ 19-20
38. सचेतना (दिसम्बर सन् 1967), पृष्ठ 62
39. प्रवर्तिका, अपरिमित : श्रीमती शशि पाठक, पृष्ठ 04
40. हिन्दी कहानी में युगबोध : डॉ. मंजु लता सिंह, पृष्ठ 142
41. आधुनिक हिन्दी कविता का इतिहास : डॉ. चातक, पृष्ठ 151
42. लहर (जनवरी 1966) : डॉ. देवी शंकर अवस्थी, पृष्ठ 24
43. स्वातन्त्र्योत्तर हिन्दी कहानी : कृष्णा अग्निहोत्री, पृष्ठ 21
44. अद्यतन : सच्चिदानन्द हीरानन्द वात्स्यायन 'अज्ञेय' पृष्ठ 13
45. हिन्दी कहानी का विकास : डॉ. देवेश ठाकुर, पृष्ठ 95
46. हिन्दी नयी कहानी का समाजशास्त्रीय अध्ययन : डॉ. महेश चन्द्र दिवाकर, पृष्ठ 56
47. आधुनिक हिन्दी कहानी परिपार्श्व : डॉ. लक्ष्मी सागर वार्ष्णेय, पृष्ठ 19
48. कहानी कला और प्रेमचन्द : प्रो. श्रीपति शर्मा, पृष्ठ 122-124

4

कमलेश्वर का उपन्यास साहित्य

(क) उपन्यास का उद्भव, परिभाषा एवं विकास

उपन्यास का उद्भव

'उपन्यासः प्रसाधनम्' (प्रसन्न करने को उपन्यास कहते हैं) साहित्य दर्पणकार ऐसा मानते हैं। उपन्यास की दूसरी व्याख्या इस प्रकार है—"उपपत्ति कृतोहिअर्थ उपन्यासः संकीर्तितः।"[1] (किसी अर्थ को युक्ति-युक्त रूप में उपस्थित करना उपन्यास कहलाता है।)

ऐसी मान्यता है कि उपन्यास का उद्भव यूरोप में रोमांटिक कथा-साहित्य से हुआ, जो मूल रूप से भारतीय प्रेमाख्यानों से संप्रेरित था। रोमांटिक का अभिप्राय है जिसमें प्रेम एवं साहस का निरूपण हो। संस्कृत के वासवदत्ता, कादम्बरी एवं दशकुमार चरितम् में प्रेम, साहस एवं धैर्य का ही चित्रण किया गया है। भारतीय कथा-साहित्य में तब इन तत्त्वों की इतनी अधिक प्रधानता थी कि आचार्य रुद्रट ने कथा-साहित्य के लक्षण निर्धारित करते समय प्रेम एवं साहस को उसका आवश्यक लक्षण माना है। यूरोप में रोमांटिक उपन्यासों का प्रचार सर्वप्रथम इटली में माना गया है। चौदहवीं शताब्दी के मध्य में इटली के लेखक वोकेशिया ने 'डी केमरान' की रचना की, जिसमें व्यंग्य एवं विनोदपूर्णता थी।

सत्रहवीं शती में स्पेन के लेखक सरवन्ते ने 'डॉन क्विकजोट' रचा। इसके बाद फ्रांस में रोमानी एवं यर्थाथवादी कथा-साहित्य की अत्यधिक प्रगति हुई। दूसरी ओर सत्रहवीं एवं अठारहवीं सदी में इंग्लैण्ड में अनेक महत्त्वपूर्ण उपन्यास रचे गये, जिनमें सर फिलिप सिडनी कृत 'आर्केटिया' (1590), जॉन बुनियन कृत 'पिलग्रिम्स प्रोग्रेस' (1684), डेनियल डैफो कृत 'रॉबिन्सन क्रूसो' (1719), जोनाथन स्विट कृत 'गुलीवर्स ट्रेवल्स' (1726) आदि हैं। तदनन्तर इंग्लैण्ड, फ्रांस, जर्मनी तथा रूसी लेखकों ने अनेक उच्च कोटि की उपन्यास रचनायें कीं जिनमें सेम्युअल रिचर्डसन ने 'पामेला' (1740), हैनरी फील्डिंग ने 'टोमजोन्स' (1749), ऑलिवर गोल्डस्मिथ ने 'विकार ऑफ बेकफील्ड', जेन ऑस्टिन ने 'प्राइड एण्ड प्रेजुडिस', सर वाल्टर स्कॉट ने 'वेवर्ली नोवेल्स', चार्ल्स डिकेंस ने 'डेविड कॉपरफील्ड', ब्राण्टी ने 'जेन आयर', थैकरे ने 'वेनिटी फेयर', जार्ज इलिएट ने 'एडम बीड' आदि की रचनाएँ कीं, जो इंग्लैण्ड से प्रकाशित हुईं। फ्रांस में अनेक उपन्यासकार हुए जिनमें वाल्टेयर, विक्टर ह्यूगो, बाल्जक, जार्ज सेण्ड, जोला, लावेयर तथा अनातोले आदि के नाम विशेष उल्लेखनीय हैं। जर्मनी में गेटे तथा रूस में पुश्किन,

गोसोल, लमिन्तोफ, तुर्गनेव, द्वायत्सोवस्की, तोल्सतोय आदि अनेक उपन्यासकारों का प्रादुर्भाव हुआ।

ऊपर दी गयी नामावली से यह स्पष्ट है कि यूरोप में अठारहवीं शताब्दी के अन्त तक उपन्यास साहित्य का प्रभूत लेखन एवं विकास हो चुका था, लेकिन हिन्दी में इसका आविर्भाव उन्नीसवीं शताब्दी के अन्तिम चरण में हुआ। अतः जिन भाषा-भाषियों का अंग्रेजी भाषा से निकट का सम्पर्क रहा था उनमें उपन्यास का प्रचार पहले ही होना स्वाभाविक था। ठीक यही कारण है कि बंगाल में उपन्यास लेखन हिन्दी से पूर्व ही प्रारम्भ हो चुका था। बँगला के अनेक उपन्यासों तथा उपन्यासकारों बंकिम चन्द्र चटर्जी, शरत् चन्द्र चट्टोपाध्याय तथा रवीन्द्रनाथ टैगोर आदि का हिन्दी उपन्यास साहित्य पर गहन प्रभाव पड़ा। इस प्रकार स्पष्ट है कि हिन्दी में उपन्यास साहित्य का उद्भव काफी विलम्ब से हुआ। यूरोप के देशों में यह पहले ही पूर्ण विकसित हो चुका था, उसके प्रभाव से पहले हमारे देश में बँगला उपन्यास साहित्य का उदय हुआ तदनन्तर हिन्दी उपन्यास साहित्य का।

उपन्यास की परिभाषा

उपन्यास कथा-साहित्य का आधुनिक रूप है। मानव ने कथा कहने और सुनने के लिए नवीन शिल्प आयाम विकसित किए। आधुनिक मानव ने मानवीय संवेदनाओं का समाहार उपन्यास में पाया और उसे अपने कंठ का हार ही बना लिया। आज कल सबसे अधिक परिमाण में उपन्यास ही पढ़े जाते हैं तथा कहीं-कहीं इनके अलग वितरण की व्यवस्था करनी पड़ती है। उपन्यास की इस लोकप्रियता का कारण उसकी समाजधर्मिता का मूल है। आधुनिक मानव की बुद्धिमती रुचि को जितना उपन्यासों ने पहचाना है शायद इतना किसी अन्य विधा ने नहीं। उपन्यास में मानव की आशा, आकांक्षा, दुःख-सुख, दुःख-दर्द, पीड़ा-वेदना, कुंठा-यंत्रणा, आशा-अरमान, आस्था-अनास्था सब कुछ तो रूपायित होता है। उपन्यास के उदर में आधुनिक साहित्य की समस्त विधाएँ—निबन्ध, साहित्य-पत्र, संस्मरण और इतिहास, धार्मिक प्रवचन, क्रान्तिकारी मैनीफेस्टो, यात्रा विवरण, रेखाचित्र, डायरी तथा आत्मकथा आदि सभी आ जाती हैं। इन सबको आत्मसात् करने के उपरान्त भी वह सबसे निराला है।

आज के मानव का सम्यक् परिचय प्राप्त करने के लिए उपन्यास का अध्ययन परमावश्यक है। अंग्रेजी कवि पोप की मान्यता है कि—मानव की सही पहचान उपन्यास से ही उभरकर आती है। उपन्यास जीवन की उपासना है। इसमें हम जीवन के साथ तादात्म्य स्थापित करते हैं। एक सफल उपन्यास को जीवन का भाष्य कहा जा सकता है। उपन्यास दौड़ते हुए जीवन को पकड़ता है। वह सिनेमाटोग्राफ की भाँति हमारे सामने आता है। वह विगत जीवन को देखने वाली एक आँख बन जाता है। ज्योर्ज महोदय के मतानुसार—उपन्यास क्रमशः मानव जीवन को समझाने की ओर तथा उसके निर्माण की ओर बढ़ रहा है, इसलिए वह मनोरंजक होते हुए भी अत्यन्त उपयोगी है।

डॉ. श्याम सुन्दर दास उपन्यास की परिभाषा इस प्रकार देते हैं—"उपन्यास मनुष्य के वास्तविक जीवन की काल्पनिक कथा है।"[2] उपन्यास सम्राट् प्रेमचन्द के शब्दों में उपन्यास की

परिभाषा है कि—"मैं उपन्यास को मानव चरित्र का चित्र मात्र समझता हूँ। मानव चरित्र पर प्रकाश डालना और उसके रहस्यों को खोलना ही उपन्यास का मूल तत्त्व है।"[3] डॉ. त्रिभुवन सिंह के अनुसार– "उपन्यास गद्य साहित्य का वह समर्थ रूप है, जिसमें प्रबन्ध काव्य का सा सुसंगठित वस्तु विन्यास, महाकाव्य की सी व्यापकता, गीतों की सी मार्मिकता, नाटकों सा प्रभाव, गाम्भीर्य तथा छोटी कहानी की सी कलात्मकता एक साथ मिल जायेगी। शृंखलाबद्ध कथानक द्वारा सरल तथा गूढ़ मानव चरित्रों एवं मानसिक संघर्षों से युक्त उसके स्वभावों एवं मन की महती शक्तियों का पूर्ण जीवित एवं यथार्थ चित्र कल्पना के द्वारा, जिस साहित्य रूप में प्रस्तुत किया जाता है, उसे उपन्यास कहते हैं।"[4]

उपन्यास विधा के सुधी एवं समर्थ समीक्षक आचार्य नन्ददुलारे वाजपेयी उपन्यास को परिभाषित करते हुए लिखते हैं कि—"उपन्यास का क्षेत्र साहित्य की इतर विधाओं की अपेक्षा विस्तृत है। विभिन्न ललित कलाएँ उपन्यास में ही आकर समाहित हो जाती हैं। साहित्य के क्षेत्र में उपन्यास ही एक ऐसा उपकरण है, जिसके द्वारा सामूहिक मानव जीवन अपनी समस्त भावनाओं और चिन्ताओं के साथ सम्पूर्ण रूप में अभिव्यक्त हो सकता है। मानव जीवन के विभिन्न चित्रों को चित्रित करने का जितना अवकाश उपन्यासों में मिलता है, उतना अन्य साहित्यिक उपकरणों में नहीं।"[5] डॉ. गुलाब राय उपन्यास की परिभाषा को संक्षेप में इस प्रकार शब्दबद्ध करते हुए कहते हैं कि– "संक्षेप में हम कह सकते हैं कि उपन्यास कार्य कारण शृंखला में बँधा हुआ वह गद्य कथानक है, जिसमें अपेक्षाकृत अधिक विस्तार तथा पेचीदगी के साथ वास्तविक जीवन का प्रतिनिधित्व करने वाले व्यक्तियों से सम्बन्धित वास्तविक व काल्पनिक घटनाओं द्वारा मानव जीवन के सत्य का रसात्मक रूप से उद्घाटन किया जाता है।"[6]

उपर्युक्त परिभाषाओं के अनुशीलनोपरान्त निष्कर्षरूपेण यह कहा जा सकता है कि उपन्यास आधुनिक काल की वह समर्थ गद्य विधा है, जिसमें लेखक सामाजिक एवं वैयक्तिक यथार्थ का निरूपण अपने स्वतन्त्र जीवन दृष्टि को केन्द्र में रखते हुए करता है।

उपन्यास का विकास

हिन्दी के प्रथम उपन्यास के विषय में शोधकर्ताओं में मतभेद है। आचार्य रामचन्द्र शुक्ल 'भाग्यवती' नामक उपन्यास को सर्वप्रथम सामाजिक उपन्यास बताते हैं। पंजाब के एक हिन्दी लेखक पं. श्रद्धाराम फुल्लौरी ने सन् 1977 में इसकी रचना की थी, लेकिन यह उपन्यास अप्राप्य है, वे आगे चल कर स्वीकारते हैं कि– "अंग्रेजी ढंग का पहला उपन्यास सर्वप्रथम हिन्दी में लाला श्रीनिवास दास का 'परीक्षा गुरु' (सन् 1882) निकला।"[7] डॉ. कृष्णलाल एक अन्य उपन्यास को हिन्दी का प्रथम उपन्यास मानते हैं। उनके मतानुसार– "सन् 1891 में प्रकाशित और देवकी नन्दन खत्री द्वारा लिखित उपन्यास 'चन्द्रकान्ता' हिन्दी का साहित्यिक उपन्यास था।"[8] इस विषय में शिव नारायण श्रीवास्तव कुछ और आगे काल में जाते हुए कहते हैं कि—'हिन्दी के प्रथम उपन्यास का श्रेय 'रानी केतकी की कहानी' को है।' हिन्दी के सुप्रसिद्ध आलोचक डॉ. हजारी प्रसाद द्विवेदी ने इस विषय में कहा है कि "भारतेन्दु को हिन्दी का प्रथम उपन्यासकार और उनके 'पूर्ण प्रकाश और चन्द्र प्रभा' को प्रथम उपन्यास मानते हैं।"[9]

डॉ. माता प्रसाद गुप्त का विचार आचार्य द्विवेदी से पृथक है। डॉ. गुप्त ने सन् 1871 में प्रकाशित 'मनोहर' उपन्यास को प्रथम मौलिक उपन्यास माना है। इसका लेखक अज्ञात है तथा पुस्तक का सम्पादन सदानन्द मिश्र एवं शंभूनाथ मिश्र ने किया है। डॉ. कामता प्रसाद गुप्त के अनुसार–"हिन्दी में उपन्यास शब्द का सर्वप्रथम उपयोग सन् 1871 में एक कथा पुस्तक के नामकरण में 'मनोहर' उपन्यास के रूप में हुआ। हिन्दी में यह उपन्यास शब्द बँगला के माध्यम से आया है।"[10]

अन्ततः आधुनिक काल के उपन्यास की परिभाषा की कसौटी पर 'परीक्षा गुरु' प्रथम उपन्यास के रूप में ख़रा उतरता है। भारतेन्दु का अपूर्ण उपन्यास 'कुछ आप बीती' को 'परीक्षा गुरु' की आधार भूमि तैयार करने का श्रेय दिया जा सकता है। प्रथम उपन्यास तो 'परीक्षा गुरु' को ही स्वीकार किया गया है। हिन्दी उपन्यास के क्रमिक विकास को अध्ययन की सुविधा हेतु अनेक विद्वानों ने अपने-अपने विचारों के अनुरूप विभाजित किया है। उपन्यास विकास क्रम की दृष्टि से काल क्रमानुसार विभाजन इस प्रकार किया जा सकता है–

1. भारतेन्दु युग सन् 1864 से 1900 तक
2. द्विवेदी युग सन् 1901 से 1916 तक
3. प्रेमचन्द युग सन् 1917 से 1936 तक
4. प्रेमचन्दोत्तर युग सन् 1937 से 1960 तक
5. साठोत्तर युग सन् 1961 से आज तक

1. भारतेन्दु युग (सन् 1864 से 1900 तक)

रीतिकाल में साहित्य शृंगार एवं दरबारी हास विलास में डूबा हुआ था। रीतिकाल साहित्यकार नायक-नायिका के सौन्दर्य और विकास तक ही केन्द्रित थे। रीतिकालीन साहित्य आजीविकाश्रित था। लेखनी आश्रयदाताओं की गुण गायिका थी। रीतिकाल का साहित्य पूर्ण विकसित नहीं हुआ। साहित्य विलासिता एवं कौतूहल की दृष्टि के साधन मात्र के रूप में प्रयुक्त था। सन् 1864 से 1900 ई. तक का युग भारतेन्दु काल है। इस काल में राजनीतिक परिवर्तनों के कारण शासन सत्ता ईस्ट इण्डिया कम्पनी से हटकर महारानी विक्टोरिया के हाथों में पहुँच गयी। अंग्रेजों ने शिक्षा प्रणाली के प्रचार एवं प्रसार के द्वारा भारतीयों को बौद्धिक गुलामी का पाठ पढ़ाया लेकिन पश्चिमी शिक्षा के प्रचार-प्रसार से भारतीय जीवन में एक नवीन बौद्धिक जागृति आयी, भारतीयों में समाज सुधार एवं सर्वांगीण उन्नति की भावना पैदा हुई।

"भारतेन्दु युग में राजा राममोहन राय, दयानन्द सरस्वती व अन्य सुधारकों के प्रयास ने एक जबरदस्त साहित्यिक आन्दोलन का रूप धारण किया। यह आन्दोलन अब केवल ब्रह्म समाज और आर्य समाज का आन्दोलन नहीं रहा, बल्कि पाश्चात्य संस्कृति और आर्य समाज का आन्दोलन नहीं रहा, बल्कि पाश्चात्य संस्कृति और सभ्यता की प्रतिस्पर्द्धा में उद्वेलित भारतीय समाज की चेतना का सामूहिक संघर्ष बन गया।"[11]

पाश्चात्य सभ्यता की स्पर्धा में आर्य समाज का उदय हुआ। इस युग में सांस्कृतिक अवमूल्यन, आत्मोन्नति एवं आत्म-परिष्कार भावना का आवेग दृष्टिगोचर होने लगा। भारतेन्दु

एवं उनके मण्डल के गद्यकार उस समय जन जागृति अग्रदूत के रूप में अवतरित हुए। "सन् 1868 ई. के उपरान्त भारतेन्दु काल का हिन्दी साहित्य में अवतरण हुआ, तो सबसे पहले साहित्यकारों का ध्यान शुद्ध हिन्दी की ओर गया। उन्होंने हिन्दुस्तानी के विरुद्ध जनमत का निर्माण किया और सन् 1870 ई. में 'कवि वचन सुधा' पद्य का, गद्य प्रधान पाक्षिक हो गया है।"[12] प्रस्तुत आन्दोलन की भूमिका में इतना आकर्षण था कि अनेक लेखक एवं कवि सामने आने लगे। वे साहित्यकार शुद्ध हिन्दी एवं खड़ी बोली के पक्षपाती थे। साथ ही उनमें देशोन्नति एवं आत्म-परिष्कार की भी भावना प्रबल थी। भारतेन्दु हरिश्चन्द्र आधुनिक हिन्दी साहित्य में चेतना के अग्रदूत बन कर आये। उन्होंने तथा उनके मण्डल ने अभिनव चेतना की सार्थक अभिव्यक्ति से साहित्य की विविध विधाओं को विकसित एवं सुसम्पन्न करने में अपना अमूल्य योगदान दिया। भारतेन्दु एवं उनके नक्षत्र मण्डल ने पत्र निकाल कर सामाजिक चेतना के विकास हेतु सक्रिय साहित्य सृजन किया। पत्रिकाओं के माध्यम से साहित्य का सर्वांगीण विकास हुआ। कवि वचन सुधा, हिन्दी प्रदीप, सार सुधा निधि, क्षत्रिय पत्रिका तथा नागरी प्रचारिणी पत्रिका इस युग की प्रमुख साहित्यिक पत्रिकायें मानी जाती हैं।

इस युग में लिखे गये उपन्यासों में से सामाजिक एवं ऐतिहासिक उपन्यासों का वर्णन अग्रलिखित है।

(क) सामाजिक उपन्यास, (ख) ऐतिहासिक उपन्यास

(क) सामाजिक उपन्यास : इस काल में पण्डित श्रद्धाराम फुल्लौरी, लाला श्रीनिवास दास, बालकृष्ण भट्ट, ठाकुर जगमोहन सिंह, राधाकृष्ण दास, मेहता लज्जाराम शर्मा, किशोरी लाल गोस्वामी, अयोध्या सिंह उपाध्याय 'हरिऔध', ब्रजनन्दन सहाय, मन्नन द्विवेदी आदि उपन्यासकारों ने सामाजिक उपन्यास रचकर हिन्दी साहित्य को विकास पथ पर अग्रसर किया। श्री श्रद्धाराम फुल्लौरी ने 'भाग्यवती' (1877 ई.) उपन्यास लिखा जिसे कुछ विद्वान् हिन्दी का प्रथम उपन्यास मानते हैं। लाला श्रीनिवास दास ने 'परीक्षा गुरु' उपन्यास लिखा, यही उपन्यास इस युग का महत्त्वपूर्ण एवं सही अर्थों में प्रथम उपन्यास कहलाने का अधिकारी है।

पं. बालकृष्ण भट्ट इस युग के विशिष्ट उपन्यासकार हैं। 'नूतन ब्रह्मचारी', 'सौ अजान एक सुजान' तथा 'रहस्य कथा' (अपूर्ण) इनके ये तीन उपन्यास हैं। राधाकृष्ण दास मूलतः नाटककार हैं, लेकिन इन्होंने सोलह वर्ष की आयु में 'निस्सहाय हिन्दू' नामक एक उपन्यास लिखा था। मेहता लज्जाराम शर्मा ने कुल तेरह उपन्यास लिखे जिनमें 'धूर्त रसिक लाल', 'स्वतन्त्र रमा और परतंत्र लक्ष्मी', 'आदर्श दम्पति', 'हिन्दू गृहस्थ', 'बिगड़े का सुधार' तथा 'आदर्श हिन्दू' आदि प्रसिद्ध उपन्यास हैं। अयोध्या सिंह उपाध्याय 'हरिऔध' भी मूलरूप में कवि हैं लेकिन उन्होंने दो उपन्यास भी लिखे हैं– 'ठेठ हिन्दी का ठाठ' (1899 ई.) तथा 'अधखिला फूल' (1907 ई.)।

ब्रजनन्दन सहाय ने भी दो प्रेमाख्यान सामाजिक उपन्यास लिखे हैं– 'सौन्दर्योपासक' तथा 'राधाकान्त'। मन्नन द्विवेदी इस उपन्यास के प्रारम्भिक काल के एक सशक्त उपन्यासकार हैं, इन्होंने भी दो उपन्यास रचे हैं– 'रामलाल' (1917 ई.) तथा 'कल्याणी' (1920 ई.)। 'कल्याणी' उपन्यास इन्होंने प्रेमचन्द युग में लिखा था। ठाकुर जगमोहन सिंह ने 'श्याम स्वप्न' (1888 ई.) में

भावपूर्ण सामाजिक उपन्यास लिखा। किशोरी लाल गोस्वामी इस युग के मूर्धन्य उपन्यासकार हैं। इनके सामाजिक उपन्यास हैं—'त्रिवेणी' (1890 ई.), 'लीलावती या आदर्श सती' (1901 ई.), 'राजकुमारी' (1902 ई.), 'चपला वा नव्य समाज' (1903-04 ई.), 'पुनर्जन्म या सौतिया डाह' (1907 ई.), 'माधवी माधव या मदन मोहिनी' (1909-10 ई.) तथा 'अँगूठी का नगीना' (1918 ई.) आदि। इनके अतिरिक्त 'प्रणयिनी परिणय' (1880 ई.), 'प्रेममयी' (1901 ई.), 'स्वर्गीय कुसुम या कुसुम कुमारी' (1889 ई.), 'चन्द्रावती' (1905 ई.), 'तरुण तपस्विनी' (1906 ई.) तथा 'इन्दुमती' (1906 ई.) इनके उल्लेखनीय हिन्दी उपन्यास हैं।

इस युग के अन्य सामाजिक उल्लेखनीय उपन्यास इस प्रकार हैं— श्री देवी प्रसाद शर्मा कृत 'सुन्दर सरोजनी' (1893 ई.), बाल मुकुन्द शर्मा रचित 'मालती' (1904 ई.), कामता प्रसाद रचित 'कुल कलंकिनी' (1905 ई.), लोचन प्रसाद पाण्डेय रचित 'दो मित्र' (1906 ई.), रामदास वैश्य रचित 'सती' (1907 ई.), ईश्वरी प्रसाद शर्मा रचित 'हिरण्यमयी' (1908 ई.) एवं 'स्वर्णमयी' (1910 ई.), श्री कृष्णलाल शर्मा रचित 'चम्पा' (1916 ई.) तथा श्याम किशोर वर्मा रचित 'काशी यात्रा' (1916 ई.) आदि।

(ख) ऐतिहासिक उपन्यास : इस काल के ऐतिहासिक उपन्यासकारों में किशोरी लाल गोस्वामी, गंगा प्रसाद गुप्त, मथुरा प्रसाद शर्मा, बल्देव प्रसाद मिश्र, बाबू ब्रजनन्दन सहाय तथा मिश्र बन्धु आदि प्रसिद्ध हैं। इनमें किशोरी लाल गोस्वामी सर्वोपरि हैं। इनके उपन्यासों में 'तारा या छात्रकुल कमलिनी' (1902 ई.), चंचला, 'कनक कुसुम या मस्तानी' (1903 ई.) 'सुल्ताना रजिया बेगम या रंग महल में हलाहल' (1904 ई.), 'हृदयहारिणी या आदर्श रमणी' (1904 ई.), 'लवंग लता वा आदर्श बाला' (1904 ई.), 'मल्लिकादेवी वा बंग सरोजिनी' (1905 ई.), 'सोना और सुगन्ध वा पन्नाबाई'(1909-11ई.), 'तरुण तपस्विनी' (1906 ई.), 'गुलबहार का आदर्श मातृस्नेह' तथा 'लखनऊ की कब्र या शाही महलसरा' (1917 ई.) आदि प्रमुख हैं। इनके अतिरिक्त गंगा प्रसाद गुप्त रचित 'नूरजहाँ (1902 ई.), 'वीर पत्नी' (1903 ई.), 'कुमार सिंह सेनापति' (1903 ई.), 'हम्मीर' (1903 ई.), 'जयराम दास गुप्त' लिखित 'कश्मीर पतन' (1907 ई.), 'रंग में भंग' (1907 ई.), 'नवाबी परिस्तान या वाजिद अली शाह' (1909 ई.), 'मल्का चाँद बीबी' (1909 ई.), 'मथुरा प्रसाद शर्मा कृत' 'नूरजहाँ बेगम वा जहाँगीर' (1905 ई.), 'बलदेव प्रसाद मिश्र' रचित 'अनारकली' (1908 ई.), 'पृथ्वीराज चौहान' (1902 ई.) तथा 'पानीपत' (1902 ई.), बाबू ब्रजनन्दन सहाय रचित 'लालचीन' तथा मिश्रबन्धु रचित 'वीरमणि' आदि प्रसिद्ध ऐतिहासिक उपन्यास हैं।

2. द्विवेदी युग (सन् 1901 से 1916 तक)

उपन्यास का उद्भव एवं प्रारम्भिक विकास भारतेन्दु युग में हुआ। बीसवीं शताब्दी के प्रथम दो दशक द्विवेदी युग के नाम से साहित्य में प्रसिद्ध हैं। द्विवेदी युग में समाज एवं साहित्य का सम्बन्ध उत्तरोत्तर बढ़ा। साहित्य मनोरंजन का साधन मात्र न रहकर बहुविध रूप में अवतरित हुआ। इस युग में राष्ट्रीय स्वाभिमान की प्राण प्रतिष्ठा हुई। वैज्ञानिक परिवर्तनों से समाज का कायाकल्प हुआ तथा बुद्धिवादी दृष्टि की प्रधानता बढ़ी। राष्ट्रीय भावना प्राबल्य एवं आत्मविश्वास के कारण

साहित्य एवं जनमानस के सम्बन्ध सुस्थिर हुए। आर्य समाज व सनातन धर्म का द्वन्द्व इसी समय चलता रहा। प्रथम विश्वयुद्ध में रूसी, जर्मनी एवं जनजीवन के साहित्य से हमारा परिचय हुआ। समाज में उदारता एवं सहिष्णुता का प्रसार हुआ। इण्डियन नेशनल कांग्रेस ने देश में राष्ट्रीय भावोदय किया। लोकमान्य तिलक, लाला लाजपतराय, गोपाल कृष्ण गोखले, स्वामी श्रद्धानन्द, मदनमोहन मालवीय आदि नेता एवं समाज सेवियों ने हमें जगाया। हिन्दी एवं हिन्दुस्तानी के महत्त्व को हमने स्वीकार किया। राजनीतिक जागरूकता से वैचारिक जागृति पनपी। ब्रज भाषा का स्थान खड़ी बोली लेने लगी। द्विवेदी ने लेखकों को प्रोत्साहित किया। 1900 से 1908 तक का युग हिन्दी में अराजकता का काल माना गया है। द्विवेदी जी ने 1908 ई. से सन् 1916 ई. के समय को साहित्यिक व्यवस्था का काल बताया। इस युग में साहित्यिक प्रतिभाएँ प्रोत्साहित होकर निखरकर हमारे समक्ष आयीं। आधुनिक गद्य के निर्माता आचार्य महावीर प्रसाद द्विवेदी के अतिरिक्त इस काल में अनेक बहुमुखी प्रतिभा सम्पन्न साहित्यकारों में लज्जाराम शर्मा, किशोरी लाल गोस्वामी, अयोध्या सिंह उपाध्याय 'हरिऔध', ब्रजनन्दन सहाय, राजा राधिकारमण प्रसाद सिंह तथा मन्नन द्विवेदी आदि प्रसिद्ध हैं। भारतेन्दु युग की उपन्यास अनुवाद परम्परा का द्विवेदी युग में विकास हुआ, अनूदित क्रियाशीलता बनी रही, द्विवेदी युग में मौलिक उपन्यासों की रचना भी की गयी।

इस युग के उपन्यासकारों में मन्नन द्विवेदी, गोपाल राम गहमरी, कमला प्रसाद, लोचन प्रसाद पाण्डेय, रामजीदास वैश्य, बलदेव प्रसाद मिश्र, ईश्वरी प्रसाद मिश्र, ब्रजनन्दन सहाय, द्वारिका प्रसाद चुतर्वेदी, राधिकारमण प्रसाद सिंह, लक्ष्मीकान्त जोशी, कृष्णलाल शर्मा, श्याम किशोर वर्मा आदि महत्त्वपूर्ण उपन्यासकार हैं। द्विवेदी युगीन उपन्यासों की महत्त्वपूर्ण परम्परा ही आगे चलकर प्रेमचन्द के उपन्यासों की पृष्ठभूमि बनी। इस युग के सामाजिक उपन्यास लेखक का उद्देश्य समाज सुधार था, प्रेमचन्द भी इसी उद्देश्य से अभिप्रेरित हुए। सन् 1907 में उन्होंने प्रेमा, रूठी रानी (1918 ई.) तथा सेवा सदन जैसे उपन्यास प्रकाशित कराये, उस समय द्विवेदी युग ही तो था। युग की प्रेरणा एवं विकास का परिणाम ही तो प्रेमचन्द साहित्य है, जिसने हिन्दी उपन्यास जगत को सुसमृद्ध बनाया।

3. प्रेमचन्द युग (सन् 1917 से 1936 तक)

उपन्यास समाज के संघर्षपूर्ण अस्तित्व की व्याख्या करता है। अतः प्रेमचन्द युगीन परिस्थितियों पर विहंगम दृष्टि डालनी होगी। 13 अप्रैल, 1919 को अमृतसर में जलियाँवाला बाग पर जनरल डायर ने मशीनगन से गोलियाँ बरसाईं। यह नृशंसता की चरम सीमा थी कि निहत्थों को मौत के घाट उतार दिया गया। 1915 में भारतीय राजनीति में महात्मा गाँधी जी का उदय हुआ। महात्मा गाँधी ने अफ्रीका से आकर 1915 में साबरमती नदी के किनारे सत्याग्रह आश्रम (साबरमती आश्रम) स्थापित किया। महात्मा गाँधी के आविर्भाव से भारतीय राजनीति में अभूतपूर्व परिवर्तन आया। कांग्रेस की तो काया ही पलट गयी। ग्राम सुधार, ग्रामोद्योग-उद्धार, स्वदेशी का प्रचार, खादी निर्माण, अछूतोद्धार, स्त्री शिक्षा, राष्ट्रीय शिक्षा, हिन्दू-मुस्लिम एकता पर बल, असहयोग आन्दोलन तथा सत्याग्रह आन्दोलन ने तो देश का रूप ही बदल डाला। सन् 1929 को युवक

हृदय सम्राट पण्डित जवाहर लाल नेहरू ने लाहौर अधिवेशन में पूर्ण स्वराज्य का उद्‌घोष दिया। 1930 में गाँधी जी ने 'दाण्डी मार्च' करके नमक कानून तोड़ा और शासक दल में खलबली मचा दी। हमारे गाँधी, सुभाष, नेहरू, मोतीलाल, सरदार पटेल, अब्बास तैयब जी, इमाम साहब, राजेन्द्रबाबू, सरोजिनी नायडू, डॉ. अंसारी तथा मौलाना आजाद आदि नेताओं को जेल में बन्द कर दिया गया।

गाँधी-इरविन समझौते के उपरान्त नेताओं को मुक्त किया गया। सन् 1936 में प्रान्तीय स्वराज्य के तहत बम्बई, मद्रास, संयुक्त प्रान्त (उ.प्र.), मध्य प्रान्त, उड़ीसा, सरहद प्रान्त आदि में कांग्रेस मंत्रिमण्डल की स्थापनाएँ हुईं। शहरों में पूँजीवादी व्यवस्था पनपने लगी। आर्य समाज का प्रभाव बढ़ रहा था। इतने पर भी अन्ध-विश्वास, कुरीतियाँ एवं अशिक्षा नहीं मिट रही थी। नारियों की स्थिति भी कुछ बदली यद्यपि विधवा विवाह को पूर्णरूपेण मान्यता नहीं थी। जब राजनीति में गाँधी आये तभी साहित्य में प्रेमचन्द का प्रवेश हुआ।

प्रेमचन्द का जन्म बनारस से आजमगढ़ जाने वाली सड़क पर लमही ग्राम में 31 जुलाई, 1880 शनिवार को श्रीवास्तव कायस्थ परिवार में मुंशी अजायब राय के यहाँ हुआ। प्रेमचन्द का जीवन आर्थिक संघर्ष ग्रस्त रहा। आर्थिक संकट के निवारणार्थ उन्हें नियमित छह-सात घण्टे लिखना पड़ता, इस अर्थ में वे कलम के मजदूर थे।

प्रेमचन्द पहले उर्दू में नवाब राय के नाम से लिखते थे। पर उनके कहानी संग्रह 'सोजेवतन' के कारण उन्हें अंग्रेज सत्ता का कोपभाजन होना पड़ा।

प्रेमचन्द की हिन्दी प्रौढ़ प्रथम औपन्यासिक रचना 'सेवा सदन' है। रूठीरानी, प्रेमा, प्रतिज्ञा, वरदान, आदि उर्दू में लिखित कृतियाँ हैं। सेवा सदन 'बाजारेहुश्न' के रूप में लिखा गया। इसके विषय में डॉ. रामदरश मिश्र लिखते हैं– "सेवा सदन उपन्यास कला और समस्याओं की पकड़ तथा चित्रण दोनों दृष्टियों से पहला परिपक्व उपन्यास है।"[13] प्रेमचन्द की दृष्टि समाजोन्मुखी रही है। रिश्वत, दहेज, धार्मिक, अन्ध-विश्वास, अशिक्षा, मध्यवर्गीय मिथ्या शान, धर्माधिकारियों का खोखलापन, हिन्दू-मुस्लिम विद्वेष, गुलाम मनोदशा तथा भ्रष्टाचारी नेता सब ओर प्रेमचन्द ने अपनी दृष्टि डाली है। समस्याओं की पकड़ के साथ, व्यंग्यात्मकता, कथा संघटन एवं चरित्र चित्रण आदि में प्रेमचन्द ने समाज की नाड़ी को भली-भाँति पकड़ा है। डॉ. गंगा प्रसाद विमल लिखते हैं– "समकालीन भारतीय जन मानस की चेतना को वहन करने वाला समर्थ उपन्यास सेवा सदन ही है। सेवा सदन से यथार्थ चित्रण की वह यात्रा शुरू हो जाती है, जिसकी उपलब्धि गोदान के यथार्थवादी रूपांकन में होती है।"[14] 'प्रेमाश्रम' (1920 ई.), 'रंगभूमि' (1925 ई.), 'निर्मला' (1926 ई.), 'कायाकल्प' (1926 ई.), 'कर्मभूमि' (1932 ई.), 'प्रतिज्ञा' तथा 'गबन' (क्रमशः 1926 तथा 1930) आदि प्रेमचन्द के श्रेष्ठ उपन्यास हैं। 'गोदान' (सन् 1936 ई.) प्रेमचन्द की प्रौढ़तम रचना है।

इस युग के अन्य उपन्यासकार हैं– विश्वम्भर नाथ शर्मा कौशिक, पाण्डेय बेचन शर्मा उग्र, चतुरसेन शास्त्री, भगवती प्रसाद बाजपेयी, ऋषभ चरण जैन, जयशंकर प्रसाद, प्रताप नारायण मिश्र, राजा राधिकारमण प्रसाद सिंह, वृन्दावन लाल वर्मा, सूर्यकान्त त्रिपाठी निराला, सियाराम शरण गुप्त, गोविन्द बल्लभ पंत, राजेश्वर प्रसाद, धनीराम 'प्रेम', प्रफुल्ल चन्द्र ओझा, श्रीनाथ

सिंह, ऊषा देवी मिश्रा, शिवरानी देवी, जेतरानी दीक्षित, चन्द्रशेखर शास्त्री, गंगा प्रसाद श्रीवास्तव, जैनेन्द्र कुमार, इलाचन्द्र जोशी, भगवती चरण वर्मा आदि प्रमुख हैं।

जैनेन्द्र कुमार, इलाचन्द्र जोशी तथा भगवती चरण वर्मा आदि प्रेमचन्द युग के ऐसे लेखक थे, जो अभी अपने प्रारम्भिक कृतित्व में ही थे। वास्तव में इनकी कला का विकास प्रेमचन्दोत्तर काल में हुआ। वृन्दावन लाल वर्मा एवं चतुरसेन शास्त्री इस काल के स्थापित ऐतिहासिक उपन्यासकार थे। प्रेमचन्द युग निर्माता व्यक्तित्व के धनी थे। उनके काल में उपन्यास एक विशेष गरिमा, स्थिरता तथा ऊँचाई पर पहुँचा। इनसे पूर्व उपन्यास दिशाहीन एवं अपरिपक्व से प्रतीत होते थे। प्रेमचन्द काल में मानवीय संवेदना का अवलम्ब लेकर उसकी प्राण प्रतिष्ठा हुई। उपन्यास में एक प्रवाह आया। उसने गति पकड़ी, इस विकास की गति में भावी सम्भावनाएँ दिखाई देने लगीं।

4. प्रेमचन्दोत्तर युग (सन् 1937 से 1960 तक)

सन् 1936 ई. में मुंशी प्रेमचन्द का देहान्त हो गया। उनके देहान्त के साथ ही प्रेमचन्द युग की समाप्ति समझी जाती है, यद्यपि उनका प्रभाव अन्यावधि अनेक लेखकों पर मिलता है। राजनीतिक दृष्टि से इस युग को हम संक्रान्ति काल की संज्ञा दे सकते हैं। सन् 1937 में अनेक राज्य कांग्रेस मंत्रिमण्डल के अधीन हुए। 1936 ई. में द्वितीय विश्व युद्ध प्रारम्भ हुआ, जो सन् 1945 ई. तक चला। हमारे देश में सन् 1942 ई. में 'भारत छोड़ो' देशव्यापी आन्दोलन चला। अनेक नेताओं को कारावास की यातनाएँ सहनी पड़ीं। नेताजी सुभाष चंद्र बोस विमान दुर्घटना के शिकार हुए। विश्व युद्ध में जर्मनी एवं जापान का बुरा हाल हुआ। विश्व राजनीति में भी बदलाव आया।

भारत को आजादी मिली। उसके दो भाग—हिन्दुस्तान एवं पाकिस्तान हुए। भारतीयों की हत्या-बलात्कार, आगजनी, लूटपाट तथा साम्प्रदायिक विद्वेष ने ताण्डव रूप धारण किया। हिन्दू-मुस्लिम एकता चरमरा गयी। नृशंसता एवं बर्बरता का नग्न नृत्य चारों ओर दिखलाई देने लगा। सरकार का मार्ग काँटों से भरा हुआ था। 30 जनवरी, 1948 को महात्मा गाँधी साम्प्रदायिक विद्वेष की भेंट चढ़ गये। सरदार बल्लभभाई पटेल ने देशी राज्यों के विलीनीकरण में तत्परता से काम लिया। 26 जनवरी, 1950 को भारत में गणतन्त्रात्मक राज्य की स्थापना हुई। नेहरू जी के पंचशील के सिद्धान्तों को विश्व में ख्याति प्राप्त हुई। पंचशील योजनाओं के माध्यम से देश विकास पथ पर बढ़ने लगा। धीरे-धीरे स्वार्थपरता एवं सत्तालोलुपता का रंग नेताओं पर चढ़ने लगा।

कराची अधिवेशन में वामपंथियों को खुश करने के लिए दक्षिणपंथी नेताओं ने कुछ नये संकल्प भी किये, जिनका तात्कालिक उद्देश्य कुछ भी हो, राष्ट्रीय नेतृत्व के बीच बढ़ते हुए समाजवादी प्रभाव की एक झलक उनमें अवश्य मिलती है। सच पूछा जाए तो कराची के कांग्रेस अधिवेशन में पहली बार समाजवाद का स्वर स्पष्ट होकर गूँजा, जबकि मौलिक अधिकारों से सम्बन्धित निम्न प्रस्ताव पास किया— इस कांग्रेस की राय है कि कांग्रेस जिस प्रकार के स्वराज्य की कल्पना करती है, उसका जनता के लिए क्या अर्थ होगा। इसे वह ठीक-ठीक जान जाए।

इसीलिए यह आवश्यक है कि कांग्रेस अपनी स्थिति इस प्रकार स्पष्ट कर दे, जिसे वह आसानी से समझा सके। साधारण जनता की तबाही का अन्त करने के उद्देश्य से यह आवश्यक है कि राजनीतिक स्वतन्त्रता में लाखों भूखे मरने वालों की वास्तविक आर्थिक स्वतन्त्रता भी निहित हो। इतने पर भी समाजवादी समाज की रचना, प्रतिष्ठा सही अर्थों में नहीं हो सकी। कांग्रेस के शासन काल में अमीर और अमीर एवं दरिद्र और दरिद्र हुए। इसी रीतिनीतिमय जीवन का प्रतिबिम्ब साहित्य में मिलता है।

प्रेमचन्दोत्तर हिन्दी उपन्यास प्रवृत्तियाँ इस प्रकार दिखलाई देती हैं– (1) सामाजिक उपन्यास, (2) समाजवादी उपन्यास, (3) आंचलिक उपन्यास, (4) मनोवैज्ञानिक उपन्यास, (5) ऐतिहासिक उपन्यास। इनका संक्षिप्त विवरण इस प्रकार है–

1. सामाजिक उपन्यास : वैसे तो सभी उपन्यास सामाजिक होते हैं लेकिन रूढ़ अर्थ में वे सामाजिक उपन्यास कहलाते हैं जिनमें समाज का सम्पूर्ण चित्र उसके समस्त यथार्थों सहित अंकित किया जाता है। सभी सामाजिक संस्थाएँ, परिस्थितियाँ तथा बदलते जीवन मूल्यों आदि का पूर्वाग्रह रहित चित्रण इन उपन्यासों में होता है। पाण्डेय बेचन शर्मा उग्र प्रेमचन्द काल से ही लिख रहे थे। उनके उपन्यासों में समाज के नग्न यथार्थ का चित्रण हुआ है। इसी कारण डॉ. त्रिभुवन सिंह उन्हें (उग्र जी को) प्रकृतवादी उपन्यासकार मानते हैं। कथ्य तकनीक एवं भाषा शैली आदि सभी दृष्टियों से उनके यथार्थवादी उपन्यास हैं–'सरकार तुम्हारी आँखों में' (1937 ई.), 'जीजी जी' (1943), 'कढ़ी में कोयला' (1955 ई.), तथा 'फागुन के दिन चार' (1960 ई.)।

भगवती प्रसाद वाजपेयी भी प्रेमचन्द युगीन उपन्यासकार हैं। उनके उपन्यास नारी और प्रेम के मध्य झूलते हैं। इस काल के उनके प्रमुख सामाजिक उपन्यास हैं– 'पिपासा' (1937 ई.), 'दो बहिनें' (1950 ई.), 'चलते-चलते' (1951 ई.), 'पतवार' (1952 ई.), 'मनुष्य और देवता' (1954 ई.), 'धरती की साँस' (1955 ई.), 'भूदान' (1955 ई.), 'एक प्रश्न' (1956 ई.), 'विश्वास का फल' (1956 ई.), 'उससे न कहना' (1957 ई.), 'दरार और धुआँ' (1960 ई.) आदि। इसी काल में सियाराम शरण गुप्त ने एक मात्र सामाजिक उपन्यास 'नारी' (1937 ई.) में लिखा। इसी काल में भगवती चरण वर्मा ने 'चित्रलेखा' लिखकर असीमित ख्याति प्राप्त की। इसके साथ ही उन्होंने 'टेढ़े-मेढ़े रास्ते' (1946 ई.), 'आखिरी दाँव' (1950 ई.), 'अपने अपने खिलौने' (1957 ई.), 'भूले बिसरे चित्र' (1959 ई.), 'वह फिर नहीं आयी' (1960 ई.) आदि उपन्यास रचे।

इस काल के सामाजिक उन्यासकारों में अमृत लाल नागर का एक विशेष स्थान है। इनके सामाजिक उपन्यासों में 'महाकाल' (1947 ई.), 'सेठ बाँकेमल' (1955 ई.), 'बूँद और समुद्र' (1956 ई.) आदि हैं। रामदरश मिश्र इनके 'बूँद और समुद्र' के विषय में लिखते हैं– ''बूँद और समुद्र समाज के बुनियादी यथार्थ की रीढ़ पर खड़ा है अर्थात उसने आज के मुनष्य के भीतर उठते हुए भावगत, विचारगत परिवर्तनों, संक्रान्त मूल्यों और सम्बन्धों, राजनीतिक दलों की विभीषिकाओं से त्रस्त होती हुई मानवता को पहचाना है। लेखक ने समाज और व्यक्ति दोनों की विसंगतियों को तीव्र यथार्थवादी दृष्टि से देखा है। उसने समाज के विविध चरित्रों को और

उनके सम्बन्धों को पहचाना है।"[15] 'बूँद और समुद्र' की गणना हिन्दी के श्रेष्ठ सामाजिक उपन्यासों में की जाती है।

उपेन्द्रनाथ 'अश्क' के उपन्यासों में उत्तर भारतीय–विशेष रूप से पंजाब के मध्य वर्गीय समाज का यथार्थ चित्रण हुआ है। उन्होंने अपने उपन्यासों में समाज की विकृति एवं विसंगतियां का सम्यक् चित्रण किया है, उनके उपन्यास हैं– 'सितारे के खेल' (1936 ई.), 'गिरती दीवारें' (1947 ई.), 'गर्म राख' (1952 ई.), 'बड़ी-बड़ी आँखें' (1955 ई.), 'पत्थर अल पत्थर' (1957 ई.) आदि। सामाजिक उद्देश्य को लेकर चलने वाले प्रमुख उपन्यासकार इस काल में निम्नलिखित रहे हैं–

उदय शंकर भट्ट, आचार्य चतुरसेन शास्त्री, विष्णु प्रभाकर, राधिकारमण प्रसाद सिंह, वृन्दावन लाल वर्मा, प्रताप नारायण श्रीवास्तव, ऋषभ चरण जैन, विश्वम्भर नाथ शर्मा 'कौशिक', सूर्यकान्त त्रिपाठी 'निराला', गोविन्द बल्लभ पन्त, ऊषा देवी मित्रा आदि। इनमें आचार्य चतुरसेन शास्त्री, वृन्दावन लाल वर्मा तथा गोविन्द बल्लभ पन्त, मूलतः ऐतिहासिक उपन्यासकार हैं। उदय शंकर भट्ट नाटककार हैं फिर भी इनके सामाजिक उपन्यास हैं– 'वह जो मैंने देखा' (1945 ई.), 'नये मोड़' (1953 ई.), 'सागर लहरें और मनुष्य' (1955 ई.), 'लोक परलोक' (1958 ई.), 'एक नीड़ दो पंछी' (1959 ई.), 'शेष अशेष' (1960 ई.), 'डॉ. शेफाली' (1960 ई.) आदि। आचार्य चतुरसेन शास्त्री के सामाजिक उपन्यास हैं– 'आत्मदाह' (1937 ई.), 'नील मणि' (1940 ई.), 'नरमेध' (1950 ई.), 'अपराजिता' (1952 ई.), 'धर्म पुत्र' (1954 ई.), 'गोली' (1956 ई.), 'बगुला के पंख' (1959 ई.), 'रवग्रास' (1960 ई.), 'आभा' (1960 ई.) आदि विवेच्यकाल की कृतियाँ हैं।

वृन्दावन लाल वर्मा के सामाजिक उपन्यासों में 'कभी-कभी' (1945 ई.), 'अचल मेरा कोई' (1948 ई.), 'सोना' (1951 ई.), 'अमर बेल' (1953 ई.), 'आहत' (1960 ई.), तथा 'उदय किरण' (1960 ई.) आदि उल्लेखनीय हैं। पं. गोविन्द बल्लभ पंत के उपन्यासों में 'जूनिया' (1938 ई.), 'यामिनी' (1935 ई.), 'नौजवान' (1954 ई.), 'जल समाधि' (1955 ई.), 'मैत्रेय' (1959 ई.), 'फॉरगेट मी नॉट' (1960 ई.), 'कागज की नाव' (1960 ई.) आदि सामाजिक उपन्यास हैं। चम्पावली' (1937 ई.), 'हिज हाई नेस' (1937 ई.), 'बुर्का फरोश' (1938 ई.), 'हर हाइनेस' (1938 ई.) तथा 'तीन इक्के' (1939 ई.) आदि ऋषभ चरण जैन के सामाजिक उपन्यास हैं। राजा राधिकारमण प्रसाद सिंह के उपन्यासों में 'राम रहीम' (1937 ई.), 'गाँधी टोपी' (1938 ई.), 'पुरुष और नारी' (1940 ई.), 'टूटा तारा' (1941 ई.), 'देव और दानव' (1945 ई.), 'नारी एक पहेली' (1950 ई.), 'सूरदास' (1950 ई.), 'पूरब और पश्चिम' (1951 ई.), 'चुम्बन और काँटा' (1956 ई.) आदि प्रमुख सामाजिक उपन्यास हैं। द्वारिका प्रसाद एम.ए. का 'घेरे के बाहर' (1947 ई.) सामाजिक उपन्यास है। प्रताप नारायण श्रीवास्तव के 'विजय' (1937 ई.), 'विकास' (1938 ई.), 'बयालीस' (1948 ई.), 'विसर्जन' (1950 ई.), 'विषमुखी' (1957 ई.), 'वेदना' (1960 ई.), 'विश्वास की वेदी पर' (1960 ई.) आदि विवेच्य कालीन सामाजिक उपन्यास हैं।

विश्वम्भर नाथ शर्मा कौशिक ने भी इस काल में एक सामाजिक उपन्यास लिखा है–'संघर्ष'।

महाकवि सूर्यकान्त त्रिपाठी 'निराला' मूलतः कवि हैं। उन्होंने भी 'प्रभावती' (1945 ई.), 'चोटी की पकड़' (1946 ई.), 'काले कारनामे' (1950 ई.), 'बिल्लेसुर बकरिहा' (1951 ई.), तथा 'कुल्ली भाट' (1951 ई.) आदि सामाजिक उपन्यास रचे हैं। ऊषा देवी के सामाजिक उपन्यासों में 'वचन का मोल' (1937 ई.), 'अपने पिया' (1937 ई.), 'जीवन की मुस्कान' (1939 ई.), 'पथचारी' (1940 ई.), 'आवाज' (1946 ई.), 'साहिनी' (1949 ई.) तथा 'नष्टनीड़' आदि मुख्य उपन्यास हैं। विष्णु प्रभाकर इस काल के उल्लेखनीय उपन्यासकार हैं। इस काल में उनके दो उपन्यास आते हैं– 'निशिकान्त' (1955 ई.) तथा 'तट के बन्धन' (1955 ई.)।

प्रेमचन्दोत्तर काल में अनेक उपन्यासकार हुए, जिन्होंने सामाजिक उपन्यास लिखे। इन उपन्यासों के विषय विविध रहे हैं, जिनमें नारी किसी न किसी रूप में अभिचित्रित है।

2. समाजवादी उपन्यास : समाजवादी उपन्यासों में सामाजिक समस्याओं का निरूपण मार्क्स के द्वन्द्वात्मक भौतिकवाद को ध्यान में रखकर किया जाता है। समाजवादी उपन्यासकार सर्वहारा वर्ग का चित्रण करता है। दलित, पीड़ित तथा शोषित वर्ग में नव चेतना उजागर कर उन्हें संघर्ष हेतु तैयार करना उनका उद्देश्य होता है। वे सर्व शोषण विरोधी होते हैं। शोषण की मूल-आर्थिक असमानता की दीवार ढहाना ही इनका उद्देश्य होता है। पूँजीवाद पोषित सड़ी-गली मान्यताओं के प्रति विद्रोही भाव इनमें मिलते हैं। ऐसे उपन्यासकार उपन्यास की कथावस्तु मध्यवर्ग से लेते हैं। "मध्यवर्ग एक अजीब वर्ग है। वह अपनी झूठी शान, काल्पनिक गरिमा और आर्थिक खोखलेपन के बीच अजब हारा हुआ सा कुण्ठित दिखाई पड़ता है। द्वन्द्व का सबसे बड़ा शिकार वही होता है। जीवन की असंगतियाँ और काम कुंठाएँ वहीं दिखाई पड़ती है।"[16] समाजवादी उपन्यास उद्देश्यपरक होते हैं। समाजवादी उपन्यास एवं उपन्यासकारों का संक्षिप्त विवरण इस प्रकार है–

यशपाल सशक्त समाजवादी उपन्यासकार हैं। उनके 'दादा कामरेड' (सन् 1941 ई.), 'देशद्रोही' (सन् 1943 ई.), 'पार्टी कामरेड' (1946 ई.), 'मनुष्य के रूप' (1946 ई.), 'झूठा सच' (1958 ई.) आदि उपन्यास हैं। नागार्जुन के उपन्यासों में भी समाजवादी चेतना उभरती है। इन्होंने अपने उपन्यासों में शोषक जमींदारों पर प्रहार किया है। उनके इस काल के उपन्यासों में 'रतिनाथ की चाची' (1949 ई.), 'बलचनमा' (1952 ई.), 'नयी पौध' (1953 ई.), 'बाबा बटेसर नाथ' (1954 ई.), 'दुःख मोचन' (1957 ई.), 'वरुण के बेटे' (1957 ई.), 'कुम्भी पाक' (1960 ई.) आदि उल्लेखनीय हैं।

साम्यवादी चेतना के सशक्त लेखक रांगेय राघव हैं। इनके करीब 30 उपन्यास हैं, जिनमें 'घरौंदे' (1941 ई.), 'विषादमठ' (1946 ई.), 'हुजूर' (1952 ई.),'सीधा-सादा रास्ता' (1955 ई.) आदि इसी विचारधारा के उपन्यास हैं। अन्य समाजवादी लेखकों में भैरव प्रसाद गुप्त हैं, जिनके उपन्यासों में सर्वहारा वर्ग के शोषण के प्रति उग्र विरोध चित्रित हैं। 'मशाल' (1951 ई.), 'गंगा मैया' (1953 ई.), 'सत्ती मैया का चौरा' (1959 ई.) आदि इनके उल्लेख्य उपन्यास हैं। प्रेमचन्द के सुपुत्र अमृत राय भी इस धारा के उल्लेखनीय उपन्यासकार हैं, जिनके 'बीज' (1953 ई.), 'नागफनी का देश' एवं 'हाथी के दाँत' तीन उपन्यास हैं।

लक्ष्मी नारायण लाल की रचनाएँ भी साम्यवादी विचारधारा से अनुप्राणित हैं। श्रीलाल के

उपन्यासों में 'धरती की आँखें' (1951 ई.), 'बया का घोंसला और साँप' (1953 ई.), 'काले फूल का पौधा' (1955 ई.), 'रूपा जीवा' (1956 ई.) आदि विशेष उल्लेखनीय हैं। इसी पीढ़ी के उपन्यासकारों में राजेन्द्र यादव हैं, उनके उपन्यास हैं— 'प्रेत बोलते हैं' (1952 ई.), 'उखड़े हुए लोग' (1956 ई.), 'कुलटा' (1958 ई.), 'शह और मात' (1959 ई.), 'सारा आकाश' (1960 ई.) आदि में मध्यवर्गीय जीवन संघर्ष एवं कुंठाएँ चित्रित हैं।

इनके अतिरिक्त उदयराज सिंह कृत 'भूदानी सोनिया' (1957 ई.), दयानाथ झा रचित 'जमींदार का बेटा' (1959 ई.), नागार्जुन रचित 'कुंभीपाक' (1960 ई.), रामेश्वर शुक्ल 'अंचल' कृत 'चढ़ती धूप' (1945 ई.), 'उलका' (1947 ई.), 'नयी इमारत' (1947 ई.) आदि इस धारा के अन्य उपन्यास हैं। लक्ष्मीकान्त वर्मा का उपन्यास 'खाली कुर्सी की आत्मा' (1958 ई.) में कुर्सी अपनी जुबानी अनेक व्यक्तियों की पोल खोलती है। डॉ. धर्मवीर भारती का 'सूरज का सातवाँ घोड़ा' शैली एवं शिल्प की दृष्टि से और भी महत्त्वपूर्ण बन पड़ा है। इसमें समाज का नग्न यथार्थ चित्रित है। केशव चन्द्र वर्मा की कृति 'काठ का उल्लू और कबूतर' (1955 ई.) भी कथा एवं शिल्प के क्षेत्र में 'सूरज का सातवाँ घोड़ा' के ही सन्निकट है।

3. आंचलिक उपन्यास : किसी विशेष भूभाग, अंचल अथवा जनपद को उभारने के उद्‌देश्य से, जो उपन्यास लिखा जाता है, उसे आंचलिक उपन्यास कहा जाता है। फणीश्वरनाथ रेणु के उपन्यास 'मैला आँचल' (1954 ई.) के बाद इस आंचलिक-विधा का चतुर्मुखी विकास हुआ। रेणु जी की द्वितीय कृति परतीः परिकथा (1957 ई.) है। रेणु जी के बाद आंचलिकता दो स्तरों पर दिखाई देती है— एक प्रकार के वे उपन्यास जिनमें चित्रित अंचल विशेष से लेखक का प्रत्यक्ष सम्बन्ध है, उस जीवन से उनका लगाव अति गहन है। रेणु एवं नागार्जुन के सभी उपन्यासों के अतिरिक्त शिव सागर मिश्र कृत 'दूध जनम आयी' (1960 ई.), शिव प्रसाद मिश्र 'रुद्र' कृत 'बहती गंगा' (1952 ई.), शैलेश मटियानी कृत 'हौलदार' (1960 ई.), 'चिट्‌टी रसेन', 'एक मूठ सरसों' आदि इसी कोटि के उपन्यास हैं।

दूसरी कोटि के उपन्यास वे हैं जिनकी कथावस्तु सुदूर स्थित विभिन्न क्षेत्र, जो अपरिचित जनजातियों के हैं, जिन्हें उपन्यासकार सात्रास अपनाकर लेखन विषय बनाता है, ऐसे उपन्यासकार एवं उपन्यास हैं— देवेन्द्र सत्यार्थी कृत 'रथ के पहिए' (1953 ई.) तथा 'ब्रह्मपुत्र' (1956 ई.), नागार्जुन कृत 'वरुण के बेटे' (1957 ई.), राजेन्द्र अवस्थी कृत 'जंगल के फूल' (1960 ई.), रांगेय राघव कृत 'कब तक पुकारूँ' (1957), उदय शंकर भट्‌ट कृत 'सागर लहरें और मनुष्य' (1955 ई.) आदि।

4. ऐतिहासिक उपन्यास : ऐतिहासिक उपन्यासकार ऐतिहासिक तथ्यों की रक्षा करते हुए औपन्यासिक मूल रसात्मकता को बनाये रखता है। इन दोनों के दायित्व निर्वाह का दुष्कर कार्य करना ऐतिहासिक उपन्यासकार के ही बलबूते की बात है। वह शुष्क ऐतिहासिक तथ्य संकलन नहीं करता है। वह ऐतिहासिक जीवन व्याख्या करते हुए उसमें ऐतिहासिक तथ्यों का कलात्मक रसमय सुसंयोजन करता है। कुछ ऐतिहासिक उपन्यासकार हैं— वृन्दावन लाल वर्मा एक सफल ऐतिहासिक उपन्यासकार हैं, उनके इस विवेच्य काल के उपन्यास हैं— 'झाँसी की रानी' (1946 ई.), 'कचनार' (1947 ई.), 'मृगनयनी' (1950 ई.), 'टूटे काँटे' (1954 ई.), 'अहिल्या

बाई' (1955), 'माधव जी सिन्धिया' (1956 ई.), 'भुवां विक्रम' (1957 ई.) आदि।

ऐतिहासिक यथार्थ का सम्यक् निरूपण वर्मा जी की प्रमुख विशेषता है। चतुरसेन शास्त्री ने भारत के स्वर्णिम अतीत का चित्रण किया है, इनकी उपन्यास लेखन दृष्टि आदर्शवादी रही है। उनके इस काल के उपन्यास हैं– 'वैशाली की नगर वधू' दो भाग (1948 ई.), 'सोमनाथ' (1954 ई.), 'आलम गीर' (1954 ई.), 'वयं रक्षामः' दो भाग (1955 ई.), 'अमर सिंह' (1960 ई.), 'सोना और खून' दो भाग (1960 ई.), 'सह्याद्रि की चट्टानें' (1960 ई.) आदि। डॉ. हजारी प्रसाद द्विवेदी भारतीय संस्कृति के मर्मज्ञ हैं। 'बाण भट्ट की आत्मकथा' (1946 ई.) हिन्दी उपन्यास क्षेत्र में एक नूतन प्रयोग है, जिसमें एक युगीन परिवेश को पुनर्जीवित करने का श्लाघ्य प्रयास है।

साम्यवाद-मार्क्सवाद की दृष्टि से इतिहास का विश्लेषण प्रस्तुत करने वाले उपन्यास तथा उपन्यासकारों में राहुल सांकृत्यायन, यशपाल तथा रांगेय राघव आदि हैं। राहुल सांकृत्यायन रचित 'सिंह सेनापति' (1942 ई.), 'जय यौधेय' (1944 ई.), रांगेय राघव रचित 'मुर्दों का टीला' (1948 ई.), यशपाल कृत 'दिव्या' (1945 ई.) तथा 'अमिता' (1956 ई.), शिवप्रसाद मिश्र कृत 'बहती गंगा' (1952 ई.), प्रताप नारायण श्रीवास्तव रचित 'बेकसी का मजार' (1957 ई.), वीरेन्द्र कुमार जैन रचित 'मुक्तिदूत', अमृतलाल नागर रचित 'शतरंज के मोहरे', यादवेन्द्र चन्द्र शर्मा रचित 'संन्यासी और सुन्दरी' तथा 'वनकाम', सुनील रचित 'सामन्त बीज गुप्त' (1956 ई.) और 'इरावती' आदि उल्लेखनीय विशिष्ट रचनाएँ हैं।

5. मनोवैज्ञानिक उपन्यास : प्रेमचन्दोत्तर हिन्दी उपन्यासों में कुछ उपन्यास मनोवैज्ञानिक उपन्यासों के रूप में लिखे गये, जिनमें मनोविज्ञान के सिद्धान्तों का आश्रय लेकर घटना क्रम, चरित्र तथा मानव मन की अनेक गहराइयों तथा जटिलता की परतें खोलने की कलात्मक उधेड़बुन रहती है। कथनार्थ है कि मनोवैज्ञानिक उपन्यासों में उपन्यासकारों का मुख्य प्रतिपाद्य मनोवैज्ञानिक कथा वस्तु, पात्र एवं क्षण होते हैं। इस श्रेणी के उपन्यासों में जैनेन्द्र कुमार की रचनाओं को स्थान दिया जाता है। 'परख' एवं 'त्याग पत्र' उनके मनोवैज्ञानिक उपन्यास ही कहे जाएँगे। मनोवैज्ञानिक उपन्यासों की कथावस्तु अति सूक्ष्म होती है, शिल्प भी भिन्न होता है तथा पात्र भी कम ही होते हैं। मनोवैज्ञानिक उपन्यासकार प्रतीकों का भी आश्रय लेता है। सिग्मण्ड फ्रायड, एडलर, युंग, स्टेबेल, हैवलॉक, एलिस, पावलव, मैक्डूनल, कोहलर तथा कुर्ट कोका आदि मनोवैज्ञानिकों के सिद्धान्तों का विश्लेषण तक इन उपन्यासों में—मनोविश्लेषण, स्वप्न विश्लेषण, प्रत्यावलोकन विश्लेषण, सम्मोहन विश्लेषण तथा शब्द संस्मृति आदि प्रणालियों के रूपों में किया जाता है। जैनेन्द्र के आलोच्य काल के उपन्यास हैं– 'त्याग पत्र' (1937 ई.), 'कल्याणी' (1939 ई.), 'सुखदा' (1952 ई.), 'विवर्त' (1953 ई.), 'व्यतीत' (1953 ई.), 'जयवर्धन' (1956 ई.) आदि। इलाचन्द्र जोशी मूल रूप से कवि हैं। उन्होंने हिन्दी उपन्यास साहित्य का भी गौरव बढ़ाया है। जोशी जी के इस काल के मनोवैज्ञानिक उपन्यास हैं– 'संन्यासी' (1941 ई.), 'पर्दे की रानी' (1943 ई.), 'प्रेत और छाया' (1946 ई.), 'निर्वासित' (1946 ई.) 'मुक्तिपथ' (1950 ई.), 'सुबह के भूले' (1952 ई.), 'जिप्सी' (1952 ई.), 'जहाज का पंछी' (1956 ई.) आदि।

अज्ञेय जी भी कवि एवं कथाकार दोनों ही रूपों में अतिशय प्रसिद्ध परन्तु "हिन्दी कथा-साहित्य के सर्वाधिक विवादास्पद साहित्यकार हैं। आधुनिकों में सर्वाधिक पाश्चात्य प्रभाव उनमें मिलता है। अज्ञेय की औपन्यासिक प्रतिभा सचमुच विशिष्ट है। उनके 'शेखर एक जीवनी' (दो खण्ड-प्रथम खण्ड 1941 ई., द्वितीय खण्ड 1944 ई.), 'नदी के द्वीप' (1951 ई.), 'बारहखम्भा : एक नवीन प्रयोग' (1951-52 ई.) यह एक नवीन प्रयोग है। इसके बारह अध्याय हैं, जो बारह लोगों ने लिखे हैं। 'तार सप्तक' की भाँति इसमें कवियों के स्थान पर लेखक हैं। इसके सहयोगी लेखक हैं– अज्ञेय (स्वयं), मन्मथनाथ गुप्त, विष्णु प्रभाकर, प्रभाकर माचवे, अमृतलाल नागर, भारत भूषण अग्रवाल, देवराज, धर्मवीर भारती, रांगेय राघव तथा रामचन्द्र तिवारी। ऐसा ही प्रयोग सन् 1960 ई. में लक्ष्मीचन्द्र जैन ने किया था– 'ग्यारह सपनों का देश' इसमें भी अलग-अलग लेखक हैं, जिनमें एक मन्नू भण्डारी हैं। संक्षेप में यह कहा जा सकता है कि अज्ञेय प्रतिभा के धनी कलाकार हैं। "आधुनिक हिन्दी कथा-साहित्य में उनका स्थान एक मौलिक प्रवर्तक तथा सर्वरूपेण श्रेष्ठ कलाकार के रूप में शीर्ष स्थान पर अक्षुण्ण है और रहेगा।"[17] इसी क्रम में एक जाने माने मनोवैज्ञानिक उपन्यासकार हैं– डॉ. देवराज। उनके चार उपन्यास इस काल में आते हैं। 'पथ की खोज' (1951 ई.), 'बाहर-भीतर' (1954 ई.), 'रोड़े और पत्थर' (1958 ई.), 'अजय की डायरी' (1960 ई.)। अन्य रचनाकार हैं– सर्वेश्वर दयाल सक्सेना जिनका 'सोया हुआ जल' (1955 ई.) सिनेरियो शिल्प में लिखित एक नव कथा प्रयोग है। 'दिगम्बरी' (1957 ई.) है। आधुनिक पीढ़ी के उपन्यासकार राजेन्द्र यादव कृत 'कुलटा' (1958 ई.) मनोवैज्ञानिक उपन्यास है। धर्मवीर भारती कृत 'गुनाहों का देवता' (1946 ई.), नरेश मेहता कृत 'डूबते मस्तूल' (1954 ई.), 'दो एकान्त' (1955 ई.), गिरधर गोपाल कृत लघु उपन्यास 'चाँदनी के खण्डहर', रघुवंश कृत 'तन्तुजाल' (1958 ई.) तथा प्रभाकर माचवे रचित 'परन्तु' (1941 ई.), 'द्वाभा' (1956 ई.) तथा 'साँचा' नामक उपन्यास भी उल्लेखनीय हैं।

इस काल में उपन्यास विधा का बहुमुखी विकास हुआ है। उपन्यासों ने स्थूलता से सूक्ष्मता की ओर प्रयाण किया है। मनोवैज्ञानिक उपन्यास आत्मकथात्मक शैली में लिखे गये। डायरी, पत्र शैली भी प्रयुक्त हुई। व्यक्ति चरित्र विकसित हुए। सहलेखन का भी प्रयोग इस युग में हुआ। कथावस्तु में मांसलता की अपेक्षा मानसिकता का विकास हुआ। वास्तव में यह युग औपन्यासिक उपलब्धियों का युग रहा। इनमें से अनेक लेखक सन् 1960 के अनन्तर भी लिखते रहे।

5. साठोत्तर युग (सन् 1961 से आज तक)

इस काल में विपुल औपन्यासिक साहित्य लिखा गया। इस काल के युगीन सन्दर्भों को समझ लेना अत्यावश्यक है। राजनीतिक दृष्टि से हमारा मोह भंग हुआ। पंचशील, शान्तिमय सहअस्तित्व एवं 'हिन्दी चीनी भाई-भाई' के नारों के बावजूद भी 20 अक्टूबर, 1962 को चीन ने हमारे देश पर आक्रमण कर दिया। विश्व के अनेक देशों ने चीन की निन्दा की। चीन ने हमारी कुछ भूमि अपने कब्जे में कर ली, जो आज भी उसके पास है। इससे नेहरू जी की प्रतिष्ठा को बड़ा धक्का लगा। 27 मई, 1964 को उनका देहावसान हो गया। लाल बहादुर शास्त्री प्रधानमंत्री हुए। 18

माह के अल्पकाल के बाद ताशकन्द समझौते के लिए गये, वहाँ उनकी मृत्यु हो गयी।

कामराज के प्रयत्नों से श्रीमती इन्दिरा गाँधी प्रधानमन्त्री बनीं। कांग्रेस का विभाजन हुआ। श्रीमती गाँधी ने गरीबी हटाओ का नारा दिया। दिसम्बर 1971 में भारत-पाक के मध्य युद्ध छिड़ गया। 1972 में मुक्तिवाहिनी की सहायता से बांग्लादेश का उदय हुआ और शेख मुजीबुर्रहमान राष्ट्रप्रमुख बने। इन्दिरा जी की लोकप्रियता बढ़ी, उन्हें लक्ष्मीबाई एवं दुर्गा के रूप में सम्मान मिला। शिमला समझौता हुआ। 1974 में पोखरण में शान्तिमय कार्य सम्पादन हेतु प्रथम अणु विस्फोट हुआ। 26 जून, 1975 को आपात काल की घोषणा हुई। देश के बुद्धिजीवी एवं साहित्यकारों ने इसका विरोध किया। लोगों को जेल में बन्द किया गया, परिवार नियोजन बलपूर्वक कराया गया। इस बीच दीनदयाल उपाध्याय, डॉ. राममनोहर लोहिया, डॉ. जाकिर हुसैन, डॉ. राधाकृष्णन, डॉ. होमी भाभा, डॉ. विक्रम साराभाई आदि ख्याति प्राप्त राष्ट्रवादी चिन्तकों एवं वैज्ञानिकों का निधन हो गया। गरीबी आज तक नहीं मिटी। बेरोजगारी, गरीबी, महँगाई, भ्रष्टाचार, कालाबाजारी, तस्करी आदि ने देश को मनमाने ढंग से घेर लिया। गाँव टूटने लगे। शहर बढ़ने लगे। औद्योगीकरण एवं भीड़-भाड़ के बीच आदमी खो गया। युवा दिग्भ्रमित एवं लक्ष्यहीन होकर भटकने लगे।

आधुनिक जीवन में विरूपताएँ, विसंगतियाँ एवं विभीषिकाएँ बढ़ने लगीं। राजनीति, समाज, शिक्षा तथा धर्म सभी समस्याग्रस्त हो गये। नैतिक मूल्यों का ह्रास हुआ। साठोत्तरी साहित्य में इनकी चर्चा हो रही है। डॉ. नैमिचन्द्र जैन आधुनिक उपन्यासों की विशेषताओं को उद्‌घाटित करते हुए कहते हैं कि–"पिछले दस-पन्द्रह वर्षों में हिन्दी उपन्यास अपनी सार्थकता के लिए कई नये परिप्रेक्ष्य खोजता रहा है और अब उसमें व्यक्ति को आन्तरिक सत्य का बाह्य परिवेश के साथ समंजन, रोमांटिक दृष्टि के बजाय जीवन के यथार्थ साक्षात्कार का प्रयास, भावुकता या भावप्रधानता के स्थान पर तीखापन, कलात्मक संयम और निर्ममता आदि विशेषताएँ क्रमशः अधिकाधिक दीखने लगी हैं। अब उपन्यासकार प्रायः यह प्रयत्न करता है कि गहन से गहन अनुभूति को अभिव्यक्ति के लिए भी साधारण जीवन के यथासम्भव सहज और दैनन्दिन पक्षों का ही सहारा हो, बल्कि शायद उसे यह अनुभव होता है कि गहनतम सत्य और उसकी अनुभूति साधारण जीवन में ही अधिक सम्भव है।"[18]

साठोत्तरी उपन्यासों की इस संक्षिप्त भूमिका के साथ कुछ विशेष उपन्यास यहाँ दिए जा रहे हैं। भगवतीचरण वर्मा कृत 'रेखा' (1964 ई.) आज की कामजनित समस्याओं पर आधारित उपन्यास है। अमृतलाल नागर कृत 'अमृत और विष' (1966 ई.) में युवा अंगारों के हृदय में अवस्थित आग को समझने-समझाने का प्रयास है। उपेन्द्रनाथ अश्क रचित 'शहर में घूमता आईना'(1963 ई.) उपन्यास में चेतन की स्मृति के आईने में जालंधर का प्रतिबिम्ब दिखाया गया है। चेतन रूपी आईना स्वयं अर्थ एवं यौन कुंठाओं से ग्रसित है। श्री हिमांशु श्रीवास्तव कृत 'नदी फिर बह चली' (1961 ई.) तथा 'लोहे के पंख' (1958 ई.) में लेखक अपना प्रगतिवादी रूप निखार कर लाया है। लेखक प्रेमचन्द परम्परा विकसित करने वाले उपन्यासकारों की अग्रिम पंक्ति में स्थान रखते हैं। श्री नरेश मेहता रचित 'यह पथबन्धु था' (1962 ई.) एक प्रयोगवादी उपन्यास है। गुलशेर खान शानी कृत 'काला जल'(1974 ई.) इस काल का श्रेष्ठ उपन्यास है,

जिसका अनुवाद रूसी भाषा में भी हो चुका है।

कमलेश्वर ने हिन्दी के जिन सात-आठ स्वातन्त्र्योत्तर उपन्यासों का जिक्र किया है, उनमें एक 'काला जल' भी है। कृष्णा सोबती कृत 'मित्रो मरजानी' (1967 ई.), 'सूरजमुखी अँधेरे के' (1972 ई.) तथा 'डोर से बिछुड़ी' (1958 ई.) ये तीनों लघु उपन्यास कृतियाँ हैं। कृष्णा सोबती की रचनाओं पर सबसे बड़ा आरोप 'अश्लीलता' का लगाकर इन्हें चर्चित एवं विवादित लेखिका बना दिया गया है। डॉ. लक्ष्मीनारायण लाल रचित 'मन वृन्दावन' (1966 ई.), 'प्रेम अपवित्र नदी' तथा 'हरा समन्दर गोपीचन्दर' आदि इस काल के प्रसिद्ध उपन्यास हैं। वैसे आप एक श्रेष्ठ नाटककार हैं लेकिन उपन्यास के क्षेत्र में भी पीछे नहीं हैं। लक्ष्मीकान्त वर्मा प्रणीत उपन्यास 'एक कटी हुई जिन्दगी एक कटा हुआ कागज' (1965 ई.) वर्तमान आस्थाहीन जीवन का आख्यान है। 'टेराकोटा' (1971) आलोचक, कवि तथा कथाकार लक्ष्मीकान्त वर्मा रचित उपन्यास है। इनके ही अन्य उपन्यास हैं– 'कोयला और आकृतियाँ', 'सफेद चेहरे', आदि। 'टेराकोटा' इटेलियन शब्द है जिसका अर्थ है मिट्टी की मूर्ति, मृण्मूर्तियाँ अथवा मिट्टी के खिलौने। भारत भूषण अग्रवाल रचित 'लौटती लहरों की बाँसुरी' (1964 ई.) उपन्यास भी एक प्रयोगधर्मी उपन्यास है। इसमें लेखक ने तैंतालीस दिवास्वप्नों के माध्यम से उपन्यास के नायक अशोक के अतीत जीवन का सम्यक् चित्रण किया है।

राजेन्द्र यादव विरचित 'अनदेखे-अनजाने पुल' (1963 ई.) भी साठोत्तर काल का एक प्रयोगधर्मी श्रेष्ठ उपन्यास है। कमलेश्वर के शब्दों में– "अपने लेखन में यह आदमी निरन्तर जूझता और प्रयोग करता चल रहा है, लिखने के सिवा और किसी रूप में यह जिन्दगी की बात सोचता ही नहीं। हमेशा नये-नये प्रयोग करने की उसकी कामना ही, इस बात की गवाह है कि वह जो लिख लेता है, उससे सन्तुष्ट कभी नहीं होता। वह एक बना हुआ लेखक नहीं बनता हुआ लेखक है और यही उसकी सफलता का रहस्य भी है। बना हुआ लेखक अपने संस्कार के एक पिच से लिखना आरम्भ करता है और जीवन भर वहीं बना रहता है या निरन्तर उस पिच से नीचे उतरता आता है अपने कृतित्व को लेकर उसके मन में शंका नहीं होती, इसलिए उसकी हर नयी रचना नया प्रयोग न होकर पहली रचना की ही कांटीन्यूटी होती है। उनके प्रयोगों में उत्तरोत्तर प्रगति नहीं होती क्योंकि अधूरेपन का अहसास (उन्हें) कभी नहीं सताता। मगर मेरा यह दोस्त क्योंकि अहसास का ही मारा हुआ है इसलिए इसका लेखन निरन्तर परिमार्जित हुआ है और होता जा रहा है।"[19] राजेन्द्र यादव का यह लघु उपन्यास कथ्य, भाषा एवं संयोजन की दृष्टि से एक श्रेष्ठ उपन्यास है। इसमें लेखक ने एक नवीन समस्या उठाई है। डॉ. घनश्याम 'मधुप' के विचार से "संवेदनशीलता लघु उपन्यास का अपना विशेष गुण है और यह विशेषता इस कृति में है। वास्तव में 'निन्नी की कहानी' एक अति सामान्य लड़की की कहानी ही है, जो अपने मन की गहराइयों से अपने पार जाने के लिए पुल की खोज में है। यह पुल वह स्वयं है और इसका अहसास ही दर्शन है।"[20]

पण्डित हजारी प्रसाद द्विवेदी द्वारा प्रणीत 'चारु चन्द्रलेख' (1963 ई.) उनका काव्यात्मकता सम्पन्न ऐतिहासिक उपन्यास है। यह उपन्यास तेरहवीं शताब्दी के मध्यकालीन भारत का एक मानक दर्पण है। समूचा युग उसमें प्रतिबिम्बित हो उठा है। विवेच्य युग में 'अपने अपने अजनबी'

(1961 ई.) अज्ञेय जी की अप्रतिम कला का चूड़ान्त निदर्शन है। इस बहुचर्चित उपन्यास को डॉ. इन्द्रनाथ मदान, डॉ. बच्चन सिंह तथा डॉ. रामस्वरूप जैसे आलोचक इसे हिन्दी साहित्य में उपन्यास की एक उपलब्धि मानते हैं। डॉ. हेम चन्द्र जैन के शब्दों में– "उपन्यास में अन्तर्निहित चेतना प्राच्य और पाश्चात्य जीवन दृष्टियों के समीकरण को आधार बना सकें तो यह कहा जा सकता है कि–कामू के 'अजनबी', हेमिंग्वे के 'सागर और मनुष्य' की भाँति यह उपन्यास भी हिन्दी के प्रथम श्रेणी के उपन्यास बनने की क्षमता रखता है।"[21] प्रगतिशील कवि एवं कथाकार नागार्जुन की औपन्यासिक कृतियाँ साठ के दशक के बाद की चार हैं–'हीरक जयन्ती' (1961 ई.), 'उग्रतारा' (1963 ई.), 'इमरतिया' (1968 ई.) तथा 'जमुनिया का बाबा'। इनमें स्वाधीनता के पश्चात् उत्पन्न राजनीतिक अस्थिरता तथा धार्मिक पाखण्डों का पर्दाफाश हुआ है। 'उग्रतारा' में भारतीय परिवेशजन्य प्रगतिशीलता का नया स्वर सुनाई पड़ता है। डॉ. शिवकुमार मिश्र इस विषय में अपना मत प्रकट करते हैं–"मार्क्सवाद सर्वहारा वर्ग अर्थात् शोषित वर्ग का क्रान्तिकारी दर्शन है। अतएव उसकी सम्पूर्ण एवं एकमात्र प्रतिबद्धता इस सर्वहारा वर्ग और उसके हितों के प्रति है।"[22] मूलतः यथार्थवादी उपन्यासकार यशपाल रचित 'बारह घण्टे' (1964 ई.) इस काल की नव प्रगतिशील भावबोध जगाने वाली औपन्यासिक कृति है। यह मार्क्सवादी लीक से हटा हुआ उपन्यास है। 'क्यों फँसे' (1968 ई.) इनकी कुछ कमजोर रचना है। प्रसिद्ध समाजवादी लेखक मन्मथनाथ गुप्त विरचित 'शहीद और शोहदे' (1970 ई.) उपन्यास हमारे राष्ट्रीय स्वतन्त्रता संग्राम आन्दोलन की कथा की रत्न पिटारी है। इसमें नौकरशाही की नीतियों का चित्रण है जिनके आधार पर बदलती हुई सरकारें चला करती हैं।

इन उपन्यासों के अतिरिक्त जैनेन्द्र कृत 'मुक्तिबोध' (1974 ई.) 'अनन्तर' (1968 ई.) तथा 'अनाम स्वामी' (1974 ई.) आदि इसी काल की औपन्यासिक कृतियाँ हैं। फणीश्वरनाथ रेणु कृत 'जुलूस' (1965 ई.), 'दीर्घतया' (1963 ई.), 'कितने चौराहे' (1966 ई.), 'कलंक मुक्ति' (अपूर्ण 1976 ई.) आदि इसी काल के उल्लेखनीय उपन्यास हैं। आचार्य हजारी प्रसाद रचित 'अनामदास का पोथा' (1977 ई.) उपनिषद कालीन भारत पर लिखा गया उपन्यास है। हिमांशु श्रीवास्तव कृत 'कथा सूर्य की नयी यात्रा' में प्रेमचन्द की आत्मा को पुनः पृथ्वी पर भ्रमण करते हुए दिखलाकर साम्प्रतिक हिन्दी साहित्य की गतिविधियों के व्यंग्यात्मक चित्र प्रस्तुत किये गये हैं। भगवती चरण वर्मा के 'प्रश्न और मरीचिका' में सन् 1947 से 1962 तक की राजनीतिक घटनाओं का विवरण प्रस्तुत किया गया है। शैलेश मटियानी कृत 'किस्सा नर्मदा बेन गंगू बाई' में उच्च वर्गीय समाज की भद्रता का पर्दाफाश हुआ है।

इन पूर्ववर्ती रचनाओं के बाद उन उपन्यासकारों के उपन्यास लिए जाएँगे, जो सन् 1960 के बाद प्रकाश में आये। इन उपन्यासकारों ने पूर्व निर्दिष्ट साठोत्तरी मानसिकता को अधिक सशक्त रूप से उकेरा है क्योंकि उनका लेखन विगत साठोत्तरी उपन्यासकारों की तुलना में अपने लेखन के पूर्व संस्कारों से अधिक मुक्त है। ग्राम, कस्बाई तथा महानगरीय जीवन के त्रिस्तरीय आयामों को इन्होंने विशेषरूपेण उद्घाटित किया है।

डॉ. शिवप्रसाद सिंह रचित 'अलग अलग वैतरणी' (1967 ई.) ग्राम्य जीवन के सतरंगी एवं सतपाँखी आयामों को उभारने वाली सशक्त रचना है। इस उपन्यास में लेखक गाँवों के टूटते

बदलते मूल्यों की कराह को संवेदनशील पाठकों के समक्ष रखता है। इसमें टूटते ग्रामीण मूल्यों की व्यथा-कथा है। यह अनेक लोगों के आँसुओं की वैतरणी है, उपन्यास में यह सर्वत्र मिलती है। 'राग दरबारी' श्रीलाल शुक्ल द्वारा लिखित ग्रामीण जीवन की मूल्यहीनता को व्यंग्यात्मक ढंग से रेखांकित करता है। अपने इस व्यंग्यात्मक कथ्य के कारण 'राग दरबारी' ने पिछले दशक के उपन्यासों में अपना एक विशिष्ट स्थान बना लिया है। स्वयं उपन्यासकार के शब्दों में " 'राग दरबारी' का सम्बन्ध एक बड़े नगर से कुछ दूर बसे हुए गाँव की जिन्दगी से है, जो पिछले बीस वर्षों के प्रगति और विकास के नारों के बावजूद निहित स्वार्थों और अनेक अवांछनीय तत्त्वों के आघातों के सामने घिसट रही है। यह उसकी जिन्दगी का दस्तावेज है।"[23] फ्लैप पर लिखित प्रकाशकीय वक्तव्य में इस उपन्यास को एक आंचलिक उपन्यास बताया गया है जिसका अर्थ है कि यह न केवल शिवपाल गंज की कथा है वरन् शिवपाल गंज के माध्यम से अनेक ऐसे ही गाँवों की कथा है। यह भारत के प्रत्येक पिछड़े गाँव का कच्चा चिट्ठा है। इसमें हमारी शासन व्यवस्था एवं समाज पर व्यंग्य किया गया है।

डॉ. राही मासूम रजा का उपन्यास 'आधा गाँव' (1966 ई.) ग्रामीण जीवन के नाना आयाम प्रस्तुत करता है। 'आधा गाँव' की कहानी एक साथ अनेक स्तरों पर चलती है। "गंगौली नाम का यह गाँव शिया और सुन्नियों में, सैयदों और जुलाहों में, उत्तर पट्टी और दक्खिन पट्टी में और यदि आसपास के पुरवों को भी लें तो हिन्दुओं और मुसलमानों में छूतों और अछूतों में और एक निश्चित सीमा तक जमींदारों और असामियों में बँटा हुआ है। पूरी कहानी इन्हीं में तनी कसी है।"[24] इस प्रकार स्पष्ट है कि गंगौली गाँव की यह कहानी समूचे देश की दुःखभरी कहानी है। किसी भी दशा में यह पूरा नहीं आधा ही है। इस उपन्यास में इसके इसी आधे-अधूरेपन की तड़पन को चित्रित करने में लेखक पूर्णरूप से सफल हुआ है। गंगौली समूचे देश का प्रतीक है। उपन्यास विभाजन की काली छाया से प्रारम्भ होता है। उपन्यास के आगे बढ़ने के साथ-साथ यह काली छाया फैलती ही जाती है और अन्ततोगत्वा गंगौली (समूचे देश) को ही निगल लेती है। यही विभाजक रेखा देश के नक्शे पर खींची गयी भारत पाक की ही विभाजक रेखा नहीं है वरन् पहले कागज और फिर पूरे देश पर ही खिंच जाती है तथा हिन्दुओं को अधिक हिन्दू और मुसलमानों को और अधिक मुसलमान बना देती है।

इस 'आधा गाँव' उपन्यास की महत्ता डॉ. कुँवरपाल सिंह के शब्दों में देखी जा सकती है– "आधा गाँव की संरचना हिन्दी के दूसरे उपन्यासों से नितान्त अलग है। पात्रों के तथा नाते रिश्तों के लम्बे सिलसिले कभी-कभी पाठक को उलझा देते हैं पर राही की अभिव्यक्ति और जीवन के अनुभव इतने प्रामाणिक और ताजा हैं कि यह जटिलता उबाऊ नहीं होने पाती। बहुत अधिक पात्र होने के बावजूद राही ने फुन्नन मियाँ और ठाकुर कुँवरपाल सिंह जैसे महत्त्वपूर्ण पात्रों की सृष्टि की है, जो हिन्दी उपन्यास साहित्य के इतिहास में याद किये जाते रहेंगे।"[25]

कथाकार डॉ. रामदरश मिश्र प्रणीत 'जल टूटता हुआ' (1969 ई.) उपन्यास स्वतन्त्रता दिवस समारोह से प्रारम्भ होता है। इस उपन्यास में डॉ. रामदरश मिश्र ने बाँध को तोड़कर फैलते बाढ़ के पानी का सार्थक प्रतीक ग्रहण किया है। आजादी के बाद आम आदमी की स्थिति बेहतर नहीं है चारों ओर गरीबी, शोषण तथा टूटन है। यहाँ उपन्यास का अहसास ही अति प्रामाणिक

प्रतीत होता है– "गाँव टूट रहा है, मूल्य टूट रहे हैं, सत्य टूट रहा है। कोई किसी का नहीं, सब अकेले हैं। एक-दूसरे के तमाशाई वही क्यों सबका ठेका लिए फिरे....गाँव टूट रहा है मगर नहीं एक नया गाँव बन भी रहा है, वह है किसानों-मजदूरों का। जगपतिया का खेत नहीं कटवा सके महीप सिंह। वह अकेला नहीं था, उसके साथ अनेक हाथ उठ गये थे—मरने मारने को तैयार।"[26] 'जल टूटता हुआ' उपन्यास जीवनीय प्रश्नों से साक्षात्कार की क्षमता की कहानी है। इसमें विविध चित्र हैं, जो उपन्यास को जीवन्त बना रहे हैं।

'सूखता हुआ तालाब' (1972 ई.) उपन्यास डॉ. रामदरश मिश्र का ग्रामीण जीवन के विघटित मूल्यों एवं यथार्थ को व्यंग्यार्थ में ढालने वाला प्रतीकात्मक लघु उपन्यास है। राजनीति की विषैली काली राजनीति की छाया में पनपती यौन लीलाओं का मार्मिक चित्रण लेखक ने किया है। उपन्यास में आदर्शवाद अभिव्यक्त हुआ है लेकिन उपन्यास के अन्त में मोहभंग की स्थिति चित्रित है, जिसमें लेखक ने इंगित किया है कि अब ईमानदार मुनष्यों का गुजारा गाँवों में भी नहीं है। इतना ही नहीं उपन्यास के अन्त में पात्र देव प्रकाश यह अनुभव करता है कि– "उनका यह शिकारपुर गाँव, गाँव के पुश्तैनी रामी-तालाब का ही प्रतीक है। पहले इसका जल कितना स्वच्छ, कितना निर्मल रहता था। गाँव भर के सारे धार्मिक उत्सव वहाँ सम्पन्न होते थे पर अब उसमें गन्दगी ही गन्दगी है। मलमूत्र के विसर्जन से लेकर मछली मारने तक के सारे काम उसमें होते हैं। गाँव के इस सार्वजनिक तालाब को शिवलाल तथा शामदेव जैसे कुछ लोग हथियाने का प्रयास भी कर रहे हैं और गाँव का सम्पूर्ण जीवन भी क्या इन लोगों ने हथिया नहीं लिया है। इस प्रकार 'सूखता हुआ तालाब' ग्राम्य-जीवन के जल के सूखने की दर्द भरी कहानी है।"[27]

'धरती धन न अपना' (1972 ई.) प्रस्तुत उपन्यास आधुनिक प्रगतिशील लेखक जगदीश चन्द्र की प्रथम औपन्यासिक रचना है। रचना शब्द का प्रयोग यहाँ साभिप्राय हुआ है। कृति अपनी समस्त संश्लिष्टता एवं समग्रता लिए हुए यथार्थ 'फर्स्ट हैण्ड' जीवनानुभवों की यात्रा व यन्त्रणा से गुजरती हुई रचनाधर्मिता का निर्वाह पूरी ईमानदारी से करती है। अतः प्रथम होते हुए इस रचना को हिन्दी के सफल एवं सार्थक उपन्यासों में गिना जा सकता है।

इस उपन्यास में पंजाब के गाँव 'घोड़ेवाहा' के प्रताड़ित साधनहीन, पराश्रित, भाग्यवादी, अनपढ़ चमार समुदाय का अन्तरंग चित्रण हुआ है, जो भारत के करोड़ों हरिजनों के जीवन का सच्चा दस्तावेज बन पड़ा है।

इस उपन्यास में हरिजनों पर होने वाले अत्याचार, अपमान तथा उनकी आर्थिक विपन्नता को गहनता से उभारा गया है। किसी भी व्यक्ति के पीटने में उसका चमार होना ही पर्याप्त माना जाता है। इस जाति को सदियों से दबाया जा रहा है। उसकी प्राणशक्ति ही समाप्त हो गयी है। हरनाम सिंह अकारण लोगों को जुतियाता है, कोई उसके प्रतिवाद में उफ तक नहीं करता। सदियों से अत्याचार हो रहे हैं तथा जाति की चेतना हर ली गयी है। अतः मानापमान का कोई प्रश्न ही नहीं उठता। मंगू को डाँटते हुए हरनाम सिंह कहता है– "कुत्ते की औलाद, चुप बैठ। कुत्ता चमार अपने आपको बड़ा पंच समझता है।"[28] गाली-गलौज ही नहीं चमारों की बहन-बेटियों की इज्जत से खेलना चौधरियों के लिए बायें हाथ का खेल है। "चौधरी हरनाम सिंह का भतीजा हरदेव मंगू की सहायता से प्रीतो की अविवाहिता जवान लड़की लच्छो की लाज

दिन दहाड़े लूटता है। हरनाम सिंह भी अपनी जवानी में प्रीतो से जुड़ा था। समस्या का पहलू यह भी है कि इसमें मंगू जैसे लोग चौधरियों की कुल्हाड़ी के हाथ बने हुए हैं। मंगू इतना बेगैरत हो गया है कि उसके सामने उसकी बहन ज्ञानो की छातियों की तुलना कच्चे खरबूजे से की जाती और वह चुप रहता है।''[29]

यथार्थवादी कलाकार अपने परिवेशीय अनुभवों से एक सार्थक कलाकृति का निर्माण करता है। इस विषय में डॉ. शिवकुमार मिश्र का कथन विशेष रूप से उल्लेखनीय है। ''सच्ची यथार्थ दृष्टि वस्तुनिष्ठ होती है, परन्तु वह मात्र संकल्पनात्मक नहीं होती है। यथार्थवादी लेखक सत्य को ब्योरेवार प्रस्तुत करता है, परन्तु उसे मात्र 'फोटोग्राफिक' नहीं बना देता। (वह) सारी घटनाओं तथा पात्रों को सामाजिक जीवन से प्राप्त अपने यथार्थ अनुभवों की खराद पर चढ़ाता है, उन्हें तराशता है, नुकीला बनाता है और अपनी कृति के अन्तर्गत उनका कलात्मक नियोजन करता है।''[30] इस उपन्यास की महत्ता इसकी इस कला योजना में ही है। लेखक की अन्य कृति 'कभी न छोड़ें खेत' (1976 ई.) है। इन दो कृतियों के अनुशीलन से यह प्रतीति दृढ़ हो जाती है कि जगदीश चन्द्र की प्रवृत्ति प्रेमचन्द, रेणु तथा नागार्जुन की परम्परा को आगे बढ़ाने वाली रही है।

मणि मधुकर आधुनिक युवा पीढ़ी के यथार्थवादी कथाकार हैं। 'सफेद मेमने' (1971 ई.) उनका यथार्थपरक श्रेष्ठ उपन्यास है, जो बाड़मेर के सूखे रेगिस्तान में स्थित नेगिया, बराऊ, गाबासी जैसी ढाणियों में बसे ऐसे मानवों की कथा है, जो भगोड़े हैं। कहानी को दर्शक के रूप में कहा गया है। इस उपन्यास में लेखक ने गाबासी के जाट एवं बराऊ के ठाकुरों के मध्य पुश्तैनी दुश्मनी चित्रित की है। दोनों ही ढाणियाँ औरतों के बूते पर अपनी बहादुरी को जगमगाती हैं, बिचौलिए का काम पुलिस करती है। दुश्मनी की आग में घी डालती रहती है और उसे कभी भी बुझने नहीं देती। 'सफेद मेमने' के सभी पात्र संत्रस्त, पीड़ित तथा मायूसी में डूबे हुए हैं। लेखक ने उनकी अच्छाइयों एवं बुराइयों का तटस्थ भाव से चित्रण किया है। उनके आचरण पर नैतिकता एवं अनैतिकता का कोई 'लेविल' नहीं चिपकाया है। अतः उसे प्रकृतवादी एवं यथार्थवादी उपन्यास कहा जा सकता है। लेखक ने अन्तिम पृष्ठ पर डरे, सहमे तथा अपने अस्तित्व के लिए जूझते हुए कुछ असहाय मनुष्यों (मेमनों) के विषय में संक्षेप में संकेत मात्र कर दिया है—''अक्सर मुझे लगता है कि रेबड़ की तमाम भेड़ों को पीछे छोड़कर अचानक कुछ मेमने आगे निकल आये हैं। वे अपने मामूली दम-खम के बूते पर भाग रहे हैं। लड़खड़ाकर गिर रहे हैं, लहूलुहान हो रहे हैं। फिर उठकर हाँफ रहे हैं और उसी तरफ दौड़ रहे हैं। एक डर उनके भीतर है एक डर उनके बाहर है। एक अनदेखे कसाई का अदृश्य छुरा उनका पीछा कर रहा है, वे बचना चाहते हैं इसलिए उस साँस तोड़ भागा-भागी के सिवा कोई चारा नहीं।''[31] शीर्षक की प्रतीकात्मकता में लेखक को सफलता प्राप्त हुई है। रामकुमार भ्रमर लिखित 'काँच घर' (1971 ई.) इस युग का एक उल्लेखनीय उपन्यास है। इस उपन्यास में तमाश मण्डलियों तथा संघ में कार्य करने वाले मनुष्यों की क्रूर नियति से निष्पन्न व्यथा-कथा का दर्द प्रस्तुत किया गया है। इसमें घरू औरतों तथा संघ में कार्य करने वाली औरतों की तुलना करते हुए निष्कर्ष निकाला गया है। संघ की काबेरी बाई तथा माला हमें समाज जिसे प्रतिष्ठा प्राप्त है, उसकी

सखूबाई से काफी उच्च प्रतीत होने लगती है। 'काँच घर' के लेखक ने एक ओर काँच घर, संघ की औरतों की नारकीय जिन्दगी तथा दूसरी ओर समाज के खोखलेपन का स्पष्ट चित्रण किया है। प्रकारान्तर से इसमें यह भी स्पष्ट रूप से ध्वनित होता है कि स्त्री चाहे वह संघ की हो चाहे गृहिणी, उसका नैतिक शोषण हमेशा से प्रत्येक स्थल पर होता रहा है।

'कड़ियाँ' (1970 ई.) नव कथाकारों में सिद्धहस्त भीष्म साहनी का एक हृदयस्पर्शी उपन्यास है। 'तमस' (1973 ई.) भीष्म साहनी का ही दूसरा उपन्यास है, जिसमें उन अन्धकार एवं अराजकतापूर्ण वहशी दिनों की कथा है जब देश का विभाजन नहीं हुआ था और साम्प्रदायिक विकृति अनायास फैल गयी थी। साम्प्रदायिकता की समस्या हमारे यहाँ अंग्रेजों की देन है। देश के विभाजन से पूर्व ऐसे साम्प्रदायिक दंगे नहीं होते थे। अंग्रेज शासक चलते-चलते देश में दरार डाल गये। वह दरार, वह भड़कन आज तक नहीं समाप्त हुई। साम्प्रदायिक दंगे कब कैसे भड़कते हैं, उसमें गहमा-गहमी तथा अफवाहों का क्या प्रभाव पड़ता है। यह कैसे एक भयंकर विभीषिका का रूप धारण कर अमानवीय अत्याचारों को विस्फोटक बनाती है। इसका अति सूक्ष्म एवं गहन चिन्तनपरक चित्रण 'तमस' में मिलता है। लेखक को भीड़ के मनोविज्ञान का अच्छा ज्ञान है। बलबे तथा फसाद में कुछ गुण्डा तत्त्वों की चाँदी हो जाती है, वे अपना ध्यान लूट-खसोट में लगाते हैं। प्रशासन झगड़े की चिनगारियों को दबाता है। रिफ्यूजी कैम्प खुल जाते हैं। आँकड़े एकत्र किये जाते हैं। अधिकारियों की प्रशंसा होती है। अमन कमेटी बनाई जाती है। "नत्थू मार दिया जाता है, क्योंकि उसके द्वारा कलई खुल जाने का डर था और मुराद अली ड्राइवर के पास वाली सीट पर बैठकर अमन कायम करने की अपील कर रहा है।"[32] कहने की आवश्यकता नहीं कि यह वही आदमी है, जिसने सूअर मस्जिद के सामने फिंकवा कर दंगे को हवा दी थी। उपन्यास के अन्त में इस नाटकीय व्यंग्यात्मकता में लेखक की कला एवं सूझ-बूझ का स्पष्ट परिचय प्राप्त होता है, जो लेखकीय सफलता का प्रतीक है।

शमशेर सिंह नरूला रचित 'एक पंखड़ी की तेज धार' (1965 ई.) उपन्यास, गाँधी जी की हत्या के समय की परिस्थितियों पर आधारित हिन्दी का प्रथम उपन्यास है। किन परिस्थितियों में महात्मा जी की हत्या हुई, इसका अत्यन्त सटीक विवरण इस उपन्यास में मिलता है। इसमें कुछ ऐतिहासिक व्यक्तियों एवं उनसे सम्बन्धित घटनाओं एवं संस्थाओं का भी उल्लेख इस उपन्यास में किया गया है। कुछ कल्पित घटनाएँ भी हैं। प्रस्तुत उपन्यास पन्द्रह अगस्त के स्वाधीनता समारोह से प्रारम्भ होता है। 'प्रश्न एवं मरीचिका' का प्रारम्भ बिन्दु भी यही है लेकिन उसके बाद के पन्द्रह वर्षों के इतिहास का एक बृहद्-चित्रण किया गया है। 15 अगस्त 1947 ई. से 30 जनवरी 1948 ई. तक के पाँच माह की गतिविधियों का सूक्ष्मातिसूक्ष्म अंकन किया गया है। उपन्यास का उद्देश्य एक नाजुक ऐतिहासिक स्थिति का विशेष चित्रण करना है, जिसके लिए लेखक ने व्यंग्यात्मकता का आश्रय लिया है। उपन्यास अपने युग के इतिहास को बताने में इतिहास से भी अधिक सामर्थ्यवान बन पड़ा है।

लघु उपन्यासकार राजकमल चौधरी प्रणीत 'मछली मरी हुई' (1966 ई.) समलैंगिक स्त्री यौनाचार (लेस्तरिया) पर लिखा गया हिन्दी का सम्भवतः प्रथम उपन्यास है। लेखक ने इस प्रवृत्ति का विवरण प्रारम्भ में तथा उपन्यास के तेरहवें परिच्छेद में (पृ. 121-124) दिया है।

उसके अनुसार– "इसमें विषय नहीं विषय प्रस्ताव मात्र है।"[33] इस उपन्यास में शीरां और प्रिया के समलैंगिक व्यवहार को मछली का प्रतीक देते हुए उपन्यासकार ने अति सूक्ष्मता एवं विस्तार से वर्णन किया है। "मछलियाँ अँधेरे में तैर रही हैं, एक-दूसरे को पकड़ने के लिए उछल रही हैं। मगर बाँहें नहीं हैं। मछलियाँ एक-दूसरे से लिपटने के लिए तड़प रही हैं, मगर पाँव नहीं हैं।.... .एक मछली कहती है और पास आओ। अपने होठों से मुझे पी जाओ। मेरे होठों में अपनी जीभ डाल दो। अपने शरीर से मुझे रगड़ती रहो। मैं मर रही हूँ.....दूसरी मछली कहती है, मैं मर रही हूँ।.....मेरी हड्डियाँ तोड़ ड़ालो। मेरे होंठ अपने दाँतों से कुतर डालो। मार डालो मुझे..... मैं मरना चाहती हूँ।"[34]

उक्त कथन के प्रारम्भिक अंश में 'मछली' के प्रतीक का सफल एवं सटीक प्रयोग है लेकिन अन्य बाद के क्रिया-कलापों के वर्णन में प्रतीकात्मकता का पूर्ण अभाव है। इस लघु उपन्यास के लेखक ने अभिजात समाज के उन्मुक्त भोग से सम्बद्ध खोखलेपन का चित्रण किया है। इस उपन्यास की सफलता का आधार इसका शिल्प है। डॉ. धनराज मानधाने के शब्दों में–"कथा को प्रस्तुत करने का चौधरी जी का अपना एक ढंग है। उपन्यास को पढ़ते समय हम 'कोवार्ड' के उपन्यासों का सा मजा लूटते हैं। कथा कहीं भी नहीं चलती। कथा के धागे-डोरों में ऐसा गुम्फन है कि जाग्रत मस्तिष्क के बिना समझना मुश्किल हो जाता है। निर्मल, पद्मावत, कल्याणी, शीरां, प्रिया, डॉ. रघुवंश, विश्वजीत मेहता, प्रभास चन्द्र नियोगी आदि पात्रों के बारे में एक साथ जाना नहीं जा सकता। एक पात्र के विषय में सब कुछ जानने के लिए पाठक को उपन्यास बार-बार पढ़ना पड़ता है। यही कसौटी राजकमल चौधरी को आधुनिक उपन्यासकारों की कोटि में ला बिठाती है।"[35] लेखक ने अपने गहन अनुभवजन्य ज्ञान का सम्यक् उपयोग कथावस्तु संगठन में किया है। इस उपन्यास की विषयवस्तु को समझने के लिए पाठक को प्रबुद्ध होना चाहिए। राजकमल चौधरी के अन्य उपन्यास हैं– 'नदी बहती थी' (1961 ई.), 'शहर था शहर नहीं था' (1966 ई.), 'देहगाथा' (1967 ई.) तथा 'बीस रानियों वाला बायस्कोप' आदि।

साठोत्तरी कथाकारों में सशक्त हस्ताक्षर रमेश बक्षी रचित "बैसाखियों वाली इमारतें" (1966 ई.) है। इसके अतिरिक्त 'किस्से ऊपर किस्सा' (1963 ई.), 'हम तिनके' (1963 ई.), 'एक घिसा हुआ चेहरा' (1964 ई.) तथा 'अठारह सूरज के पौधे' (1965 ई.)। डॉ. मानधाने रमेश वक्षी के "बैसाखियों वाली इमारतें' उपन्यास के विषय में कहते हैं कि–"नयी पीढ़ी के जलते हुए हस्ताक्षर रमेश बक्षी का यह उपन्यास लँगड़े सम्बन्ध, घिनौने प्रेम और आत्मभोगी चिन्तन के गाल पर भरी सड़क पर एक तमाचा है। एक बदतमीज पत्रकार, एक नालायक पत्नी, एक चरित्रहीन प्रशंसिका और एक बेग़ैरत प्रेमिका के चार स्तम्भों पर इस इमारत की कैंचियाँ ऊपर उठी हैं। प्रेम के चतुष्कोणीय रूप को बक्षी की कलम ने नये परिवेश में नये सन्दर्भों के साथ आधुनिक युग बोध के आवरण में प्रस्तुत किया है।"[36]

पश्चिमी समाज नित्य बढ़ती हुई अहं एवं टकराव की भावना से स्त्री, पुरुषों और बच्चों का जीवन विषमय हो रहा है तथा विष के ये कीटाणु धीरे-धीरे हमारे देश के शिक्षित समाज में भी फैलने लगे हैं। अहं का प्राधान्य मानव को नितान्त आत्म केन्द्रित बनाता है। अतः वह कभी किसी से समझौता नहीं कर सकता। प्रस्तुत उपन्यास के चारों पात्र–अनामी नायक, उसकी

पत्नी, हिन्दी साहित्य के प्रोफेसर जायसवाल तथा एब्स्ट्रैक्ट पेंटिंग की चित्रकार मिस वसुधा, जो अहं की बैसाखियों पर खड़े हैं, उनमें भी किसी प्रकार का कोई समझौता नहीं होता और वे अन्ततोगत्वा बिखर जाते हैं तथा अहंकार की बैसाखियों पर खड़ी उन व्यक्तियों की भव्य इमारत ढह जाती है। बक्षी जी के इस उपन्यास में कुंठामुक्त होने हेतु परम्पराओं एवं नैतिक मूल्यों की सीमाओं को तोड़ने के प्रयत्न करने में पात्रों का और भी गहन कुंठाओं में धँसने एवं फँसने की भयावहता चित्रित की गयी है। पश्चिमी समाज एवं उसकी परम्पराओं के अन्धानुकरण का परिणाम भयंकर होता है, इस ओर संकेत किया गया है। इस उपन्यास की कहानी स्वार्थमयी कामवृत्ति की असफलताओं से परिपूर्ण कथा है। वस्तु, शिल्प तथा भाषा-शैली की दृष्टि से नवीन आयाम उपस्थित करता हुआ यह उपन्यास अति रोचक बन पड़ा है।

लेखक का अन्य उपन्यास 'अठारह सूरज के पौधे' (1965 ई.) अनेक यन्त्रणाओं से परिपूर्ण है। यह आधुनिक जीवन किसी कुरुक्षेत्र से कम नहीं है। उपन्यास का अन्त भी जीवन जैसा अस्पष्ट एवं अनेक सम्भावनाओं से सम्पृक्त है। इसकी कहानी पठानकोट से बी.टी. की यात्रा के मध्य फ्लैश बैक के सहारे अनेक टुकड़ों में विभाजित है, जिन्हें जोड़कर समझना सामान्य पाठक की सामर्थ्य से बाहर की बात है। प्रत्येक बात को प्रयोग का स्वरूप देने के कारण लेखक ने उपन्यास को जटिल एवं बोझिल बना दिया है। संवेदना की तीव्रता, सघनता, अभिव्यक्ति तथा सांकेतिकता जैसे वांछनीय गुणों ने इस कृति को विशेष बनाने में कोई कमी नहीं छोड़ी है। अवतार कौल ने '27 डाउन' शीर्षक से इसी उपन्यास पर एक फिल्म का निर्माण भी किया है। सुश्री प्रियंवदा विरचित 'पचपन खम्भे लाल दीवारें' (1961 ई.) उपन्यास ने उषा जी को आधुनिक महिला उपन्यासकारों की अग्रिम पंक्ति में खड़ा कर दिया है। इसमें आधुनिक जीवन की ऊब, छटपटाहट, संत्रास, अस्तित्वबोध एवं अकेलेपन की भावना को प्रमुखता प्राप्त हुई है। 'रुकोगी नहीं.....राधिका?' (1967 ई.) उषा जी का अन्य उपन्यास है, जिसमें उन्होंने नारी को नयी अर्थवत्ता प्रदान की है। इस उपन्यास में लेखिका ने पात्रों के परस्पर मनोविश्लेषण द्वारा आधुनिक जीवन में परिव्याप्त जटिलता को पकड़ने का प्रयास किया है। मनीष, डैन तथा विद्या राधिका का सुन्दर मनोविश्लेषण प्रस्तुत करते हैं, जिससे राधिका के चरित्र में गुम्फित तानों-बानों को हम सरलता से समझ सकते हैं। मनीष के 'रिवर्स कल्चरल शॉक' की बात भी आधुनिक सन्दर्भ में विचारणीय है। संक्षेप में यह उपन्यास आज के जीवन के नवीन आयामों को सशक्त रूप में उद्घाटित करता है।

कमलेश्वर साठोत्तरी उपन्यासकारों में सर्वाधिक सशक्त हस्ताक्षर हैं। वे मूलतः कहानीकार हैं। उन्होंने 11 उपन्यासों की रचना की। 'एक सड़क सत्तावन गलियाँ' इनका पूर्व साठोत्तर काल का उपन्यास है, जो सन् 1957 ई. में हंस में प्रकाशित हुआ था। 'डाक बँगला' (1962 ई.) इनका द्वितीय उपन्यास है। वैसे प्रकाशन की दृष्टि से इनके सभी उपन्यास 1960 ई. के बाद के हैं। 'डाक बँगला' के अतिरिक्त 'लौटे हुए मुसाफिर' (1963 ई.), 'तीसरा आदमी' (1964 ई.), 'समुद्र में खोया हुआ आदमी' (1969 ई.), 'काली आँधी (1974 ई.), 'आगामी अतीत' (1976 ई.), 'वही बात' (1980 ई.), 'सुबह...दोपहर...शाम' (1982 ई.), 'रेगिस्तान' (1985 ई.), 'कितने पाकिस्तान' (2000 ई.) इनके उपन्यास हैं।

कमलेश्वर के उपन्यास युगसत्य की सूक्ष्मता एवं सांकेतिकता के साथ निरूपित हुए हैं। राजेन्द्र यादव के शब्दों में– "कमलेश्वर अपना सच नहीं बोल सकता, मगर अपने युग की और अपनी पीढ़ी का सच जरूर बोल सकता है क्योंकि उसके पास जबान है और उसे बात करनी भी आती है।"[37] कमलेश्वर की औपन्यासिक कथाओं में रोटी-रोजी, पति-पत्नी की कलह, प्रेम, शंकाओं भरी व्याकुलताओं, आशा एवं निराशा का यथार्थ चित्रण मिलता है। 'डाक बँगला' में लेखक ने आधुनिक नारी जीवन की अनेक विसंगतियों को रेखांकित किया है। कमलेश्वर ने अपने उपन्यासों को भली-भाँति समेटा है।

उन्होंने वर्तमान युगीन जटिलताओं एवं समस्याओं को अपने उपन्यासों में अभिव्यक्ति देने का सत्प्रयास किया है तथा उन्हें यथार्थता प्रदान की है। उन्होंने विभिन्न स्थितियों को भोगा है, उसके दर्द का अनुभव किया है। उन्होंने स्वयं इसी कटुसत्य को अभिव्यक्त करते हुए लिखा है– "वे बहुत तकलीफ के दिन थे, जिन्दा रहने और आत्महत्या न करने की जिद के दिन थे, उन्हीं दिनों मजबूरी में मुझे इस उपन्यास को बेच देना पड़ा।"[38] जीवन की क्रूर विभीषिकाओं से जूझने के लिए साहित्यकार को साहित्य सृजन की प्रथम कृति बेच देनी पड़े, उस स्थिति की असहनीय पीड़ा की कल्पना कोई साहित्यकार ही कर सकता है। प्रत्येक साहित्यकार कहीं न कहीं सीने में दर्द दबाये फिरता है। उसे अनेक कुंठाओं एवं सन्त्रासों के मध्य से गुजरना पड़ता है।

घायल की गति को तो घायल ही जानता है, अथवा वह स्वयं। अतः कमलेश्वर के उपन्यास भोगे हुए कटु सत्य को जाने अनजाने अभिव्यक्त कर देते हैं। इनके उपन्यासों में समाज की वेदना तथा उसका दर्द समाहित है। डॉ. घनश्याम 'मधुप' के शब्दों में यह तथ्य इस प्रकार देखा जा सकता है– "कमलेश्वर अपनी रचनाओं में युगसत्य को उद्घाटित करने में काफी सफल रहे हैं, उनके लघु उपन्यासों में बड़ी सूक्ष्मता और सांकेतिकता के साथ नये सामाजिक यथार्थ को निरूपित किया गया है।"[39]

कमलेश्वर ने ग्यारह उपन्यास लिखे जो कि साठोत्तरी काल में लिखे गये। इन उपन्यासों का वर्णन निम्नलिखित है–

'डाक बँगला' उपन्यास में कमलेश्वर ने आधुनिक नारी जीवन की अनेक विसंगतियाँ रेखांकित की हैं। वासना की उद्दाम लहरों के समुद्र को अन्तर में छिपाए अनेक युवतियाँ निरन्तर मानसिक व्यभिचाररत रहते हुए भी तथाकथित शारीरिक पवित्रता गंगाजली को निरन्तर सँजोए रहती हैं। सामाजिक परिस्थितियों द्वारा प्रदत्त रक्षा वचन उन्हें प्रतिक्षण सुरक्षित एवं संरक्षित बनाये रखता है जबकि दूसरी ओर कुछ ऐसी नारियाँ हैं, जो मन में एकनिष्ठ होकर भी परिस्थितिजन्य कठिनाइयों में फँसने के कारण अनेकों की अंकशायिनी होने के लिए विवश होना पड़ता है। प्रस्तुत उपन्यास में इरा आधुनिक काल की नायिका है, जिसके जीवन में चार पुरुष आते हैं–विमल, बतरा, बूढ़ा डाक्टर तथा मेजर सोलंकी। उसकी जिन्दगी बगैर मंजिलों के चलने वाले चिरपथिक का जीवन है तभी तो वह कहती है– "मेरा पड़ाव कभी नहीं है, रास्ते में कोई गन्दी चाय की दुकान आ गयी तो लोग वहाँ भी रुक कर एक प्याला पी लेते हैं।"[40] उसी तरह उसकी जिन्दगी में जो भी आया वह उसे सहज रूप में स्वीकारती गयी। उसकी जिन्दगी औरों के लिए एक पड़ाव (एक डाक बँगला) मात्र बनकर रह गयी। इस प्रकार इरा को केवल निरर्थक प्यार

ही प्राप्त हुआ। इस लघु उपन्यास की कहानी कुछ ऐसी है, जो हमें बाँध लेती है। मध्यवर्गीय सामाजिक विडम्बनाओं तथा विसंगतियों एवं उच्च समाज के खोखलेपन का सजीव एवं सटीक वर्णन लेखक ने किया है। लेखक के इस लघु उपन्यास में सांकेतिकता, संक्षिप्तता, एकसूत्रता एवं प्रतीकात्मकता आदि विशाल गुण विद्यमान हैं।

कमलेश्वर ने 'तीसरा आदमी' उपन्यास में मध्यवर्गीय परिवार का चित्रण किया है। आज के मध्यवर्गीय परिवार में किसी भी वस्तु पर किसी का पूर्णाधिकार नहीं होता। यहाँ कपड़े-लत्ते, चप्पल-जूते तथा कमरे सभी 'कॉमन' होते हैं, तो फिर पत्नी पर भी पूर्णाधिकार कैसे प्राप्त हो सकता है? पत्नी भी सबकी जरूरतों में से एक होती है। परिवार के मध्य पत्नी के साथ एकान्त का अभाव नितान्त खलता है। परिवार से बाहर पत्नी का किसी अन्य से मिलना एकान्त मन और आत्मा पर एक भारी बोझ डाल देता है। 'तीसरा आदमी' में दिल्ली के निम्न मध्यवर्गीय परिवेश की छोटे-छोटे कमरों के दड़बों में सड़न भरी ज़िन्दगी चित्रित की गयी है। आज की परिवर्तित परिस्थितियों में स्त्रियाँ स्कूलों और दफ्तरों में काम करने लगी हैं और इस प्रकार उनके जीवन में पति के अतिरिक्त एक तीसरे पुरुष का प्रवेश जाने-अनजाने न्यूनयाधिक मात्रा में होने लगता है। यह एक अवश्यम्भावी परिणाम है, जहाँ महानगरीय व्यक्ति उसके साथ समझदारीपूर्वक अथवा पुरानी विचारधारा के अनुसार कायरतापूर्ण समझौता कर लेता है, वहीं कस्बाई मनोवृत्ति का मध्यवर्गीय पुरुष हिचकता है और उसी में टूटने लगता है। इस उपन्यास में नरेश का टूटना भी एक प्रकार से ऐसा ही है। खुले स्वभाव के कारण सुमन्त और चित्रा में अति निकटता है, जो नरेश को काँटे की भाँति कसकती है। आकाशवाणी के कार्य से नरेश के बाहर जाने पर उसके संशय की काली छाया अति विस्तृत एवं गहन होने लगती है। नरेश, सुमन्त तथा चित्रा इन तीनों पात्रों की मनोदशा का कमलेश्वर ने बड़ा ही सूक्ष्म एवं मनोवैज्ञानिक चित्रण किया है। चित्रा के आसपास सुमन्त की मँडराती छाया नरेश को पागल बना देती है। 'तीसरा आदमी' के लेखक का उद्देश्य मध्यवर्गीय मनोदशा एवं आर्थिक संस्कारों एवं उनकी विषाक्तता को उभारना है।

कमलेश्वर का अन्य लघु उपन्यास है 'आगामी अतीत' (1976 ई.), जो वेश्यालय एवं वेश्या जीवन से सम्बद्ध कहानी पर आधारित है। कमल बोस एक गरीब माँ का इकलौता बेटा है। मारवाड़ी चैरिटेबुल ट्रस्ट के वजीफे की सहायता से वह एम.बी.बी.एस. करता है। उसकी माँ की मृत्यु हो जाती है। वह दार्जिलिंग के वैद्य दिलबहादुर थापा की पुत्री से प्रगाढ़ प्रणय करने लगता है। कमल इसी बीच परीक्षा देने कलकत्ता जाता है तथा डाक्टरी परीक्षा में फर्स्ट आने पर मोहन्तसेन के द्वारा अपनी पुत्री के लिए खरीद लिया जाता है। वह मानसी कैमिकल्स का मैनेजर है तथा निरुपमा जैसी सुन्दर पत्नी के बाप का खरीदा हुआ पति हो गया। निरुपमा से उसकी कभी न पटी। निरुपमा नींद की गोलियाँ खाकर आत्महत्या कर लेती है। दूसरी ओर चन्दा आखिर में पिता की बदनामी और बीमारी से विवश होकर एक अधेड़ लँगड़े हरकारे से विवाह रचा लेती है। वैद्य जी की मृत्यु हो जाती है। हरकारे से चन्दा के चाँदनी नामक पुत्री होती है। चन्दा धौलपुर में पैतृक व्यवसाय में लग जाती है। धौलपुर से सिलीगुड़ी चली जाती है, वहाँ पागलपन की अवस्था में उसकी मृत्यु हो जाती है। चाँदनी कुर्सियांग में आकर वेश्या का जीवन बिताती है।

कमल से उसकी मुलाकात आकस्मिक ढंग से होती है। वह उसे सही मार्ग पर लाने का प्रयास करता है, लेकिन उसे सभ्य समाज में रहने में कोई रुचि नहीं।

लेखक ने वेश्या, वेश्यालयी परिवेश तथा वेश्याओं की भाषा का बड़ा ही सटीक प्रयोग एवं वर्णन किया है। कमलेश्वर के उपन्यासों में स्थानों के नाम कल्पना प्रसूत हैं। लेखक ने परिवेश चित्रण तो खूब किया है लेकिन भौगोलिक परिवेश की जान-बूझकर उपेक्षा की है। लेखक ने गलत नामों एवं स्थानों का प्रयोग किया है, लेखक ने रोमांटिक खोल में तथ्य या थीम को पूर्णरूप से यथार्थवादी बनाया है। अवतार काम्बो (देहरादून) एवं श्रीमती शमा ज़ैदी (बम्बई) के मतानुसार यह क्रमशः एक 'घटिया टाइप' का और किसी चालू हिन्दी फिल्म की कहानी सा निहायत सस्ता उपन्यास है तो दूसरे कुछ लोगों की दृष्टि में इसने नयी जमीन को तोड़ा है।

प्रस्तुत उपन्यास का कथ्य आधुनिक युग की इस मध्यवर्गीय त्रासदी को उद्घाटित करता है कि आधुनिक पूँजीवादी व्यवस्था में कोई मध्यवर्गीय प्रतिभावान नवयुवक हाथों हाथ उठा लिया जाता है तथा वह स्पर्धा के क्षेत्र में पड़कर अपनी जमीन से कट जाता है। भौतिकता की इस स्पर्धा में मनुष्य तो सफल हो जाता है लेकिन वह अपनी आत्मा को बेच देता है। बाद में होश आने पर वह अतीत की छाया को जब छूता है तब उस काव्य पंक्ति की भाँति उसे दुःख और ग्लानि से हाथ मलते रह जाना पड़ता है—'छाया मत छूना मन' अपने इस कथ्य की अभिव्यक्ति हेतु कमलेश्वर ने कमल बोस के मित्र प्रशान्त का निर्माण किया है। सम्पूर्ण कथा शब्द तथा स्थानों से निष्पन्न स्मृतियों के सहारे चलती है। अतीत दर्शन हेतु 'दूरबीन' तथा चन्दा की दयनीय जिन्दगी के लिए 'मरी हुई तितली' जैसे स्वाभाविक प्रतीकों को शनैः-शनैः वर्तमान के निकट आते हुए दिखाया गया है तथा साथ ही कुशलतापूर्वक यह संकेत भी किया गया है कि यह उन सभी का आगामी अतीत हो सकता है, जो अपनी जमीन से कटकर सफलता के आसमान में मोती चुगना चाहते हैं।

'सुबह...दोपहर...शाम' उपन्यास कमलेश्वर का ऐसा उपन्यास है जिसमें अंग्रेजी साम्राज्य का वर्णन किया गया है तथा संयुक्त परिवार व्यवस्था का विघटन दिखलाया गया है। नगरीकरण एवं तज्जन्य परिवर्तन भी दिखाये गये हैं। उपन्यास का पात्र जसवन्त बड़ी माँ के मना करने पर गाँव छोड़कर नगर चला जाता है जिसका विरोध बड़ी दादी घर छोड़कर करती हुई दिखाई देती हैं। जसवन्त अंग्रेजों की नौकरी करते हुए सहज में उनकी गुलामी स्वीकार करता है। जसवन्त के पिता का यह कहना ठीक है कि—"जसवन्त ने नौकरी की तो उसे छोड़ा नहीं जा सकता...उसकी रेल मैनपुरी से आगे कैसे बढ़ेगी, हरी झण्डी तो जसवन्त को ही दिखानी पड़ती है।"[41] इस वर्ग को ब्रिटिश कालीन शासन में अच्छाई भी दिखाई देती है, जसवन्त कहता है कि—"गोरा साहब क्या है? वह जो तालीम देता है, वह कितनी कीमती है। वह जैसे राजकाज चलाता है, वह कितना गजब का है। माँ यह कभी नहीं समझेगी।"[42] पदलोलुप गुलामी स्वीकार करते हैं तथा दूसरे जिनके हृदय में राष्ट्रीयता एवं देशप्रेम की हिलोरें उठती हैं, उन स्त्री-पुरुष सभी का एक ही लक्ष्य है कि किसी तरह से भारत को आजाद कराया जाए। नवीन, शान्ता एवं शान्ता की माँ ब्रिटिश शासन विरोधी हैं, नवीन क्रान्तिकारियों के दल में सम्मिलित है। इस उपन्यास में अंग्रेजों के अत्याचारों का हृदय विदारक चित्रण किया गया है। लेखक ने क्रान्तिकारियों

को विशेष स्थान प्रदान किया है। इस प्रकार कमलेश्वर ने उपन्यास में राजनीतिक जीवन का चित्रण करते हुए ग्रामीण संस्कार भी चित्रित किये हैं।

'एक सड़क सत्तावन गलियाँ' कमलेश्वर का पूर्व साठोत्तरी उपन्यास है, जो सन् 1957 में हंस में प्रकाशित हुआ लेकिन यह पुस्तकाकार रूप में सन् 1961 ई. में आया। इस उपन्यास में परतंत्र भारत के कस्बों की कहानी है, जहाँ जनता का भरपूर शोषण होता था। 'फूट डालो और राज करो' की नीति अंग्रेजों द्वारा अपनाई गयी थी और भारतीयों को दीन-हीन बनाकर खण्डित जीवन जीने हेतु मजबूर किया जाता था फिर भी अभावों की आदी जनता खुश थी। यह उपन्यास कस्बे की जिन्दगी को सामने रखता है। "हर साल मुसीबत सहते-सहते अब लोग अभ्यस्त हो गये हैं इसलिए अजीब उदासी भरी बेफिक्री के दिन होते हैं ये बड़े उदास पर बड़े मनमोहक।"[43] ऐसे दुःख भरे दिन व्यक्ति आल्हा गाकर, रामलीला देखकर, नाटक करके गुजारता है क्योंकि– "कस्बे का आदमी भूखा है हर दृष्टि से-रंगीले की तरह.....हर तरफ से भूखा....मन से...तन से, जेब से।"[44]

प्रस्तुत उपन्यास में नारी को खरीदना, अपने मार्ग से भटकना, जरूरत के लिए डाका डालना आदि बुराइयाँ परिस्थितिजन्य हैं जिनके लिए समाज उत्तरदायी है, का चित्रण है। सामाजिक बुराइयों के लिए हम "आम आदमी को बुरा मानकर चलते हैं–आदमी को अच्छा मानकर चलिए। इस ज़माने के आदमी ने बुराइयों के बीच आँखें खोलीं उसने अच्छाई देखी ही नहीं, और जो कुछ अच्छा इस जमाने ने प्राप्त किया इसकी रोशनी से जबरन उसे दूर रखा गया, उसे अच्छाई से दूर रखकर बुराइयों के बोध को खाली वक्त दे दिया गया तब वह क्या करता? आदमी है कि कुछ करेगा.....बगैर किये वह जिन्दा नहीं रह सकता। इसलिए जो राहें उसे मिलीं, उन पर चल पड़ा।"[45]

कमलेश्वर ने युगीन भ्रष्ट राजनीति देखी, उसका अनुभव किया तथा उपन्यासों में चित्रित कर दिया। वोट पाने हेतु अनुचित साधन अपनाते हुए मानव के सोचने-समझने का तरीका ही बदल गया। समाज में व्याप्त छीनाझपटी, भुखमरी, अपमान, प्रताड़ना आदि का अंकन कमलेश्वर ने प्रस्तुत उपन्यास में किया है।

'लौटे हुए मुसाफिर' कमलेश्वर का यथार्थवादी धरातल पर आधारित उपन्यास है, जिसमें सन् 1942 ई. से स्वतन्त्रता प्राप्ति तक के समय का चित्रांकन हुआ है। सन् 1942 ई. में भारत छोड़ो आन्दोलन प्रारम्भ हुआ। समस्त भारतवासियों ने कन्धे से कन्धा मिलाकर भारत को आजाद कराने का बीड़ा उठाया तथा पारस्परिक सामंजस्य एवं सौहार्दपूर्ण वातावरण में हिन्दू व मुस्लिम सभी एक साथ मेल से रहते एवं जीते थे। दोनों ही यह चाहते थे कि किसी भी तरह से ब्रिटिश शासन का अन्त हो। एतदर्थ नगर, ग्राम तथा कस्बे सभी जगह हिन्दू, मुस्लिम एकजुटता के साथ आजादी की लड़ाई लड़ते रहे। दोनों ही लोग एक-दूसरे के धर्म में आस्था एवं विश्वास रखते थे। "जब हिन्दुओं की बस्ती से ताज़िए गुज़रते थे, तो उन पर लोग गुलाब जल छिड़कते थे और हिन्दू औरतें अपने बच्चों को गोदी में उठाये ताज़ियों के नीचे से गुजरती थीं।....जब राम लीला का विमान उठता था, तो मुसलमान औरतें दरवाज़ों की चिकें या बोरों के पर्दे उलटकर मूर्तियों के शृंगार की तारीफ़ करती थीं।"[46]

यह दोनों का प्रेम सन् 1942 तक रहा। इसी समय गाँधी जी ने भारत छोड़ो आन्दोलन चलाया। उसकी लहरें नगरों तथा कस्बों तक में उठने लगीं, जहाँ व्यक्ति स्वतन्त्रता का वास्तविक अर्थ तक नहीं जानता था। हिन्दू एवं मुसलमान सभी ने गाँधी जी का पूर्ण सहयोग किया। इसके बाद देश में अनेक पार्टियों ने जन्म लिया तथा आपसी विवाद बढ़े। हिन्दू-मुसलमानों में भेद समझा जाने लगा। इतिहास के मास्टर हबीब साहब को निकाल दिया गया गवर्नमेण्ट स्कूल से, जातिवाद के नाम पर अथवा मज़हबपरस्ती के कारण। इस मज़हबपरस्ती एवं भेदभाव की नीति को भी कमलेश्वर ने बड़े ही कौशल से हमारे सामने रखा है। हिन्दू, मुसलमान दोनों जातियों में अपनी-अपनी जाति का अहसास बढ़ता गया था। "हिन्दू अपने को एकाएक ज्यादा हिन्दू समझने लगे थे और मुसलमान अपने को ज्यादा मुसलमान।"[47]

कमलेश्वर ने इस प्रकार समाज के वास्तविक पक्ष को ही नहीं देखा उनके हार्दिक पक्ष को भी बड़े सरल भाव से अभिव्यक्त किया है। पाकिस्तान बनने की खुशी तो थी ही मुसलमानों को लेकिन एक भय भी था क्योंकि हिन्दू अन्दर ही अन्दर से बहुत उबल रहे थे। देश का विभाजन होते ही दोनों जातियाँ एक-दूसरे के खून की प्यासी हो गयी थीं। इसी साम्प्रदायिक लड़ाई में अनेक निम्नवर्गीय लोगों के समक्ष रोटी रोजी की समस्या खड़ी हो गयी। हिन्दू लोग मुसलमान के ताँगे में बैठने से डरते थे।

साम्प्रदायिकता के विष को गरीबों ने ही पिया। पैसे वाले तो पैसे के बल पर पाकिस्तान चले गये गरीब पाकिस्तान नहीं जा पाये। ये बिखरे परिवार गाँवों एवं कस्बों में मेहनत मजदूरी करके अपना पेट पालते थे। देश के विभाजन का सजीव चित्रण कमलेश्वर ने 'लौटे हुए मुसाफिर' उपन्यास में किया है।

'रेगिस्तान' उपन्यास में भी स्वतन्त्रता प्राप्ति के थोड़े समय बाद की परिस्थितियों का स्पष्ट चित्रण किया गया है। उपन्यास में विश्वनाथ के माध्यम से यह अभिव्यक्त किया गया है कि हमारे देश के नागरिकों ने स्वतन्त्रता प्राप्ति से पूर्व जो स्वप्न देखे थे, वे सब स्वतन्त्रता मिलने पर धूमिल हो गये। विश्वनाथ जैसे आर्दशवादी एवं गाँधीवाद के अनुयायी के सम्पूर्ण जीवन में निराशा भर गयी और उनके हाथ कुछ नहीं लगा। राष्ट्रभाषा हिन्दी के प्रचार एवं प्रसार हेतु विश्वनाथ नागपुर, बंगाल, उड़ीसा, कालीकट, कोचीन तथा असम आदि स्थानों पर जीवन भर भ्रमण करते रहे। स्थान-स्थान पर हिन्दी मन्दिर स्थापित किये, लेकिन उन्हें कहीं किसी परिवर्तन के दर्शन नहीं हुए तथा उनका जीवन हाहाकार करता हुआ रेगिस्तान ही हो गया।

विश्वनाथ के मन की वेदना इन शब्दों में दर्शनीय है– "इतने वर्षों बाद लौट कर यहाँ भी हिन्दी मिल जाती तो शायद ये सब दुःख इतने सताते नहीं यह यकीन तो होता कि चलो कुछ तो हुआ है। लकवा मारे शरीर का कोई अंग तो जीवित हो पाया पर यहाँ तो पीठ करते ही पाला पड़ गया।"[48] विश्वनाथ के पास अन्ततः पश्चात्ताप ही रह जाता है, जो प्रतिक्षण उसके मन में घुमड़ता रहता है। कोई भी आवाज हो अब विश्वनाथ के लिए वह इस प्रकार के स्वरों में ही परिवर्तित हो जाती है– "अब, घर, चल! पर अब घर कहाँ... इतने वर्षों बाद घर का नाम कहाँ? किसके पास जाने को घर? कौन है जिसके पास घर चला जाए...?"[49] विश्वनाथ के मन में यही टीस है, जिसे लेकर बीते हुए दिनों को याद करते हुए, वर्तमान की विभीषिका

में वह अपने विषय में सोचता हुआ कराह उठता है। "मुन्नी ने कितना कहा था आखिर उमर बढ़ेगी भैया! तब क्या करोगे...बदन सचमुच थक गया था... अब तो वह कहीं का नहीं रह गया...न दक्षिण का, न उत्तर का! न घर का न घाट का। नुसरत ने ही तो कहा था—'यारां दकन किसू सूँ वफाई न करें। तो दकन छोड़ उत्तर ने कौन-सी वफाई की है तेरे साथ...घर लौट कर ही क्या मिला... कहाँ है हिन्दी? कहाँ है अपनी भाषा?...मन में आता है, चीखकर कहे—गाँधी बाबा! क्या तुम इसीलिए हमें होम गये?"[50] प्रस्तुत उपन्यास में विश्वनाथ एक ओर देश की सेवा करने वाले व्यक्तियों का प्रतिनिधित्व करता है तो वहीं दूसरी ओर हिन्दू-मुस्लिम एकता एवं प्रेम के भाव पुनः जगाता हुआ दिखलाई देता है। मानो देश में कभी कुछ हुआ ही नहीं था। वाकर मिस्त्री विश्वनाथ से कहता है कि— "अरे लगेगा कैसा, वह भी मुल्क है, यह भी मुल्क है..., पर दोनों में इतना ही फरक है कि वो मुल्क है, लेकिन ये तो मेरा वतन भी है!...अरे विस्सुनाथ! बँटवारे में बहुत मारे गये—हिन्दू भी, मुसलमान भी, पर सच पूछो तो बँटवारा मुसलमानों का हुआ... वतन से बेवतन हो गये...।"[51]

स्वतन्त्रता प्राप्ति के अनन्तर देश की स्थिति बदली वह भी अलग तरीके से जो गरीब था और गरीब हुआ पैसे वाले और पैसे वाले हुए। जब लम्बे समय के अनन्तर विश्वनाथ मैनपुरी लौटता है तब वह देखता है कि—"जिनकी दो फड़ की दुकान थी, अब चार फड़ की हो गयी है। पर विश्वनाथ को वे पुराने चेहरे नहीं दिखाई दिये, जो छोटी-छोटी दुकानों में दिखाई देते थे। बताशे और गजकपट्टी जाने कहाँ चले गये।"[52] इस प्रकार इस उपन्यास में स्वतन्त्रता के बाद की बदली हुई सामाजिक स्थिति एवं परिवर्तित मानसिकता का बड़ा ही सजीव एवं सटीक चित्रण हुआ है।

'समुद्र में खोया हुआ आदमी' उपन्यास एक यथार्थवादी धरातल पर टिका हुआ उपन्यास है, जिसमें महानगरीय जीवन का नैराश्य एवं परिवर्तित मानदण्डों का स्पष्ट अभिव्यक्तीकरण हुआ है। प्रस्तुत उपन्यास में वर्तमान समय के निम्न मध्यवर्गीय जीवन का चित्र उभारा गया है। जहाँ परिवार का प्रत्येक पात्र आर्थिक स्थिति सुधारने के लिए प्रयत्नशील दृष्टिगोचर होता है। उदाहरणार्थ—श्यामलाल की बड़ी बेटी तारा जो चालीस रुपये की नौकरी करने लगती है— "जैसे घर को सिर्फ चालीस रुपये माहवार की जरूरत थी।"[53]

आज पति, पत्नी, माँ, बाप, बेटी, समस्त रिश्तों को निभाया नहीं अपित ढोया जा रहा है। भावनात्मक संवेदनाएँ समाप्त सी होती जा रही हैं। सम्बन्धों का कहीं कोई अर्थ नहीं रह गया है। आज समय भी किसी के पास नहीं है। यदि समय है भी तो पारस्परिक मेलभाव समाप्त हो गया है। पारस्परिक जुड़े रहने की संवेदना समाप्ति का उदाहरण उस समय देखने को मिलता है, जब वीरन की मृत्यु का स्यापा घर में होता है—"स्यापे में शामिल होने जो-जो आयी थीं, वे जा रही थीं। जिनके पति को आना था, वे पहले ही चली गयी थीं। जो नाराज़ हो गयी थीं, वह भी ठुमककर चल दी थीं। तीसरी को यहीं से सीधे कीर्तन में जाना था सो वह नाश्ते के लिए रुकी थी। चौथी को अजमल खाँ रोड से कुछ सामान खरीदना था, इसलिए वह साथी की तलाश में थी। पाँचवीं कमरे में जाकर अपनी आँखों में सुरमा डाल रही थी और कह रही थी—"आँखें बुरी तरह दुख रही हैं। लाल हो गयी हैं।"[54] इसके साथ ही

महानगरीय जीवन की भीड़-भाड़ का चित्रण भी उपन्यास में किया गया है। ऐसी स्थिति है कि आदमी भीड़ में होते हुए भी अपने को अकेला अनुभव करता है, वास्तव में वह अपनों से बिछुड़ कर भीड़ में खो-सा गया है। कितनी दयनीय स्थिति है बेचारे की। कमलेश्वर ने इसी अकेलेपन की दयनीय स्थिति का चित्रण इस प्रकार किया है–''अब चारों तरफ एक सन्नाटा है...शोर और भीड़ का एक गहरा सन्नाटा, इस सन्नाटे में टूटती, फूलती और उखड़ती साँसों की आवाज है। बदहवासी और संघर्ष है, संकुलता और छटपटाहट है, दुःखती रगें और तड़फती धमनियाँ हैं। यहाँ कोई अजनबी नहीं है। यहाँ कोई अपना नहीं है, पराया नहीं है सिर्फ लोग हैं, भीड़ है।''[55]

यह उपन्यास एक ओर नगरीय जीवन की व्यस्तता एवं मजबूरी से परिपूर्ण है। ऐसा प्रतीत होता है कि शहरी व्यस्तता एवं विवशता संघर्ष कर रही हो। दूसरी ओर नौसेना के कार्यालय के माध्यम से सरकारी कार्यकर्ताओं की लापरवाही प्रकट हो रही है....हरबंस ने जब एक एम.पी. की मदद से वीरन का केस खुलवाने की कोशिश की तो.....। ''नौसेना दफ्तर में वीरन के लापता होने वाली सारी फाइलें लापता हो गयी थीं। नौसेना दफ्तर वालों की रुचि इस मामले में नहीं रह गयी थी। लोग भी बदल गये थे, किसी को यह पता नहीं था कि उसकी फौज का एक आदमी लापता है।''[56] निम्नवर्गीय समाज की यह कैसी स्थिति है, जहाँ माता-पिता को अपना परिवार चलाने के लिए अपने ही पुत्र को मृत स्वीकारना पड़ता है और न जाने कितनी सत्य और असत्य बातों का जायज़ा सरकार को देना पड़ता है ताकि उन्हें पुत्र की मृत्यु का मुआवजा मिल सके। वास्तविकता का खूबसूरत चेहरा कौन कैसे देखे?

'काली आँधी' उपन्यास आज के बदलते हुए परिवेश को अभिव्यक्त करता है। आज के परिवेश में पति-पत्नी के सम्बन्ध मूल्यहीन होते जा रहे हैं। जग्गी बाबू एवं मालती इसके उदाहरण हैं। आज व्यक्ति सफलता के दौर में अपने रिश्तों को भूलता जा रहा है। समय आने पर उन रिश्तों से लाभ लेने में भी नहीं चूकता, तभी मालती जग्गी बाबू से कहती है कि– ''गैर लोग मुझसे फायदा उठा सकते हैं पर आपके लिए मैं किसी भी लायक नहीं।''[57] मालती का प्रस्तुत कथन मानव की महत्वाकांक्षा, सफलता और सफलता का नशा, अवसरवादिता एवं स्वार्थपरता का बोध कराता है। इसके साथ ही उपन्यास में आधुनिक युगीन चुनावों की आपाधापी का सफल चित्रण भी मिलता है। आज के नेता मात्र गद्दी प्राप्त करना चाहते हैं। किसी भी प्रकार से मनुष्य अपना हित देखता है अन्य की पसन्द-नापसन्द से उसका कोई तात्पर्य नहीं। लल्लू बाबू के माध्यम से कमलेश्वर इसी तथ्य को उजागर करते हैं– ''उनके पसन्द करने या नापसन्द करने से क्या होता है? यह सब उनसे पूछने की जरूरत भी नहीं है, कैण्डीडेट हार जाए तो सब गलत और बुरा होता है, जीत जाए तो बस सही और अच्छा।''[58]

ठीक इसके विपरीत जग्गी बाबू के निम्नलिखित कथन समसामयिक राजनीति की स्थिति का बोध कराते हैं। ''यार तुम्हारी यह राजनीति बड़ी घटिया चीज है.....तुम लोगों ने इसे निहायत बेहूदा बना दिया है। तुम लोग सिर्फ चीजों का बखूबी इस्तेमाल करना जानते हो!....बाढ़ आयी तो उसे इस्तेमाल करो, सूखा पड़ा तो उसे इस्तेमाल करो, कहीं कोई लड़की भाग गयी तो उसके भागने को इस्तेमाल करो,...कहीं कोई मर गया तो उसकी मौत को इस्तेमाल करो..., तुम लोगों

ने आदमी के आँसुओं और जज्बातों तक को नहीं छोड़ा,... इससे ज्यादा घटिया बात और क्या हो सकती है कि दुःखी और मुसीबतज़दा इनसानों के सपनों तक का इस्तेमाल तुमने कर लिया,...खुदा के लिए, उसके सपने तो उसके लिए छोड़ दिए होते....ताकि वह अपनी बदहाली और मुसीबतों के बीच सपनों के सहारे तो जी लेता....तुमने....तुमने उसके सपनों को नारे बनाकर निचोड़ लिया।''[59] यहाँ पर जग्गी बाबू का यह कथन राजनीति में चरित्रहीनता और भ्रष्टाचार का बोध कराने में सक्षम है। इसके साथ ही युगीन गहन सत्यता को मालती के द्वारा भी अभिव्यक्त किया गया है जहाँ व्यक्ति अपनी सफलता हेतु पारिवारिक व्यक्तियों तक को छोड़ता चलता है। यह त्याग जैसा कि मालती ने अपने जीवन में सभी स्तरों पर किया, जहाँ उनके लिए पति, बेटा, बेटी आदि का कोई भी रिश्ता मजबूत, पुष्ट, बलिष्ठ नहीं रह गया है। मनुष्य में जब राजनीतिक लिप्सा उत्पन्न हो जाती है, तो वह मात्र अपनी सफलता को ही देखता है। मालती इस सफलता का जीता जागता उदाहरण बन गयी, दुःख एवं त्याग का जलता हुआ उदाहरण बन कर जग्गी बाबू रह गया। 'काली आँधी' उपन्यास में लेखक ने आज के राजनीतिक मूल्यों के पतन, राजनीतिक ह्रास तथा विघटित होते हुए परिवारों की स्थिति का स्पष्ट एवं नग्न बोध कराने का सफल प्रयास किया है।

आज की राजनीति कितनी खोखली, व्यर्थ की छल-छद्म भरी है यह हमें 'काली आँधी' में मिलता है इतना ही नहीं राजनीतिक छल-कपट मानव को चारों ओर से अपने कुचक्र में कैसे फँसा लेता है। इसका भी सही-सही बोध होता है। राजनीतिक सफलता का नशा ज़िन्दगी को पीछे छोड़ देता है। राजनीतिक व्यक्ति साधनहीन एवं सामान्य जनों को अपने बहकावे में कैसे ले लेता है तथा उसका किस भाँति इस्तेमाल करता है, यही छोटी बात प्रस्तुत उपन्यास का मूल कथ्य है।

'वही बात' उपन्यास में 'आगामी अतीत' की भाँति आज के युग का स्पष्ट चित्रण किया है। इस उपन्यास को लेखक ने गति प्रदान की है। इसमें लेखक का मुख्य मन्तव्य है कि एक सफल दाम्पत्य जीवन के निर्वाह हेतु पति-पत्नी रूपी दोनों पहिये समान धुरी पर साथ-साथ घूमने चाहिए। लेखक प्रेम को जीवन की अनिवार्यता मानता है। उसने इसे पाठकों के समक्ष आधुनिक भावबोध के साथ सहज रूप में प्रस्तुत किया है। व्यक्ति बाह्य सफलता के पीछे दौड़-दौड़ कर अपने जीवन के अमूल्य क्षणों को खोकर ज़िन्दगी को सरस के स्थान पर नीरस बना लेता है। उपन्यास का प्रमुख पात्र प्रशान्त चीफ इंजीनियर है, उसके पास अपने कार्य एवं कैरियर के अतिरिक्त और कुछ नहीं है। वह पागलों की भाँति सफलता के पीछे पड़ जाता है। इस सफलता की अन्धी एवं बेसब्र दौड़ में उसके पास अपनी प्रियतमा तक के लिए समय एवं प्यार के दो मीठे बोल तक क्या, एक शब्द भी नहीं है। वह जब कभी टेलीफोन करके केवल यही पूछता है कि समी! क्या कर रही हो? और उसे वही उत्तर मिलता है—''बैठी हूँ'' केवल इतने कथन मात्र से वह अपने दायित्व का निर्वाह कर लेता है। वह समीरा की भावनाओं को नहीं समझ पाता है। ऐसी स्थिति में समीरा भी स्वयं को सँभाल कर नहीं रख पाती है और वह नकुल के प्रति समर्पण कर देती है क्योंकि इस प्रकार की संवेदना रहित परिस्थितियों में पति-पत्नी दोनों ही एक-दूसरे का भार ढोते हैं। प्रायः आज हमें यही सब कुछ देखने को मिल रहा है।

प्रशान्त के माध्यम से कमलेश्वर ने आज के युग के सत्य को उद्‌घाटित करने का सफल प्रयास किया है, जहाँ पुरुष अपनी सफलता में इतना लीन हो जाता है कि उसे अपनी प्रिय पत्नी तक को भूलना पड़ता है तथा अन्त में सफलता के साथ-साथ पश्चात्ताप ही शेष रह जाता है और वह फिर अपने जीवनानुभव से दूसरों को शिक्षा देता है तथा वह नकुल से भी कहता है कि–''नकुल जो गलती मैंने की है, उसे तुम न दुहराओ यह हार जीत का मामला नहीं है, यह एक हक़ीकत है दोस्त...एक आदमी की सफलता ही सब कुछ नहीं, सफलता सबके साथ ही कारगर होती है। मेरी या तुम्हारी सफलता की कीमत समीरा चुकाए या कोई और औरत....बस, यहीं से जिन्दगी सूरज की तरह ऊपर चढ़ने लगती है। पर घर में शाम उतरने लगती है....और फिर रात! ...छायाएँ बहुत लम्बी हो जाती हैं...और अलग-अलग.... ।''[60]

प्रशान्त का प्रस्तुत कथन आज के प्रगतिशील समाज के कटु एवं यथार्थ सत्य को उजागार करता है। यहाँ मानव की सफलता की कीमत स्त्री को अपना आदर्श एवं अपनी भावनाओं को देकर अपना अस्तित्व बनाये रखना पड़ता है। इसी तथ्य को उद्‌घाटित करते हुए खजांची कहता है–''औरत को अपनी जिन्दगी जीने का हक़ क्यों नहीं है? हम कब तक उसे बेइज्जत करते रहेंगे, आदमी औरत बदल ले, तो ठीक, औरत आदमी बदल ले तो गलत। वाह!...वाह! क्या मैथमेटिक्स है।...आदमी एक में से एक घटाये, तो बचे एक, औरत एक में से एक घटाये तो बचे सिफर, वाह... ।''[61]

उपन्यास के कथ्य में महत्वाकांक्षी पति और उसकी दमित पत्नी का द्वन्द्व है। पति के तबादला होने की स्थिति में पत्नी किसी दूसरे से यौन सुख प्राप्त करती है जिसके परिणामस्वरूप दोनों में तलाक होता है। पत्नी पुनः शादी कर लेती है। इस उपन्यास में पति-पत्नी के बदलते हुए रिश्तों, बढ़ती हुई हिंसात्मक प्रवृत्ति, बेईमानी एवं दीन-हीनों की दुर्दशा आदि का भी सम्यक् चित्रण किया गया है। उपन्यास के माध्यम से कमलेश्वर अपनी बात कहने में पूर्ण सफल हुए हैं कि स्त्री की भावना को दमित करके न रखा जाए और यदि वह उपेक्षित व अकेलापन अनुभव करती है तो इसका गुनहगार निश्चित तौर पर पति ही होना चाहिए। ऐसी स्थिति में स्त्री को क्या अपना खालीपन भर लेना उचित नहीं है? स्त्री की इच्छाशक्ति और पुरुष की महत्वाकांक्षा के द्वन्द्व एवं युगसत्य को उजागर करने का लेखक ने सफल प्रयास किया है। उपन्यास की भाषा पात्रानुकूल एवं वातावरण के अनुसार है। आधुनिक यांत्रिक जीवन एक परिवार को कैसे बिखेर देता है और मानव इस जीवन को जीने हेतु किस प्रकार बाध्य हो जाता है, यही सब इस उपन्यास में अंकित हुआ है। अभिव्यक्ति की दृष्टि से भी 'वही बात' एक सशक्त एवं समर्थ उपन्यास है। छोटे संवाद सार्थक अभिव्यक्तिपरक हैं।

'कितने पाकिस्तान' उपन्यास कमलेश्वर की कालजयी प्रमुख कृति है। कमलेश्वर का यह उपन्यास मानवता के दरवाजे पर इतिहास और समय की एक दस्तक है। ऐतिहासिक घटनाओं का समावेश करते हुए कमलेश्वर ने विभाजन से पहले का भारत, विभाजन में राजनेताओं की भूमिका, विभाजनोपरान्त होने वाले रक्तपात, समसामयिक समस्याओं, प्रताड़नाओं, द्वन्द्वों, मानवीय क्रूर स्थितियों, कुण्ठाओं, दबावों तथा सामाजिक विसंगतियों के विविध बिन्दुओं का सम्यक् चित्रण किया है।

'कितने पाकिस्तान' उपन्यास का नाम ही 'यथा नाम तथा गुण' वाली कहावत को शत-प्रतिशत चरितार्थ करने में सक्षम बन पड़ा है, जो इंगित करता है कि हिन्दुस्तान में अब और कितने पाकिस्तान बनेंगे, इसकी एक झलक द्रष्टव्य है–"बंगाली अपना पाकिस्तान चाहते हैं.... तो उसमें हिन्दुस्तान क्या कर रहा है? वह बंगालियों को उनका पाकिस्तान बनाने में मदद दे रहा है....तो अब कितने पाकिस्तान बनेंगे भई?...खुद पाकिस्तान में से कितने पाकिस्तान पैदा होंगे? पंजाब के सराय की अपना सूबा माँग रहे हैं। पुराने सिंधी अपना सिंधु देश बनाना चाहते हैं। जैसे यहाँ लोगों ने पंजाबी-उर्दू की लड़ाई छेड़ दी है वैसे ही वहाँ सिंधी-उर्दू की लड़ाई चल रही है। और.....पख्तून अपना पख्तूनिस्तान चाहते हैं। अताउल्ला मेंगल आजाद बलूचिस्तान माँग रहा है। और अपने मुहाजिर भाई सिंध कराची में अपना एक और पाकिस्तान बनाना चाहते हैं....सुना है कि वहाँ हिन्दुस्तान में हिन्दू भी हिन्दुस्तानियों से अपना हिन्दुत्ववादी पाकिस्तान माँग रहे हैं...... लंका में तमिल अपनी लंका अलग करना चाहते हैं.... ।"[62] इनमें अलगाववाद, क्षेत्रवाद, भाषावाद जैसी प्रवृत्तियाँ जिनसे राष्ट्रीय एकता खंडित होती है, रेखांकित हैं। इस उपन्यास में कमलेश्वर अपने समकालीनों से बहुत आगे चले गये हैं। 'कमलेश्वर ने उपन्यास के बने-बनाये ढाँचे को तोड़ दिया है और लेखकीय अभिव्यक्ति के लिए सब कुछ सम्भव बनाने का दुर्लभ द्वार खोलकर एक नया रास्ता दिखाया है।"[63] यह अभिमत विष्णु प्रभाकर जी का है।

लेखक आशा करता है कि भारत ही नहीं, दुनिया भर में एक के बाद दूसरे पाकिस्तान बनाने की लहू से लथपथ यह परम्परा अब समाप्त हो। कमलेश्वर ने सूक्ष्म तथा जटिल भावों, विचारों, अवधारणाओं, प्रत्ययों, घटनाओं, स्थितियों, कई हस्तियों, वाकयों का ज़िक्र किया है तथा अपनी वैचारिक भावनाओं को व्यक्त करने का सफल प्रयास किया है।

निष्कर्ष

उपन्यास के विकास का समग्र रूप से अवलोकन करने से यह कहा जा सकता है कि औपन्यासिक वस्तु एवं परिवेश अनवरत बढ़ता हुआ दृष्टिगोचर होता है। उपन्यासों में ग्रामीण तथा नगरीय समस्याओं को मानवीय संवेदनाओं के साथ उकेरा गया है। महानगरीय संघर्षरत मध्यवर्गीय परिवार के संत्रास, घुटन, द्वन्द्व, संशय, स्पर्धा ही उपन्यास के कथ्य बने, साथ ही महानगरीय स्लम विस्तारों के जीवन को भी भली-भाँति उद्घाटित किया गया है। स्वातन्त्र्योत्तर मोहभंग तथा जीवन में व्याप्त कथनी-करनी का अन्तर, निराशा तथा कुंठा आदि के कारण उपन्यासों में व्यंग्य की सीमा पहले की अपेक्षा बढ़ी है। कथावस्तु निरूपण में मौलिकता एवं परिवेशीय यथार्थता के साथ भाषा-शैली एवं शिल्पगत नूतनता का आधार भी पुष्ट हुआ है। कथ्य में महत्वाकांक्षी पति एवं दमित पत्नी का द्वन्द्व भी दिखलाई देता है। पति की स्थानान्तरणजन्य शून्यता का पत्नी पर गहरा प्रभाव पड़ता है। पत्नी अपनी शून्यता एवं एकान्तजन्य अवस्था को भावावेश में आकर समाप्त कर लेती है फिर दोनों में तलाक हो जाता है और पत्नी पुनर्विवाह तक रचा लेती है। यह कोई विचित्रता नहीं युगीन विशेषता है।

शहरी मध्यवर्गीय परिवारों में अनेक समझौतावादी दृश्य देखने को मिल रहे हैं। पूँजीवादी

व्यवस्थाएँ बढ़ी हैं। समाज में स्पर्धामूलक विडम्बना ने जन्म लिया है। समाज में बेतहाशा आपाधापी, भ्रष्टाचार, सफलता का नशा बढ़ा है तथा हथकण्डे की राजनीति ने राजनीतिक मूल्यों का ह्रास किया है। कमलेश्वर ने इन सभी परिवेशजन्य समस्याओं को समझा एवं परखा है। राजनीति में चरित्रहीनता व भ्रष्टाचार, अवसरवादिता, गरीबी और भूख मिटाने की खोखली मुहिम, महत्वाकांक्षा व सफलता के गुण व दोष, जीवन के उतार-चढ़ाव, संवेदनशून्यता, दंगा-फसाद, साम्प्रदायिक मारकाट, आपराधिक प्रवृत्ति, मध्यमवर्गीय परिवारों के पति, पत्नी और वो के रचाव, बसाव, मानापमान, मनमुटाव, द्वन्द्व, संशय, स्पर्धा, असहिष्णुता, आर्थिक दबावों के तनाव, सामाजिक हैरतनाक वितृष्णाएँ, महत्वाकांक्षी पति और उसकी दमित पत्नी का द्वन्द्व, प्रेम, वेश्यावृत्ति, आजादी के सपनों का टूटन व बिखराव, चुनावी हिंसा, ऐतिहासिक घटनाओं, आम आदमी की युगीन जीवन-शैली, कुंठा इत्यादि विषयों का कमलेश्वर ने अपनी औपन्यासिक कृतियों में सफल चित्रण किया है। उन्होंने मनुष्यता, संवेदना और समस्याओं के हल को भी तलाशा है। अपने अन्तिम उपन्यास 'कितने पाकिस्तान' के प्रकाशन के बाद सफलता और यश के शिखरों को उन्होंने छुआ है।

(ख) कमलेश्वर के उपन्यासों की पृष्ठभूमि

सृजन के मूल में उसकी पृष्ठभूमि कार्य करती है। किसी लेखक के निर्माण में उसके लेखन की पृष्ठभूमि विशेष भूमिका रखती है। प्रत्येक उपन्यासकार युगीन सन्दर्भों से गुजरता है। इसलिए वह अपनी पृष्ठभूमि, परम्परा तथा परिवेश से जो भी अनुभूतियों का खाद पानी प्राप्त करता है। कालान्तर में वही पृष्ठभूमि उसकी अभिव्यक्ति का माध्यम बनती है। परिवेशीय पृष्ठभूमि रचनाकार का बाह्य जगत होता है, जो उसके अन्तर्जगत को भली-भाँति प्रभावित करता है व उसकी संवेदना को तीव्रता प्रदान करता है। पृष्ठभूमि के विविध रूप, रचना में रचनाकार के व्यक्तित्व, उसके अनुभव तथा उसकी जीवन दृष्टि को सुसमाहित करते हैं। प्रत्येक रचनाकार की पृष्ठभूमि उसे प्रभावित किये बिना नहीं रहती। पृष्ठभूमि का प्रभाव निश्चित रूप से उसकी चेतना पर पड़ता है। जब यह प्रभाव उसके संवेदनात्मक अन्तर्जगत का एक अंग बन जाता है, तो वही उसके अनुभव में परिवर्तित होकर साहित्यिक अभिव्यक्ति के रूप में संचरित हो उठता है। मानव की पृष्ठभूमि में परिवर्तन भी आते रहते हैं, यही कारण है कि साहित्यिक विधाएँ भी चेतना एवं अभिव्यक्ति के नवीन आयाम ग्रहण करती हैं। जिस साहित्यकार की जैसी ठोस पृष्ठभूमि होती है, वह उसी के अनुसार जीवनीय मूल्यान्वेषणोन्मुख होता है। विविध पृष्ठभूमियाँ तथा पृष्ठभूमियों की व्यापकता उसके रचनात्मक कैनवास को व्यापकता से परिपूर्ण विस्तार देती है, इस विस्तार का प्रतिफल ही रचना का मूलाधार होता है।

रचनाकार की अपनी विविध पृष्ठभूमियों के प्रति जागरूकता एवं सतर्कता ही रचना को श्रेष्ठता एवं ज्येष्ठता प्रदान करती हैं। इसमें समसामयिक पृष्ठभूमि के परिवेशीय राजनीतिक, सामाजिक, आर्थिक, शैक्षिक, सांस्कृतिक तथा धार्मिक रूप दिए जा सकते हैं। इसी प्रकार कालगत एवं स्थानगत पृष्ठभूमि रचनाकार को प्रभावित करती है। कमलेश्वर के उपन्यासों में विविध पृष्ठभूमिगत वर्णन इस प्रकार किया जा सकता है—

1. राजनीतिक पृष्ठभूमि

राजनीतिक पृष्ठभूमि पर आधारित कमलेश्वर के निम्नलिखित प्रमुख उपन्यास हैं–

'एक सड़क सत्तावन गलियाँ', 'काली आँधी', 'लौटे हुए मुसाफिर', 'कितने पाकिस्तान' आदि। कमलेश्वर के उपन्यासों में जहाँ मध्यवर्गीय चेतना पायी जाती है, वहीं उनके उपन्यास के विविध पात्र राजनीतिक पृष्ठभूमि पर आधारित हैं। उनके पात्रों के चरित्रों में राजनीतिक पृष्ठभूमि ने अति महत्त्वपूर्ण भूमिका का निर्वाह किया है। 'काली आँधी' में इसकी झलक अति स्पष्ट रूप से दिखाई देती है। यद्यपि उन्होंने अपने उपन्यासों में जान-बूझकर यह सब नहीं दिखाया है। राजनीतिक पृष्ठभूमि ने उनके उपन्यास की कथावस्तु को अधिक पुष्ट एवं मजबूत बनाया है। राजनीतिक पृष्ठभूमि को महत्त्व देते हुए कमलेश्वर ने अपने उपन्यासों में मानवीय पक्ष को संवेदना के धरातल पर बड़ी सहजता एवं कलात्मकता के साथ रूपायित किया है। उनके उपन्यासों की भाषा अधिक सटीक एवं महत्त्वपूर्ण है जिससे वस्तु चेतना का सम्यक् निर्माण हुआ है।

एक सड़क सत्तावन गलियाँ

राजनीतिक पृष्ठभूमि पर आधारित सन् 1956 में लिखा कमलेश्वर का यह पहला उपन्यास है, जो कमलेश्वर की आरंभिक और मौलिक लेखकीय स्मृतियों का प्रथम स्रोत है जिसमें उनके छोटे से कस्बे मैनपुरी का आख्यान है। इसमें वर्णन है कि राजनीति मानव को किस प्रकार प्रभावित करती है। वास्तव में जीवन में राजनीति से कोई दूर नहीं रह सकता है। राजनीतिज्ञ न होकर भी उनकी राजनीतिक पृष्ठभूमि अति पुष्ट थी। उत्तर प्रदेश के मैनपुरी कस्बे के जीवन को विविध राजनीतिक पृष्ठभूमियों एवं परिवेशों में रखकर मुखरित किया है।

स्वाधीनता संग्राम के भागीदार निम्न मध्यवर्ग के लोगों ने जो सपने देखे थे तथा जिस नवीन समाज-संरचना की सुखद कल्पना की थी, स्वतन्त्रता प्राप्ति के बाद उनके सभी स्वप्न विचूर्ण हो गये।

स्वतन्त्रता के साथ बहुत कुछ अनीप्सित भी विवशता में स्वीकार करना पड़ा। इन अप्रत्याशित घटनाओं के कारण अनेक व्यक्तियों की आकांक्षाएँ तथा अरमान टूटकर बिखर गये। उपन्यास में स्वतन्त्रता से पूर्व एवं बाद की अनेक राजनीतिक स्थितियाँ सूक्ष्मता से चित्रित की गयी हैं। कमलेश्वर ने मैनपुरी कस्बे में व्याप्त कांग्रेस कम्यूनिस्ट विवाद, मिथ्या नेतागीरी, अखबारनवीसी की दयनीयता, नाट्य मण्डली, लॉरी ड्राइवर जीवन की अस्थिरता तथा प्रेम के कारण टूटते-बिखरते चरित्रों का वास्तविक निरूपण किया है।

इस उपन्यास के प्रमुख स्त्री पात्रों में बंसिरी तथा पुरुष पात्रों में सरनाम सिंह है। सरनाम सिंह मैनपुरी कस्बे का है, जिसने जवानी में फौज में रहकर देश सेवा की। फौज की नौकरी के बाद मैनपुरी में ही प्राइवेट लॉरी ड्राइवर की नौकरी करने लगा। साथ ही वह अपने साथियों के साथ डकैतियाँ भी डाल लेता था। एक डकैती में उसकी भेंट बंसिरी से हुई। डकैती से पूर्व एक भेदिया गाँव वालों को सचेत करता है। ग्रामीण डाकुओं का सामना करते हैं और डाकू सरदार

को मार गिराते हैं। सरनाम किसी भी खतरे की परवाह न करते हुए चादर की भाँति सरदार की लाश को कन्धे पर डाल कर लोगों के घेरे को तोड़ कर भाग जाता है। बंसिरी सरनाम की इसी निडरता एवं शक्तिमत्ता पर उसके प्रति आकृष्ट हो जाती है। डाकू पकड़े जाते हैं। सरनाम सिंह भी कुछ दिन बाद अदालत में उपस्थित हो जाता है। बंसिरी पुलिस की साक्षी के रूप में प्रस्तुत हैं। बंसिरी जान-बूझकर सरनाम सिंह की पहचान नहीं करती है। परिणामतः डाकू बरी हो जाते हैं। सरनाम सिंह भी बंसिरी के व्यक्तित्व से प्रभावित होता है परन्तु भेंट न होने के कारण उसे भूल जाता है।

सोरों के मेले में बंसिरी की भेंट सरनाम सिंह से दो वर्ष के अन्तराल के बाद होती है, जहाँ बंसिरी एक नौटंकी में लैला की सखी का अभिनय कर रही थी। अपने मनचाहे सरनाम सिंह को प्राप्त करने हेतु वह रासलीला कम्पनी में काम करने लगती है लेकिन वह दो वर्ष तक उसे प्राप्त करने में सफल नहीं होती है। सोरों के मेले में बंसिरी की चेष्टाओं को देखकर सरनाम सिंह को यह विश्वास ही नहीं होता था कि वह बंसिरी है। बंसिरी एक हठी एवं स्वाभिमानी नारी थी। रंगमंच कार्य समाप्त होने पर दोनों की भेंट होती है और वह प्रथम मिलन में ही अपने को सरनाम सिंह के समक्ष प्रस्तुत कर देती है। एक साथ जीने-मरने की कसमें-वायदे होते हैं। अचानक दोनों फिर बिछुड़ जाते हैं। सरनाम सिंह उसे खोज नहीं पाता है। वह थककर बैठ जाता है। दूसरी ओर बंसिरी रोटी रोजी के लिए दर-दर भटकती है। एक विचित्र स्थिति में दोनों का पुनर्मिलन होता है। जब गेंदा कवि द्वारा बंसिरी पाँच सौ रुपये में बेची जाती है। वह बंसिरी को न पहचानते हुए उसका सौदा रंगीले के लिए करता है। पता चलने पर उसे बड़ा आघात लगता है। बंसिरी का मन सरनाम सिंह के लिए तड़पता है। वह सरनाम सिंह से बदला लेने रंगीले के साथ ही अपनी गृहस्थी बसा लेती है। रंगीले क्लीनर है। वह सरनाम सिंह के साथ कार्य करता है तथा डकैतियाँ भी डालता है। कुछ दिन बाद सरनाम सिंह पुनः अपने साथियों के साथ डाका डालने जाता है। पुलिस को पता लग जाता है तथा सरनाम सिंह के सभी साथी पकड़े जाते हैं। बंसिरी इससे प्रसन्न होती है। सरनाम से बदला लेना चाहती है। रंगीले को सरकारी गवाह बनवा देती है। गर्भवती बंसिरी को अस्पताल भेज दिया जाता है। फैसला अनपेक्षित हुआ। सरनाम सिंह और उसके साथी रिहा हो गये। रंगीले को झूठी गवाही के लिए तीन वर्ष का कारावास होता है। सरनाम सिंह रिहा होकर अस्पताल पहुँचता है तथा बंसिरी के बच्चे को गोद में लेकर उसे घर पहुँचाता है।

डाकू सरनाम सिंह तथा मंगल आदि अन्य डाकुओं ने पिछले चुनाव में राजनीतिक नेताओं की भरपूर मदद की थी। सरनाम सिंह डकैती डालते समय एम.एल.ए. की लाइसेन्सी बन्दूक का उपयोग करता था। बनवारी धानुक, एम.एल.ए. अधिक पैसा लेकर बन्दूक देने लगता है तथा सीधे मुँह बात नहीं करता है परन्तु वह सरनाम सिंह डकैत का साथ अवश्य देता है। आजादी के बाद राजनीति गुंडई का अड्डा बन गयी। राजनीतिज्ञ तथा राजनीतिक पार्टियाँ खुले आम गुंडों की मदद से सत्ता हथियाने में कामयाब होते थे। अगली बार सरनाम बनवारी धानुक के व्यवहार से नाराज होकर खुले आम कहता है—......"सब हो जाएगा। इस बार चुनाव पर अपने लैसंस लिए जाएँ, जो लैसंस दिलवाएगा सो वोट पाएगा।"[64] स्वतन्त्रता प्राप्ति के बाद चुनावों

में राजनीतिक नेता खुलेआम गुण्डों का उपयोग करने लगे। आजादी के अनन्तर राजनीतिक पृष्ठभूमि कुछ इस प्रकार बदल गयी कि सत्ता जिनके हाथों में रहनी चाहिए थी वे सत्ता से पृथक रहे। सत्ता जिनके हाथ लगी वे उसके सच्चे अधिकारी नहीं थे। देश आजाद हुआ लेकिन उसने मानव को क्या दिया? आम जन को भूख और दरिद्रता तथा सम्पन्नों को और अधिक सम्पन्नता। नेताओं ने राजनीति का उपयोग बेईमानी के लिए किया। अधिकारियों में भी यह बेईमानी स्पष्ट रूप से दिखाई देने लगी। नेताओं की दोषपूर्ण नीतियों के कारण ही कुशल प्रशासन स्वयं स्वार्थ सिद्धि में मग्न हो गया। नेताओं और नौकरशाहों ने खुले आम जातीयता एवं साम्प्रदायिकता का प्रश्रय लिया। समयानुकूल मुक्त रूप से हिंसा का भी प्रयोग होने लगा।

कमलेश्वर ने इस उपन्यास में स्वातन्त्र्योत्तर अवसरवादी नेताओं के आन्तरिक जीवन के यथार्थ को प्रस्तुत करने का सफल प्रयास किया है। राजनीतिक नेताओं के भ्रष्ट आचरण एवं उनकी मदद से मैनपुरी मेले में नाच, गाना, सर्कस, मेला, नाटक, नौटंकी आदि चलते हैं। ये मेले बेरोकटोक जुए के अड्डे होते हैं। शिवराज इस उपन्यास का ऐसा पात्र है, जो दीन-हीनों का शोषण करने वाले कार्निवल के जुए के अड्डे को उठवाने हेतु मुहल्ले वालों का साथ देता है। इस जुए के अड्डे वालों को सरकार की ओर से एक नोटिस भी मिल जाता है लेकिन कांग्रेसी नेता मुसद्दी लाल कार्निवल जुए के अड्डे वालों की खुलकर सिफारिश करता है। इतना ही नहीं लेखक ने यह भी स्पष्ट किया है कि दलगत राजनीतिक पार्टियाँ स्वार्थ के वशीभूत होकर आपस में एक दूसरी पार्टी को बदनाम करती हैं तथा साम्प्रदायिक दंगों को भड़काने में अपना योग देती रहती हैं।

हमारे देश में हिन्दू-मुस्लिम समस्या इसी युग की समस्या है। इसकी दानवीय पकड़ से हम आज तक सुरक्षित नहीं हैं। स्वतन्त्रता से पूर्व अंग्रेजों ने हिन्दू और मुसलमानों को अपनी कूटनीति का शिकार बना दिया, जिससे हिन्दू एवं मुसलमान एक-दूसरे को देख उत्तेजित हो गये। परिणामस्वरूप झगड़े होने लगे, जो आज तक पीछा नहीं छोड़ रहे हैं। स्वाधीनता के उपरान्त हमारे देश में कुछ राजनीतिक दल, राष्ट्रीय स्वयं सेवक संघ जैसी संस्थाओं ने भेद नीति का घृणित उपयोग किया। गरीब तथा दीन-हीन इससे तबाह हुए। ये लोग न हिन्दू थे न मुसलमान, लेकिन ये थे सच्चे इनसान।

लेखक ने मास्टर हबीब साहब को एक वृद्ध प्रगतिवादी पात्र के रूप में अभिचित्रित किया है। देश के विभाजन एवं स्वतन्त्रता से पूर्व वे राजकीय विद्यालय में इतिहास के अध्यापक थे तथा बाद में उन्होंने दंगों को शान्त करने का प्रयास 'इप्टा' के माध्यम से किया। राष्ट्रप्रेमी मास्टर हबीब हिन्दू एवं मुसलमान दोनों से ही प्यार करते हैं। साम्प्रदायिक दंगों के कट्टर विरोधी हैं। वे दोनों ही मज़हबियों में सामंजस्य स्थापित करने का प्रयास करते हैं। हबीब मास्टर साहब, बाजा मास्टर, कमल, शिवराज एवं तिवारी के साथ मिलकर रंगमंच पर अभिमन्यु नाटक खेलना चाहते हैं लेकिन मज़हब के नशे में डूबे लोग उन्हें यह नाटक नहीं खेलने देते एवं उनका विरोध करते हैं। हबीब साहब उनके विरोध की चिन्ता न करते हुए अपने साथियों के साथ नाटक की तैयारियाँ करते हैं लेकिन गोतानन्द का कांग्रेसी अखबार प्रतिदिन हबीब साहब का वैयक्तिक चरित्र हनन करता है तथा उनके नाटक के विषय में मिथ्या बातें अफवाहों के रूप में फैलाता रहता है। शहर

में हंगामा हो जाता है। हबीब साहब ने किसी की भी चिन्ता नहीं की। वे अपने साथियों के साथ रंगमंच पर 'वीर अभिमन्यु' नाटक की रंगमंचीय प्रस्तुति करते हैं। विरोधी इससे चिढ़ जाते हैं तथा रंगमंच को आग लगाने से भी नहीं चूकते और उनके साथियों पर हमला बोल देते हैं। स्टेज जलकर राख में बदल जाती है। मास्टर हबीब भी जख्मी हो जाते हैं तथा इस घटना का उन पर इतना असर पड़ता है कि वे पागल से हो जाते हैं। इस प्रकार लेखक ने यहाँ फिरकापरस्ती एवं मज़हबपरस्ती की विजय का चित्रण किया है।

उपन्यास के पात्र जगमोहन तिवारी को जातीय विद्वेष के कारण ही नौकरी से पृथक किया जाता है क्योंकि जगमोहन तिवारी हबीब मास्टर के 'वीर अभिमन्यु' नाटक में युधिष्ठिर का पार्ट अदा करते हैं। विद्यालय का हैडमास्टर एवं विद्यालय प्रबन्ध समिति के लोग तिवारी से नाटक में अभिनय करने से मना करते हैं, जब वे किसी की बात पर ध्यान नहीं देते तो उन्हें ईर्ष्यावश नौकरी से बर्खास्तगी का शिकार होना पड़ता है। इसके मूल में जातीयता की प्रवृत्ति काम कर रही थी क्योंकि जिस स्कूल में जगमोहन तिवारी काम करते हैं वह संस्था उनकी जाति के विद्वेषियों एवं विरोधी जाति के लोगों की थी। स्वाधीन भारत में सरकारी विद्यालयों के अतिरिक्त दूसरे गैर-सरकारी स्कूलों पर विशेष जातियों का अधिकार है। जगमोहन तिवारी के कथनानुसार— "भीतरी बात और है। हर स्कूल में अपना-अपना चल रहा है। असल में सरकारी स्कूलों को छोड़कर कौन सा स्कूल है जिले में, जो किसी जाति विशेष के आधिपत्य में न हो.....हर जगह जाति का सर्प फन फैलाकर बैठा है। इस बार मैं उसका शिकार बन रहा हूँ।"[65] कमलेश्वर को राजनीतिक पृष्ठभूमि का सही, सटीक, वास्तविक तथा यथार्थ ज्ञान है और उसका सटीक एवं यथार्थ चित्रण लेखक ने उपन्यास में किया है। स्वतन्त्रता प्राप्ति के अनन्तर जातिवाद का विष सर्वत्र फैल गया, सर्वत्र अनेक संस्थाओं के रूप में जातिवादी विष वृक्ष खड़े हो गये। चारों ओर भाई-भतीजावाद दिनोंदिन बढ़ने लगा। प्रस्तुत उपन्यास वर्तमान राजनीतिक अवधारणाओं का एक अति महत्त्वपूर्ण दस्तावेज है।

लौटे हुए मुसाफिर

'लौटे हुए मुसाफिर' कमलेश्वर का दूसरा एवं चर्चित उपन्यास है, जो सन् 1971 ई. में ज्ञान भारती, बम्बई से प्रकाशित हुआ। इसमें ठीक उस समय के परिदृश्य का चित्रण है जब देश का विभाजन तय हो गया था और जगह-जगह साम्प्रदायिक दंगे एवं मारकाट शुरू हो गयी थी। संवेदनशीलता हावी हो गयी थी, जो राजनीतिक पृष्ठभूमि पर आधारित है। इस उपन्यास में भारत विभाजन से हिन्दू एवं मुस्लिमों में बदलाव कैसे आया? तनाव कैसे बढ़ा? तदुपरान्त बस्तियों को कैसे उजाड़ा गया? इसके बाद स्वाधीन भारत में लम्बे समय के अन्तराल के बाद ये सभी बस्तियाँ कैसे आबाद हुईं? आदि का यथार्थ चित्रण किया गया है। चित्रित समस्या वास्तव में सम्पूर्ण भारत की समस्या रही है। इस औपन्यासिक कृति के विषय में डॉ. सुरेश सिन्हा लिखते हैं—'लौटे हुए मुसाफिर' में आस्था, आत्मविश्वास, कर्तव्यपरायणता, देशानुराग तथा दायित्व निर्वाह का जो उन्होंने महान सन्देश दिया है, वह आज के परिप्रेक्ष्य में अत्यन्त महत्त्वपूर्ण है और इसलिए इस पीढ़ी के प्रकाशित उपन्यासों में कमलेश्वर का 'लौटे हुए मुसाफिर' उपन्यास का

मुख्य केन्द्र बिन्दु निम्नवर्गीय चिकवा बस्ती है। यहाँ कस्बाई जीवन है, जिसमें प्रत्येक धर्म के लोग बड़े प्यार से रहते हैं। इस कारण यह उपन्यास विशेष उल्लेखनीय हो जाता है।"[66]

बस्ती में एकता है। यहाँ हिन्दुओं की रामलीला तथा मुसलमानों के ताजियों के उत्सव होते हैं। रामलीला एवं ताजियों में हिन्दू-मुस्लिम बिना किसी भेदभाव एवं रागद्वेष के सम्मिलित होते हैं। देश के स्वाधीनता संग्राम के आन्दोलनों में भी सभी बढ़-चढ़कर भाग लेते हैं। यहाँ कुछ क्रान्तिकारियों ने अंग्रेज अधिकारियों का घात लगाकर खून किया। राधेश्याम तथा यूनुस इस अपराध में पकड़े जाते हैं। राधेश्याम को काले पानी की सजा मिली तथा यूनुस को फाँसी का फन्दा। इतने पर बगावत बढ़ी उसका तूफान शान्त नहीं हुआ। दबंग हिन्दू एवं मुसलमान नौजवान एकान्त में छिप-छिपकर मीटिंग करने लगे। सन् बयालीस के आन्दोलन में चिकवों के जवान लड़कों ने बड़ा ऊधम मचाया था। उन्हें नहीं मालूम था कि देश कैसे आजाद होगा, पर इतना उन्हें मालूम था कि कुछ करना चाहिए और वे जो कुछ कर सकते थे, वह उन्होंने किया था। इस घटना से ध्वनित होता है कि चिकवा बस्ती निवासियों में राजनीतिक चेतना जाग्रत हो चुकी थी और इसी राजनीतिक चेतना की पृष्ठभूमि स्वरूप चिकवा बस्ती में एक ऐसा राजनीतिक परिवेश बन चुका था जिससे वहाँ पर लगातार अनेक प्रकार की राजनीतिक गतिविधियाँ धीरे-धीरे चलती रहती थीं।

कमलेश्वर प्रगतिवादी विचारधारा के लेखक थे, उन्होंने अपनी सभी रचनाओं में सर्वत्र यथार्थ चित्रण के प्रति विशेष आग्रह दिखलाया है। देश के विभाजन से पूर्व हिन्दू तथा मुसलमान एक-दूसरे से पूर्णरूपेण हिल-मिलकर बन्धुभाव एवं सद्भाव से रहते थे। अनेक स्थलों जिनमें चिकवा बस्ती भी है पर तो सर्वसामान्य व्यक्तियों को तो इस देश के परिवर्तित परिवेश की राजनीतिक चेतना का आभास तक नहीं था। चिकवा बस्ती निवासी स्वाधीनता के विषय में भी अति अनभिज्ञ थे क्योंकि वे अपने-अपने व्यक्तिगत जीवन से ही संघर्ष कर रहे थे। इसी चिकवा बस्ती में एक कोठरी में जुम्मन साईं नामक एक व्यक्ति रहता था तथा एक छोटी सी झोंपड़ी में नसीबन रहती थी। ये दोनों स्वाधीनता प्राप्ति से पूर्व एवं बाद में भी यहीं रहते हैं। इसके अतिरिक्त गिरे हुए तथा ढहे हुए मकानों के अवशेष रह गये हैं। आज भी यहाँ सब कुछ वैसा ही है जैसा स्वाधीनता प्राप्ति से पूर्व था।

जुम्मन साईं की कोठरी के सम्मुख सदैव धूनी सी रमी रहती थी। अगरबत्तियाँ जलती रहतीं साथ ही लोबान का पवित्र धुआँ उठता रहता था। इक्के-ताँगे वाले, स्टेशन के कुली तथा छोटे-छोटे दुकानदार वहाँ सायंकाल एकत्र होकर गप्पें मारते रहते थे। कई बार सुख-दुःख की बातें होतीं और देश की आजादी के विषय में भी चर्चा हुआ करती थी। महात्मा गाँधी ने राष्ट्रीय कांग्रेस का सूत्र सँभाला था तथा उन्होंने ब्रिटिश सरकार के विरुद्ध अपना अभियान चलाया। मुस्लिम लीग के नेताओं ने कांग्रेस का साथ देना बन्द कर दिया। वे कांग्रेस का विरोध करते हुए अपने लिए पृथक राज्य पाकिस्तान की माँग करने लगे। हमारे देश के दो मज़हब—हिन्दू तथा मुस्लिम एक साथ रहने से इनकार करने लगे।

मुस्लिम लीग की ओर मुसलमान खिंच गये तथा लीग एक शक्ति सम्पन्न पार्टी के रूप में उभरी। इफ़्तिकार मुस्लिम लीग विचारों का समर्थक नहीं था, अतः वह कहा करता था कि—

"जिन्ना साहब किधर से मुसलमान हैं, सुना है नमाज़ तक नहीं पढ़ते।"[67] ब्रिटिश सत्ताधारियों ने तोड़-फोड़ तथा राज करो की नीति अपनाई तथा इसमें सफल भी हुए। देश का विभाजन अंग्रेजों की ही राजनीतिक देन है।

सन् 1945 ई. का समय था। चिकवों की बस्ती में कभी किसी प्रकार का दंगा-फसाद नहीं हुआ था। वहाँ शान्ति का साम्राज्य था। "...लेकिन भीतर-भीतर एक भूचाल आया था। वह भयानक भूचाल, जिससे बस्ती की चूलें हिल गयी थीं। भीतर-भीतर सब कुछ बिगड़ गया था। हिली इमारतें ढह गयी थीं। अपनेपन का जज़्बा मर गया था। नफरत की आग ने इस बस्ती को निगल लिया था और भरी-पूरी चिकवों की बस्ती सबसे पहले उजड़ गयी थी, पता नहीं यह आग कहाँ छिपी हुई थी?"[68] साम्प्रदायिकता की आँधी आयी, जिसने उन्हें उजाड़ दिया था। नफरत की आग लगी थी, जिसकी चिनगारियाँ बाहर से आयीं थीं। दूसरे कस्बों से, शहरों से, अन्य सूबों से धर्मान्ध तथा मदमत्त व्यक्ति आये और सामान्य जनों में उन्होंने जहर फैलाने में सफलता प्राप्त की।

सन् सैंतालीस में हमारा देश स्वतन्त्र हुआ लेकिन हमारा प्यारा देश दो भागों में विभाजित हो गया। पाकिस्तान तो बन गया लेकिन देश और देशवासी टूटकर बिखर गये। आदमी के हौसले पस्त हो गये। मन की प्रबल मुरादें टूट गयीं। दिलों के रिश्ते खत्म हो गये। चिकवों की बस्ती के निवासी मुसलमान पाकिस्तान जाने की इच्छा से भाग खड़े हुए। आर्थिक विपन्नता के कारण सूबा भी पार नहीं कर पाये और इधर-उधर जनपद में ही बिखर गये। उनके मन में भय था, आतंक था कि हिन्दुओं का शहर है और वे न जाने हमारे साथ कैसा व्यवहार करेंगे? अतः उन्होंने नगर छोड़ दिया तथा पाकिस्तान जाने का मन बना लिया, जिन्होंने बस्ती छोड़ दी उनमें से ".....यहाँ कोई लौट कर नहीं आया.....पता नहीं अब यहाँ के लोग कैसा सलूक करें, बस्ती में रहने दें या न रहने दें। आखिर हिन्दुओं का शहर है..."[69] चिकवों की बस्ती में सिर्फ बच्चन ही रह रहा था लेकिन एक दिन वह भी कहीं चला गया—अचानक ही लापता हो गया। एक दिन जुम्मन साईं नसीबन से कहने लगता है "...इतने बरस हो गये, इधर कोई नहीं आया...अब बच्चन भी क्या आएगा। सब वीरान हो गया। सब उजड़ गया। बच्चन का नाम सुनकर नसीबन की यादें और हरी हो आयीं, धीरे से बोली..... 'साईं धरती नहीं उजड़ती..... ।' सुनकर साईं अविश्वास से मुस्करा दिया।"[70]

आजादी का आन्दोलन जोर पकड़ने लगा। राजनीति में भाग लेने वाले भी शहर में कुछ लोग थ जिनकी जुबान पर गाँधी, नेहरू, सुभाष तथा जिन्ना के नाम प्रतिक्षण रहते थे। ये उच्च स्तर के लोग थे, जो गरीब लोगों से कभी नहीं मिलते थे। सत्य बात तो यह थी कि गरीब तो यह तक नहीं जानते थे कि आजादी कहाँ मिलती है? वह किसके पास है, और उसे कौन देगा? बस्ती वाले गरीबों को केवल इतना अवश्य ज्ञात था कि अंग्रेज देश की सकल सम्पदा को लूट-लूटकर विलायत ले गये और उसी के परिणामस्वरूप हम दरिद्र हो गये हैं।

सन् बयालीस के आन्दोलन में हिन्दू और मुसलमानों ने अंग्रेजों का मिलकर भारी विरोध किया। उस समय उनका एक मात्र उद्देश्य यही था कि किसी भी प्रकार अंग्रेजों को देश से भगाया जाए तथा देश को गुलामी से मुक्त कराया जाए। कमलेश्वर ने इसी का चित्रण प्रस्तुत उपन्यास में किया

है कि कैसे हिन्दू और मुसलमानों में राजनीतिक चेतना विकसित हो रही थी।

राजनीति में साम्प्रदायिकता का बारूद भरा जा रहा था। धीरे-धीरे पाकिस्तान की माँग बढ़ने लगी तथा उसकी निर्माण प्रक्रिया शुरू हुई। प्रत्येक तास्सुबी मुसलमान पाकिस्तान निर्माण प्रक्रिया में सक्रिय सहयोग देने लगा। इसका मुख्य कारण यह हो सकता है कि वे बहुसंख्यक हिन्दुओं के नेतृत्व को स्वीकार करना नहीं चाहते थे। अल्पसंख्यक होने के नाते वे भारत में नहीं रहना चाहते थे। इसका अन्य कारण यह था कि मुसलमानों के हृदय में भय व्याप्त हो गया था कि वे स्वतन्त्र भारत में अल्पसंख्यक होकर दबाव में बहुसंख्यक हिन्दुओं के अधीन रहेंगे। अनेक मुसलमान देश में सत्ताधीश भी थे, वे भी ये समझ रहे थे कि शायद बहुसंख्यक हिन्दू कहीं हम से बदला न लें। यदि हिन्दुओं ने बदला लिया तो हमारा नाश सुनिश्चित है। मुस्लिम लीग इस बात का लाभ लेना चाहती थी तथा उसने पाकिस्तान की माँग लोगों के समक्ष रख दी। उन्होंने एक नीति बनाई तथा सभी मुसलमान कार्यकर्ता पूरे भारत में अपनी इसी नीति का प्रचार करते-फिरते थे।

इस उपन्यास के पात्र यासीन और मकसूद हिन्दुओं के विरोध में मुस्लिम युवकों को भड़काते फिरते हैं। "बात जंग की नहीं है। इस वक्त हमें उन भीतरी बातों को समझना है, जो जिन्ना साहब कर रहे हैं, आप हिन्दुओं की चालों को नहीं समझते। हिन्दू कौम हमारे साथ नहीं हो सकती। हमने हिन्दुस्तान पर सदियों हुकूमत की। आजादी के बाद उसी का बदला वे मुसलमान कौम से लेंगे। यह बिल्कुल तय है।"[71] वह विश्वास दिलाता है कि कांग्रेस पार्टी में अधिकतर हिन्दू हैं अथवा यों कहिए कि वह हिन्दुओं की ही पार्टी है तथा मुस्लिम लीग का निर्माण मुसलमानों के लिए किया गया है। कांग्रेस हिन्दू एवं मुसलमान दोनों को लेकर नहीं चल सकती।

दूसरी ओर इस उपन्यास के अनेक पात्र कांग्रेस के पक्षधर एवं पाकिस्तान निर्माण विरोधी हैं। इफ्तिकार नामक पात्र इस उपन्यास में ऐसा पात्र है, जो पाकिस्तान समर्थक मुस्लिम लीग की राजनीति का स्पष्ट शब्दों में विरोध करता है। लेखक इफ्तिकार के मुख से स्पष्ट कहलवाता है– "असली लड़ाई तो गरीबी और अमीरी की है। मुल्क के तकसीम होने से हमें क्या मिल जाएगा?"[72] लेकिन उसकी बात को समझने की शक्ति किसमें थी? इफ्तिकार आगे सत्तार को समझाता हुआ कहता है– "सत्तार भाई......मुझे लगता है कि इन बातों से गलतफहमियाँ फैल रही हैं......अब मुसलमान को कहाँ जाना है? यही मुल्क है और लगता मुझे यह भी है कि अगर पाकिस्तान बना भी तो अपने किसी काम नहीं आएगा। पाकिस्तान में भी हमें तो इक्का ही हाँकना पड़ेगा.....सनीमा की गेटकीपरी करना......नूरजहाँ के गाने सुनना।"[73] इफ्तिकार का कथन इस बात की ओर इंगित कर रहा है कि मुसलमानों में अनेक ऐसे मुसलमान हैं, जो वास्तविक स्थिति को समझ कर अनावश्यक रूप से फैले भय एवं भ्रम को दूर करना चाहते हैं। इस उपन्यास में हिन्दू-मुसलमानों के मध्य साम्प्रदायिकता के नाम पर घटित घटनाओं का यथार्थ रूप प्रस्तुत किया गया है। स्वतन्त्रता प्राप्ति के समय साम्प्रदायिकता अति उग्र रूप धारण कर चुकी थी। राष्ट्रीय स्वयं सेवक संघ तथा मुस्लिम लीग जैसी साम्प्रदायिक संस्थाओं ने साम्प्रदायिकता विकसित करने में रुचि ली।

लेखक को इन राजनीतिक परिस्थितियों का सम्यक् ज्ञान है, अपने इसी राजनीतिक ज्ञान

की पुष्ट पृष्ठभूमि के बल पर लेखक ने इन साम्प्रदायिक दलों के भड़काने से व्यक्ति-व्यक्ति के बीच टूटते रिश्तों को तथा समाज के बिखरते हुए सम्बन्धों को बड़ी ही सहजता एवं स्वाभाविकता से अभिव्यक्त किया है। मुसलमान भी पाकिस्तान बनने की कल्पना से बड़े ही उत्साहित प्रतीत होते हैं। उनके हौसले बुलन्द हो रहे हैं। चिकवों की बस्ती में हिन्दुओं ने भी राष्ट्रीय स्वयं सेवक संघ की शाखा स्थापित कर ली है। संघ के स्वयं सेवक शहर में हर जगह मुसलमानों के विरुद्ध प्रचार करते हुए घूमते नजर आते हैं। केवल कुछ ही दिनों में मानव के सम्बन्ध कितने बदल गये। सत्तार अपने पुराने मित्र रतन से मिलने के लिए जाता है। सत्तार रतन को पहचान नहीं पाता है क्योंकि वह संघ के लोगों के गणवेश में था। रतन के बगल में खड़ा व्यक्ति सत्तार की ओर देखकर कहता है– "औरंगजेब ने जो अत्याचार किये हैं, हिन्दू धर्म को जिस तरह भ्रष्ट किया है उसी का बदला तो लेना है। हमारी परम्परा है महाराणा प्रताप की, शिवाजी की जिन्होंने मलिच्छों से कभी समझौता नहीं किया....।"[74] सत्तार आगे बढ़कर रतन से बातें करना चाहता है, परन्तु रतन उसे पहचान तक नहीं पाता, रतन सत्तार की ओर बड़ी ही घृणा की दृष्टि से देखता है। वह सत्तार से बात तक नहीं करना चाहता है। इतने पर भी सत्तार उससे बातचीत करने को उद्यत है। सत्तार दो बीड़ियाँ सुलगाता है, उनमें से एक रतन की ओर बढ़ाता है। रतन तन्दुरुस्ती खराब होने का बहाना बनाकर बीड़ी लेने से साफ इनकार कर देता है। इस पर सत्तार उससे कहता है कि तुझसे तगड़ा तो मैं ही हूँ। रतन पुरानी दोस्ती के सम्बन्धों को तोड़ देता है। उसके मन में मुसलमानों के प्रति घृणा भरी हुई है, जिसे संघियों ने भर दिया है। वह एकदम सत्तार से कह उठता है कि– "हाँ बेटे! हिन्दुस्तान का माल खाते हो, तगड़े क्यों नहीं होगे? रतन बोला। सत्तार उसकी बात के डंक को तोड़ देना चाहता था। उसने गुस्से से रतन को देखा और बोला-किसी से माँग कर नहीं खाते बेटा। अपने हक़ का खाते हैं। वह हक़ जो सदियों पहले हमारी कौम ने जीता था, समझे।"[75] इन कथनों से सिद्ध है कि पारस्परिक बैर भाव कितना बढ़ रहा था।

लोगों का दृष्टिकोण बदल गया था। ऊँची-ऊँची दीवारों, इमारतों, पेड़ों पर मुस्लिम लीग तथा राष्ट्रीय स्वयं सेवक संघ, हिन्दू महासभा के झण्डे फहराते हुए दृष्टिगोचर होने लगे थे। पुस्तकालयों में रणबाँकुरों, मराठाओं तथा वीर राजपूतों की वीरतापूर्वक जीवनियाँ खरीदी जाने लगी थीं। राष्ट्रीय स्वयं सेवक संघी महात्मा गाँधी से चिढ़ते थे तथा वे यह अहसास करते थे कि म्लेच्छों को इतनी छूट देकर सिर पर चढ़ाते हुए गाँधी जी ने ही आर्य-भूमि एवं हिन्दुत्व का अपमान किया है। दूसरी ओर चिकवों की बस्ती में जुम्मन तथा मुस्लिम लीग के कार्यकर्ता मुसलमानों पर यह विचार थोपते हैं कि इस्लाम खतरे में है। छोटे से कस्बे के लोग, जो कल तक न हिन्दू थे न मुसलमान मात्र इनसान थे। 1945 के बाद वे अपनी मानवता एवं भाईचारे को भूलकर सिर्फ हिन्दू अथवा मुसलमान बनकर रह गये। उनका भूत, वर्तमान एवं भविष्य अब केवल पाकिस्तान एवं हिन्दुस्तान के साथ बँधकर रह गया। एक अदृश्य भय हर तरफ प्रतिक्षण व्याप्त रहने लगा। यह सब कैसे हुआ? इसका स्पष्ट उत्तर है कि नेताओं के बहकावे में आकर हिन्दू और मुसलमान दोनों ही अपने पुराने सम्बन्धों को भूलकर बिखर गये।

उपन्यास में लेखक ने सुभाष चन्द्र बोस की 'आजाद हिन्द फौज' का भी चित्रण किया है।

इस फौज के किस्से चिकवों की बस्ती तक पहुँच गये। गली-गली में लड़के कहते फिरते थे कि– "तुम मुझे खून दो, मैं तुम्हें आजादी दूँगा।" कभी-कभी कुछ समय के लिए हिन्दू एवं मुसलमान भेदभाव को भूलकर उन्हीं चर्चाओं की ओर अपना मन लगा दिया करते थे। चिकवों की बस्ती में जुम्मन साईं सबको समझाने की चेष्टा करता है कि 'आजाद हिन्द फौज' से हमें क्या लेना-देना है। आजाद हिन्द फौज हिन्दुस्तान की हुकूमत जीत भी ले तो भी राज तो हिन्दुओं का ही होगा।

इस उपन्यास का एकमात्र पात्र सत्तार आजाद हिन्द फौज की प्रशंसा इसलिए करता है कि आजाद हिन्द फौज में मुसलमान भी हैं तथा शाहनवाज खाँ उसके सिपहसालार हैं। सत्तार, जिन्ना और लीग से घृणा करता है और कहता है कि– "सुना है कि जिन्ना साहब मज़हब को नहीं मानते.....। वे वह सब करते हैं जो इस्लाम के खिलाफ है। वे न उर्दू जानते हैं न अरबी। उन्होंने पारसी लड़की से शादी की है....वे हमारे लीडर कैसे हो सकते हैं।"[76] मुस्लिम लीग एवं स्वयं सेवक संघ दोनों के अनुगामियों के राजनीतिक स्वार्थों के कारण ही चिकवों की हिन्दू एवं मुसलमानों के अपनेपन एवं भाईचारे से गुजरती हुई जिन्दगी में दरार पड़ गयी। इसका इस बस्ती के दरिद्रजनों पर भी अति बुरा प्रभाव पड़ा। इसी कारण दीनता से पीड़ित इक्के वाले इफ्तिकार की भूखे मरने तक की नौबत आ गयी। "मैं मुसलमान हूँ शायद इसलिए लोग मेरे इक्के पर बैठने से कतराते हैं।"[77] राजनीति गरीबों को भी नहीं छोड़ती। यह सब राजनीतिक प्रभाव के कारण ही था कि हिन्दू-मुसलमान दोनों ही जातियों के लोगों में भय और सन्देह बढ़ गया है।

सन् 1945 में मुस्लिम लीग ने काला दिवस मनाया था जिसका चित्रण प्रस्तुत उपन्यास में बड़ी ही सूक्ष्मता से किया गया है। जब कांग्रेस, विधान निर्मात्री सभा तथा अन्तरिम सरकार गठित करने हेतु घोषणा करती है तब मुहम्मद अली जिन्ना इस सरकार में सम्मिलित होने से मना कर देते हैं। वे दूसरी अन्य छोटी-छोटी पार्टियों को साथ लेकर अन्तरिम सरकार बनाना चाहते हैं। वे राष्ट्रीय कांग्रेस का साथ कदापि नहीं देते हैं क्योंकि उनकी मान्यता है कि कांग्रेस हिन्दुओं की संस्था है। कांग्रेस की अन्तरिम सरकार के विरुद्ध तथा अपनी माँग को प्रभावशाली बनाने हेतु जिन्ना सोलह अगस्त को काला दिवस मनाने की घोषणा करते हैं। चिकवे की बस्ती के लोगों को भी एक मौलवी जिन्ना साहब की घोषणा को सुनवाता है। "फिलहाल मैं यही कहना चाहता हूँ कि आप सब मुसलमान सोलह अगस्त का दिन एक रंज भरे दिन की तरह मनाएँ। काले झण्डे का जुलूस निकालें और यहाँ के अफसरान पर यह जाहिर कर दें कि मुसलमान इस दिन को मातम का दिन मानता है। वह हिन्दू सरकार के मातहत नहीं रहेगा और हिन्दुओं के पिट्ठू अंग्रेजों की भी मुखालफत करेगा.....।"[78]

इस उपन्यास के नारी पात्रों में एक चरित्र नसीबन है, जो इस चिकवा बस्ती की विधवा है। उसका चरित्र बस्ती के लोगों से कुछ भिन्न प्रकार का है। वह स्वभाव से बड़ी दिलेर है। सत्तार को जब मस्जिद वाली कोठरी से निकाल दिया जाता है तो नसीबन ही उसे आश्रय देती है।

कमलेश्वर ने नसीबन के माध्यम से प्रस्तुत उपन्यास में सामाजिक जीवन के साथ-साथ राजनीतिक जीवन मूल्यों की पृष्ठभूमि में वैयक्तिक जीवन का बड़ा ही मार्मिक एवं संवेदनशील वर्णन किया है।

पाकिस्तान बनने पर नसीबन को किसी प्रकार की प्रसन्नता नहीं हुई। स्वाधीनतोपरान्त

जन्म लेने वाली अथवा विभाजन के नशे में बेहोश पीढ़ी में से कुछ ने लौटे हुए मुसाफिर के रूप में अपने-अपने ठिकाने खोज लिए तथा अधिकतर लोग भटक गये, भटकन नयी पीढ़ी को भी विरासत के रूप में मिली। चौदह वर्ष तक उजड़ती हुई बस्ती में नसीबन ने समय काटा। उजड़ी हुई बस्ती के कुछ बच्चे जवान हो गये। चौदह वर्ष बाद मजदूरी करने हेतु वशीर, बाकर, रमजानी तथा फत्ते आदि लौटे हुए मुसाफिर के रूप में बस्ती में लौटे। इन सभी युवकों को अपना बचपन याद आ गया। नसीबन खुशी से रो पड़ी और इन्हें अपने साथ ले गयी। सभी खँडहर रूप में परिवर्तित अपने-अपने मकानों को हसरत भरी दृष्टि से देखने लगे। कमलेश्वर ने अपने उपन्यास के अन्तिम भाग, जो वास्तव में लौटे हुए मुसाफिरों का है, में बड़ा ही मार्मिक चित्र प्रस्तुत किया है। राजनीतिक पृष्ठभूमि में यह रचना मात्र उल्लेखनीय नहीं वरन् महत्त्वपूर्ण सिद्ध हुई है।

काली आँधी

स्वातन्त्र्योत्तर भारत की राजनीतिक पृष्ठभूमि पर आधारित कमलेश्वर का उपन्यास 'काली आँधी' यथार्थमयी रचना है। इसमें चुनावी राजनीतिक उत्साह एवं धाँधलियों को सही रूप में चित्रित किया गया है। चुनाव के परिणामस्वरूप परिवर्तित देशीय परिवेश का सम्यक् चित्रण ही काली आँधी का मूल उद्देश्य है। नवीन राजनीतिक जागरण एवं चुनाव सामग्री से समस्त देश में एक नवीन परिवर्तन की वायु चली, जिससे हलचल पैदा हो गयी। हिन्दी की राजनीतिक पृष्ठभूमि पर आधारित समस्या प्रधान उपन्यास 'काली आँधी' को निश्चय ही एक मील का पत्थर माना जा सकता है।

'काली आँधी' में राजनीति के विद्रूप चेहरे को उजागर किया गया है। वोट के समय किस प्रकार के वादे किये जाते हैं और उनके नतीजे वास्तविक तौर पर क्या होते हैं, इस उपन्यास में यह भी एक प्रमुख विषय है। यह उपन्यास एक असफल दाम्पत्य जीवन की करुण कहानी है, साथ ही देश में व्याप्त राजनीतिक भ्रष्टाचार तथा छल-कपट की यथार्थ गाथा भी है। प्रस्तुत उपन्यास में कमलेश्वर ने निम्न मध्यवर्गीय तथा उच्चवर्गीय समाज के राजनीतिक, सामाजिक तथा वैयक्तिक जीवन की वास्तविक झाँकियाँ प्रस्तुत की हैं। लेखक ने राजनीतिक समस्याओं पर करारा व्यंग्य करने में पूर्ण सफलता प्राप्त की है। मालती नामक नारी पात्र इस उपन्यास का केन्द्र है। वह इस उपन्यास की नायिका है। एक सशक्त व्यक्तित्व के रूप में वह पूरे उपन्यास पर छायी हुई है। वह खजुराहो के बैरिस्टर प्रताप राय की इकलौती बेटी है, जग्गी बाबू की पत्नी है तथा उच्च शिक्षित है। आगे शिक्षा हेतु उसके पिता उसे विदेश भेजना चाहते हैं लेकिन वह विदेश नहीं जाना चाहती, वह जग्गी बाबू से प्रेम करने लग जाती है।

मालती के पिता अपनी बेटी के लिए उच्चाकांक्षा रखते हैं, वे उसके भविष्य के लिए सजग हैं। अतः उसके प्रेम विवाह के प्रस्ताव को ठुकराते हुए कहते हैं कि– "तुम्हें अपने कैरियर का भी खयाल रखना चाहिए। शादी तो कभी भी कर सकती हो, पर कैरियर बनाने का वक्त आदमी के पास ज्यादा नहीं होता।"[79] मालती अपने पिता के विरोध करने के बावजूद भी जग्गी बाबू के साथ विवाह कर लेती है। मालती और जग्गी बाबू की इकलौती बेटी है–लिली। राजनीतिक जीवन में मालती को अभूतपूर्व सफलता मिलती है लेकिन वह पारिवारिक जीवन में नितान्त असफल है। मालती के पति जग्गी बाबू एक स्वाभिमानी व्यक्ति हैं। वे अपनी पत्नी

के स्वभाव से विपरीत स्वभाव वाले हैं। उन्हें झूठी प्रतिष्ठा एवं राजनीति से कोई लगाव नहीं, राजनीति का मिथ्याकर्षण उन्हें अपनी ओर नहीं खींच सका। वे राजनीति से दूर रहे इसी कारण मालती से भी वे कुछ दूर ही हो गये। उनका मन स्वाभिमान से भरा हुआ था। दूसरी ओर मालती पर राजनीतिक मद इस प्रकार छा जाता है कि वह नारी, पत्नी और माँ के रूप में अपने कर्त्तव्यों को पूर्णरूपेण भूल जाती है। उसे अपने पति जग्गी बाबू तथा बेटी लिली तक की कोई चिन्ता नहीं है। राजनीति जब नारी पर हावी हो जाती है तब उसका पारिवारिक एवं वैयक्तिक जीवन अर्थहीन हो जाता है। जग्गी बाबू खजुराहो में एक टूरिस्ट होटल चलाते हैं। कुछ समय बाद मालती राजनीति में प्रवेश करती है। जग्गी बाबू निरन्तर मालती का उत्साह बढ़ाते हैं। कभी भी उन्होंने मालती के मार्ग में कोई बाधा उपस्थित नहीं की। उन्होंने मालती को पूर्ण स्वतन्त्रता दे रखी थी। उनकी उदारता का यह परिणाम हुआ कि मालती दिन-रात राजनीति के चक्र पर ही घूमती रही तथा उत्तरदायित्व को भूलती रही। इतना ही नहीं अनेक बार उसने जग्गी बाबू की भावनाओं को भी गहन ठेस पहुँचाई। वह उनकी आशा-आकांक्षाओं को चूर-चूर कर आगे बढ़ती रही।

राजनीति के मैदान में उसे हमेशा सफलता मिली। उसने प्रथम चुनाव म्यूनिसिपल बोर्ड कमेटी का जीता। यह उसके जीवन की प्रथम राजनीतिक विजय थी। दूसरा चुनाव उसने जिला परिषद का जीता, जिसमें उसने बड़ी सूझ-बूझ एवं राजनीतिक दाँवपेंचों से काम लिया। इसके बाद तृतीय चुनाव उसने विधान सभा का जीता। उसने इस चुनौतीपूर्ण चुनाव को भी अपनी कुशाग्र बुद्धि, सूझ-बूझ, व्यावहारिक चातुर्य एवं राजनीतिक दाँवपेंच कौशल से जीतकर अपने स्वरूप को ही बदल डाला। उसकी आवाज का दायरा बढ़ा और वह आदरपूर्ण उच्च स्थान प्राप्त करने लगी। उसकी आवाज में एक गूँज थी और वह अर्थवत्तापूर्ण थी। "यह आवाज फैलती गयी। आवाज का दायरा बढ़ता गया। आवाज की गूँज गहराती गयी और जग्गी बाबू इस फैलती आवाज के साथ-साथ पीछे छूटते गये।"[80] मालती आगे बढ़ती गयी। जग्गी बाबू अपने ढंग से जीना चाहते थे। उनमें समझौता न करने वाला स्वाभिमान था, प्रतिष्ठा के झूठे एवं ढोंगी मानदण्ड उन्हें स्वीकार्य न थे। मालती राजनीतिक सफलता के मद में अपनी बेटी तथा पति से अत्यधिक दूर हो गयी, यहाँ तक कि उसके और जग्गी बाबू के मध्य तनाव तथा कटुतापूर्ण स्थिति बन गयी। स्वार्थमयी, घिनौनी एवं मिथ्या राजनीति का जग्गी बाबू को भली-भाँति अनुभव हो गया था। मालती अब किसी होटल वाले की बीवी तक ही सीमित नहीं रहना चाहती थी। वह जग्गी बाबू से इतना तक कह देती है– "......इससे मेरी पब्लिक इमेज पर धब्बा लगता है।"[81]

जग्गी बाबू अपने धन्धे को आमदनी का इज्जतदार माध्यम समझते हैं। मालती इस धन्धे को बदनामी का कारण समझती है। जग्गी बाबू अपनी पत्नी के कथन को सुनकर दुःखी होते हैं। वह नहीं समझ पा रहे हैं कि होटल बन्द करने पर हम क्या करेंगे। उनके प्रश्न का उत्तर देते हुए मालती कहती है– "क्यों, मेरे साथ मेरे काम में हाथ नहीं बँटा सकते ? कितनी चीजों को सँभालना पड़ता है। आप दस कमेटियों के मेम्बर हो सकते हैं। ....गैर लोग मुझसे फायदा उठा सकते हैं, और आपके लिए मैं किसी लायक नहीं।"[82] उनकी समझ में मालती की बातें निरर्थक थीं। उन्हें सदैव संघर्षरत जीवन व्यतीत करने में ही आनन्द प्राप्त होता है। वे न

अवसरवादी हैं न स्वार्थी। राजनीतिक लाभ उठाना एवं कमजोरों का शोषण करना उन्हें मान्य नहीं। अतः वह मालती से स्पष्ट कह उठते हैं–"मैं तुम्हारा पति हूँ......फायदा उठा सकने वाला गैर-आदमी नहीं.....मैं तुमसे फायदा उठाऊँगा? सोचो, क्या बात कही है तुमने?"[83] इस प्रकार जग्गी बाबू का यह विचार स्पष्ट करता है कि उन्हें अपनी पत्नी से राजनीतिक लाभ उठाने की अवसरवादी बात मान्य नहीं, वे अपनी खरी कमाई पर स्वाभिमान से जीना चाहते हैं। मालती के जीने के तौर-तरीकों को देखकर जग्गी बाबू अनुभव करते हैं कि अब उसे रिश्तों की आवश्यकता नहीं है। वे खजुराहो का टूरिस्ट होटल बन्द कर लिली को पंचमढ़ी के पब्लिक स्कूल में प्रवेश दिला देते हैं। वे स्वयं को तथा अपनी पुत्री को घटिया राजनीति से दूर रखना चाहते हैं। वे भोपाल जाकर गोल्डन सन होटल में मैनेजर बन जाते हैं। मालती के सेक्रेटरी एवं जग्गी बाबू में खूब पटती है। गुरूसरन जग्गी बाबू को प्रतिष्ठा देता है। वह यही चाहता है कि जग्गी बाबू की गृहस्थी बनी रहे। मालती एवं जग्गी बाबू में समझौता हो जाए तथा लिली को माँ का सच्चा प्यार मिले। मालती जिद्दी है, समझौता नहीं कर पाती। राजनीति के कारण पति, पत्नी एवं बेटी के रिश्ते दरक जाते हैं। गृहस्थी टूट कर बिखर जाती है।

राजनीति एवं मालती के विषय में चर्चा होने पर जग्गी बाबू गुरूसरन से कहते हैं कि..... "यार, तुम्हारी यह राजनीति बड़ी घटिया चीज है। तुम लोग सिर्फ चीजों का बखूबी इस्तेमाल करना जानते हो।.....बाढ़ आये तो उसे इस्तेमाल करो, सूखा पड़े तो उसे इस्तेमाल करो.....कहीं कोई मर गया तो उसकी मौत को इस्तेमाल करो.......इससे ज्यादा घटिया बात और क्या हो सकती है कि दुःखी और मुसीबतज़दा इनसानों के सपनों तक को तुमने इस्तेमाल कर लिया।"[84] राजनीतिक लोग प्रत्येक बात को राजनीतिक लाभ प्राप्ति की दृष्टि से देखते हैं, अपना उल्लू प्रत्येक दशा में सीधा करना चाहते हैं। यह सब जग्गी बाबू को मंजूर नहीं।

मालती राजनीतिक सफलता के नशे में भाँति-भाँति के मुखौटों में जीने लगती है। वह जनता के मध्य भाषण नहीं करती बल्कि वह अपने सुखी वैवाहिक जीवन का जयनाद करती है। वह सन्ध्या के समय महिला सेवा दल का गठन करने जाती है। महिलाओं की मीटिंग में वह स्पष्ट रूप से कहने लगती है– "कौन कह सकता है कि मेरा परिवार और मेरा पति सुखी नहीं है और मैं समाज के कार्यों के लिए भी पूरा वक्त निकालती हूँ।"[85] मालती के इस कथन से स्पष्ट हो जाता है कि उसकी कथनी एवं करनी में काफी अन्तर है। उसका परिवार शून्य में लटका दिखाई देता है तथा समाज सेवा कार्य प्रमुख हो जाता है। स्वाधीनता के बाद निम्न मध्यवर्गीय समाज में बढ़ती हुई राजनीतिक चेतना का चित्रण कमलेश्वर के इस उपन्यास में हुआ है। भारतीय संविधान ने नारी को पुरुष के समान अधिकार दिये हैं। नारी पुरुषों के साथ रहकर राजनीति में हिस्सा ले रही है। मालती अपने पति जग्गी बाबू के कहने के अनुसार सब कुछ त्याग कर राजनीति में सम्मिलित हो जाती है। वह नारी जगत में राजनीतिक भावनाएँ जाग्रत करने का प्रयास करते हुए उनका आह्वान करती है– "तो बहनो हमें एक 'महिला सेवा दल' बनाना है... मुख्यमन्त्री महोदय कल नगर में आ रहे हैं और उन्हें दिखाना है कि हम महिलाएँ अपना मोर्चा सँभाले हुए हैं...आने वाले चुनावों में हमें बहुत काम करना है।...मैं चाहूँगी कि कम से कम तीस महिलाएँ आगे आएँ और सेवा दल का निर्माण करें।"[86] मालती का प्रस्तुत कथन यह स्पष्ट

करता है कि अपनी राजनीतिक सफलता के कारण कितनी महत्वाकांक्षिणी बन गयी है।

अपनी सत्ता एवं अधिकारों की सीमा को उसने धीरे-धीरे अति विस्तृत बना लिया है। उसने जो कुछ भी प्राप्त किया उससे वह सन्तुष्ट नहीं है। वह इससे भी अधिक और कुछ प्राप्त करना चाहती है। मालती राजनीतिक सफलता का सुदृढ़ स्तम्भ है, जिससे उसकी पुत्री लिली एवं पति जग्गी बाबू काफी दूर हैं। वह भोपाल से लोक सभा का चुनाव लड़ती है। वह चुनाव में सब प्रकार के दाँवपेंच, नाटक, पैंतरे एवं तिकड़मबाजियाँ खेलती है। उसके सभी प्रयत्न, प्रयास, युक्तियाँ सफलता प्राप्ति हेतु ही हैं। मालती में एक अच्छे नेता के सब गुण विद्यमान हैं। वह आवश्यकतानुसार सब कुछ तय कर लेती है। स्वतन्त्रता के बाद जातीयता की प्रवृत्ति पनपने लगी थी। हमारे क्रियाकलापों का आधार जाति ही बन चुकी थी। राजनीतिक पृष्ठभूमि के कारण लेखक ने जाति भावना को उकेरा है। लेखक ने जातीय षड्यन्त्रों द्वारा चुनाव जीतने के नाटक, चुनावी हथकंडों व बेईमानियों को सूक्ष्मता से चित्रित किया है।

धर्म का राजनीति में किस प्रकार से प्रयोग किया जा सकता है, इस उपन्यास से जाना जा सकता है। यद्यपि स्वाधीन भारत में धर्मनिरपेक्ष लोकतन्त्र प्रणाली स्वीकार की गयी है फिर भी स्वातन्त्र्योत्तर चुनावों में धर्म का खुला प्रयोग होता आया है। चुनाव जीतने के लिए सब कुछ जायज है। धर्म-कर्म तथा यज्ञानुष्ठानादि। देहाती अनपढ़ धर्मान्ध जनता को धार्मिक अनुष्ठानों से जीता जा सकता है। इसके लिए मालती की ओर से गीता-पाठ, पूजा-पाठ तथा यज्ञादि कराये जाते हैं। लल्लू बाबू इस कार्य को बड़ी ही चतुराई से कराते हैं। "वे गंगाजली में तुलसी दल डाले आचमनी लिए सबको चरणामृत बाँट रहे थे और कहते जाते थे...भगवान का चरणामृत साक्षी है...हमारा साथ देना। सौगन्ध है राम जी की। भूलना मत।"[87] साम्प्रदायिक दंगों का चित्रण अधिकांश उपन्यासों में हुआ है। 'काली आँधी' में कमलेश्वर ने हिन्दू, मुसलमानों के मध्य साम्प्रदायिकता के नाम पर घटित घटनाओं का बड़ा यथार्थ रूप चित्रित किया है। हिन्दू-मुस्लिम समस्या इस देश की प्राचीन समस्या है, जिससे ही आज तक मुक्ति नहीं मिल पायी है। चुनाव में जीत के लिए सभी राजनीतिक लोग अनैतिक हथकण्डों का सहारा लेते हैं। जगह-जगह पर साम्प्रदायिक दंगे कराते रहते हैं। इनका एक ही उद्देश्य होता है—किसी भी प्रकार चुनाव में विजय प्राप्त करना। उपन्यास में गुलशेर साहब जो कि मालती के प्रतिद्वन्द्वी हैं, हिन्दू और मुसलमानों में दंगा करा देते हैं। मालती पीड़ितों से मिलने दंगाग्रस्त स्थल पर जाती है। पीड़ितों के प्रति हमदर्दी प्रकट करती है। मालती समर्थक कार्यकर्ता मिर्जा साहब वहीं पहुँच कर दंगाग्रस्त लोगों को सम्बोधित करते हुए कहता है कि– "यह काम उन ज़ाहिल और फ़िरकापरस्त लोगों का है, जो इनसानी कीमतों को धूल में मिला देना चाहते हैं।...गरीब और उन भूखे लोगों को जो जिन्दगी की जद्दोजहद में अपना खून पसीना बहा रहे हैं। वे वहशी लोग उन्हें खूँखार जंगली जानवरों में बदल देना चाहते हैं...ताकि वे आपस में लड़ते रहें और भाइयों की गर्दन काटते रहें। उन लोगों के खिलाफ उठ खड़े हों, जो सचमुच इनका खून चूसते हैं।.....गरीबों का खून चूसने वाले सबकी यह साजिश है कि गरीब एक न हो पाये।"[88] मिर्जा के इस चुनावी भाषण का वही प्रभाव हुआ, जो अपेक्षित था। जो भीड़ उनका भाषण सुनने आयी थी उसमें पत्थरबाजी होने लगी। उस पत्थरबाजी में मालती भी घायल हुई, इस हादसे से लोगों में भय एवं आंतक फैल

गया। दूसरे दिन अखबार में मालती के धैर्य बँधाने की प्रशंसा की गयी तथा गुण्डागीरी की निन्दा। मालती ने पत्थरबाजी का आरोप अपने विरोधी गुलशेर साहब पर लगाया लेकिन सत्यता यह थी कि उन्होंने अपने आदमियों से ही पत्थरबाजी कराई थी। इस प्रकार साम्प्रदायिकता का सहारा लेकर वे षड्यन्त्र में सफल हो गयीं।

इस राजनीति का अर्थ बताते हुए लल्लू साहब कहते हैं कि चुनाव का अर्थ यही है कि सब कुछ सहन किया जाए लेकिन कही बात पर विश्वास नहीं किया जाए, इतना ही नहीं वे कहते हैं कि प्रत्येक कार्य करो लेकिन रूप बदल कर। यही उनके मतानुसार राजनीति का एक महत्त्वपूर्ण गुरुमंत्र है, जिसका प्रभाव आज भी सर्वत्र देखा जा सकता है। साम्प्रदायिक दंगे प्रायः राजनीतिक स्वार्थ के लिए ही होते हैं। यदि कुत्सित राजनीति एवं साम्प्रदायिकता देश से समाप्त नहीं हुई तो हमारे देश में हिन्दू-मुसलमानों के दंगे होते ही रहेंगे। चुनावों में राजनीतिक हथकण्डों, जातिवाद तथा साम्प्रदायिकता का उपयोग अपनी-अपनी स्वार्थपूर्ति हेतु राजनीतिक लोग किस प्रकार करते हैं, इसका यथार्थ चित्रण प्रस्तुत उपन्यास में मिलता है।

चुनाव में सफलता प्राप्त करने तथा प्रसिद्धि प्राप्ति हेतु वह विदेशियों को गोल्डन सन होटल में डिनर देती है। वे मालती के स्वास्थ्य एवं विजय की कामना करते हैं। मालती भी विदेशियों के साथ बैठकर मदिरापान करती है। वह इसे अनुचित नहीं समझती। "मालती जी की एक विशेषता यह भी है कि वह हर तरह के माहौल में खप जाती है। मालती जी ने अपना जाम उठाते हुए बड़ी शालीनता से उनकी शुभकामनाएँ स्वीकार कीं।"[89] अखबार किसी भी सामान्य उम्मीदवार को महत्त्व प्रदान करते हुए प्रसिद्धि के शिखर पर आरूढ़ कर सकते हैं अथवा उसकी निन्दा करते हुए उसे अपयश के गर्त में ढकेल सकते हैं। इस प्रकार लोकतंत्रात्मक शासन प्रणाली में अखबार की शक्ति अद्वितीय है।

मालती को चुनाव में विजयी देख विरोधी लोग महिला समाज की ओर से मालती के काले कारनामों का कच्चा चिट्ठा भी प्रसारित कराते हैं। इससे मालती के चुनाव अभियान में अपयश का तूफान आ जाता है। उनके कार्यकर्ता कहते हैं कि विरोधियों पर मुकदमा दर्ज कराना चाहिए। मालती के अनुसार कानून की अदालतें हमारी अदालतें नहीं हैं। हमारी सबसे बड़ी अदालत है जनता। उसी जन अदालत में अब मुकदमा लड़ा जाएगा।

'काली आँधी' उपन्यास घृणित राजनीतिक पृष्ठभूमि पर चमकता हुआ भव्य महल है। उपन्यास नायक जग्गी बाबू, जो अपने आत्मीय सम्बन्धों के प्रति व्यथित हैं वे गुरुसरन से अपनी इस व्यथा को इन शब्दों में प्रकट करते हैं– "....मैं नहीं चाहता कि मेरी बच्ची आपकी जालिम पॉलिटिक्स का शिकार हो जाए......आपकी दुनिया का जमीर मैं खूब जानता हूँ गुरूसरन जी, आपके यहाँ औलाद के रिश्ते तक को इस्तेमाल किया जा सकता है। मैं अपनी बच्ची को आपकी गलीज दुनिया से दूर रखना चाहता हूँ और आपकी मालती जी के नाम पर मुझे लेकर कीचड़ उछाला जाए, यह भी मैं नहीं चाहता। बारह बरस पहले जो खुला रास्ता उसे देकर मैं दूसरी तरफ चला आया था, उस रास्ते में अपनी छाया तक को नहीं जाने देना चाहता।"[90] यश एवं सत्ता प्राप्त करके मालती बाह्य रूप में तो सफल है पर वह अन्दर से टूट चुकी है। जग्गी बाबू के शब्दों में इसी टूटन का उल्लेख इस भाँति हुआ है– "......तुम्हें अपनी बेरफ्तार दौड़ती जिन्दगी

में सोचने को वक्त ही कहाँ मिला है? मशीनें नहीं सोचतीं। मशीनों के लिए आदमी सोचता है और सफलता सिर्फ एक मशीन है। अब तुम औरत नहीं......एक सफलता बन गयी हो। अब तुम्हारी मुक्ति और ज्यादा सफल होते जाने में है......और कोई दूसरा रास्ता नहीं है। यही तुम्हारा एक मात्र रास्ता है।"[91] यह जग्गी बाबू का मत न होकर मालती के जीवन का निष्कर्ष है तथा यही इस उपन्यास का भी निष्कर्ष प्रतीत होता है।

मालती अपनी पुत्री तक को भूल जाती है। सत्कार समारोह मंच पर उसकी पुत्री लिली उसके आटोग्राफ लेकर जाती है। जीत का नशा कैसा? जहाँ माँ बेटी को ही नहीं पहचान पायी। यह घटना मालती के सम्पूर्ण चरित्र पर एक प्रश्नचिह्न लगा देती है। पाठक सोचने को बाध्य हो जाता है कि सफलता एवं सत्ता का मद भी विचित्र है, जिससे अपनी बेटी को ही माँ नहीं पहचान पाती। 'काली आँधी' उपन्यास के विषय में निश्चित रूप से यह कहा जा सकता है कि इसमें स्वातन्त्र्योत्तर भारतीय राजनीति का वह पक्ष चित्रित किया है, जिसे बहुत कम रचनाकार ही छू सके हैं। अपनी इसी स्पष्टता के कारण यह उपन्यास स्वातन्त्र्योत्तर भारतीय उपन्यासों का दस्तावेज बन गया है। इस उपन्यास में राजनीति में व्याप्त चरित्रहीनता व भ्रष्टाचार का उल्लेख किया गया है।

कितने पाकिस्तान

जब देश में राजनीतिक, प्रशासनिक दायित्वहीनता, संवेदनहीनता और लापरवाही का बोलबाला था उस समय कारगिल से भयानक युद्ध स्थिति की खबरें दी जा रही थीं। उस समय कांग्रेस सोनिया गाँधी को लेकर देशी-विदेशी के मामले में उलझी हुई थी। भाजपा अपनी मित्र पार्टियों के साथ अपने कार्यक्रम चला रही थी। लेखक द्वारा तत्कालीन रक्षामंत्री, विदेश मन्त्री तथा सूचना प्रसारण मन्त्री की कार्य प्रणालियों की चर्चा एवं आत्मघाती हमलों के सन्दर्भ में आपत्ति की गयी है। उस समय कांग्रेस देशी-विदेशी (सोनिया गाँधी को लेकर) के मामले में फँसी हुई है। भाजपा और उसकी मित्र पार्टियाँ अपने निजी कार्यक्रमों में व्यस्त हैं, कामचलाऊ प्रधानमंत्री अटल बिहारी वाजपेयी जगजीत-गुलज़ार के कैसेट 'मरासिम' का लोकार्पण कर रहे हैं, अख़बार वर्ल्ड-कप की खबरों से भरे हैं, जो सूचनाएं देश को मिलनी चाहिए उनको सँभालने वाले सूचना प्रसारण मन्त्री प्रमोद महाजन प्रसार भारती को समाप्त करने की मुहिम में व्यस्त हैं, विदेश मन्त्री जसवंत सिंह कारगिल सीमापार चल रही विदेशी गोलाबारी से बेख़बर मध्य एशिया के देशों से मैत्री सम्बन्ध बनाने में व्यस्त हैं और रक्षामंत्री जार्ज फर्नांडिस यूगोस्लाविया पर हो रहे नैटो-अमरीकी हमलों पर अन्तरराष्ट्रीय सम्मेलन कर रहे हैं। कोई भी पार्टी नेता या राजनेता देश की उत्तरी सीमा पर चल रहे इस विस्फोटक युद्ध पर न तो कोई चिन्ता व्यक्त कर रहा है, न कोई बयान दे रहा है, जबकि उत्तरी सीमान्त पर कारगिल-द्रास के इलाके में पाकिस्तानी तोपें दागी जा रही हैं। घुसपैठियों को नियन्त्रण रेखा के उस पार खदेड़ने का काम तब ही किया जा सकता है, जब देश की सत्ता-सरकार अपना राजनीतिक फैसला घोषित करे, यह लापरवाही हमें भारी पड़ सकती है।

प्रधानमन्त्री जी के सलाहकार श्री ब्रजेश मिश्र जी का चेहरा स्टार न्यूज में पहली बार दिखाई दिया और बातों के अलावा उनके बयान में यह भी निहित था कि कारगिल-द्रास बटालिक क्षेत्र में आतंकी घुसपैठिये की मौजूदगी को लेकर सरकार का खुफिया सूचना तंत्र निष्क्रिय था। खुफिया

सूचना समय से न दे सकने के कारण सेना के सूचना तंत्र को भी दोषी ठहरा दिया।

राजनीतिज्ञों की दृष्टि हमेशा अपनी कुर्सी, अपने दल एवं अपनी सरकार पर रहती है। कारगिल में युद्ध स्थिति बनी हुई थी, उत्तरी सीमान्त पर स्क्वाड्रन लीडर अजय कुमार आहूजा मारे गये, फ्लाइट लेफ्टिनेंट नचिकेता अपनी जान को खतरे में डालकर अपने क्षतिग्रस्त जहाज से कूद पड़े और चालक दल के चार सदस्य मारे गये, साथ ही सरकारी आंकड़ों की विश्वसनीयता संदिग्ध होने के बावजूद यह बतलाया गया कि हमारी सेना के 29 जवान मारे गये हैं तथा 12 लापता हैं इस देश को विश्वास में लेने के लिए और उनके संकट और दुखों में शामिल होने के लिए आपको दूरदर्शन पर आने की जरूरत महसूस नहीं हुई, यह संवेदनहीनता की इंतेहा है। प्रधानमंत्री ने उनके विषय में कोई शोक संवेदना प्रकट नहीं की लेकिन जब दूसरे दिन उनकी सरकार गिरायी गयी तो देश की जनता को सन्देश देने आगे आये, यही तो राजनीति है।

कमलेश्वर ने कड़े शब्दों में राजनीति के शिखर पर पदासीन राजनेताओं, मंत्रियों की संवेदनहीनता का बड़ा ही जीवन्त और मार्मिक चित्रण किया है। सच्चे देश सेवक तो वे हैं, जो राष्ट्र पर अपने प्राण न्यौछावर कर देते हैं और उनके लिए संवेदना और सहानुभूति का एक भी शब्द प्रकट न किया जाए तो इससे बढ़कर शर्म की बात क्या होगी। इन्होंने तत्कालीन रक्षामंत्री जार्ज फर्नांडिस के दायित्वहीन बयान पर भी अपनी आपत्ति जताई जिसमें उन्होंने अपनी गुप्तचर एजेन्सियों की कार्यवाही को उचित एवं सही नहीं बताते हुए घुसपैठ में पाकिस्तान का कोई हाथ नहीं बताया। इस प्रकार का बयान सत्य एवं तथ्य पर आधारित नहीं था। पाकिस्तानी सेना का मनोबल बढ़ाने वाला यह बयान लोकतंत्रवादियों का अहित करने वाला है।

कमलेश्वर ने इसी प्रकार का एक राजनीतिक मुद्दा यह उठाया है कि किसी राजनेता को अगर मोच भी लग जाती है तो वह चिकित्सा के लिए विदेश जाता है परन्तु देश के लिए प्राण न्यौछावर करने वाले सैनिकों का उपचार एक अच्छे अस्पताल तक में नहीं होता, विदेश की तो बात छोड़िये। यदि किसी बहादुर की अंत्येष्टि हो तो हमारे सम्बन्धित विभाग मन्त्री यहाँ पहुँचने का प्रयास भी नहीं करते तथा व्यर्थ के दौरों में धन व समय की बर्बादी करते हैं, वहीं किसी राजनेता के यहाँ कोई मृत्यु हो जाने पर शोक संवेदना प्रकट करने वालों का ताँता लग जाता है। नेता-दर-नेता आते हैं। कमलेश्वर ने इन्हीं लापरवाहियों को उजागर किया है।

कमलेश्वर ने बाबरी मस्ज़िद पर होने वाली राजनीति को भी उजागर किया है– ''कुछ पागल लोग हैं, जो पोखरन में शक्तिपीठ की स्थापना करना चाहते हैं। विस्फोट की ज़हरीली राख़ रज की तरह बाँटना चाहते हैं..... तुमने अखबारों में देखा नहीं... यह सब उन्हीं धर्मान्ध पागलों के चेहरे हैं जिन्होंने कई साल पहले सोमनाथ से रथ यात्रा निकाली थी.....और वहाँ से चलकर बाबरी मस्ज़िद गिराई थी....''[92]

कमलेश्वर में कबीर की भाँति निर्भीकता है, उन्होंने निर्भीक होकर राजनीति को अपने इस उपन्यास की पृष्ठभूमि के रूप में अपनाया है। प्रारम्भ में राजनीतिक सत्ता के प्रेम के चलते देशहित को नकारते हुए दिखलाया है तथा अपने देश के विभाजन को भी राजनीति का ही हिस्सा बतलाया है। वास्तव में 'कितने पाकिस्तान' में लेखक ने राजनीति को पुष्टाधार के रूप में अपनाया है।

2. आर्थिक पृष्ठभूमि

स्वातन्त्र्योत्तर काल के अधिकतकर उपन्यास मध्यवर्गीय आर्थिक पृष्ठभूमि पर आधारित हैं। सन् 1950 ई. के बाद हिन्दी उपन्यासों में बदली हुई आर्थिक पृष्ठभूमि एवं परिवेश का प्रभावी चित्रण होने लगा था। इस दृष्टि से कमलेश्वर अति महत्त्वपूर्ण हैं। कमलेश्वर ने अपनी रचनाओं में बदलती हुई आर्थिक पृष्ठभूमि का जो चित्र उपस्थित किया है, उसी के माध्यम से वर्तमान अर्थतंत्र, चुनाव तथा लोकतंत्र, राजनीतिक स्वार्थतंत्र का बड़ी ही मार्मिकता से वर्णन किया है। कमलेश्वर उन उपन्यासकारों में से एक हैं, जिन्होंने स्वातन्त्र्योत्तर काल की बदलती हुई आर्थिक पृष्ठभूमि पर स्वाभाविक रूप से उपन्यास लिखे हैं। परिवर्तित आर्थिक स्थितियों का प्रभाव मध्यवर्गीय जीवन मूल्यों पर सर्वाधिक पड़ा। कमलेश्वर के सभी पात्र मध्यवर्ग के जीवन से सम्बद्ध रहे हैं।

कमलेश्वर के जो उपन्यास आर्थिक पृष्ठभूमि पर आधारित हैं वे हैं—डाक बँगला, तीसरा आदमी, समुद्र में खोया हुआ आदमी तथा आगामी अतीत। इन उपन्यासों की आर्थिक पृष्ठभूमि का संक्षिप्त विवरण इस प्रकार है—

डाक बँगला

कमलेश्वर के आर्थिक पृष्ठभूमि पर आधारित उपन्यासों में 'डाक बँगला' प्रमुख एवं प्रसिद्ध उपन्यास है। अर्थ मानव को किस प्रकार प्रभावित करता है, इसका मार्मिक चित्रण किया गया है। 'डाक बँगला' उपन्यास में इरा नामक एक सुन्दर युवा विधवा की आत्मकथात्मक शैली में अति प्रभावी ढंग से अभिव्यक्ति आपबीती है। वइ इस उपन्यास की नायिका है। उसी के माध्यम से कमलेश्वर ने डाक बंगले के प्रतीक को रेखांकित किया है। जैसे 'डाक बंगले' पर अनेक यात्री आते हैं, पड़ाव डालते हैं तथा चल देते हैं, ठीक वैसे ही इरा के जीवन में भी पाँच मनुष्य आते हैं और चले जाते हैं। इस उपन्यास की नायिका मध्यवर्ग की है, सुन्दर युवती है लेकिन विधवा है।

वह कश्मीर यात्रा के मध्य तिलक एवं मेजर सोलंकी के साथ आडू तथा लिथरवट के डाक बंगले में कुछ दिन ठहरती है। इस उपन्यास की मुख्य कथा इसकी नायिका तथा पाँच पुरुषों के मध्य होने वाली भटकन की है। कमलेश्वर ने प्रस्तुत उपन्यास की नायिका इरा का चरित्र इस ढंग से प्रस्तुत किया है कि वह अपने पिछले जीवन को छोड़ नया जीवन जीती है। वह महेन्द्र बतरा, डॉ. चन्द्र मोहन तथा मेजर सोलंकी के विषय में यही करती है। वह प्रथम प्रेमी विमल को अन्तिम साँस तक नहीं भूलती। पूँजीवादी अर्थव्यवस्था से प्रभावित नायिका इरा अपनी आर्थिक स्थिति के कारण ही विमल, महेन्द्र बतरा, डॉ. चन्द्र मोहन तथा मेजर सोलंकी के सम्पर्क में आती है। 'डाक बँगला' उपन्यास में आर्थिक संघर्ष करते हुए पात्र निरर्थकता बोध की स्थिति तक पहुँच जाते हैं। कमलेश्वर ने प्रस्तुत उपन्यास में जीवन के यथार्थ के चित्र खींचे हैं तथा आर्थिक स्थिति के परिणामस्वरूप बदलते जीवन मूल्यों का प्रभावी चित्रण किया है। डॉ. वीरेन्द्र सक्सेना इस उपन्यास के विषय में अपना अभिमत इस प्रकार प्रकट करते हैं कि "डाक बँगला में आर्थिक समस्या दूसरी समस्याओं का आधार लेकर उद्घाटित हुई है। इसके माध्यम से नारी

जीवन की असहाय और दयनीय परिस्थितियों को चित्रित किया गया है तथा सांकेतिक पद्धति से सुरक्षा की कामना का आर्थिक पक्ष स्पष्ट हुआ है।''[93] 'डाक बँगला' की नायिका इरा के अनुसार भारतीय पुरुष प्रधान समाज की संरचना ही कुछ ऐसी है कि पैगम्बर पैदा करने वाली नारी की कुछ ऐसी ही नियति है कि वह चन्द चाँदी के टुकड़ों के लिए जीवन भर परेशान रहती है। ''...तुम्हारे इस समाज में हर आदमी कुछ करने आता है और हर औरत कुछ भोगने आती है। इसीलिए हर क्वाँरी माँ की कोख से तुम्हारे प्यार-भरे पापों ने ज़बरदस्ती सन्तानें पैदा की हैं और उन सन्तानों को तुमने पैगम्बरों का दर्जा दिया है।''[94]

युगीन यान्त्रिकता, महँगाई, व्यस्तता, मूल्यहीनता, आर्थिक संसाधनों की कमी आदि के कारण पारिवारिक सम्बन्ध विघटित होने लगे। स्त्री-पुरुष सम्बन्ध भी प्रभावित हुए। परिणामतः नारी में अधिकार चेतना जाग्रत हुई। यही स्त्री-पुरुष के परिवर्तित सम्बन्ध हमें एक नवीन रूप में 'डाक बँगला' उपन्यास में मिलते हैं। उपन्यास की नायिका इरा विवाह किये बिना कभी विमल, कभी बतरा, कभी मेजर सोलंकी के साथ जीवन व्यतीत करती है। इस सबके पीछे वही आर्थिक विपन्नता की समस्या सन्निहित है।

इस उपन्यास में शीला भी इसी प्रकार की 'पेड वाइफ' के रूप में जीवन बिताने वाली नारी पात्र है। वह धन को जीवन में सर्वाधिक महत्त्व देती है। वह 'काल गर्ल' की भाँति घर-घर जाकर पति-पत्नी का खेल खेलती है। इसके बदले में वह आर्थिक संसाधन प्राप्त करती है। वह व्यावसायिक स्तर पर कार्य करती है। इरा को भी शीला की भाँति कई पुरुषों की कामवासना शान्त करनी पड़ी थी। इरा एवं शीला दोनों के जीवन में स्थायी प्रेम का अभाव रहा। शीला को किसी ने हमेशा के लिए नहीं अपनाया। वे दोनों ही पैसे के लिए भटकती रहीं। लोग जब तक चाहते उन्हें रखते हैं। अपनी वासना को तृप्त करते हैं। इनकी आर्थिक आवश्यकताओं को पूर्ण करते हैं। शीला तटस्थ भाव से धनार्जन करती है। शीला के ऊपर उसकी माँ तथा बहनों का जीवन आश्रित है। शीला एवं इरा के माध्यम से कमलेश्वर 'डाक बँगला' उपन्यास में नर-नारी के बदलते सम्बन्धों का नितान्त अत्याधुनिक उदाहरण प्रस्तुत करते हैं जिसमें नारी 'डाक बँगला' बनकर रह गयी है, जहाँ कोई स्थायी रूप से निवास नहीं करता।

इस उपन्यास में कमलेश्वर के प्रगतिशील विचार विमल के माध्यम से अभिव्यक्त होते हैं। इस उपन्यास में लेखक ने दोगली अर्थव्यवस्था की भर्त्सना की है। इसके विषय में विमल इरा से कहता है कि– ''शायद तुम मेरी बेचैनी नहीं समझ पाओगी।...पर इस मजबूरी को लेकर समझ सकती हो, जो तुमने मेरे साथ भोगी थी। मेरी और मेरे जैसे लाखों नौजवानों की असफलता के कारणों पर कभी तुमने गौर किया है? तपेदिक के ये कीटाणु तो बहुत बाद में मुझे मिले......पर जो कीटाणु पूरी ज़िन्दगी को खा रहे हैं.....अगर हमें सार्थक होकर जीना है तो सब कुछ बदलना होगा......सबसे पहले इस दोगली अर्थव्यवस्था को, जिसमें चूसे जाने के लिए हमें छोड़ दिया गया है...... ।''[95]

तीसरा आदमी

आर्थिक पृष्ठभूमि पर चित्रित उपन्यासों में 'तीसरा आदमी' नामक उपन्यास दूसरा बहुचर्चित

उपन्यास है। 'डाक बँगला' उपन्यास की भाँति यह उपन्यास भी आत्मकथात्मक शैली में लिखित है। प्रस्तुत उपन्यास का नायक अपनी पत्नी चित्रा की ऐसी कथा कहता है कि जिसके बीच में एक तीसरा आदमी 'सुमन्त' है। नरेश अपनी पत्नी चित्रा एवं तीसरे आदमी सुमन्त के अन्तरंग प्रसंगों का वर्णन संकेतों, देखे हुए दृश्यों तथा अनुभवों के आधार पर करता है। इस स्थिति के परिणामस्वरूप नरेश के मन का सन्देह चित्रा एवं सुमन्त के प्रति सुदृढ़ हो जाता है तथा उसके आन्तरिक द्वेष-घृणा के भाव सामने आने लगते हैं।

पति-पत्नी के मध्य तीसरे आदमी की अनुभूति ही सम्पूर्ण उपन्यास में व्याप्त है। कमलेश्वर ने प्रस्तुत उपन्यास में निम्न मध्यवर्गीय परिवारों की आर्थिक असमर्थताओं, कुंठाओं, विवशताओं तथा सन्देहवृत्तियों से उत्पन्न जीवन की विकल कथाओं को सहज एवं स्वाभाविक रूप में प्रस्तुत करने का प्रयास किया है। इसके साथ ही प्रस्तुत उपन्यास में युगीन जीवन के बिखरते हुए मूल्यों का मार्मिक चित्रण किया है। प्रस्तुत उपन्यास में आर्थिक संकट, पति-पत्नी के मध्य भावात्मक दूरियाँ उत्पन्न करता है तथा धीरे-धीरे शारीरिक दूरियाँ भी बढ़ने लगती हैं। इसके उपरान्त दोनों ही एक-दूसरे से अलग होने के लिए विवश हो जाते हैं। नरेश एवं उसकी पत्नी चित्रा दोनों ही आर्थिक अभावों के कारण अलग होने की प्रक्रिया से गुजरते हैं। वह अपनी पत्नी को छोड़कर पलायन करता है। उसे आन्तरिक घुटन एवं कुढ़न होती है। वह बहुत समय के बाद पत्नी के साथ रहने का निश्चय करता है तब तक उन दोनों के सम्बन्ध बिखरकर टूट जाते हैं।

इस उपन्यास का प्रमुख पात्र नरेश इलाहाबाद रेडियो स्टेशन पर रेडियो उद्घोषक पद पर कार्यरत है। उसका विवाह लखनऊ की सुशिक्षित सुन्दरी चित्रा से होता है। उसके विवाह में सुमन्त भी आता है। सुमन्त नरेश के रिश्ते का छोटा भाई है। शादी के दिन से ही सुमन्त उसके जीवन को प्रभावित करता हुआ दृष्टिगोचर होता है। इसी से नरेश सुमन्त के प्रति ईर्ष्या एवं घृणा के भाव रखने लगता है। इस उपन्यास में छोटी-छोटी स्थितियों के माध्यम से मध्यवर्गीय जीवन की विषमताएँ अंकित की गयी हैं।

'तीसरा आदमी' का प्रत्येक पात्र आर्थिक अभाव के झूले में झूलता दृष्टिगोचर होता है। आर्थिक विपन्नता के कारण नरेश अस्थिरताग्रसित विपन्न पात्र है। आदि से अन्त तक वह अभावों के चक्कों के बीच में पिसता हुआ दिखाई देता है। उसका परिवार ही इसी कारण बिखर जाता है। झगड़े, मजबूरी तथा सुविधाओं के अभावों की त्रिवेणी में डूबता सा प्रतीत होता है। चित्रा भी आर्थिक विपन्नता के कारण विद्यालय शिक्षिका की नौकरी करती है। कर्जे के दबाव में नरेश पटना स्थानान्तरण करा लेता है तथा सुमन्त आत्महत्या कर लेता है। प्रस्तुत उपन्यास के दोनों पुरुष पात्र आर्थिक पृष्ठभूमि पर आधारित हैं। अन्य पात्रों के जीवन की समस्त विशेषताओं में प्रमुख उनकी विविध आर्थिक परिस्थितियाँ ही हैं। इस उपन्यास के चरित्रों के जीवन में आयी हुई प्रत्येक घटना आर्थिक पृष्ठभूमि पर आधारित है। आर्थिक परिवेश एवं परिस्थितियों ने उनके जीवन की घटनाओं को अपने अनुरूप बना लिया है। यही इस उपन्यास का सर्वाधिक महत्त्वपूर्ण विषय है।

समुद्र में खोया हुआ आदमी

कमलेश्वर ने बदलते हुए परिवेश में आर्थिक वैषम्य के फलस्वरूप बिखरी हुई जिन्दगी का अति संवेदनात्मक एवं स्वाभाविक चित्रण किया है। 'समुद्र में खोया हुआ आदमी' उपन्यास यथार्थवादी शैली पर लिखित उपन्यास है साथ ही यह प्रतीकात्मक भी है। समाज एक समुद्र है, जिसमें प्रत्येक दिन की परेशानियों से ग्रसित आज का आदमी खो गया है, डूब गया है। सम्पूर्ण उपन्यास में आर्थिक संघर्ष के साथ-साथ आशावादी दृष्टिकोण दिखलाई देता है। कमलेश्वर ने घर को जहाज की संज्ञा दी है, जो समस्त स्थिति को रेखांकित करती है। इस उपन्यास में निम्न मध्यवर्गीय परिवार की व्यथा का अंकन हुआ है, जो अकेले दिल्ली की ही नहीं सभी महानगरों की हो सकती है।

आज के युग में अर्थ मनुष्य से क्या-क्या नहीं कराता? माँ को बेटी के घर आया बनाता है। गृह स्वामी श्यामलाल को एक फैक्टरी का दरबान बनाता है। यह अर्थ ही है, जो जीवन में रिश्तों का अर्थ बदल कर रख देता है। सभी मानवीय सम्बन्ध आर्थिक पृष्ठभूमि पर ही टिके हुए दिखलाई देते हैं। आर्थिक केन्द्र महान शक्ति है, जो मानव के पूरे जीवन चक्र को ही बदल कर रख देती है। इस उपन्यास में कमलेश्वर ने आर्थिक पृष्ठभूमि का नग्न सत्य बड़ी ही मार्मिकता के साथ उद्घाटित किया है।

आगामी अतीत

'आगामी अतीत' कमलेश्वर का एक चर्चित उपन्यास है, जिसमें आर्थिक पृष्ठभूमि का मार्मिक चित्रण हुआ है। इस उपन्यास पर गुलज़ार के निर्देशन में 'मौसम' नामक एक चलचित्र भी बन चुका है। इस उपन्यास में उपन्यासकार ने समाज के उपेक्षित निम्न वर्ग तथा आर्थिक दृष्टि से पिछड़े वर्ग के लोगों के जीवन का स्वाभाविक एवं यथार्थ चित्रण किया है। कमलेश्वर ने आज के सामन्तवादी तथा पूँजीवादी समाज की स्पर्धात्मक पृष्ठभूमि को मार्मिक रूप से चित्रित किया है। उपन्यास का नायक कमल बोस निम्न वर्ग का उच्च शिक्षित युवक है। वह अपनी आर्थिक विपन्नता को सम्पन्नता में बदलने हेतु पूँजीवादी पृष्ठभूमि पर आधारित शक्तियों से समझौता तो करता है, साथ ही वह अपने वर्ग तक को भूल जाता है। वह निरा अवसरवादी एवं सुविधाभोगी बन जाता है।

आज की जटिल परिस्थितियों में आर्थिक सम्पन्नता अति महत्त्वपूर्ण होकर उभरी है। इस कटु सत्य को लेखक ने उद्घाटित किया है। 'आगामी अतीत' में कस्बाई वेश्याओं की जिन्दगी को अति सूक्ष्मता एवं यथार्थता से प्रस्तुत किया है। इस उपन्यास में कमलेश्वर ने चाँदनी की पीड़ा, व्यथा एवं असन्तोष का चित्रण किया है। कमल बोस अपने जीवन में सम्पत्ति को महत्त्व देकर सच्चे प्रेम, प्रेमिका तथा पत्नी और सबको खो देता है। वह इस आर्थिक पृष्ठभूमि को अपनाते हुए अपने परिवेश एवं समाज से ही कट जाता है। वह एक माह के कान्ट्रेक्ट पर चाँदनी को अपने घर ले जाता है लेकिन कुछ करता-कराता नहीं। वह विवश होकर उससे कारण पूछती है, वह चाँदनी से कहता है कि तुम्हें पैसे से मतलब है। तुम्हारी रकम तुम्हें मिल जाएगी। यह सुनने के बाद चाँदनी पेशगी में दिए पचास रुपये का नोट उसके सामने फेंक देती है। पूँजीवादी

समाज व्यवस्था में तो पैसा ही विषमता की जड़ होती है, लेकिन चाँदनी हराम के पैसे लेना नहीं चाहती। वह हराम के पैसों को पाप के पैसे समझती है। "न बाबा, न, मुझे नहीं चाहिए ये हराम के पैसे।"[96] यह सुन कर कमल बोस को धक्का लगता है, चाँदनी वेश्याओं का प्रतिनिधित्व करती है। उसके जीवन में आर्थिक संकटजन्य कटु अनुभव भरे पड़े हैं। वह इस आर्थिक आवश्यकता को किस प्रकार एक निचोड़ के रूप में स्पष्ट कर देती है– ...."चले आते हैं मरदुए। इश्क लड़ाएँगे.....अबे यहाँ धन्धा होता है, धन्धा, इश्क नहीं।...अगली बार आना बच्चू तो जेब गरम और कमर पुख्ता करके आना....।"[97]

आर्थिक संकटग्रस्त, विवश चाँदनी चाहती तो कमल बोस की सम्पन्न जिन्दगी के साथ बँध सकती थी, लेकिन वह अपनी माँ के जीवन की त्रासदी को भूली न थी। चन्दा का जीवन विनाशक कमल बोस ही तो था। वह ढोंग एवं पूँजीवादी षड्यन्त्र का पर्दाफाश करती है। यही कमलेश्वर का मन्तव्य भी है। जीवन में मात्र अर्थ अथवा सुविधा का ही महत्त्व नहीं है, महत्त्व है जीवन मूल्यों का जिन्हें लेकर हम जीते हैं, फिर भी अर्थ मानव को हिला देता है।

(ग) कमलेश्वर के उपन्यासों की वर्तमान सन्दर्भ में प्रासंगिकता

उपन्यास स्वयं में एक सामाजिक घटना है। वह स्वयं को सामाजिक जीवन से सम्बद्धता प्रदान करता है। वह सृजनात्मक कल्पना के आधार पर सामाजिक यथार्थ को प्रतिबिम्बित करता है। उपन्यासकार को ऐतिहासिक एवं सामाजिक पृष्ठभूमियाँ प्रभावित करती हैं। उपन्यास की रचना की पृष्ठभूमि में इतिहास, समाज, परिवार, शिक्षा, संस्कृति, नीति आदि सभी रहते हैं। रहते ही नहीं वरन् क्रियाशील रहते हैं। उपन्यास एवं समाज के सम्बन्ध स्थापन में कतिपय बिन्दु विचारणीय हैं। सर्वप्रथम उपन्यासकार का जन्म अथवा उत्पत्ति, उसका व्यक्तित्व, समाजीकरण, प्रस्थिति एवं भूमिका, उसके अनुभव, उसकी कारयित्री प्रतिभा तथा प्रेरणाएँ, विचारधारा एवं संवदेनात्मक अनुभूतियाँ तथा आजीविका ये सभी बिन्दु सम्बद्ध हैं। उसकी साहित्यिक अन्तःक्रियाएँ, वर्ग सम्बद्धता, समाज के प्रति लगाव-अलगाव, सामाजिक स्वीकृति आदि के प्रश्न समाज तथा उपन्यासकार के सम्बन्धों की विस्तृत व्याख्या हेतु अति अपेक्षित हैं। उपन्यासकार की विश्वदृष्टि मानसिक संरचना एवं संवेदनाएँ समाज से ग्रहण कर कृति में अभिव्यक्त की जाती हैं। उपन्यासकार पर समाज के प्रभाव की मात्रा का मूल्यांकन, उपन्यास तथा समाज के सम्बन्ध निर्धारण में निश्चय ही सहायक होगा। इस सन्दर्भ में निम्नलिखित बिन्दु ध्यातव्य हैं–

1. उपन्यासकार समाज की उपज है।
2. उपन्यासकार अपने वर्ण्य विषय को समाज से ही प्राप्त करता है।
3. उपन्यासकार की विचारधारा व्यक्तित्व एवं साहित्य संरचना की पृष्ठभूमि में समाज ही होता है।
4. उपन्यास सृजन सामाजिक व्यवस्थाओं को प्रकार्यात्मक योग देते हुए उसे कराना भी सुव्यवस्थित बनाये रखने में अपना सहयोग देता है। साथ ही सामाजिक संरचना एवं उसकी निर्णायक इकाइयों की गतिशीलता से पाठकों अथवा सामाजिकों को सुपरिचित कराना भी है।

5. उपन्यास सृजन स्वयं एक सामाजिक क्रिया है तथा सृजन कार्य भी सामाजिक सन्दर्भ में ही होता है। उपन्यासकार, उसकी प्रेरणाएँ तथा सृजन परिवेश प्रकृति के अनुरूप ही होता है।

उपन्यासकार कमलेश्वर एक सामाजिक प्राणी हैं। उनका सामाजीकरण, उत्पत्ति, अस्तित्व समाज पर ही निर्भर रहा है। उनके उपन्यासों में जो भी अभिव्यक्त हुआ है, वह समाज का आधार ग्रहण करके ही हुआ है। समाज में रहकर ही कमलेश्वर ने अपनी स्थिति को ग्रहण किया एवं सुदृढ़ बनाया। वह समाज से प्रभावित हुए, अपना अस्तित्व बनाया तथा उससे सभी को प्रभावित भी किया है। वे समाज में रहकर समाज से जुड़े। उन्होंने अपने व्यक्तित्व को समाज के लिए समर्पित कर दिया। वे समाज के चिन्तक, मार्गदर्शक, समीक्षक तथा विश्लेषक थे। उन्होंने अपनी अनुभूति के आधार पर समाज एवं उसकी संरचना को निर्मित करने वाली विविध इकाइयों, उनकी भूमिका एवं प्रकार्यों, परिवर्तन, पुनर्गठन तथा विचलनों आदि का सुचित्रण प्रायः अपने सभी उपन्यासों में किया है।

इस प्रकार कमलेश्वर के सृजन की प्रकृति भी सामाजिक हित में है। उनकी समस्त औपन्यासिक रचनाएँ आज के सन्दर्भ में प्रासंगिक एवं समय की धार पर खरी हैं। उनके उपन्यासों का उद्‌भव एवं विकास आधुनिक समाज के साथ ही सुसम्बद्ध रहा है। उनके उपन्यासों की विषयवस्तु तत्कालीन सामाजिक विकास से सुसम्बद्ध रही है। उनके उपन्यास समाज सापेक्ष हैं। उनके उपन्यासों के उद्‌भव एवं विकास में उनके वर्ण्य विषयों औपन्यासिक पात्रों व परिवेश में समाज हित छिपा हुआ है। कमलेश्वर के उपन्यासों में समाज के प्रति उदासीनता नहीं है। उन्होंने आर्थिक, सामाजिक, राजनीतिक, सांस्कृतिक, ऐतिहासिक एवं सभी समाजोपयोगी पहलुओं पर उपन्यासों का सृजन किया है। उन्होंने समाज के सकारात्मक तथा नकारात्मक दोनों ही पक्षों को अपने उपन्यासों में चित्रित किया है।

देश में लोकतन्त्र की स्थापना से पूर्व एवं अनन्तर की घटनाओं पर उन्होंने उपन्यास लिखे। सामाजिक परिवर्तन, टूटते ग्राम, टूटते परिवार, बड़े होते महानगर तथा उनमें बिखरती टूटती ज़िन्दगियाँ, औद्योगीकरण, मशीनीकरण, आवास समस्या, भीड़ में खोया हुआ मानव, बेचैन युवा वर्ग, चेतना एवं लक्ष्यहीन प्रौढ़, महानगरों पर पश्चिमी प्रभाव, जनसंख्या का बढ़ता दबाव, दहेज की समस्याएँ, दिशाहीन बनाने वाली शिक्षा पद्धति, बेरोजगारी, स्त्री शिक्षा, स्त्री शोषण, बढ़ते व्यक्तिवाद में स्त्री-पुरुष के अहं की जागृति, दाम्पत्य दरारें, पुरातन जीवन मूल्यों का ह्रास, अविवाहित व्यवसायी लड़कियों के विविध रूप, भौतिक उन्नति एवं उसके पीछे मानव के विवेक का कुण्ठित होना, सामाजिक मूल्यों को लेकर आजादी की लड़ाई, अवमूल्यन एवं मूल्य विघटन, पारिवारिक प्रेम, सहानुभूति, सहयोग तथा सम्बन्ध, आम चुनाव, राजनीतिज्ञों की भाषा, जाति, धर्म एवं प्रान्तीयता, अरबों रुपयों की अनेक पंचवर्षीय योजनाओं के बाद भी निर्धन का निर्धन होना और धनिक का और अधिक धनी होना, परिवार नियोजन, राजनीतिक द्वन्द्व, आर्थिक द्वन्द्व तथा सामाजिक द्वन्द्व, विसंगतियाँ, मंत्रियों की भीड़, उनकी सुविधाएँ, आयातित कारें, विधान सभा सदस्यों के बढ़ते भत्ते, नवीन जीवन मूल्य, आर्थिक नीतियाँ, आर्थिक सम्पन्नता के नाम पर बढ़ती हुई महँगाईजन्य दरिद्रता, भयंकर जनसंख्या विस्फोट, उत्पादन के साधनों का असन्तुलित होना,

नौकरशाही के विविध स्तरों पर बढ़ता हुआ भ्रष्टाचार, आर्थिक संकटपूर्ण असन्तुलन, श्रम मूल्य निर्धारण, कुटीर-उद्योग, पूँजीपतियों का शोषण चक्र, सिनेमागत भ्रष्टाचार एवं दुराचरण, कालाधन, जन सामान्य का फटेहाल रहना, मासमीडिया का किसी भी व्यक्ति को हीरो बनाना, संगीत, कला, साहित्यिक मूल्यों का अवमूल्यन, कला का उद्देश्य मात्र नग्नता रह जाना आदि बिन्दुओं को उपन्यासकार कमलेश्वर ने अपने उपन्यासों में चारु स्थान दिया है।

प्रसादोत्तर युग में उपन्यासों में प्रायः दो प्रवृतियाँ पायी गयीं। एक थी मनोविश्लेषणवाद की एवं दूसरी सामाजिक यथार्थवाद की। फ्रायड एवं मार्क्स ने विश्व को तथा विश्व साहित्य को प्रभावित किया। इस युग में उपन्यासकारों ने मानव के अन्तरंग जीवन को स्पष्टतः मूर्तिमान करने का प्रयास किया। इस युग के उपन्यासकारों में कमलेश्वर ने मध्यवर्गीय जीवन विकृतियों एवं कुंठाओं का अपनी दृष्टि से विशेष वर्णन किया है, जो आधुनिक युग में प्रासंगिक बन पड़ा है। उन्होंने अपने उपन्यासों को समष्टि सत्य की आधार भूमि पर आश्रित करके व्यष्टि सत्य का परिष्कृत रूप चित्रित किया है।

कमलेश्वर ने जब लेखनी उठायी थी, उस समय भारतीय राजनीतिक परिस्थितियाँ उबाल खाकर शान्त हो चुकी थीं। देश स्वतन्त्र एवं विभाजित हो चुका था। विस्थापितों के कारण देश में भयंकर अकाल की स्थिति बन चुकी थी। आज के समाज में नैतिकता, त्याग, सेवा, ईमानदारी, प्रेम, दया, करुणादि समाज के अत्युपयोगी शब्द शब्दकोशीय शब्द बन गये हैं। समाज में आतंकवाद, नक्सलवाद, क्षेत्रवाद, प्रान्तवाद, भाषावाद तथा अलगाववाद तीव्रता से पनप रहा है। इसे रोकने हेतु कमलेश्वर का उपन्यास साहित्य आज भी अति उपादेय है। समाज की नब्ज़ को पहचानते हुए उन्होंने जो कुछ भी लिखा है, वह आज भी उसी महत्त्व का है जैसा तब था जब उन्होंने इसे लिखा था। आज भी उनके लेखन की प्रासंगिकता बनी हुई है और आगे भी बनी रहेगी। उनके कथा-साहित्य ने रचनात्मकता के साथ-साथ जीवन और इतिहास के चिन्तन के नये द्वार भी खोल दिये हैं।

(घ) सांस्कृतिक एवं धार्मिक प्रभाव

1. सांस्कृतिक प्रभाव

संस्कृति समस्त मानव जीवन को परिमार्जित, परिष्कृत एवं विशुद्ध करने वाली जीवन की आचार-पद्धति है। समस्त विश्व की मानव संस्कृति समान है। उसकी मूलभूत विशेषताएँ समान हैं, फिर भी ऐतिहासिक परिस्थितियों एवं भौगोलिक विशेषताओं का किसी देश की सांस्कृतिक एकता में महत्त्वपूर्ण योगदान है। साथ ही हमारे सांस्कृतिक मूल्य निर्धारण में भी इनका योगदान है। "संस्कृति मानव जीवन की भूत, वर्तमान और भविष्य की निधि है जिससे उसके और उसके पूर्वजों के राजनीतिक, आर्थिक, सामाजिक, धार्मिक, वैज्ञानिक एवं कला सौन्दर्य बोध अर्थात समस्त जीवन मूल्य प्रतिध्वनित होते हैं।"[98]

संस्कृति रीति-रिवाज, परम्पराओं, साहित्य, लोक गीत, महाकाव्य एवं कलाओं में दिखलाई देती है। जीवन के समस्त सम मानदण्ड, कर्तव्य एवं अन्य सामूहिक क्रियाकलाप, वस्तुएँ इसकी

सीमा में आते हैं। वैचारिक एकता एवं आदर्शों की समता मानव को घनिष्ठ बना देती है। यह अटूट बन्धन होता है। दिनकर जी के शब्दों में–"संस्कृति वह चीज मानी जाती है, जो हमारे सारे जीवन......तथा जिसकी रचना और विकास में अनेक सदियों के अनुभवों का हाथ है। यही नहीं बल्कि संस्कृति हमारा पीछा जन्म-जन्मान्तर तक करती है।"[99] किसी देश की संस्कृति वहाँ के लोगें का रहन-सहन, रीति-रिवाज, भौगोलिक स्थितियों के परिवर्तन के साथ-साथ बदलती रहती है। हिन्दी साहित्य कोश में संस्कृति विषयक चर्चा इस प्रकार की गयी है– "देश की संस्कृति से इस मानव जीवन तथा व्यक्तित्व के उन रूपों को समझ सकते हैं, जिन्हें देश-विदेश में महत्त्वपूर्ण अर्थात् मूल्यों का अधिष्ठान समझा जाता है।"[100]

भारतीय संस्कृति का रूप हमें सामाजिक दिखलाई देता है तथा इसके विकास की गति हमें मन्द एवं मंथर दिखाई देती है। इसका रूप समन्वयवादी है। आर्यों ने हिन्दू-संस्कृति का निर्माण करते समय ऐसा लचीला रूप पसन्द किया, जो प्रत्येक नयी संस्कृति से लिपटकर उसे अपनी बना सके। हमारे देश की संस्कृति सनातन है। इस पर बौद्ध तथा ईसाई आदि धर्मों का प्रभाव भी पड़ा, जिससे इसका रूप भी कुछ परिवर्तित हुआ। यही बात हमारे देश की शासन व्यवस्था, उसके सामाजिक संगठन, दर्शन, साहित्य तथा कला आदि पर भी लागू होती है। "हिन्दू-संस्कृति ने अपने को कूप-मण्डूक नहीं बनाया और इसे जहाँ से भी कोई अच्छी चीज मिलने वाली थी, उसे इसने आगे बढ़कर स्वीकार कर लिया। यही कारण है कि हिन्दू-धर्म में हम विश्व के तमाम धर्मों के असली तत्त्वों का निचोड़ पाते हैं.....। इसीलिए, अब हमारी संस्कृति वही नहीं है, जो वेद-कालीन आर्यों की थी, और शुद्ध-शुद्ध वह भी नहीं, जिसकी रचना आर्यों और द्रविड़ों ने मिलकर की थी। आर्यों और द्रविड़ों के मिलन के बाद भी अनेक जातियाँ इस देश में आयीं और उन सबने हमारी संस्कृति को कुछ-न-कुछ अंशदान दिया है। हमारे अपने देश में बुद्ध और महावीर के नेतृत्व में प्रबल धार्मिक क्रान्ति हुई और उस क्रान्ति की भी पूरी छाप हमारे धर्म और संस्कृति पर मौजूद है।"[101] हमारी भारतीय संस्कृति की अनेक विशेषताएँ हैं, जो उसे दूसरे देशों की संस्कृति से पृथक करती हैं। भारतीय संस्कृति की प्रमुख विशेषताएँ निम्नलिखित हैं– समन्वय की भावना। भारत बहुदेवी-देवताओं वाला देश है। यहाँ धार्मिक पूजोपासना के अनेक रूप विद्यमान हैं। हिन्दू धर्म में दार्शनिक, भक्ति सिद्धान्त, सिद्धि, निर्वाण प्राप्ति के बहुमार्ग प्रचलित हैं। नीग्रो से लेकर हूणों तक, इस देश में आने वाली सभी जातियाँ लचीलेपन के कारण हिन्दू समाज में खप गयीं। हिन्दू या भारतीय संस्कृति की इस विषेशता को लोग बड़े विस्मय से देखते हैं। सुप्रसिद्ध इतिहासकार मिस्टर डाडवेल ने लिखा है कि–भारतीय संस्कृति महासमुद्र के समान है, जिसमें अनेक नदियाँ आ-आकर विलीन होती रही हैं।[102]

अतः स्पष्ट है कि सहिष्णुता एवं समन्वय की भावना हिन्दू संस्कृति की प्रमुख विशेषता है। भारतीय संस्कृति का मूलाधार सत्य एवं अहिंसा पर आधारित है। अहिंसा का दूसरा रूप त्याग है। हिंसा स्वार्थ को कहा जाता है, जो भोग रूप में हमारे समक्ष आता है। हमारे मनीषियों ने तो भोग को भी त्याग से ही निकाला तथा त्याग भी भोग में पाया गया है। हमारी समस्त नैतिक चेतना, त्याग भावना में ही निहित है। कमलेश्वर मूलरूपेण भारतीय संस्कृति के आख्याता हैं। भारतीय संस्कृति इस देश में आकर बसने वाली अनेक जातियों की संस्कृतियों के मेल से

तैयार हुई है और अब यह पता लगाना बहुत मुश्किल है कि उसके भीतर किस जाति की संस्कृति का कितना अंश है। भारतीय सभ्यता एवं संस्कृति के प्रति उनके हृदय में अगाध स्नेह एवं आकर्षण है, जो इनकी औपन्यासिक कृतियों में तैयार हुई है एवं उसके भीतर अनेक औषधियों का रस समाहित है।

कमलेश्वर मूलरूपेण भारतीय संस्कृति के आख्याता हैं। भारतीय सभ्यता एवं संस्कृति के प्रति उनके हृदय में अगाध स्नेह एवं आकर्षण है, जो इनकी औपन्यासिक कृतियों में सम्यकूरूपेण अभिव्यक्त हुआ है। भारतीय जीवन व्यवस्था एवं पद्धति के प्रति उनके हृदय में आस्था एवं विश्वास है। भारतीय सांस्कृतिक मूल्य उन्हें अति प्रिय हैं। भारतीय संस्कृति की एकता की भावना के वे सम्पोषक हैं। भारतीय संस्कृति वर्णन ही उनके साहित्य की शोभा है। भारतीय साहित्य एवं संस्कृति के अनुसार नारी पूज्या है। हमारी संस्कृति में पति-पत्नी सम्बन्धों में पूज्यभाव स्थिर रूप से हमेशा ही रहता है। पत्नी पति को परमेश्वर भाव से देखती है तथा वह स्वयं लक्ष्मीरूपा होती है। भारतीय नारी का यह बड़प्पन है कि वह अपने को पुरुष से छोटा मानती है। अधिक सम्माननीय, अधिक धनार्जन करने वाली पत्नी अपने हीन पति को भी सम्माननीय मानती है।

कमलेश्वर ने अपने उपन्यास 'काली आँधी' में भारतीय संस्कृति के इसी महान गुण की झलक इस प्रकार प्रस्तुत की है–मालती एक सम्पन्न नेता है। वह अपने पति की अपेक्षा कहीं अधिक लोकप्रिय है। वह अपने पति जग्गी बाबू से अधिक कमाती है, परन्तु भारतीय नारी होने के कारण वह पति के प्रति पूर्णरूपेण समर्पित है, वह कहती है– "जी! यही हैं मेरे पति। पति परमेश्वर, मेरे दोस्त, मेरे प्रेमी.....जो कुछ भी हैं, यही हैं।"[103] इस प्रकार भारतीय नारी का सर्वस्व उसका पति ही होता है। पति-पत्नी में जब अत्यधिक प्रेम होता है तो वे प्रेमी प्रेमिका की भाँति रहते हैं। दोनों एक-दूसरे के प्रति समर्पित रहते हैं फिर भी पत्नी पति को बड़ा ही समझती है। पत्नी पति के बड़प्पन को भूलती नहीं। इस स्थिति का वर्णन कमलेश्वर ने 'सुबह...दोपहर...शाम' उपन्यास में चित्रित किया है। जसवन्त की नयी-नयी शादी होती है, उसकी रेलवे में नौकरी लग जाती है। जसवन्त एक रात अपनी पत्नी के लिए चाँदी की नयी पायलें लाता है और उसे पहनाने लगता है तब उसकी पत्नी भावों में न खोकर भारतीय संस्कृति के अनुसार आचरण करती हुई अपने पति से कहती है कि– "नहीं.....पैरों को हाथ मत लगाओ, मुझ पर पाप पड़ता है, कहते हुए उसने अपने आप पायलें पहन ली थीं।"[104]

भारतीय संस्कृति में वृद्धजन सम्मान पर बल दिया जाता है। हमें वृद्धोपसेवी होना चाहिए। संयुक्त परिवार में वृद्धजनों का एक-एक शब्द महत्त्वपूर्ण होता है। घर के कार्यों में उनका निर्णय ही सर्वोपरि होता है। उनका पूर्ण सम्मान होता है। "जसवन्त के माँ और पिता की हिम्मत नहीं थी कि बड़ी दादी के सामने बोल जाएँ। उसकी अम्मा सिर झुकाए सफाई में लगी रही। बापू जी अपनी चुटिया टोपी के नीचे करके गर्दन पर खुजाते हुए बाहर की तरफ टहल गये।"[105] बड़ी दादी का कहना टाला नहीं जा सकता था। रात को ही अम्मा ने उसके बड़े-बड़े बालों में तेल लगाया था। वह सर खोल-कर बैठ गयी तो उन्होंने डाँटा था– "कुछ हया शर्म भी सीख ले...अब तू बड़ी हो गयी है। तो सर कैसे ढाँकूँ? बालों में तुम तेल लगा रही हो अम्मा...। ऐसे कह कर उन्होंने उसकी धोती का पल्ला उसके हाथों में थमा दिया था और बताया था कि पल्ले

को आँखों पर जब तक लगाए रहे जब तक सर खुला रहे।''[106] इसी भाँति का चित्रण 'समुद्र में खोया हुआ आदमी' उपन्यास में भी देखने को मिलता है। समीरा की माँ रम्मी समीरा से कहती है और वह अपनी माँ के कथन का पालन करते हुए पल्ला अपने सिर पर डाल लेती है। ''ज्यादा फैशन करने की जरूरत नहीं है। सीधी चोटी करो।...और साड़ी का पल्ला सीधा पड़े...समझी। रम्मी बिफर रही थी। 'अच्छा' समीरा ने कहा और सिर पर पल्ला डालकर तैयार हो गयी।''[107]

भारतीय समाज में संस्कृति को प्रमुखता दी जाती है, उसका अति महत्त्व है। हम अध्ययन करने अथवा अन्य क्षेत्रों में कितने ही आगे निकल जाएँ लेकिन सांस्कृतिक धरोहर हमारे मान सम्मान की वस्तु है, हम उसका आदर अवश्य करते हैं। कभी-कभी बाबूजी कह भी देते थे कि नरेश की माँ, चित्रा इतनी पढ़ी-लिखी है, उसका मन तुम्हारे इन कामों में नहीं लगेगा....। ''वो ऐसी लड़की नहीं है, पढ़ी-लिखी चाहे जितनी हो, पर घर के सब काम लड़कियाँ करती हैं...समझे। माँ कहती।''[108]

समाज में एक-दूसरे के प्रति सद्भाव रखना, दुःख-सुख बाँटना सांस्कृतिक एकता एवं सद्भावना का परिचायक है। 'लौटे हुए मुसाफिर' में बच्चन के बच्चे की हड्डी टूटने पर नसीबन उसकी पड़ोसिन होने के नाते वह वहीं रुकी रही। रात भर नसीबन रमुआ के बिस्तर के निकट ही बैठी रही। बच्चन ने कहा कि कुछ देर सो ले लेकिन वह जरा भी हटी नहीं। ''मर्द नहीं समझ सकते बाल बच्चों का सुख-दुःख।'' बच्चे किसी भी धर्म जाति अथवा वर्ग के हों– बच्चे तो बच्चे हैं लेकिन तथाकथित समाज के ठेकेदार इन्हें पददलित करने पर उतारू रहते हैं। नसीबन बच्चन के बच्चों को अपने घर ले आती है तो साईं इस बात का बहुत बुरा मानता है। नसीबन भ्रारतीय संस्कृति का एक उज्ज्वल पहलू निखारती हुई दो टूक उत्तर दे देती है– ''साईं, असल बात यह है कि ये बच्चे तुम्हारी आँखों में खटक रहे हैं। मेरे लिए धर्म-कर्म का सवाल नहीं है साईं, सीधी सी बात है, मुझसे इन बच्चों को बिलखता नहीं देखा गया। सो ले आयी। कल को इनका बाप आ जाएगा, तो चले जाएँगे।''[109]

हमारे समाज में तथाकथित मठाधीश बैठे हुए हैं, जो समाज के लोगों को जाति-पाँति, ऊँच-नीच के चक्कर में डालकर हर प्रकार से अपना उल्लू सीधा करते हैं। भारतीय संस्कृति के ज्ञाता एवं इनको मानने वाले समाज के ठेकेदारों के छलावों में नहीं आते तथा सदैव भाईचारा, विश्वबन्धुत्व, एकता, नैतिकता एवं पारस्परिक सौहार्द पर बल देते हैं तथा मलिन तुच्छताओं से ऊपर उठकर मानव सेवा एवं कल्याण कर्म में निरत रहते हैं। 'लौटे हुए मुसाफिर' उपन्यास में बच्चन पुलिस के भय से भाग जाता है तथा उसके बच्चों को नसीबन अपने घर ले जाकर अपने हृदय के औदार्य का सहज परिचय देती है। कुछ हिन्दू आकर बच्चों को अनाथालय भेजने पर बल देते हैं, लेकिन नसीबन उन्हें अनाथ कदापि नहीं बनाना चाहती, वह स्पष्ट कहती है–''कैसे कर दूँ, काहे को कर दूँ। कल को इनका बाप आएगा तो, यह भी हँसी-ठट्ठा है? अरे ! ये बच्चे हैं कोई काठ-किबाड़ तो नहीं, जो पड़े रहेंगे वहाँ, खूब आये आप लोग, बच्चे हवाले कर दो। नसीबन बिफर पड़ी, वाह भई वाह। जो करना हो करो जाकर...पुलिस नहीं लटैन को बुला लाओ।''[110]

हमारी संस्कृति का अभिन्न अंग है कि हम परदुःख में उसकी सहायता करें, सेवा करें।

'लौटे हुए मुसाफिर' उपन्यास में नसीबन रात में सत्तार के पास जाती है तथा बच्चन के बच्चों को बच्चन तक पहुँचाने के लिए देती है तथा साथ ही बच्चन के कुछ रखे हुए जेवर भी भिजवाती है। इतना ही नहीं वह अपनी ओर से चाँदी के कुछ सिक्के भी देती है। इस पर सत्तार उससे प्रश्न करता है कि तुम अपने इतने अपमान के बाद भी उसकी सहायता कर रही हो? इस पर वह उत्तर देती है– "हैं तो अपने, पर विपदा में घिरा है बेचारा। इधर चोरी छुपे रहते हुए काम-धाम भी नहीं कर पाया होगा, ऊपर से बच्चे जा रहे हैं, कुछ जरूरत तो पड़ेगी उसे.....कह देना, अपने समझ कर ही खर्च करें, कोई बात मन में न लाएँ।"[111] पारिवारिक सम्बन्धों का पूर्ण गरिमा से निर्वाह हमारी भारतीय संस्कृति की ही देन है। इस भाँति का प्रचलन अन्यत्र देखने को कम मिलता है। यहाँ परिवार के प्रत्येक सदस्य के प्रति आपसी निष्ठा एवं विश्वास दर्शनीय है। बड़ों के प्रति आदर एवं श्रद्धाभाव हमें विरासत से ही मिलते हैं। छोटों के प्रति प्रेम स्नेह तथा अगाध ममता भी पारिवारिक परम्परागत एवं सांस्कृतिक संस्कारों से ही प्राप्त होते हैं। शान्ता अपने देवर नवीन को सगर्व कहती है–"अपने देश में माँ बनना कितना सकारथ है।"

हमारे देश में युद्ध में शहीद होने वाले वीर के प्रति भी अगाध श्रद्धा होती है। भारतीय नारी भी अपने आत्मत्यागी शहीद के प्रति श्रद्धा रखती है और श्रद्धावनत होकर गर्व का अनुभव करती है। पुत्र भी अपने पिता की गुरुता से कभी उऋण नहीं होता। 'सुबह...दोपहर...शाम' उपन्यास में उपन्यासकार कमलेश्वर इसी स्थिति का अंकन करते हुए कहते हैं कि–"मैं तो सदा सधवा हूँ। मेरा आदमी शहीद हुआ है।"[112] जहाँ बाबा शहीद हुए थे, उस स्थान को छूकर बापू ने कहा था– "यही अपना तीर्थ है, बताते-बताते बापू बुरी तरह रो पड़े थे।....चलते-चलते सबने माथा झुकाकर उस स्थान को प्रणाम किया था। अम्मा ने आँचल पसारकर बड़े बाबा की आत्मा से कोई आशीर्वाद चुपचाप माँगा था फिर वहाँ की मिट्टी को चुटकी में भरके अपनी और बहू की माँग में सिन्दूर सुहाग की तरह लगा ली।"[113]

औद्योगीकरण, नगरीकरण तथा पाश्चात्य संस्कृति के प्रभाव से हमारी संस्कृति में भी कुछ विकृतियाँ आ गयी हैं परन्तु ग्रामों में प्रायः विशुद्ध भारतीय संस्कृति के दर्शन आज भी किये जा सकते हैं। इसका वर्णन कमलेश्वर ने 'आगामी अतीत' में अति सुन्दर ढंग से किया है। चन्दा कमल बोस को नगरीय एवं ग्रामीण संस्कृति में अन्तर स्पष्ट करते हुए कहती है कि–"यों घर पर कोई लड़की किसी को खुलकर.... सामने आकर देखती क्या? यह तुम्हारे कलकत्ते में होता होगा......।"[114] समाज में नैतिकता एवं नैतिक मूल्यों का ह्रास हो रहा है फिर भी हमारे देश में नैतिकता के पुजारियों की कमी नहीं है।

उपन्यास 'आगामी अतीत' में कमल बोस को एक बड़े उद्योगपति के रूप में चित्रित किया गया है। हमारे समाज के आर्थिक रूप से सम्पन्न धनी वर्ग में से नैतिकता धीरे-धीरे खिसक रही है, परन्तु कमल बोस अपने साले रमेन्द्र सेन को बचाने के लिए कदापि झूठ नहीं बोलता। वह निर्दोष रतन शंकर को बचाने के लिए अपनी पत्नी से भी झगड़ा मोल ले लेता है तथा सत्यता एवं ईमानदारी का ही पक्ष लेता है। जहाँ उच्चवर्ग में ईमानदारी पायी जाती है, वहीं निम्नवर्ग में ईमानदारी एवं नैतिकता पायी जाती है।

'आगामी अतीत' उपन्यास में चाँदनी एक वेश्या है, निर्धन है, वह अपनी निर्धनता एवं ईमानदारी का सम्बन्ध बताते हुए कमल से कहती है–"अम्मा कहती थी, ईमानदार लोग हमेशा गरीब रहते हैं। गरीबी इस बात का सबूत है कि हम ईमानदार हैं।"[115] हमारे आधुनिक समाज में पुराने संस्कार आज भी जीवित हैं। 'एक सड़क सत्तावन गलियाँ' उपन्यास में एक डाकू की नारी के प्रति सहृदयता भारतीय संस्कृति का प्रदीप्त उदाहरण है। सरनाम डाकू है, वह डाका डालने जाता है, वहाँ उसके साथी महिला बंसिरी को अकेला पाकर पकड़ लेते हैं। नारी के प्रति अत्याचार देख वह गिरधारी से कह उठता है– "बेधर्मी नहीं होगी गिरधारी....जाओ बन्दूक सँभालो।" इस प्रकार वह बंसिरी को बचाकर मानवीय उच्च संस्कारों का परिचय देता है। इससे भारतीय संस्कृति की समृद्धता बढ़ती है। देश की अनमोल विरासत संस्कृति उदारता से परिपूर्ण मानी जाती है। कमलेश्वर अपनी श्रेष्ठ औपन्यासिक रचना 'कितने पाकिस्तान' में इस प्रकार कह उठते हैं– "संस्कृति अनुदार नहीं, उदार होती है......वह मरण का उत्सव नहीं मनाती, वह जीवन के उत्सव की अनवरत शृंखला है......इसी सामाजिक संस्कृति की जरूरत हमें है क्योंकि वह जीवन का सम्मान करती है।"[116] इसलिए कोई भी संस्कृति पाकिस्तानों के निर्माण हेतु कहीं भी स्थान नहीं देती। संस्कृति में समझदारी एवं सहिष्णुता निवास करती है। वह भस्मासुरी स्थिति पैदा नहीं करती।

इस प्रकार प्रस्तुत विवेचन से स्पष्ट है कि कमलेश्वर ने संस्कृति के विविध महत्त्वपूर्ण पक्षों–ईमानदारी, अहिंसा, सत्य, त्याग, पारस्परिक सौहार्द, नैतिकता, नारी सम्मान, वृद्धों का आदर, बच्चों के प्रति स्नेह आदि को विविध उपन्यासों 'सुबह...दोपहर...शाम', 'लौटे हुए मुसाफिर, 'आगामी अतीत', 'डाक बँगला', 'काली आँधी', 'तीसरा आदमी', तथा 'रेगिस्तान' में स्पष्ट एवं सजीव रूप से प्रस्तुत किया है।

2. धार्मिक प्रभाव

धर्म का जो महत्त्व पहले था वैसा अब नहीं है। धीरे-धीरे लोगों का धर्म से विश्वास उठ रहा है। धर्म का आडम्बरी रूप बढ़ता दिखाई दे रहा है। विज्ञान के उदय से सबसे बड़ा परिवर्तन यह हुआ है कि मानव का विश्वास ईश्वरीय सत्ता का कुछ कम हुआ है। पहले धर्म जीवन की धुरी था। ईश्वरीय सत्ता के महत्त्व कम होते ही धीरे-धीरे धार्मिक मूल्य भी बिखरने लगे। मानव को संचालित करने वाली शक्ति आत्मा से भी लोगों की आस्था शून्य होने लगी है। मनोविज्ञान ने आत्मा के स्थान पर अन्तरात्मा अथवा विवेक से परिचित कराया। अब मानव किसी भी धार्मिक मूल्य की अन्धी स्वीकृति के स्थान पर तर्क की कसौटी प्रयोग करता है।

हमारा देश सदा से ही पृथक-पृथक जातियों एवं धर्मों का रहा है। हम सर्वधर्म समभाव में विश्वास करने वाले हैं, फिर भी हिन्दू, मुसलमान, सिक्ख, ईसाई सभी सम्प्रदाय तनावग्रस्त हो जाते हैं। हिंसा, उपद्रव अचानक फूट पड़ते हैं। अंग्रेजों ने 'फूट डालो और राज करो' की कूटनीति से हमारे देश पर शासन किया। धार्मिक मतभेद यदाकदा हमारे जीवन में विष घोल जाते हैं। "लेकिन भीतर ही भीतर एक भूचाल आया था.....दिली इमारतें ढह गयीं थीं। अपनेपन का जज़्बा मर गया था। नफ़रत की आग ने इस बस्ती को निगल लिया था।...और यह भरीपूरी

चिकवों की बस्ती सबसे पहले उजड़ गयी थी, पता नहीं, यह आग कहाँ छिपी हुई थी?"[117]

कुछ समाज विरोधी तत्त्वों से सामाजिक स्नेह भाव की लहरें कभी-कभी देखी नहीं जातीं तो वे व्याकुल हो उठते हैं—"जब वह देखता कि मस्जिद में मक़तब लगता है और मन्दिर की चारदीवारी में पाठशाला जमती है और सब कुछ बदस्तूर चला जा रहा है तो वह सह नहीं पाता था.... ।"[118] धर्म के इन अनुयायियों ने शिक्षण संस्थानों जैसे पावन स्थानों पर भी अपना अलगाव का विषैला दन्त गढ़ा दिया है—"ब्राह्मणों के अपने स्कूल हैं, कायस्थों के अपने, अहीरों के अलग, अग्रवालों के अलग, हर जगह जाति का सर्प फन फैलाए बैठा है। इस बार मैं उसका शिकार बन गया हूँ।"[119]

अंग्रेज इस देश की सबसे कमजोर कड़ी को भाँप गये तथा धार्मिक समस्याएँ उत्पन्न करके वे लोगों को आपस में बिल्लियों की भाँति लड़ाया करते थे। उन्होंने अपने कुछ लोगों को इस कार्य के लिए विशेषरूप से छोड़ दिया था, जो जनभावनाओं को भड़काने के कार्य में रात-दिन लगे रहते थे। "भाई जान, अपना मुल्क अपना ही होता है, अभी आप सोच ही नहीं सकते कि अगर हिन्दुओं का राज हुआ तो इसी हिन्दुस्तान में हमें कितनी मुसीबतें और सितम सहने पड़ेंगे। हिन्दुओं की चाल ही यही है कि यहाँ के सारे मुसलमानों को फुसलाकर, दबाकर और जरूरत पड़े तो जबरदस्ती हिन्दू धर्म कबूल करवाया जाए, आप इनकी बातों को नहीं समझते।"[120] धर्म के तथाकथित ठेकेदारों ने समाज को अपने बाहुपाश में जकड़ लिया है तथा वे नित्य नये प्रपंचों में रत रहते हैं। वे सामाजिकों को धर्मभीरु बनाने में अपनी पूरी शक्ति लगाने में कुछ भी उठा नहीं रखते, छोटे से छोटा काम भी उन्हें पूछे बिना नहीं किया जा सकता। घर से बहू की विदा होनी है अथवा बहू का आगमन होना है। चाहे घर से कोई चला गया है, सब बातों के वे ज्ञाता होते हैं तथा व्यर्थ की निर्मूल भावनाओं से वे अज्ञानी प्राणियों को अपने चंगुल में फँसा लेते हैं। जब तक ये तथाकथित धर्माचार्य दान दक्षिणा पाते रहते हैं तभी तक वे अपनेपन का ढोंग करते रहते हैं। "अपने पिता की मृत्यु के पश्चात् शिवराज एक टीन का बक्सा लेकर लौट आया था। आश्रम में वह बदले हुए व्यवहार का अनुभव कर रहा था। वह आश्रम अब उनके लिए अनाथालय सा हो गया था....अब घर से दान दक्षिणा जो नहीं आती।"[121]

तथाकथित धर्माचार्य धर्म के नाम पर अनेक कुरीतियों का प्रचलन कर रहे हैं, जिनमें मोक्ष के नाम पर अज्ञानी मानव को आत्महत्या करने तक को बाध्य कर दिया जाता है। मोक्ष का समाज शास्त्र यह कहता है कि तुम यह मानकर चलो कि तुम पापी हो, जन्म-जन्म के पापी.....गंगा नहाओ, कुम्भ नहाओ। समाज का सबसे ताकतवर तबका सबसे अधिक पढ़ा-लिखा दिखने वाला जब कहे कि तुम पापी हो तो हम कैसे न इसे मानें। निर्धन व्यक्ति तो अपने दुःख-दारिद्रय को पापों का फल मानते हैं—"गंगा किनारे शंख और घण्टा लिए पुरोहितों के दल भी चलते थे। कई वृद्धों को तो डुबकी लगाते ही मुक्ति मिल जाती थी, जहाँ डुबकी लगाई वहीं सर्दी के कारण ऊपर की साँस ऊपर और नीचे की नीचे। शंख और घण्टे बजने लगते थे.....कैसी थी यह मुक्ति....कैसी थी यह श्रद्धा....यह तो आत्महत्या थी, धर्म के नाम पर।"[122] हमारा भारत अनेक अर्थों में विचित्र है। यहाँ आस्था और विश्वास, इच्छा एवं अनिच्छा सभी कुछ तो भयज है तथा भय पर ही आधारित है।

अकेले रहने से जो भयभीत होते हैं वे साथ-साथ रहते हैं, जो किसी के साथ रहने से डरते हैं वे अकेले रहते हैं, जो मृत्यु से डरते है वे जीना चाहते हैं तथा जो जीना चाहते हैं वे भगवान से डरते हैं, अतः मन्दिर जाते हैं, जो खुदा से डरते हैं वे मस्जिद जाते हैं। कमलेश्वर के उपन्यास 'समुद्र में खोया हुआ आदमी' की रम्मी की भी यही स्थिति है वह वीरन के खो जाने पर उसके कुशलतापूर्वक लौटने हेतु ईश्वर से प्रार्थना करती है कि—"उसे मिठाई बहुत पसन्द थी......चुरा-चुराकर खाता था, हे भगवान ! आज से चीनी तुम्हें अर्पण। मेरा वीरेन जीता जागता लौट आये तभी तुम्हारी पूजा करके चीनी छूऊँगी। मेरी सुनना हे प्रभो!"[123]

मानव जब चारों ओर से हताश हो जाता है, तब वह धर्म के माध्यम से भव सागर पार करना चाहता है। धर्म मानव मात्र के कल्याणार्थ अस्तित्व में आया, लेकिन वर्तमान तथाकथित धर्माचार्य उसे एक हथियार की भाँति प्रयोग में ला रहे हैं। वे समाज को आपसी मतभेदों के आधार पर विभाजित कर रहे हैं। "इस्लाम नफरत नहीं सिखाता पर पाकिस्तान की बुनियाद नफरत पर रखी गयी है।...इस्लाम जैसा मज़हब किसी मुल्क की सरहदों में क़ैद नहीं किया जा सकता है। कोई मज़हब क़ैद नहीं किया जा सकता।"[124] ये धर्म को मानने वाले गिरगिट की भाँति रंग बदलते रहते हैं। "ताऊ जी ने पंच ब्राह्मणों से बाबूजी का शवदाह करवा दिया था। बुरा तो यह भी लगा था उसे कि वह नहीं पहुँच पाया था, तो ताऊ जी या बड़े दादा में से कोई भी आग दे देता।"[125]

आज धर्म की परिभाषाएँ बदल रही हैं, वह जो कभी घर में था अथवा मन्दिर मस्जिद में दिखाई देता था, वह अब सड़कों पर नग्न नृत्य कर रहा है। माइकों के माध्यम से धर्म प्रचार करते हुए जनभावनाओं को प्रभावित किया जाता है। आज की माइक संस्कृति में धर्म अति सस्ता, सरल तथा बलपूर्वक ठूँसा गया अधोस्तरीय कार्य बन चुका है। धर्म के इन सस्ते कुप्रचारों ने भारत के भविष्य को खतरे में डाल दिया है। यदि धर्म का यह 'वानर विभाजन' समाप्त नहीं हुआ तो भारतीय जनमानस दिखावटी कुसंस्कारों से भर जाएगा तथा भारत का भविष्य खतरे में पड़ जाएगा। अतः धर्म के दूषित रूप से दूर रहकर नितान्त विशुद्ध रूप को ही अपनाने की सुचेष्टा करनी चाहिए। धर्म का जनकल्याणकारी रूप ही स्पृहणीय, ग्रहणीय तथा वन्दनीय है।

निष्कर्ष

उपन्यास का प्रमुख ध्येय जनकल्याणकारी होना चाहिए। उपन्यास का उद्भव ही मानवहित में हुआ है, साहित्य मानवहित के भाव को लेकर चलता है वैसे ही उपन्यास भी सर्वभूत के अत्यन्तिक कल्याण हेतु लिखा जाता है। उपन्यास साहित्य विविध विधाओं में अति महत्त्वपूर्ण है तथा आज के युग में इसकी प्रासंगिकता किसी से छिपी नहीं है। कमलेश्वर के सभी उपन्यास आज के युग में प्रासंगिक हैं। उपन्यास पर सामाजिक, आर्थिक, सांस्कृतिक तथा धार्मिक सभी प्रकार के प्रभाव पड़ते हैं। उपन्यासों में अनेक प्रकार की समस्याओं को लेकर उपन्यासकार चलता है। धर्म संस्कृति एक-दूसरे के पूरक हैं। साहित्यकार सामाजिक रीतिरिवाज, परम्पराओं, धर्म, संस्कृति व कला से प्रभावित हुए बिना नहीं रह सकता। हमारे आचार-विचार, आस्था, अन्धविश्वास, रूढ़ि, तीज त्योहार, व्रत, भोज, पूजापाठ तथा साम्प्रदायिक समस्या सभी का चित्रण एक साहित्यकार करता है तथा यही कमलेश्वर

ने किया है। हमारी संस्कृति विश्व की प्राचीनतम संस्कृतियों में है। हमारी कला एवं संस्कृति ही हमें एक सूत्र में आबद्ध रखती हैं। हमारे उपन्यास कला एवं संस्कृति से मानव मंगल विधायिका शक्ति ग्रहण करते हैं।

सन्दर्भ

1. साहित्य दर्पण : विश्वनाथ पृष्ठ, 6/9
2. साहित्यालोचन : डॉ. श्याम सुन्दर दास, पृष्ठ 180
3. कुछ विचार : प्रेमचन्द, पृष्ठ 38
4. हिन्दी उपन्यास और यर्थाथवाद : डॉ. त्रिभुवन सिंह, पृष्ठ 83
5. नया साहित्य : नये प्रश्न : आचार्य नन्द दुलारे वाजपेयी, पृष्ठ 4
6. काव्य के रूप (संस्करण-1958) : बाबू गुलाब राय, पृष्ठ 161
7. हिन्दी साहित्य का इतिहास : आचार्य रामचन्द्र शुक्ल, पृष्ठ 455
8. आधुनिक हिन्दी साहित्य का विकास : डॉ. कृष्ण लाल, पृष्ठ 275
9. हिन्दी साहित्य : डॉ. हजारी प्रसाद द्विवेदी, पृष्ठ 415
10. हिन्दी उपन्यास साहित्य की विकास परम्परा में--साठोत्तरी उपन्यास : पारुलकांत देसाई, पृष्ठ 16
11. हिन्दी साहित्य : सामाजिक चेतना : डॉ. रत्नाकर पाण्डेय, पृष्ठ 73
12. द्विवेदी युगीन साहित्य : संकटा प्रसाद मिश्र, पृष्ठ 33
13. हिन्दी उपन्यास : एक अन्तर्यात्रा : डॉ. रामदरश मिश्र, पृष्ठ 44
14. प्रेमचन्द आज के सन्दर्भ में : डॉ. गंगा प्रसाद विमल, पृष्ठ 114
15. हिन्दी उपन्यास : एक अन्तर्यात्रा : डॉ. रामदरश मिश्र, पृष्ठ 132
16. हिन्दी उपन्यास : एक अन्तर्यात्रा : डॉ. रामदरश मिश्र, पृष्ठ 117
17. अज्ञेय का कथा-साहित्य : डॉ. ओम प्रभाकर, पृष्ठ 162
18. विवेक के रंग : डॉ. नैमिचन्द्र जैन, पृष्ठ 297
19. मेरा हमदम मेरा दोस्त : कमलेश्वर, पृष्ठ 31
20. हिन्दी लघु उपन्यास : डॉ. घनश्याम मधुप, पृष्ठ 126-127
21. आधार : सातवाँ दशक मूल्यांकन विशेषांक, फरवरी-मई 1971, पृष्ठ 60
22. मार्क्सवादी साहित्य चिन्तन : इतिहास तथा सिद्धान्त-- डॉ. शिवकुमार मिश्र
23. राग दरबारी (लेखकीय वक्तव्य) : श्रीलाल शुक्ल
24. आलोचना : जुलाई-सितम्बर, 1967, पृष्ठ 143
25. हिन्दी उपन्यास : सामाजिक चेतना : डॉ. कुँवरपाल सिंह, पृष्ठ 176-177
26. जल टूटता हुआ : डॉ. रामदरश मिश्र, पृष्ठ 289
27. हिन्दी उपन्यास साहित्य की विकास परम्परा में साठोत्तरी उपन्यास : डॉ. पारूलकान्त देसाई, पृष्ठ 220
28. धरती धन न अपना : जगदीश चन्द्र, पृष्ठ 57
29. वही।
30. यथार्थवाद : जगदीश चन्द्र, पृष्ठ 16-17
31. सफेद मेमने : मणिमधुकर, पृष्ठ 146
32. तमस : भीष्म साहनी, पृष्ठ 283
33. मछली मरी हुई : राजकमल चौधरी, पृष्ठ 11,120
34. वही।
35. हिन्दी के मनोवैज्ञानिक उपन्यास : डॉ. धनराज मानधाने, पृष्ठ 279

36. वही, पृष्ठ 250
37. मेरा हमदम मेरा दोस्त : कमलेश्वर, पृष्ठ 40
38. एक सड़क सत्तावन गलियाँ : कमलेश्वर, पृष्ठ 3
39. हिन्दी लघु उपन्यास : डॉ. घनश्याम 'मधुप', पृष्ठ 160
40. डाक बँगला : कमलेश्वर, पृष्ठ 27
41. सुबह...दोपहर...शाम : कमलेश्वर, पृष्ठ 28
42. वही।
43. एक सड़क सत्तावन गलियाँ : कमलेश्वर, पृष्ठ 8, 47, 75
44. वही।
45. वही।
46. लौटे हुए मुसाफिर : कमलेश्वर, पृष्ठ 5,67
47. वही।
48. रेगिस्तान : कमलेश्वर, पृष्ठ 56, 19, 52, 99
49. वही।
50. वही।
51. वही।
52. समग्र उपन्यास (रेगिस्तान) : कमलेश्वर, पृष्ठ 673
53. समग्र उपन्यास (समुद्र में खोया हुआ आदमी) : कमलेश्वर, पृष्ठ 296, 347
54. वही।
55. समुद्र में खोया हुआ आदमी : कमलेश्वर, पृष्ठ 97,98
56. वही।
57. काली आँधी : कमलेश्वर, पृष्ठ 10
58. वही, पृष्ठ 34,10
59. वही।
60. वही बात : कमलेश्वर पृष्ठ 98
61. वही, पृष्ठ 79-80
62. कितने पाकिस्तान : कमलेश्वर, पृष्ठ 336
63. अक्षरम् संगोष्ठी (अप्रैल-जून 2008) कवर पेज से उद्धृत
64. एक सड़क सत्तावन गलियाँ : कमलेश्वर, पृष्ठ 33
65. वही, पृष्ठ 107
66. हिन्दी लघु उपन्यास : डॉ. घनश्याम 'मधुप', पृष्ठ 107
67. लौटे हुए मुसाफिर : कमलेश्वर, पृष्ठ 04
68. वही, पृष्ठ 04, 09, 07
69. वही।
70. वही।
71. वही, पृष्ठ 27
72. वही, पृष्ठ 29, 32, 36
73. वही।
74. वही।
75. वही, पृष्ठ 38
76. वही, पृष्ठ 38, 48, 57

77. वही।
78. वही।
79. काली आँधी : कमलेश्वर, पृष्ठ 16
80. वही, 08, 10, 10, 10
81. वही।
82. वही।
83. वही।
84. वही, पृष्ठ 10,13
85. वही।
86. वही, पृष्ठ 14, 71-75
87. वही।
88. वही, पृष्ठ 64-65
89. वही, पृष्ठ 73, 84-85, 132
90. वही।
91. वही।
92. कितने पाकिस्तान : कमलेश्वर, पृष्ठ 362
93. हिन्दी लघु उपन्यास : डॉ. अमर प्रसाद जायसवाल, पृष्ठ 229
94. समग्र उपन्यास (डाक बँगला) : कमलेश्वर, पृष्ठ 239
95. डाक बँगला : कमलेश्वर, पृष्ठ 115
96. समग्र उपन्यास (आगामी अतीत) : कमलेश्वर, पृष्ठ 501
97. आगामी अतीत : कमलेश्वर, पृष्ठ 68
98. हिन्दी की हास्य व्यंग्यमयी कविता सांस्कृतिक विवेचन : डॉ. ज्ञानप्रकाश, पृष्ठ 49
99. हमारी सांस्कृतिक एकता : रामधारी सिंह 'दिनकर', पृष्ठ 3
100. हिन्दी साहित्य कोश (भाग-2), प्रथम संस्करण 2020 वि. पृष्ठ 896
101. संस्कृति के चार अध्याय : रामधारी सिंह दिनकर, पृष्ठ 73-74, 81
102. वही।
103. काली आँधी : कमलेश्वर, पृष्ठ 91-92
104. सुबह...दोपहर...शाम : कमलेश्वर, पृष्ठ 47, 13, 44
105. वही।
106. वही।
107. समुद्र में खोया हुआ आदमी : कमलेश्वर, पृष्ठ 26
108. तीसरा आदमी : कमलेश्वर, पृष्ठ 19
109. लौटे हुए मुसाफिर : कमलेश्वर, पृष्ठ 122, 128
110. वही।
111. वही, पृष्ठ 134
112. सुबह...दोपहर शाम... : कमलेश्वर, पृष्ठ 80, 52
113. वही।
114. आगामी अतीत : कमलेश्वर, पृष्ठ 22
115. वही, पृष्ठ 88
116. कितने पाकिस्तान : कमलेश्वर, पृष्ठ 182
117. लौटे हुए मुसाफिर : कमलेश्वर, पृष्ठ 91,52

118. वही।

119. एक सड़क सत्तावन गलियाँ : कमलेश्वर, पृष्ठ 107

120. लौटे हुए मुसाफिर : कमलेश्वर, पृष्ठ 65-66

121. एक सड़क सत्तावन गलियाँ : कमलेश्वर, पृष्ठ 27-28

122. रेगिस्तान : कमलेश्वर, पृष्ठ 30

123. समुद्र में खोया हुआ आदमी : कमलेश्वर, पृष्ठ 61

124. कितने पाकिस्तान : कमलेश्वर, पृष्ठ 110

125. रेगिस्तान : कमलेश्वर, पृष्ठ 26-27

5

कमलेश्वर के कथा-साहित्य के विविध आयाम

(क) कमलेश्वर की कहानियों में पात्रों का चित्रण

कहानी का विषय मानव जीवन होता है। इसलिए कहानीकार हमेशा यह दिखलाने का प्रयत्न करता है कि उसकी पात्र योजना कैसी है, उसमें क्या-क्या विशेषताएँ एवं क्या-क्या कमजोरियाँ हैं तथा कहानियों में परिस्थिति परिवर्तन के साथ कहानीकार पात्रों के चरित्रों में किन विशेषताओं में कैसा परिवर्तन करता है। कहानी का लक्ष्य वातावरण एवं परिस्थिति परिवर्तन की स्थिति में चारित्रिक विशेषताओं को उद्घाटित करना होता है। मानव मन की सृष्टि में विचित्रता होती है, मानव की यही मनोदशा कहानी की विशेषताओं को उजागर करती है। कहानी के पात्रों के चरित्र चित्रण में– अनुकूलता, मौलिकता, सजीवता तथा स्वाभाविकता आदि अत्यावश्यक गुण होते हैं। कहानीकार द्वारा विनिर्मित पात्रों के चरित्र मनोवैज्ञानिक तथ्यों के निकष पर खरे उतरने चाहिए।

कहानी के पात्रों के प्रमुखतः दो रूप होते हैं– बाह्य रूप तथा आन्तरिक रूप। बाह्य अथवा बाहरी दिखाई देने वाला रूप जिसे अनुभाव चित्रण (एक्सप्रेसिव फीचर्स) कहा जाता है। इसके अतिरिक्त दूसरा रूप आन्तरिक रूप भी होता है जो अन्तस्थ या अन्तरण कहा जाता है। मानव की सभी क्रियाओं के पीछे उसका कोई न कोई उद्देश्य निहित रहता है तथा मनःसंघर्ष उसकी चारित्रिक अभिव्यक्ति के कारणभूत होते हैं। ''कहानीकार इसलिए चरित्रों के मानस में पैठकर अन्तःप्रेरणाओं को प्रकाश में लाने की चेष्टा करता है।''[1] कमलेश्वर की कहानियों में निश्चित रूप से यह देखा जाता है कि उनके पात्र काल्पनिकता के धरातल को बहुत अंश तक त्याग चुके हैं। बहुधा स्वातन्त्र्योत्तर कहानीकारों ने व्यक्ति के अन्तर्मन में प्रवेश कर उसकी मनोदशा को अभिव्यक्त करने का सुसंकल्प लिया है। कहानीकार इसमें मनोविश्लेषण एवं मनोचिकित्सा दोनों की ही खुले रूप में सहायता लेता है। बदलते हुए परिप्रेक्ष्य एवं मूल्यों के साथ उनके पात्रों में भी परिवर्तन, बदलाव की स्थिति आती है। कमलेश्वर की कहानियों का सम्यक् परीक्षण करने पर परिणामतः यही सुस्पष्ट होता है। उनके पात्रों में अकेलापन, आत्म निर्वासन, उलझन, संत्रास एवं आत्मकुंठा लक्षित होती है। कमलेश्वर की कहानियों में पूर्णरूपेण मानव को समझ कर उसे समग्रता में व्यक्त करने की महती महती कोशिश की गयी है। प्रत्येक कहानीकार के जीवन में भोगी गयी कठिनाइयाँ, उसके अनुभव, भुक्त दुःखदर्द, मनोवेदना इत्यादि की झलक उनके पात्रों के चरित्रों में अनायास स्थान प्राप्त कर लेती है। कमलेश्वर की कहानी के पात्र आज के क्षणवादी एवं भोगवादी जीवन दर्शन के कारण आज के परिवेश में व्याप्त टूटन, बिखराव, प्रतिशोध,

लूटपाट, ईर्ष्या एवं द्वेष आदि से ग्रसित हैं।

कमलेश्वर की कहानियों के प्रमुख पात्रों का संक्षिप्त गुण-दोष विवेचन इस प्रकार है–

'कर्त्तव्य' कहानी के पात्र रामचन्द्र, सरदार, मीना तथा स्वयं महाराज शिवाजी हैं, गौहर बानू नारी पात्र है। दुश्मन पुत्री को बहन मानते हुए रामचन्द्र अपने कर्त्तव्य का निर्वाह करते हुए भी पेट में छुरी भोंकने की पीड़ा को सहन करता है तथा मीना को समझाता है कि इसे हाथ न लगाना, इसमें वीर शिवाजी की आज्ञा का उल्लंघन होगा। रामचन्द्र डोलियों की भी रक्षा करके स्वकर्त्तव्य का निर्वाह करता है तथा इच्छालोलुप मीना जी को ललकारता भी है। दूसरी बार भी गौहर बानू ने उसकी पीठ में छुरा भोंक दिया, वह निष्प्राण होकर गिर पड़ा लेकिन कर्त्तव्यच्युत नहीं हुआ। 'कामरेड' कहानी में कामरेड सत्यपाल के चरित्र का अंकन किया गया है। सत्यपाल किस प्रकार असत्यपाल बनकर अपना जीवन निर्वाह करने लगा। 'फरार' कहानी में परसराम पहरेदार को कैसे फरार होना पड़ा, यही चित्रित किया गया है।

'आधुनिक दिन आधुनिक रातें' कहानी में मालती, सत्यपाल, गिरधारी लाल तथा वीरेश आदि पात्रों का सम्यक् चित्रण कमलेश्वर द्वारा किया गया है। कहानी के उत्तरार्द्ध 'फूलों की प्रेमिका : एक पूर्व कथा' नामक अंश में भी मालती, वीरेश, सत्यपाल, विजया आदि पात्रों की उचित सृष्टि हुई है। 'उठती घटाएँ' कहानी में चाचा, चाची, स्वयं तथा इक्के वाला पात्र है। इसमें विधवा आश्रम से लायी गयी चाची का वर्णन है जिसकी जाति-पाँति का भी पता नहीं था। उसका नाम छोटी था। उसकी स्थिति आधा डिब्बा चीनी चुराने के कारण हेय बन गयी।

'माटी सुबरन बरसाय' कहानी को कमलेश्वर ने हरखू, कुँवरसेन, लाखन आदि पात्रों के बल पर खड़ा किया है। 'सुबह का सपना' कहानी में मैं, बेदी, अम्मा, रानी आदि पात्रों का सुचित्रण करके कहानी को नवीन रूप दिया गया है। 'अनाथपिंडक सुदत्त' एक ऐतिहासिक कहानी है जिसमें बौद्धकालीन चित्रण किया गया है। इसके प्रमुख पात्र हैं– वृद्ध श्रेष्ठी, राजकुमार, अनाथपिंडक सुदत्त आदि। 'जिन्दगी की पटरी' कहानी में चाय वाला, तिवारी जी, परचून का दुकानदार आदि पात्रों के माध्यम से कहानी आगे बढ़ी है। 'जन्म' कहानी में चन्दू मुंथा, कमला, अम्मा जी आदि पात्रों के मध्य चन्दू की पत्नी के होने वाले सातवें बच्चे की खबर सुनकर पहली बार स्याही पुत गयी थी और दादी ने जहर भरा तीर मारा था, "अब यह सब अच्छा नहीं लगता, रोज़ पेट पकड़े पड़ी रहती है। घर में बच्चे समझदार हो गये, पर इन्हें शरम नहीं आती।"[2] वही दादी पुत्र जन्म पर कहती है कि 'काली लड़की' हुई है तथा कमला से कहती है कि– "कमलिया उठ! दरवाजे पर थापें लगा.... देहरी पर गन्धक जला...उठ...और देख ज़रा काँसे की थाली बजा दे..... तेरे भैया हुआ है।"[3]

'सफेद तितलियाँ' कहानी में सुमन, देववाला, सरदारी लाल, दयाल चन्द हैं। उसकी विधवा बेटी सुमन की मनोदशा का मार्मिक चित्रण है। वह कैसे सबकी आँखों में धूल झोंक कर जसवन्त से विवाह कर लेती है। 'सीखचे' कहानी में मंगरू लुहार का बेटा चमन, माखन की बूढ़ी माँ, दीना कलईदार, जर्जर बूढ़ी भिखारिन, हीरालाल, सोहन आदि अनेक पात्रों के कन्धों पर इस कहानी का आधार रखा हुआ है। 'नंगा आदमी' कहानी में वीरेन्द्र, रवि, शशि, श्यामलाल तथा नौकर आदि पात्र हैं। इसके अन्त में नौकर रवि से कहता है– 'नौकरी छोड़ दी साब' तथा रवि

भी सच्चाई स्वीकारते हुए कहता है कि 'मैं कहीं नौकर नहीं था' और इस प्रकार उसने सभी झूठे लिबास उतार फेंके और सचमुच वह नंगा हो गया। एकदम आजाद तथा आजाद आदमी के लिए हर काम, हर पेशा खुला है और इस प्रकार कहानी का अन्त हो जाता है। 'अधूरी कहानी' में विमल, सुधा दो पात्र हैं। सुधा की शादी हो जाती है। विमल निराश एवं शक्तिहीन रह जाता है, उसकी कहानी अधूरी रह जाती है। अपनी इसी कारुणिक स्थिति को वह पत्र रूप में अपनी प्रेमिका सुधा को लिखता है।

'गाय की चोरी' कहानी में पात्रों में मुनसरिम साहब, पण्डित जी, डाक्टर साहब, मुंशी जी प्यारे लाल आदि हैं। मुंशी जी चोरी गयी गाय का सुराग लगाते एक रोज नज़दीक के गाँव में पहुँचे तथा गाय बरामद कर ली। वे लोगों की आँखों में विश्वास खोजते हुए बयान कर रहे थे– "पुलिस भला क्या कर सकती थी? मैं तो पहले ही जानता था, जो काम करना हो, अपने बूते पर उठाना चाहिए।"[4] वास्तव में अपना काम अपने ही हाथों से होता है। 'अकाल' कहानी में पात्र हैं–रघुनन्दन लाल, बिरजू, सुन्दर सिंह, बाबा, जीतू व मिट्ठू आदि। इस कहानी में बताया गया है कि आधुनिक दावतों में छोटे बच्चे प्रायः भरपेट नहीं खा पाते। रात के समय की दावत में बच्चों को प्रायः नींद आ जाती है।

'रात औरत और गुनाह' कहानी में पात्र हैं–वकील साहब, कमलिया, वकीलन, छोटे चाचा, लिली तथा रम्मी नामक पूसी (बिल्ली) आदि। इस कहानी में रम्मी को कुत्ते मार डालते हैं। वकीलन अकेली रह गयी, नितान्त अकेली। 'आत्मा की आवाज' कहानी में भाभी, गोपाल, राजू पात्र हैं। गोपाल तथा भाभी के बीच सम्बन्ध सही न रहना ही इस कहानी की कथावस्तु है जिसमें पत्र के माध्यम से भाभी अपनी आत्मा की घुटन, बेबसी, धुआँ, ठहराव, ख़ामोशी तथा ऊब को प्रकट करती है। 'पीला गुलाब' कहानी में प्रभा, शुभा दीदी, कंचन, प्रमिला, माँ, आया, मेजर साहब, आनन्द, गौर, विनोद आदि अनेक पात्र हैं, जिनके कन्धों पर कहानी की अमरबेल छायी हुई है।

'तंग गलियों में मकान' कहानी में सिंह साहब, पटवारी, कमली, पटवारी मथुरा दास की पत्नी, सिंह साहब की पत्नी कामिनी, रनवीर, मेजर मेहरा आदि अनेक पात्र हैं। 'अजनबी लोग' कहानी में एक पुलिस वाला, बतरा, चिमन भाई ठेकेदार, मजदूरिन आदि पात्रों के सहारे कहानी आगे बढ़ी है। 'सरोकार' कहानी में वर्मा, दरशन, सुरिन्दर, जनवाणी प्रेस का मालिक, टैक्सी ड्राइवर की लड़की बन्तो तथा सन्तरी आदि अनेक पात्र हैं। 'गर्मियों के दिन' कहानी में दीनानाथ हलवाई, चेयरमैन साहब, रामचरन, पण्डित जी, चन्दर, वैद्य जी, सोबरन सिंह, बच्चन लाल आदि अनेक पात्र प्रस्तुत कहानी में हैं। 'राजा निरबंसिया' कहानी में माँ, राजा निरबंसिया, जगपती, उसकी पत्नी चन्दा, दयाराम, बचन सिंह कम्पाउण्डर, मेहतरानी, राजा निरबंसिया की रानी, शकूरे, मुंशी जी आदि हैं। इस कहानी का आधार यथार्थवादी है, जिसकी दुहरी कहानी चलती है। जगपती को किसी ने मारा नहीं था उसने अफीम तेल में घोलकर रुपयों के कर्ज के जहर को ही पी लिया था।

'बेकार आदमी' कहानी के पात्रों में वी. सहाय, असिस्टेंट एम्प्लायमेण्ट ऑफिसर, चपरासी, प्रकाश (प्रत्याशी) आदि पात्र हैं। प्रकाश के साक्षात्कार के समय वी. सहाय स्वयं अपने आपको

बेकार आदमी साबित कर बैठे। 'ब्रांचलाइन का सफर' में व्यापारी, बदनलाल हलवाई, लेखक स्वयं, टिकिट बाबू, सिपाही, लड़की आदि पात्र हैं। इस कहानी में साधु हलवाई द्वारा तीन सौ रुपये में खरीदी गयी लड़की का निपट स्पष्ट चित्रण है। कहानी गाड़ी एवं स्टेशन तक सीमित रहकर बड़ी ही रोचक बन पड़ी है। 'देवा की माँ' कहानी में देवा, मौलवी साहब, शास्त्री जी, देवा की माँ, बूढ़ी, पण्डित जी, देवा के बाबू जी आदि पात्र हैं, जिनमें करुण कहानी को सँजोया गया है। देवा की माँ ने देवा के सहारे अपना जीवन काट दिया लेकिन अपने पति से मिलने अन्त तक नहीं गयी। उसने दरिद्रता भोगी, अपने पुत्र के जेल जाने का दुःख भोगा, आजीवन परिश्रम किया और अपने नारीत्व की रक्षा की।

'नौकरी-पेशा' कहानी में राधे लाल, लाला रामभरोसे, मुख्तार साहब आदि पात्र हैं। इसमें राधे लाल की एवजी वाली नौकरी छूट जाती है। लाला रामभरोसे को लकवा मार गया था। राधे लाल बेकार बैठा था। मुख्तार साहब ने उससे कहा तुम नौकरी कर लो, राधे लाल को लाला रामभरोसे पर विश्वास नहीं था कि वह उसके नाम का प्रस्ताव करेगा लेकिन लाला रामभरोसे के मरने पर जब राधे लाल गमी में गया तब मुख्तार साहब अपने अहाते में आराम कुर्सी पर बैठकर कहने लगे—आप राधेलाल हैं। अच्छा...अच्छा। रामभरोसे ने भी आपको एवजी पर रख लेने को कहलवाया था। बेचारे बड़े नेक थे। 'दुनिया बहुत बड़ी है' कहानी में पात्र हैं—बाबू सालिगराम, अन्नपूर्णा, सालिगराम का बड़ा भाई, सोबरन का लड़का। इसमें आर्य समाज मन्दिर में बाबू सालिगराम से विवाह करने वाली अन्नपूर्णा की वृद्धावस्था में क्या दशा होती है। उसकी इसी भटकन का चित्रण बड़े ही रोचक ढंग से किया है।

'सच और झूठ' कहानी में शारदा, हरीश, सरला आदि पात्र हैं जिनके माध्यम से अस्पताल की मरीजी दुनिया का दिग्दर्शन कराया गया है। 'पानी की तसवीर' कहानी के पात्र हैं—संजय, जोगिन्दर बाबू, बाबा, अक्षत, मनीषा। इनके माध्यम से कहानी को मौलिक रूप में चित्रित किया गया है। 'तीन दिन पहले की रात' कहानी के अमर, जितेन, दिवाकर, ममी, डैडी आदि पात्रों के माध्यम से हमें बताया गया है कि पैसे की संस्कृति ने हमें कितना बड़ा स्वार्थी बना दिया है। प्रगति ने हमें पतन का मार्ग दिखा दिया है। अन्त में यह कहानी प्रेम कथा में परिवर्तित हो जाती है। 'मुर्दों की दुनिया' कहानी में मोटर ड्राइवर, क्लीनर, ठेकेदार, पण्डित, निसार, नाथू सिंह, जाहिद कसाई, राजाराम, सावित्री, गोरख, बच्चन, आदि पात्र हैं। यह कहानी सावित्री एवं निसार की प्रेम कहानी है। सावित्री ने निसार के नूर नाम के बकरे को जाहिद कसाई को बेच दिया, उसने उसे जिवा कर डाला, फिर क्या था? निसार मानो मुरदों की दुनिया में कदम बढ़ा रहा है। 'थानेदार साहब' कहानी में थानेदार बजरंग बहादुर जी, गिरीश, बजरंग के गुरु जी, थानेदारनी, दीवान जी, कप्तान आदि पात्रों ने कहानी को गति प्रदान की है। बजरंग बहादुर थानेदार ने एक डकैत को अलग-अलग पाँच वेशों में देखा लेकिन अलग-अलग पाँच आदमी पकड़वा लिए जिनमें गिरीश भी था। इसमें पुलिस की कार्य प्रणाली पर व्यंग्य है।

'सीने का दर्द' कहानी में किरन, जयन्त, सिस्टर, वकील साहब, मैं के रूप में स्वयं लेखक आदि पात्र हैं। बैड नं. 30 पर वकील की माँ बीमार पड़ी है। उसके सीने में सख्त दर्द है। यह दर्द कैसा है? यह सीने का दर्द......कौन सी कमी है तन में कि यह दर्द बार-बार उभरता है, हर

उम्र में उभरता है और हरेक के उभरता है, यही कथा सार है। 'नाच' कहानी में भी दो पात्र हैं– चन्द्रकान्त, लिली। दोनों ही कहानी को आगे बढ़ाते हैं। चन्द्रकान्त लिली को उसके होने वाले पति के साथ देखता है फिर भी वह नाच में शामिल होता है। नाचना उसे आता नहीं, लिली ने उठकर साथ देते हुए उसे सही स्टेप रखना बताया। लिली की लिस्ट के अनुसार क्रिसमस प्रिजेण्ट्स का बण्डल आ गया। चन्द्रकान्त का प्रेम भग्न हो जाता है तथा लिली दूसरे से शादी कर लेती है। 'शरीफ-आदमी' कहानी में पात्र हैं–रामानन्द, चौकीदार, बारबर, रिक्शेवाला सरदार आदि। रामानन्द को शरीफ आदमी समझ, सूट-बूट में देख रिक्शेवाला सरदार उससे अधिक पैसा माँग कर उसे लूटना चाहता है। रामानन्द भी अपनी शराफत छोड़, टाई फेंक, आस्तीन ऊपर चढ़ा एकदम बिफर पड़ा। ऐसा करने पर ही वह रिक्शे वाले की लूट से बच पाया। शरीफ को दुनिया तंग करती है। 'एक अश्लील कहानी' में मैं (स्वयं लेखक), चन्द्र नाथ, कुन्ती, वर्मा, बिशन, कुन्ती का पति आदि पात्र हैं। कुन्ती का पति कुन्ती से झगड़ा करता है जिससे वास्तव में कहानी की अश्लीलता खुल जाती है।

'कस्बे का आदमी' कहानी के पात्र हैं– शिवराज, छोटे महाराज, रतनलाल, तोता, बिल्ली, राम नारायण आदि। 'धूल उड़ जाती है' कहानी के पात्र हैं–जुम्मन साईं, नसीबन, बच्चन, स्टेशन के कुली, इक्के वाले, रघुआ, बबुआ, रम्मू, गंगी सलोने, बन्ने, महमूदा, नाजिर आदि। यह कहानी लेखक के उपन्यास 'लौटे हुए मुसाफिर' के आधार पर है। 'तलाश' कहानी में ममी, पापा, सुमी आदि पात्र हैं। 'फालतू आदमी' कहानी में मैं, ममी, पापा, सुजाता, मिडवाइफ आदि पात्र हैं। 'ऊपर उठता हुआ मकान' कहानी में गौरी, मुरारी बाबू, मुरारी के पिता जी, माँ जी, संन्यासी जी, वैद्य जी की घर वाली, किशन, सतवन्ती आदि पात्र हैं, जिन पर प्रस्तुत कहानी टिकी हुई है। 'स्मारक' कहानी के पात्र हैं–सलीम साहब, चन्द्र भान जी, प्रकाश, बिहारी बाबू, भुवनेश जी, जितेन्द्र आदि। इसमें शोक सभा होती है तथा शोक सभा में चाय पार्टी भी होती है, चन्दा उगाया जाता है। तीन-चार दिन बाद उस स्मारक निधि वाले मकान पर जिसमें वह युग निर्माता साहित्यकार मरा था। एक बोर्ड लगा हुआ था 'मकान किराए के लिए खाली है', जिसमें एक नहीं चार लोहे की कीलें खंजरों की तरह घुसी हुई थीं।

'दुःखों के रास्ते' कहानी के पात्र हैं–बलराज, संजीव, वीरेन्द्र, ललिता आदि जिनके कन्धों पर कहानी की संरचना हुई है। 'दूसरे' कहानी के पात्र हैं–हरबंस लाल जी, सुनीता, पुरुषोत्तम बाबू, माँ। सुनीता से पूछा जाता है–लड़का अच्छा है, नौकरी में है, सवा दो सौ तनख्वाह पाता है तेरे मामा को बहुत पसन्द है। सुनीता की आँखें नीचे गड़ जाती हैं वह द्विधा में फँसी है क्या कहे! बेतरह उलझ कर रह जाती है। आँसुओं को रोकते हुए उसने कहा–'जैसा आप लोग ठीक समझें। अरे रोती है पागल! पिता जी लेटे रहे, माँ रसोई घर में चली गयी तथा सुनीता कमरे में लौट आयी थी। जैसे सब एकान्त चाहते हैं...जो किसी के नसीब में न था। इनमें अपना कौन था सब दूसरे थे।'

'बदनाम बस्ती' कहानी के पात्र हैं–एक साधु, मौजी लाल, सरूपा, सन्तो, ड्राइवर, तुलसी राम वैद्य। इन पात्रों के माध्यम से इतिहास लिखा जा रहा था। सरूपा का कुछ पता न चला। पुलिस उसकी टोह में रही। सन् 1947 में देश आजाद हुआ। इतिहास बदला, पर कागजों पर

इतिहास लिखा जा रहा था। तमाम बस्तियाँ आज भी अपना इतिहास लिख रही हैं। बादशाह, शहंशाहों की छोड़ी गयी बस्तियों की कहानियाँ सबने सुनी होंगी लेकिन सामान्य बस्तियों को खोदने से जुल्म एवं सितम की निशानियाँ निकलती हैं--इतिहास लिखा जाता है तथा ये कहानियाँ भी लिखी जा रही हैं, जो बदनाम बस्तियों से सम्बद्ध हैं। इस कहानी में इतिहास का पुट झलकता है लेकिन पात्र ऐतिहासिक नहीं हैं। 'जार्ज पंचम की नाक' कहानी में भूमिका ऐतिहासिक है। इसमें पात्र हैं--मूर्तिकार, सभापति।

'प्रेमिका' कहानी के पात्र हैं--मुंशी जी, एक मिडिल स्कूल के अध्यापक, मुंशी जी का लड़का, कमला, वीरेन्द्र, कमला का बड़ा भाई, सईदा, रतन, मुन्ना। इस कहानी में कमला की प्रेम कहानी को धीरे-धीरे बढ़ाया गया है। इसमें कमला के प्रेम पत्र भी दिए गये हैं। 'कुछ नहीं कोई नहीं' कहानी के पात्र हैं--सूरजभान, सुमेर, सूरजभान की माँ, राम सुमेर, गौरी, दीवान, देवीदीन। 'एक रुकी हुई जिन्दगी' कहानी में जो-जो पात्र हैं, उनके नाम इस प्रकार हैं--चमन, सतवन्ती, मैं (स्वयं लेखक), मजिस्ट्रेट। कोर्ट से चमन बेदाग छूटने पर भी खुश नहीं था। वह बार-बार मुझसे (लेखक से) माफी माँग रहा था कि उसकी वजह से मुझे बहुत परेशानी हुई, इतना ही नहीं उसने मुझसे (लेखक से) निवेदन किया कि वे उसके घर चाय पीकर जाएँ। इस कहानी का नायक 'मैं' है। 'एक थी विमला' कहानी में पात्र हैं--विमला, एक नौजवान, कुन्ती, मनोहर लाल, बलवन्त राय सर्राफ, लज्जा, कम्पाउण्डर, दिलीप, सुनीता तथा नौकरानी आदि।

इस कहानी में लेखक की इतने पात्रों के माध्यम से यह मान्यता प्रकट होती है कि विमला, कुन्ती, लज्जा तथा सुनीता जैसी लड़कियाँ हजारों घरों में हैं। वे अपनी जिन्दगी को बदलना चाहती हैं। हर लड़की को अपने अकेलेपन से मुक्ति चाहिए। वह अकेलेपन से छूटकर भाग जाना चाहती है। यह कहानी विमला, कुन्ती तथा सुनीता आदि की ही नहीं प्रत्येक घर की लड़की की है।

'मेरी प्रेमिका' कहानी के पात्र हैं-- शान्ता, लेखक, सुप्रकाश आदि। इसमें लेखक ने स्वयं को नायक के रूप में चित्रित किया है। कहानी व्यक्तिगत भावों का कच्चा चिट्ठा है जिसे शान्ता के माध्यम से प्रकाश में लाया गया है। 'साँप' कहानी में पात्र हैं--डाक बंगले का चौकीदार, इन्दु जी, 'वह' (लेखक) आदि। इस कहानी में साँप की दहशत का चित्रण किया गया है। 'युद्ध' कहानी के पात्र हैं--बैरा, सिपाही, बैण्ड वाला आदि। 'मांस का दरिया' कहानी के पात्र हैं--डॉक्टरनी, इब्राहीम, शहनाज, जुगनू, तारा, अम्मा, शंकर, चुन्नीलाल, सन्तराम फिटर, कलावती, मनसू, जर्राह, आवारा लौंडे, गफूर, कँवरजीत, मदन लाल, फत्ते, विमला आदि। 'नीली झील' कहानी में पात्र हैं--अँग्रेज कलक्टर, भजनू, मजदूर, महेसा, हिन्दुस्तानी साहब, औरतें, नीली साड़ी वाली औरत, एक आदमी, पंडिताइन पारबती, चरन सिंह, महेस पांडे, मुनादी वाले आदि। इस कहानी में पर्यावरणिक वातावरण का उत्कृष्ट चित्रण है। 'आत्मा अमर है' कहानी के पात्र हैं--सरकारी अफसर, डॉक्टर, बैरिस्टर, पत्रकार, मिसेज वासवानी, परमार, मिस चन्द्रा, बैंड वाला, मैनेजर, स्वामी जी, मि. वासवानी आदि। आज के रंगीन संसार में स्वामी जी आत्मा के अस्तित्व पर प्रकाश डालते हुए कहते हैं कि--'आत्मा अमर है।'

''खोई हुई दिशाएँ' कहानी में पात्र हैं--चन्दर, निर्मला, गुप्ता जी, मिसेज गुप्ता, विशन कपूर,

जर्नलिस्ट, अखबार का सम्पादक, इन्द्रा, पुलिस वाला, बेयरा, फटफट वाला, सरदार, नौकरानी, गुलाटी आदि। इन पात्रों के ताने-बाने से कहानी को कमलेश्वर ने आकार देते हुए विकसित किया है। इसमें दैनिक क्रियाओं के माध्यम चाय, चीनी एवं चम्मच से ही कहानी को गतिशील बना दिया है। 'जो लिखा नहीं जाता' कहानी के पात्र हैं—सुदर्शना, महेन्द्र, मैं (लेखक), सुदर्शना के पिता, चन्दर, आदि। महेन्द्र तथा लेखक के बीच एक सुदर्शना प्रेमिका है। पाँच साल से अपने पति महेन्द्र से अलग रह रही है। उसके पिता की मृत्यु होने पर मातमपुर्सी में महेन्द्र एवं लेखक दोनों पहुँचते हैं। लेखक चन्दर के रूप में है। दोनों में बहुत ही कम बातें हुईं। उसने कहा पत्र लिखूँगी, अन्य कुछ मत समझना। कुछ दिन पहले उसका एक लिफाफा मिला, उस पर सुदर्शना ने पता लिखा था। उसी शहर के डाकखाने की मुहर थी लेकिन भीतर एक अनलिखा मुड़ा हुआ कागज रखा हुआ था।

'दिल्ली में एक मौत' कहानी में पात्र हैं—सेठ दीवान चन्द्र (मृतक), सरदार जी, मिसेज वासवानी, अतुल भवानी, बूट पालिश वाला लड़का, बस कण्डक्टर, मैं (लेखक) आदि। अरथी का प्रदर्शन, औरतें फूल चढ़ा रही हैं, पुरुष खड़े सिगरेट पी रहे हैं। कारों की आवाजें, औरतों की मुस्कराहटें, चिता में आग लग गयी, चार-पाँच आदमी खड़े हैं। वे सभी लेखक की भाँति चले आये, उन्होंने छुट्टी ले रखी होगी नहीं तो वे भी ऑफिस के लिए तैयार होकर आते। लेखक नहीं समझ पा रहा है कि वह घर जाए या दफ्तर। आखिर मौत हुई है शव यात्रा में सम्मिलित हुआ ही हूँ तो ठीक है मौत का बहाना बनाकर छुट्टी ही ले लूँ। वास्तव में मौत भी आज प्रदर्शन की वस्तु बन चुकी है। 'फटे पाल की नाव' कहानी के पात्र हैं—सदानन्द, गाँधी जी, ब्रह्मोनन्द, रिटायर्ड तहसीलदार, चौबे जी, वैद्य जी, वैद्य जी का नौकर, छोटे वैद्य जी, जगन्नाथ आदि। इस कहानी के माध्यम से शास्त्रोक्त ब्रह्मचर्य की महत्ता, रहन-सहन का कठिन व्रत एवं संयम दिखलाया गया है। पिता के उपदेशों के बाद भी ब्रह्मानन्द का संयम डगमगा गया। सदानन्द गेरुए वस्त्र धारण कर निकल गये। ब्रह्मानन्द ने कहा-''अब यह ब्रह्मचर्य खण्डित न होगा, मैं प्रतिज्ञा करता हूँ।'' सदानन्द ने कहा—फटे पालों की इस नाव को कोई तूफान कहीं तो ले जाकर पटक देगा। ब्रह्मानन्द उसकी बात नहीं समझ पाया बल्कि रो पड़ा। विरमा एक झूठे पाप का प्रायश्चित्त करता रहा। शरीर को तपाता रहा। पिता का गृह त्याग उसे सालता रहा। वह पिता की भटकती अशान्त आत्मा के लिए ब्रह्मचर्य व्रत धारण किये अखाड़े की मिट्टी और वैद्य जी के औषधालय में अपनी जवानी का हवन करता रहा।

'लहर लौट आयी' कहानी के पात्र हैं—कैलाश, सविता, सविता की माँ, चन्दर, किशन, मा. सीताराम का लड़का, विशन, मदन, सविता का पिता। 'दिल्ली में एक और मौत' कहानी के पात्र हैं—वासवानी, सरदार का नौकर, अतुल भवानी, मिसेज वासवानी, ड्राइवर, बेकरी वाले का नौकर, मेजर साहब, कर्नल आदि। सात पाकिस्तानी टैंक तोड़ने वाले दिल्ली के मेजर की मौत के दृश्य में ऐतिहासिकता का पुट देते हुए कमलेश्वर ने अपनी देशभक्ति का परिचय देते हुए एक श्रेष्ठ कहानी का सृजन किया है। इस कहानी ने यह स्पष्ट कर दिया है कि हम 'आजादी की कीमत चुकाना सीख रहे हैं' और अपनी असीम देशभक्ति को प्रकट कर रहे हैं। 'अपने देश के लोग' कहानी के पात्र हैं—दीनदयाल, सदानन्द, इब्राहिम, एस. सुब्रह्मण्यम, सुब्रतो घोष, जन सम्पर्क

अधिकारी, चपरासी, अफसर आदि। इन्हें लेकर कमलेश्वर ने देशभक्तिपूर्ण संक्षिप्त सी कहानी लिखी है। 'अपने अजनबी देश' में पात्र हैं—मैं (लेखक), दीवान चन्द्र जी, आनन्द जी, ठेकेदार, भगवान चन्द्र, क्लर्क वासुदेवन, पुलिस मैन आदि। कहानी में लोकतन्त्र में पुलिस की भूमिका पर प्रकाश डाला गया है। इतना ही नहीं, गरीबी लोकतन्त्र की एक बड़ी शर्त है, इसकी भी चर्चा की गयी है।

'नया किसान' कहानी में कुँवर जी, चेतू, ड्राइवर, डिप्टी साहब, गुलजारी लाल, मुख्तार साहब, दो पुराने वफादार नौकर, शाह आलम, वकील साहब, मकरन्द, मुखिया, सत्यपाल, आदि पात्रों के माध्यम से कहानी को बुना गया है। कुँवर जी के मन में अनेक विचार आये उन्होंने अनेक कार्यों के बारे में सोचा तथा अन्त में फार्म खोल लिया, ट्रैक्टर, ट्यूबवेल सभी का निर्माण हो गया। पूरा फार्म पच्चीस हिस्सों में बाँटकर गेहूँ, कपास, मक्का, उरद, अरबी, आलू, प्याज, सौंफ, मटर, दालें, ज्वार, बाजरा आदि की दोनों रबी, खरीफ की फसलें उगाई गयीं। कुँवर जी नये किसान थे तथा उनके फटे पाल की नाव जिन्दगी के समुन्दर में चकराती रही। 'भरेपूरे-अधूरे' कहानी में जयप्रकाश बाबू, राधा, मोटर साइकिल मैकेनिक, मुन्नी, माधुरी आदि पात्र हैं—जय प्रकाश बाबू घर गृहस्थी के चक्कर में सामान खरीदते हुए परेशान हैं।

'बयान' कहानी में विशन, फोटोग्राफर, मैं (नारी रूप में), बच्ची, मैनेजर, सम्पादक आदि पात्र हैं। फोटोग्राफर ने आत्महत्या कर ली। इसी को बयान रूप में प्रस्तुत कर कहानी रची गयी है। कहानी में घर गृहस्थी की संघर्षमयी स्थिति चित्रित की गयी है। 'दुःख भरी दुनिया' में बिहारी बाबू, दीपू, विमला, दुर्गादयाल, सुखबीर, दीक्षित जी आदि पात्र हैं। इस कहानी में यह दिखाया गया है कि सर्वत्र परायापन है। परायेपन से छुटकारा कहीं भी नहीं है। दुनिया में हर व्यक्ति के कम से कम दो शहर होते हैं एक वह जहाँ वह पैदा होता है, दूसरा वह जहाँ वह रोजी के लिए जाता है। 'जिन्दा मुर्दे' कहानी के पात्रों में पाकिस्तान के सदर अयूब खाँ, बैंड वाले, फोटोग्राफर, अखबारनवीस, रमजानी, असगर, रिटायर्ड हवलदार आदि पात्र हैं। इन पात्रों के माध्यम से कहानी को ऐतिहासिकता का जामा पहनाया गया है।

'भूखे और नंगे लोग' कहानी के पात्र हैं—श्रीमती सरीन, सिपाही, जयदेव, शान्ता जी, मेम साहब, कमाला, अब्बा आदि के ताने-बाने से कमलेश्वर ने इस कहानी को बुनने का सफल प्रयास किया है। 'फैसला' कहानी के पात्र हैं—सूरजभान, जयकरन, गुलमोहम्मद, गुलाबो, पुलिस वाला, कम्पाउण्डर। 'या कुछ और' कहानी के पात्र हैं—रामनाथ, शकुन्तला, वकील साहब, बाबू मगनलाल (मुंशी), आरती, बहू, नौकर, पण्डित जी, वह (लेखक), ज्ञान, अम्मा आदि पात्रों के माध्यम से कमलेश्वर ने प्रस्तुत कहानी की संरचना की हैं। 'आसक्ति' कहानी के पात्र हैं—सुजाता, मकान मालिक, वह (लेखक), विनोद, मोदी, ट्रेवलिंग एजेण्ट सिंह, वीरेन्द्र। सुजाता विनोद जब साथ-साथ रहते थे तब खून का रिश्ता होने पर भी तरह-तरह की बातें मुहल्ले में थीं। सुजाता ने वीरेन्द्र से अदालत में शादी कर ली। वीरेन्द्र सुजाता के साथ रहने लगा। विनोद अपनी खाट गली में ले आया जिसके परिणामस्वरूप सारी बातें स्वयं समाप्त हो गयीं। एक दिन वर्षा आयी, रात में बरसात में वह पड़ा भीगता रहा, तब सुबह किसी ने कहा यह उसका भाई-वाई नहीं है। रातभर यहीं बैठा भीगता रहा। सवेरे जगने पर सुनीता ने इसे बर्दाशत नहीं किया। हल्के

से झिड़कते हुए उसने कहा, 'चलो, एक प्याला चाय पी लो, नहीं तो सर्दी लग जाएगी। उसके कहने में प्यार एवं झल्लाहट दोनों थे। किचिन के कोने में विनोद चाय एवं आँसू दोनों को ही पी रहा था।

'रातें' कहानी के पात्र हैं– शारदा बाई, सुन्दरी बाई, तारा बाई, मगनलाल छगनलाल दारूवाला। वेश्या बाजार में शारदा बाई घराने का नाम हुआ। वही ऐसी गणिका थी जिसके वंश में हर बार लड़की पैदा होती है, माँ से भी सुन्दर। सेठ मगनलाल छगनलाल दारूवाला करोड़पति एम. सी. दारूवाला बन गया। लड़कियों की प्रथम रात घोषित होती तो शारदा बाई सोलह की तो वह अठारह का, सुन्दरी बाई सत्रह साल की तो दारूवाला पैंतीस का, ताराबाई सोलह वर्ष की थी तो दारूवाला इक्यावन वर्ष का था। उम्र के साथ विविध स्थितियाँ भी बदलीं। ताराबाई की बेटी गीताबाई पन्द्रह वर्ष की थी उसकी पहली रात्रि घोषित हुई। कहानी में वेश्यावृत्ति हेतु प्रथम रात्रि घोषणा का अंकन श्रेष्ठ बन पड़ा है।

'लड़ाई' कहानी के पात्रों में मैं (लेखक), लड़की, बड़े भाई, छोटा भाई, खजांची, खलासी, हरकारे, चायवाले, बावर्ची आदि हैं। 'इन्तजार' कहानी के पात्र हैं– सिपाही, पादरी, डॉक्टर, स्तोम्पी, ठेकेदार, पिता, बेटी, माँ, बुजुर्ग साथी, कैम्प जेलर, मिरियम मकेवा, बुजुर्ग लोग, चर्च की बुढ़िया टीचर, विजिलान्ते। इस कहानी में कारुण्य है, स्तोम्पी खून से लथपथ मटमैली चादर पर पड़ा है। बुढ़िया टीचर मोमबत्ती से देखकर कह रही थी कि इसके घर खबर की जाए, यह पाँच-सात मिनट का मेहमान है। पादरी पवित्र जल लाता है। स्तोम्पी कहता है कि खबर मत करना, मेरी माँ सुनेगी तो रोएगी, उसे मत बताना कि मैं मर गया हूँ।

उससे यही कहना कि मैं डिटेन्शन में हूँ। मुझे विजलान्ते ने पकड़ लिया है। पादरी के नेत्रों में आँसू आ गये। उसने कहा मुझे यहीं-कहीं दफना देना, मगर मेरे माता-पिता को न बताना। उन्हें डिटेन्शन की बात कहना तब वे रोएँगे नहीं वरन् इन्तजार करेंगे। पादरी बोला–मेरे पुत्र! जीसस क्राइस्ट ने भी यही कहा था इन्तजार करना, मैं फिर मानव शरीर धारण करके आऊँगा। मुझे जीसस का इन्तजार नहीं है, कहते हुए उसकी आँखें पथरा गईं। 'मरियम' कहानी के पात्र हैं–मैं (लेखक), शाहीन, आपा और शाहिद। शाहीन ने पाँच साल पहले मुझे तलाक दे दिया था। वह कराची चली गयी थी। आपा से मिलने आयी थी, प्रातः ऊपर मेरे कमरे में चली आई। उसी दिन उसी वक्त मैंने कहा–नहीं, शाहीन! तुम कुछ छिपा रही हो। उसने कहा जावेद! औरत के पास छिपाने को बहुत कुछ होता है। मैंने ही उसे पाला है मेरी सूखी छाती में उसके लिए दूध आ गया। मेरी दोनों छातियों से दूध की धार फूटने लगी। कहानी में लेखकीय कुंठा चित्रित है। करुण रस के कारण कहानी उच्चकोटि की बन पड़ी है।

'चप्पल' कहानी के पात्र हैं–मैं (लेखक), लेखक का मित्र, बच्चा, उसका बाप, डॉक्टर, वार्डबॉय, लिटमैन एवं अन्य लोग। प्रस्तुत कहानी में भी करुण रस है। बच्चे की टाँग कट जाती है। स्ट्रैचर पर वार्डबॉय उसे लाते हैं। लिफ्ट से बाहर पहुँचते ही बच्चे की दोनों नीली हवाई चप्पलें वहीं कोने में फेंक दीं फिर उसने कुछ सोचा कि होश में आने पर बच्चा चप्पलें माँगेगा। उसने पहले एक चप्पल उठाई फिर दूसरी भी उठा ली। स्ट्रेचर के पीछे वार्ड की ओर बढ़ गया। लेखक विचार करने लगा कि बच्चा चप्पलें माँगेगा अथवा चप्पलें देखकर अपना पैर माँगेगा।

'कोहरा' के पात्र हैं—पियरे, मैं (लेखक), रीथ, स्विस-मजदूर, माइकेल आदि। इस कहानी में पियरे का प्रातः सर्दी से भरे कोहरे में जाना चित्रित है। लेखक को माइकेल ने देर से जगाया। हवा न थी कोहरा था, रीथ ने प्यालों में चाय डाली, हम तीन थे, मैंने कहा पियरे का इन्तजार कर लूँ। रीथ ने चाय पीने को कहते हुए कहा पियरे वहाँ है। लेखक ने पूछा कहाँ, उसने नोटिस बोर्ड की ओर इशारा किया 'वहाँ' बोर्ड पर गुड बाई लिखा था। 'तुम कौन हो' कहानी के पात्र हैं—एक आदमी, नीग्रो जोड़ा, ट्रैफिक वाला, बेयरा, मैनेजर, जूनिया, वह (लेखक), पियरे कोल्ब, एक नौजवान फिलिप। लेखक जिनेवा पहुँचकर होटल में ठहरना चाहता था। टेलीफोन पर जूनिया ने उत्तर दिया, उसे घर पर ठहराया, खिचड़ी खिलाई। अगले दिन जूनिया ने अपने भावी पति से उसे मिलवाया। फिलिप ने कहा—कल मेरी छुट्टी थी, अतः यह मुझसे आपको नहीं मिलवा पायी थी। यह यात्रापरक संस्मरणात्मक कहानी है।

'सफेद सड़क' कहानी के पात्र हैं—जून, मैं (लेखक), डेविड। यह यूरोपीय वातावरण की कहानी है। प्राकृतिक सुरम्य वर्णन किया गया है। गाड़ी बाल्कन एक्सप्रेस है, दौड़ रही है। ठिगनी झाड़ियाँ, वाइंस के खेत, मक्का के सूखे खेत, पात गोभी की बाड़ियाँ, नारंगी सन्तरों के पेड़, पहाड़ियों में गुजरती गलियाँ, पतले मार्ग तथा सड़कें...सफेद सड़कें। कहानी में वातावरण की शोभा का अनूठा चित्र उपस्थित किया गया है। 'अपने देश में' कहानी में निम्न पात्र हैं—मैं (लेखक), पेट्रोल देने वाला आदमी, वह लड़की, हैवर्न वाला आदमी, माइक, बेयरा, डच लड़की, फादर पियरे, मारिया आदि। इन पात्रों के माध्यम से लेखक कमलेश्वर ने एक श्रेष्ठ कहानी की संरचना की है। 'सोलह छतों का घर' कहानी में निम्नलिखित पात्र हैं—बच्चे (हिन्दू भी और मुसलमान भी), सलीमा दादी, घूमन लाल, किशनू, नजमा, कमली, गिरधारी, मकसूद, चन्दन, सलीम, बदरू बिसाती, छंगा सेठ, दामू, बलवीर, बन्दूकधारी गारद आदि। दंगाग्रस्त बस्ती में बच्चों की नारेबाजी एवं कर्फ्यू काल में गारद द्वारा बच्चों को रोकने का सजीव वर्णन है।

'रावल की रेल' कहानी के पात्र हैं—एक खानाबदोश, टिकिट बाबू, गार्ड बाबू, सहयात्री, वह (लेखक) आदि। कहानी में रेल यात्रा वर्णन की सजीवता झलक रही है। 'इतिहास कथा' कहानी के पात्र हैं—मकसूद, जूलिया, सलमान, चन्द्रन, मैडम सरस्वती चन्द्रन, क्लब का चपरासी, ड्राइवर, लाम्बा, परितोष, जूलिया की सहेली प्रमिला। इन्हीं पात्रों के माध्यम से कमलेश्वर ने वंश की पारम्परिक विशेषताओं का उल्लेख करते हुए इतिहास के दुहराने की चेष्टा की है। 'तुम्हारा शरीर मुझे पाप के लिए पुकारता है' में कमलेश्वर ने मैं (लेखक), बरुआ, टिक्कू, दमयन्ती मित्रा, लवली सरीन, दगड़ू पासवान (दयानन्द सिंह), मि. त्रिपाठी, मि. मित्रा (युधिष्ठिर), रविकान्त बसु, सरीन, मिसेज त्रिपाठी, प्रमिला, श्रीनिवासन, ओ.एस.डी. कुलकर्णी, मकसूद, वेंकट, जिमी अहलावत, प्रशान्त, जूलिया, मुहम्मद शफी, श्रीकान्त वर्मा, अशोक वाजपेयी, रघुवीर सहाय, नामवर सिंह, चन्द्रमोहन, सिन्हा आदि पात्रों के माध्यम से कहानी की लम्बी काया रच डाली है।

'आजादी मुबारक' कहानी के पात्रों में मैं (लेखक), मंटो, देवेन्द्र इस्सर, बलराज मेनरा, सकीना बाई, पचपन साला आदमी बाज खाँ, रियाज खाँ, शिवानी, कपूर, लोनी ओबेराय, रंजीत कपूर, नसीम भाई, जीत आया आदि हैं। इस कहानी में इन पात्रों के माध्यम से स्पष्ट किया गया है कि सदियाँ बूढ़ी हो जाती है, दर्द बूढ़ा नहीं होता, वह प्रतिक्षण कसकता ही रहता है।

'अब और नहीं......' कहानी के पात्र हैं—वकील, मैं (लेखक), वकीलन, ललिता, क्लर्क, पिता जी, बहू, बेबी, गीता आदि। इन पात्रों के माध्यम से लेखक ने कहानी का सृजन किया है। 'जोखिम' कहानी के पात्रों— मैं (लेखक), माँ, पोस्टमैन जगन्नाथ, मास्टर जी, पुनीता आदि के माध्यम से लेखक ने जागतिक सच्चाई, बेबसी, निराशा एवं संघर्ष का चित्रण किया है। इसमें बम्बई की भीड़-भाड़ में खोया मजदूर, उसकी बेबस माँ तथा लोगों का सजीव एवं सटीक वर्णन है, जिसमें महँगाई की एवं बेकारी की रेखाएँ दूर से उभरी हुई दिखलाई देती हैं। 'लाश' कहानी के पात्र हैं—मुख्य मन्त्री, गृहमंत्री, पुलिस कमिश्नर, कान्ति लाल। विध्वंस, भगदड़ और बदहवासी के बीच अंगभंगता, हुंकारें, चीखें, धमाके, शोर तथा तड़-तड़ाहट के बीच एक लाश गिरी। उसे पुलिस ने घेरे में लेकर कहा यह 'कान्ति लाल' की लाश है जब कान्ति लाल ने उसे आकर देखा तो जोश भरे स्वर में कहा—यह मुख्यमन्त्री की लाश है। घटित हादसे के मुआइने हेतु निकले मुख्यमन्त्री ने गौर से लाश को देखा और मुस्कराते हुए बोले-'यह मेरी नहीं है।' 'लाश' कहानी में राजनीतिक व्यंग्य छिपा है।

'नागमणि' कहानी के पात्र हैं—विश्वनाथ, बन्ने मियाँ, रतनलाल, सुशीला, बाकर मिस्त्री, करीम, श्याम लाल, मुंशी काली चरन, पं. राजाराम आदि। हिन्दू पुजारी विश्वनाथ की दयनीय स्थिति 'नागमणि' कहानी में वर्णित है। 'कितने पाकिस्तान' कहानी में निम्नलिखित पात्र हैं—सलीमा, बदरू मियाँ, कादिर मियाँ, मंगल, ड्रिल मास्टर साहब, मैं (लेखक) तथा दादा आदि। लेखक ने बताया है कि जब फसलें तबाह होती हैं, गलियाँ सिकुड़ जाती हैं, आसमान कट-फट जाता है, हवाएँ नहीं चलती हैं, कैद हो जाती हैं तब मानो पाकिस्तान बन जाता है और आदमी आधा रह जाता है। 'रात चाँदनी थी और बन्नो नंगी थी' कहानी के पात्र हैं—मैं (लेखक), कलक्टर, बन्नो, ड्रिल मास्टर, मुनीर, दादा जी, अम्मी, कादिर मियाँ, टाइप बाबू, रसूल, केदार आदि। इन पात्रों के ताने-बाने से प्रस्तुत कहानी की संरचना की गयी है।

'अपना एकान्त' कहानी में हंसा, सोम, टैक्सी वाला, बूढ़ा पारसी, ट्राली वाले तथा मैं (लेखक) आदि पात्र हैं। इसमें भटकता हुआ मैं (लेखक) उस रात शवदाह घर के फाटक पर आ गया तथा उसने अपने को वहाँ खड़ा पाया तो उसे काफी देर में होश-सा आया। कहीं भी उसका जी न लगा तथा वह रास्तों पर भटकता रहा। 'वीपिंग विलो' कहानी के पात्र हैं— रेगीना, मैं (लेखक)। रेगीना वीपिंग विलो के पेड़ के नीचे बैठी एक लड़की है। वह टेम्स का बहना देख रही है। उसकी पीठ पीछे से लेखक उसे तीस मिनट तक देखता रहा। वक्त जैसे ठहर गया हो, रेगीना निश्चल बैठी थी। वही वीपिंग विलो पेड़ है, उसके नीचे बेंच पर रेगीना नाम की एक लड़की की मूर्ति है, उसका पता है केयर ऑफ अण्डर डब्लू स्काई।

'आधी दुनिया' कहानी के पात्र हैं— मैं (लेखक), वह (लेखक का साथी), नीग्रो प्रेमिका (उसकी प्रेयसी), मार्था, माइकेल आदि। इसमें मार्था और इसके बूढ़े पति की कहानी है। 'हवा है हवा की आवाज नहीं है' कहानी के पात्र हैं—मैं (लेखक), कैरीन। इस कहानी में लेखक की जर्मन यात्रा, कैरीन का साथ, विदा एवं उसके बूढ़े माता पिता के साथ सर्दी का सम्यक् चित्रण किया गया है। 'मैं' कहानी में एक शराबी का किस्सा है, जिसमें एक पुलिस वाला भी है तो शराबी से पूछताछ करते हुए उसके स्टडी रूम का निरीक्षण करते हुए एक पेंटिंग

के विषय में पूछ रहा है। 'मानसरोवर के हंस' कहानी के पात्र हैं– अन्ना, मैं (लेखक), अम्मा, चाचा, सेनापति, रानी साहिबा आदि। इसमें मानसरोवर, तिब्बत आदि स्थलों का सचित्र वर्णन है। 'इतने अच्छे दिन' कहानी के पात्र हैं–कमली, दादी, बाला, दादा, क्लीनर (लखन), ड्राइवर (बन्ता सिंह), चन्दू, बापू, दीना आदि। इनके माध्यम से कमलेश्वर ने कहानी की संरचना की है। 'अच्छा थीक है' कहानी के पात्र हैं– मैं (लेखक), साहिल, साहिल के पापा, साहिल के स्कूल की प्रिंसिपल, चन्द्रशेखर सिन्हा, आया, खेमराज आदि। 'जामा तलाशी' कहानी के पात्र हैं–बापू, मोरू, मेरी मदर, जमुना, आण्टी बुआ, रात्रि हवलदार, लेखक, थानेदार, अर्दली आदि।

'अजीत' कहानी के पात्र हैं–अजीत, मैं (लेखक), संगम लाल, गुरु तेज सिंह, संजीव यानी, विशन सिंह यानी, मनजीत आदि। 'मेरा भारत महान्' के पात्र हैं–अनिल, नीरजा, मैं (लेखक), मुन्नी तथा सिनेमा जगत के अनेक अभिनेतागण। 'शोक समारोह' कहानी के पात्र हैं–बत्रा, मिनिस्टर साहब, राम जी, डॉक्टर, हलवाई, दीपा, कनाडा वाले मामा जी आदि। इस कहानी में शोक सभा को पिकनिक के रूप में चित्रित किया गया है। 'चार महानगरों का तापमान' कहानी के पात्र हैं–जुगनू, जैकी। ये जुगनू एवं जैकी कुत्ता दो पात्र हैं। चार नगरों का तापमान समान था, जुगनू कौंध रहे थे तथा जैकी भौंक रहा था। 'दाल चीनी का जंगल' कहानी के पात्र हैं–मुर्देघर का बाबू, शब्बो, मुश्ताक आदि। यहाँ भोपाल गैस काण्ड के समय हमीदिया अस्पताल पर इस कहानी का चित्रण है। 'स्टोरी' कहानी में पात्र हैं–मैं (लेखक), फोटोग्राफर, शकुन, पंचानन, शकुन के मामा (मजिस्ट्रेट), भगवतिया, लोकी पत्रकार। लेखक को सब कुछ पता चल गया। उसकी स्टोरी पूर्ण हुई उसने पंचानन को वहीं छोड़ दिया और शहर लौट आया। सामूहिक रेप हुआ था। गरीब की बीवी, सबकी भौजाई।

कमलेश्वर की कहानियों के पात्रों में नर, नारियाँ, बच्चे, वृद्ध, युवक, हिन्दू, मुसलमान, सिक्ख, ईसाई, देशी तथा विदेशी हैं। उनका चरित्र आज के समाज का प्रतीक है। वे जीवनगत त्रासदियों से सन्त्रस्त हैं। कुछ में घुटन है, तनाव है तथा कुछ इन सबसे दूर अलमस्त हैं। कुछ पात्र कुंठा तथा अन्तर्विरोध से ग्रसित हैं, फिर भी वे जीवन से टक्कर लेने वाले संघर्षशील पात्र हैं। उनमें जिजीविषा है। कमलेश्व्रर की कहानियों के पात्र आकर्षक हैं। कमलेश्वर ने मानवता के गुण अपनी कहानियों के पात्रों में निखारे हैं, जो समाज को प्रभावित किये बिना नहीं रहते। कर्मशील एवं दृढ़ इच्छाशक्ति वाले धैर्य एवं दृढ़ता समन्वित पात्रों के दर्शन इनकी कहानियों में होते हैं, जिनमें समाज को प्रेरणा एवं प्रोत्साहन देने की शक्ति है तथा वे सामाजिक चुनौतियों को भी स्वीकार करते दृष्टिगोचर होते हैं। कमलेश्वर की कहानियों के पात्रों के चरित्र मनोवैज्ञानिक दृष्टिकोण से संवदेनशील हैं। सभी पात्र सजीव हैं। उनकी कहानियों में प्रायः प्रेम का पुट देने वाले पात्रों के भी दर्शन होते हैं। नारी पात्रों के विविध रूप भी दर्शनीय हैं।

(ख) कमलेश्वर के उपन्यासों के पात्रों का चित्रण

उपन्यास मानव जीवन का एक विशाल चित्र है। उसकी यथार्थता एवं सार्थकता इस बात पर

टिकी है कि उपन्यासकार कितने सशक्त रूप में सामाजिक चरित्रों को सही एवं कलात्मक रूप में उभार पाया है। वास्तव में उपन्यास साहित्य में चरित्रांकन अति महत्त्वपूर्ण होता है। उपन्यास की सफलता एवं असफलता के निर्णायक उनके पात्र विशेष ही होते हैं। इस विषय में डॉ. रवीन्द्र कुमार जैन का मत है– "उपन्यास मूलतः मानव चरित्र से उद्‌भूत हैं। वह जब इस मूलाधार से भटककर अन्य बातों-अतिमानवीयता में, अलौकिक घटनाओं में, शैली की प्रगल्भता में, लम्बे-चौड़े भावुकतापूर्ण वर्णनों में, भाषा शिल्प के इन्द्रजाल में उलझ जाता है, तभी वह उपन्यास न रहकर कुछ और हो जाता है।"[5]

यद्यपि पात्र उपन्यासकार की सृष्टि होते हैं फिर भी वे मानव होने एवं ईश्वरीय कृति होने का आभास अवश्य देते हैं। वैसे वे मानव की पूर्ण कृति नहीं होते हैं फिर भी उनमें मानवीयता के पूर्ण गुण विद्यमान रहते हैं। उपन्यासकार अपने रचना कौशल से पात्रों में विविध गुण भरने का सत्प्रयास करता है। पाठक उपन्यास पढ़कर उसमें चित्रित पात्रों से अपना निकटतम तादात्म्य स्थापित कर लेते हैं। पात्रों के साथ साधारणीकरण होने पर उनके सुख-दुःख पाठक को अपने सुख-दुःख प्रतीत होने लगते हैं। पात्रों के चरित्र चित्रण के माध्यम से लेखक मानव जीवन के अनेक रूपों को अंकित करता है।

चरित्रांकन में रचनाकार अपने जीवन के समस्त अनुभवों एवं उन्मुक्त सत्य को रूपायित करता है। वह अपने ज्ञान, अनुभव एवं अनुभूतियों के आधार पर अपनी रचना में पात्रों की एक जीवनी का रूप अंकित करता है, जिससे पात्रों के कार्य व्यापारों का सम्यक् ज्ञान प्राप्त होता है। इस पात्र चरित्रांकन में लेखक आदर्शवाद, यथार्थवाद, व्यक्तिवाद, समाजवाद, साम्यवाद, वर्गवाद आदि का आधार लेते हुए अपने और न्यासिक चरित्रों का गठन करता है। इस कार्य में वह मनोविज्ञान का भी आश्रय लेता है।

कमलेश्वर के उपन्यासों में वर्गवादी एवं व्यक्तिवादी चरित्रों को ही विविध प्रकार से अभिव्यंजित किया गया है। 'एक सड़क सत्तावन गलियाँ' उपन्यास में सरनाम सिंह निम्न वर्ग का प्रतिनिधित्व करता है। 'तीसरा आदमी' में नरेश एवं 'समुद्र में खोया हुआ आदमी' का श्यामलाल मध्यवर्गीय समाज का प्रतिनिधित्व करते हैं। 'आगामी अतीत' की चाँदनी वेश्या वर्ग का जीता-जागता प्रतिरूप है। 'काली आँधी' की मालती राजनीतिक वर्ग का प्रतिनिधित्व करती है तथा उसका पति एक सामान्यवर्गीय होटल मैनेजर है। 'लौटे हुए मुसाफिर' में नसीबन मानवीयता की प्रतिमूर्ति है। 'रेगिस्तान' के बाकर मिस्त्री को पुलिस द्वारा पाकिस्तान जाने के लिए मजबूर किया जाता है। 'सुबह...दोपहर...शाम...' का जसवन्त अँग्रेजों के पिट्ठू वर्ग का प्रतीक है। नवीन क्रान्तिकारी वर्ग का प्रतिनिधि है। 'रेगिस्तान' का विश्वनाथ आदर्शवादी वर्ग का पात्र है। 'डाक बँगला' की इरा तथा 'आगामी अतीत' का कमल बोस दोनों ही व्यक्तिवादी पात्र हैं। कमलेश्वर ने अपने उपन्यासों में ऐसे पात्रों को अधिक चुना है, जो सम्पूर्ण समाज को अपने में समेट कर चलते हैं। व्यक्तिवादी पात्र उनके उपन्यासों में गिने-चुने हैं। सारांशरूपेण यह कहा जा सकता है कि कमलेश्वर के सभी पात्रों का चरित्र स्थिर है, जिन्हें प्रत्यक्ष-अप्रत्यक्ष दोनों ही रूप में चित्रित किया गया है। कमलेश्वर के उपन्यासगत प्रमुख पात्रों का चरित्र वर्णन इस प्रकार है–

एक सड़क सत्तावन गलियाँ

इस उपन्यास में पात्र संख्या अधिक है लेकिन चित्रांकन की दृष्टि से सभी पात्र जीवन्त हैं। प्रत्येक पात्र स्वयं मे पूर्ण है तथा अपना अस्तित्व बनाये रखने हेतु प्रयत्नशील है। पात्रों का व्यक्तिगत विकास उपन्यास में कहीं भी दिखलाई नहीं देता है। प्रत्येक पात्र की अपनी समस्या है, वह उसमें उलझा हुआ दिखलाई देता है। वह अपनी क्षुधा शान्ति हेतु दो जून की रोटियाँ कमा लेता है। उपन्यास के सभी पात्र भूख से ग्रसित हैं। तन-मन तथा जेब से अतृप्त हैं। अतः खण्डित जीवन जीने हेतु विवश हैं लेकिन कुंठाग्रस्त नहीं हैं। वे अपने आपको नाटक मण्डलियों तथा रामलीला आदि में हर समय लगाये फिरते हैं। वे अपने अभावपूर्ण जीवन को किसी भी तरह से पूर्ण करने हेतु सचेष्ट हैं। उपन्यास के प्रमुख पात्र हैं–

सरनाम सिंह : सरनाम सिंह 'एक सड़क सत्तावन गलियाँ' उपन्यास का प्रमुख पात्र है, जो कस्बाई संस्कृति में रमा हुआ है। वह एक लॉरी ड्राइवर है। वह कस्बे के लोगों से भावात्मक रूप से जुड़ा हुआ है। वह साहसी एवं दिलेर व्यक्ति है। यदाकदा डाका डाल लेता है।

एक डाका डालते समय सरनाम सिंह के जीवन में बंसिरी आती है। वह उसके साथ घर बसाना चाहता है लेकिन उसकी इच्छा पूर्ण नहीं होती, वह उससे बिछुड़ जाती है। अतः वह उसे अपना नहीं पाता है और एक बार वह उसे रंगीले के लिए खरीद लेता है। इस घटना से वह परेशान सा हो जाता है तथा सामान्य व्यक्ति की भाँति जीवन-यापन करने लगता है। तभी उसे सभी लारियों के बन्द होने और उनके स्थान पर राजकीय बसों के चलने की सूचना मिलती है। इससे उसे आजीविका की समस्या का सामना करना पड़ता है, वह सोचता है कि 'अब मैं क्या करूँगा?' उसके दिल को एक विशेष आघात पहुँचता है। वह डाके के मुकदमे में छूट जाता है। वह कुछ न कुछ करने में ही विश्वास रखता है। यह कहानी निम्न वर्ग की है जिसकी अभिव्यक्ति सरनाम सिंह के माध्यम से होती है। सरनाम सिंह इस उपन्यास में निम्न वर्ग का प्रतीक है। रंगीले उसका अभिन्न मित्र है। रंगीले को सज़ा होने पर वह बंसिरी की देखभाल करता है। वह उपन्यास के अन्त में एक सच्चरित्र साथी के रूप में हमारे सामने आता है।

सरनाम सिंह उपन्यास 'एक सड़क सत्तावन गलियाँ' का ऐसा पात्र है, जो विवश है, अपूर्ण है तथा अभिशप्त है। इतना ही नहीं वह समाज की पीड़ा से ग्रसित है, जो अपनी निरर्थक जिन्दगी को ढो रहा है। वह निम्नवर्गीय सामाजिक बोध से ग्रसित है तथा उसका जीवन अभावग्रस्त है। वह इन अभावों से भरे जीवन को मजबूरी से जी रहा है। मजबूरी निम्न वर्ग की धरोहर बन चुकी है।

बंसिरी : इस उपन्यास का अन्य गौण पात्र बंसिरी है। वह उपन्यास की अपूर्ण व्यक्तित्व सम्पन्न नारी पात्र है। उसका पोषण निम्न वर्ग में हुआ है। उसके बिखरे हुए जीवन की छाया सम्पूर्ण उपन्यास में दिखलाई पड़ती है। कभी वह नौटंकी में सत्तार के साथ

काम करती है कभी कृष्ण मण्डली में बलराम से आँखें लड़ाती है। मेले में वह सरनाम सिंह को अपना सब कुछ समर्पित कर देती है। इतने पर भी वह अधूरी ही रह जाती है। उसके जीवन में स्थिरता का अभाव दिखलाई देता है। वह गेंदा कवि के साथ रहती है। उसने भी उसे बोली लगाकर बेच दिया। सरनाम सिंह उसे अपने मित्र रंगीले के लिए खरीद लेता है तथा उसका मूल्य पाँच सौ रुपये देता है। इस घटना के बाद बंसिरी का मन क्रोध एवं अकेलेपन से भर जाता है। उसके मन में सरनाम सिंह के प्रति प्रतिशोध की अग्नि धधक उठती है परन्तु रंगीले की पत्नी बनने पर बंसिरी के जीवन में कुछ स्थिरता सी आ जाती है। सरनाम सिंह के प्रति उसका मन विद्रोही बना रहता है। साथ ही इस विद्रोह एवं प्रतिशोध में अपनेपन का दर्द बंसिरी छिपाए हुए है। उसे अभी भी लगता है कि वह सरनाम सिंह के जीवन में ऐसा कुछ करे, जिससे उसे बंसिरी याद आये।

पूरे उपन्यास में बंसिरी बेबसी का जीवन भोगती हुई दृष्टिगोचर होती है। इतने पर भी कमलेश्वर ने बंसिरी को ईमानदार नारी के रूप में चित्रित किया है। वह अपने पति के प्रति वफ़ादार है। सरनाम सिंह के प्रति भी उसका क्रोध एवं प्रतिशोध, उपन्यास के अन्त में उसके आँसुओं के साथ ही बह जाता है। वह परिस्थितियों से आघातित एक असहाय नारी के रूप में पाठक के सम्मुख आती है, जिसके चरित्र में प्रेम, घृणा, प्रतिशोध एवं उदारता आदि गुण दिखलाई देते हैं। इस प्रकार बंसिरी 'एक सड़क सत्तावन गलियाँ' उपन्यास के नारी पात्रों में एक अति महत्त्वपूर्ण पात्र है।

अन्य पात्र : सरनाम सिंह एवं बंसिरी के अतिरिक्त अन्य अनेक पात्र भी हैं, जो उपन्यास के विकास में सहायक सिद्ध हुए हैं। रंगीले सरनाम सिंह के साथ रहता है और झूठी गवाही देकर स्वजीविकोपार्जन करता है। बाजा मास्टर, हबीब मास्टर, शिवराज, कमला, गेंदा कवि आदि अनेक पात्र हैं लेकिन चरित्र की दृष्टि से उन पात्रों का कहीं कोई महत्त्वपूर्ण अस्तित्व नहीं है। शिवराज आर्थिक संकटग्रस्त घर से भागा हुआ युवक है। वह निवास स्थान की कमी के कारण नाटक मण्डली, नौटंकी आदि में काम करने लगता है। गेंदा कवि गाने की पुस्तकें गा-गाकर बेचता है। साथ ही यदि कोई सुन्दर स्त्री उसकी बातों में आ जाए तो वह उसके क्रय-विक्रय का कार्य भी कर लेता है। कमला कृष्ण मण्डली में कार्य करती है। रामलीला के कामकाज में भी हाथ बँटाती है लेकिन वह यह सब अपनी इच्छा से नहीं विवश होकर ही करती है। इन कार्यों को करना वह मन से कभी भी स्वीकार नहीं करती है। उसकी जिन्दगी में अन्य कोई सहारा नहीं है, अतः वह मन मारकर यह सब कार्य करती है।

'एक सड़क सत्तावन गलियाँ' उपन्यास के सभी पात्र निम्न वर्ग से जुड़े हुए हैं तथा विवशता में अपना जीवन-यापन करते हुए दृष्टिगोचर होते हैं।

डाक बँगला

कमलेश्वर विरचित 'डाक बँगला' एक व्यक्तिवादी उपन्यास है। इस उपन्यास में 'इरा' नामक युवती प्रगतिशील विचारधारा का प्रतिनिधित्व करती है। इरा को समाज ने कुचला, पथभ्रष्ट किया तथा अमानुषिक अत्याचारों से संत्रस्त किया। वह इतने पर भी अपने पथ से विचलित नहीं

होती। वह सम्मानपूर्वक जीवन जीने हेतु बलपूर्वक प्रत्येक परिस्थिति का सामना करती है तथा संघर्षशील रहती है। उसे आश्रय चाहिए, अतः वह आश्रय की खोज में लगी रहती है परन्तु वह जिसे भी अपना आश्रय समझती है, वह उसी के द्वारा छली जाती रही। इसका परिणाम यह हुआ कि उसके जीवन से आस्था, विश्वास आदि समस्त सकारात्मक गुण समाप्तप्राय हो गये। अपनी विगत जिन्दगी का स्मरण आते ही इरा के मन में न जाने कितनी टीसें उभरकर सामने आ जाती हैं जिसके परिणामस्वरूप वह एक दार्शनिक की सी बातें करने लग जाती है। 'डाक बँगला' के पात्रों का संक्षिप्त विवरण इस प्रकार है—

इरा : 'इरा' एक साधारण मध्यमवर्गीय परिवार की लड़की है, जो विमल नामक एक रंगकर्मी युवक से प्रेम करती है और उसके प्रेमपाश में फँसकर अपने जीवन की प्रथम सीढ़ी पर ही फिसल कर असफल हो जाती है। विमल उसे धोखा देकर भाग खड़ा होता है और यहीं से इरा के जीवन में एक भटकन पैदा हो जाती है। जीवन में आगे बढ़ते हुए वह बतरा, सोलंकी एवं डॉक्टर से भी धोखा खाती है। वह अपनी व्यथा-कथा को कश्मीर यात्रा काल में तिलक के समक्ष प्रस्तुत करते हुए कहती है कि— ''तिलक! यह दुनिया बड़ी कमीनी है। यहाँ औरत बग़ैर मर्द के रह ही नहीं सकती...। चाहे उसके साथ उसका पति हो, या भाई, या बाप। कोई न हो तो नौकर ही हो, पर आदमी की छाया ज़रूर चाहिए। यह विधान कैसा है? तुम इसे नहीं समझ सकते, क्योंकि तुम औरत नहीं हो।''[6] इरा का यह कहना यथार्थ है क्योंकि उसके वास्तविक जीवन में जितने भी मर्द आये, उन्होनें जाने-अनजाने, घुमा-फिराकर हमेशा यही जानने का प्रयत्न किया कि उसने किसी से पहले प्यार तो नहीं किया है? वह अपने जीवन के गहन अनुभवों के उपरान्त तिलक से जीवन एवं पुरुष सौन्दर्य के बारे में जो वर्णन करती है, उसके उन वाक्यों में दार्शनिकता झलकती हुई दिखाई देती है। वह कहती है कि—''हर मन पवित्रता का भूखा होता है। मेरा मतलब दकियानूसी पवित्रता से नहीं है। मैं उस बोध की बात कर रही हूँ जो एकाधिपत्य के आस-पास की चीज़ है। कोई भी इससे इनकार नहीं कर सकता। मैं भी नहीं करूँगी।''[7]

इरा का चरित्र उपन्यास में दो रूपों में सामने आया है। एक तो बाह्य रूप, जिसका अंकन कश्मीर यात्रा के समय सोलंकी के साथ एवं दूसरा वह जो कामुक तिलक के समक्ष वह अपनी विगत जिन्दगी के कटुतम सत्यों को उजागर करते समय दृष्टिगोचर होता है। उस समय के वर्णन में उसके चरित्र के सभी पक्ष उजागर हो उठते हैं। उसका पुरुष वर्ग से प्रेम ही उसके लिए अति घातक बन जाता है तथा वह एक के बाद एक, अनेक पुरुषों की अंकशायिनी बनती चली जाती है। अपनी समस्त जिन्दगी के अनुभवों से इरा के पास मात्र पश्चात्ताप ही शेष रहता है। इस पश्चात्ताप का कारण है कि इरा की जिन्दगी में अनेक पड़ाव आये और प्रत्येक पड़ाव पर इरा असफल ही रही। इतना ही नहीं अन्त में वह अपने जीवन से अत्यधिक निराश हो जाती है तथा अन्त में अपना शेष जीवन अकेले ही गुजारना चाहती है।

अन्य पात्र : 'डाक बँगला' उपन्यास में इरा के अतिरिक्त अन्य पात्र भी हैं, जो इरा के जीवन से ही अनुस्यूत हैं—विमल, बतरा, डॉक्टर सोलंकी तथा तिलक। इनमें इरा का चरित्रांकन ही विशेष रूप से सफल हुआ है। अन्य सबका चरित्र इनके समक्ष उपेक्षित सा है। 'विमल' भावुक स्वभाव का पात्र है, उसमें उत्साह एवं विश्वास की कमी दिखलाई देती है। वह जिम्मेदारियों से

प्राप्ति के पश्चात् ऐसी कहानियाँ भी लिखी गयी हैं, जहाँ नारी को विवाह पूर्व प्रेम सम्बन्धों के कारण पारिवारिक यातनाओं का शिकार होना पड़ा है। इसका उदहारण 'दुनिया बहुत बड़ी है' कहानी में देखने को मिलता है। इस कहानी में बाबू सालिगराम अन्नपूर्णा से आर्य समाज मन्दिर में जाकर शादी कर लेते हैं लेकिन तालगाँव के लोगों ने इसे स्वीकार नहीं किया। "मुखिया ने तो जाकर थानेदार से शिकायत की थी,... आप मुंशी सालिगराम को फौरन इस गाँव से हटवाएँ नहीं तो बलवा हो जाएगा।"[37]

पुलिस ने हस्तक्षेप किया, आखिर सालिगराम को तालगाँव छोड़ना पड़ गया। वह अन्नपूर्णा को लेकर वहाँ से चला आया था। बहुत कहने के बावजूद अन्नपूर्णा की माँ उनके साथ नहीं आयी थी। इस तरह उन दोनों का घर गाँव छूट गया। सालिगराम के घर पर भी उन दोनों को कोई आदर-सत्कार नहीं मिला। अनेक प्रकार की बातें होने लगीं—"पता नहीं कैसी औरत है...लड़कियों पर तो इसकी परछाईं भी नहीं पड़नी चाहिए। सभी घरों में अन्नपूर्णा को लेकर घोर असन्तोष था। क्या पता चमारिन है कि धानुक! ईसाई की तरह ब्याह करके आयी है।"[38]

लेकिन अन्नपूर्णा ने किसी की परवाह नहीं की। सालिगराम ने अपने हिस्से का मकान अलग करवाया और उसे लेकर बस गये। तीज-त्योहार भी उन्हें कोई नहीं बुलाता था और सनातनी परिवारों में उनकी आमदरफ्त बन्द हो गयी थी। "इतवार को जब सालिगराम अन्नपूर्णा को लेकर आर्य समाज मन्दिर जाते तो गली में सब खिड़कियों के परदे हिलने लगते ......उनके पीछे से तमाम आँखें झाँकने लगतीं और फुसफुसाहट शुरू हो जाती।"[39]

"रात-दिन काम करते हुए अन्नपूर्णा की आँखें और शरीर जवाब दे गया था। वह अस्पताल जाती थी तो कोई भी देखने-भालने वाला नहीं था, तीस वर्ष से वह जिस घर में रह रही थी उस घर के लिए उसका कोई मूल्य न था, वह घर के लिए कुछ भी नहीं बन पायी। उसकी आर्थिक एवं मानसिक स्थिति पूर्णरूपेण खराब हो चुकी थी। उसका जीवन भार-सा बन गया था। यहाँ कोई भी ऐसा नहीं था, जिससे खुलकर मन का दुःख-सुख कह लेती। आधी रात में किसी को जगाकर छटपटाते हुए मन की बातें बँटाती। किससे कहती कि देवियों के दर्शन करने का मन है और एक रुपये की जरूरत है? किसे बताती कि धोतियाँ चिथड़ा हो गयी हैं...आँखों से अब अच्छी तरह दिखाई नहीं पड़ता...। वक्त के साथ-साथ जिन्दगी भार होती जा रही थी-औरों के लिए भी और खुद अपने लिए भी।"[40] पति के मरने पर दर्द मन में दबाकर अन्नपूर्णा ने कैसे जीवन जिया होगा इसकी तो कल्पना भी नहीं की जा सकती है। उसने पारिवारिक एवं सामाजिक यातनओं को सहन किया।

3. विवाह पूर्व कुंठा, तनाव, भटकाव, द्वन्द्व तथा शोषणग्रस्त होना : कमलेश्वर के कथा-साहित्य में पात्रों में विवाह पूर्व प्रेम सम्बन्ध, वैयक्तिक एवं सामाजिक धरातल पर अधिक निर्भर हुए हैं जिनमें कुंठा, तनाव, भटकन एवं द्वन्द्व है तथा वे पात्र शोषणग्रस्त हैं। इसमें एक ओर पात्रों के सामाजिक, पारिवारिक तथा आर्थिक कारण दिखाई देते हैं तो दूसरी ओर वैयक्तिक कारण अपनी अति महत्त्वपूर्ण भूमिका अदा कर रहे हैं।

वैयक्तिक कारणों में नारी का घर से अत्यधिक बाहर रहना है तथा उसके अनेक प्रकार के व्यक्तियों से सम्बन्ध होना है। पुरुष वर्ग अधिकतर नारी के अज्ञान का लाभ उठाते हुए शोषण

करता है। नारी जिसे सर्वस्व मानकर प्रेम करती है, वही उसे धोखा देता है। वह पुरुष शोषण के शिकार के साथ कुंठा, तनाव, द्वन्द्व तथा भटकाव की शिकार भी हो जाती है। स्वतन्त्रता के बाद की कहानियों में यह सभी मिलता है। कमलेश्वर की कहानी 'मेरी प्रेमिका' इन सभी स्थितियों का एक उदाहरण है। इस कहानी की नारी पात्र शोषण का शिकार हुई है।

'मेरी प्रेमिका' कहानी में शान्ता लेखक प्रेम का शिकार हुई है। उसके जीवन में अनेक लेखक आते हैं। वह उनके साहित्य के माध्यम से जिस लेखक के बारे में एक अच्छी छवि बनाती है तथा जब उसके सम्पर्क में आती है तब उसकी वह छवि भंग हो जाती है। इस शोषण में शान्ता को यह बोध होता है कि आदमी क्या चीज है, वह किस प्रकार बातों से नारी को जीतता है—"शादी करने के बाद मुझसे दूर तो नहीं चली जाओगी? मैंने उसकी आँखों में नमी देखी थी। सच, तुम शायद बुरा मानो-आदमी की आँख में जब नमी आती है तब वह सिर्फ छल करता है क्योंकि आदमी में अडिग रहने की शक्ति नहीं होती। उसकी आकांक्षाएँ हमेशा उसे नयी दिशाओं में सपने दिखाती हैं....और आदमी अपनी आकांक्षाओं का गुलाम है औरत दूसरे की महत्वाकांक्षाओं के लिए जी सकती है पर पुरुष नहीं"[41]

शान्ता शोषण का शिकार अवश्य होती है, वह शोषण से टूटती नहीं अपितु अपने जीवन में आये हुए लेखकों को प्रताड़ित भी करती है। वह सोचती है कि "दुनिया में सबसे बड़ी अड़चन इस तन की है.... इस तन की बड़ी निगरानी करनी पड़ती है। निगरानी से चूक होते ही शंकाएँ घेर लेती हैं। पाप इतना भयंकर नहीं होता जितनी कि पाप की शंकाएँ और हम हर क्षण इन्हीं शंकाओं में जीने के आदी हो गये हैं।"[42]

पुरुष बड़े ही अजीब धोखे देकर नारी को अपने वश में कर लेता है। वह बड़ी नाटकीय क्रियायें करता है, जिससे नारी उसका शिकार बन जाती है। नारी की ममता, प्यार एवं समर्पण पाने पर उसके पुरुषत्व का सिंह दहाड़ने लगता है। जब वह भटकाव की स्थिति पर पहुँचती है तो पुरुषों से प्रश्न करती है? "तुम कुछ बता सकते हो इस सम्बन्ध में? तुम सबके सब इतने अतृप्त, प्यासे और निरीह क्यों हो? तुम्हारी यह अतृप्ति और प्यास उस नैसर्गिक प्यास से बहुत अलग है, जो जीवन के लिए होती है। उस प्यास और अतृप्ति में ऐसा ओछापन नहीं होता। देवदत्त ने दोनों बाँहों से पकड़कर मुझे सामने करते हुए बड़े नाटकीय ढंग से कहा था—शान्ता! तुम देखती हो! यह मेरी जिन्दगी है— मैं इसमें जीवित रहता हूँ। मैं भूखा हूँ—तन, मन, बुद्धि से! इन भौतिक सुविधाओं के साथ ही अगर मुझे मानसिक शान्ति मिली होतीं तो मैं क्या कुछ न कर डालता। पर मेरी जिन्दगी नरक से बदतर है। मैं तूफानों में पल रहा हूँ.......मन करता है, आत्महत्या कर लूँ पर इस औरत से पिण्ड छुड़ा सकूँ।"[43]

इस प्रकार की भटकन पुरुष पात्र देवदत्त में है। उसका जीवन अतृप्ति, प्यास एवं भटकन से भरा हुआ है। इस भटकाव के बहाव में वह शान्ता को भी बहाना चाहता है—"एक दोपहर मैं बड़ी अनमनी सो रही थी..... कि एकाएक मुझे लगा जैसे किसी ने मेरी गर्दन पर बड़ा ही कोमल सा स्पर्श किया हो। चौंक कर उठते ही मैंने देखा—देवदत्त प्यासी आँखों से मुझे घूर रहे थे। मैंने कुछ गुस्से से कहा, 'यह क्या हरकत है?' वे धीरे से मुस्करा दिये और जब तक मेरा पारा चढ़े, वे बोल पड़े, क्यों क्या हुआ? 'मुझे यह सब कतई पसन्द नहीं है।' मैंने अपने कपड़े

सँभालते हुए कहा था– 'आपको क्या अधिकार है कि इस तरह मुझसे पेश आएँ। मैं आपकी पत्नी नहीं हूँ।' 'यह तुम्हारा भ्रम है, तुम्हारे अपने मन की गन्दगी है, जो तुमसे यह कहलवा रही है। मुझे समझाने से पहले तुम खुद अपने को समझो...कौन नहीं जानता कि तुम क्या हो? क्या छोड़ दिया तुमने! देवदत्त ने शैतानी से कहा था, 'तुम जैसी बहुत देखी हैं।' 'अगर मैं आपके सामने समर्पण कर दूँ तो मैं अभी, इसी पल—मैं दुनिया की सबसे अच्छी औरत साबित हो सकती हूँ। क्यों? मेरी जिन्दगी के सब गड्ढे भर सकते हैं। मैं सिर्फ इसलिए बुरी हूँ कि तुम जो चाहते हो वह मैं नहीं करती। और मैं नहीं करूँगी—समझे...आप मेरी बदनामी कर सकते हैं, जो मन में आये, लांछन लगा सकते हैं, पर ऐसा नहीं होगा... ।"[44]

मनुष्य क्या करता है? वह कितना बेशर्म है? कितना भटका हुआ है तथा कितना भटकाना चाहता है इसका पता हमें प्रस्तुत उदाहरण से चलता है। शान्ता के विषय में अनेक बातें फैलने लगीं, जिनके मन में शान्ता के प्रति हिकारत थी, वे ही उसके निकट आने लगे। उसके विषय में कहानियाँ गढ़ दी गयीं। वह परेशान हो गयी। उसका चैन छिन गया। हारकर उसने शादी कर ली, जो शान्ता के जीवन का सबसे बड़ा अभिशाप बन गया। "......अधिकारहीन पुरुष बेहद शालीन और कोमल होता है पर अधिकार प्राप्त करते ही वह भयानक और बर्बर हो जाता है। मेरा हँसना-बोलना दूभर हो गया.....शकों के सर्प फन उठाकर मेरे चारों ओर खड़े हो गये और अब इन सर्पदंशों से मैं काली पड़ गयी हूँ। मेरे शरीर की जानी-अनजानी जगहों पर नील पड़े हुए हैं।"[45] यह है एक सभ्य पुरुष की असभ्यता परन्तु मनुष्य शक का पुतला है, खण्डित व्यक्तित्व है।

इससे अधिक मानव की दुर्गति एवं दुर्दशा और क्या होगी, जिसने नारी को ऐसा गतिहीन, भँवर में चक्कर काटती हुई नाव बना दिया। स्वतन्त्रता के बाद की लेखक द्वारा रचित कहानियों में इस प्रकार की जीवन शैली के पात्र मिलते हैं, जिनमें कुंठा, भटकन, शंका, मृगतृष्णा, प्यास, ईर्ष्या, द्वेष एवं द्वन्द्व है तथा इसके भी आगे शक्तिहीनता, निर्जीवता तथा मानसिक अँधेरापन है। यद्यपि नारी का रूप उभरा है फिर भी वह तनाव एवं कुंठा में जीने को बाध्य हुई है।

4. विवाह पूर्व यौन सम्बन्धों के प्रति स्वच्छ दृष्टि रखना : स्वातन्त्र्योत्तर नारी की यौन विषयक दृष्टि बदली है। नर-नारी की परिवर्तित दृष्टि ने उसे व्यवहार के धरातल पर भी स्वच्छन्द किया है। आजकल वह सामाजिक क्षेत्र में उतरकर पुरुष के साथ संसर्ग स्थापित करने में अधिक स्वच्छन्द हुई है। उसके मन एवं मस्तिष्क में नैतिकता की धारणा भी बदली है। एक से प्रतिबद्ध प्रेम भावना तथा उसी से जुड़कर रहना आज खण्डित हो गया है। कमलेश्वर की 'प्रेमिका' कहानी में मुंशी जी की बेटी एक प्रच्छन्न प्रेमिका है जिसके आचरण से रतन को इस बात का पता चल जाता है कि कमला वीरेन्द्र से छिप-छिपकर पत्र लिखते हुए प्रेम करती है। रतन कमला के बड़े भाई को सब कुछ बता देता है तो उसका बड़ा भाई उसे डाँटता है। कमला वीरेन्द्र से प्रेम करती है लेकिन उससे यौन सम्बन्ध नहीं बनाती है। वह अपने छोटे भाई मुन्ने के हाथों प्रेमी को पत्र भेजती है।

कमलेश्वर की एक अन्य कहानी 'नाच' की पात्र लिली भी अपने प्रेमी चन्द्रकान्त से सभी कार्य करा लेती है। बड़ा दिन आने वाला था। चन्द्रकान्त ने सारे इन्तजाम का जिम्मा ले लिया

था। चन्द्रकान्त पर एक नशा था उसकी मुहब्बत पर शहीद होने का, वह लिली से अपने आदर्शवादी प्रेम की झोंक में कहता है कि–"मुझे सिर्फ तुम्हारी खुशी चाहिए.....और कुछ भी नहीं लिली....।"[46]

चन्द्रकान्त लिली को देखकर पहली नजर में ही हताश हो जाता है, लेकिन लिली की निगाहों में जो प्यास का स्रोत फूट रहा था उससे वह नहीं बच पाता है। वह मन ही मन कह उठता है कि यह लड़की मेरी जिन्दगी में आकर रहेगी। दूसरे दिन से लिली काम पर आती है और मुस्कराते हुए पूरे ऑफिस की देखभाल करने लगती है। ऑफिस के बदलाव को देख चन्द्रकान्त का मन झूम उठता है। वह बड़ी फुर्ती से डिक्टेशन लेती तथा सही-सही टाइप करके सामने रख देती है तथा अपनी थकी हुई उँगलियों को आपस में फँसाकर खींचती तथा चन्द्रकान्त की ओर देखते हुए धीरे से मुस्करा देती। धीरे-धीरे ऑफिस के बाद चन्द्रकान्त ने लिली के साथ बाहर निकलना शुरू कर दिया। एक बार चन्द्रकान्त ने कहा, 'लिली डियर मेरे साथ साड़ी में आया करो।' इस पर उसने कहा–क्यों? हमारे पास साड़ियाँ हैं ही नहीं। दूसरे दिन साड़ियों का एक बण्डल वह लिली के घर उपहार रूप में भिजवा देता है। लिली ने डिक्टेशन के स्थान पर एक भावुकता भरा पत्र चन्द्रकान्त के सामने छोड़ दिया। इसके बाद एक पार्टी आयोजित की गयी। लिली अपने होने वाले पति के साथ टहल रही थी। इस प्रकार लिली का स्वार्थसिद्धि हेतु मिथ्या प्रेम प्रदर्शित करती है, चन्द्रकान्त इसे समझ नहीं पाया।

5. विवाह पूर्व प्रेमार्थ त्याग एवं बलिदान करना : प्रेम का चरमोत्कर्ष आस्था एवं विश्वास में निहित है। जब आस्था एवं विश्वास की अनुभूति प्रबलतम होती है तब मानव अपना सर्वस्व न्यौछावर करने हेतु प्रस्तुत हो जाता है। एकनिष्ठ प्रेम पर जीवन न्यौछावर हो जाता है। कभी-कभी अन्य पक्ष के बिछुड़ने पर भी व्यक्ति अपना सारा जीवन व्यतीत कर देता है। नर-नारी के जीवन में प्रेम मूल धुरी है। इसके बिना जीवन स्थिर व निश्चल हो जाता है तथा एक आन्तरिक विवशता में जीवन चलता है। वह परिस्थितिजन्य सीमाओं में बँध जाता है। नर-नारी का पारस्परिक आकर्षण शाश्वत है। प्रेम में यह और अधिक बढ़ता है। स्वातन्त्र्योत्तर कहानीकारों एवं कमलेश्वर की कहानियों में नर-नारी के विवाह पूर्व प्रेम ऐसे रूप में भी चित्रित हुआ है जिसमें त्याग एवं बलिदान करके पात्रों ने अपनी जिन्दगी अतीत की स्मृतियों के आधार पर ही व्यतीत की है। वह अपने जीवन में किसी दूसरे से नहीं जुड़ सके हैं।

6. विवाह पूर्व प्रेम सम्बन्धों के कारण द्वन्द्व झेलना : स्वतन्त्रता प्राप्ति के अनन्तर नारी सामाजिक क्षेत्र में बाहर आयी है। इससे उसका अनेक पुरुषों से सम्पर्क बढ़ा है। उसे विवाह पूर्व ही अनेक पुरुषों के सम्पर्क में आना पड़ता है। मानव की अपेक्षाएँ कभी एक जैसी नहीं रहतीं तथा न कभी सबसे एक जैसी अपेक्षाएँ रखी ही जा सकती हैं। नारी के जीवन में एक व्यक्ति से प्रेम स्थापनोपरान्त भी कई मोड़ों पर ऐसी स्थितियाँ भी आती हैं जहाँ उसका आकर्षण किसी अन्य पुरुष के प्रति दिखाई देने लगता है।

जीवन शैली के परिवर्तन के कारण वर्तमान प्रेमी में पूर्व प्रेमी की अपेक्षा अधिक विशेषताएँ दिखलाई देने लगती हैं। नर-नारी दोनों ही इस प्रकार की स्थिति के शिकार होते हैं। इस प्रकार की स्थितियाँ द्वन्द्व एवं तनाव को जन्म देती हैं। ऐसी स्थिति में एक ओर अतीत रहता है तो

दूसरी ओर वर्तमान। कमलेश्वर की कहानियों में ऐसे प्रसंग कई स्थलों पर आये हैं। उनकी कहानियों के अनेक पात्र प्रेम सम्बन्धजन्य द्वन्द्व एवं तनाव को झेलने के लिए विवश हुए हैं।

7. विवाह पूर्व अस्मिता शोधन : जब व्यक्ति परिवेश में अपने अनुरूप जीना चाहता है तथा वह उसमें सफलतापूर्वक नहीं जी पाता है तब वह अपने परिवेश में अपने अस्तित्व को खोजने का प्रयास करता है। समाज में मानव का व्यक्तित्व प्रायः दूसरों पर आधारित एवं निर्धारित रहता है। समाज उसके व्यक्तित्व निर्धारण का सबल भागीदार माना जाता है लेकिन मानव की यह प्रबल इच्छा रहती है कि वह अपना व्यक्तित्व स्वयं निर्धारित करे, साथ ही उसके मन में ये भी भाव आते हैं कि वह दूसरों के अनुरूप क्यों जिये? कमलेश्वर की कहानियों में नर-नारी जीवन के ये विविध रूप एवं स्थितियाँ देखी जा सकती हैं।

माता-पिता के समक्ष आर्थिक समस्या के साथ-साथ मान मर्यादा की भी समस्या होती है। आर्थिक अभाव एवं कहीं-कहीं अन्य कारणों से भी विवाह में देरी हो जाती है, ऐसी स्थिति में नारी को अपनी भावना तथा इच्छाओं का दमन करना पड़ता है। वह बिना किसी विद्रोह के चुपचाप अपने आक्रोश को मन ही मन दबाये रखती है। किसी के समक्ष व्यक्त नहीं कर पाती है तथा परिवेश में अपनी अस्मिता की खोज करने लग जाती है। यह तलाश पारिवारिक सम्बन्धों तथा वैयक्तिक प्रेम सम्बन्ध के मध्य प्रकट हुई है।

2. परिवारेतर जीवन शैली

इसके अतिरिक्त पत्नी का परम्परागत रूप भी मिलता है। पत्नी का पति के प्रति निष्ठामय रहना प्रथम धर्म माना जाता है। यह धारणा आज के बदलते हुए समाज में भी नहीं बदल पायी है। जीवन के व्यावहारिक धरातल पर अधिकांश पत्नियाँ पूर्णरूपेण निष्ठावान हैं। उनकी निष्ठा का प्रमाण यहाँ तक मिलता है कि वे पति की यातना, आक्रोश, क्रूरता, दुर्व्यवहार एवं वैचारिक मतभेद को भी सहन करती हैं। कमलेश्वर की 'राजा निरबंसिया' कहानी में नारी पत्नी के रूप में पूर्ण निष्ठावान दिखाई देती है। वह अपने पति जगपती की सेवा के लिए ही कम्पाउण्डर बचन सिंह से सम्पर्क साध लेती है, बचन सिंह के अहसान से लद जाती है। चंदा बचन सिंह से सोद्देश्य प्रेम करती है।

पति की यातना सहन करती पत्नी : कहीं-कहीं कमलेश्वर की कहानियों में ऐसे पात्र भी मिलते हैं, जो पति की यातनाओं से मानसिक आक्रोश एवं विद्रोह प्रदर्शित करने लगते हैं। नारियाँ पारिवारिक समस्याओं से जूझती हुई दृष्टिगोचर होती हैं। पति के साथ अच्छे सम्बन्ध न होने पर नारी पात्र यातनाओं का शिकार हो जाती हैं। पति के प्रति निष्ठा न रखते हुए अपना मानसिक आक्रोश व्यक्त करते हुए अन्दर ही अन्दर घुटती हैं तथा विद्रोह कर उठती हैं। जैसे—कमलेश्वर की 'एक अश्लील कहानी' में पति अत्यधिक व्यस्त रहता है तथा अपनी पत्नी की ओर अधिक ध्यान नहीं दे पाता है। पत्नी घर में अकेली अपने पति के यौन-सम्बन्धों से असन्तुष्ट है। वह कभी-कभी शीशे के सामने नंगी होकर अपने अंगों को निहारती है। उसकी इन क्रियाओं को एक पड़ोसी प्रतिदिन देखता रहता है तथा उसके मन में एक सहानुभूति पैदा हो जाती है। दूसरी ओर उसका पति उसे प्रताड़ित करता, मारता और पीटता है, उसे लांछन

लगाता है। पति उसे नग्न कर बाहर निकाल देता है—"मैं तुझे नंगा करके निकालूँगा.....तू मुझे जलील करना चाहती है। तुझे जलीलों की तरह गली में न निकाला तो अपने बाप का नहीं.....उतार साड़ी। ये तेरे बाप ने दी है। उतार साड़ी। निकल.....और उस संगमरमरी शरीर पर सिर्फ एक साड़ी है। वह अपनी बाँहे छाती पर भींचे हुए है, एक ओर की साड़ी खुलकर लटक गयी है और उसकी चोट खाई पिण्डलियाँ गाजर के गूदे की तरह चमक रही हैं।"[47]

उसके पैर के अँगूठे से रक्त बह रहा था। उसके पति ने एक धक्का दिया, वह जमीन पर जा गिरी। छाती से साड़ी का पल्ला सरक गया, उसका आधा शरीर नग्न हो गया। उसके पति ने दौड़कर लटकते पल्लू पर पैर रखकर कहा—"इसे भी उतार कर जा। इसे भी...।" एक क्षण बाद कुन्ती ने कमर से साड़ी खोल दी तथा चीखते हुए वह अपने घुटनों में छाती और मुख को छिपाकर निस्तब्ध हो गयी। चन्द्रनाथ के मित्र ने ऊपर से दरी डाल दी। चन्द्रनाथ हकलाता हुआ कह रहा था इससे ढँक लो और दरी उसके ऊपर डाल दी लेकिन एक झटके में कुन्ती ने उसे फेंक दिया। चन्द्रनाथ समझ नहीं पा रहा था क्या करें। वह बुरी तरह छटपटाता हुआ बोला, "माँ, तुझे अपने बेटे की कसम! ढँक ले माँ..... और कोई रिश्ता उसकी समझ में नहीं आया था। यही तो आखिरी रिश्ता रह जाता है जिससे गैर भी अपना हो जाता है, और उस दरी से ढँककर उसने कुन्ती को गठरी की तरह उठाकर दरवाजे के भीतर लुढ़का दिया।"[48] और बाहर से साँकल लगा दी। इस प्रकार नामर्द पति एवं उसकी पत्नी का नग्न नृत्य सड़क पर आ गया।

प्रेमिका की भूमिका : सम्बन्धों के त्रिकोण में उभरे नर-नारी के विविध रूपों के साथ विवाहोपरान्त पत्नी एवं प्रेमिका की भूमिका में द्वन्द्व एवं तनाव भी कमलेश्वर की कहानियों में देखा जा सकता है। कहीं-कहीं पति की इच्छापूर्ति एवं पूर्व प्रेमी को न छोड़ पाना भी द्वन्द्व का कारण बनता है। एक ओर अतीत तथा दूसरी ओर वर्तमान रहता है। समाज एवं परिवार की दृष्टि में एक स्थिति समाप्त होनी चाहिए, दोनों रूपों को एक साथ स्वीकारने पर द्वन्द्व एवं तनाव का शिकार होना स्वाभाविक है। कमलेश्वर की 'जो लिखा नहीं जाता' कहानी इसी प्रकार की है जिससे सुदर्शना के पिता के मरने पर उसका पति तथा प्रेमी दोनों ही पहुँचते हैं। उसका पति पाँच साल बाद आया था। पिता की चिता जलने पर पति एवं प्रेमी जाने लगे तो उसने कहा—एकाध दिन रुक जाते। उसने अपने प्रेमी चन्दर को रुकने की कहकर जैसे संकट में डाल दिया। उसने सोचा कि दुःख की छाया तले सुदर्शना किस भँवर जाल में फँसी है। उसका पति और प्रेमी दोनों ही रुके रहे एक-दूसरे से अलग-थलग और कटे हुए, उस घर में वे तीनों ही थे। अतः रुकना मुश्किल हो गया, "उस घर में हम तीनों ही पुरानी यादों से जुड़े हुए थे। इसीलिए वहाँ रुकना और भी भारी पड़ता जा रहा था। यही घर तो था, जहाँ मैं सुदर्शना के साथ रोज घण्टों बिताया करता था.....इसकी एक-एक दीवार हमारे प्रथम प्यार की साक्षी है...उस दीवार का एक टुकड़ा अब भी वही है, जिससे पीठ लगाए सुदर्शना खड़ी थी और मैंने उसे दोनों बाँहों के घेरे में घेर लिया था... ये बाँहें ऐसे ही रहेंगी न...यह दायरा मेरे लिए यों ही बना रहेगा हमेशा...क्यों? और मैं खड़ा मुस्कराता रहा था।"[49] फिर इसी घर में धीरे-धीरे सब कुछ बदल गया था। सुदर्शना का विवाह महेन्द्र से हो गया था। फिर इन्होंने खोद-खोदकर कुछ और बातें

पूछी थीं और मैं अपनी रौ में सब कुछ बताती गयी थी और कुछ देर बाद मैंने महसूस किया था कि हम दोनों के बीच एक और कोई 'तीसरा' अनजाने ही आ गया है। ''मुझे पता भी नहीं चला कि कब इनकी बाँह मेरी पीठ से खिसक गयी और कब मेरा सिर इनके सीने से हटकर तकिये पर आ गया। हम दोनों अनजाने ही एक-दूसरे के स्पर्शों की परिधि से बाहर आ गये थे.....। तभी से वह तीसरा आदमी हम दोनों के बीच बराबर रहता है...सच पूछो, तो वह तुम भी नहीं हो। मेरे लिए कभी-कभी वह तीसरा आदमी तुम्हारी शक्ल में बदल जाता है और इनके लिए उस तीसरे आदमी का नाम तुम्हारा नाम बन जाता है 'और यह परछाईं हर वक्त मेरे बीच रहती है.....' कहते हुए सुदर्शना की आँखें भर आयी थीं।''[50]

इस प्रकार सुदर्शना विवाहिता होते हुए भी पति द्वारा पूर्व स्मृतियों के जाल में फँसाकर तनावग्रस्त बना दी गयी। यहाँ स्थिति कितनी अकथनीय है, पति कहीं, प्रेमी कहीं और वह स्वयं कहीं। पिता की तो मृत्यु हो ही गयी। सुदर्शना तनाव एवं अकेलेपन में जीने के लिए बाध्य हो जाती है। वह परित्यक्ता पत्नी एवं दूर हुई प्रेमिका दोनों की ही भूमिका को अकेली रहकर झेलती है।

तलाक/परित्यक्ता जीवन शैली : कमलेश्वर ने तलाकशुदा पत्नी की जीवन शैली का भी यथार्थ चित्रण किया है। उनकी 'देवा की माँ' तथा 'दुःखों के रास्ते' ऐसी ही कहानियाँ हैं। देवा की माँ दरियाँ बुनती थी और देवा बेकार था। माँ की दरिद्रता बढ़ती जाती है। वह बूढ़ी हो जाती है। देवा राजनीतिक आदमियों के साथ उठने-बैठने लगता है और गिरफ्तार हो जाता है। आन्दोलनकारियों के साथ उसकी एक वर्ष की सजा हो गयी। वह सजा काटकर आया तो माँ ने कहा—देबू, आ गया तू तथा देवा ने कहा—अम्मा... 'बड़ी भूख लगी है।' रोटी खाते-खाते वह बोला—''बाबूजी, अस्पताल में हैं।'' ''क्या हुआ?'' ऐसा उसकी माँ ने स्वाभाविक रूप में ही उत्तर दिया। अगले दिन सबेरे जब वह उठकर आँगन में आया तो वह बोला—''अम्मा, हम लोग चलकर बाबूजी को आज ही देख आएँ।'' माँ ने ऐसे देखा कि क्या वह सचमुच ही यह बात कह रहा था...माँ को खामोश देखकर वह बोला, ''तुम तैयारी कर लो, अभी सबेरे दस बजे चलकर रात की गाड़ी से वापस आ जाएंगे।'' ''मैं नहीं जाँऊगी...'' कहते-कहते माँ कमरे की तरफ मुड़ गयी।

''तुम नहीं जाओगी?'' देवा ने जैसे बात समझने के लिए दोहरायी।

''नहीं।'' माँ के स्वर में दृढ़ता थी।

''तो मैं चला जाऊँ...?'' देवा सहसा कह गया।

''नहीं।'' माँ ने उसी दृढ़ता से कहा और अपने काम में लग गयी।''[51]

पति के प्रति इतनी अरुचि, उपरामता, उपेक्षा देवा की माँ के हृदय के तनाव घुटन एवं कुंठा को ही प्रकट कर रही है। जीवन की शून्यता ने उसकी स्निग्धता को पूर्णरूपेण सोख लिया। स्टेशन मास्टर पति ने कभी उसको तथा उसके बेटे को मुड़कर ही नहीं देखा, फिर वही उसे देखने क्यों जाए? यही बदले की भावना यहाँ काम कर रही है।

'दुःखों के रास्ते' में बलराज एवं ललिता पति-पत्नी हैं। वीरेन्द्र ललिता का प्रेमी है तथा संजीव पुत्र। बलराज ललिता को सुजाता है कि देखो ललिता तीन रास्ते हैं, पहला यह कि अपनी रजामन्दी से तलाक के लिए अर्जी दें। दूसरा है कि मैं सिर्फ प्रार्थना पत्र दे दूँ। तीसरा यह कि

मैं तुम पर आरोप लगाऊँ और तलाक ले लूँ। आगे भी वह कहता जा रहा था और ललिता सुन रही थी– चौथा रास्ता तो सचमुच नहीं है। बलराज खामोश बैठा हुआ था। ललिता पूछती है–'संजीव का क्या होगा?' तभी बलराज कहता है– उसे मैं ले सकता हूँ। सुनते ही ललिता ने भरे हुए गले से कहा–'लेकिन संजीव को दे सकना...।' और बलराज संजीव को साथ ले गया। वीरेन्द्र और ललिता एक ही कमरे में रहने लगे। संजीव माँ के पास आ गया। ललिता और बलराज का तलाक हो गया। वीरेन्द्र ललिता से कोर्ट से शादी कर लेता है। "और आज वीरेन्द्र और ललिता कोर्ट से शादी करके लौटे थे। यों तो यह उनकी पहली रात है, पर पिछली रातों में एक अजीब-सा बँधा-बँधा सन्तुलित सुख इस घर पर मँडराता रहा है। दोनों में आपस की प्रगाढ़ता पनपती जा रही थी।"[52]

यह कहानी भी कुंठा एवं तनाव से भरी हुई है और इसी कारण पति-पत्नी में तलाक हो जाता है। वीरेन्द्र से विवाह करने पर भी ललिता प्रसन्न नहीं है।

निष्कर्ष

इतना ही नहीं कमलेश्वर की कहानियों में विविध प्रकार की जीवन शैलियों के दर्शन होते हैं। कस्बाई, नगरीय, महानगरीय, देशी, विदेशी आदि विविध जीवन शैलियाँ उनकी कहानियों में मिलती हैं। उच्चस्तरीय जीवन शैली, निम्न तथा मध्यवर्गीय जीवन शैली इनकी कहानियों में मिलती हैं। उच्चवर्गीय, क्रान्तिकारी तथा पर्वतीय जीवन शैली 'मानसरोवर के हंस' कहानी में देखी जा सकती है। बम्बैया जीवन शैली 'अपना एकान्त' कहानी में मिलती है। इस प्रकार यह स्पष्ट है कि कमलेश्वर की कहानियों में अनेक प्रकार की जीवन शैलियों का अति सूक्ष्मता से यथार्थ चित्रण हुआ है। इसका कारण है कि अपनी भ्रमणशील प्रवृत्ति के कारण उन्होंने यत्र-तत्र इस जीवन शैली को देखा है। समाज के सूक्ष्म निरीक्षण के कारण ही उन्हें गहरा ज्ञान प्राप्त हुआ था।

(ग) कमलेश्वर के कथा-साहित्य के पात्रों की नैतिकता

नैतिक शब्द नीति से निर्मित है। समाज, धर्म एवं राज्य निर्मित नियमानुकूल चलना ही नीति है। नैतिक होने का भाव ही नैतिकता है। नीतिगत मूल्यों पर चलना सदाचरण कहलाता है। दया, क्षमा, त्याग, परोपकार, सत्य, अहिंसा तथा पवित्रता आदि नैतिक मूल्य कहे जाते हैं। समाज, राज्य तथा धर्मसम्मत व्यवहार ही मूल्यों के अन्तर्गत आता है। हमारे समाज में नैतिक मूल्यों के प्रति विशेष आदर रहा है। यही कारण है कि समाज एवं शासन के प्रति निष्ठावान रहने की परम्परा हमारे समाज में विशेष रूप से विद्यमान है। भारतीय समाज आचरण की पवित्रता पर बल देता है। मूल्य दो प्रकार के होते हैं–शाश्वत मूल्य तथा समाज सापेक्ष जीवन मूल्य। ये मूल्य किसी भी समय एवं परिस्थिति में नहीं बदलते। वस्तुतः नैतिक मूल्यों का जन्म सामाजिक आवश्यकता है। ये जीवन मूल्य युग एवं परिस्थिति के अनुसार परिवर्तित होते हुए दिखाई देते हैं, जो मूल्य एक युग में नैतिक लगते हैं वे ही दूसरे में अनैतिक। ये समाज एवं देश के अनुसार रंग बदलते हैं, जो बात एक देश में नैतिक मानी जाती है वही अन्य देश में अनैतिक।

वर्ण व्यवस्था कभी सर्वमान्य सामाजिक मूल्यों में गिनी जाती थी लेकिन आज व्यर्थ एवं अस्तित्वहीन दिखाई पड़ती है। उन्मुक्त यौन सम्बन्ध अनेक पाश्चात्य देशों में उतने वर्जित नहीं हैं जितने भारतीय समाज में। इसी भाँति विदेशों में विवाह-विच्छेद भारत की अपेक्षा कहीं अधिक सरल एवं समाजसम्मत हैं।

मूल्य बदलते हैं लेकिन इनका प्रभाव अक्षुण्ण रहता है। सामाजिक नैतिकता प्रत्येक युग में साहित्य से प्रभावित होती है। जागरूक साहित्यकार हमेशा नवीन जीवनमूल्यपरक नैतिकता का आग्रही होता है। भारतीय साहित्य में जीवन मूल्य विषयक स्थिति अनिश्चित है। पुराने साहित्य में सच्चाई तथा ईमानदारी पर प्रत्यक्ष जोर दिया जाता था लेकिन आज मूल्य विघटन के इस युग में ईमानदार व्यक्ति के हिस्से में पीड़ाएँ ही अधिक आती हैं। यह भी मूल्यों के प्रति साहित्य में अप्रत्यक्ष आग्रह ही है।

नर-नारी सम्बन्धों तथा यौन नैतिकता के बारे में यह कहा जा सकता है कि आज पति-पत्नी सम्बन्ध टूटते हुए दृष्टिगोचर हो रहे हैं। सतीत्व एवं पातिव्रत की परम्परागत धारणाएँ विनष्ट हो रही हैं। अविवाहित नर-नारी उन्मुक्त यौन सम्बन्ध बनाते हुए दिखाई देते हैं। यौन पवित्रता शाश्वत मूल्यों से पृथक हो गयी है किन्तु भारतीय संस्कारों में यौनाचरण शुचिता इतनी गहराई तक बैठ चुकी है कि हम इसे सर्वाधिक महत्त्व देते हैं।

स्वतन्त्रता के पश्चात् सबने एक सपना देखा था लेकिन आजादी के साथ ही सभी स्वप्न टूट कर बिखर गये– "आशा थी कि स्वतन्त्रता के पश्चात् देश खुशहाल होगा। जनता सुखी होगी। चारों तरफ नयी रवि रश्मियाँ छा जाएँगी और पूरे देश में सुख समृद्धि आ जाएगी, पर दुर्भाग्य है कि आजादी के साथ ही सारे स्वप्न टूटने लगे और देश ने बर्बर हिंसा का एक विकराल रूप देखा। कहानीकारों ने इस ताण्डव नृत्य को देखा। फलस्वरूप स्वातन्त्र्योत्तर कहानी एक विशाल फलक को लेकर आयी और सभी शाश्वत एवं साहित्यिक मूल्यों को ध्वस्त कर नये मूल्यों के रूपायन में लग गयी।"[53]

कमलेश्वर 'राजा निरबंसिया' के टूटते हुए पातिव्रत धर्म को पृथक मानते हैं। आज नारी के स्वावलम्बन ने स्त्री-पुरुष सम्बन्धों में अलगाव ही ला दिया है। वह अपना जीवनसाथी चुनने को स्वतन्त्र है। वह अविवाहित रहकर के भी किसी की हो सकती है। परम्परागत विवाह बन्धन बन गया है। उन्मुक्त सेक्स आज के जीवन की आवश्यकता बन गया है। नवीन जीवन मूल्य सहज सम्भाव्य बन गये हैं। कमलेश्वर की कहानियों में नर-नारी के बदलते हुए सम्बन्धों एवं मूल्यों का बड़ा ही प्रामाणिक एवं मनोवैज्ञानिक चित्रण हुआ है। स्वातन्त्र्योत्तर कहानीकारों में धर्म एवं ईश्वर विषयक दृष्टि बदली है। धर्म एवं ईश्वर के प्रति जो श्रद्धा, विश्वास दिखाई देता था वह विज्ञान के प्रचार-प्रसार के कारण समाप्त हो गया। कमलेश्वर की कहानी 'पानी की तसवीर' इसका उत्कृष्ट उदाहरण है। इसका पात्र व्यंग्यात्मक शैली में कहता है कि– "धर्म ने कितने चमत्कार खड़े किए। पर हमें कहाँ पहुँचाया? भ्रम और अन्धविश्वास में छोड़ गया। चौरासी करोड़ देवताओं के रहते हुए, देवताहीन बौद्ध मत फैल ही गया। कोई नहीं रोक पाया।"[54]

नगरीय अथवा महानगरीय जीवन के प्रति मोह के कारण भी हमारे जीवन मूल्यों में अत्यधिक परिवर्तन हुआ। गाँव और छोटे शहरों में रहने वाले पात्र बड़े नगर में पहुँचते ही किस

प्रकार परिवर्तित हो अपने सारे सम्बन्धों को भूल जाते हैं, इसका जीता-जागता चित्र हमें कमलेश्वर विरचित 'खोयी हुई दिशाएँ' कहानी में मिलता है। नगर में पहुँचते ही कहानी का नायक चन्दर अब अपने पिता या ताऊ के विषय में विचार करना भूल जाता है। वह केवल अपनी पत्नी तक ही सीमित रह जाता है। समष्टि का भाव एकाएक व्यष्टि में परिवर्तित हो जाता है। नगरीय लोग अपने तक इस तरह सीमित हो जाते हैं कि मानो व्यापक जन समूह से उनका कोई सम्बन्ध ही न हो। पूरी पारिवारिक एवं सामाजिक भूमिका ही बदल रही है। महानगरीय जीवन ने भय, संत्रास, अजनबीपन तथा परायेपन को जन्म दिया है।

कमलेश्वर की 'पराया शहर' कहानी के पात्र दुर्गादयाल का यह कथन परायेपन को यथार्थरूपेण चित्रित करता है– "ऐसे ही चला गया था। यहाँ क्या करता सुखबीर! अब तो यह शहर भी पराया-सा लगता है। सब कुछ बीत गया। अब तो दो-दो, चार-चार पैसे के लिए लोग परायों की तरह पेश आते हैं, वही लोग जो अपने थे अब परेशान करते हैं। कोई साथ नहीं देता...इतना परायापन आ गया है अपनों में।" तो चलो, मेरे साथ दिल्ली चलो...शहर तो वह भी पराया है बापू, फिर भी..." सुखबीर ने कहा था। "अरे, इस परायेपन का निस्तार कहीं नहीं है सुखबीर, न यहाँ न वहाँ।"[55]

कमलेश्वर की 'कर्तव्य' कहानी में कर्तव्य करने पर मिलने वाला सन्तोष हानि में भी सान्त्वना देता है। इस प्रकार स्वातन्त्र्योपरान्त मानव जीवन में अत्यधिक बदलाव आया है। विज्ञान के बढ़ते चरणों ने मानव को बुद्धिवादी बना दिया है। परिणामतः आस्था एवं विश्वास मृतप्राय हो गये हैं। आर्थिक चेतना ने जन जीवन को प्रभावित किया है। अर्थपरक विश्व में मानव सम्बन्ध टूट रहे हैं। नैतिकता अन्तिम साँसें लेती दिखाई दे रही है। कमलेश्वर की कहानियों में इन सबका मार्मिक एवं यथार्थ चित्रण हुआ है।

निष्कर्ष

कमलेश्वर ने आज के बदलते हुए परिवेश में जो भी पात्र सृजित किये हैं, वे निरुद्देश्य नहीं, नैतिक मूल्य लेकर चलते हैं। ग्रामीण परिवेश हो, नगरीय हो या महानगरीय उनकी विषयवस्तु में संग्रंथित पात्र विषयवस्तु को चमकाने वाले नक्षत्र हैं। उन्होंने अपने पात्रों के माध्यम से पाठकों तक नैतिक सन्देश पहुँचाने का प्रयास किया है और उस प्रयास में वे सफल रहे हैं। अर्थ प्रधान संसार में नैतिकता की चर्चा अप्रासंगिक सी लगती है लेकिन कमलेश्वर ने इसे पूर्ण रूप से आज के सन्दर्भ में प्रासंगिक बनाने की सफल एवं सार्थक चेष्टा की है। पाठक इनकी रचनाओं को पढ़कर बिना प्रभावित हुए नहीं रह सकता। साहित्य का उद्देश्य लोकमंगल है। अतः कमलेश्वर ने लोक कल्याण की दृष्टि से ही साहित्यिक सृजन करके उसमें पात्रों का सम्यक् चित्रण किया है। इनके पात्र मानवीय सन्देश लेकर ही अवतरित होते हैं।

सन्दर्भ

1. स्वातन्त्र्योत्तर हिन्दी कहानी : सम्पादक डा. रामकुमार गुप्त, पृष्ठ 85
2. समग्र कहानियाँ (जन्म) : कमलेश्वर, पृष्ठ 56, 59

3. वही।
4. समग्र कहानियाँ (गाय की चोरी) : कमलेश्वर, पृष्ठ 86
5. उपन्यास सिद्धान्त और संरचना : डॉ. रवीन्द्र कुमार जैन, पृष्ठ 15
6. डाक बँगला : कमलेश्वर, पृष्ठ 44, 91
7. वही।
8. तीसरा आदमी : कमलेश्वर, पृष्ठ 61, 77
9. वही।
10. काली आँधी : कमलेश्वर, पृष्ठ 114, 76
11. वही।
12. समग्र उपन्यास (काली आँधी) : कमलेश्वर, पृष्ठ 366
13. आगामी अतीत : कमलेश्वर, पृष्ठ 68
14. आगामी अतीत : कमलेश्वर, पृष्ठ 73, 96
15. वही।
16. वही, पृष्ठ 46
17. लौटे हुए मुसाफिर : कमलेश्वर, पृष्ठ 51,63
18. वही।
19. समग्र उपन्यास (लौटे हुए मुसाफिर) : कमलेश्वर, पृष्ठ 140
20. वही।
21. समग्र उपन्यास (समुद्र में खोया हुआ आदमी) : कमलेश्वर, पृष्ठ 296
22. वही बात : कमलेश्वर, पृष्ठ 23, 33
23. वही।
24. वही, पृष्ठ 33
25. सुबह...दोपहर...शाम : कमलेश्वर, पृष्ठ 77, 158, 80
26. वही।
27. वही।
28. वही, पृष्ठ 155-156
29. रेगिस्तान : कमलेश्वर, पृष्ठ 11, 67, 66
30. वही।
31. वही।
32. कितने पाकिस्तान : कमलेश्वर, पृष्ठ 17
33. वही, पृष्ठ 18, 47, 80-81
34. वही।
35. वही।
36. समग्र कहानियाँ (तलाश) : कमलेश्वर, पृष्ठ 246-247
37. समग्र कहानियाँ (दुनिया बहुत बड़ी है) : कमलेश्वर, पृष्ठ 170
38. समग्र कहानियाँ (दुनिया बहुत बड़ी है) : कमलेश्वर, पृष्ठ 170, 170, 172
39. वही।
40. वही।
41. समग्र कहानियाँ (मेरी प्रेमिका) : कमलेश्वर, पृष्ठ 322-323,324

42. वही।
43. समग्र कहानियाँ (मेरी प्रेमिका) : कमलेश्वर, पृष्ठ 324, 325
44. वही।
45. वही, पृष्ठ 326
46. समग्र कहानियाँ (नाच) : कमलेश्वर, पृष्ठ 215
47. समग्र कहानियाँ (एक अश्लील कहानी) : कमलेश्वर, पृष्ठ 229, 230
48. वही।
49. समग्र कहानियाँ (जो लिखा नहीं जाता) : कमलेश्वर पृष्ठ 380
50. वही, पृष्ठ 381
51. समग्र कहानियाँ (देवा की माँ) : कमलेश्वर, पृष्ठ 161-162
52. समग्र कहानियाँ (दुःखों के रास्ते) : कमलेश्वर, पृष्ठ 275
53. स्वातन्त्र्योत्तर हिन्दी कहानी (स्वातन्त्र्योत्तर हिन्दी कहानी और जीवन मूल्य—डॉ. गुलाब सिंह) : सम्पादक डॉ. रामकुमार गुप्त, पृष्ठ 39
54. समग्र कहानियाँ (पानी की तसवीर) : कमलेश्वर, पृष्ठ 185
55. समग्र कहानियाँ (पराया शहर) : कमलेश्वर, पृष्ठ 444

6

समकालीन कथाकार और कमलेश्वर

(क) कमलेश्वर के कथा-साहित्य में परिवर्तित जीवन मूल्यों का विश्लेषण

कमलेश्वर के सम्पूर्ण कृतित्व में उनका कथा-साहित्य अति विस्तीर्ण है, जिसमें उनका समग्र उपन्यास साहित्य एवं कहानी साहित्य आता है। उनके उपन्यास हैं—एक सड़क सत्तावन गलियाँ, डाक बँगला, तीसरा आदमी, लौटे हुए मुसाफिर, समुद्र में खोया हुआ आदमी, काली आँधी, आगामी अतीत, वही बात, सुबह...दोपहर...शाम, रेगिस्तान तथा कितने पाकिस्तान आदि। इनके अतिरिक्त एक और चन्द्रकान्ता (दो भागों में) है तथा सुबह...दोपहर...शाम, भाग-2 उपन्यास भी हैं, जो अभी अप्रकाशित हैं।

कमलेश्वर के द्वादशाधिक कहानी संग्रह भी प्रकाशित हुए हैं, जिनमें प्रत्येक संग्रह में 8-10 कहानियाँ तक पायी जाती हैं। इनके अतिरिक्त उनका एक 'समग्र कहानियाँ' नाम से एक विशाल संग्रह भी प्रकाशित हुआ है। कमलेश्वर के कुल प्रकाशित कहानी संग्रह हैं— राजा निरबंसिया, कस्बे का आदमी, खोई हुई दिशाएँ, बयान, जार्ज पंचम की नाक, मेरी प्रिय कहानियाँ, मांस का दरिया, जिन्दा मुर्दे, इतने अच्छे दिन..., कथा प्रस्थान (प्रारम्भिक वर्षों की श्रेष्ठ कहानियाँ), कोहरा, दस प्रतिनिधि कहानियाँ, श्रेष्ठ कहानियाँ आदि।

राजा निरबंसिया

कमलेश्वर का प्रथम कहानी संग्रह, 'राजा निरबंसिया' के नाम से सर्वप्रथम सन् 1956 में प्रकाशित हुआ जिसमें कुल मिलाकर सात कहानियाँ हैं—

1. देवा की माँ, 2. पानी की तसवीर, 3. धूल उड़ गयी, 4. सुबह का सपना 5. मुर्दों की दुनिया, 6. आत्मा की आवाज़, 7. राजा निरबंसिया।

इस संग्रह की समस्त कहानियाँ प्रमुखतः प्रेमचन्द युगीन कहानियों से भिन्न नहीं दिखाई देतीं। सभी में कहीं न कहीं पारिवारिक तथा सामाजिक मान्यताओं के प्रति विद्रोह दिखाई देता है। 'देवा की माँ' कहानी में देवा की माँ एक परिश्रमशीला ममतामयी भारतीय पत्नी के रूप में हमारे सामने आयी है तथा वास्तव में उसके अपने निजी अस्तित्व ने उसे पति के सामने झुकने नहीं दिया। इसमें परम्परागत मूल्यों के प्रति कोई विरोध नहीं है लेकिन नारी हृदय की चेतना को उजागर किया गया है। 'धूल उड़ गयी' एवं 'पानी की तसवीर' कहानियों में भी परम्परागत भाव ही निहित है।

इस संग्रह की सर्वप्रमुख कहानी 'राजा निरबंसिया' है। यह कहानी एक राजा रानी की कहानी के साथ-साथ बढ़ती चलती है। इस कहानी की प्रमुख नायिका चन्दा है, जो सामाजिक नियम विरुद्ध कार्य करती है। वह यह सब स्वयं सिद्धि हेतु नहीं करती वरन् अपने देवतुल्य पति जगपती के लिए ही करती है लेकिन भारतीय समाज की यह कैसी विचित्र दशा है, व्यवस्था है कि जिसमें पुरुषवर्ग कृत त्रुटियों को नजरन्दाज कर दिया जाता है और उसका समस्त दोष स्त्री के सिर मढ़ दिया जाता है तथा चन्दा इसी सामाजिक दोषपूर्ण नियम का शिकार होती है लेकिन उसका पति जगपती मरते वक्त दो परचे छोड़ता है—एक चन्दा के नाम, दूसरा कानून के नाम। चन्दा को उसने लिखा था—"चन्दा, मेरी अन्तिम चाह यही है कि तुम बच्चे को लेकर चली आना...अभी एक-दो दिन मेरी लाश की दुर्गति होगी, तब तक तुम आ सकोगी। चन्दा, आदमी को पाप नहीं पश्चात्ताप मारता है, मैं बहुत पहले मर चुका था। बच्चे को लेकर जरूर चली आना।" कानून को उसने लिखा था—"किसी ने मुझे मारा नहीं है...किसी आदमी ने नहीं। मैं जानता हूँ कि मेरे जहर की पहचान करने के लिए मेरा सीना चीरा जाएगा। उसमें जहर है। मैंने अफीम नहीं, रुपये खाये हैं, उन रुपयों में कर्ज का जहर था, उसी ने मुझे मारा है। मेरी लाश तब तक न जलाई जाए जब तक चन्दा बच्चे को लेकर न आ जाए, आग बच्चे से दिलवाई जाए। बस।"[1] इन वाक्यों में समाज और धर्मों के नियम झकझोर डाले गये हैं। 'मुर्दों की दुनिया' और 'आत्मा की आवाज' कहानियों में परम्परागत भीतियों एवं जीवन मूल्यों के प्रति विरोधी स्वर मुखर हुए हैं।

कस्बे का आदमी

'कस्बे का आदमी' कमलेश्वर का द्वितीय कहानी संग्रह है, जो सन् 1958 ई. में प्रकाशित हुआ था। इसमें कुल निम्नलिखित बारह कहानियाँ हैं—

1. तीन दिन पहले की रात, 2. गर्मियों के दिन, 3. भटके हुए लोग, 4. चाय घर 5. सीख़चे, 6. इनसान और हैवान, 7. गाय की चोरी, 8. नौकरी-पेशा, 9. सच और झूठ, 10. बेकार आदमी, 11. कस्बे का आदमी, 12. थानेदार साहब।

प्रस्तुत कहानियों में 'तीन दिन पहले की रात', 'गर्मियों के दिन', 'नौकरी-पेशा', 'सच और झूठ', 'बेकार आदमी' तथा 'कस्बे का आदमी' कहानियाँ कस्बाई विभिन्न समस्याओं से भरी हुई हैं। इन कहानियों में उन व्यक्तियों का चित्रण किया गया है, जो ग्रामीण परिवेश से नगरों की ओर आये हैं तथा वे अपने श्रद्धा एवं विश्वास के कारण अपने सामाजिक नियमों को अन्ततः नहीं तोड़ सके हैं। वे अपनी समस्याओं में डूबे हुए हैं तथा घुटन एवं पीड़ा भरा जीवन जीने हेतु बाध्य हैं। उनमें अपनी इन मान्यताओं को भंग करने का साहस अभी पैदा नहीं हुआ है। इन सामाजिक नियमों से इन्हें क्रूरता भरी यातनाएँ मिली हैं। इन घटनाओं को वे अपने जीवन का आनन्द रस मानकर चुपचाप पी रहे हैं। ये लोग उन प्रचलित परम्परागत मान्यताओं एवं इन सामाजिक नियमों की क्रूर यातनाओं की चक्की में पिस रहे हैं।

'गर्मियों के दिन', 'बेकार आदमी', 'चाय घर', 'भटके हुए लोग', 'सीख़चे' कहानियों के पात्रों के चरित्रों को परम्परागत चरित्र से थोड़ा हटकर दिखलाया गया है। इनके पात्रों ने

सामाजिक नियमों को झेला है तथा फिर उन्हें बदलने का साहस भी जुटाया है क्योंकि इन कहानियों के पात्रों के समक्ष सामाजिक नियमों के साथ-साथ आर्थिक संकट मुख्य रूप से प्रस्तुत हुआ है। आज के युग में न धर्म है, न मोक्ष है केवल अर्थ ही सब कुछ है और वह जीवन की मुख्य धुरी बन चुका है।

इस अर्थ संकट से बचने के लिए इन कहानियों के पात्रों को अपनी आस्थाओं एवं विश्वासों को तोड़ना पड़ा है, जिसके परिणामस्वरूप समाज में एक बिखराव भी पैदा हो गया है।

'नौकरी-पेशा' कहानी में बाबू राधेलाल के व्यवहार का बदलना और फिर उन्हें अपने गाँव की याद आना व्यक्ति के अन्दर छिपे हुए द्वन्द्व को स्पष्ट करता है। 'इनसान और हैवान' तथा 'थानेदार साहब' कहानियाँ कस्बे के पुलिस विभाग पर तीक्ष्ण व्यंग्य प्रकट करती हैं।

खोयी हुई दिशाएँ

'खोयी हुई दिशाएँ' कमलेश्वर का तीसरा कहानी संग्रह है, जिसका प्रकाशन वर्ष सन् 1963 ई. है। प्रस्तुत संग्रह में ग्यारह कहानियाँ संकलित हैं–

1. एक अश्लील कहानी, 2. प्रेमिका, 3. खोयी हुई दिशाएँ, 4. जार्ज पंचम की नाक, 5. पीला गुलाब, 6. दिल्ली में एक और मौत, 7. एक थी विमला, 8. साँप, 9. एक रुकी हुई जिन्दगी, 10. पराया शहर, 11. दुःख भरी दुनिया।

प्रस्तुत कहानी संग्रह की कहानियों के कथानकों में पहले कथा संग्रहों की कहानियों के कथानकों की अपेक्षा कुछ परिवर्तन झलकता है। यह परिवर्तन है व्यक्ति के सोचने के ढंग में, कार्य शैली में एवं कार्यों में। सारांशतः इन कहानियों में नगरीय जीवन की स्पष्ट झलक दिखाई देती है। अधिकांश कहानियाँ शहरी जीवन को लेकर ही लिखी गयी हैं। नगरीय जीवन में व्यक्ति की मानसिकता, घुटन, संत्रास एवं पीड़ा को अच्छे एवं स्पष्ट ढंग से इन कहानियों में निखारा व उभारा गया है। नगरों में आकर पुरुष अपनी पहचान किस प्रकार खो देता है तथा उसका जीवन किस प्रकार संकटग्रस्त हो जाता है, उसके जीवन में तनाव कैसे और कब प्रवेश कर जाता है, इसका चित्रण हुआ है। इन सबके लिए व्यक्ति के कस्बाई संस्कार ही उत्तरदायी होते हैं, जिनसे वह अभी तक पूर्णरूपेण मुक्त नहीं हुआ है। वह एक ओर इन संस्कारों को तिलांजलि देकर शहरीपन का नकाब ओढ़ना चाहता है तो दूसरी ओर वह पूर्णरूपेण ऐसा कर पाने में स्वयं को असमर्थ पाता है।

इस संग्रह की कहानियों में अलग-अलग समस्याओं को उभारा गया है। 'एक अश्लील कहानी' में व्यक्तियों की विशद कल्पना का चित्र मिलता है। 'प्रेमिका' कहानी में पुरानी परम्परागत प्रेम कहानियों का उपहास किया गया है। इसमें व्यवहार एवं यथार्थ का सम्यक् निरूपण किया गया है। बड़े भाई के डाँटने पर प्रेमिका, प्रेमी वीरेन्द्र को कोसने लगती है। वैसे वह उसके पत्रों को सीने से लगाकर सिसकती रहती है। वह अपने दादा (बड़े भाई) को एक पत्र में इस प्रकार लिखती है–"इतना बड़ा कलंक का टीका माथे पर लगाकर मैं कैसे जीऊँगी! जमीन फट जाती और मैं उसमें समा जाती या फिर मैं अभागिनी–जो अपने परिवार के लिए भार बन गयी हूँ, कहीं डूब मरती। मेरे कारण घर-भर बदनाम हो सकता है। मैंने जन्म ही क्यों

पाया, जो आपको मेरे सम्बन्ध में यह सब सुनना पड़ा। मुझे आप लोगों ने प्यार ही क्यों किया? मैं इस योग्य ही नहीं थी। मेरे कारण पिताजी के नाम पर धब्बा आये और शरम से आपको माथा झुकाना पड़े, यह मैं अपनी इन आँखों से नहीं देख सकती। मैं आपकी बहन हूँ पर साथ ही अबला भी। नारी का जीवन घर के लिए भार होता है। मैं भी भार बन गयी शायद। पर दादा, मैं सौगन्ध खाकर कहती हूँ कि मैं जानती भी नहीं कि वीरेन्द्र कौन है। मैंने पहली बार आपसे यह नाम सुना। यह उस रतन की गढ़ी हुई बात है।''[2] और इस प्रकार वह कच्चे प्रेम की डोर टूट जाती है क्योंकि कमला के हृदय में वह प्रेम वास्तविक नहीं था वह तो मात्र एक आकर्षण ही था, जो टूटकर चूर-चूर हो गया।

'खोयी हुई दिशाएँ' कहानी में चन्दर इंद्रा की उन प्यार भरी आँखों में झाँकता है और उससे कहता है—''मेरे पास है ही क्या ? समझ में नहीं आता कि जिन्दगी कहाँ ले जाएगी इंद्रा! इसीलिए मैं यह नहीं चाहता कि तुम अपनी जिन्दगी मेरी खातिर बिगाड़ लो। पता नहीं, मैं किस किनारे लगूँ, भूखा मरूँ या पागल हो जाऊँ.... ।''[3] इस प्रकार चन्दर भरे-पूरे शहर में स्वयं को अकेला पाता है। उसे कभी-कभी भय लगने लगता है कि वह संवेदनशील है भी कि नहीं। वास्तव में यह कहानी स्वयं के खो जाने की कहानी है। परम्परागत जीवन मूल्यों के खो जाने पर आज व्यक्ति अपने को रिक्त अनुभव करता है।

इसी प्रकार 'जार्ज पंचम की नाक' कहानी भारतीयों की मानसिक गुलामी के प्रतीक के रूप में उभर कर आयी है, जिन्हें अपने शासकों के हित चिन्तन के अतिरिक्त और कुछ भी दिखाई नहीं देता है। जार्ज पंचम की प्रतिमा में नाक लगाने के लिए सतत् कर्म निरत रहना यह स्पष्ट करता है कि आज स्वतन्त्र भारत में व्यक्ति विदेशी शासकों की परतन्त्रता से मुक्त नहीं हो पाया है।

''इंग्लैण्ड के अखबारों की कतरनें हिन्दुस्तानी अख़बारों में दूसरे दिन चिपकी नज़र आती थीं...कि रानी ने एक ऐसा हल्के नीले रंग का सूट बनवाया है, जिसका रेशमी कपड़ा हिन्दुस्तान से मँगवाया गया है...कि करीब 400 पौंड खर्चा उस सूट पर आया है। रानी एलिजाबेथ की जन्मपत्री भी छपी। प्रिंस फिलिप के कारनामे छपे, और तो और उनके नौकरों, बावर्चियों, खानसामों, अंगरक्षकों की पूरी की पूरी जीवनियाँ देखने में आयीं! शाही महल में रहने और पलने वाले कुत्तों तक की तस्वीरें अख़बारों में छप गयीं... बड़ी धूम थी। बड़ा शोर-शराबा था। शंख इंग्लैण्ड में बज रहा था, गूँज हिन्दुस्तान में आ रही थी।''[4] अखबारों में ही नहीं सर्वत्र गुलाम मानसिकता में ही कहानी डूबी हुई दृष्टिगोचर होती है, जीवन मूल्यों में कोई विशेष परिवर्तन दिखाई नहीं दिया है।

'दिल्ली में एक और मौत' कहानी में महानगरीय वातावरण का स्पष्ट, सजीव एवं यथार्थ चित्रण कमलेश्वर ने किया है। दिल्ली जैसे महानगर में एक व्यक्ति की मौत का कोई दर्द एवं असर नहीं हुआ करता है। किसी की मृत्यु होने पर व्यक्ति नित्य की तरह से ही शान्त भाव से कार्य करता है। तैयार होकर अर्थी के साथ जाकर सीधे वहीं से अपने कार्यस्थल की ओर बढ़ जाता है। 'दिल्ली में एक और मौत' कहानी व्यक्ति के यान्त्रिक जीवन की कहानी कही जाएगी। स्वतन्त्रता हमारा जीवन मूल्य बन चुकी है। इसके लिए हम प्राणार्पण करने से कदापि

नहीं चूकते हैं। देश के लिए प्राणार्पित करने वालों की प्रतिष्ठा करना हमारा धर्म बन चुका है। इस मूल्य का संरक्षण, पालन प्रस्तुत कहानी में बड़े ही विशेष ढंग से किया है। मृत योद्धा का पूर्ण सम्मान कहानी में किया गया है। श्मशानी मौन प्रस्तुत कहानी का सर्वोत्कृष्ट गुण है। सभी शान्त भाव से लौट पड़ते हैं। यह दिल्ली महानगर की यान्त्रिकता का ही परिणाम है।

'एक थी विमला' कहानी कमलेश्वर की ऐसी कहानी है, जो विमला, लज्जा, कुन्ती तथा सुनीता की कहानी न होकर नगरीय जीवन की कहानी है, जहाँ प्रत्येक लड़की अपने परिवार के लिए कुछ न कुछ करना चाहती है लेकिन परवशता के कारण न चाहते हुए भी उसे वह करना पड़ता है जिसे करने में उसके अहं को ठेस पहुँचती है। यह कहानी शहरी जीवन के अर्थहीन सम्बन्धों पर प्रकाश डालती है, जहाँ सम्बन्ध पैसे से ही बनते तथा बिगड़ते हैं। यही भाव 'पराया शहर' के सुखबीर बाबू व्यक्त करते हैं। शहर में रहकर उन्हें शहर अपना नहीं लगता। उन्हें लगता है कि शहर तो पैसे वालों का है। वे बार-बार अपने गाँव को याद करते हैं।

'साँप' कहानी कमलेश्वर की मनोवैज्ञानिक कहानी है, साथ ही पूँजीवादी अर्थ व्यवस्था पर करारा व्यंग्य प्रस्तुत करती है। सारांशतः प्रस्तुत कहानी संग्रह की कहानियों में ऐसे व्यक्तियों की कहानियाँ हैं, जो नगरों में निवास करते हैं लेकिन उनके उनके सभी संस्कार ग्रामीण परिवेश के ही हैं। वे ग्रामीण संस्कारों से पूर्णरूपेण मुक्त नहीं हो पाये हैं। ग्रामीण मूल्यों के घेरे में द्वन्द्व एवं तनावमय जीवन उनकी नियति बन चुका है। इसमें से कुछ कहानियाँ महानगरीय जीवन पर आधारित कहानियाँ हैं। महानगरीय जीवन ने मानव को यन्त्र तुल्य बना दिया है जिसमें सब कुछ भूलकर मनुष्य प्रतिक्षण की भाग दौड़ का एक अंग बन गया है। सुख नाम की वस्तु के लिए मानव मशीन बन गया है लेकिन सुख सपना हो गया है। व्यक्ति के मानवीय सम्बन्ध छिन चुके हैं, मूल्य बिखर चुके हैं तथा वह ऐसे चौराहे पर खड़ा कर दिया गया है कि जहाँ उसका कोई नहीं है। उसकी स्वयं की पहचान तक खो चुकी है जैसे 'खोयी हुई दिशाएँ' में चन्दर तथा 'पराया शहर' कहानी में सुखबीर। यहाँ आर्थिक संकट के साथ-साथ मानसिक संघर्ष भी कम नहीं दिखाई देता है क्योंकि मानव का स्वभाव एवं प्रवृत्तियाँ धीरे-धीरे ही बदलती हैं। वैसे परिवर्तित जीवन मूल्य इस संग्रह की प्रत्येक कहानी में झलकते हैं।

जिन्दा मुर्दे

'जिन्दा मुर्दे' कमलेश्वर का चतुर्थ कहानी संग्रह है, जो सन् 1969 ई. में प्रकाशित हुआ था। प्रस्तुत कहानी संग्रह में ग्यारह कहानियाँ संगृहीत हैं, जो निम्नवत हैं—

1. जार्ज पंचम की नाक, 2. स्मारक, 3. नाच, 4. शरीफ आदमी, 5. आत्मा अमर है, 6. ब्रांच लाइन का सफर, 7. अपने देश के लोग, 8. नया किसान, 9. भरेपूरे-अधूरे 10. अपने अजनबी देश में, 11. जिन्दा मुर्दे।

इस संग्रह में कमलेश्वर ने कहानियों में देश की वर्तमान स्थिति तथा राजनीतिक परिप्रेक्ष्य को पूर्णरूपेण उभारने का प्रयास किया है। कहने के लिए तो देश पूर्ण स्वतन्त्र है लेकिन राजनीतिक मूल्यों के साथ सामाजिक मूल्य भी परिवर्तित हुए हैं। आम आदमी पूँजीपतियों का

गुलाम बन चुका है। अंग्रेजों से पूँजीपतियों ने इस देश को मानो खरीद लिया है तभी तो प्रत्येक नियम उन्हीं के अनुकूल बनता है, उन्हीं के पक्ष में बनता है। इस संग्रह की प्रत्येक कहानी राजनीतिक क्षेत्र को तो अपनाये हुए है ही साथ ही पूँजीवादी व्यवस्था एवं मूल्यों के अवमूल्यन पर तीव्र व्यंग्य करती है। महानगरों में जहाँ मानव मूल्यों का ह्रास हुआ है, सामान्य व्यक्ति छटपटाहट भरा जीवन जीने हेतु मजबूर है। 'नाच' कहानी में भारतीय युवती की दशा का रेखांकन किया गया है—''लिली के घर की ओर जाते हुए तमाम बातें उसके दिमाग में आ रही थीं। जब मिस लिली पहली बार नौकरी के लिए उसके ऑफिस में आयी थी। वह पर्दे वाले कपड़े का स्कर्ट पहने थी। वैनिटी बैग का रंग उतरा हुआ था और सैंडिल की ऊँची एड़ी तरबूज के डंठल की तरह भीतर घुसी हुई थी। पुरानी सैंडिल पर नेकटाई जरूर बँधी हुई थी। तब उसके होठों पर न लिपिस्टिक की लाली थी और न चेहरे पर रूज-पाउडर का लेप। कैमरे के स्टैंड की तरह लम्बी-लम्बी अँगुलियाँ थीं और बैसाखी की तरह की टाँगें। पहली नजर में तो चन्द्रकान्त हताश हो गया था, पर मिस लिली की निगाहों में जो प्यार का सोता फूट रहा था उसे वह नजरअन्दाज नहीं कर पाया था...।''[5]

इतना ही नहीं जब लिली चन्द्रकान्त से डिक्टेशन लेने जाती है तो वह नितान्त प्रेम की गुड़िया ही बन जाती है तथा बजाय डिक्टेशन के वह नोटबुक पर चन्द्रकान्त के प्रति प्यार का समर्पण नोट लिखती है—''उसी के दूसरे रोज चन्द्रकान्त ने बड़े प्यार से उसे एक ख़त डिक्टेट करने के लिए बुलाया था। लिली साड़ी पहनकर आयी थी और बड़ी शोख़ी से डिक्टेशन लेती जा रही थी। चन्द्रकान्त भी बीच-बीच में उसे देखता रह जाता और बोला हुआ वाक्य भूल-भूल जाता था। जैसे-तैसे ख़त ख़त्म हुआ और अन्त में चन्द्रकान्त ने ख़त पढ़कर सुनाने के लिए कहा। लिली ने एक बार मुस्कराकर उसे देखा था और शार्टहैंड की कापी उसके सामने रखकर मुस्कराती हुई बाहर चली गयी थी। चन्द्रकान्त ने देखा, कापी में ख़त नहीं, प्यार के शोले धधक रहे थे। 'आयी लव यू इटैंसली। आयी कांट लिव विद-आउट यू! आयी सी यू इन माई ड्रीम्स!''[6] यह प्रेम बनावटी है, नारी के गिरे हुए चरित्र एवं स्वार्थ सिद्धि का प्रतीक है। आज के कार्यालयों के पतित व्यवहार का चित्रण भी कहा जा सकता है। इस प्रकार इस कहानी से मानव के चारित्रिक, सामाजिक, मानसिक मूल्य परिवर्तन की स्थिति स्पष्ट होती है। महानगरीय पूँजीवादी व्यवस्था में नैतिकता ह्रास का व्यंग्यपरक चित्रण इस कहानी में देखने को मिलता है।

इस कहानी संग्रह में 'जार्ज पचंम की नाक' कहानी संगृहीत है तथा यही कहानी 'खोई हुई दिशाएँ' कहानी संग्रह में भी है। इस कहानी की पुनरावृत्ति हुई है। 'जिन्दा मुर्दे' कहानी संग्रह की 'अपने अजनबी देश में', कहानी में सम्पूर्ण मानव मूल्य बलि पर चढ़ा दिये गये प्रतीत होते हैं। दीवानचन्द और भगवानचन्द जैसे पूँजीपतियों द्वारा 'अपने अजनबी देश में' कहानी मानो यह प्रतिपादित करती है कि देश को जन सेवकों के स्थान पर स्वार्थी व्यक्तियों की आवश्यकता है। इसका बड़ा ही मार्मिक चित्रण किया है।

'जिन्दा मुर्दे' व्यक्ति के व्यस्त जीवन की कहानी है। मानव आज के जीवन में यंत्र तुल्य बन चुका है जिसमें न चेतना है तथा न भाव, तभी तो असगर मियाँ एक मृत अफसर का साक्षात्कार लेते समय कहते हैं—''स्माइल प्लीज।'' यह कहते हुए उन्हें यह अहसास ही नहीं होता है कि वे एक मृतक की तस्वीर खींच रहे हैं। कमलेश्वर द्वारा यह तस्वीर तो वास्तव में शहर

के कार्यरत व्यस्त व्यक्तियों की खींची गयी है।

आज सम्पूर्ण राष्ट्र की कुछ यही दशा है, जहाँ मनुष्य वास्तविक करुण स्थिति को जीवन का प्रसाद मानकर भोगता जाए, उसके विरुद्ध उफ़ तक न करे तथा शोषण होता रहने दे। आज का राजनीतिक समाज यही चाहता है, तभी तो 'अपने देश के लोग' में दीनदयाल का ऑपरेशन इसलिए कराया जाता है कि उसके मस्तिष्क में जो वर्तमान व्यवस्था के प्रति विद्रोह है, वह दब जाए, समाप्त हो जाए तथा मिट जाए। अन्त में वह एक ऐसा व्यक्ति बना रहे, जो मात्र सरकार एवं पूँजीपतियों की हाँ में हाँ मिलाता रहे, उनकी जी-हुजूरी करता रहे तथा आँख मूँदकर उनका पिछलग्गू बना रहे।

'जिन्दा मुर्दे' कहानी संग्रह का प्रकाशन बाद में 'जार्ज पंचम की नाक' के नाम से भी प्रकाशित हुआ है। उसमें कहानियों का कथाक्रम एवं संख्या उतनी ही रखी गयी है, जो 'जिन्दा मुर्दे' कहानी संग्रह में थी। केवल नाम परिवर्तन के साथ ही यह कथा संग्रह प्रकाश में आया।

मांस का दरिया

'जिन्दा मुर्दे' कहानी संग्रह के प्रकाशनोपरान्त कमलेश्वर का अगला कथा संग्रह 'मांस का दरिया' नाम से सन् 1963-64 में प्रकाशित हुआ। इस कहानी संग्रह में बारह कहानियाँ हैं–

1. युद्ध, 2. तलाश, 3. मांस का दरिया, 4. दुःखों के रास्ते, 5. ऊपर उठता हुआ मकान, 6. जो लिखा नहीं जाता, 7. दूसरे, 8. दिल्ली में एक मौत, 9. फालतू आदमी, 10. कुछ नहीं, कोई नहीं, 11. नीली झील, 12. बदनाम बस्ती।

प्रस्तुत कहानी संग्रह 'मांस का दरिया' कमलेश्वर का इस प्रकार का कहानी संग्रह है, जिसमें व्यक्ति के अन्तर्मन की समस्याओं एवं समाज में व्याप्त भुखमरी जैसी आर्थिक समस्याओं को स्पष्ट रूप से खोल कर रखा गया है। नीली झील, मांस का दरिया, युद्ध एवं अन्य कहानियाँ समाज की आर्थिक स्थितियों को हमारे समक्ष प्रस्तुत करती हैं। 'दुःखों के रास्ते', 'जो लिखा नहीं जाता' कहानियों में मानव के बदलते हुए जीवन मूल्यों को प्रस्तुत किया गया है। प्रस्तुत कहानी संग्रह की कहानियों में प्रमुख हैं–तलाश, मांस का दरिया, नीली झील। ये कहानियाँ व्यक्ति के अन्तर्द्वन्द्व को अभिव्यक्त करती हैं। इन कहानियों में अभिव्यक्त पात्र चित्रण उस चरम यथार्थ तक पहुँच गये हैं, जो नैतिकता तथा धर्मानुसार तो अपराध और त्याज्य हैं पर उन्हें नकारा नहीं जा सकता है जैसे–'तलाश' कहानी की ममी का व्यक्तित्व है, जो भावनाओं में डूबता एवं उतराता रहता है। इसके बाद भी ममी सही निर्णय लेने में भी असमर्थ रहती है क्योंकि उसकी एक अठारह वर्षीया लड़की सुमी भी है। माँ-बेटी दोनों ही अन्तर्द्वन्द्व ग्रसित हैं। उनका द्वन्द्व उनको खाये डालता है। इस कहानी में बेटी अपनी उम्र से भी अधिक समझदारी दिखलाती है। वह भी एक प्रकार की ग्रन्थि से ग्रसित है, वह अपने दिवंगत पापा के अतिरिक्त अन्य कहीं किसी के प्रति आकृष्ट दिखाई नहीं देती।

'मांस का दरिया' कहानी में वेश्याओं के यथार्थ जीवन पर प्रकाश डाला गया है। वेश्याएँ सबको खुश करने की चेष्टा करती हैं तथा स्वयं दुःखी व पीड़ित रहती हैं क्योंकि इस संसार में उनका कोई सहारा नहीं। कारण यही है कि समाज में वेश्याएँ किसी से भी भावात्मक रूप

से नहीं जुड़ पाती हैं। उनके पास दैहिक शुचिता का अभाव है। इतने पर भी उनके मन में किसी एक की होने की भावना एवं लालसा सदा बनी रहती है।

'मांस का दरिया' कहानी की नायिका 'जुगनू' ऐसी ही वेश्या है जिसके शरीर का भोग तो सब ने किया लेकिन वह किसी एक की न हो सकी। वह अस्वस्थ हो जाती है तो उसके भोगे हुए शरीर की चिन्ता करने वाला कोई नहीं होता। जुगनू स्वयं भी अपने विषय में सोचती रहती थी—"बारजे पर बैठे-बैठे जब वह सोच में डूब जाती और बेसहारा पहाड़-सी जिन्दगी सामने फैल जाती, तब बहुत घबराती थी। आखिर क्या होगा ? वह तो दाने-दाने को मोहताज हो जाएगी। लँगड़ी घोड़ी की जिन्दगी वह कैसे जी पाएगी ?......क्या उसे भी मसजिद की सीढ़ियों पर बुर्क़ा पहनकर बैठना होगा और अल्लाह के नाम पर हाथ फैलाना होगा ? अख़्तरी की तरह.......बिहब्बों और चम्पा की तरह.......जी जब बहुत घबराता तो वह ज़हर खाने की बात सोचती.......या डूब मरने की। सैकड़ों मरद आये और गये........पर कोई एक ऐसा नहीं, जिसकी परछाईं तले उम्र कट जाए!"[7] वह आगे और गहनता से सोचती है—"जरा ज्यादा जान-पहचान तो उन्हीं से थी, जिनसे रुपये लिए थे। पर आसरा वहाँ भी नहीं था। किसका क्या भरोसा...कौन कहाँ चला जाए! उम्र के साथ सब लौट जाते हैं। जहाँ बाल-बच्चे बड़े हुए कि उनका आना-जाना बन्द। जहाँ उम्र ढली कि आदमी ने दूसरा शौक और शगल खोजा....तब कौन आएगा? पुरानी पहचानी शक्लें भी नहीं दिखाई देंगी। तब कितना अजीब और अकेला लगेगा!...बीते हुए वक्त में बैठकर जीना कितना तकलीफदेह होगा... ।"[8] उम्र ढलते वेश्याओं की क्या हालत होती है, यह बड़े ही अच्छे ढंग से कमलेश्वर ने अभिव्यक्त किया है।

'नीली झील' कहानी महेसा नामक एक आदर्श सौन्दर्यप्रिय व्यक्ति की कहानी है। वह पारबती की याद में मन्दिर अथवा धर्मशाला बनवाना चाहता है लेकिन नीलामी वाले दिन वह तीन हजार की बोली लगाकर चबूतरे के पास वाली ज़मीन नहीं, दलदली नीली झील खरीद लेता है। वह किसी को कोई जवाब नहीं दे पाता है कि उसने ऐसा क्यों किया? वह जहाँ सौन्दर्य देखता वहीं अटक जाता लेकिन वह बदचलन व्यक्ति नहीं था। उसकी यह सौन्दर्यप्रियता ही है जो मेम, पत्नी, पारबती तथा झील के चारों ओर घूमती रहती है।

'दुःखों के रास्ते', 'जो लिखा नहीं जाता' आदि कहानियों में स्त्री, पुरुषों के अनैतिक सम्बन्धों का चित्रण किया गया है। 'जो लिखा नहीं जाता' कहानी में सुदर्शना अपने पति महेन्द्र को छोड़कर चली आती है। सुदर्शना के पिता के मरने पर मातमपुर्सी के बहाने उसका पति महेन्द्र तथा प्रेमी दोनों पहुँचते हैं। सुदर्शना के पिता के मरने के बाद उसके जीवन में नितान्त अकेलापन भर जाता है। उसने चन्दर को पत्र लिखने की बात कहकर पता लिखा लिफ़ाफा भेजा जिसमें अलिखित मुड़ा हुआ सफेद कागज मात्र था। इसके अतिरिक्त और कुछ न था।

'युद्ध' और 'दूसरे' कहानी समाज की गिरी हुई आर्थिक स्थिति को अभिव्यक्त करने वाली है। इसके अतिरिक्त 'बदनाम बस्ती' कहानी देश के विभाजन के बाद की विरूपता को अभिव्यक्त करती है। इसमें हिन्दू-मुस्लिम दंगे, परिवारों का उजड़ना, अंग्रेजी शासन काल के दमन चक्र तथा परिवर्तित जीवन मूल्यों की स्पष्ट अभिव्यक्ति हुई है।

बयान

कहानीकार कमलेश्वर का 'बयान' कहानी संग्रह 'मांस का दरिया' कहानी संग्रह के बाद सन् 1972 ई. में प्रकाशित हुआ था। इस संग्रह में निम्नलिखित कहानियाँ संगृहीत हैं–

1. नागमणि, 2. बयान, 3. जोखिम, 4. लड़ाई, 5. लाश, 6. रातें, 7. ...या कुछ और, 8. अपना एकान्त, 9. मैं, 10. अजनबी, 11. दूसरी सुबह सूरज पश्चिम में निकला, 12. भूखे और नंगे लोग, 13. अकाल, 14. फटे पाल की नाव, 15. आसक्ति।

मुख्यरूपेण 'बयान' कहानी संग्रह में दो प्रकार के कथानकों की कहानियाँ मिलती हैं। एक तो वे कहानियाँ जिनमें व्यक्ति आजीविका के लिए भीषण संघर्षरत दिखाई देता है। अन्य प्रकार की वे कहानियाँ हैं, जिसमें व्यक्ति अपनी पहचान खोजता है तथा अपनी पूर्णता की तलाश करता हुआ मिलता है।

प्रस्तुत कहानी संग्रह की प्रमुख कहानियाँ हैं–बयान, नागमणि, जोखिम तथा लड़ाई। इन सब कहानियों में भ्रष्टाचार एवं भ्रष्ट राजनीति से परेशान आम जनता की कहानियाँ हैं। आज के समाज में प्रशासनिक वर्ग का प्रत्येक व्यक्ति पथभ्रष्ट है। ऐसे में कोई भी व्यक्ति अपने जीवन को ईमानदारीपूर्वक जीने हेतु प्रयत्न करने पर भी नहीं जी सकता है। वह चलते-चलते किसी प्रकार भ्रष्टाचार का शिकार हो जाता है।

प्रस्तुत संकलन की कहानी 'मैं' और 'दूसरी सुबह सूरज पश्चिम में निकला' कहानियों में महानगरीय जीवन की स्पष्ट झाँकी प्रस्तुत की गयी है। महानगरों में व्यक्ति, व्यक्ति न रहकर एक मशीन बन जाता है। प्रत्येक मानव का जीवन मशीनों से घिरा होता है, लेकिन अन्दर से दूसरी ओर संस्कारों से घिरे होने के कारण उसके जीवन में कसमसाहट भरी छटपटाहट मौजूद रहती है और वह इस जीवन से छूटने की 'मैं' कहानी में इसी प्रकार की पहचानहीनता की अभिव्यक्ति होती है।

'अजनबी' कहानी में एक अजनबी व्यक्ति महानगर में आकर भटक जाता है। वह बड़ी-बड़ी ऊँची इमारतों में अपने मित्र को नहीं ढूँढ़ पाता है। महानगरों की यही तो विशेषता है कि एक ही जगह पर कार्यरत लोग आपस में एक-दूसरे को नहीं पहचान पाते, वे एक-दूसरे के लिए अजनबी हैं। यह मानवीय मूल्य पतन की एक चिन्तनीय सीढ़ी ही कही जायेगी।

'दूसरी सुबह सूरज पश्चिम में निकला' कहानी में कहीं-कहीं महानगरीय जीवन के प्रति विद्रोह का आभास प्रकट होता है। इस कहानी के प्रमुख पात्र एक स्त्री एवं एक पुरुष मात्र दो हैं, जो रात्रि के दो बजे समुद्र के किनारे बैठे रहते हैं तथा उनकी आँखों के सामने जो डरावना दृश्य होता है, उसे वे मूकदर्शक की भाँति देखते रहते हैं।

'बयान' कहानी का फोटोग्राफर एक ईमानदार व्यक्ति था लेकिन इस शासन व्यवस्था में उसका जीना मुश्किल हो जाता है। ऐसे समय में मनुष्य के पास दो ही रास्ते रहते हैं–या तो वह स्वयं मरे अथवा अपने ईमान को मारे। इन दोनों स्थितियों में फोटोग्राफर अपने को मारना ही उचित समझता है तथा वह आत्महत्या कर लेता है। उसकी हत्या का कारण उसकी निर्दोष पत्नी को ठहराया जाता है, उस शासन को नहीं जिसके कारण फोटोग्राफर जैसे न जाने कितने

व्यक्ति स्वयं आत्महत्या करते होंगे। यह जीवन मूल्य पतन की चरम सीमा ही कही जाएगी।

'लड़ाई' कहानी में भी भ्रष्ट राजनीति की ही कहानी है। यहाँ प्रत्येक व्यक्ति मुखौटाधारी है तथा एक-दूसरे को फँसाने का प्रयत्न करता हुआ दृष्टिगोचर होता है। यही दशा 'लड़ाई' कहानी के नायक की है, जो अपने मन का प्रतिकार नहीं निकाल पाता है क्योंकि इस लोकतांत्रिक व्यवस्था में प्रत्येक व्यक्ति भ्रष्ट हो रहा है। यहाँ किस-किस से लड़ा जाए, पूरे का पूरा समाज ही मूल्यहीन हो गया है।

'रातें' कहानी पूँजीवादी व्यवस्था की बेरहमी की कहानी कहती है। समय आगे बढ़ता जाता है, पर पूँजीपति भी समय के साथ-साथ आगे बढ़ता रहता है। यही कारण है कि मगनलाल छगनलाल दारूवाला प्रत्येक रात को खरीदने का साहस रखता है। उसे किसी की मजबूरी, घुटन, टूटन की कोई चिन्ता नहीं। वह तो सिर्फ आगे रहना जानता है, अपने पैसे के बल पर। उसके पास अकूत धन है। पैसा बढ़ने के साथ उसकी उम्र स्थिरता को प्राप्त हो गयी है। कहानी में मानवीय जीवन मूल्य बेरहमी से कुचले गये हैं।

कमलेश्वर की 'नागमणि' कहानी भी भ्रष्ट राजनीति की कहानी है। 'नागमणि' कहानी का प्रमुख पात्र विश्वनाथ हिन्दी राष्ट्रभाषा का सच्चा प्रचारक है। वह राष्ट्रभाषा का प्रचार करने हेतु गाँव-गाँव में परिभ्रमण करता है लेकिन उसके इस प्रयास का भ्रष्ट राजनीति के कारण कोई सफल परिणाम नहीं निकल पाता है। वह अपने आदर्शों को राजनीति के समक्ष घुटने टेकते हुए देखता है तो उसकी मनोदशा पूर्णरूपेण बिगड़ जाती है तथा वह पागल हो जाता है। विश्वनाथ के पागल होने से प्रस्तुत कहानी यह प्रतिपादित करती है कि आज जो सत्ताधारी हैं, वे ही फल फूल रहे हैं। जनसामान्य को तो सिर्फ मूर्ख ही बनाया जाता है।

'लाश' कहानी में प्रजातन्त्र के बिखरे हुए मानदण्डों की सफल अभिव्यक्ति कमलेश्वर ने की है। शासन का कुचक्र देखकर कमलेश्वर का हृदय अन्दर तक दहल जाता है। हमारे देश में प्रजातन्त्र के लिए देशवासियों ने सुन्दर एवं सुखद स्वप्न देखे थे, वे सभी टूटकर बिखर गये। जनजीवन में भी बिखराव आ गया। मानव जीवन स्पन्दनहीन एवं जड़ हो गया।

कमलेश्वर कृत 'भूखे और नंगे लोग' कहानी में मानव को आर्थिक अभाव में जीते हुए देखा जा सकता है। प्रस्तुत कहानी का घटना स्थल कश्मीर है, इसमें मजदूर 'कमाला' और सिपाही ही नहीं वरन् चित्रकर्मी महिला भी दमित भावनाओं से पीड़ित दिखाई देती है।

कमलेश्वर की 'अकाल' कहानी साधारण परिवेश को लिए हुए है। 'आसक्ति' कहानी बेरोजगार भाई एवं नौकरी करती हुई बहन की कहानी है। प्रस्तुत कहानी देश में व्याप्त बेरोजगारी की समस्या एवं उसके परिणामों को उजागर करती है। भाई विनोद बेरोज़गार है, इसलिए उसे अपनी बहन सुजाता के साथ ही रहना पड़ता है लेकिन समाज की कुत्सित मानसिकता इस समस्या को नकारती हुई भाई-बहन के पवित्र रिश्ते तक पर कीचड़ उछालती है। इस कारण भाई-बहन के रिश्तों में एक खिंचाव आ जाता है, जिससे भाई को कभी-कभी पूरी रात्रि ही घर से बाहर व्यतीत करनी पड़ती है। यह शिक्षित युवा वर्ग की कहानी है, जो बेरोज़गार है तथा जिसके कारण वे अपने आप ही हीन बन जाते हैं। बेरोज़गारी में सामाजिक मूल्य गिरावट किस स्तर

तक हो सकती है, इसका संकेत 'आसक्ति' कहानी में मिलता है।

मेरी प्रिय कहानियाँ

कमलेश्वर का अगला कहानी संग्रह है– 'मेरी प्रिय कहानियाँ' जो सन् 1972 ई. में प्रकाशित हुआ। इस कहानी संग्रह में निम्नलिखित नौ कहानियाँ संगृहीत हैं–

1. राजा निरबंसिया, 2. खोयी हुई दिशाएँ, 3. गर्मियों के दिन, 4. बयान, 5. मांस का दरिया, 6. नीली झील, 7. नागमणि, 8. तलाश, 9. आसक्ति।

कमलेश्वर की ये कहानियाँ उनके किसी न किसी संग्रह में समादिष्ट हैं। इस संग्रह में इन कहानियों की पुनरावृत्ति ही हुई है। अतः इनके मूल्य परिवर्तन की चर्चा भी पुनरावृत्ति ही होगी क्योंकि इस विषय में पूर्व में लिखा जा चुका है।

श्रेष्ठ कहानियाँ

'श्रेष्ठ कहानियाँ' नाम से कमलेश्वर का अगला कहानी संग्रह है। इस संग्रह में कमलेश्वर की चयनित कहानियाँ संगृहीत हैं, जो इससे पूर्व के संग्रहों में प्रकाशित हो चुकी हैं। इस संग्रह में निम्नलिखित सात कहानियाँ समाहित हैं–

1. साँप, 2. राजा निरबंसिया, 3. कुछ नहीं, कोई नहीं, 4. देवा की माँ, 5. नीली झील, 6. गर्मियों के दिन, 7. खोयी हुई दिशाएँ।

यहाँ इन कहानियों में मूल्य विश्लेषण विषयक चर्चा पुनरुक्ति के कारण अनुपयुक्त ही होगी। पुरस्कृत कहानी संग्रह 'गुलमोहर फिर खिलेगा' का सम्पादन कमलेश्वर द्वारा किया गया है।

निष्कर्षरूपेण यह कहा जा सकता है कि कमलेश्वर की कहानियों में सामाजिक, राजनीतिक, आर्थिक तथा मनोवैज्ञानिक कारणों से जहाँ सामाजिक मूल्यों में परिवर्तन आया है, वहीं पात्र प्राचीन रूढ़ियों एवं संस्कारों से भी कहीं बहुत गहरे जुड़ा हुआ है। मूल्यों का अन्तस्संघर्ष भी दिखलाई पड़ता है। नारी स्वभाव परिवर्तित हुआ है, मूल्य विघटन में अधिकता दिखाई देती है। मूल्यों का यह विघटन वैयक्तिक एवं सामाजिक दोनों स्तरों पर ही द्रष्टव्य है।

'मांस का दरिया' कहानी यौन स्वच्छन्दता एवं वेश्या के खुले व्यवहार को प्रस्तुत करती है। लेखक को यौन सम्बन्ध वार्ता चित्रण में जरा भी संकोच नहीं है। कहानियों में परम्परागत भूल्यों का विघटन भी दृष्टिगोचर होता है। कथाकार का वर्णन सच्चाई पर आधारित है। पारिवारिक सम्बन्धों में टूटन, विघटन एवं बिखराव को भी अभिव्यक्ति मिली है। कमलेश्वर के कथा-साहित्य में पारिवारिक तनाव के कारण यौन मूल्य भी विघटित हुए हैं। इनकी कहानियों में सम्बन्धों के विघटन एवं मूल्यों के संकटों को निरपेक्ष भाव से स्वीकारा जा सकता है। कमलेश्वर ने अपनी कहानियों में नये मूल्यों की खोज का प्रयास भी किया है। उन्होंने प्रेम, यौन सम्बन्ध, धर्म, जाति-पाँति, नैतिकता आदि को यथार्थ के धरातल पर देखने की चेष्टा की है और मूल्यवादी दृष्टिकोण से ही जाँचा परखा है। अतः वह मूल्यवादी पवित्र दृष्टि से ही परम्परा एवं आधुनिकता की ओर झुका हुआ दिखाई देता है।

(ख) समकालीन कथाकारों के सन्दर्भ में कमलेश्वर

सन् 1965 ई. के प्रारम्भ में प्रकाशित नयी कहानियों के विशेषांकों में दूधनाथ सिंह, प्रयाग शुक्ल, रवीन्द्र कालिया, पानू खोलिया, सुशील कुमार, अमरेन्दु भ्रमर, अवध नारायण सिंह, देवेन गुप्ता, प्रेम कपूर, गिरिराज किशोर, राम नारायण शुक्ल, ज्ञान रंजन, सुदर्शन चोपड़ा, हरिप्रकाश, से.रा. यात्री, एस. लाल, सुन्दर लोहिया, अवध नारायण मुद्गल, कुणाल श्रीवास्तव, प्रदीप पन्त, महेन्द्र भल्ला, मेहरून्निसा परवेज, अमिता आलेख, भीमसेन त्यागी, हरिवंश कश्यप, कामता नाथ तथा कमलेश्वर को प्रस्तुत किया गया है।

सन् 1966 ई. में समकालीन कथाकारों के रूप में अन्य कुछ नाम जुड़े जिनमें गंगा प्रसाद विमल, आलोक शर्मा आदि थे। इसी वर्ष प्रकाशित अणिमा के सातवें दशक के कहानी विशेषांक में प्रबोध कुमार, विजय चौहान, काशीनाथ सिंह, सुधा अरोड़ा, अतुल भारद्वाज, विजय मोहन सिंह, ममता कालिया, परेश, इसराइल, गौरी शंकर कपूर तथा मनहर चौहान आदि के नाम भी जुड़ गये।

सन् 1968 ई. 'विकल्प' कथा-साहित्य विशेषांक में इस सूची में गोविन्द मिश्र, रमेश चन्द्र शाह, बटरोही, रमेश उपाध्याय, परमानन्द श्रीवास्तव, सुरेश सिन्हा, निरूपमा सेबती, इन्द्रमणि, भूपेन्द्र तथा अबोध आदि के नाम और बढ़ गये।

सन् 1969-70 ई. में विश्वेश्वर, मधुकर सिंह, नरेन्द्र कोहली, डॉ. माहेश्वर, विष्णु चन्द्र शर्मा, वीरेन्द्र डंगवाल, वीभू कुमार, श्याम व्यास, प्रमोद सिन्हा, अरविन्द सक्सेना, सुदीप, वीरेन्द्र, दीपक, उर्मिल थपलियाल, सिद्धेश, मलय, अशोक अग्रवाल, वर्तिका अग्रवाल, मो.ना. गोलारी, रवीन्द्र वर्मा, सुरेश वर्मा, मणि मधुकर, दामोदर सदन, शीला रोहकर, श्री हर्ष, सतीश जमाली, प्रकाश बाथम, प्रभात मित्तल, मंगलेश डबराल, विलास गुप्त, जितेन्द्र कुमार मित्तल, वदी उज्जमा, मृणाल पाण्डेय, अशोक आत्रेय, दिनेश पालीवाल, अमर गोस्वामी, अफरोजं शाहीन, देवेन्द्र उपाध्याय आदि के नाम भी समकालीन कहानीकारों की श्रेणी में आ गये।

सन् 1972 तक प्रकाशित कहानीकारों में इन कहानीकारों के नाम और जुड़ गये- प्रणव कुमार वन्दोपाध्याय, सुशील कुमार, स्वदेश दीपक, सुरेन्द्र प्रकाश, लीला अवस्थी, देवकी अग्रवाल, अशोक सेक्सरिया, अक्षय जैन, प्रताप जैन, संजीत कपूर, जगदीश डल्लारा, आशीष सिन्हा, लोकेन्द्र, ध्रुव जायसवाल, कान्ता सिन्हा, सतीश वर्मा, इन्द्राणी, सत्येन, नित्यानन्द, परमजीत, ब्रजेश्वर मदान, आलम शाह खान, श्रवण कुमार तथा मंजु सिन्हा आदि।

सन् 1975 के आते-आते इस सूची में इन कहानीकारों के नामों की और वृद्धि हो गयी—राजेन्द्र राव, दीप्ति खण्डेलवाल, विनोद शाही, धनराज चौधरी, अहमद खालिद नदीम, ज्योत्स्ना मिलन, ईश्वर चन्दर, ब्रह्मदत्त, मीरा देशपाण्डेय, पंकज बिष्ट, दीपचन्द्र बिहारी, कैलाश शाह आदि। इनमें से कुछ कहानीकार तो चर्चित हुए तथा कुछ अच्छा लिखने के बाद भी अचर्चित ही रहे। चर्चित समकालीन कथाकार जो साथ ही सफल भी कहे जाते हैं, उनकी हम संक्षिप्त चर्चा इस प्रकार कर सकते हैं—

अमरकान्त : नयी-कहानी के दौर में अनेक कलावादी रचनाकारों के सामने अमरकान्त की

कहानियों को विशेष महत्त्व नहीं दिया गय। लेकिन बीस-पच्चीस वर्षों के अन्तराल में ही उनकी कहानियों की पहचान तमाम चमत्कारपूर्ण कहानियों के समक्ष अधिक सार्थक एवं स्पष्ट प्रमाणित हुई। इसका कारण भी स्पष्ट ही है कि अमरकान्त की कहानियों के पात्र पीड़ा के मूक भोक्ता नहीं रहे। उनकी कहानियों ने मात्र रूढ़ियों को तोड़ा ही नहीं है वरन् मानव को नव सूर्य के प्रकाश से सुपरिचित भी कराया है।

अमरकान्त की कहानियाँ निम्न मध्यवर्गीय परिवार के आन्तरिक तनाव की कहानियाँ हैं। इनकी कहानियों में न तो अतीत का मोह है और न भविष्य की रंगीन आशा है वरन् इनमें वर्तमान जटिलताओं के प्रति एक विवेकपूर्ण प्रश्न है। समकालीन निम्न मध्यवर्गीय परिवेश के प्रति आलोचनात्मक दृष्टिकोण से ही अमरकान्त की कहानियाँ समर्थ एवं सार्थक बनती हैं। इनकी कहानियों का रचना संसार अति विस्तृत एवं व्यापक है। इनकी कहानियों में अत्यधिक साधारण स्थिति वाले नवयुवक अति महत्वाकांक्षी हैं, जो अभिशप्त जीवन जीने को विवश हैं। इनमें शासन, सरकार एवं सम्पूर्ण व्यवस्था का बोझ उठाये मन्त्री एवं नेतागण हैं। अमरकान्त की कहानियाँ अति सुन्दरता के साथ इस तथ्य को स्पष्ट करती हैं कि वर्तमान समाज व्यवस्था मानवीय मूल्यों को विनष्ट ही नहीं करती उनमें विपर्यय भी उत्पन्न करती है तथा यही व्यवस्था मानव को कैसे भी मूल्यों में आस्था एवं विश्वास के बदले उसे ऐसी चतुराई दे देती है कि आदमी स्थितियों का उपयोग बड़ी ही कुशलता के साथ अपने पक्ष में कर लेता है। अमरकान्त की कहानियों में ऐसी सामाजिक व्यवस्था दर्शायी गयी है, जहाँ मानव मूल्य परस्पर संघर्षरत हैं और मानव मूल्यों के इस चतुर्दिक संघर्ष में सब नहीं परन्तु वे हारते हैं, जिन्हें विजय प्राप्त करनीं चाहिए तथा विजय वे प्राप्त करते हैं, जो अपनी विशेषताओं एवं क्षमताओं के बल पर नहीं वरन् किन्हीं अन्य कारणों से उसे प्राप्त करने हेतु प्रयत्नशील रहते हैं। अपनी इन परिवेशीय विसंगतियों को अमरकान्त सदैव अत्यधिक पैनी दृष्टि से देखते हैं तथा उनकी कहानियों की यह तीखी सामाजिक चेतना ही उन्हें उनकी पीढ़ी के बहुत से अन्य लेखकों से पृथक कर देती है।

अमरकान्त की कहानियाँ शिल्प की दिखावट से दूर हैं। उनकी कहानियों में जीवन की सशक्तता बोलती है। वे चौंका देने की प्रवृत्ति नहीं अपनाते हैं, वे कलाबाज़ियों से दूर हैं। उनके शिल्प में सीधापन, सहजता, यथार्थता तथा सत्यान्वेषण है। इन सबके कारण ही उनकी कहानियाँ सफल हैं। वे अपने आप में हिन्दी की एक महान उपलब्धि बन चुके हैं। उनकी कहानियों में प्रेमचन्द जैसी मानवीय संवेदना को मुखरित करने का सार्थक प्रयास हुआ है।

कमलेश्वर : 'आईने के सामने' कमलेश्वर ने जो तस्वीर पेश की है, वह एक ऐसे व्यक्ति की है, जो चेहरे से बड़ा नाज़नीन है। 'कॉम्पलेक्सेस' से भरपूर है। दिल का बहुत कमज़ोर है। हर आने वाले संकट या मजबूरी से घबराकर या तो वह भाग जाता है या रोने बैठ जाता है। हर बात पर उसका मोह भंग हो जाता है तथा प्रत्येक घटना पर उसका अपमान। अन्य आदमियों की आस्था से उसे आस्था प्राप्त होती है। अपनी स्वयं की उसकी कोई आस्था नहीं, मन का भावुक, बुद्धि का अस्थिर। वस्तुतः कमलेश्वर द्वारा दी गयी जीवन की अपनी ही रेखाओं के आधार पर उनका 'साइको अनालिसिस' किया जाय तो संघर्षों के बीच जूझने की ताकत उसमें नहीं है। माता-पिता द्वारा दिए हुए 'वैष्णव संस्कारों'[9] के माध्यम से ही वह सन्दर्भों के बीच

सान्त्वना ढूँढ़ता है। "मुझे लगा था कि यह दुनिया मेरी नहीं है। हर रास्ते पर 'नो एण्ट्री' के बोर्ड थे और हर कदम पर कँटीले तारों के घेरे थे। मैं भाग खड़ा हुआ था अपने छोटे से कस्बे की ओर, जहाँ सारे मानसिक अपमान और हीनता के बावजूद लोगों की आँखों में पहचान दिखाई देती थी।"[10]

कमलेश्वर मूलरूपेण कस्बाई मनोवृत्तिधारी कहानीकार हैं। वे अपने विषय में इस बात को स्वयं ही स्वीकार करते हुए कहते हैं कि—"मैं उस छोटे से कस्बे मैनपुरी का आभारी हूँ, जहाँ का धूल धक्कड़ और जिन्दगी के कोलाहल से भरा पूरा उदास किन्तु मोहक वातावरण मेरी अनुभूतियों को नये-नये रंगों में रँगता रहा।" लेकिन बाद की कहानियों में उनकी यह मनोवृत्ति पूर्णरूपेण बदल गयी। कमलेश्वर की कहानियों में विशदता एवं विराटता का बोध विविध पक्षों का संस्पर्श तथा यथार्थ पाकर अभिव्यक्त हुआ है। 'राजा निरबंसिया' कहानी में कहानीकार ने अपने परिवेश एवं वातावरण में आधुनिक मूल्यों की खोज की है। उसमें जीवन की त्रासदी उभरकर आयी है। 'जिन्दा मुर्दे' में व्यंग्यपरक शैली के माध्यम से वर्ग-कुंठा, वर्जना, हताशा एवं आर्थिक वैषम्य का सम्यक् चित्रण संवेदनशीलता के साथ अभिव्यक्त हुआ है।

कहानीकार ने आधुनिक जीवन के परिवेश की कृत्रिमता एवं खोखलेपन का पर्दाफाश करने में उसे यथार्थ दृष्टि प्रदान करने में कुछ भी उठा नहीं रखा है। वास्तव में देखा जाय तो उनकी कहानियाँ निष्कर्ष प्रधान हैं। चिन्तन उनमें दबा-दबा सा प्रतीत होता है तथा बौद्धिकता लादी हुई-सी प्रतीत होती है। इस प्रकार उनकी कहानियाँ किन्हीं आग्रहों से बँधी हुई कहानियाँ नहीं हैं। वे प्रवृत्तियों पर आधारित हैं, जो जीवन यथार्थ के मूल स्रोत से निस्रित हैं। उनकी कहानियों का यह यथार्थ निम्न एवं निम्न मध्यवर्ग में समाहित है, जो अपने जीवन में आज के दुर्दान्त संकट को जाने अनजाने झेल रहा है। जीवन को वहन करने वाला व्यक्ति ही कमलेश्वर की कहानियों का केन्द्र बिन्दु है, जिससे किसी तीसरे उपजीवी का प्रवेश न हो क्योंकि उस उपजीवी ने ही अपने झूठे आभिजात्य को अस्त्र बनाकर उस विराट वर्ग की नैतिकता एवं मानवीयता को और भी अधिक जर्जरित बनाया। आर्थिक रूप से विपन्न परिस्थितियों एवं परिवेश में जकड़े, रूढ़ियों में फँसे विराट मानव समुदाय हेतु एक व्यक्तिवादी नैतिक संकट खड़ा कर दिया था, जिसमें प्रत्येक स्त्री को अपने लिए ड्राइंगरूम में अकेला खड़ा देखना चाहा था।

कमलेश्वर ने इस तथ्य को पहचानकर ही इनसे बचकर अपनी यथार्थपरक कहानियों के माध्यम से उन केन्द्रीय पात्रों की तलाश की है, जो विभिन्न स्तरों को वहन करने की शक्ति रखते हैं। इससे यह स्पष्ट प्रतीत होता है कि कमलेश्वर के मन में एक अन्तर्द्वन्द्व है। उन्होंने यह अनुभव किया है कि परिवर्तनशील परिवेश में जहाँ मूल्यों का संकट आ गया है, आस्थाएँ पूर्णरूप से बदल रही हैं, निराशा एवं कुंठा का जंगल पनप चुका है, वहाँ लेखक का कार्य नाजुक हो जाता है। अतः कमलेश्वर ने उस स्थिति को बड़े ही धैर्य के साथ सहते हुए अनुभव के स्तर पर संवेदनात्मक रूप में कहा है। वे जीवन से प्रतिबद्ध हैं। टूटते, गिरते तथा अकुलाते मनुष्य में इन्होंने विश्वास के उच्च भाव भरे हैं।

आधुनिक संचेतना उनकी कहानियों में पूर्णरूपेण उभरी व प्रकाशित हुई है। रूढ़ियों के प्रति तिरस्कार एवं विद्रोह के साथ नवीन मानव मूल्यों की स्थापना की आकुलता एवं परिवर्तन की

बेबसी उनकी कहानियों में सुगुम्फित है। इनकी अधिकांश कहानियों में जीवन की अनेक विसंगतियों की, जो दिल्ली जैसे बड़े शहर में ही नहीं, छोटे शहरों और कस्बों में भी देखी जा सकती हैं, व्यंग्यात्मक रूप में प्रस्तुति की गयी है। कमलेश्वर एक ऐसे कहानीकार हैं, जिनके यहाँ हिन्दी कहानी की पूरी यात्रा हुई है। इसमें लगभग प्रत्येक मोड़ की प्रतिनिधि कहानी प्राप्त हो सकती है। आठवें दशक में 'समान्तर कहानी' का नवीन मोड़ इनके ही प्रयास से 'सारिका' पत्रिका के माध्यम से उभरकर प्रकाश में आया था।

कमलेश्वर की कहानियों में विशदता है, विराटता का बोध है, जीवन के विविध पक्षों का संस्पर्श कर यथार्थ अभिव्यक्ति देने का आग्रह है तथा आधुनिक भावबोध को स्पष्ट कर देने की सबल शक्ति सम्पन्नता है। 'पानी की तसवीर', 'उड़ती हुई धूल', 'नीली झील', 'देवा की माँ', 'कस्बे का आदमी', 'खोयी हुई दिशाएँ', 'जार्ज पंचम की नाक', 'तलाश', 'दिल्ली में एक मौत', 'एक रुकी हुई जिन्दगी', 'ऊपर उठता हुआ मकान', 'जो लिखा नहीं जाता', 'मांस का दरिया' आदि कहानियाँ उपर्युक्त कथन को सत्यापित करती हैं।

कमलेश्वर एक ऐसे कहानीकार हैं, जिन्होंने हिन्दी को अनेक नयी, स्वस्थ, सजीव तथा रचनात्मक कहानियाँ प्रदान करने का श्रेय प्राप्त किया है। लोक कथात्मक पृष्ठभूमि पर लिखित 'राजा निरबंसिया' कहानी कथ्य एवं शिल्प की दृष्टि से अपूर्व कहानी है। 'कस्बे का आदमी' कहानी आधुनिक सामाजिक यथार्थ एवं समग्रता के साथ पूर्ण संवेदना पर आधारित है। 'खोयी हुई दिशाएँ' महानगरीय जीवन के एकाकीपन, ऊब, रिक्तता एवं यान्त्रिकता को अभिव्यक्त करती हुई सफल कहानी है। इसमें आधुनिक शिक्षा पद्धति पर भी व्यंग्य किया गया है तथा प्रेम करने की विवशता को भी उद्घाटित किया गया है। परायेपन एवं निरर्थकता का अहसास कराने में भी यह कहानी पूर्ण सफल हुई है। यहाँ सब पराये हैं, यहाँ सब अपना है, अपने देश का है...पर कुछ भी तो अपना नहीं है। नगरीय जीवन में इस परायेपन की अभिव्यक्ति प्रभावात्मकता के साथ 'दिल्ली में एक मौत' में भी स्पष्ट रूप से हुई है।

दिल्ली जाने के पश्चात् इनकी कहानियों में एक नवीन दिशा तथा यथार्थ को पकड़ने की शक्ति दिखाई देती है। आज की आधुनिकता के बारीक से बारीक रेशों को, बदलते हुए सामाजिक सन्दर्भों में समकालीन युगबोध के विविध आयामों को स्पष्ट रूप से अभिव्यक्त करने तथा लेखकीय प्रतिबद्धता एवं सामाजिक दायित्व का निर्वाह करने में अपनी अहम भूमिका निभाई है। कमलेश्वर के लिए जनवादी भावनाओं अथवा प्रगतिशील दृष्टिकोण का उतना महत्त्व नहीं है जितना कि व्यक्ति एवं उसके अस्तित्व का लगता है। आधुनिक कहानीकारों को कामू, सार्त्र तथा काफ्का आदि ने प्रभावित किया है। उस प्रभाव से हमारे कमलेश्वर भी नहीं बच पाये हैं। इसी से ऐसा प्रतीत होता है कि व्यक्ति के अहं अथवा निजत्व तथा आत्मपरक दृष्टिकोण के प्रति, उनका सृजनशील मन आग्रही हो उठा है। इस विश्वास को पुष्ट करने वाली कमलेश्वर की 'तलाश', 'मांस का दरिया', 'ऊपर उठता मकान', 'दुःखों के रास्ते' आदि कहानियाँ प्रमाण स्वरूप रखी जा सकती हैं।

काशीनाथ सिंह : काशीनाथ सिंह आज के अन्तर्विरोधों से परिपूर्ण वास्तविकता को अतिशय तीक्ष्ण अभिव्यक्ति देने की दिशा में विशिष्ट प्रयोग करने वाले कहानीकार हैं। काशीनाथ सिंह

ने कहानी 'लोग बिस्तरों पर' में आज की स्थूल परिस्थितियों व अन्तर्वर्ती ध्वनियों को पकड़ने की ईमानदार कोशिश की है, जिसमें उनका गहन अनुभव छिपा है। उनमें परिवेश के संक्रान्त जीवन को विविध दृष्टिकोणों से परखने की अद्भुत क्षमता है। उन्होंने इस परखने के प्रयास में कभी-कभी कलात्मकता एवं शिल्प को प्रमुखता दे दी है।

'लोग बिस्तरों पर', 'चाय घर में मृत्यु' तथा 'आदमी का आदमी' ऐसी ही कहानियाँ हैं जिनमें शिल्प एवं कलात्मकता उभरती हुई प्रतीत होती है। 'तीन काल कथा', 'सुधीर घोषाल', 'सुबह का डर' आदि कहानियाँ अपने कथ्य एवं शिल्प दोनों में ही उत्कृष्टता को चूमती हैं। काशीनाथ सिंह परिवेश एवं व्यक्ति को लेकर व्यंग्य को कई ढंगों एवं सामर्थ्य से प्रस्तुत करते हैं। कभी फैंटेसी, सहज हास्य, जीवन की कटुता तथा कभी मानवीय अज्ञान उनके गहन व्यंग्य का विधायक बनता है। काशीनाथ सिंह की कहानियों के पात्र जीवन से पलायन नहीं करते वरन् लड़ने के लिए जुझारू शक्ति सम्पन्न दिखाई देते हैं। इनकी कहानियाँ इतिवृत्तात्मकता से दूर हैं, उनमें काव्यात्मक संवेदना है। इनमें काव्यात्मकता के बिम्ब पैबन्द नहीं वरन् वे कहानियों के अंग प्रत्यंग हैं। इनकी कहानियों में 'जंगल', 'कस्बा', 'पलँग' तथा 'लाश' जीवन स्पन्दन भरे मानव सहजता के प्रतीक हैं। इन कहानियों में सपाटता का अभाव है फिर भी इनमें दुर्बोधता नहीं है। इनकी भाषा हमारे संस्कारों की पर्तें उधेड़ने वाली है।

कृष्ण बलदेव वैद : कृष्ण बलदेव वैद भी आधुनिक-संवेदना के प्रमुख कहानीकारों में से एक हैं। इनकी प्रमुख कहानियाँ हैं—'अजनबी शैडोज', 'मेरा दुश्मन', 'मरी हुई मछली', 'अगर मैं आज' तथा 'रात' आदि हैं। वैद की अधिकांश कहानियाँ व्यंग्यपूर्ण सतही कहानियाँ हैं। इनकी कुछ कहानियाँ मात्र संभोग चित्रों को उभारने के लिए लिखी गयी हैं जैसे— 'दूसरे का बिस्तर'। इसमें स्वल्प मनोविज्ञान के अतिरिक्त कुछ भी नहीं। इनकी कहानियों का कथानक उलझा हुआ दिखलाई देता है जिससे वे प्रभावहीन प्रतीत होती हैं। इनकी प्रारम्भिक प्रेम कहानियाँ संकोचपूर्ण हैं। कृष्ण बलदेव की कहानियों को कविता की भाँति पढ़ा जाए तो भी कोई अन्तर नहीं और स्वयं कहानीकार को भी इसमें कोई आपत्ति नहीं होगी। उनकी कहानियाँ कहानी के पाठक की दृष्टि से नहीं लिखी जाती हैं।

वे भाषा के साथ खिलवाड़ करते हैं, उसे गम्भीरता से नहीं लेते। कहानीकार कृष्ण बलदेव की कहानियों की विशेषता यह है कि उनके पात्र नग्न हैं। वे चाहे बिस्तर पर हों अथवा बाथरूम में, बातचीत कर रहे हों या सड़क पर हों, आध्यात्मिक दृष्टि से ही नहीं शारीरिक अर्थ में भी वे नग्न हैं। मानवीय सम्बन्धों को निरावरण देखना ही इनकी कहानियों का सरोकार बन गया है। वैद की कहानियों के पात्र अपना परदा बनाये रखकर दूसरे का परदा उठाना चाहते हैं। इनकी कहानियों में स्त्री-पुरुषों का व्यक्तित्व आक्रामक है। वे केवल स्वत्व रक्षा की लड़ाई नहीं लड़ते वरन् दूसरे के स्वत्व का अपहरण करने हेतु व्यग्र हैं। उनका द्वन्द्व अस्मिता की खोज नहीं अस्मिता का संहार है। ऊपरी तौर पर यह लड़ाई जिस्मानी है लेकिन जिस्म की आड़ में यह लड़ाई एक दूसरी ही है। भावुकता, रूमानी प्रेम, जीवन से सम्बद्ध किशोर कल्पना व मानवीय अभिव्यक्ति का मखौल उड़ाने में वैद को आनन्द मिलता है। उनका आग्रह जीवन से मुठभेड़ है। अचला, चंबेली, सिंथिया तथा अन्य बहुत सी गुमनाम स्त्रियाँ वैद की कहानियों में अनेक रूपों में पायी

जाती हैं।

वैद की कहानियों में एक प्रकार का त्रिकोण है, जो फिल्मी त्रिकोण नहीं है। एक उपस्थित स्त्री, एक अनुपस्थित स्त्री तथा एक पुरुष का त्रिकोण। अनुपस्थित स्त्री अतीत की तरह, जिसे भुलाया नहीं जा सकता, उपस्थित है। उपस्थित स्त्री स्थिर नहीं, पकड़ से बाहर है तथा पुरुष केवल चेतना का वाहक है। यह एक अभिशप्त स्थिति है। इस पर एक अच्छे नाटक का सृजन हो सकता है लेकिन वे कोई ऐसा नाटक नहीं रचते। वे तो इस नाटकीय स्थिति की खिल्ली उड़ाते हुए प्रतीत होते हैं। वैद के कथा नायकों की बहस दूसरों से नहीं अपने आप से है। 'मेरा क्या होगा' तथा 'लापता' के दो पुरुष पात्र एक ही पात्र के दो पहलू हैं, जो घृणा एवं प्रेम की धूप-छाया के द्वारा एक-दूसरे को खोजने में लगे हुए हैं। वैद पाठक से सीधे-सीधे प्रश्न करते हैं लेकिन वे यह नहीं सोच पाते कि उनके प्रश्न को पाठक समझ रहा है अथवा नहीं।

वास्तव में वैद का झगड़ा तो भाषा से है, वे भाषा को अपर्याप्त मानकर उसे झकझोरते, मरोड़ते तथा नंगा करते हैं। अपनी कहानियों की नायिकाओं की भाँति उसके बाह्य सौन्दर्य को नहीं आन्तरिक सौन्दर्य को देखना चाहते हैं।

गंगा प्रसाद विमल : गंगा प्रसाद विमल ऐसे कहानीकार हैं, जिनकी अधिकतर कहानियाँ बदलती मानसिकता, जीवन की विद्रूपता तथा निरर्थकता को रूपायित करती हैं। व्यंग्य के साथ-साथ फैंटेसी के द्वारा लेखक ने यथार्थ का पूर्ण ईमानदारी के साथ चित्रण किया है। 'प्रेत' एवं 'धूप का किस्सा' कहानियों में यह स्थिति स्पष्ट रूप से मिलती है। कहानीकार ने कहानियों में यथार्थ को उभारा है। एक मनःस्थिति से प्रारम्भ हुई कहानी उसी क्षण की अनुभूति में समाप्त हो जाती है। 'कोई शुरुआत', 'शीर्षकहीन', 'नाटक अधूरा', 'झूठ', 'विध्वंस', 'एक बीच की दरार' तथा 'अभिशाप' ऐसी ही कहानियाँ हैं। 'प्रश्न चिन्ह' और 'अतीत राग' उनकी सशक्त कहानियाँ हैं, जिनसे कहानीकार गंगा प्रसाद विमल की कहानी कला सामर्थ्य का सुपरिचय प्राप्त होता है।

गिरिराज किशोर : कहानीकार गिरिराज किशोर की कहानियाँ संघर्ष से भरी हुई हैं। यह संघर्ष आज के आदमी का संघर्ष है, जिसे वह सहज रूप में स्वीकार रहा है। इनकी कहानियाँ दो प्रकार की हैं– प्रथम वर्ग राजनीतिक कहानियों का है, जिनमें भ्रष्टाचारजनित अव्यवस्था, पद लोलुपता तथा स्वार्थी प्रवृत्तियाँ हैं। अन्य वर्ग की कहानियों में पारिश्रमिक विघटन तथा प्रेम समस्याएँ वर्णित हैं। इनकी सशक्त कहानियाँ राजनीतिक दाँवपेंचों में फँसे आम आदमी की घुटन को प्रकट करती हैं। 'पेपरवेट' का मृणाल अनुभव करता है कि आदर्शवाद का उपदेश दिया जा सकता है लेकिन व्यावहारिक स्तर पर आदर्शों को जिया जाना अति कठिन है। 'तिलस्म' में विश्वनाथ भी सचिवालय को देखकर उसकी कार्यप्रणाली को नहीं समझ पाता है। 'परछाइयाँ', 'पगडंडी', 'नया चश्मा', 'नियन्त्रण' तथा 'शीर्षकहीन' आदि अनेक कहानियों में राजनीतिक भँवर में फँसे निरीह व्यक्तियों का चीत्कार सन्निहित है। इनकी कहानियों में प्रेम सम्बन्धों का बिखराव, विवाहित एवं अविवाहित दोनों ही प्रकार का जीवन व्यंग्यात्मकता के साथ मिलता है। 'रिश्ता', 'चूहे', 'फ्राक वाला घोड़ा', 'निकटवाला साईस' आदि कुछ श्रेष्ठ प्रेम कहानियाँ हैं। 'समीकरण', 'चेहरे', 'गाउन' तथा 'नायक' आदि पारिवारिक जीवन विद्रूपता को स्पष्ट करने वाली कहानियाँ हैं।

गिरिराज किशोर की कहानियों की भाषा अति स्पष्ट, आग्रहमुक्त एवं काव्यात्मकता तथा अमूर्तता से परे है। इनके पात्र अलग-अलग विचार खण्ड के प्रतीत होते हैं, पात्रों के अन्तर्मन के तर्क-वितर्कों के द्वारा लेखक किसी ठोस तत्त्व की ओर संकेत करता है।

दूधनाथ सिंह : दूधनाथ सिंह साठोत्तर पीढ़ी के सफल कहानीकारों में से एक हैं। उनकी कहानियाँ सामाजिकता के प्रतिबिम्बों से परिपूर्ण हैं। इनकी कहानियाँ उद्देश्यगर्भा हैं। इन्होंने व्यक्ति के अन्तर्मन का उद्घाटन किया है तथा आधुनिकता के नव सन्दर्भों को अपनी कहानियों के माध्यम से अभिव्यक्त किया है। शिल्प की दृष्टि से इनकी कहानियाँ अपने समकालीनों से पृथक हैं। शिल्प कथ्य के ऊपर हावी प्रतीत होता है, फिर भी कथ्य दुरूहता से दूर है। 'रीछ', 'शिनाख़्त', 'कबन्ध', 'स्व ़वासी', 'प्रतिशोध' तथा 'आइसबर्ग' कहानियाँ शिल्प प्रधान कहानियाँ हैं। दूधनाथ सिंह मूलतः प्रवृत्तियों के कहानीकार हैं। उनमें पलायनवादी प्रवृत्तियों का मोह दिखाई देता है। अस्वस्थ प्रवृत्तियाँ, निराशा, कुंठा तथा जीवन विकृतियों का चित्रण इनकी कहानियों को एकांगी आधारभूमि प्रदान करता है, जो वांछनीय नहीं है। 'रीछ', 'रक्तपात', 'अभी तुम उदास क्यों हो' आदि कहानियाँ इसी तथ्य की ओर संकेत करती हैं।

अपने समकालीनों की तरह इन्होंने भी पारिवारिक सम्बन्धों के विघटन की कहानियाँ लिखी हैं, जिनमें 'रक्तपात' एवं 'आइसबर्ग' कहानियाँ अति प्रभावशालिनी बन पड़ी हैं। दूधनाथ सिंह की कहानियों की भाषा सहज है लेकिन वे उसे अकारण जटिल तथा कृत्रिम बना देते हैं। अतः दूधनाथ सिंह की भाषा में कथ्य की प्रेषणीयता का गुण कम दिखाई देता है।

धर्मवीर भारती : भारती जी मुख्यरूपेण कवि हैं। उनका साहित्यिक उत्कर्ष हमें 'अन्धा युग', 'कनुप्रिया' तथा 'ठण्डा लोहा' कविता संग्रहों में देखने को मिलता है। भारती जी के समक्ष कहानी एक-दूसरे ही रूप में आयी। उन्होंने अपनी काव्यात्मक भाषा सामार्थ्य के बल पर कहानी की चुनौती को भी स्वीकार करने का प्रयत्न किया है। भारती जी ने कहानी की माँग को वैसे ही पहचाना है जैसे कविता की माँग को पहचाना है। इनकी कहानियों पर प्रबुद्ध एवं संवेदनशील पाठकों की दृष्टि से विचार किया जाय तो उनकी अपेक्षाएँ पूर्णरूपेण भिन्न प्रतीत होती हैं। पाठक न तो रोमांचित होना चाहता है तथा न हिचकियाँ ही लेना चाहता है। यह बिल्कुल सही है कि भारती रचना के माध्यम से रुला देने में प्रवीण हैं, लेकिन यह प्रयास उस पाठक पर नहीं चल सकता जो रचनाकार के उस सत्य का शोधन करना चाहता है, जो उसके जीवन के संघर्ष से निकला है। प्रश्न यही है कि कहानीकार उस सत्य को कितने लगाव एवं अलगाव से प्रस्तुत करता है। लगाव से प्रस्तुत सत्य कभी भी दूसरे के जीवन का सत्य नहीं बन पाता है। जितने अलगाव से जो सत्य अभिव्यक्त किया जाता है उतना ही वह पाठकों के अनुभव का अंग बन जाता है। नहीं तो पाठक उसे दूसरे के अनुभव का अंग मानकर उसके दुःखों से दुःखी एवं सुखों से सुखी होकर रचनोपलब्धि को नगण्य बना देता है, जो रचना की सबसे बड़ी असफलता है।

भारती जी पाठकों को रुलाने के आदी हो गये हैं। उनकी कहानियों में भाषा का तामझाम है। शब्दों, पात्रों, रंगों तथा फूलों का आग्रह इस हद एवं इतनी अधिकता से बिना विचारे मौजूद है। कहानी में क्या आवश्यक है, लेखक को इसका ध्यान नहीं रहता वह बहुत सी स्थितियों को कहानी में जोड़ देता है। पाठक पहली बैठक में उनकी रचनाओं को पसन्द करता है लेकिन आगे

श्रेष्ठ रचना चयन में वह उनकी अश्रुपाती रचनाओं को पीछे फेंक देता है। इनकी कहानियों के कथानक अति स्थूल हैं। बाद की कहानियों में कथानक की दृष्टि से कुछ सूक्ष्मता आयी है। इनकी कहानियों में समष्टिगत आधुनिकता का चित्रण हुआ है। उन्होंने भारतीय जीवन पद्धति के परिवर्तनशील सन्दर्भों एवं नवीन आयामों को भली-भाँति समझा है तथा उनकी मूल प्रवृत्तियों से उत्पन्न आधुनिकता के सूक्ष्मतम अंशों का अंकन अति कौशल से किया है।

भारती जी की कहानियों में सामाजिक दायित्व बोध एवं निर्वाह की एक व्यापक पृष्ठभूमि प्राप्त होती है, जिससे वे अपने अन्य समकालीनों से अपना पृथक स्थान बनाते हैं। अनेक विशेषताओं के होते हुए उन्हें पूर्वाग्रहों का लेखक माना जाता है। उनके पात्र कहीं भी जीवन से जूझते हुए दिखलाई नहीं देते हैं। भारती पीढ़ी ने कथा आन्दोलन का नेतृत्व किया है, परन्तु वे कहानी के प्रवाह के साथ नहीं चल पाये। उनकी पूरी पीढ़ी रोमांटिक लेखन से आक्रान्त रही है तथा उसने सुरक्षित साहित्य लिखा है। उनका साहित्य रोचक है तथा वह प्रशंसनीय है। 'चाँद एवं टूटे हुए लोग' से लेकर 'बन्द गली का आखिरी मकान' तथा 'आश्रम' तक भारती ने जिस भाषा में लिखा वह पाठकों के साथ आकर्षण एवं विकर्षण का खेल खेलती रही है। कभी-कभी एक अच्छी कहानी लिखते हैं तथा उसे बिगाड़ कर रख देते हैं, लेकिन उनकी भाषा गद्य में भी पद्य जैसा आनन्द देती है, काव्य की भावुकता कहानी में एक सीमा तक ही शुभ है। उसका आधिक्य कथा सन्दर्भों को उजाड़ सा देता है। एक श्रेष्ठ कथानक एवं उच्चकोटि की पात्रमयी कहानी काव्यमय भाषा के आवरण में कहानी न रहकर स्वप्न चित्र बन जाती है। स्वप्न चित्र पर कब तक कितना विश्वास किया जाय?

नरेश मेहता : नरेश मेहता साहित्य को जीवन सम्बद्ध मानते हैं, साहित्य आत्मपरकता को उभारता है। उनकी आत्मपरक दृष्टिकोण से लिखित कहानियाँ हैं– 'चाँदनी', 'निशा जी', 'व्यतीत', 'अनबीता' तथा 'एक इति श्री' आदि। इन कहानियों में मानव एवं उसकी मनोदशा चित्रित है। नरेश मेहता की सर्वश्रेष्ठ कहानियाँ जीवनीय यथार्थपरक हैं। 'वह मर्द थी', 'दुर्गा', 'किस का बेटा' आदि कहानियाँ इस क्षेत्र की महत्त्वपूर्ण कहानियाँ हैं। इन्हें पढ़कर मानव जीवन के यथार्थ को पहचानने की लेखकीय सूक्ष्म अन्तर्दृष्टि एवं यथार्थ परिवेश को अभिव्यक्त करने की सामर्थ्य प्रकट होती है।

नरेश मेहता की कहानियों को जीवन का स्थूल पक्ष प्राप्त नहीं है लेकिन वे निष्ठा, गरिमा एवं मर्यादा का सन्तुलित चित्रण करने से नहीं चूके हैं। पात्रों के प्रति उनकी सहानुभूति सदैव रही है। उन्होंने पात्रों को उचित संगति में प्रस्तुत करने में भी कोई चूक नहीं की है।

निर्मल वर्मा : निर्मल वर्मा चेखव की कहानी को कहानी का अन्त मानते हैं। वे चेखव परम्परा को आगे बढ़ाने अथवा गहनता प्रदान करने की आस्था से मुक्ति प्राप्त करने का प्रश्न समुपस्थित करते हैं...''हमें कहानी की मृत्यु से चर्चा आरम्भ करनी चाहिए। कहानी को पुनर्जीवित करने के लिए नहीं बल्कि उसे अन्तिम रूप में छोड़ने के लिए।''[11] वह नयी कहानी से अपना विरोध इसलिए प्रकट करते हैं कि उस सीमा तक वह नयी नहीं है और जिस सीमा तक वह नयी है, उस सीमा तक वह कहानी नहीं है, जैसा आज तक समझा गया है।

निर्मल ने 'लेखक के बहीखाते से' में यह कहा था– ''अगर नयी कहानी कुछ हो सकती

है तो सिर्फ अँधेरे में एक चीख है, तो वे आज के जटिल यथार्थ की ओर संकेत करते हैं। झाड़ी में छुपे पंक्षी की तरह।''[12] इस यथार्थ को पकड़ पाना कठिन है, हाँ इसका आभास मात्र लेखक दे सकता है, ऐसी निर्मल वर्मा की मान्यता है। सृजन प्रक्रिया के विषय में इनका मत है कि–कृति एवं कृतिकार का सम्बन्ध तटस्थता का है। कहानी में कहानीकार का उपस्थित होना कलात्मक रचनाशीलता को आघात पहुँचाना है। इस प्रकार तटस्थता के गहरे समुद्र में लेखक की प्रतिबद्धता-अभिव्यक्ति का चमकता हुआ मोती जन्म ले सकता है। अनासक्त भाव की दृष्टि ही वास्तव में वस्तुनिष्ठता है– ''निर्मल शायद असली कहानीकार के स्थान पर इंगित कहानीकार को रेखांकित करना चाहते हैं। वह जीवन की जटिलता इतनी पहचानते हैं कि निश्चित करने से परहेज करते हैं, सरल सच यह है कि सच सरल नहीं है।''[13] इस प्रकार शायद ''नयी कहानी उनके लिए एक प्रक्रिया है, मूल्य नहीं।''

निर्मल वर्मा न केवल आज की कहानी के प्रथम हस्ताक्षर हैं बल्कि नगरबोध सम्पन्न सर्वश्रेष्ठ कहानीकार हैं। इसके लिए उनका परिवेश सहायक रहा है। वे शिमला जैसे आधुनिक नगर में पैदा हुए, दिल्ली जैसे महानगर में उन्होंने शिक्षा प्राप्त की। यूरोप प्रवास किया, विदेश भ्रमण किया। यह सब उनके नगरबोध के निर्माण में सहायक हुआ है। 'चीड़ों पर चाँदनी' कहानी उनकी इस प्रवृत्ति का प्रमाण है। निर्मल वर्मा की कहानियों में एकान्तिक अनुभूतियाँ हैं, जो अन्तर्मुखी एवं व्यक्तिपरक हैं। उनका प्रकाश बाह्य नहीं आन्तरिक होता है। निर्मल वर्मा की कहानियाँ समकालीन कहानी की विशिष्टोपलब्धि हैं। वे यथार्थ के स्तर पर डूबकर लिखने वाले कहानीकार हैं, परिणामतः वे पाठक को डुबोते भी हैं। साथ ही वे एक मनःस्थिति एवं एक मूड के कहानीकार हैं। उनकी मनःस्थिति में विविधता नहीं है। इनकी अधिकांश कहानियाँ अतीत की स्मृति पर आधारित हैं। निर्मल वर्मा की कहानियाँ पुराने सामन्ती मूल्यों का विरोध करती हैं। निर्मल वर्मा में वातावरण निर्माण की अद्भुत क्षमता है। समस्त घटनाएँ एवं पात्र प्राकृतिक परिवेश का रूप धारण कर लेते हैं, निर्मल वर्मा की यही शक्ति उनकी सीमा है। इससे वे अपने मुख्य पात्र के भावों एवं विचारों, चिन्तन एवं मूल्यबोध का वर्णन तो कर जाते हैं लेकिन इससे इनके ये पात्र अपने सामाजिक बन्धनों से कट जाते हैं। अन्ततः वह व्यक्ति 'व्यक्ति' ही बना रह जाता है। निर्मल वर्मा के पात्रों का वातावरण 'हॉस्टल के कमरे', 'अस्पताल', 'होटल', 'डाक बँगला' तथा 'रेल का डिब्बा' जैसी जगह होती हैं। एकान्त में ही वे मानवीय सम्बन्धों की खोज करते हैं।

समाज के ठोस सम्बन्धों के मध्य पात्रों को खड़ा करके उसे विकसित करने की शक्ति अमरकान्त, कमलेश्वर और भीष्म साहनी में है लेकिन निर्मल वर्मा के पास नहीं। इनकी कहानियों की विषय वस्तु इसी कारण संकुचित है। निर्मल वर्मा की सभी कहानियाँ मनोभावों की कहानियाँ कहलाती हैं। कहानी समाप्त होने पर उसका विवरण याद नहीं रह पाता है। पात्रों के स्थान पर उनकी बातचीत तक याद नहीं रहती।

केवल एक प्रभाव रह जाता है जिसके लिए वे कहानी लिखते हैं। वे कहानी में मनोदशा अभिव्यक्त करके उसके अनुसार ही बिम्ब, उपमा, प्रतीक तथा उत्प्रेक्षादि की व्यवस्था करते हैं। उनकी कहानियों के पात्र निष्क्रिय से प्रतीत होते हैं, किन्तु उनकी आन्तरिक इमारत निर्माण

प्रक्रिया में काव्यात्मकता की गन्ध आती रहती है। उनके पास शब्दों का जादू है।

निर्मल वर्मा के शब्द जादू की कुंजी हैं, जिनसे वे स्मृतियों के बन्द कमरों को खोलते हैं। कमरों में उनकी अस्मिता बन्द है। इनकी कहानियों में 'घर' शब्द का प्रयोग मंत्रवत हुआ है। वैसे इनके पात्रों का कोई 'घर' अथवा 'आत्मीय स्थल' नहीं है। 'घर' इनकी कहानियों का केन्द्रीय चरित्र कहा जा सकता है। 'आप घर क्यों नहीं लौट जाते।' 'घर.....उन्होंने भयभीत दृष्टि से मेरी ओर देखा।' 'कौन सा घर'। मैं आपका मतलब नहीं समझा (दो घर) 'घर लौटने के लिए जिद तो नहीं करते' 'कैसा घर?' 'अपना घर और कैसा घर' (बीच बहस में)।

निर्मल वर्मा ने अपनी सृजनशीलता के द्वारा यह सिद्ध कर दिया है कि जो सब के अतिक्रमण की सामर्थ्य रखता है वह सभी को सजीवन चित्रित करने में भी सिद्धि प्राप्त करता है। निर्मल वर्मा ने स्थूल यथार्थ को पार करने की चेष्टा की है। वर्मा जी की कहानियाँ कहानी कला की नवीनता से ओत-प्रोत हैं तथा इनकी भाषा में नवजातक की-सी सहजता एवं ताजगी के दर्शन होते हैं। इनके वस्तु चित्र अपूर्व अपरिचित ताजगी सम्पन्न हैं। इनकी गद्य शुद्ध है, विशुद्ध है, उचित वाचक शब्द, विशेषणरहित विशेष्य, उपमाहीन पद तथा स्वतन्त्र वाक्य पृथक-पृथक मिलते हैं। शब्द, पद तथा वाक्य सभी तो प्रभावपूर्ण हैं, नीरसता रहित कवित्वपूर्ण हैं।

पानू खोलिया : पानू खोलिया की कहानियाँ आंचलिक हैं। उनकी कहानियों में आंचलिकता एक नये रूप में उभरी है। इनकी कहानियों में कुमाऊँ के उपेक्षित जीवन की शक्तिमत्ता को उद्घाटित किया गया है। पानू खोलिया की प्रमुख कहानियाँ हैं–'हस्ती' 'आकाश बेल' 'फर्क', 'शीशकटी', 'रिश्ते', 'एक ही चाहना' तथा 'दुश्मन' आदि। पानू खोलिया ने अधिक कहानियाँ तो नहीं लिखी हैं लेकिन जितनी लिखी हैं उनके द्वारा ही उन्होंने हिन्दी कहानीकारों में अपना विशेश स्थान बना लिया है। इनकी कहानियाँ आंचलिक होकर भी मात्र क्षेत्रीय संकुचित मनोवृत्ति को ही प्रस्तुत नहीं करतीं परन्तु उनके द्वारा आधुनिक जनजीवन की समुचित एवं स्वाभाविक व्याख्या स्पष्ट होती है।

प्रयाग शुक्ल : प्रयाग शुक्ल की कहानियों में जीवन की सहजता है। इन्होंने छोटी-छोटी कहानियों की रचना की है जिनमें अति सरल ढंग से जीवन के मर्मस्पर्शी क्षण पूर्ण कौशल से अभिव्यक्त हुए हैं। इनकी कहानियों में अनावश्यक जटिलता, दुर्बोधता एवं प्रतीकात्मकता का अभाव है। इनकी प्रमुख कहानियाँ हैं–'कितना कुछ', 'शामें,' 'अन्त', तथा 'दूसरी दूरी'। इनकी 'अनहोनी,' 'खोज' आदि कहानियों में अवसाद की छाया, तनाव तथा उमस आदि परिलक्षित होते हैं। इनकी अधिकतर कहानियाँ अकहानियाँ हैं, जिनमें कथा के प्रति आग्रह दिखलाई नहीं पड़ता है। अतः एक ही कथा बार-बार दुहराती-सी प्रतीत होती है। उनकी कहानियों का अनुभव वृत्त, उनके बेकार पात्र, उनका भय, उनकी दुनिया सब कुछ 'अबोध तत्त्व' तक सीमित रहता है। प्रयाग की कथाओं, कविताओं तथा उन गद्य विधाओं की भाषा में कोई अन्तर दिखाई नहीं देता है।

फणीश्वरनाथ रेणु : फणीश्वरनाथ रेणु सर्वश्रेष्ठ आंचलिक कहानीकार हैं। 'मैला आँचल' के पष्चात् रेणु कथा-साहित्य में आये। आलोचकों को ये उच्च सम्भावनाओं वाले प्रतीत हुए। उन्होंने कुछ आशाएँ तो पूर्ण कीं लेकिन वे पूर्वाग्रही हो गये। उनके 'ठुमरी' कथा संग्रह की कुछ

कहानियाँ तो वास्तव में एक नयी जमीन तोड़ने वाली थीं तथा रेणुजी का उसी रूप में स्वागत हुआ। 'तीसरी कसम', 'रसप्रिया,' 'तीर्थोदक,' 'लालपान की बेगम' तथा 'ठेस' आदि कहानियों में गाँवों की गन्ध, लोक संस्कृति, लोकभाषा, लोक व्यवहार आदि के दर्शन होते हैं।

रेणुजी ने इन कहानियों में एक नवीन शैली का प्रयोग किया है। वे एक कैमरामैन की तरह विशेष आँचल की विविध कोणों से तस्वीर खींचते हैं। आँचल के प्रत्येक रंग के मिलने के कारण कहानियाँ यथार्थ प्रतीत होती हैं। फणीश्वरनाथ रेणु ने चित्रण को ध्वन्यात्मकता प्रदान की है। मूर्तिमत्ता उनकी कहानियों का विशेष गुण है। उन्होंने प्रेमचन्द के बाद पहली बार हिन्दी कहानियों में ग्रामों के सुरुचिपूर्ण चित्र उतारे हैं।

रेणु के पास शिल्पमय जीवन दृष्टि है, परन्तु 'ठुमरी' कहानी संग्रह के बाद वे भी फैशन एवं फार्मूले के चक्कर में पड़े हुए दिखाई देते हैं। रेणु ने ग्रामीण कुटिलताओं के साथ विशेषताओं का अंकन भी किया है। उन्होंने तमाम ग्रामीण बातों का यथार्थता, गहनता तथा सूक्ष्मता से चित्रण किया है। ग्रामीण परिवेश में नवीन मूल्योन्मेष को भी रेणुजी ने उभारने का प्रयास किया है। उन्होंने आधुनिक मानव का मनोविश्लेषण तथा अन्तर्द्वन्द्वों का प्रकाशन पूर्ण निष्ठा से किया है और वे एक सफल कहानीकार माने जाने लगे। 'तीसरी कसम', 'मारे गये गुलफाम' आदि उनकी पूर्ण कलात्मकतापरक सशक्त रचनाएँ हैं। 'तीन बिंदिया', 'हाथ का जस और बात का सत', 'आदिम रात्रि की महक' एवं 'विघटन के क्षण' उनकी अन्य श्रेष्ठ आंचलिक कहानियाँ हैं।

भीष्म साहनी : भीष्म साहनी एक प्रगतिशील कहानीकार हैं। साहनी ने अपनी कहानियों में मध्यमवर्ग की विभिन्न समस्याओं को यथार्थ रूप में चित्रित किया है। मध्यमवर्ग की कुंठा, पीड़ा, घुटन, बिखराव तथा रूढ़ियों की अभिव्यक्ति इनकी कहानियों में यथार्थ रूप से हुई है। उनकी कहानी कला का मूलाधार समष्टिगत चिन्तन पर आधारित है। पूरे समाज की अच्छाइयाँ तथा बुराइयाँ इनकी कहानियों में सन्निहित हैं। मध्यवर्गीय जीवन मूल्यों पर साहनी ने प्रहार किया है। मध्यवर्ग की बनावट एवं खोखलेपन को उभारने का भी लेखक ने भरपूर प्रयास किया है। वे प्रेमचन्द तथा यशपाल दोनों से ही प्रतीत होते हैं। साहनी की कहानियाँ वर्णनात्मक हैं। इनकी कहानियों में आधुनिक कहानी की समस्त विशेषताएँ—सूक्ष्म व्यंजनात्मकता, प्रतीक विधान तथा संकेतात्मकता आदि पायी जाती हैं।

उनकी कहानियाँ स्थूल हैं, सूक्ष्म नहीं। 'चीफ की दावत', 'पहला पाठ', 'बाप बेटा', 'समाज और राम सिंह', 'भटकती राख', 'सफर की रात' आदि कहानियाँ तथ्य प्रकाशिनी हैं। भीष्म साहनी कलावादी नहीं वस्तुवादी लेखक हैं। उनकी कहानियों में शिल्प के प्रति उदासीनता झलकती है, जो पाठक पर अपना प्रभाव डाले बिना नहीं रहती, वे सामाजिक यथार्थ को सजगता से उभारते हैं। साहनी की कहानियों की मूल चेतना वर्गों का द्वन्द्व एवं पारस्परिक संघर्ष है। उनकी कहानियों के पात्र साधनहीन हैं, जो परिश्रम, ईमानदारी एवं योग्यता के सहारे जीवन को बेहतर बनाने की चेष्टा करते हैं।

मधुकर सिंह : अनुभवों के पृष्ठ प्रेषण से मुक्त एवं जीवन के अव्यक्त पहलुओं को अभिव्यक्ति प्रदान करना मधुकर सिंह की कहानियों का प्रमुख कार्य है। इन्होंने अनुभवों को पकड़ने का भरपूर प्रयास किया है। इनकी कहानियों का क्षेत्र अति व्यापक एवं अनवरत बढ़ता

हुआ है। कहानियाँ कथ्य के हिसाब से अति समृद्ध हैं। मधुकर सिंह की कहानियाँ बीती हुई कहानी से आगे एक प्रशस्त प्रसंग क्षेत्र तथा तट के शिल्प की सम्भावना का संकेत मात्र देती हुई दृष्टिगोचर होती है।

महेन्द्र भल्ला : महेन्द्र भल्ला ने आधुनिक जीवन की नवीन स्वीकृतियों को यथार्थ रूप में प्रस्तुत किया है, जिसकी छाया 'बदरंग दीक्षा,' 'दिन शुरू हो गया', 'एक पति के नोट्स' आदि कहानियों पर स्पष्ट दिखाई देती है। हिन्दी कहानियों में प्रेम एवं सेक्स को पृथक-पृथक देखा गया है। प्रेम का रूप आज भी 'पार्वती' एवं 'देवदास' के प्रेम जैसा माना जाता है तथा सेक्स को अश्लीलता की श्रेणी में रखकर उसको साहित्य में प्रवेश नहीं दिया जाता है। महेन्द्र भल्ला इसी स्तर के दूसरे कहानीकारों से अलग माने जाते हैं। उन्होंने प्रेम तथा सेक्स को एक माना है। उन्होंने सेक्स को सम्बन्ध स्थायित्व आवश्यकता के रूप में अपनी कहानियों में स्थान दिया है।

इस परिप्रेक्ष्य में 'एक पति के नोट्स,' 'बीच में,' 'एक चीज' आदि उल्लेखनीय कहानियाँ हैं। नर-नारी दोनों ही एक-दूसरे के प्रति आकृष्ट होते हैं। इस तथ्य को महेन्द्र भल्ला ने 'अक्षर इण्डिया' में उजागर किया है। प्रेम एवं सेक्स के सुन्दर एवं स्वस्थ चित्र कहानीकार भल्ला ने अपनी कहानियों में सहज शिल्प के माध्यम से प्रस्तुत करने में सफलता प्राप्त की है।

महीप सिंह : महीप सिंह मूल रूप से नगरबोध के कहानीकार हैं। कहीं-कहीं पर इनकी कस्बाई मनोवृत्ति के भी दर्शन होते हैं। इनकी प्रमुख कहानियाँ हैं—'सीधी रेखाओं का वृत्त', 'गन्ध', 'पारदर्शक', 'घिराव', 'ठण्डक', 'नाला', 'पानी और पुल', 'प्याले', 'सत्यमेव जयते', 'टकराव', 'नींद', 'युद्धमन', 'घिरे हुए क्षण' आदि। महीप सिंह ने अपनी कहानियों को एक विचार, सिद्धान्त तथा जीवनपरक अर्थवत्ता प्रदान की है। वे सचेतन दृष्टि को आधार मानते हुए कहते हैं कि आज का मानव, जीवन की निरर्थकता एवं निष्क्रियता की बातें करते हुए यह भूल जाता है कि इनकी स्थिति सक्रियता के बाद की है। महीप सिंह स्वयं को इन दोनों ही स्थितियों से असंपृक्त हैं। उनकी कहानियों में आस्थाओं को स्वीकार किया गया है।

इनकी कहानियों में 'घूमते शहर के लोग', 'झगड़ते बच्चे', 'रेलों में सफर करती तथा सड़क पर रेंगती भीड़' प्रायः दिखलाई देती है। उस भीड़ में वे स्वयं कहीं न कहीं दिखलाई देते हैं। उनके 'कुछ और कितना' कहानी संग्रह की कहानियों में इसी तथ्य की झलक दिखलाई पड़ती है। उनकी कुछ कहानियाँ स्त्री-पुरुष के आपसी आकर्षण एवं विकर्षण पर दिखलाई देती हैं। 'टकराव', 'शिफ्टों से घिरा राजकुमार', 'धूप ढलने के बाद' ऐसी ही कहानियाँ हैं। 'नींद', 'टकराव', 'नाला', तथा 'प्याले' आदि कहानियाँ यौन अतृप्त लड़कियों की कहानियाँ हैं, जो यौन सम्बन्धों के अभाव में अतृप्त रहने के कारण बीमार हो गयी हैं। 'सत्यमेव जयते' कहानी में प्रशासन पर व्यंग्य किया है।

मार्कण्डेय : मार्कण्डेय मुख्यतः आंचलिक एवं प्रगतिशील कहानीकार हैं। इनकी कहानियों में स्वातन्त्र्योत्तर ग्राम परिवर्तन की झलक भी दिखलाई देती है। 'हंसा जाई अकेला', 'गुलरा के बाबा', 'मिरदंगिया', 'गुसाईं', 'धुन', 'फुलमतिया', 'आदर्शों का नायक', 'लंगड़े चाचा', 'बोधन तिवारी', 'छोटे महाराज' आदि ऐसी ही कहानियाँ हैं, जिनमें लेखक की समाजवादी भावना

प्रतिफलित होती है। मार्कण्डेय स्वयं उन कहानीकारों में से हैं जिनमें न केवल वास्तविकता को खोजने का साहस है बल्कि परिवर्तनकारी शक्तियों को पहचानने की सामर्थ्य भी है। मार्कण्डेय के प्रमुख कहानी संग्रह हैं—पानफूल, महुए का पेड़, हंसा जाई अकेला, भूदान, माही, सहज और शुभ तथा बीच के लोग।

उत्पीड़ित जनों के प्रति मार्कण्डेय की प्रतिबद्धता स्पष्ट दिखाई देती है। डॉ. विवेकी राय के शब्दों में– ''उसकी दृष्टि बराबर समाज की निचली सतह पर है। वह आम लोगों की रोजमर्रा की जिन्दगी को बहुत नजदीक से देखने की कोशिश करता है। उसे स्पष्ट रूप से दिखाई पड़ता है कि समूचा स्वातन्त्र्योत्तर ग्राम विकास सम्पन्नों के हिस्से में पड़ा है और उजड़े लोग बिल्कुल ही उजड़ गये हैं।''[14] 'बीच के लोग' कहानी में मार्कण्डेय ने ग्रामांचल की शोषण विरोधी मानसिकता का अच्छा विश्लेषण किया है। उनकी कहानियों में ग्राम्य जीवन के रोमानी चित्रों का अभाव है। अधिकतर स्थितियों में वस्तुपरक विश्लेषण के प्रमाण प्राप्त होते हैं। यह दृष्टिगत आग्रह उन्हें अन्य ग्राम्य जीवन के कथाकारों से अलग रखता है।

डॉ. गोबरधन सिंह शेखावत के मतानुसार- ''मार्कण्डेय की कहानियों का विश्लेषण करने पर प्रतीत होता है कि उनके पास ग्राम्य जीवन का प्रत्यक्ष अनुभव है और उन्होंने ग्राम्य जीवन की समस्याओं और वास्तविकताओं को समझने का प्रयत्न भी किया है, लेकिन ग्राम्य जीवन के परिवर्तित सन्दर्भों को अपने दृष्टिकोण से देखने के कारण मार्कण्डेय की कहानियाँ फणीश्वरनाथ रेणु और शिव प्रसाद सिंह की आंचलिक कहानियों से भिन्न रूप में उपस्थित होती हैं।''[15] मार्कण्डेय की जीवन दृष्टि वैज्ञानिक और जनधर्मी है। उनकी प्रतिनिधि कहानियों में दृष्टि, अनुभव एवं कथात्मकता का समुचित तालमेल देखने योग्य है। मार्कण्डेय का कहानी कहने का ढंग अति रोचक है। वे कहानियों के कथानकों को बड़े ही कौशल से गुम्फित करते हैं। उन्होंने पात्रों का चयन यथार्थ जीवन से ही किया है। वे पात्र जातीय हैं तथा किसी न किसी वर्ग का प्रतिनिधित्व करते हैं। इनकी कहानियों में ग्रामीण अंचल पूर्ण यथार्थता एवं स्वाभाविकता के साथ उभरता हुआ दिखाई देता है। उनकी कहानियाँ देश के अधिसंख्यक जनसमुदाय के वर्ग हितों से सम्बन्धित हैं। आर्थिक प्रश्नों एवं सामाजिक सरोकारों पर लिखते हुए उन्होंने कहानीपन की रक्षा की है तथा कला का अवमूल्यन नहीं होने दिया है। उनकी कहानियाँ जितनी विचारोत्तेजक हैं उतनी ही संवेदनापूर्ण भी हैं। मार्कण्डेय की कहानियाँ कहानी की यथार्थवादी परम्परा को और अधिक आगे बढ़ाने तथा उसे सम्पन्नता प्रदान करने हेतु प्रयत्नशील हैं।

मोहन राकेश : मोहन राकेश की कहानियाँ मध्यवर्गीय प्रबुद्ध वर्ग से सम्बद्ध हैं। उनके जीवन की परिस्थितियाँ, अनुभव तथा अनुभूतियाँ मध्यवर्गीय प्रबुद्धता को रेखांकित करने में सक्षम हैं। मोहन राकेश प्रगतिशील चिन्तक हैं। यायावरी जीवन जीकर भी उन्होंने जीवन को व्यापक सन्दर्भों में लिया है। उन्होंने अपने अनुसार कुछ नुक्ते उठाए हैं, जो मानवोचित सामर्थ्य का प्रतिनिधित्व नहीं कर पाते। शायद इसी तथ्य को सामने रखकर डॉ. नामवर सिंह कहते हैं—''अपने आसपास के वातावरण में उड़ती हुई कहानियों को पकड़कर निःसन्देह मोहन राकेश ने उन्हें उतनी ही तेजी के साथ व्यक्त किया है, जो मन में एक 'फ्लैश' की तरह कौंध जाती हैं लेकिन लगता है उन्होंने अभी बिजली की कौंध ही पकड़ी है, बिजली की शक्ति नहीं पकड़ी है, जिसका उपयोग हम

अपनी सीमा में उष्णता तथा आलोक के लिए कर सकें जो कि मनुष्योचित समर्थता का प्रतीक है।''[16]

मोहन राकेश की अधिकांश कहानियाँ 'फ्लैश' की तरह कौंधती हैं जबकि 'परमात्मा का कुत्ता' जैसी एकाध कहानी ही ऐसी है, जो मानवोचित सामर्थ्य की प्रतीक है। यायावरी मनोवृत्ति ने मोहन राकेश को तटस्थ दृष्टि प्रदान की है, जो दैनिक द्वन्द्व पूर्ण जीवन में रहकर प्राप्त नहीं होती है। राकेश की कहानियाँ अपने युग के यथार्थ बोध का सशक्त माध्यम हैं। 'सौदा' कहानी के सन्दर्भ में कमलेश्वर का कथन सही एवं सटीक है—''मोहन राकेश की कहानियाँ उस आग्रह मूलकता में अभिशप्त पात्रों की कहानियाँ नहीं बल्कि अपने परिवेश में साँस लेते हुए आदमियों की कहानियाँ हैं।''[17] मोहन राकेश की कहानियाँ जीवन की विविधता लिए हुए हैं, वह प्रायः आयामों की विविधता न होकर सन्दर्भों की है। वे अपनी कहानी कला के माध्यम से अपने युगीन सन्दर्भों को यथार्थ एवं सूक्ष्म विवेचन के साथ चित्रित करते हैं। कहीं-कहीं इनकी कहानियों में यथार्थ आरोपित एवं अवास्तविक लगता है। इनकी 'फौलाद का आकाश' इस तथ्य को प्रकट करती है। मोहन राकेश की कहानियों में अन्याय, अत्याचार तथा शोषण के प्रति अकुलाहट सी दिखाई देती है। यथार्थ एवं व्यंग्य दोनों इनकी कहानियों में एक साथ चलते हैं।

''राकेश झंझोड़ देने वाले, तिलमिला देने वाले व्यंग्य से काम लेते हैं।''[18] सशक्त एवं सक्षम भाषा के माध्यम से अति कठोर व्यंग्य करते हुए वे स्थिति संकेत को और भी गहरा कर देते हैं। 'जानवर और जानवर', 'मिसपाल', 'प्रकाश', 'मनोरमा', 'जख्म' तथा 'मलबे की मालिक' इस सन्दर्भ में उल्लेखनीय हैं। 'वासना की छाया में', 'रोज़गार' तथा 'आख़िरी सामान' सम्बन्धों के ह्रास के अति सूक्ष्म स्तर को प्रकट करने वाली कहानियाँ हैं। नारी पुरुष सम्बन्धों में दरार भी इनकी कहानियों में मिलती है। इनकी कहानियाँ अकेले पड़ते हुए मन को रूपायित करने में सक्षम हैं। 'मिसपाल', 'आखिरी सामान' तथा 'सुहागिनें' आदि इसी टूटन को झेलने वाली कहानियाँ हैं।

शिल्प चेतना की दृष्टि से कहानियों का रचाव दर्शनीय है। संवेदनापरक उनकी अपनी भाषा है, जो आज की कहानियों का दस्तावेज है। इनकी कहानियों में अनावश्यक पच्चीकारी का सर्वथा अभाव है।

रवीन्द्रनाथ त्यागी : रवीन्द्रनाथ त्यागी आधुनिक चेतना के प्रमुख व्यंग्य कहानीकार हैं। उनकी व्यंग्यपरक कहानियों में आधुनिक सेवक समस्याएँ, वैवाहिक जीवन, गुरु-शिष्य सम्बन्ध, आधुनिक वेशभूषा, सरकारी कार्य, नगरीय आदतें तथा आधुनिक नारी जीवन आदि अनेक विषय हैं। इनकी व्यंग्यात्मक प्रमुख रचनाएँ हैं— 'सारथी की खोज', हिदायतनामा', 'इन्द्रजाल उर्फ भारतीय बचपन', 'हमारी वेशभूषा' तथा 'पुनर्जन्म की सम्भावना' आदि।

रवीन्द्र कालिया : रवीन्द्र कालिया की कहानियाँ एक संवेदनशील महत्वाकांक्षी नौजवान की भावनाओं की कहानियाँ हैं, आम आदमी की नहीं। 'मैं बड़े शहर का आदमी', 'पचास सौ पचपन' और 'अकहानी' आदमी की विडम्बनाओं को ही अर्थ देने का प्रयास करने वाली कहानियाँ हैं। 'त्रास' कहानी सम्बन्ध परिवर्तन को प्रकट करने वाली कहानी है। 'नौ साल छोटी पत्नी', 'कोजी कार्नर', तथा 'डरी हुई औरत' नर-नारी सम्बन्धों पर आधारित हैं। ये कहानियाँ

उबाऊ लगती हैं फिर भी ये थकान एवं उत्तेजना देने वाली नहीं हैं। इनकी कहानियाँ आधुनिक जीवन की स्वार्थपरता पर सीधा प्रहार नहीं करतीं अपितु व्यंग्यात्मक प्रहार करती हैं। भाषा इनके हाथ का खिलौना है।

उनकी भाषा यथार्थ को उजागर करने वाली है।

रमेश बक्षी : रमेश बक्षी नवीन शिल्प विधा एवं आधुनिक जीवन दृष्टि के नये कहानीकार हैं। वे अपनी कहानियों में अनेक प्रयोग कर चुके हैं। वे स्वयं ही यह स्वीकार करते हैं—"मैं तो यह कह सकता हूँ कि मैं स्वभाव से प्रयोगधर्मी रहा हूँ।" कथा, चरित्र, वातावरण, देशकाल तथा उद्देश्य तक में प्रयोग। वे नवीन प्रतीक गढ़ने में सक्षम हैं। 'वायलन पर तिलक कामोद', 'थर्मस में कैद कुनकुना पानी', 'बगैर शेड वाले बल्ब की रोशनी' तथा 'किस्सा शुतुर्मुर्ग' आदि इनकी कहानियाँ हैं। रमेश बक्षी की अधिकांश कहानियाँ प्रभाववादी हैं। इनकी प्रत्येक कहानी प्राचीन कहानी से मुक्त है। उनकी कहानियों पर क्षण की अनुभूति का प्रभाव दृष्टिगोचर होता है। इनकी कहानियों में प्रेम, सेक्स, रोजी, राजनीति, घुटन आदि झलकती है। स्त्री-पुरुष सम्बन्धों पर आधारित इनकी अनेक कहानियाँ हैं। इनमें नगरबोध भी है जैसे 'आया गीत गा रही है' ऐसी कहानी है। 'कुछ बच्चे कुछ माँएँ' कहानी में आभिजातीय मध्यवर्गीय तथा शोषित वर्ग का प्रतिनिधित्व है।

इनकी कहानियाँ निजी मानसिक यन्त्रणाओं के लेखक के रूप में प्रसिद्ध हैं। ये कहानियाँ परिवेश प्रदत्त हैं, स्वयं से उत्पन्न नहीं हैं। बक्षी की कहानियों में आक्रोश व्यक्तिगत न होकर सामूहिक है।

राजेन्द्र यादव : राजेन्द्र यादव के लिए कला एक साधना है। वे अपने लेखन के विषय में स्वयं कहते हैं—मेरे लिए लिखना सिर्फ यातना है, एक सजा है, शायद आजन्म सपरिश्रम कारावास जैसी, जिसे लेकर मन में सन्तोष भले ही न हो, अफसोस नहीं है। राजेन्द्र यादव ने आधुनिक भावबोध कला की परिष्कृति एवं सूक्ष्म संवेदनाओं को अपनाते हुए सामाजिक समस्याओं एवं प्रश्नों को समग्र एवं व्यापक रूप से उठाते हुए संघर्ष चेतना को अधिकाधिक स्तरों पर देखने का प्रयास किया है। इनकी कहानियाँ सूक्ष्म जटिल हो गयी हैं क्योंकि मानव के मानसिक उद्वेलन एवं अन्तर्विरोधों के व्यापक रेशों को इन्होंने निकट से देखा एवं परखा है।

राजेन्द्र यादव सामाजिक यथार्थ के साथ-साथ गहनतम अभिप्रायों के लेखक हैं। अतः इनकी कहानियाँ विविधता, जीवन्तता तथा सामाजिक दायित्व बोध से भरी पड़ी हैं। 'प्रतीक्षा' कहानी का प्रत्येक पात्र अवसर की प्रतीक्षा में है। यह कहानी एक नवीन लौकिक धरातल की कहानी है। प्रतीक्षा एक की नहीं समष्टि की है। 'जहाँ लक्ष्मी कैद है', 'अभिमन्यु की आत्महत्या' आदि ऐसी ही कहानियाँ हैं। समीक्षक राजेन्द्र यादव के लेखन को 'उलझा हुआ' पाते हैं। अतः वे चमकदार शिल्प के चक्कर में रहते हैं तथा भाषा में पेचीदगी लाते हैं। कथानकों में पेंच डालते हैं तथा कहीं भावनाओं के स्तर पर मानसिक गुत्थियाँ। इनके पात्रों के शिल्प विधान से यथार्थ जीवन संवेदनाओं का आभास देने का प्रयास करते हैं। 'भविष्यवक्ता', 'लंच टाइम', "पास फेल' तथा "महालक्ष्मी कैद है" आदि कहानियाँ इसके अपवाद रूप में हैं। 'भविष्य के आसपास मंडराता अतीत' जैसी घोर प्रतिक्रियावादी कहानी लिख पाता है वैसे उनकी कहानियों में आधुनिकता का

प्रत्येक साज-सामान प्राप्त है लेकिन एक जीवन नहीं है।

रामकुमार : रामकुमार की कहानियों में प्रायः बूढ़े लोगों का चित्रण हुआ है—'सूखी धारा' में माँ, 'झींगुरों का स्वर' का पिता, 'युक्लिप्टस के पेड़' की बूढ़ी होती महिला तथा 'बीच की स्थिति' का नायक आदि। 'गलियाँ', 'स्वीकृति' तथा 'दूर छूटा हुआ मोड़' आदि कहानियाँ स्मृतियों के पर्दों पर आधारित हैं। रामकुमार की कहानियों का प्रत्येक पात्र अपने अतीत में डूबा हुआ है, अपने अकेलेपन में क़ैद है फिर भी उसमें आत्मीयता की पिपासा है। रामकुमार के रचना जगत में विरोधाभास है, वीरानगी है परन्तु बनावटी कलात्मक विन्यास नहीं है। इनकी कहानियाँ घेरों एवं सीमाओं की कहानियाँ हैं जैसे—'एक चेहरा', 'पिकनिक', 'बारिश', 'दायरा', 'समुद्र तथा आवाज'। इनकी कहानियों में सहजता है, इनकी भाषा सीधी, सरल तथा नकलीपन से रहित है। इनकी भाषा में रखरखाव के प्रति सचेतना भी है।

बात को अति विस्तार न देकर कुछ ही शब्दों में कहने की सामर्थ्य उनमें है। वे मध्यवर्गीय युवा मन की आकांक्षाओं को, निराशाओं को भली-भाँति पहचानते हैं। वे यथातथ्य चित्र प्रस्तुत करने में सक्षम हैं जिनमें सन्देह की गुंजाइश नहीं। 'यात्रा', 'स्टीमर', 'आवाज' आदि कहानियों में उन्होंने युवा मन के द्वन्द्व, संघर्ष, तनाव, प्रेम, सम्बन्ध, छटपटाहट तथा विवशताओं से परिपूर्ण मार्मिक संस्मरणात्मक चित्र प्रस्तुत किये हैं। उनकी भाषा मनःस्थितियों के अनुसार परिवर्तित होती रहती है। इनकी कहानियों का कथ्य अति संक्षिप्त एवं सूक्ष्म होता है जिसके द्वारा वे आधुनिक व्यक्ति का पूर्णरूप उभारने में अपने कौशल को प्रकट करते हैं। वे कहानी लेखक के साथ-साथ सफल चित्रकार भी हैं, तभी तो उनकी कहानियाँ चित्रात्मकता से परिपूरित हैं। इस विषय में 'खाली कैनवास' उल्लेख्य कहानी है।

रामदरश मिश्र : रामदरश मिश्र का नाम नयी कविता एवं नयी कहानी के क्षेत्र में बड़े ही आदर से लिया जाता है। श्री मिश्र कभी भी नारेबाजी अथवा किसी भी आन्दोलन से नहीं जुड़े। मिश्र जी अपनी रचना को पाठक के मन के समीप बैठाने एवं पूर्ण विश्वास जमाने में उन्हीं तथ्यों को अपनी कहानी का विषय बनाते हैं जिनके मध्य होकर वे गुजरते हैं तथा वे उन गुजरे हुए क्षणों को बड़ी ही सत्यनिष्ठा एवं ईमानदारी से अभिव्यक्त करते हैं। अतः घटना का प्रत्येक अंश जाने-अनजाने हमारे जीवन से जुड़ा हुआ प्रतीत होता है।

इनकी कहानियों में ग्राम एवं नगर दोनों के ही जीवन से जुड़े अनेक चित्र उजागर हुए हैं। लेखक ने तटस्थ भाव से अपनी व्यथा, लाचारी, तनाव, घुटन, टूटन तथा कसमसाहट को भोग कर चित्रित किया है। लेखक ने 'चिट्ठियों के बीच' गाँव की लाचारी तथा नग्न मजबूरी का चित्रण बड़ी ही सूक्ष्मता से किया है। लेखक ने 'माँ' 'सन्नाटा' तथा 'बजता हुआ रेडियो' में ग्रामीण दरिद्रता के मार्मिक चित्र उपस्थित किये हैं। इन्होंने जो ग्रामीण दरिद्रता का चित्रण अपनी कहानियों में किया है वह मात्र एक गाँव का नहीं समस्त भारतीय ग्रामों का है।

लेखक की 'खाली घर मौत की छाया' सूनेपन की अभिव्यंजना की सफल कहानी है। 'मंगल यात्रा' में ग्रामीण अन्धविश्वास, रूढ़ियों तथा परम्पराओं को तोड़ने का प्रयास किया गया है तथा शहरी जीवन की यांत्रिकता, तनाव, घुटन आदि भी अभिव्यक्त हुआ है। लेखक ने महानगर में निवास करते हुए अति निकट से यह अनुभव किया है कि आज के औद्योगिक विकास ने

आधुनिक भीड़ एवं भाग-दौड़ को जन्म दिया है। इस पीड़ा में आदमी अकेला पड़ता हुआ दृष्टिगोचर होता है। मिश्र जी की कहानियों में शहरी एवं ग्रामीण जीवन का यथातथ्य जीवन चित्रित है।

राजेन्द्र अवस्थी : राजेन्द्र अवस्थी भारतीय ग्राम जीवन से जुड़े वनवासियों के कथा लेखक हैं। मध्य प्रदेश के बस्तर मण्डल के सघन वन्य क्षेत्र एवं बिहार के कुछ आदिवासी क्षेत्रों की बस्तियों की जीवन व्यथाओं को अपनी कहानियों में स्थान दिया है। उन्होंने आज के जीवन की जटिलता को यथार्थरूप में चित्रित किया है। उन्होंने छोटी-छोटी घटनाओं को नया रूप देकर प्रस्तुत किया है। इनकी कहानियाँ काव्यात्मकता से ओत-प्रोत हैं। इनकी प्रमुख कहानियाँ इस प्रकार हैं– 'विभाजन', 'लमसेना', 'पीढ़ियाँ', 'खुली खिड़की', 'अमरबेल', 'जनसेवा', 'उलझन', 'लावारिस लाशें', 'दो जोड़ी आँखें' आदि।

लक्ष्मण सिंह बिष्ट 'बटरोही' : समकालीन कहानीकारों में 'बटरोही' की प्रारम्भिक कहानियों में आंचलिक भाषा रूपों के साथ मानव की सूक्ष्म एवं संवेगात्मक स्थितियों का चित्रण मिलता है। आरम्भ से अन्त तक इनकी लगभग समस्त कहानियों में संवेदनशीलता से स्थानान्तरित होती हुई मनःस्थितियों का सर्वांग चित्रण है। उनकी 'पदचिह्न', 'परिधि' तथा 'बिन्दु' आदि कहानियाँ कलात्मक हैं। 'बटरोही' जी की अधिकांश कहानियाँ आंचलिक हैं। इनकी कहानियों में प्रतीकात्मकता, गहनता तथा बोझिलता का पुट है। कहीं-कहीं जटिलता पायी जाती है जिसके कारण कहानियाँ बोझिल-सी हो गयी हैं। फन्तासी शिल्प के माध्यम से 'खोह' कहानी में 'चैम्बू' की मनःस्थिति चित्रित की गयी है। 'चैम्बू' जीवन भर अँधेरी खोह में रह चुका है तथा एकाएक प्रकाश को देखकर वह उसे सहन नहीं कर पाता है। 'बटरोही' ने अपनी कहानियों में व्यक्तित्व की अतिसूक्ष्म एवं अचेतन स्थितियों को उद्घाटित किया है।

विजय मोहन सिंह : विजय मोहन सिंह समकालीन कहानीकारों में आधुनिक बोध को चित्रित करने वाले सशक्त कहानीकार हैं। वे साठोत्तरी कहानी को सम्बन्धों के बिखराव की कहानी मानते हैं। उनके अनुसार पुराना कहानीकार समस्याओं को सुलझाने में सक्षम था क्योंकि वह स्वयं समस्याओं से दूर रहता था, बाहर होता था तथा वह समस्याओं को सुलझाना अपना परमकर्त्तव्य समझता था परन्तु आज का कहानीकार तो स्वयं ही समस्याग्रस्त है व उनसे जूझ रहा है। समस्याग्रस्त कहानीकार तो असामाजिक-सा प्रतीत होता है। वह अपनी समस्याओं से जूझने के अतिरिक्त कुछ और नहीं कर पा रहा है। विजय मोहन सिंह की दृष्टि में आज की कहानी परिवर्तित युगबोध एवं सम्बन्धों की अर्थहीनता की अनुभूति से भरी हुई है। उनकी प्रमुख कहानियाँ हैं– 'एक तस्वीर के चारों ओर', 'वे दोनों', 'भीड़ के बाद' तथा 'टट्टू सवार' आदि। विजय मोहन सिंह की कहानियों का कथ्य आज की सामाजिकता, सम्बन्ध तथा बोध है तथा कथा शिल्प अति सरल एवं सहज है।

सतीश जमाली : सतीश जमाली की कहानियों में संसार के प्रति सक्रिय रचनात्मक लगाव है। सतीश जमाली की भाषा में सजीवता है, जीवन्तता है। इनकी भाषा शिल्प की सफलता मात्र उसका रचनात्मक स्वभाव है जिसमें घटक रूप में बौद्धिक भागीदारी को कोई केन्द्रीय स्थान प्राप्त नहीं है। 'थके हारे' संकलन के सभी पात्र यथार्थ से जुड़े हैं, वास्तविक हैं। वे भारतीय आर्थिक

दशा के प्रतीक हैं। वे आसन्न युद्ध स्थिति की घोषणा करते हुए दृष्टिगोचर होते हैं। कथाकार अपने रचना जगत की वस्तुस्थिति से परिचित भर नहीं हैं, बल्कि वह अपने पात्रों के ऊपरी दैनिक जीवन तथा उनके दिल-दिमाग में उठने वाली प्रत्येक गति को रेखांकित करने हेतु प्रयत्नशील हैं।

'जनसाधारण' का 'गनेशा' आर्थिक, यांत्रिक प्रतीक मात्र नहीं बनता, वह मानव की भाँति बोलता और जीता हुआ सामान्य उम्मीदों, परेशानियों एवं भयानकताओं को भी हमारे सामने प्रस्तुत करता है। लेखक का उद्देश्य वास्तविक पात्रों की एक सूची मात्र प्रस्तुत करना नहीं है लेकिन उनकी दशा के पीछे कार्यरत शक्तियों के विरुद्ध रचनात्मक स्तर पर कार्यवाही करने की सबल भूमिका तैयार करना है। सतीश की कहानियाँ शिकायत की मार्मिक कहानियाँ हैं। मध्यवर्गीय दृष्टिकोण के चलते पात्रों की आर्थिक विपन्नता के चित्र उकेरने में लेखक का मन खूब रमता हुआ दिखाई देता है।

सुरेश सिन्हा : सुरेश सिन्हा एक प्रगतिशील कथाकार हैं। उन्होंने अपनी कहानियों में निम्न मध्यवर्ग की कटुता, रिक्तता तथा दूरियाँ चित्रित की हैं। उन्होंने आर्थिक शोषण, निर्माण एवं विकास के खोखले वायदों को यथार्थ एवं ईमानदारी से चित्रित किया है तथा उसमें लेखक को सफलता भी मिली है। लेखक ने प्रेमचन्द की परम्परा का निर्वाह किया है। उन्होंने परिवर्तित कथ्य एवं कथन को लेकर मानवीय संवेदनशीलता, यथार्थपरक परिवेश में मानव मूल्यों को पहचानकर चित्रित करने की सफल क्षमता प्रदर्शित की है। आधुनिक जीवन के खोखलेपन, अजनबीपन, नगरीय जीवन के मृत परिवेश एवं हास्यास्पद जीवन मूल्यों को भी उन्होंने अति सूक्ष्म अन्तर्दृष्टि के साथ प्रस्तुत किया है। उनकी कहानियों में सजग सामाजिक चेतना सन्निहित है, जो वातावरण से ऊपर उठने की शक्ति देती है। उन्होंने अपनी कहानियों में सबल मानव मूल्यों की स्थापना की है। उनकी प्रत्येक कहानी मानव के मन को नये विश्वास से भर देती है। उन्होंने यथार्थ के नये धरातल का उद्घाटन किया है।

इनकी कहानियों की सबसे बड़ी विशेषता पात्रों का निर्वाह है। वे पात्रों को नूतन परिस्थितियों में डालकर उनकी सूक्ष्मातिसूक्ष्म प्रतिक्रियाओं का विश्वसनीय चित्रण करते हैं। व्यक्ति की गरिमा एवं महिमा के साथ आधुनिक जीवन की समकालीन जीवन से प्रसूत आधुनिकता के सूत्रों को समेटते हुए मानव निष्ठा का प्रकाशन किया है।

'एक अपरिचित दायरा', 'नया जन्म', 'टकराता हुआ आकाश', 'सुबह होने तक', 'तट के छूटे हुए', 'वतन और अपरिचित शहर में' आदि कहानियाँ उनके समष्टिगत चिन्तन पर आधारित सामाजिक दायित्वबोध को प्रकट करती हैं। उनकी कहानियाँ नयी दिशा की ओर भी संकेत करती हैं। उनका 'कई कुहरे' कहानी संग्रह विशेष उल्लेखनीय है।

सुदर्शन चोपड़ा : सातवें दशक के हिन्दी कहानीकारों में सुदर्शन चोपड़ा का नाम विशेष उल्लेखनीय है। वे अपने सच्चे, प्रामाणिक, कभी कटु एवं कभी वीभत्स अनुभवों को बड़े ही कौशल से निर्भीकतापूर्ण तरीके से अभिव्यक्त करने में सुदक्ष हैं। 'सड़क दुर्घटना' संग्रह की कहानियों में उन्होंने महानगरों को जोड़ते हुए आम आदमी की कहानियाँ प्रस्तुत की हैं। उन्होंने स्त्री-पुरुष यौन सम्बन्धों तथा तत्सम्बद्ध संवेदना तथा मूल्य को सेक्स तक सीमित नहीं रखा है

परन्तु जीवन्त पात्रों को चयनित करके उनकी विशेषताओं के माध्यम से उभारकर उन्हें साकार बनाया है। उनके 'सड़क दुर्घटना' संग्रह की कहानियाँ सफल एवं सशक्त हैं। इनमें मृत्यु को मानव मनोवृत्तियों के विश्लेषण का माध्यम बनाया है। दार्शनिक स्तर पर उनकी व्याख्या नहीं की गयी है।

इनके इस संग्रह की भाषा में हरियाणवी, पंजाबी, खड़ी बोली, बँगला तथा अंग्रेजी का पंचमेल है। इस संग्रह की कहानियाँ यथार्थ के अत्यधिक निकट हैं। पात्र संवाद में उन्हें विशेष सफलता मिली है। वे अपनी भाषा में स्थानीय भाषायी शब्दों को सहजता से पकड़ते हैं।

सेवक राम यात्री : कृत्रिमता से दूर जीवन की सहज़ कहानियों के रचयिता हैं सेवक राम यात्री। उन्होंने जीवन की स्थितियों को गहनता से देखा, सुना और समझा है। उनकी अधिकांश कहानियाँ मध्यवर्गीय जीवन की कहानियाँ हैं, जो नगर एवं ग्राम में सर्वत्र भ्रमण करती हैं। उन्होंने 'यादों के स्तूप' एवं 'दर्द के आईने' में आधुनिक प्रेम की असफलता को बड़ी ही भावुक सूक्ष्मता से प्रस्तुत किया है। 'चोर और चोर' के मध्य झूठी नैतिकता पर व्यंग्य प्रस्तुत किया है। 'बहाना' व्यवस्थाजनित निराशा, अभयदान व व्यक्ति के अकेलेपन की कहानी है।

इस प्रकार उन्होंने जीवन के समस्त पहलुओं का ईमानदारी से स्पर्श किया है।

शरद जोशी : शरद जोशी को एक सफल व्यंग्यकार के रूप में जाना जाता है। वे मुख्यतः जनसेवा, पति-पत्नी सम्बन्ध, अध्यापन, बेकारी, काल्पनिकता तथा प्रदर्शन प्रवृत्ति पर व्यंग्य लिखते हैं। उनकी व्यंग्य रचनाएँ हैं— 'रोटी और घण्टी का सम्बन्ध', 'मेरे क्षेत्र के पति-एक सर्वेक्षण', 'राम आ ईख ला', 'बेकारी बोध' तथा 'नीम'। इनकी व्यंग्य कहानियों का क्षेत्र अति विस्तृत है। वे ठोस कथानक, वातावरण तथा चरित्रादि प्रस्तुत करने के पक्षपाती नहीं वरन् व्यंग्यों के माध्यम से पाठकीय संवेदनाएँ जाग्रत करना ही उनका प्रमुख लक्ष्य रहा है।

शानी : शानी मूलरूपेण आंचलिक कहानीकार के रूप में चर्चित हैं। उन्होंने मध्य प्रदेश के आदिवासियों पर अच्छी कहानियाँ लिखी हैं। उनकी कहानियाँ कस्बाई मनोवृत्तियों तथा नगरीय बोध से ओतप्रोत हैं। इनकी कहानियाँ दैनिक संघर्ष की कहानियाँ हैं जिनमें समसामयिक आर्थिक दबावों के प्रश्न छिपे हैं। शानी का यथार्थ मुक्ति का यथार्थ है तथा वह आर्थिक आधार भूमि पर स्थित है, मध्यवर्गीय चित्रण की प्रधानता है। मानवता के नग्नरूप एवं जख्मों का अंकन इनकी कहानियों में भली-भाँति हुआ है। 'गदले जल का रिश्ता', 'नंगे' तथा 'भूले हुए' इस दृष्टि से उनकी प्रसिद्ध रचनाएँ हैं। 'एक नाव के यात्री' उनकी कस्बाई मनोवृत्ति की कहानी है, जिसमें माता-पिता, बहन-भाई सभी इस मनोवृत्ति से ग्रसित हैं। यह पारिवारिक बिखराव की कहानी है। शानी की 'हर आदमी है', 'रहीम चाचा', 'बुझी हुई बत्ती', 'सब कहीं अँधेरा', 'अपनी-अपनी सीमाएँ', 'तीसरे पहर की धूप', 'छोटे शहर के लोग', 'एक कमरे का घर' तथा 'जाने वाली दुनिया' आदि नगरबोध की कहानियाँ हैं। इनकी कहानियों में नारी जीवन की घुटन, निराशा तथा दमित वासनाओं की विभिन्न परिस्थितियाँ उभर कर आयी हैं। शानी के शिल्प में अमरकान्त की कहानियों की-सी गहनता नहीं फिर भी शैली की सादगी एवं खरी अनुभूतियाँ इनकी कहानियों के शृंगार हैं।

शेखर जोशी : शेखर जोशी कस्बाई मनोवृत्ति के कहानीकार हैं। हमारी संवेदना हृदय की

सबसे कोमल वृत्ति है। जोशी ने उपेक्षित जनजीवन को वाणी दी है। शेखर जोशी के लेखन के विषय में डॉ. नामवर सिंह लिखते हैं कि– "जिन्दगी के गहन जंगल में आज भी न जाने कितनी सजीव वस्तुएँ पड़ी हुई हैं, जिनको अभी तक किसी कहानीकार से नाम नहीं मिल सका है, जिन्हें किसी की आँखें नहीं मिल पायी हैं, जो बोल उठने के लिए कहानीकार की वाणी के लिए अभी तक मुहताज हैं।...इन्हीं में मोटर मिस्त्री 'उस्ताद' थे, जिन्हें शेखर जोशी ने शिष्य बनकर पहचाना। वहीं बदबू महसूस न करने वाले और बदबू को न भूलने वाले लोग भी मौजूद हैं। यहाँ से थोड़ी दूर पर ही 'कोसी का घटवार' रहता है। इस ताजगी को अन्वेषण कहें या बन्द किताबों के लिए गये चित्रों के दमघोंटू द्वन्द्व को शेखर जोशी का लेखन। यद्यपि मात्रा में अधिक नहीं है फिर भी इसमें अन्वेषण की ताजगी तथा कस्बाई गन्ध समाई हुई है।"[19]

शैलेश मटियानी : मटियानी मूलरूपेण आंचलिक कहानीकार हैं। पहाड़ी जीवन, वहाँ का आचार व्यवहार, संस्कृति तथा लोक जीवन से जुड़ी कथाओं से उनका निकट का नाता है। उनकी कहानियाँ स्थानीय रंगों से रंगी हुई कहानियाँ हैं। उनकी निम्नवर्गीय लोगों पर लिखी गयी कहानियों में गहन सूझ-बूझ तथा यथार्थ को पहचानने की सबल सामर्थ्य है। उनकी प्रसिद्ध कहानियाँ हैं–'दो दुःखों का एक सुख', 'प्रेत मुक्ति', 'रहमतुल्लाह', 'घोड़े', 'इब्बू मलंग', 'प्यास' तथा 'पोस्टमैन' आदि। इनकी कहानियों की विशेषता उनकी भाषा शैली में न होकर उनकी अनुभूति में है। उनका यथार्थ पहाड़ी कठोरता से परिपूर्ण है। उन्होंने सैलानियों की भाँति चित्रण नहीं किया है वरन् यह उनकी उपज है। वे कुमायूँ अंचल का महत्त्व कहानियों में कम नहीं होने देते हैं।

उन्होंने स्वदेशीयता का पूर्ण निर्वाह किया है। वहाँ का आम आदमी दरिद्रता से तंग आकर देशीपन से घृणा करते हुए मैदानों की ओर दौड़ता है रोटी-रोजी के लिए, जिसे मटियानी ने बड़े ही निस्संग भाव से चित्रित किया है। वे अपनी कहानियों में निरीक्षण शक्ति का प्रयोग करते हैं। वे चमत्कारों से दूर हैं चाहे वह आधुनिकतावाद का हो अथवा शिल्प सम्बद्ध हो। उन्होंने भाषागत संघर्ष को उजागर किया है। उनकी दृष्टि में भाषा बाहर कागज पर लिखने-पढ़ने की वस्तु न होकर भीतर सुनने की चीज है। जब वह श्रुति के स्तर पर पहुँचती है, तब वाणी बनती है। वे वैदिक भाषा की परिकल्पना करते हैं, जो संघर्ष की प्रेरणा भी दे सकती है। उनका कथा-साहित्य जीवन की वास्तविकता को स्वस्थ साहित्य रूप में उजागर करता है। वे जीवन के साथ संघर्ष करने का साहस रखते हैं। उनका आन्तरिक साहस उनकी रचनाओं में कायरता के साथ-साथ अभिव्यक्त हुआ है। प्रमाणस्वरूप उनका 'इब्बू मलंग' पात्र है। वास्तव में मटियानी आत्मसंघर्ष एवं आत्मस्वीकृति के लेखक हैं।

हरिशंकर परसाई : परसाई जी सर्वश्रेष्ठ व्यंग्यकार के रूप में प्रसिद्ध हैं। उनकी कहानियों में कथातत्व की कमी तथा व्यंग्य की अधिकता दिखाई देती है। जीवन का प्रत्येक पहलू व्यंग्य से आवृत दिखाई देता है। इनका व्यंग्य सूक्ष्म एवं पैना है। उनके व्यंग्य के विषय रहे हैं– समाज सुधार, लाल फीताशाही, राजनीतिक पार्टियाँ आदि। उनके व्यंग्य मात्र मनोरंजनकारी नहीं हैं, वे कथ्य को प्रभावशाली एवं गहन बनाने हेतु व्यंग्य की पैनी दृष्टि रखते हैं। इसके लिए उन्होंने जीवन की यथार्थ परिस्थितियों का चयन किया है। उनकी व्यंग्यपरक प्रधान कहानियाँ हैं–

'भोलाराम का जीव', 'चावल से हीरे तक', 'तोरा हीरा हरोइगा कचरे में', 'एक बेकार घाव', 'सड़क बन रही है', 'पोस्टरी एकता', 'भाइयो और बहनो', 'निठल्ले की डायरी' तथा 'एक फरिश्ते की कथा' आदि। इनकी व्यंग्य कहानियों का क्षेत्र अति व्यापक है परन्तु मुख्यतः आधुनिक राजनीतिक प्रश्नों तथा समस्याओं पर कुठाराघात किया गया है। इनकी बोलचाल की भाषा अति सरल तथा शिल्प व्यंग्यात्मक है।

हृदयेश : हृदयेश आधुनिक बोध के कथाकार हैं। इनकी कहानियों में आर्थिक विडम्बनाओं, असंगतियों एवं परिवेशगत जीवन के परिवर्तित जीवन मूल्यों को अभिव्यक्ति मिली है। उनकी प्रमुख कहानियाँ हैं– 'डैकोरेशन पीस', 'साया', 'अविश्वास', 'परतों के नीचे', 'दाम्पत्य', 'आइसक्रीम वाला लड़का', 'सभाएँ', 'वह और जगह' आदि। नगरबोध की 'डैकोरेशन पीस' कहानी में ड्राइंगरूम, सोफे तथा कुशन आदि आम चीजें चर्चा की विषय बनी हैं। कस्बाई मनोवृत्ति का एक पहलू संशय 'साया' कहानी में एक विशेष तथ्य के रूप में स्पष्ट हुआ है। 'सभाएँ' कहानी बाबुओं के अन्तरंग चित्र प्रस्तुत करने में समर्थ है। आधुनिक जीवन में हम दो पीढ़ियों का संघर्ष देखते हैं, जो 'संघर्ष' कहानी में निहित है। पिता में विश्वास भरा है लेकिन पुत्र में अविश्वास। 'परतों के बीच में' जीवन में काम वासना की महत्त्वपूर्ण स्थिति को प्रकट करती है। 'आइसक्रीम वाला लड़का' विघटन, विसंगति एवं संत्रास से भरी कहानी है।

ज्ञानरंजन : ज्ञानरंजन सम्बन्धों के कहानीकार हैं। उन्होंने अपनी पीढ़ी के अन्य कहानीकारों की अपेक्षा कम कहानियाँ लिखी हैं। उनकी कहानियों में आदमी अपने पिता, माता, भाई से अलग नहीं होता वरन् उसके पिता, माँ, भाई ही उससे अलग होते हैं। उनकी कहानियाँ 'अलगाव' के इस महत्त्वपूर्ण क्रम से परिपूर्ण हैं और 'पिता' कहानी विशेष रूप से। आपकी कहानियों में व्यंग्य का प्रखर रूप देखा जा सकता है। कच्ची उम्र के प्रेम सम्बन्धों के खोखलेपन पर भी लेखक ने प्रहार किया है। 'खलनायिका और बारूद के फूल' तथा 'सीमायें' कहानियाँ इसे प्रमाणित करती हैं। 'दिवास्वप्नी', 'अमरूद का पेड़', 'फैंस के इधर और उधर', 'सीमायें' तथा 'पिता' आदि कहानियों में लेखक का व्यष्टि चिन्तन झलकता है। शिल्प की दृष्टि से ज्ञानरंजन एक सचेत कलाकार हैं। भाषा पर लेखक का पूर्ण अधिकार है। कहानियों पर उनके व्यक्तित्व की छाप है। समकालीन कहानीकारों की कहानियों के मध्य इनकी कहानियाँ अपनी स्पष्टता एवं तीक्ष्णता के लिए अलग पहचानी जाती हैं।

ज्ञान प्रकाश : सामाजिक बन्धनों के मध्य छटपटाती हुई जिन्दगी के चित्र ज्ञान प्रकाश की कहानियों में मिलते हैं। व्यवस्था के पैरों के नीचे प्रत्येक व्यक्ति दबा हुआ है। वह विद्रोह नहीं कर सकता है। 'दृष्टिकोण' तथा 'दिनचर्या' कहानियाँ इसी विचारधारा की कहानियाँ हैं। प्रत्येक व्यक्ति किसी का मुँह ताकता हुआ अपाहिज 'कमीना' की भाँति है। कमजोर सर्वाधिक सताया जाता है–'खँडहर के लोग' के पागल की भाँति। ज्ञान प्रकाश ने सामान्य सी घटनाओं एवं साधारण व्यक्तियों को सजीवता प्रदान की है। इनकी भाषा सहज एवं सरल है। इनकी कहानियाँ हृदयस्पर्शी हैं, जिनमें असहज मन अभिव्यक्त हुआ है। 'अँधेरे का सिलसिला', 'व्यर्थ जीवन' एवं 'बलात्कार' इनकी श्रेष्ठ कहानियाँ हैं।

श्रीकान्त वर्मा : श्रीकान्त वर्मा एक श्रेष्ठ कवि हैं तथा एक कहानीकार भी। उनकी

अधिकांश कहानियाँ प्रेम कहानियाँ हैं, जो भावुकता एवं प्रतीकात्मकता से परिपूर्ण हैं। श्रीकान्त वर्मा को प्रतीकों से विशेष मोह दिखाई देता है। इनकी कहानियों की भाषा चित्रात्मक है। इन्होंने यथार्थ को पूरी ईमानदारी से निभाया है। कहीं-कहीं इनकी भाषा प्रतीकों एवं संकेतों के कारण बोझिल-सी हो गयी है। 'झाड़ी', 'लड़की', 'दूसरे के पैर' तथा 'खेल का मैदान' इनकी श्रेष्ठ प्रतीकात्मक कहानियाँ हैं।

समकालीन कथाकारों में इन कथाकारों के अतिरिक्त कहानी लेखिकाएँ भी हैं जिनमें ऊषा प्रियंवदा, कृष्णा सोबती, दीप्ति खण्डेलवाल, निर्मला बाजपेयी, मणिका मोहिनी, शिवानी, प्रतिमा, इन्दूबाली, ममता कालिया, मेहरून्निसा परवेज़, निरुपमा सेवती, सिम्मी हर्षिता, मन्नू भण्डारी, मृदुला गर्ग, मृणाल पाण्डे, सुधा अरोड़ा आदि के नाम विशेष रूप से उल्लेखनीय हैं।

निष्कर्ष

कमलेश्वर के लिए 'कहानी' मूलरूप से असहमति का माध्यम रही है। उनकी कहानियाँ समय की धुरी पर घूमती सामान्य सच्चाइयों के प्रति और पक्ष में लिए गये निर्णयों की कहानियाँ हैं। आरम्भ में इन निर्णयों का क्षेत्र कस्बाई परिवेश रहा है। इसलिए उन्हें कस्बाई अनुभवों अथवा संवेदनाओं तक सीमित कथाकार भी कहा गया। वास्तव में ग्राम, कस्बा, नगर तथा महानगर के स्तर पर संवेदनाओं का विभाजन कोई बहुत अधिक प्रासंगिक नहीं है। विवेकी राय ने ठीक ही 'मार्क' किया है कि 'राजा निरबंसिया' संग्रह की कहानियों में लोक जीवन की सांस्कृतिक स्पर्श मूलक संवेदनाएँ हैं। बाद में कमलेश्वर महानगरीय यथार्थ को उकेरने में रुचि लेने लगे थे। उनकी कहानियों में जनधर्मिता निरन्तर बनी रही। श्रीपति राय ने बहुत पहले ही 'सर्वहारा' से उनकी निकटता को लक्ष्य किया था—"कमलेश्वर का जीवन अनुभव बहुत थोड़ा, सीमित पर अतिशय सजीव है। कस्बे के सर्वहारा वर्ग के बड़े मार्मिक चित्र उन्होंने उपस्थित किये हैं।"[20]

कमलेश्वर के प्रकाशित कहानी संग्रहों में 'कस्बे का आदमी', 'राजा निरबंसिया', 'खोयी हुई दिशाएँ', 'मांस का दरिया', 'बयान' तथा 'इतने अच्छे दिन' प्रमुख हैं। इनके इन कहानी संग्रहों का महत्त्व रचनात्मक एवं ऐतिहासिक दोनों ही दृष्टियों से है। डॉ. रामदरश मिश्र उनके ऐतिहासिक प्रदेय के विषय में लिखते हैं—"कमलेश्वर और उन जैसे कुछ अन्य समाजोन्मुखी कहानीकारों को सामने रखकर उन लोगों को जवाब दिया जा सकता है, जो यह आक्षेप लगाते हैं कि नयी कहानी आत्मकेन्द्रित कहानी है।"[21]

डॉ. धनंजय वर्मा ने कमलेश्वर की प्रशंसा हिन्दी कहानी की परम्परा को आत्मसात् करने की दृष्टि से की है। कमलेश्वर एक ऐसे लेखक हैं जिनके यहाँ हिन्दी कहानी की पूरी यात्रा, उसके लगभग हर मोड़ की प्रतिनिधि कहानी मिल सकती है और परम्परा से अन्तर ही नहीं, उसके विकास की दृष्टि से भी ये महत्त्वपूर्ण हैं। इस लिहाज से हिन्दी कहानी की परम्परा को उन्होंने आत्मसात् किया और उसे अलग-अलग भोगा है। डॉ. सुरेश सिन्हा की दृष्टि में—'घोर आत्मपरकता, कुंठा, घुटन एवं पलायनवादी प्रवृत्तियों के घने जाल से हिन्दी कहानी को खुली वायु में लाकर नया अर्थ देने का श्रेय बहुत अंशों में कमलेश्वर को है।' इन कथनों से यह बात स्पष्टरूपेण उभर कर आती है कि कमलेश्वर की कहानियाँ एक विशेष प्रकार की नवीनता एवं

ताजगी से परिपूरित हैं। वे प्रेमचन्द की परम्परा को बढ़ाने वाले कहानीकारों में से एक हैं। वे अपनी कथा यात्रा के मध्य वैयक्तिक मूल्यों को कम प्रश्रय देते हैं। 'मांस का दरिया' एक अश्लील यौन सन्दर्भित कहानी है जिसमें उन्होंने यौन सन्दर्भों को चटखारा लेने हेतु नहीं परोसा है, वरन् उनका प्रयोग रचनात्मक अर्थवत्ता हेतु ही किया गया है। कथ्य एवं शिल्प की दृष्टि से उनकी कहानियाँ सुपुष्ट हैं। उनकी भाषा 'मुंशी स्टाइल' में प्रेमचन्द की भाषा से सम्बद्ध माना है। उन्हें भाषाई चमत्कार में कोई रुचि नहीं दिखती, वे सरल भाषा के हामी हैं। उनकी भाषा अनुभूतियों के अनुरूप परिवर्तित होती रहती है, शिल्प विषयक अतिरिक्त सजगता से वे दूर रहते हैं।

नयी कहानी तथा समानान्तर कहानी के प्रवक्ता के रूप में कमलेश्वर का व्यक्तित्व अति विवादास्पद रहा है परन्तु उनकी कहानियों की प्रासंगिकता एवं श्रेष्ठता के विषय में कहीं कोई विवाद दिखाई नहीं देता है। अनुभव, वैचारिकता एवं कथन शैली के समुचित समन्वय से निर्मित उनकी कहानियों में परिवेश बोलता है। कमलेश्वर की कहानियों में टूटते, अकुलाते तथा हारते मानव की गरिमा का विश्वास बोलता दृष्टिगोचर होता है। उन्होंने अपनी कोई विचारधारा थोपी नहीं है। एक रचनाकार की दृष्टि से उनका मूल्य कम नहीं है। वे सार्थक रचनाशीलता के कारण उत्कृष्ट कहानीकारों में गिने जाते हैं।

(ग) कमलेश्वर के कथा-साहित्य का समग्र मूल्यांकन

कमलेश्वर के कथा-साहित्य को जब हम समग्र मूल्यांकन की दृष्टि से देखते हैं तो पाते हैं कि कमलेश्वर की समस्त कहानियाँ एक नवीन कोण लिए हुए हैं। कहीं-कहीं कहानियों में अति यथार्थ के दर्शन होते हैं, जैसे 'इतने अच्छे दिन' कहानी हमें अति यथार्थ का बोध कराने में सक्षम है। अकाल के दिन भी मनुष्यों के लिए अच्छे होते हैं। समस्त रिश्ते समाप्त हो जाते हैं, ऐसे में मानव के सोचने-समझने तथा विचार करने की पद्धतियाँ ही बदल जाती हैं। बाला का यह सोचना कि– "घर में छोटी बहन कमली न होती तो कैसे काम चलता....और बन्ता सिंह ट्रक ड्राइवर अगर रात में उसे उठा न ले जाता तो उसकी जिन्दगी ही बरबाद हो जाती, सब कुछ अच्छा ही हुआ।"[22] यह सोचना कितना कुछ यथार्थपरक है।

'अकाल' में बाला अपने जीवन जीने हेतु पुरुषों की हड्डियाँ उखाड़-उखाड़ कर बेचता है। वह बाप-दादा की लाशों को इसलिए नहीं जलाता है क्योंकि उसे उनकी हड्डियाँ बेचने के लिए चाहिए थीं और सबसे अच्छी बात यह हुई कि क्षेत्र में निरन्तर तीसरे साल अकाल पड़ गया। यह कहानी उस पूँजीवाद का जीता जागता उदाहरण है जिसने जनता को इस सीमा तक पतन के गर्त में गिरा दिया है।

'हवा है हवा की आवाज नहीं' कहानी पाश्चात्य परिवेश में लिखी गयी कहानी है तथा वह इसी परिवेश को पूर्ण अभिव्यक्ति देती हुई प्रतीत होती है जहाँ व्यक्ति दोषपूर्ण व्यवस्था का अंग बनने अथवा उसे स्वीकार करने हेतु मजबूर हो जाता है। वह ईमानदारीपूर्ण जीवन जीने में असमर्थ हो जाता है। कमलेश्वर ने समाज एवं राजनीतिपरक छल की कहानियाँ लिखी हैं। इनकी 'मानसरोवर के हंस' कहानी इसी समाज एवं राजनीति के छल को अभिव्यक्त करती है। यह

छल, धोखा देश के घर-घर में तथा व्यक्ति एवं समाज में आँधी के रेत के समान घुस गया है, जिसे अनवरत प्रयासोपरान्त भी निकाला नहीं जा सकता। देश, समाज तथा व्यक्ति का वेश तो बदल ही गया परन्तु छल अपने उसी रूप में परिव्याप्त है। आज विश्वास को तोड़ने में मानव अहं की तुष्टि होती है। इस कहानी में शासन द्वारा आम जनता को छलने की यथार्थ क्रिया का निरूपण किया गया है।

इसी भाँति लेखक ने मन की भटकन का चित्रण भी अपनी कहानियों में किया है।'....या कुछ और' कहानी ऐसी ही कहानी है जिसमें मानव मन की भटकन को चित्रित किया है जिसे मनुष्य स्वयं समझ नहीं पाता है। इस भटकाव को न समझने के कारण मानव मन भय, संत्रास, संशय, प्रेम आदि में से किसी न किसी के आवरण से ढक जाता है। वातावरण जब अन्धकारमय होता है तो मन पर कुछ घुमड़ने लगता है जैसा कि रामनाथ कहता है– "अँधेरा बहुत धीरे-धीरे उमड़ता था... इतने धीरे-धीरे कि आँखों में भरने लगता....अन्तरों और अलगनी पर टँगे कपड़ों की सलवटों में समाने लगता था। चारों तरफ गँदला-गँदला पानी-सा भर जाता था...तब घर में रुकना मुमकिन नहीं होता था।"[23] यही अन्तर्द्वन्द्व यह कहानी अभिव्यक्त करती है साथ ही आत्म-पीड़ा भी अभिव्यक्त होती है। देश के विभाजन कालीन साम्प्रदायिक दंगों का अभिव्यक्तिकरण 'कितने पाकिस्तान' कहानी में होता है। इस कहानी में साम्प्रदायिक दंगों का चित्रण बड़े ही सजीव ढंग से किया गया है। साम्प्रदायिक झगड़ों के कारण व्यक्ति अपने ही घर में दहशत से भर गया था। प्रत्येक व्यक्ति पर खून सवार था। इससे न जाने कितने लोगों ने दंगों में अपने को आहूत कर दिया। निर्दोष जानें गयीं। देश के विभाजन के काफी समय बाद भी देश के प्रत्येक जाति के मनुष्यों के मन पर विभाजन की एक रेखा-सी खिंच गयी थी। यदि एक अपने विनाश पर रोता है तो दूसरा देखता ही रहता है कि जैसे कुछ हुआ ही नहीं। "हाँ वह बदरू है—पगला गया। उसके चालीस करघे थे, जलकर राख हो गये। पिछवाड़े पीपल के नीचे ही तब से बैठा है, रातभर रोता है, गालियाँ बकता है।"[24]

'आधी दुनिया' कहानी कमलेश्वर की एक सामान्य-सी कहानी है। इसमें पाश्चात्य सम्बन्धों को मान्यता देने वाली सामाजिकता पर करारा व्यंग्य किया गया है। कहानी आत्मपरक शैली में है। मार्था एवं फोकस दोनों पति-पत्नी हैं जिनकी उम्र में काफी अन्तर है। भारतीय पत्नी पति को ही अपना परमेश्वर मानती है। अपना जीवन धन तथा सर्वस्व मानकर इसका आजीवन पालन करती है। पतिपरायणता ही उसका धर्म है, जिसे वह आजीवन निभाती है परन्तु मार्था अपने पति के साथ तो रहती है, पर मन से वह उससे कोसों दूर। जब मार्था 'मैं' का साथ प्राप्त करती है तो वह पूर्णरूपेण पति से अलग हो जाती है और वह अपने वृद्ध पति को पुनः जिस जहाज से आयी थी उसी से लौटाने हेतु टिकट खरीद देती है। यह स्थिति इस प्रकार रेखांकित है—"हम मार्था का इन्तजार कर रहे थे। कुछ देर बाद वह नशे में धुत पति को साधे, कुत्तों की जंजीरों को पकड़े मार्था आयी और पति को हमें सधाकर बोली—इनका बुकिंग करा दूँ। जरा सँभालना। और वह उस विंडो पर पहुँच गयी थी जहाँ से वापस जाने वाले जहाज का रिजर्वेशन हो रहा था। जिससे हम आये थे, वही वापस जाने वाला था। टिकट लेकर वह आयी और पति को लिए हुए वापस जहाज में जाने लगी तो उस लगभग बूढ़े पति ने विरोध किया—मैं

नहीं जाऊँगा, तुम नहीं समझतीं.....।''[25]

'हवा है, हवा की आवाज नहीं' तथा 'आधी दुनिया' कहानियाँ विदेशी जीवन शैली पर लिखी हुई कहानियाँ हैं। 'मार्था' वास्तव में 'मैं' के साथ भी नहीं रही वह तो परम स्वतन्त्र थी और अपना स्वतन्त्र अस्तित्व लेकर ग्रीस की ओर ट्रेन से जा रही थी–अपने तीनों कुत्तों के साथ।

कमलेश्वर की कहानियों के कथानकों का बदलाव उनकी कहानियों के तीन पड़ावों के अनुसार ही होता है। प्रथम तो वे कहानियाँ हैं–जिन्हें कमलेश्वर ने मैनपुरी तथा इलाहाबाद में रहकर लिखा। इनमें कस्बाईपन है, जो पढ़ते ही स्पष्ट हो जाता है। इनमें 'राजा निरबंसिया', 'इतने अच्छे दिन', 'देवा की माँ', 'नीली झील', 'गर्मियों के दिन', 'पानी की तसवीर', 'गाय की चोरी' तथा 'कस्बे का आदमी' आदि श्रेष्ठ कहानियाँ हैं।...इन नगरों के व्यक्तियों का जीवन पूर्ण रूप से ही बदल गया। कहानीकार ने दिल्ली की जिन्दगी में बेहद छटपटाहट देखी और यही छटपटाहट उनकी कहानियों में दर्द बनकर उभरी है। इस चरण की कहानियों में 'पीला गुलाब', 'दिल्ली में एक मौत और', 'पराया शहर', 'दुःख भरी दुनिया', 'प्रेमिका', 'एक अश्लील कहानी', 'बेकार आदमी', 'भरेपूरे-अधूरे', 'मांस का दरिया' तथा 'एक थी विमला', 'सोलह छतों का घर' 'चप्पल' आदि कहानियाँ श्रेष्ठ कहानियाँ हैं।

द्वितीय चरण की कहानियों में कमलेश्वर की वे कहानियाँ है, जिन्हें उन्होंने इलाहाबाद तथा दिल्ली में रहते हुए लिखा था। यहाँ के कथानक प्रथम चरण की कहानियों की अपेक्षा कमलेश्वर की तृतीय चरण की कहानियों में दिल्ली से बम्बई आकर लिखी गयी कहानियाँ आती हैं। बम्बई आकर कमलेश्वर ने मनुष्यों के जीवन में एक महानगरीयता देखी, जिसमें जीवन के प्रति नया दृष्टिकोण है। उसी महानगरीय जीवन दृष्टिकोण को कमलेश्वर ने अपनी कहानियों के कथानकों में परिवर्तित करके पाठकों के समक्ष रख दिया। इस विषय में कमलेश्वर का स्वयं का कथन द्रष्टव्य है–''मुझे पात्रों ने कहानियाँ नहीं दी हैं, यदि कोई कहानी पात्र केन्द्रित हो गयी तो वह मेरे लेखन की कमजोरी है, पर जान-बूझकर पात्रों को विरूप कर देने की कोशिश भी मैंने नहीं की।''[26]

कमलेश्वर की तृतीय चरण की कहानियों में– 'जोखिम', 'मानसरोवर के हंस', 'नागमणि', 'साँप' 'इन्तजार', 'रातें', 'मैं', 'लाश', 'हवा है हवा की आवाज नहीं', 'बयान', 'अपना एकान्त', 'जार्ज पंचम की नाक', 'आधी दुनिया' आदि प्रमुख हैं। इन कहानियों में कहानीकार ने स्वतन्त्र भारत का ऐसा चित्र उभारने का प्रयास किया है जिसमें व्यक्ति पूर्णरूपेण अपाहिज-सा हो गया है। देखने में तो भारत स्वतन्त्र है परन्तु व्यवस्था एवं विकास के नाम पर उसकी स्वतन्त्रता छिन-सी गयी है। स्वतन्त्रता कहाँ है? यह दिखाई नहीं दे रहा है, वह तो पूँजीवाद की क्रीतदासी बन चुकी है। पूँजीवाद ने उसे पूर्णरूपेण खरीद लिया है। वह हर रात खरीदता है। प्रजातंत्र की लाश सबके सामने है। व्यक्ति के पास अपने एकान्त जैसी कोई वस्तु नहीं, वह अपना एकान्त तक नहीं भोग पाता है। यह कैसी विडम्बना है आज की और आज के प्रजातंत्र की। ईमानदारी कहाँ, ईमानदार अपनी मौत मर भी नहीं पाता है। वह अपनी ग़ैरत बेचकर अन्त में मरता है जिसके लिए उसकी पत्नी को बयान देना पड़ता है लेकिन उसे भी कोई नहीं सुनता। बयान तो बयान है, वह तो कठघरे की ही शोभा है।

कमलेश्वर की कहानियाँ समकालीन कहानी की विशेष उपलब्धि है। वे केवल कथानक के परम्परागत स्वरूप को लेकर आगे नहीं बढ़ी हैं। उनका उद्‌देश्य भी एक पूर्व निर्मित कथानक के द्वारा किसी आदर्श को स्थापित करना मात्र नहीं है वरन् जीवन का सहज एवं यथार्थ चित्रण कर एक पूर्ण बिम्ब प्रस्तुत करना है। उसी के अनुसार कहानी के पात्र, संवाद, वातावरण, भाषा, शैली तथा उद्‌देश्य जैसे स्थूल मानकों को निर्धारित किया गया है। कहानी में निहित शाब्दिक जीवन प्रतिबिम्ब एवं प्रत्यक्ष संवेदना को रूपायित करना ही कहानीकार की कला है, जिसके द्वारा ही कहानी के जटिल रूप को समझा जा सकता है। पुराने मानकों से कमलेश्वर के कथा-साहित्य का मूल्यांकन करना उनके साथ अन्याय होगा। जहाँ तक मनोरंजन का प्रश्न है, कहानी कला क्या किसी भी कला का उद्‌देश्य मनोरंजन कदापि नहीं होता है। कभी-कभी मनोरंजक रूप में प्रस्तुत किया जाना किसी भी कला की विशेषता हो सकती है, उसका धर्म नहीं। वास्तव में श्रेष्ठ साहित्य मानवीय जीवन के कुछ ऐसे सन्दर्भों को उद्‌घाटित करता है, जो जन-जन में समानरूप में विद्यमान होते हैं।

श्रेष्ठ साहित्य व्यक्ति को व्यक्ति की सीमाओं से उठाकर 'मानवीय' धरातल पर पहुँचाता है। इस साधना को कमलेश्वर ने अपनी कहानियों के द्वारा चरम पर पहुँचाने का सुदृढ़ एवं सफल प्रयास किया है।

कमलेश्वर की कहानियों में संवेदना की समृद्धि, दृष्टि की नवीनता, अनुभूति की व्यापकता, जीवन की विविधता, कथा फलक की विशालता, सूक्ष्मतर समस्याओं की विश्लेषणात्मक प्रवृत्ति, प्रस्तुति की नूतनता, भाषायी सजीवता तथा रचनात्मक बुनावट में नूतनता की उपस्थिति निःसंदेह झलकती है। वे कहानी में शिष्ट हास्य प्रस्तुत कर गम्भीर सच को भी अति सरलता से कह पाते हैं। कमलेश्वर ने लगभग सवा सौ कहानियाँ लिखी हैं, जिनमें मानव स्थितियों पर सजग-सचेत दृष्टि डाली है। कमलेश्वर ने कहानी लेखन की परम्परा को अपने पर हावी नहीं होने दिया है। इसी कारण उनकी कहानियों में कहीं शिल्प एवं कहीं कथ्य की विविधता पायी जाती है। वैसे कथा एवं शिल्प एक-दूसरे से जुड़े हैं।

कमलेश्वर ने समाज के एक अंग पर अथवा अंश पर दृष्टि नहीं डाली है, उन्होंने समाज को चारों ओर से देखा है, ऊपर से नीचे तक परखा है। भिन्नता को देखा है, अतः कथ्य के अनुसार शिल्प परिवर्तित हुआ है। लेखक की कहानियाँ विविधतापरक हैं, जो इनकी कहानियों की प्राणशक्ति है। उनकी कहानियों में कथ्य की कमी नहीं, वे आवश्यकतानुसार सही कथ्य को सही तरीके से और अधिक तराश कर प्रयोग करते हुए दृष्टिगोचर होते हैं। कमलेश्वर में आन्तरिक ऊर्जा है जिसे वे कहानियों में उँड़ेलकर रख देते हैं। उनकी कहानियाँ अंध धार्मिकता से मुक्त शुद्ध मानवतावादी धरातल की कहानियाँ हैं जिनमें सांस्कृतिक सौन्दर्य छिपा है। प्रगतिशील आन्दोलन एवं कम्यूनिस्ट आन्दोलन के साथ कमलेश्वर के व्यक्तित्व का प्रारम्भिक विकास हुआ। उनकी रचना चेतना उसी वातावरण में विकसित हुई। कमलेश्वर के कहानी लेखन एवं चरित्र विकास प्रक्रिया पर तथा कहानी के वातावरण निर्माण पर उन आन्दोलनों की चेतना का प्रभावादि दिखाई देता है लेकिन इससे कहीं कोई कुंठा और पेचीदगी नहीं पनपी है। उनकी

कला का सहज निर्माण हुआ है।

कमलेश्वर की कहानियाँ मानव की, समाज की तथा राष्ट्र की कहानियाँ हैं। उनमें साहित्यिकता है लेकिन काल्पनिकता का पूर्ण अभाव। उन्होंने जो भी लिखा है उनमें उनके जीवन का अनुभव निहित है। कटु सत्य एवं कटु यथार्थ का जामा पहने कमलेश्वर की कहानियाँ समसामयिक कथाकारों में अपनी अलग पहचान बनाकर चलती हुई दिखलाई देती हैं। इन कहानियों में यथार्थ, अनुभव एवं जीवन की गहराई झलक रही है।

सन्दर्भ

1. समग्र कहानियाँ (राजा निरबंसिया) : कमलेश्वर, पृष्ठ 145-146
2. समग्र कहानियाँ (प्रेमिका) : कमलेश्वर, पृष्ठ 292
3. समग्र कहानियाँ(खोयी हुई दिशाएँ) : कमलेश्वर, पृष्ठ 373
4. समग्र कहानियाँ (जार्ज पंचम की नाक) : कमलेश्वर, पृष्ठ 288
5. समग्र कहानियाँ (नाच) : कमलेश्वर, पृष्ठ 216-217
6. वही।
7. समग्र कहानियाँ (मांस का दरिया) : कमलेश्वर, पृष्ठ 346
8. वही।
9. आईने के सामने : सम्पादक मोहन राकेश, पृष्ठ 99, 104-105
10. वही।
11. धर्मयुग, जनवरी, 1962 (लेखक के बही खाते से) : निर्मल वर्मा
12. हिन्दी कहानी अपनी जबानी : इन्द्रनाथ मदान, पृष्ठ 37, 38
13. वही।
14. हिन्दी कहानी समीक्षा और सन्दर्भ : डॉ. विवेकी राय, पृष्ठ 68
15. नयी कहानी उपलब्धि और सीमाएँ : डॉ. गोबरधन सिंह शेखावत, पृष्ठ 303
16. कहानी : नयी कहानी : डॉ. नामवर सिंह, पृष्ठ 36
17. नयी कहानी की भूमिका : कमलेश्वर, पृष्ठ 206
18. विवेक के रंग : दूधनाथ सिंह, पृष्ठ 374
19. कहानी : नयी कहानी : डॉ. नामवर सिंह, पृष्ठ 49
20. कहानी, जनवरी : 56, पृष्ठ 10
21. हिन्दी कहानी : एक अन्तरंग पहचान, डॉ. रामदरश मिश्र, पृष्ठ 138
22. कमलेश्वर की श्रेष्ठ कहानियाँ : कमलेश्वर, पृष्ठ 01
23. समानान्तर रचनाकार कमलेश्वर की श्रेष्ठ कहानियाँ—(...या कुछ और) : कमलेश्वर, पृष्ठ 113
24. कितने पाकिस्तान : कमलेश्वर, पृष्ठ 33
25. समग्र कहानियाँ (आधी दुनिया) : कमलेश्वर, पृष्ठ 629-30
26. कमलेश्वर : सम्पादक मधुकर सिंह, पृष्ठ 150

7

कथा-साहित्य एवं कमलेश्वर की रचनाधर्मिता

(क) वर्तमान युग में कमलेश्वर के कथा-साहित्य का महत्त्व

वर्तमान युग में हिन्दी गद्य साहित्य के अन्तर्गत कथा-साहित्य अति महत्त्वपूर्ण स्थान रखता है। वर्तमान काल में कथा-साहित्य की अनेक नवीन प्रवृत्तियाँ प्रारम्भ हुई तथा उभर कर समाज के समक्ष आयीं। स्वातन्त्र्योत्तर कालीन परिवर्तित राजनीतिक, सामाजिक, आर्थिक, धार्मिक तथा सांस्कृतिक परिस्थितियों की वास्तविकता का चित्रण तत्कालीन साहित्य में देखने को मिलता है।

कमलेश्वर ने स्वयं अपने जीवन में इन परिवर्तित परिस्थितियों को भोगा है तथा कथाकार के रूप में उन्होंने उनका सजीव चित्रण किया है क्योंकि कहानी आज की प्रमुख विधा है। कहानी में आज की नब्ज़ को पकड़ने एवं प्रतिबिम्बित करने की शक्ति है। आधुनिक कहानियों में निस्सन्देह नये दृष्टिकोण एवं नवीन स्वर मुखरित करने का प्रयास किया गया है। ये नये स्वर नगर केन्द्रित सभ्यता के दिशा स्वर हैं। आज के स्वरों की प्रतिक्रिया लेखकीय मानस पर होती है। उसकी प्रकृति को अपने-अपने ढंग विशेष से समझा जा सकता है तथा कहानी में अभिव्यक्त किया जा सकता है। "आज का प्रमुख स्वर अपने समय के यथार्थ, उसके स्वरूप, उसके स्वरों को पहचान लेने में, राष्ट्रीय, अन्तरराष्ट्रीय पीठिका में देख लेने में ही नहीं, लेखकीय मानस पर उसकी प्रतिक्रिया में भी है, उसकी प्रकृति को अपने-अपने ढंग से समझने में भी है, उसे कहानी की विधा में अभिव्यक्त करने में भी है, और यह महसूस करने में भी है कि उनके कथ्य की व्यंजना के लिए कहानी ही उपयुक्ततम समर्थ और प्रभावशाली विधा है।"[1]

कहानी के माध्यम से हम समाज एवं जीवन को समझने का प्रयत्न करते हैं। जीवन एवं परिवेश के प्रति लेखक की धारणा कहानी में प्रतिबिम्बित होती है। लेखक अपनी धारणा एवं दृष्टिकोण से कहानी को अभिमण्डित करता है। कहानी इस सबका प्रतिफलित रूप होती है। इसमें अनुभव, इंद्रिय बोध अनुभूति एवं प्रभाव दिखाई देते हैं। इस कहानी के साहित्यिक महत्त्व को हम निम्न प्रकार से स्पष्ट कर सकते हैं, जिसमें कहानी की संरचना एवं निर्माण प्रक्रिया की संश्लिष्ट व्याख्या है— "वस्तुतः कहानी में प्रतीक, बिम्ब इत्यादि भाषा और शब्दों के स्तर पर नहीं, विषय बोध और उसे ध्वनित कर सकने वाले शिल्प के धरातल पर आते हैं। कहानी की सांकेतिकता शब्दों या ध्वनि, लहजे की सांकेतिकता नहीं, विषय के प्रस्तुतीकरण, संघटन, कोण, निर्वाह और सब मिलाकर प्रभाव की सांकेतिकता होती है। उसमें वातावरण का संगीत नहीं प्रभाव का संगीत होता है।"[2]

कहानी के प्रभाव का संगीत ही वास्तव में मानव को आकर्षित करते हुए, तन्मय बनाते हुए कहानी के प्रति आकृष्ट करता है। यही कारण है कि मानव समाज कहानियों से भली-भाँति प्रभावित होता है। आज काव्य का युग नहीं यह तो कथा के संगीत का युग है। आज कहानी ही एक ऐसी संश्लिष्ट इकाई है, जिसमें चरित्र चित्रण, देशकाल तथा परिस्थिति चित्रण, पात्र, संवाद योजना, कथानक तथा शैली है। इन सबसे ऊपर है जीवन को समझने का प्रयत्न। इस प्रयत्न में कहानीकार ईमानदारी से अपनी धारणाओं, अनुभवों, दृष्टिकोणों तथा बदलते हुए संस्कारों से काम लेता है, जिन्हें सुनाकर वह सामाजिक, ऐतिहासिक पार्श्व में उनका अर्थ पाना चाहता है।

श्रोता अथवा पाठक भी नित्य अनेक कथा कहानियाँ पढ़कर उसमें वर्णित दुनिया की स्थिति ही नहीं जानते बल्कि उसमें अपनी स्थिति की झलक भी देखना चाहते हैं। हमारा सम्पर्क हमेशा अपने जीवन को प्रभावित करने वाली अनुभूतियों के प्रति रहता है। संवेदना, अनुभूतियों एवं मूल्यों के स्तर पर कहानी का यही कार्य है। कहानी लेखक के नवीन प्रयोगों में बाधक नहीं साधक ही होती है। कहानी प्रयोगधर्मी है फिर भी वह सामाजिक होने के लिए बाध्य है। कहानी की आवश्यकता आधुनिक संवेदना को सर्वाधिक वहन करना है। कहानी समाज के लिए अत्यावश्यक एवं अपरिहार्य है, साथ ही कहानी में भी समाज की अपरिहार्यता आवश्यक है। इस प्रकार कहानी एवं समाज एक-दूसरे के लिए हैं।

''आज जो कहानी हम पढ़ते हैं वह केवल उसका एक स्तर है, उसके वास्तविक और विशिष्ट स्तर तो नेपथ्य में चलते रहते हैं। 'मोपासाँ', 'प्रेमचन्द', 'यशपाल' की कहानियों में यह स्तर नहीं था, ऐसा नहीं है, लेकिन वहाँ एक मन्तव्य बनकर था कथ्य बनकर नहीं अर्थात् कहानी के अन्त में सहसा संकेतित हो उठता था—लेखक की चेतना में वर्तमान रहता था। आज वह कहानी में (परिणामतः पाठक के मन में भी) समानान्तर चलता महसूस होता रहता है।''[3]

दुहरी कहानियों की भंगिमा, शिल्प तथा प्रतीक आदि से एक दृष्टि ही अधिक मानी जाती है। दो अलग-अलग युगों की वास्तविकताएँ एक दूसरी के समानान्तर आकर दो युगों के मूल्यगत अन्तर्विरोधों को उजागर करने की क्षमता रखती हैं तथा समस्त मान्यताओं के बिखरने की त्रासदी को सामने रख देती हैं। कमलेश्वर की 'राजा निरबंसिया' इसी कोटि की कहानी है। कहानी में कथाकार की दृष्टि, उसकी अपेक्षाएँ, परिवेश को ग्रहण एवं संप्रेषित करने पर आकर टिक जाती हैं। इसके बिना कहानी का स्वरूप एवं विधागत प्रयोग ही समझ में नहीं आ सकता।

वर्तमान युगीन कथा-साहित्य में यथार्थ चेतना एवं मूल्य बोध का परस्पर समन्वित रूप देखने को मिलता है। वैसे यथार्थ चेतना स्वरूप की पकड़ एवं मूल्यबोध यह निर्विकार सत्य है कि कहानी को कितने भी यथार्थ के धरातल पर चित्रित किया जाय परन्तु यदि उसमें मूल्यबोध नहीं है तो उस कहानी का कोई महत्त्व ही नहीं है। कहानी के यथार्थवादी चित्रण में व्यक्ति, समाज तथा जीवन इन तीनों को ही उनके भूत, भविष्य एवं वर्तमान कालीन परिस्थितियों को सम्यक्रूपेण विश्लेषित किया जाता है। यदि यथार्थ चेतना अन्तर्दृष्टिहीन है अथवा उसमें मूल्यबोध का अभाव है तो वह कहानी एवं कहानीकार दोनों ही निष्फल हैं। आज की कहानी में यथार्थ चेतना एवं मूल्यबोध दोनों ही एक-दूसरे सार्थक रूप में जुड़े हुए हैं। वैसे तो ''साहित्य

में यथार्थ चेतना का सम्बन्ध जीवन दर्शन से है तथा जीवन दर्शन पूर्णतः जीवन मूल्यों पर आधारित होता है।''[4] कहानी को आधुनिक युग की सशक्त विधा मानते हुए 'अपनी बात' में डॉ. राधेश्याम सारस्वत लिखते हैं कि—''आधुनिक हिन्दी साहित्य की सभी विधाओं में 'कहानी' एक सशक्त और महत्त्वपूर्ण विधा के रूप में सृजनात्मक अभिव्यक्ति का प्रभावकारी माध्यम है। स्वातन्त्र्योत्तर हिन्दी कहानी का विकास और उत्कर्ष कहानी के विभिन्न आन्दोलनों के रूप में हुआ है। प्रत्येक आन्दोलन ने इसे समृद्ध बनाया है और यही कारण है कि आज यह आधुनिकता की समर्थ एवं सशक्त विधा के रूप में हमारे सामने है।''[5]

इस प्रकार आधुनिक कहानी में यथार्थ चेतना कोई कहने, सुनने एवं प्रचार करने की वस्तु नहीं, बल्कि कहानीकार की चेतना प्रक्रिया के द्वारा स्वयं अनुभव करने एवं दूसरों को अनुभव कराने की वस्तु है। आधुनिक कहानी की सर्वोत्कृष्ट विशेषता उसकी यथार्थपरकता ही है। इसके बिना कहानी कल्पना का पिटारा मात्र है अथवा वह कहानी नहीं कुछ और है। कहानी में अर्थ एवं क्षेत्र की दृष्टि से मूल्यबोध भी अति व्यापक शब्द है, जो आधुनिक कहानी की विशेषताओं में से एक है। मूल्यबोध का तात्पर्य किसी भी वस्तु की कीमत ज्ञात करने से है।

आधुनिक युग की कहानियों में मूल्य मानव जीवन की आवश्यकताओं, इच्छाओं, परितृप्ति, रुचि आदि की पूर्ति का मानदण्ड, कार्य प्रणाली, आदर्श से सम्पृक्त होने के कारण, ये मानव जीवन के मानदण्ड हैं, जो हमारे अनुभवों, विचारों तथा चिन्तनों को संयमित करते हैं। मूल्य जीवन जीने का दृष्टिकोण, मानदण्ड, मानवीय मानसिक धारणा, जीवन शक्ति, जीवन धर्म तथा जीवनादर्श के रूप में अभिव्यक्त एवं प्रतिपादित होता है। ''मूल्य मानव व समाज का दृष्टिकोण है, तरीका है। आज मूल्यों को विविध रूपों में स्वीकार किये जाने के कारण इसकी परिभाषा अत्यन्त व्यापक और जटिल हो गयी है। आज के परिवेश में इसका प्रयोग दर्शनशास्त्र, समाजशास्त्र, नीतिशास्त्र, विज्ञानशास्त्र, अर्थशास्त्र, मनोविज्ञानशास्त्र, आध्यात्मिक आदि में होने के कारण बहुमुखी हो गया है। इसे किसी एक बिन्दु तक केन्द्रित नहीं किया जा सकता है। .....आन्तरिक मूल्यानुभूति, जो व्यक्ति विशेष की आकांक्षाओं, आवश्यकताओं, अभिलाषाओं, संवेदनाओं, महत्वाकांक्षाओं आदि की पूर्ति का लक्ष्य है। यही कारण है कि मूल्य व्यक्ति के अभावों, अभिलाषाओं, मनोवृत्तियों एवं तज्जनित तनावों से उत्पन्न उद्देश्यों की पूर्ति करता है। ये वैचारिक इकाई है जो हमारे शुभ-अशुभ कार्यों की पहचान में सहायता करते हैं। 'मूल्य' व्यक्ति को नियन्त्रण ही नहीं करते हैं, अपितु उसके व्यक्तित्व की संरचना भी करते हैं।''[6] अतः कहानियों में मूल्य मानव जीवन, व्यक्तित्व एवं अस्तित्व का मुख्य केन्द्र हैं। कथा-साहित्य में मूल्यबोध, मानव जीवन एवं समाज संयुक्त हैं क्योंकि मूल्यहीन समाज एवं मानव जीवन की कल्पना करना ही व्यर्थ है।

वास्तव में कथा साहित्यगत मूल्य रोचकता का आधार लेकर समाज को गतिशीलता की ओर अग्रसर करते हैं। मूल्य कथा लेखन पर आरोपित वस्तु नहीं बल्कि उसके भीतर से उपजने वाली शक्ति है। कथा-साहित्य में आरोपित जीवन मूल्य निषिद्ध हैं तथा स्वतः प्रस्फुटित मूल्य ही विशेष स्थान पाते हैं। वे मानव का कल्याण भी करते हैं। अतः काव्य के अनन्तर कहानी विधा ने साहित्य में अपना अनूठा स्थान बना लिया है। मानव समाज हेतु मंगलकारी मूल्य शुभ माने जाते हैं। इन मूल्यों से सम्पूर्ण मानव समाज एवं मानव सांस्कृतिक महत्त्व प्राप्त करते हैं।

मानव मूल्य कहानी की रोचकता को बढ़ाते हैं, आनन्द प्रदान करते हैं तथा आवश्यक इच्छापूर्ति के संवाहक होते हैं। "मूल्य वह विवेक है, चेतना है, जो मनुष्य को पशुता से ऊपर उठाती है, उसे प्रबुद्ध करती है, उसका उन्नयन करती है। वह मानवता की कसौटी है। लक्ष्य तक पहुँचने के सोपान हैं। इनकी परिव्याप्ति जीवन के सभी क्षेत्रों में है। मूल्य प्रत्येक व्यक्ति, प्रत्येक कार्य एवं प्रत्येक क्षण यहाँ तक कि समूचे विश्व की अर्थवत्ता का निर्धारण करने वाला है। सृष्टि में होने वाला प्रत्येक परिवर्तन अपनी मूल्यवत्ता के कारण ही स्वीकार्य है।"[7] समाज में मूल्य व्यक्ति के जन्म से ही उसके जीवन से जुड़ जाते हैं तथा ज्यों-ज्यों जीवन आगे बढ़ता है त्यों-त्यों मानव जीवन पर उनका प्रभाव बढ़ता है। ऐसे मूल्य व्यक्तिगत जीवन मूल्य की कोटि में आते हैं तथा वे ही अध्ययन विस्तार के कारण धीरे-धीरे पारिवारिक, सामूहिक, सामाजिक तथा राष्ट्रीय मूल्यों के साथ मिलकर नव सामाजिक मूल्य रूप में परिवर्तित हो जाते हैं। कहानियों में वर्णित इन मूल्यों से व्यक्ति का परिवार, वर्ग, समूह, जाति, रीति-रिवाज, रूढ़ि, संस्कृति तथा परम्पराएँ प्रभावित होती हैं। इससे व्यक्ति तथा समाज लाभान्वित, विकसित तथा प्रभावित होता है, जो कहानी अथवा साहित्य की किसी भी अन्य विधा का मूल उद्देश्य है। आधुनिक युग की कहानियाँ समाजगत बिविध परिवर्तनों से हमें परिचित कराती हैं।

परिवर्तन प्रकृति का शाश्वत नियम है। इसमें उलटफेर सम्भव बात है। मानव एवं जगत से सम्बद्ध जो कुछ भी है, वह परिवर्तनशील है। इससे सभी वस्तुओं में विकास, संशोधन एवं परिवर्धन होता रहता है। आधुनिक कहानियाँ मानव को विवेकशील एवं चेतनायुक्त बौद्धिक प्राणी बनाती हैं। इनके अध्ययन से मानव जागरूक बनता है, उसमें नवीन शोधवृत्ति पनपती है। आधुनिक युग भूत, भविष्य तथा वर्तमान तीनों युगों के अन्धकार से घिरा हुआ है। इसमें बिखराव, कुंठा, निराशा एवं संत्रास पनप रहे हैं। समाज में नवमूल्य प्रतिस्थापित नहीं हो पा रहे हैं। मानव में संघर्ष एवं स्वार्थ की प्रवृत्ति पनप रही है, कहानियाँ इन सब का ज्ञान कराती हैं।

हम कहानी से कहानीकार तक पहुँचते हैं। उसके व्यक्तित्व एवं लेखन शैली की परिचायिका होती हैं कहानियाँ। "कमलेश्वर अपने आप में एक सम्पूर्ण व्यक्तित्व थे। उन्होंने सम्पूर्णता में हर चीज को देखा-भाला और परखा, तदोपरान्त ही उस पर अपनी राय ज़ाहिर की। उन्होंने कभी इस बात का आकलन नहीं किया कि इस काम से व्यक्तिगत रूप से उन्हें क्या फायदा और नुकसान पहुँच रहा है बल्कि वे इस बात को लेकर जरूर फिक्रमन्द रहा करते थे कि कहीं समाज को, मनुष्यता को तो कोई हानि नहीं पहुँच रही है। यह एक सजग साहित्यकार की पहचान है, जो कमलेश्वर को सदैव प्रासंगिक बनाये रखेगा।"[8]

इतना ही नहीं "कथा कहने का जो अन्दाज कमलेश्वर का, प्रस्तुति का जो तरीका था उसमें एक गहराई थी जो मनुष्य के मन को छुए बिना नहीं रहती थी। लेखन उनका बड़ा मँझा हुआ था। विचार उनके सुलझे हुए थे, सधे थे, ये एक तरह से कमलेश्वर का परिचय है। कथाकार के रूप में ही नहीं एक मनुष्य के रूप में भी कमलेश्वर की कमी हमारे सार्वजनिक साहित्यिक जीवन में बहुत खलेगी। ऐसे लोग बहुत कम हुए हैं जिन्होंने अपने आप को सार्वजनिक जीवन के साथ भी गहरे रूप से जोड़ा। साहित्य का कोई भी मामला होता, कोई भी उत्सव होता, उनके बिना मुझे हमेशा कुछ सूनापन कुछ अधूरापन लगता था वो होते थे तो लगता कि इसमें एक

खुलापन और परिपक्वता आ गयी है।"[9]

आधुनिक कहानी विषयक महत्त्वपूर्ण विचार प्रस्तुत करते हुए एक साक्षात्कार में कमलेश्वर स्वयं कहते हैं–"जी, सन्तोष जी यह मेरा ही बयान है। आज भी स्वीकार करता हूँ क्योंकि कहानी मनुष्य, समय तथा समय के यथार्थ के बिना नहीं लिखी जा सकती है। ये तीनों ही बातें निरन्तर विकसित व परिवर्तित होते रहने को मजबूर हैं और उस परिवर्तन को रेखांकित करना कहानी के लिए जरूरी हो जाता है। आज की कहानियाँ पिछले दशक की कहानियों से बहुत अलग हो चुकी हैं। कहानी वैसे भी अपने समय के यथार्थ को पेश करने के लिए अपने अनुभव क्षेत्रों का निरन्तर विकास करती है। उस अनुभव के विकास के कारण भी कहानी में परिवर्तन की प्रक्रिया लगातार जारी रहती है। आज तो अभी लिखी दो कहानियाँ भी अलग हो सकती हैं। यह विविधता ही कहानी की प्राणशक्ति है। कहानी को कभी कथ्य की कमी नहीं रही। प्रश्न यह है कि कथ्य को सही तरीके से तराश दिया जाय। कृष्णा सोबती की कहानियाँ 'बादलों के घेरे' से 'ऐ लड़की' तक कितनी बदल गयी हैं। मेरा इशारा इसी तरह के परिवर्तन की ओर है।

पहले की कहानियों से जिस तरह भावात्मक रूप में चीजों को तराशा जाता था, भावनात्मक उत्तर खोजे जाते थे। अब वैसा नहीं रहा। अब स्थिति के दंश को आपके अनुभव का हिस्सा बनाकर छोड़ देने वाली कहानियाँ लिखी जाती हैं। यह बहुत बड़ा परिवर्तन है, जो खुद कहानी के भीतर घटित हुआ है।"[10] "कहानी निरन्तर परिवर्तित होती रहने वाली एक निर्णय में केन्द्रित प्रक्रिया है। अपने ही इस कथन की पृष्ठभूमि में आप आज कहानी को कहाँ रखेंगे?" प्रश्न के उत्तर में साक्षात्कार के समय सन्तोष गोयल को दिया था।

वर्तमान में कहानी विधा हिन्दी की अति महत्त्वपूर्ण विधा है। इसमें हम कमलेश्वर के कथा-साहित्य के महत्त्व पर इस प्रकार दृष्टिपात कर सकते हैं— कमलेश्वर के कथा-साहित्य में देश की परिवर्तित राजनीतिक, सामाजिक, आर्थिक, धार्मिक, सांस्कृतिक समस्त परिस्थितियाँ स्पष्ट झलकती हैं। इतना ही नहीं जनतांत्रिक मूल्यों का अवमूल्यन औद्योगीकरण, यंत्रीकरण नगरीकरण तथा तज्जनित आर्थिक दबावों के मध्य खिसकते पारिवारिक सन्तुलन का चित्रण किया गया है। भ्रष्ट राजनीतिक व्यवस्था ही देश की गिरती हुई अर्थ व्यवस्था का मूल कारण है। इतना ही नहीं सामाजिक, आर्थिक तथा राजनीतिक क्षेत्रों में उथल-पुथल के कारण धार्मिक तथा नैतिक मूल्यों की च्युति हुई है। आम आदमी जीवन जीने हेतु कोई भी मार्ग अपनाने से हिचकता नहीं। कमलेश्वर की कहानियों में इस प्रकार के चित्रण के अनेक उदाहरण भरे पड़े हैं।

समसामयिक कहानीकार के रूप में कमलेश्वर खासे चौकस हैं। वे अपनी हैसियत एवं दर्जा एक साधारण नागरिक से अलग नहीं मानते हैं। प्रतिदिन प्रतिक्षण होने वाले अन्तर्वास अनुभव उन्हें बार-बार एवं लगातार एक भयावह युद्ध के मध्य ला पटकते हैं। उनका प्रयत्न है कि उनकी बात मात्र उनकी न रहकर उसके चारों ओर के उन समस्त लोगों की हो जिनके बीच वे रहते हैं एवं कहानियों की संरचना करते हैं। अतः ध्यान से देखने पर पता चलेगा कि उनकी समसामयिक कहानियों के बदलाव का बुनियादी आधार है कि वे अपनी स्थितियों के महज चश्मदीद गवाह नहीं रहे। उन्होंने आगे बढ़कर उनमें प्रवेश किया। उनमें उपजी विसंगतियों एवं

त्रासदियों के वे सहभोक्ता भी रहे हैं। उनकी कहानियाँ समकालीन सन्दर्भों में प्रामाणिक ही कही जाएँगी क्योंकि उन्होंने इन कहानियों की रचना आज की परिस्थितियों में जूझते हुए तथा स्वानुभवों से रची है।

"हिन्दी कहानी में आम आदमी की पीड़ा को स्वर देने तथा उसके हक की लड़ाई के लिए निरन्तर सक्रिय रहने वाले कथाकारों में कमलेश्वर का नाम सबसे आगे है। आम आदमी के कथाकार कमलेश्वर की कहानियों में एक ओर जहाँ महानगरीय विसंगतियाँ दिखती हैं, वहीं क्रमशः ह्रास हो रहे जीवन मूल्यों के प्रति गहरी चिन्ता भी परिलक्षित होती है। कमलेश्वर की कहानियों में अधिकांश का सरोकार आम आदमी से है। समतावादी समाज की इच्छा करते हुए वह चाहते हैं कि आम आदमी की हालत बेहतर हो। वह अपने अधिकारों के प्रति सजग रहे।"[11]

सार्थक लेखन का प्रभाव समाज पर पड़ता है। इसमें कहानियाँ विशेषरूप से आम जनों की समझ में तुरन्त आती हैं। "सार्थक लेखन का तो बहुत असर पड़ता है। यह सार्थक लेखन बहुत तरह का होता है। कहानियों का ज्यादा असर होता है क्योंकि कहानियाँ साधारण पाठकों को जल्दी समझ में आती हैं। कविता में चूँकि चीजें कभी-कभी अमूर्त होती हैं, इसलिए पाठक उसके प्रतीकों अथवा बिम्बों को नहीं समझ पाता जबकि कहानी सीधी सहज होती है। कहानी का असर शिक्षित एवं साक्षर दोनों वर्गों पर होता है।"[12] इस कथन में स्वयं कमलेश्वर ने गिरीश पंकज के प्रश्न—क्या आप समझते हैं कि लेखन का समाज में व्यापक असर पड़ता है? का उत्तर प्रस्तुत किया है। इसी साक्षात्कार में गिरीश पंकज साधारण पाठक की समझ में न आने वाली कहानियों पर पुनः प्रश्न करते हुए पूछते हैं कि—लेकिन इस दौर में कुछ ऐसी कहानियाँ भी आयीं जिनमें बेहद उलझाव है। कलाबाजी के नाम पर बिम्बों, प्रतीकों में फँसी कहानियाँ साधारण पाठकों के पल्ले ही नहीं पड़ीं, इसमें आपकी भी कुछ कहानियाँ शामिल हैं...। इस पर कमलेश्वर स्पष्ट भाषा में कहते हैं कि—"आप ठीक कहते हैं लेकिन लेखक के सामने कई बार कुछ ऐसे विषय आते हैं, जिन्हें सीमित कर देना उसके लिए मुश्किल हो जाता है तब वह बिम्बों एवं प्रतीकों का सहारा लेता है। खुद मैंने ऐसा किया है लेकिन इसका मतलब यह नहीं है कि ऐसी कहानियाँ समझ से परे होती हैं। ऐसी कहानियाँ भी पाठकों को समझ में आती हैं क्योंकि इन कहानियों में भी एक जुड़ाव होता है—समाज से, परिवेश से।"[13]

कमलेश्वर ने आम आदमी को अपनी कहानियों में प्रतिष्ठित करने हेतु अहम भूमिका का निर्वाह किया है। सुरेन्द्र तिवारी के साक्षात्कार प्रश्न के उत्तर में वे अपने विचार कहानी में आम आदमी की प्रतिष्ठा पर प्रस्तुत करते हुए कहते हैं कि—"हाँ, आज की कहानियों में एकरसता का कारण तो मैं यह मानता हूँ कि इस शब्द को अत्यधिक प्रचलित करने का अपराधी भी मैं ही हूँ, परन्तु जब कहानी समाज और यथार्थ से कटकर सौन्दर्यानुभूति से ग्रसित होने लगती है, अच्छा लेखन और वाक्य विन्यास की कसौटी बनने लगती है तब लगता है कि मनुष्य का सत्य कहीं खण्डित हो रहा है तो उस रूप में मुझे लगता है कि कहानियों को सामान्यजन से अथवा मामूली आदमी से जोड़ देना और उसी को जनवाद और प्रगतिशीलता मानना, प्रतिबद्धता और सम्बद्धता मानना यह सब लेखक के नजरिए को सीमित करता है क्योंकि मानवीय संवेदना इस

तरह के हिस्सों में नहीं बाँटी जा सकतीं किन्तु एक गरीब देश में हमें यह भी देखना होगा कि आप किस मानवीय संवेदना की बात कर रहे हैं, जिस समय एक घर की छत गिर पड़ती है और उसके नीचे पाँच आदमी दबे हैं और उसी वक्त वहाँ से एक बारात भी गुजरती है तो आप बारात के ढोल और बाजों को ज्यादा महत्ता दे रहे हैं या उन चीखों को ज्यादा महत्ता दे रहे हैं जो कि छत के नीचे दबी हुई हैं। यह आपकी एक कर्तव्यनिष्ठा भी होती है कि आप महत्त्व किसे देते हैं, मैं तो चीख को कहीं महत्त्व दूँगा चाहे वह सामान्यजन की हों, चाहे असामान्य की। यह सब आपकी संवेदनात्मक दृष्टि पर निर्भर है। इसी में लेखक की पक्षधरता भी दिखाई देती है।''[14]

इसी साक्षात्कार क्रम में रचनाकार के सामाजिक महत्त्व के विषय में कमलेश्वर अपने विचार प्रकट करते हैं कि–''रचनाकार का महत्त्व समाज में कम हुआ है, यह तो मैं नहीं जानता। अगर ऐसा होता तो लोगों का रुझान इस ओर होता ही नहीं। समाज में इज़्ज़त न होती तो कोई लेखक बनता ही क्यों? फिर आर्थिक रूप से भी आज का लेखक ज्यादा समर्थ हुआ है। आज कोई लेखक भूख से नहीं मरता, इसलिए आप देखेंगे कि आज रचनाएँ कम हैं, रचनाकार ज्यादा हैं। रचनाकार सुरक्षित हैं, रचनाएँ असुरक्षित हैं। आज लेखक का दायित्व समाज के प्रति ज्यादा बढ़ा है। इसी तरह समाज की नजर भी लेखक पर आज ज्यादा है। आप क्या सोच रहे हैं, क्या लिख रहे हैं? एक व्यक्ति के रूप में समाज में आपका व्यवहार कैसा हो रहा है, ये सब बातें समाज की नजर में रहती हैं।''[15]

कमलेश्वर हिन्दी साहित्य में एक चर्चित कहानीकार तथा 'समान्तर कहानी' आन्दोलन के प्रणेता हैं। उन्होंने सारिका का सम्पादन किया। अनेक कहानियाँ लिखीं। समान्तर कहानी लेखकों का मार्गदर्शन किया। कमलेश्वर समान्तर कहानी को क्या मानते हैं इस विषय में नैमिशराय के 'कुछ और सवाल' शीर्षक के अन्तर्गत पूछे गये प्रश्नों का उत्तर देते हुए कहते हैं कि–''समान्तर कहानियों का आन्दोलन एक सोच, एक विचार था। अकहानी, सहज कहानी, विक्षुब्ध कहानी, श्मशानी पीढ़ी की कहानी के चलते जो मामूली और सामान्य आदमी कहानी से गायब होकर साहित्य से अपदस्थ हो गया, उसे समान्तर कहानी ने फिर कथा-साहित्य के केन्द्र बिन्दु में स्थापित किया था। यह एक रचनात्मक आन्दोलन था।''[16] समान्तर कथा-साहित्य में कमलेश्वर से प्रभावित एवं सहायता प्राप्त अनेक कथाकार प्रकाश में आये, जिनमें मधुकर सिंह, कामता नाथ, हृदयेश, इब्राहीम, शरीफ, सुदीप, राम अरोरा, आलम खान, मेहरून्निसा परवेज, शेखर, बसन्त कुमार, शंकर, अभय, जीवन मलाबारी, आलोचक डॉ. मलिक मोहम्मद आदि हैं। समान्तर आन्दोलन ने भारत की सभी भाषाओं के लेखकों को अपनी सोच की परिधि में लिया था। मराठी का दलित साहित्य पहली बार हिन्दी भाषा के माध्यम से प्रकट हुआ लेकिन आज हिन्दी में इस दृष्टि का अभाव दिखाई देता है। अपने लेखन की प्रासंगिकता के विषय में 'कुछ और सवाल' शीर्षक के साक्षात्कारकर्त्ता नैमिशराय को कमलेश्वर स्पष्ट रूप से कहते हैं कि–''मेरी प्रत्येक रचना प्रासंगिक है। साहित्य कभी असंगत या अप्रासंगिक नहीं होता, यदि वह रचनात्मक है, तो! मैं लिखने के लिए नहीं लिखता। मैं तभी लिखता हूँ जब लिखना जरूरी लगता है, अतः

अप्रासंगिक होने का प्रश्न ही नहीं उठता।"[17]

कमलेश्वर अपनी कहानियों में किन कहानियों को उत्कृष्ट मानते हैं, उन्हीं के शब्दों में डॉ. दिनेश चमोला से साक्षात्कार में-"डॉ. साहब, यह कहना तो मुश्किल है, परन्तु फिर भी 'इतने अच्छे दिन' को मैं अपनी उत्कृष्ट कहानी मानता हूँ। यदि यह कहानी किसी दूसरे लेखक की भी होती तो मैं इसे अत्यन्त महत्त्वपूर्ण मानता। वैसे बहुत सी कहानियाँ ऐसी हैं जैसे–'खोई हुई दिशाएँ', 'दूसरे', 'रातें', 'युद्ध', 'चप्पल', 'इन्तजार', 'लाश', 'नीली झील', 'गर्मियों के दिन'। जब मैं अपनी सभी कहानियों को याद करता हूँ तो ये सबसे पहले याद आती हैं। आजकल मैंने दो कहानियाँ लिखी हैं। 'मरियम' और 'कितने पाकिस्तान' इन्हें मैं उत्कृष्ट ही मानता हूँ। कारण कि जो स्थितियाँ दंश देती हैं वे अपने हिसाब से अलग-अलग कहानियों को जन्म देती हैं।"[18]

कमलेश्वर ने आमजनों पर कहानियाँ लिखी हैं, इस तथ्य को भी वे इसी साक्षात्कार में उद्घाटित करते हुए कहते हैं कि–"मेरे खयाल से जो कुलीन जन हैं, उन पर मैंने बहुत कम कहानियाँ लिखीं। जो आम साधारणजन हैं उन्हीं का चित्रण मेरी कहानियों का मुख्य विषय रहा है। क्योंकि मेरे अनुभव का क्षेत्र वही रहा है। उनकी स्थितियों से मुझे भी लगाव रहा है। विशेष रूप से एक चीज और भी, हमारे अपने समय की आधी आजादी महिलाओं की है। उनकी गुलामी, लाचारी, विवशता व यातनापूर्ण स्थितियों ने मुझे सदैव ही विचलित किया। और यही कारण रहा है कि नारी जीवन की परिस्थितियों का चित्रण मेरी कहानियों में पर्याप्त हुआ है।"[19] कमलेश्वर ने ग्रामीण जीवन एवं ग्रामीण परिवेश से सम्बद्ध कोई कहानी नहीं लिखी लेकिन उनके मतानुसार ग्रामीण संस्कृति के लोग महानगरीय जीवन से परास्त हो कस्बों में जा बसते हैं। महानगर की वह संस्कृति, जो विशेषकर औद्योगीकरण के बाद विकसित हुई, उसने कमलेश्वर को बहुत आकर्षित किया। कारण कि समय की जो आती हुई सच्चाइयाँ हैं उनके लिए लेखक ही भौतिक एवं मानसिक धरातल बना सकता है अन्यथा लोग इस औद्योगिक व्यवस्था से त्रस्त भी हो सकते हैं। इन समस्याओं को मानव जीवन में पैबस्त कर देने का काम ही साहित्यकार करता है। महानगरीय संस्कृति ने ही प्रभावित कर लेखक को लेखन कार्य हेतु उत्तर भारत छोड़ बम्बई जाने के लिए विवश किया।

लेखक यह भी मानता है कि वर्तमान युग में कुछ अच्छी कहानियाँ लिखी जा रही हैं। नया रचनाकार बहुत जल्दी में है जिससे न तो वह अपनी पहचान बना पा रहा है तथा न ही अपनी रचना की। लेखकीय मान्यता यह है कि आज वैचारिक पुनराभिव्यक्ति इतनी अधिक है कि रचनाकार एक ही बात को कई-कई बार दोहरा रहा है लेकिन कमलेश्वर ने स्वयं ऐसा नहीं किया है। लेखकों की कथ्य विपन्नता कहानियों की सम्पन्नता नहीं बन पा रही है। कथा की विपन्नता कमलेश्वर को सर्वत्र दृष्टिगोचर हुई है क्योंकि कोई भी कहानी आप पढ़ें, वे सभी एक ही अनुभव पर पहुँचती हैं। अनुभव की मात्रा में विशेष परितोष प्राप्त नहीं होता है।

कमलेश्वर एक सच्चे एवं सार्थक कहानीकार का नाम है। यह उससे भी बढ़कर एक तिलस्म का नाम है, जिसके पास आकर उसके प्रभाव से बच पाना कठिन है। "कमलेश्वर के बग़ैर आज की हिन्दी कहानी की चर्चा कभी पूरी नहीं होती। कमलेश्वर हिन्दी कहानी में वह नाम है, जो

छठे दशक की शुरुआत में बड़े जोर-शोर से सुना गया और तब से अब तक लगातार सुना जाता रहा है। कभी स्नेह से, कभी आदर से और कभी उपेक्षा के-से लहजे में, अक्सर एक अजीब भय और आतंक की मुद्रा में यह आदमी भी सचमुच है (यानी खतरनाक है) और अपने होने का कभी भी, कहीं भी प्रमाणित करने के लिए तैयार रहता है। वैसे इतना तो सच है ही कि कमलेश्वर पिछले पैंतीस वर्षों से लगातार चर्चा में रहे हैं और उनकी चर्चा किसी भी रूप में हो मगर हम कहानी वाले कमलेश्वर के साथ उसे जोड़ते जरूर हैं। हालाँकि उनके कहानी लेखन में बहुत व्यवधान आये। उन्हें कहानी लिखे हुए बरसों बीत गये। (उनकी लिखी हाल की कहानियों की फिलहाल हम चर्चा नहीं कर रहे) कमलेश्वर ने कहानियाँ लिखीं और पुरानी कहानियाँ, नयी कहानी का चक्कर चलाकर ऐसी छलाँग भरी कि बिना कमलेश्वर के नयी कहानी की चर्चा कभी पूरी नहीं होती (चाहे उनकी नयी कहानियाँ हों या नयी कहानी के बारे में वाद-विवाद लेख) सारिका सम्पादकी और समान्तर की दौड़ में उन्होंने कहानियाँ चाहे ज्यादा न लिखी हों पर कहानी पर उनका दबदबा बराबर बना रहा और तमाम लोग तो 'बाबा शरणं गच्छामि' की मुद्रा में उन्हें रजनीश किस्म का कहानी का कोई मसीहा मान बैठे। बाद में कमलेश्वर टी.वी. और फिल्मों के हो गये, तो तमाम लोगों को धक्का लगा। मगर कमलेश्वर की कहानियों की भी बाकायदा चर्चा होती रही।''[20]

इस प्रकार कमलेश्वर की कहानियों का महत्त्व किसी से छिपा नहीं है। उनका कथा-साहित्य अनेक कथाकारों का मार्गदर्शन करने में सक्षम रहा है। उन्हें कहानी के क्षेत्र में मसीहा माना गया, वह मसीहा चाहे किसी भी प्रकार का क्यों न हो? फिल्म भी कथा, उपन्यास, नाटक आदि विधाओं पर टिकी होती है। फिल्मों में जाने का भी कमलेश्वर के पास एक अजीब सा भारी भरकम तर्क रहा है, वे कहते थे—''प्रेमचन्द जहाँ से हार कर गये थे, मैं वहाँ से जीत कर दिखाऊँगा।'' इस प्रकार हिन्दी के इस महान कहानीकार को प्रेमचन्द की हार का बदला चुकाना है।

कमलेश्वर 'अनप्रिडिक्टेबल' हैं और स्पष्टवादी भी, वे कब क्या कहेंगे? किस अछूते कोण से कहेंगे? क्या करेंगे? उसे वाग्जाल में लपेटकर किस शक्ल में ले जाएँगे, कोई नहीं जानता पर वे अपने शब्द की सत्ता और शक्ति से परिचित हैं। साथ ही यह भी कहा जा सकता है और उतना ही सही भी है कि कमलेश्वर की सारी यात्रा प्रतिपक्ष के प्रवक्ता और विद्रोही से लेकर सरकारी कमलेश्वर हो जाने और फिर कमलेश्वर के रूप में लौट आने की रही है। ''यहाँ तक कि बीच-बीच में शक यह भी होने लगा था कि अगर कमलेश्वर सरकारी हैं तो वह कौन था, जो दलितों की पीड़ा और नारकीय जिन्दगी की बातें करता था। सामाजिक वैषम्य के क्रोध से जला जा रहा था।''[21]

कमलेश्वर एक उच्चकोटि के कहानीकार हैं जिनकी कहानियों में सामाजिक भेदभाव का दर्द छिपा है। उन्होंने किसी की परवाह नहीं की यहाँ तक साथी साहित्यकारों की व्यंग्योक्तियों की भी। वे नयी कहानियों, समान्तर कहानियों में पूर्ण ख्याति प्राप्त सिद्धहस्त लेखक के रूप में प्रतिष्ठित हुए, उनकी कहानियाँ सामाजिक यथार्थ को लेकर रची गयी हैं। ''कमलेश्वर ने स्वतन्त्र देश में मोह भंग की नियति भोगकर दम घुटते रहने को मजबूर शिक्षित, सुयोग्य, बेकार, युवा पीढ़ी

का मार्मिक चित्र खींचा है। उच्च शिक्षा, उपाधियाँ और योग्यताओं के बावजूद भी वे बेकार भटकने को अभिशप्त हैं क्योंकि उनके पास न धन है न सिफारिश। तनाव एवं मानसिक द्वन्द्व से पीड़ित बेकार युवा पीढ़ी के दुःख-दर्द और संघर्ष का चित्रण कमलेश्वर ने अपनी कहानियों में किया है। 'बेकार आदमी', 'आसक्ति', 'युद्ध', 'जोखिम', 'दूसरे', 'शरीफ आदमी', 'सरोकार', 'नंगा आदमी' आदि ऐसी कहानियाँ हैं।''[22]

कमलेश्वर नारी शोषण के सफल चित्रकार हैं। साधुजनों के लोकगर्हित व्यवहार की पोल खोलकर उन्होंने 'ब्रांच लाइन का सफर' कहानी में रख दी है। यह कहानी धार्मिक एवं नैतिक मूल्यों के घोर पतन को भी स्पष्ट करती है।

कमलेश्वर ने अपनी कहानियों में मध्यम एवं निम्न मध्यवर्ग के जीवन की विसंगतियों का स्पष्ट उल्लेख किया है। उन्हें कस्बाई लोक जीवन के सफल चित्रकार के रूप में आदर प्राप्त है तथा उनकी कहानियों के महत्त्वपूर्ण विषय कस्बाई जीवन की विषमताओं को लेकर ही उपजे हैं। कमलेश्वर ने अपनी कहानियों में समसामयिक सामाजिक, राजनीतिक, आर्थिक, धार्मिक, नैतिक तथा अन्य परिस्थितियों में आये परिवर्तन से उत्पन्न मध्यवर्गीय जीवन संघर्ष का बड़ी ही ईमानदारी से चित्रण किया है।

वे स्वयं एक उच्चकोटि के कथाकार थे तथा उन्होंने अपने सम्पादन काल में अनेक कथाकारों को प्रोत्साहित किया और उनका मार्गदर्शन किया। वर्तमान युग में उनकी कहानियाँ मील का पत्थर ही कही जाएँगी। 'नयी कहानियाँ', 'कहानी', 'सारिका', 'श्री वर्षा', 'कथा यात्रा', 'हंस' तथा 'गंगा' आदि पत्रिकाओं के सम्पादन के माध्यम से कमलेश्वर ने कहानी जगत की वृद्धि की, कथाकारों में चेतना जाग्रत की तथा इस समृद्ध विधा से मानव एवं मानवता का कल्याण किया।

(ख) मानव समाज और कथा-साहित्य

मानव समाज : मानव समाज मानव-जाति की एक व्यवस्था है। इस व्यवस्था की अपनी संरचना एवं विशेष कार्य पद्धति है। समाज की समस्त व्यवस्था एवं कार्य पद्धति में समरूपता नहीं होती है लेकिन सामंजस्यता अवश्य होती है। समाज के सामंजस्य का अर्थ समाज की विविध इकाइयों, संस्थाओं, कार्यों तथा स्थिति आदि की सम्बद्धता से होता है। इससे समाज की विविध इकाइयों के मध्य एकता स्थापित कर उसके उद्देश्य की पूर्ति करने में सहायता मिलती है। समाज की विविध इकाइयों के मध्य कितनी सम्बद्धता है, इससे सहज ही ज्ञात हो जाता है कि अमुक समाज कितना संगठित है अथवा विघटित। यह संगठन समाज की एकाधिक इकाइयों के बीच होता है। समाज की अनेक इकाइयाँ जब संगठित होकर कार्य करती हैं तो वह संगठित समाज कहलाता है।

भारत एवं भारतीय समाज आधुनिक हो गया है। समाज यांत्रिकता की जंजीरों में जकड़ता जा रहा है। नये आदर्श, सिद्धान्त, परम्परा तथा रीति-रिवाज बने हैं। पूर्णतया अर्थ पर आधारित समाज बनने जा रहा है। असंख्य विदेशी कम्पनियों ने स्वदेशी की भावना, भारतीय संस्कृति तथा वैचारिकता को निगलना प्रारम्भ कर दिया है। समाज में संयुक्त परिवार बिखर रहे हैं। माता-पिता, दादा-दादी, चाचा-चाची, बुआ आदि सभी संयुक्त परिवार के अंग हैं लेकिन आज का समाज

इन्हें नकार कर एकाकी परिवार की संरचना कर रहा है।

समाज में परिवार के प्रकार हैं—सन्तानहीन परिवार, विधवा परिवार, तलाकशुदा माँ तथा उसके बच्चों का परिवार, सामान्य परिवार आदि। इस प्रकार के परिवार सभी समाजों में पाये जाते हैं। आज तलाक लेना एक सामान्य सी बात हो गयी है। यह भारतीय समाज पर पाश्चात्य प्रभाव है। व्यवसायों के आधार पर भारतीय समाज को वर्गीकृत किया जा सकता है जैसे—श्रमिक अथवा मजदूर समाज, कृषक समाज, व्यापारी समाज, कुम्हार अथवा प्रजापति समाज, तेली समाज, कोली समाज, धानुक या कठेरिया समाज, जाटव या चमार समाज, औषधि विक्रेता समाज, नाई समाज, कुली समाज, पुरोहित समाज, प्रकाशक समाज, लेखक समाज, लुहार समाज, दर्जी समाज, स्वर्णकार समाज, हलवाई समाज आदि।

समाज को आर्थिक आधार पर इस प्रकार विभाजित किया जा सकता है– अति अमीर समाज, उच्च मध्यवर्गीय समाज, मध्यवर्गीय समाज, निम्न मध्यवर्गीय समाज, दरिद्रजन समाज, दारिद्र्य रेखा के नीचे का समाज, गुणों के आधार पर जैसे तामसिक समाज, राजसी समाज तथा सात्विक समाज, यौनियों के आधार पर जैसे देव समाज, मानव समाज तथा राक्षस समाज भी होता है। इनके अतिरिक्त हम जीवन दृष्टि के आधार पर वर्गीकरण कर सकते हैं– परम्परावादी समाज, मध्यमार्गी समाज, विद्रोही समाज, प्रगतिशील समाज आदि। इनके अतिरिक्त साधु समाज, ब्राह्मण समाज, जाट समाज, हरिजन समाज, क्षत्रिय समाज आदि जातियों के आधार पर भी समाज के भेद देखे जाते हैं। समाज को मूल्यवान बनाने हेतु साहित्य की भी महती आवश्यकता है। साहित्य समाज का दर्पण कहा गया है।

कथा-साहित्य : वैदिक काल के बाद ब्राह्मण ग्रन्थों में आख्यान साहित्य मिलता है। इस आख्यान साहित्य का रूप पहले से विकसित तथा परिवर्धित हुआ। विभिन्न ब्राह्मण ग्रन्थों में निम्नलिखित आख्यान देखने को मिलते हैं–

1. शुनः शेप आख्यान — ऐतरेय एवं शतपथ ब्राह्मण में
2. पुरुरवा-उर्वशी आख्यान शतपथ ब्राह्मण
3. दुष्यन्त-शकुन्तला — शतपथ ब्राह्मण
4. जल प्लावन — शतपथ ब्राह्मण
5. वाणी एवं सोम — शतपथ ब्राह्मण
6. वशिष्ठ-विश्वामित्र — शतपथ ब्राह्मण

आज-कल तो हिन्दी कहानी का रूप ही पूर्णरूपेण बदल चुका है। आज की कहानियों को गल्प, आख्यायिका तथा लघुकथा आदि नामों से पुकारा जाता है।

वर्तमान युग की आवश्यकतानुसार नवीन प्रकार की कहानियों का जन्म हुआ। आज-कल मासिक पत्रिकाएँ विकसित हुईं। ये मासिक पत्रिकाएँ स्थायी साहित्य की सीढ़ियाँ होती हैं। ये प्रति मास नूतन सामग्री लेकर आती हैं, इनसे पाठकों का मनोरंजन होता है तथा ज्ञान वृद्धि भी। पत्रिकाएँ गृह कक्ष हो अथवा खेल का मैदान, बस यात्रा हो अथवा रेल यात्रा, खाली क्षणों में हमारा साथ देती हैं। धीरे-धीरे मनोरंजक साहित्य की आवश्यकता को साहित्यकारों ने पहचाना। समयाभाव के कारण कहानियों का रूप बदला, कहानी बड़ी से छोटी होने लगी। कौतूहल एवं

जिज्ञासा उसके प्रमुख अंग बन गये।

पुरानी कहानियों एवं नयी कहानियों में स्पष्ट अन्तर दिखाई देने लगा। प्राचीन कहानी की मौखिकता धीरे-धीरे विलुप्तप्राय होने लगी। मौखिक कहानियाँ प्रायः रात को आडम्बरहीन भाषा में सुनने को मिलती थीं। उनमें पात्र कम से कम होते, उन्हीं के आधार पर कहानी गढ़ ली जाती थी। इन कहानियों की भाषा में वक्ता एवं स्थान भेद के कारण अन्तर स्पष्ट दिखाई देता था। ये कहानियाँ प्रायः लोक प्रसिद्ध हुआ करती थीं। दूसरे प्रकार की पुरानी कहानियाँ साहित्यिक होती थीं, जिनमें स्थान एवं पात्रों का नाम हुआ करता था। यहाँ तक कि जातक कथाओं जैसे पशु-पक्षियों तक के नाम हुआ करते थे। इनकी शैली समासपूर्ण तथा अलंकृत होती थी। कुछ प्राचीन साहित्यक कहानियाँ सरल भाषा में भी मिलती हैं। पशु-पक्षी, मानव इन कहानियों में समान भाव से रहते दिखाई देते।

आधुनिक कहानियाँ मानव केन्द्रित हैं। इनमें राजा रानी की अपेक्षा सामान्य जनजीवन पर बल दिया जाता है। कथा कहानी यद्यपि एक है लेकिन इन दोनों में अन्तर है– कथा व्यापक है, इसमें सभी प्रकार की कहानियों तथा उपन्यास आदि का समावेश किया जाता है लेकिन कहानी लघुकथा को ही कहा जाता है।

आधुनिक कहानियाँ प्रायः मानव केन्द्रित होती हैं, उनमें राजा, मन्त्री, साहूकार, सेठ, सेठानी की अपेक्षा सामान्य श्रेणी के लोग जिनका हमसे निकट का परिचय होता है, वे ही अधिक रहते हैं। आधुनिक कहानी में पहले की अपेक्षा कौतूहल की मात्रा कुछ कम दिखाई देती है। साथ ही उसमें बुद्धिवाद को अधिक स्थान प्राप्त होता जा रहा है। आधुनिक कहानियाँ भाग्य की अपेक्षा पुरुषार्थ पर अधिक बल देती हैं। पहले कहानियों में चमत्कार अधिक था आज उसका स्थान चरित्र चित्रण, भावों के उतार-चढ़ाव, विचारों के विश्लेषण तथा विविध समस्याओं के उद्‌घाटन एवं उसके हल ने ले लिया है। आधुनिक कहानियाँ विवरण की अपेक्षा कथोपकथन पर आश्रित हैं। आधुनिकतम कहानियों में घटना चक्र पर कम बल दिया जा रहा है। घटनाएँ, भाव एवं विचारों को आश्रय प्रदान करने हेतु कार्य करती हैं।

कहानी व उपन्यास में सहज सम्बन्ध है। इन दोनों में अनेक बातें सामान्य होती हैं। "कहानी अपने पुराने रूप में उपन्यास की अग्रजा है और नये रूप में उसकी अनुजा, वृत्त या कथा-साहित्य की वंशजा होने के कारण कहानी और उपन्यास दोनों में ही कई बातों में समानता है। दोनों ही विधाएँ कलात्मक रूप से मानव जीवन पर प्रकाश डालती हैं। इतना होते हुए भी दोनों की अपनी विशेषताएँ हैं, जो कि इन्हें एक-दूसरे से पृथक करती हैं।"[23]

कहानी को जीवन की एक झलक माना जाता है। झाँकी क्षणिक एवं प्रभावपूर्ण होती है। कहानीकार एक ही घटना, दृश्य अथवा बिन्दु पर अपना सम्पूर्ण ध्यान केन्द्रित करता है तथा उसका प्रभाव तीव्रतम बनाने का प्रयास करता है। कहानीकार अर्जुन की भाँति चिड़िया की आँख देखता है लेकिन उपन्यासकार चिड़िया, वृक्ष तथा समग्र परिवेश का दिग्दर्शन कराता है। कहानीकार अपने पाठक को अन्तिम संवेदना तक शीघ्रातिशीघ्र ले जाना चाहता है। कहानी की एकतथ्यता ही उसका जीवन रस है, जिससे उसे उपन्यास से पृथक किया जा सकता है। कहानी में चरित्र विकास हेतु अधिक गुंजाइश नहीं होती है। कहानी की शैली संक्षिप्त तथा उपन्यास

की उपेक्षा अधिक व्यंजना प्रधान होती है। उसमें 'गागर में सागर' भरने की प्रवृत्ति के दर्शन होते हैं। कहानी का विशेष गुण उसकी एकध्येयता होता है। उसमें वैयक्तिक दृष्टिकोण की प्रधानता होती है। संगीत के अभाव में भी कहानी गद्य काव्य के अति निकट मानी जाती है। रेखाचित्र भी कहानी के अति निकट होता है। कथा-साहित्य के अन्तर्गत कहानी के होने के कारण इसमें कथावस्तु, चरित्र चित्रण, कथोपकथन, वातावरण, उद्देश्य एवं शैली ये छह तत्त्व उपन्यास की भाँति ही होते हैं, लेकिन रचना की दृष्टि से इनमें थोड़ा-सा अन्तर अवश्य होता है।

कहानी की कथावस्तु अति संक्षिप्त होती है। कहानी में घटनाएँ परस्पर सम्बद्ध होती हैं। इनका तारतम्य ऐसा होता है जिसमें कौतूहल का सूत्र पिरोया रहता है। शृंखलाबद्ध कौतूहल कहानी की निजी विशेषता होती है। कहानी का कथानक धीरे-धीरे चरम की ओर बढ़ता है। कौतूहल का भी धीरे-धीरे चमत्कारिक ढंग से अन्त होना स्वाभाविक ही है। इसके बाद कहानी का परिणाम अथवा अन्त आता है, जिसमें सम्पूर्ण कथ्य उद्घाटित होता है। कहीं-कहीं कहानी में चरम बिन्दु का नुकीलापन देखा जाता है। कहानी की गति में अधिक वक्रता नहीं होती उसमें रोचकता लाने के लिए एक-दो घुमाव होते हैं। कहानी में एकाधिक घटनाएँ भी हो सकती हैं। उनमें एकता एवं अन्विति होना भी अत्यावश्यक है। चरम सीमा प्रायः मूल घटना से सम्बद्ध होती है। पुरुषार्थ के साथ-साथ कहानीकार विधि के विधान की स्थिति भी उत्पन्न करता है। मात्र करुणा पैदा करने हेतु विधि के विधान की स्थिति पैदा करना अनुचित एवं हेय है। इसमें पुरुषार्थ की सीमा दिखलानी अथवा बतलानी हो तो कोई हानि नहीं है। कहानी के उद्देश्य एवं जीवन मीमांसा पर ही कथानक का बहुत कुछ अंश निर्भर करता है।

कहानी में चरित्र चित्रण का भी अत्यधिक महत्त्व है। चरित्र चित्रण एवं भावाभिव्यक्ति इन दोनों का कहानी में अति महत्त्व है। कहानी में पात्र कम होते हैं। कहानी में पात्रों का चरित्र भली-भाँति विकसित नहीं हो पाता है। कहानी में व्यक्तित्व पर मात्र प्रकाश डाला जाता है जिससे उसके गुणों की झलक मिल सके। कहानी के पात्रों में सजीवता होनी चाहिए।

निखरे हुए व्यक्तित्वरहित पात्र पाठकों को अच्छे नहीं लगते। लेखक के कठपुतली पात्र भी अच्छे नहीं होते। पात्रों का चरित्र एकदम बदला नहीं जा सकता, वे उत्पन्न होकर अपने व्यक्तित्व के अनुसार ही क्रियाएँ सम्पादित करते हैं। वे कथानक की आवश्यकताओं की पूर्ति मात्र नहीं करते, कहानी में किसी भी पात्र के सम्पूर्ण व्यक्तित्व को प्रदर्शित करना अति कठिन होता है। चरित्र चित्रण मुख्य रूप से दो प्रकार से किया जाता है–प्रत्यक्ष एवं परोक्ष रीति से। प्रत्यक्ष विधि विश्लेषणात्मक होती है, जिसमें लेखक पात्र के चरित्र पर स्वयं ही प्रकाश डालता है। परोक्ष विधि नाटकीय ढंग है, जिसके द्वारा पात्र के चरित्र को वार्तालाप अथवा कार्यकलापों से निखारा जाता है। कभी-कभी पात्र द्वारा अथवा सीधे-सीधे ही संकेत रूप में लेखक टिप्पणी करा दिया करता है। सांकेतिक चित्रण वह होता है, जिसमें गुणसूचक कार्यों का वर्णन अधिक किया जाता है। प्रत्यक्ष चरित्र चित्रण में भी सांकेतिक विधि को पसन्द किया जाता है। परोक्ष विधि में वार्तालाप की प्रधानता दिखाई देती है। दूसरे पात्र के मुख से पात्र के गुण-अवगुण भली-भाँति उजागर हो जाते हैं तथा चरित्र सम्यक्रूपेण विकसित हो जाता है। वास्तव में कहानी का चरित्र गढ़ा-गढ़ाया होता है उसमें विकास कम ही हो पाता है।

कथोपकथन एवं वार्तालाप से ही हम पात्रों के हृदयगत भावों को समझने में सक्षम होते हैं। कथोपकथन पात्रों के चरित्र को तो निखारते ही हैं साथ ही वे कहानी को भी आगे बढ़ाने में सहायक होते हैं। कथोपकथन कहानी में सजीवता के विधायक होते हैं। कथोपकथन सुसंगत, सजीव, चमत्कारपूर्ण तथा परिस्थितियों के अनुकूल ही अच्छे होते हैं। कहानी में निरर्थक बातचीत के लिए कोई स्थान नहीं, मात्र संवादों को सजीवता प्रदान करने हेतु एकाध इधर-उधर की बात उसमें खप सकती है। कुशल कहानीकार उन्हें भी सप्रयोजन बनाने की सामर्थ्य रखता है।

कहानी में वातावरण चित्रण भी अधिक नहीं किया जा सकता फिर भी देशकाल में स्पष्टता लाने हेतु तथा कार्य से परिस्थितियों में अनुकूलता व्यंजनार्थ इसका चित्रण आवश्यक होता है। वातावरण भौतिक एवं मानसिक दोनों ही प्रकार का होता है। भौतिक वातावरण पात्रों की स्थिति की व्याख्या में सहायक होता है। वातावरण वही श्रेष्ठ होता है जो प्रकृति एवं जनता की मानसिक स्थिति का सुन्दर समन्वय रख सके।

प्रत्येक कहानी सोद्देश्य होती है। कहानी का उद्देश्य मात्र मनोरंजन ही नहीं, उसका उद्देश्य अत्युच्च होता है, जो उपदेश अथवा महान सन्देश दे सकता है। यह उद्देश्य जीवन की मीमांसा नहीं उसके प्रति एक दृष्टिकोण का परिचय देने वाला हो सकता है। कुछ लेखक समझौतावादी होते हैं तो दूसरे संघर्षशील, कुछ विश्व को जैसे का तैसा स्वीकारते हैं तो कुछ उसमें परिवर्तन चाहते हैं। प्रगतिवादी कहानियाँ क्रान्ति के माध्यम से परिवर्तन चाहती हैं। कुछ कहानीकार कहानी का उद्देश्य पाठकों के समक्ष खोल कर रखने के पक्षपाती हैं तो दूसरे जीवन का विश्लेषण कर पाठकों के समक्ष परोसते हैं, जिससे पाठक स्वयं निर्णय ले सके। कुछ कथाकार जीवन के प्रति व्यंजनात्मक दृष्टिकोण रखते हुए पाठक को प्रभावित करने को ही उद्देश्य मानते हैं।

शैली कहानी के किसी एक तत्त्व से सम्बन्ध नहीं रखती वरन् सभी तत्त्वों से सम्बद्ध है, शैली के गुण-दोष समस्त कहानी को प्रभावित करते हैं। शैली कहानी के पाठकों को प्रभावित करती है। कहानी को कहने लिखने का विशेष प्रकार ही उसकी शैली है। इसका सम्बन्ध मात्र शब्दों से ही नहीं है वरन् यह विचारों एवं भावों तक से भी सम्बद्ध रहती है। संगति, तार्किक क्रमबद्धता एवं वैचारिक सम्बद्धता आदि शैली के विशेष गुण होते हैं।

कहानीकार अपनी कहानी को प्रभावपूर्ण बनाने के लिए शैली को अपनाता है। उत्तम शैली हेतु लक्षणा एवं व्यंजना आदि भाषा शक्तियाँ अपनायी जाती हैं। प्रायः प्रत्येक लेखक अपनी अलग शैली अपनाता है किन्तु भाषायी दृष्टि से शैली के प्रमुख दो रूप दिखलाई देते हैं। एक चलती हुई मुहावरेदार भाषा की तथा दूसरी अलंकृत संस्कृतगर्भित भाषा की। शैली का चयन लेखक विषयानुसार करता है। घटना प्रधान सामाजिक कहानियाँ प्रायः चलती हुई मुहावरेदार भाषा की सरल शैली में लिखी जाती हैं तथा भाव प्रधान कहानियों में उक्त दोनों प्रकार की ही शैलियाँ प्रयुक्त होती हैं। कहानी में "उपयुक्त शब्द चयन, पद मैत्री, सुसंगठित वाक्य विन्यास, अकुंठित प्रवाह, फबती हुई अलंकार योजना, भाषा की चित्रोपमता, लक्षणा व्यंजना शक्तियों का सफल प्रयोग, हास्य व्यंग्य का पुट शैली के..... हैं।"[24] गुणों का उल्लेख किया है। इनके अतिरिक्त वर्णन शक्ति तथा प्रबन्ध कथन शक्ति भी अत्यावश्यक होती है। कहानीकार के पास वर्णन शक्ति का होना अत्यावश्यक है। वर्णन जड़ चेतन का होता है। इसमें प्रकृति चित्रण भी

आता है तथा विवरण घटनाओं का प्रस्तुत किया जाता है। विवरण का सबसे बड़ा गुण है कौतूहल जाग्रत करना तथा उसे अन्त तक बनाये रखना। गहरी अनुभूतियाँ होने पर कहानीकार कहानी को काल्पनिकता एवं चित्रात्मकता प्रदान करते हुए उसे सशक्त बनाता है। यही कहानी एवं कहानीकार की सफलता का मानदण्ड है।

भाषा सौष्ठव के साथ कहानी के अन्य प्रमुख गुण हैं– संगति एवं प्रभाव की एकता तथा आरम्भ से अन्त तक वैचारिक सुसम्बद्धता। कहानी का आदि उसका मुख्य प्रवेश द्वार कहा जा सकता है, जिससे हमारी जिज्ञासा वृत्ति उत्पन्न होती है। कहानी का प्रारम्भ ऐसा हो जो हमारी जिज्ञासा वृत्ति को प्रदीप्त कर सके। कहानी का प्रारम्भ किसी महत्त्वपूर्ण वार्तालाप से, किसी स्थिति से, किसी प्रकार के वातावरण अथवा घटना से तथा किसी चरित्र के वर्णन से हो सकता है। जहाँ कोई रहस्य उद्घाटित हो, ज्ञान वृद्धि हो तथा रुचि जाग्रत हो। प्रारम्भिक वर्णन में कहानी की गतिविधि तथा दिशा आदि का भी सूक्ष्म संकेत रहता है।

कहानी का प्रारम्भ अत्याकर्षक होना चाहिए वैसे ही उसका अन्त भी स्थायी प्रभाव डालने वाला होना चाहिए। कहीं-कहीं कहानी का अन्त एकदम चरम सीमा के साथ ही कर दिया जाता है तथा कहीं उसके बाद बहुत बाद में अन्त करने पर एक प्रकार की शिथिलता सी आ जाती है। कहानी का शीर्षक भी अन्त में देखा जाता है, जो सर्वथा उचित है।

वर्तमान कहानियाँ यथार्थवाद से अत्यधिक प्रभावित दिखलाई देती हैं। इसी प्रभाव के अनुसार भाषा सरलता की ओर बढ़ती प्रतीत होती है। कहानियों में आज-कल चरित्र विश्लेषण के साथ सामाजिक तथा अन्य प्रकार की वैचारिक सामग्री प्रस्तुत करने की प्रवृत्ति बढ़ रही है। ये कहानियाँ कौतूहल की पूर्ति करने वाली हैं। आधुनिक तथा प्राचीन कहानी का अन्तर स्पष्ट करते हुए 'हिन्दी कहानी : स्वरूप और विकास' निबन्ध में इस प्रकार कहा गया है–"वस्तुतः प्राचीन कहानी में अलौकिकता, अस्वाभाविकता, आदर्शवादिता एवं काल्पनिकता का आग्रह अधिक था, जबकि आधुनिक कहानी में लौकिकता, स्वाभाविकता, यथार्थवादिता एवं विचारात्मकता पर अधिक बल दिया जाता है। प्राचीन कहानी स्वर्ग लोक की कल्पना थी जबकि आधुनिक कहानी हमें धरती के सुख-दुःख का स्मरण कराती है।"[25]

(ग) युगबोध के सन्दर्भ में कमलेश्वर के कथा-साहित्य (कहानी एवं उपन्यास) की विशेषताएँ

साहित्यकार जिस युग में जीवन जीता है, वह उसकी आर्थिक, सामाजिक, राजनीतिक तथा सांस्कृतिक गतिविधियों से पूर्णरूपेण जुड़ा रहता है। अतः युगबोध सामयिक होता है तथा प्रत्येक युग का बोध भी समान नहीं होता है, वह भी अलग-अलग होता है। युगनिर्मिति में उस युग की राजनीतिक, सामाजिक तथा आर्थिक परिस्थितियाँ विशेष योगदान करती हैं। वैज्ञानिक एवं तकनीकी ज्ञान का भी विशेष महत्त्व होता है। आधुनिक युग में औद्योगिक क्रान्ति एवं मशीनीकरण ने तो पारिवारिक विघटन एवं मानवीय सम्बन्धों में विशेष परिवर्तन ला दिया है। नैतिक मान्यताओं की अवहेलना होने लगी है। युगीन परिस्थितियों एवं परिवेश से युगबोध का नियमन होता है। कहानीकार इस युगबोध चित्रण में दो साधन अपनाता है–(1) प्रत्यक्षरूपेण युगीन समस्याओं का

सार्थक अंकन एवं समाधान प्रस्तुत करना। (2) परोक्षरूपेण युगीन अभावों का सम्यक् ज्ञान प्राप्त कर कहानीकार उन न्यूनताओं का सशक्त चित्रण करता है।

आज का कथाकार बाह्य एवं आन्तरिक दोनों ही बोधों से प्रभावित है। युगबोध के बाह्य जगत को प्रभावित करने वाले बोध हैं—सामाजिक बोध, राजनीतिक बोध, आर्थिक बोध तथा सांस्कृतिक बोध। उसी प्रकार युगबोध का आन्तरिक जगत आधुनिक बोध, मूल्य बोध, नैतिक बोध, आदर्श बोध, यथार्थ बोध, अस्तित्व बोध, संत्रास बोध, विसंगति बोध, आक्रोश बोध, ईश्वरीय बोध, मृत्यु बोध, आध्यात्मिक बोध तथा शून्यता बोध आदि हैं। कमलेश्वर ने दोनों ही रूपों से युगबोध परिवर्तन स्वीकार किये हैं तथा उन्हें अपने कथा-साहित्य में सहजरूपेण अभिव्यक्त किया है।

1. युगबोध के सन्दर्भ में कमलेश्वर के कहानी साहित्य की विशेषताएँ : कमलेश्वर ने अपने युग की विभिन्न परिस्थितियों एवं प्रवृत्तियों का गहन एवं यथार्थ ज्ञानार्जित किया है। अतः उनके कथा-साहित्य में युगबोध की यथार्थ एवं गहन अभिव्यक्ति हुई है। कमलेश्वर ने अपनी कहानियों में निम्न मध्यवर्गीय एवं मध्यवर्गीय जीवन के विभिन्न पहलुओं को युगबोधानुकूल अभिव्यक्त किया है। कमलेश्वर की कहानियाँ सामाजिक बोध, राजनीतिक युगबोध एवं आर्थिक युगबोध की कहानियाँ हैं।

(क) सामाजिक युगबोध : कमलेश्वर की कहानियों में स्वातन्त्र्योत्तर कालीन मोह भंग, विभाजन, टूटते हुए जीवन मूल्य, भ्रष्टाचार, स्वार्थ, आक्रोश, अनास्था, असन्तोष, महायुद्धों के कारण आर्थिक विपन्नता आदि ने सामाजिक बोध को पूर्णरूपेण बदल दिया है। समाज की पूर्ण संस्था 'परिवार' एवं समाज की इकाई 'मानव' इन सभी से ग्रसित हुआ है।

स्वातन्त्र्योत्तर काल में संयुक्त परिवार का विघटन सर्वाधिक परिवर्तनकारी घटना हुई है। इस पारिवारिक बिखराव के कारण ग्राम एवं नगरों में अनेक समस्याएँ उत्पन्न हुईं, पुरानी पीढ़ी के जीवन मूल्य परिवर्तित हो गये। औद्योगीकरण, मशीनीकरण, विज्ञानीकरण एवं नगरीकरण स्वातन्त्र्योत्तर प्रगति के परिणाम बनकर उभरे। नगरीकरण ने सामाजिक ढाँचे को एकदम बदल दिया। सामाजिक युगबोध का आकलन समाज, समाज की इकाई परिवार एवं व्यक्ति के रूप में किया जा सकता है। स्वातन्त्र्योत्तर भारतीय समाज में आये परिवर्तनों को कमलेश्वर ने देखा अनुभव किया तथा उनका यथार्थ चित्रण अपनी कहानियों में किया है।

पारिवारिक परिवर्तन : हमारे परिवारों का रूप समय के साथ-साथ परिवर्तित हुआ है। पारिवारिक सम्बन्ध बदले हैं, स्त्री-पुरुष सम्बन्धों में भी बड़ा परिवर्तन आया है। आजीविका के मोह एवं बदलते हुए शैक्षिक वातावरण ने पति-पत्नी के रूप एवं रहन-सहन में बदलाव ला दिये हैं। जीवन परिस्थितियों, जीवन मूल्यों, नैतिकता एवं सेक्स आदि ने स्त्री पुरुष सम्बन्धों को स्वाभाविक रूप से बदल कर रख दिया है। यह परिवर्तन विवाह पूर्व एवं विवाहेतर प्रेम सम्बन्धों में स्पष्ट लक्षित होने लगा है।

आधुनिक जीवन परिवेश में आये परिवर्तन के परिणामस्वरूप पति-पत्नी के सम्बन्धों में दरारें बढ़ी हैं, टूटन पैदा हुई है तथा बिखराव की स्थितियाँ पनपी हैं। आधुनिक भौतिकता के इस युग में परिवर्तन की आँधी के कारण पारिवारिक सम्बन्ध विघटित हुए हैं। इस विषय में डॉ. पुष्पपाल

सिंह का मत समीचीन प्रतीत होता है—"मानवीय संवेदनाओं पर अर्थ का स्वार्थ हावी होकर बहुत सारे आत्मिक सम्बन्धों को बेमानी या बेमतलब का बोझ देने की रस्म भी बना रहा है।"[26] यह तथ्य 'राजा निरबंसिया' एवं 'अच्छा, थीक है...' कहानियों में अभिव्यक्त हुआ है।

आधुनिक युग में अर्थ का महत्त्व बढ़ा है, आर्थिक समस्याएँ बढ़ी हैं। अर्थ के महत्त्व एवं आर्थिक समस्याओं में सम्बन्ध बनाने एवं बिगाड़ने की अद्‌भुत क्षमता है। इसका ज्वलन्त उदाहरण कमलेश्वर की 'अच्छा, थीक है...' कहानी को माना जा सकता है। अर्थाभाव में दाम्पत्य जीवन में दरारें पड़ जाती हैं, इसका मूल कारण एक 'तीसरे' का आना भी है, जो अपने आर्थिक प्रभाव के कारण परिवार के बीच में कूद पड़ता है। कमलेश्वर ने 'दुःखों के रास्ते' एवं 'जो लिखा नहीं जाता' ऐसी ही कहानियाँ रची हैं जिनमें तीसरे की उपस्थिति दर्शायी गयी है। यह समस्या युगानुरूप है। स्वातन्त्र्योत्तर कहानियों में पारिवारिक सम्बन्धों के विघटित एवं परिवर्तित होने की यथार्थ अभिव्यक्ति हुई है। पिता-पुत्र का संघर्ष सामान्य रूप से दिखाई देता है परन्तु आज के युग में पिता-पुत्री, माँ-बेटी, भाई-बहन, सास-बहू तथा ससुर-बहू के संघर्ष टूटते पारिवारिक सम्बन्धों को प्रकट करते हैं। कमलेश्वर की कहानियों में इसी तथ्य को स्पष्ट रूप से उभारा गया है। कमलेश्वर की 'कुछ नहीं, कोई नहीं', 'पराया शहर', '...या कुछ और' आदि कहानियों में पिता-पुत्र के मध्य संघर्ष का चित्रण किया गया है। 'तलाश' कहानी माँ-बेटी के सम्बन्धों की दरार की तस्वीर प्रस्तुत करती है। 'कुछ नहीं, कोई नहीं' कहानी में पुत्र सूरजभान अपने सिपाही पिता के अनैतिक व्यवहार का पर्दाफाश करने का प्रयत्न करता है।

इस प्रकार कमलेश्वर की कहानियों में युगानुरूप होने वाले पारिवारिक परिवर्तन स्पष्टरूपेण दिखाई देते हैं।

विवाहिताओं का परिवर्तित युगबोध : कमलेश्वर की 'तलाश' 'देवा की माँ', 'एक अश्लील कहानी', 'सींखचे' तथा 'राजा निरबंसिया' आदि कहानियों में नारी शोषण, नारी विद्रोह, अस्तित्व चेतना तथा नारी जागरूकता आदि पहलुओं को बदलते युगानुरूप अभिव्यक्त किया गया है।

कमलेश्वर की 'सीखचे' कहानी में सीखचे के भीतर दम घुटती नारी के प्रति पति अत्याचाररत है। उन अत्याचारों एवं अधिकारों का वह विरोध करना चाहती है, लेकिन वह विवश है, मजबूर है। इतने पर भी उसमें विद्रोह की भावनाएँ उभरती हैं। जिससे नारी की सोच में आये परिवर्तन के स्पष्ट संकेत मिलते हैं। 'एक अश्लील कहानी' में भी कुन्ती नामक नारी पति के अत्याचारों से प्रपीड़ित होकर विद्रोही बन जाती है।

'राजा निरबंसिया' में चन्दा बचन सिंह कम्पाउण्डर के बच्चे की माँ बनकर जगपती से बदला लेती है। इस प्रकार इन कहानियों में नारी की परिवर्तित मानसिकता उसके अन्दर के छिपे हुए विद्रोह को मुखरित कर देती है। स्पष्ट है कि नारी की मानसिकता परिवर्तित हुई है।

अविवाहित नारियों की परिवर्तित मानसिकता : वर्तमान युग अर्थ प्रधान युग है। इसमें पग-पग पर अविवाहिताएँ आर्थिक अभाव झेलती दृष्टिगोचर होती हैं। नौकरी उनके लिए अनिवार्यता बन चुकी है। कमलेश्वर की 'दूसरे' कहानी की सुनीता के माध्यम से यही तथ्य उभर कर आता है। वह घर की प्रथम सन्तान है, अतः वह घर का भी भार वहन करती है। नौकरी के अभाव में उसका जीवन दूभर सा हो गया है। उसकी बेकारी की दशा में दूसरे अनजान तरीके

से उसके घर में दखल देना प्रारम्भ करते हैं। सुनीता स्वाभिमानी है, वह अपने पैरों पर खड़े होकर जीना चाहती है। 'एक थी विमला' कहानी में भी चार शिक्षित युवतियाँ हैं—विमला, कुन्ती, लज्जा तथा सुनीता। ये चारों ही स्वेच्छानुसार अपना जीवन-यापन करना चाहती हैं। अविवाहिता नारियों की परिवर्तित मानसिकता का सजीव चित्रण कथाकार कमलेश्वर ने अपनी कहानियों में किया है।

नारी शोषण एवं विवशताजन्य वेश्यावृत्ति चित्रण : स्वतन्त्रता प्राप्ति के बाद भी नारी विषयक मध्यकालीन सामन्ती संस्कार को समाप्त करने का प्रयास किया गया, उसे पुरुष के समान अधिकार देने के प्रयास भी हुए, लेकिन यह सब सैद्धान्तिक रूप में ही हुआ, व्यावहारिक स्तर पर परिवर्तन शून्य सा ही हुआ। पूर्ववत् अथवा उससे भी कहीं अधिक नारी शोषण आज भी हो रहा है। कमलेश्वर की कहानियों में यह यथार्थरूपेण चित्रित हुआ है। नारी के शारीरिक एवं मानसिक शोषण को कमलेश्वर ने 'मांस का दरिया', 'रातें', 'इतने अच्छे दिन', 'कितने पाकिस्तान', 'दाल चीनी के जंगल', 'जामा तलाशी' आदि कहानियों में अभिव्यक्त किया हैं। 'मांस का दरिया' में जुगनू बीमारियों से ग्रसित वेश्या है, उसका जीवन आर्थिक अभाव, विवशता, निरुपायता तथा आन्तरिक व्यथा की कहानी कह रहा है।

इस प्रकार समाज में शोषित, प्रपीड़ित एवं आर्थिक रूप से विपन्न नारियाँ कैसे वेश्या जीवन अपना लेती हैं। इसका मार्मिक चित्रण कमलेश्वर की कहानियों में मिलता है। यह सब चित्रण उन्होंने युगानुरूप ही किया है, जिससे सामाजिक विकृतियों में आकंठ डूबी नारियों की विवशता का चित्रण किया गया है। कमलेश्वर ने मानव की भोगवादी प्रवृत्ति एवं नारी की आर्थिक विवशता का सटीक एवं यथार्थ चित्रण किया है।

समाज पर नगरीकरण का प्रभाव : स्वतन्त्रता के उपरान्त हमारे देश ने विकास की पटरी पर चलना प्रारम्भ किया। यंत्रीकरण, विज्ञानीकरण तथा शहरीकरण के कारण ग्राम एवं कस्बों में परिवर्तन हुआ। ग्रामीण परिवर्तन एवं वहाँ के निवासियों के जीवन में उत्पन्न विसंगतियों का चित्रण कमलेश्वर ने 'गर्मियों के दिन', 'मुर्दों की दुनिया', 'कस्बे का आदमी', 'नौकरी पेशा' आदि कहानियों में किया है। शहरीकरण से गाँव एवं कस्बे के निवासियों के आर्थिक वैषम्य की अभिव्यक्ति 'गर्मियों के दिन' कहानी में हुई है। साइन बोर्ड लगाने की शहरीवृत्ति का उल्लेख भी हुआ है। शहरीकरण के कारण वैद्य जी का जीना दूभर हो गया है क्योंकि आधुनिक काल में वैद्यों की महत्ता में कमी आयी है तथा एम.बी.बी.एस. डाक्टरों का प्रभाव बढ़ा है।

'मुर्दों की दुनिया' कहानी में कस्बों में सरकारी बसों के आगमन के कारण आयी निर्जीवता का चित्रण किया गया है। 'नौकरी-पेशा' कहानी सुखमय जीवन बिताने की चाह में गाँवों से कस्बों तथा कस्बों से नगरों की ओर पलायन की प्रवृत्ति का उल्लेख करती है। "गाँव से उखड़े हुए लोगों को कस्बा पनाह देता है।"[27] इस प्रकार गाँव से कस्बों तथा शहरों में आकर बसने वाले मनुष्यों की मनोदशा का सम्यक् निरूपण कमलेश्वर की 'नौकरी-पेशा' कहानी में हुआ है। "भीतर ही भीतर असली शहरी होने की थोड़ी बहुत प्रतियोगिता भी चलती है, वैसे सारे महाजन परिवारों में शहरी होने की होड़ लगी रहती।"[28] 'लेकिन 'कस्बे का आदमी' कहानी में कहानीकार ने शहरीकरण से लोगों में आये मानसिक परिवर्तन की ओर संकेत किया है। परिवेशगत परिवर्तन

के कारण गाँव के लोगों में एक ओर स्वार्थ दिखाई देने लगा है तो दूसरी ओर उनमें ग्रामीण संस्कार पूर्ववत् बँधे हुए दिखाई देते हैं। स्वतन्त्रता के उपरान्त गाँवों तथा कस्बों को छोड़कर शिक्षित एवं अशिक्षित नवयुवकों के समूह महानगरों में आकर रहने लगे। शिक्षा सुविधाओं के प्रचार-प्रसार ने इस प्रक्रिया को और आगे बढ़ाया।

पश्चिमी सभ्यता, औद्योगीकरण, यंत्रीकरण, बौद्धिकता एवं धन कमाने की होड़ के परिणामस्वरूप परिस्थितियाँ आये दिन बदल रही हैं। महानगरों में जीवन के प्रत्येक क्षेत्र में होड़ की स्थिति पैदा हो रही है। ऐसे संघर्षपूर्ण वातावरण में एक-दूसरे को पराया, अकेला एवं बेगाना समझा जा रहा है। कमलेश्वर ने स्वयं इस स्थिति को भोगा है। आर्थिक तंगी, होटल-क्लबों में रात्रिकालीन जीवन, ऊब, नीरसता, अनिश्चितता, सम्बन्धों का खोखलापन, भीड़ एवं शोर शराबे से भरा हुआ जीवन आदि महानगरीय जीवन की विडंबनाएँ हैं। महानगर अजनबीपन के समुद्र बनते चले जा रहे हैं। मनुष्य की अपनी पहचान मिट रही है।

'दिल्ली में एक मौत' कहानी महानगरीय संवेदनशून्यता, बनावट, स्वार्थ, आत्मीयता का अभाव, यांत्रिकता तथा अमानवीयता आदि विसंगतियों पर प्रकाश डालती है। दिल्ली के मशहूर सेठ दीवान चन्द की मौत के प्रति महानगरीय संवेदना का अंकन किया गया है। उसकी मृत्यु पर आँसू बहाने वाले कम तथा औपचारिकता पूर्ण करने वाले अनेक व्यक्ति हैं। लोगों की संवेदनशीलता एवं स्वार्थपरता देखकर कहानीकार को विशेष आघात लगता है तथा वह सोचता है कि–"अरथी को चार आदमी कन्धा दिए हुए हैं और सात आदमी साथ चल रहे हैं। सातवाँ मैं ही हूँ! और मैं सोच रहा हूँ कि आदमी के मरते ही कितना फर्क पड़ जाता है। पिछले साल ही दीवान चन्द ने अपने लड़की की शादी की थी तो हजारों की भीड़ थी। कोठी के बाहर कारों की लाइन लगी हुई थी।"[29] महानगरीय सभ्यता दिखावे और बनावट पर टिकी है, मृत्यु जैसी दुर्घटना में लोग साज-सज्जा के साथ आते हैं। यहाँ संवेदना प्रकट करने, पराये दुःख में भागीदार बनने का समय किसी के पास नहीं। यांत्रिकता का इतना प्रभाव है कि मानव ही यंत्र बन गया है। ऐसी ही महानगरीय परिवेश से जुड़ी हुई 'नाच', 'अच्छा, थीक है...', 'एक रुकी हुई जिन्दगी', 'एक अश्लील कहानी' तथा 'एक थी विमला' आदि कहानियाँ भी हैं। महानगर में निवास की असुविधा, नारियों को जलील करने की स्थिति, बैठने-उठने तथा बातचीत करने के स्थानों का अभाव तथा निम्न वर्ग के लोगों की जीवनीय समस्याएँ तथा मानसिक संघर्ष युगानुरूप चित्रित है।

आर्थिक पतन : भारतीय संस्कृति धर्म पर आधारित है। समस्त जीवन मूल्यों का स्रोत धर्म ही रहा है। साधु-संतजन निःस्वार्थ भाव से ईशोपासना करते थे। समाज में साधु-सन्तों का पूज्य स्थान था लेकिन आधुनिक युग में औद्योगीकरण एवं विज्ञानीकरण के कारण धार्मिक मूल्यों एवं नियतिवाद की चूलें एकदम हिल गयीं, बिखर गयीं। डॉ. अरुणा गुप्ता का कथन इस विषय में इस प्रकार है–"स्वतन्त्रता पूर्व तक भारतीय धर्मनिष्ठ समाज के जो कुछ पूर्व निश्चित मान मूल्य थे जिन पर एक ढर्रे से एकजुट हो सारा समाज चल रहा था, उन्हें स्वातन्त्र्योत्तर भारत में जन्मी नयी आशा आकांक्षाओं और वैज्ञानिक तर्कसम्मत मूल्य दृष्टि ने निस्सार कर दिया। परिणामतः धर्म द्वारा निर्धारित मूल्य परम्पराएँ खण्ड-खण्ड हो गयीं। धर्म की गाथात्मक शक्ति क्षीण हो गयी।

धार्मिक विश्वास खण्डित हो गये और आधुनिकता के सम्मोहन और तर्कजाल में उलझीं नयी मूल्य स्थितियाँ उभरने लगीं।''[30]

'ब्रांच लाइन का सफर' कहानी में कमलेश्वर ने युगानुरूप इसी तथ्य को उभारा है। इसमें धर्म की आड़ में होने वाले भ्रष्टाचार, व्यभिचार एवं अन्याय आदि को खोलकर हमारे सामने रख दिया है। सर्दी की शीत रात्रि में लँगोटीधारी स्वामी जी के पास गाँजा, अफीम एवं सोने चाँदी के गहने मिले। लेखक को इसका ज्ञान है कि इन ब्रह्मचारियों एवं व्यभिचारियों के कई स्तर हैं। भौतिक सुख प्राप्ति हेतु साधु सन्त धर्म का दुरुपयोग करने में नहीं चूक रहे हैं। उनकी कथनी एवं करनी में अत्यधिक भिन्नता है। कुछ लोगों ने धर्म को स्वार्थ सिद्धि हेतु अस्त्र बना लिया है। कट्टर धर्मान्धता एवं साम्प्रदायिकता के दर्शन हमें 'धूल उड़ जाती है' तथा 'कितने पाकिस्तान' आदि कहानियों में होते हैं। धर्म के नाम पर देश का विभाजन होता है। लोगों को देश छोड़ने हेतु मजबूर होना पड़ता है।

नैतिक मूल्य ह्रास : नैतिकता का सम्बन्ध मानव के चरित्र एवं आचरण से है। स्वतन्त्रता के बाद परिवर्तित परिवेश एवं पश्चिमी सभ्यता के अन्धे अनुकरण ने जीवन मूल्यों को विघटित कर दिया है। आज मानव का नैतिक दृष्टिकोण बदल गया है। नैतिक मानदण्ड भी बदले हैं। समाज के स्वार्थ, भ्रष्टाचार, भाई भतीजावादी प्रवृत्ति, मूल्यहीनता एवं आदर्शहीनता बढ़ रही है। सर्वत्र अनैतिकता उभरने लगी है। नैतिक पतन के परिणामस्वरूप आज समाज में हिंसा, क्रोध, प्रतिशोध, अवैध सम्बन्ध, वेश्या जीवन, अविवाहित स्त्री-पुरुष सम्बन्ध स्पष्ट लक्षित हो रहे हैं। कमलेश्वर की कहानियों में नैतिक पतन के विविध पहलू युगबोधानुरूप उभरे हैं। समय के साथ-साथ हुए मानव के नैतिक मूल्यों के ह्रास को कमलेश्वर की कहानियों ने बड़ी ही सरलता से तथा बिना किसी लाग लपेट के, स्पष्टरूपेण समाज के समक्ष प्रस्तुत कर दिया है।

(ख) राजनीतिक युगबोध : आज राजनीति व्यवस्था अति भ्रष्ट हो गयी है। संसद से सड़क तक प्रत्येक स्तर पर सभी भ्रष्ट हैं। राजनीतिज्ञों का आचरण भ्रष्ट हो चुका है। देश में भ्रष्टाचार फल फूल रहा है। आज स्थिति यहाँ तक पहुँच गयी है कि भ्रष्ट तरीकों से कमाकर, समृद्धि प्राप्त कर आदमी 'बड़ा' बन गया है। पुलिस प्रशासन, औद्योगिक प्रतिष्ठान तथा समाज के सभी क्षेत्रों में भ्रष्टाचार परिव्याप्त है। कमलेश्वर की 'बयान', 'मानसरोवर के हंस', 'लड़ाई', 'रातें', 'अपने अजनबी देश में', 'जार्ज पंचम की नाक, 'जोखिम', 'लाश', 'इनसान और हैवान', 'अपने देश के लोग', तथा 'स्टोरी' आदि कहानियों में देश में व्याप्त भ्रष्टाचार तथा उसका आम आदमी के जीवन पर प्रभाव चित्रित किया गया है।

भ्रष्ट राजनीति : आज की भ्रष्ट लोकतंत्रात्मक व्यवस्था में ईमानदार आदमी का जीवन जीना अति कठिन है। 'बयान' कहानी के फोटोग्राफर को आत्महत्या करनी पड़ती है। 'मानसरोवर के हंस' कहानी में भी कमलेश्वर ने राजनीतिक व्यवस्था की पोल खोल कर रख दीं है। 'अपने अजनबी देश में' कहानी में स्वतन्त्रता प्राप्ति के बाद राजनीतिक भ्रष्टाचार ने किस प्रकार लोकतंत्र की धज्जियाँ उड़ा दी, उसे उद्घाटित किया गया है। 'अपने देश के लोग' कहानी में देश की प्रगति का व्यंग्यात्मक रूप प्रस्तुत किया गया है। कहानी के विषय में डा. पुष्पपाल सिंह का मत है—''दफ्तरी माहौल में घुटते क्लर्कों के संघर्षरत जीवन की अत्यन्त प्रामाणिक तस्वीर फैंटेसी

शैली में आँकी गयी है।''[31]

'जार्ज पंचम की नाक' कहानी में राजनीतिक मूल्य ह्रास चित्रित किया गया है। इसमें राजनेताओं की दास्य भावना पर व्यंग्य किया गया है। 'लाश' कहानी में कहानीकार ने भ्रष्ट राजनीतिक व्यवस्था से हुई जनतंत्र की मौत की ओर संकेत किया गया है। इस विषय में डा. विनय का मत दर्शनीय है–'' 'लाश' कहानी में सत्ताधारी संगठन और विरोध पक्ष की कार्यवाही के द्वन्द्व में मरते समय व्यक्ति के चित्रण से लेखक व्यवस्था के प्रति तीखा व्यंग्य करता है।''[32] 'लड़ाई' कहानी में कमलेश्वर देश भर में व्याप्त भ्रष्टाचार के जाल की ओर इंगित करते हैं।

भ्रष्ट पुलिस व्यवस्था : स्वतन्त्रता प्राप्ति के लम्बे समय के बाद भी पुलिस ने अपनी कार्य प्रणाली को धूमिल ही पाया है। अपराध बढ़े हैं। कमलेश्वर की कहानियाँ भ्रष्ट पुलिस व्यवस्था की पोल खोलने में सक्षम हैं। 'इनसान और हैवान', 'अपने अजनबी देश में' तथा 'स्टोरी' आदि कहानियाँ पुलिस अमानवीय व्यवहार, हैवानियत एवं अपराधियों को पकड़ने के रवैयों की हँसी उड़ाती हुई प्रतीत होती हैं।

(ग) आर्थिक युगबोध : सामाजिक एवं राजनीतिक युगबोध पर ही आर्थिक युगबोध आधारित है। स्वतन्त्रता प्राप्ति के अनन्तर देश ने व्यक्ति और समाज के सर्वतोमुखी विकास हेतु संकल्प लिया, जिससे एक वर्गहीन शोषणमुक्त समाजवादी समाज व्यवस्था पनपाई जा सके लेकिन संकल्प संकल्प मात्र रह गये। देश आर्थिक संकट से गुजर रहा है, जिसका परिणाम विशेष रूप से निम्न मध्यवर्ग को ही भुगतना पड़ता है। डॉ. मंजुला सिंह देश की आर्थिक उन्नति के विषय में विचार प्रकट करती हुई कहती हैं कि–''योजनाएँ एवं कार्यक्रम तभी सफल हो सकते हैं जब देश में उद्योगपति केवल मुनाफा कमाने और धन बटोरने का लक्ष्य छोड़कर देश के आर्थिक विकास को सर्वोपरि मानकर ईमानदारी और गम्भीरता से कृत संकल्प हो सकें।''[33]

कमलेश्वर ने अपनी कहानियों में देशव्यापी आर्थिक संकट का यथार्थ चित्रण किया है। उन्होंने अपनी कहानियों में बेरोजगारी, महँगाई तथा आवास समस्या के अभिव्यक्त करने वाले सजीव चित्रण प्रस्तुत किये हैं।

रोजगारहीनता : स्वतन्त्रता प्राप्ति के बाद ग्रामों की अपेक्षा नगरों में रोजगार के अवसर बढ़े हैं। ग्राम एवं कस्बों से नौकरी की तलाश में शिक्षित नवयुवक पलायन करने लगे। परिणामतः विवशता में गृहत्याग, पराजय, घुटन, अजनबीपन तथा तनाव ही हाथ लगा। सिफारिश एवं पैसे के अभाव में सुशिक्षित एवं सुयोग्य युवक रोजगारविहीन कटु जीवन जीने के लिए विवश हुए। कहानीकार ने बेरोजगारी की वेदना को स्वयं भोगा है तथा इस तथ्य को उन्होंने अति विस्तृत एवं प्रामाणिक रूप से अंकित किया है।

इस प्रकार बेकारी एवं रोजगारहीनता की मार खाते हुए जीने को विवश असहाय युवा पीढ़ी का उद्घाटन कमलेश्वर ने अपनी कहानियों में युगानुरूप ही किया है।

महँगाई एवं आर्थिक अभाव : स्वतन्त्र भारत में जनसंख्या, बेरोजगारी एवं महँगाई का विस्तार अनुदिन हुआ है। अंग्रेजी शासन काल में सामान्य जन खा-पी सकते थे लेकिन स्वतन्त्र भारत में सामान्य जनजीवन अति दुष्कर हो गया। आज एक ओर सम्पन्नता है तो दूसरी ओर लोग खान-पान को तरस रहे हैं। महँगाई मानवनिर्मित अधिक है। कालाबाजारी एवं मुनाफाखोरी

सामान्यजनों का शोषण कर रही है। कमलेश्वर की 'जोखिम' कहानी में महँगाई का सम्यक् चित्रण किया गया है। "पर पता नहीं बाजार को क्या हो रहा था कि खर्च बढ़ता है।...इस दोगली अर्थव्यवस्था में मैं कब तक भटकता रहूँगा।"[34] अभाव एवं महँगाई आपस में एक-दूसरे से जुड़े हुए हैं।

कमलेश्वर ने सामाजिक, राजनीतिक एवं आर्थिक युगबोध को अपनी कहानियों में उभारते हुए सम्यक्‌रूपेण चित्रित किया है। निम्न मध्यवर्ग महँगाई एवं अभाव के पाटों के मध्य पिस रहा है।

कहानीगत विशेषताएँ : कहानी को नवीन अर्थवत्ता प्रदान करने वाले उत्कृष्ट शैलीकारों में कमलेश्वर का नाम शीर्षस्थ माना जाता है। आधुनिक जीवन की विसंगतियों के चित्रांकन में युगबोध में मानवीय मूल्यों की खोज कमलेश्वर की विशेषता है।

आधुनिक युग के कमलेश्वर के 'राजा निरबंसिया', 'कस्बे का आदमी', 'मांस का दरिया', 'खोई हुई दिशाएँ', 'बयान', 'जिन्दा मुर्दे', 'मेरी प्रिय कहानियाँ', समानान्तर कमलेश्वर की श्रेष्ठ कहानियाँ आदि कहानी संग्रह प्रकाश में आ चुके हैं। इनमें प्रथम दौर की कहानियाँ सन् 1952 से 1959 के मध्य इलाहाबाद एवं मैनपुरी में रची गयीं, जिनमें कस्बाई परिवेश का बड़ा ही सजीव चित्रण किया गया है। कमलेश्वर की कहानी 'देवा की माँ' में भारतीय नारी की सेवा, सहनशीलता, दृढ़ता, निष्ठा एवं कर्तव्यपरायणता के साथ युगानुकूल आर्थिक अभाव की विभीषिका को चित्रित किया गया है।

कमलेश्वर सदैव नैतिक मूल्यों के प्रति आग्रहशील रहे हैं, जो परम्पराएँ मानव को 'मानव रूप' में स्वीकारती हैं, वे उन्हें किसी भी भाँति ग्राह्य नहीं। वे स्वयं कहते हैं–"जीवन और उसके परम्परागत मूल्यों के प्रति इन पात्रों की असहमति ही मेरी असहमति भी है।"[35] कमलेश्वर ने विवाहेतर यौन सम्बन्धों पर कहानियाँ लिखी हैं। 'राजा निरबंसिया' इन कहानियों की प्रथम पंक्ति में है। राजा निरबंसिया के पात्र जगपती की कथा एक लोक कथा के राजा के समानान्तर चलती है। यह कहानी उसकी विवशता एवं घुटन को स्पष्ट करती है।

कहानी में जगपती की पीड़ा इन शब्दों में स्पष्ट अभिव्यक्त हुई है–"मैं जानता हूँ कि मेरे जहर की पहचान करने के लिए मेरा सीना चीरा जाएगा। उसमें जहर है। मैंने अफीम नहीं रुपये खाये हैं। उन रुपयों में कर्ज का जहर था, उसी ने मुझे मारा है।"[36] 'कर्ज का जहर है' वाक्य में जगपती के जीवन का कटु यथार्थ रेखांकित हुआ है।

स्वतन्त्रता के बाद नारी स्वच्छन्दता बढ़ी है। कभी पारिवारिक प्रतिबद्धता थी, अब वह समाप्त हो रही है। स्वातन्त्र्योत्तर इसी युगीन प्रवृत्ति की झलक हमें 'तलाश' कहानी में मिलती है। सुभी की माँ पारिवारिक जिम्मेदारी से विमुख दिखाई देती है तो वही सुमी पारिवारिक उत्तरदायित्व के प्रति संघर्ष करती हुई दिखाई देती है। वह सोचती है कि जब उसके पिता थे तब वे माँ का ख़याल रखते थे, माँ सुरक्षित थी और वह भी। लेकिन अब पिता नहीं हैं वह चाहती है कि वह पिता के दायित्व का निर्वाह करे। वह माँ के व्यवहार से असन्तुष्ट रहती है। वह नहीं चाहती कि उसकी माँ परपुरुष से सम्बन्ध रखे लेकिन उसमें साहस नहीं होता। सुभी

परिवार की सभी जिम्मेदारियों का निर्वाह करती है। सुभी अपनी माँ को देखती है कि वह अपने ही घर में परपुरुष से सम्बन्ध रखती है। वह जब घर की सफाई करती है तब देखती है– "दाहिने तरफ वाले तकिए पर एक हलका सा गड्ढा था।...पलँग के सिरहाने वाली पाटी पर सिगरेट दबाकर बुझाई गयी थी, टुकड़ा नीचे पड़ा था।"[37]

यह कहानी प्रौढ़ा की यौन समस्या को स्पष्ट करती है। वात्सल्य और शारीरिक भूख के मध्य हो रहे सूक्ष्म संघर्ष को लेखक ने बड़ी ही ऋजुता एवं शालीनता के साथ चित्रित किया है। घर में युवा पुत्री की उपस्थिति में, उसे जरा भी भनक न आये, उस सावधानी से विधवा नारी अपने जिस्म की प्यास बुझाने का प्रयास करती है, लेकिन उसमें हो रहे परिवर्तन तथा उसका असहज आचरण युवती सुभी को उसकी हालत का आभास दे देता है। मानसिक एवं परिवेशगत परिवर्तन की बारीकियाँ युग सापेक्ष हैं जिन्हें लेखक ने अति संयत शब्दों में संकेतित किया है।

'कितने पाकिस्तान' कमलेश्वर की श्रेष्ठ कहानियों में से एक है। इस कहानी में प्रेम और मानव को बाँटने वाले मजहब की अन्धी दीवारों के मध्य कसमसाता आदमी विगत स्मृति चित्रों की जुगाली करता हुआ आत्मसंलाप शैली में बोलता है। दो जातियों की अलगाव की बदगुमानी तथा आर्थिक दुखावस्था ने उसकी कैसी दारुण स्थिति कर दी। कहानीकार ने इस कहानी के माध्यम से विभाजनजन्य युगीन परिस्थितियों का सम्यक् चित्रण मेंहदी के फूल-सी सुकुमार बन्नों के माध्यम से किया है।

कमलेश्वर की कहानियों में युगबोध के उदाहरणार्थ 'इतने अच्छे दिन' कहानी में देश की आर्थिक विपन्नता का चित्रण हुआ है। इस कहानी की विषयवस्तु सुपरिचित है, यह हड्डियाँ बेचने वाले एक दलित कुटुम्ब की दुःखान्त कहानी है। कमलेश्वर द्वारा लिखित सर्व सामान्यजनों के कष्टों की इस कहानी को पढ़ते समय मन क्रंदन कर उठता है और युग साकार हो उठता है। इस कहानी के शब्द प्रहार हृदय पर किसी पैने हथियार से कम घाव नहीं करते। 'इतने अच्छे दिन' जैसी प्रभावी कहानी उनके साहित्य की उत्कृष्टता को निदर्शित करती है।

कमलेश्वर कथा-साहित्य के आन्दोलनों से जुड़े रहे। किसी भी प्रकार की निन्दा उन्हें झुका नहीं पायी है। उनकी कहानियाँ विचारों की नवीनता से परिपूर्ण हैं। वे नये विचारों की दिशा के प्रवाह में अपने विचारों को मोड़ देने में समर्थ हैं। वे आस-पास के कोलाहल से अलिप्त रहते हैं और अपने आस-पास के वातावरण से अनजाने ही अपने कथा विश्व को खोज निकालते हैं। उन्होंने अपनी कहानियों में बाप-बेटों, माँ-बेटों का आपसी द्वन्द्व चित्रित किया है लेकिन उन्होंने केवल स्वातन्त्र्योत्तर काल के इतने वर्षों के 'जनरेशन गैप' का सहारा नहीं लिया है। उनकी आँखों के समक्ष चरित्र-चित्रण ही नहीं रहता है, वे किसी भी पात्र के प्रति अन्याय नहीं करते। "पात्रों को काला या सफेद बनाना या राम और रावण के गुणों में रंगना, उनका उद्देश्य नहीं। उनके सारे पात्र आस-पास के भीषण वातावरण में जीते हैं।"[38]

इस प्रकार उनका ध्यान लोक जीवन पर ही रहता है। वे अपनी कहानियों में युग का साक्षात्कार कराते हैं। उनकी कहानियों में सच्चाई बोलती है, अनुभव, भोगा हुआ यथार्थ तथा समूचे युग का सशक्त दृष्टिकोण बोलता है। "राजनीतिक और सामाजिक परिवर्तन का

लगातार घोर विरोध इन पुरोहितवादी शक्तियों ने किया है।''[39] किन्तु ''भारतीय मनीषा की विराटता और विशेषता ही यह है कि उसने लौकिक के बिना पारलौकिक की परिकल्पना ही नहीं की है। उसने मनुष्य की आदिमवृत्तियों के शमन और संयमन से बृहत्तर मानव कल्याण की दृष्टि को विकसित करने की कोशिश की है।''[40]

भारत के आध्यात्मिक और धार्मिक साहित्यकार का वैज्ञानिक अध्ययन इसी तथ्य को उद्घाटित करता है, किन्तु बुर्जुआ एवं शोषक शक्तियाँ इस तथ्य पर परदा डालने की कोशिश करती हैं तथा धार्मिक एवं आध्यात्मिक साहित्य को अपने हितों की पूर्ति हेतु अंधविश्वासों, रूढ़िवाद, भाग्यवाद जैसी जर्जर शोषक विचार धारा के प्रचार-प्रसार में प्रयुक्त करती हैं। ''वेदों से लेकर सन्त कबीर तक भारतीय धर्म-दर्शन में मानव के लौकिक कल्याण का ही आग्रह व्याप्त रहा है– धर्म, नीति, दर्शन, इतिहास, राजनीति, अर्थशास्त्र, समाजशास्त्र और पुरातन संस्कार।''[41]

कमलेश्वर ने अपने इन्हीं विचारों को अपनी कहानियों में स्थान दिया है। अपने समकालीन कहानीकारों में कमलेश्वर सर्वाधिक 'ताजादम' कहानीकार हैं। सिद्धहस्तता, यथार्थता तथा लोक जीवन की चित्रण सजीवता की कसौटी पर उनकी कहानियाँ खरी उतरती हैं।

उनकी समस्त कहानियाँ, कथ्य एवं वैचारिकता के स्तर पर समान नहीं हैं। वे अपनी कहानियों में सोद्देश्यता की रक्षा करते हैं। 'एक अश्लील कहानी' एक सामान्य कहानी है लेकिन उसकी सोद्देश्यता अपनी जगह है.......इस कहानी में एक लाचार लड़की है, जो अकेलेपन में अपने शरीर में अनुरक्त हो जाती है, उसके लिए अपने शरीर के अतिरिक्त और कुछ बचा ही नहीं है। नायक उसे देखता रहता है। वह आदर्शवादी होकर नारी के अंग प्रदर्शन में रुचि लेता हुआ भी उसकी व्यर्थता को स्वीकारता है। वह चाहता है कि स्त्री व्यवसाय में, नौकरी में आर्थिक रूप से पुरुष की सहगामिनी बने। सामन्तवादी जीवन दृष्टि एकदम जर्जर हो चुकी है। परिणामतः वह औरत एक दिन नग्नावस्था में घर से निकाल दी जाती है तथा नायक के लिए वही कंचन शरीर जिसे वह चाहता था, एक बड़े सामाजिक सन्दर्भ में एकदम बेहूदा एवं बेमानी हो जाता है।

हिन्दी की 'नयी कहानी' के कहानीकारों में कमलेश्वर अपनी विशेष पहचान बनाने में समर्थ हुए हैं। उनकी यह विशेषता उनके सामान्य जिन्दगी से जुड़े रहने की प्रवृत्ति के कारण है। परिवेश के मध्य जीती हुई, शक्ति एवं सीमाएँ झेलती हुई, सहजता एवं असहजता के द्वन्द्व से गुजरती हुई संवेदना की केन्द्रीयता में शिल्प की सहज एवं कभी-कभी बनावटी नवीनता धारण करती हुई, मानव के गहरे द्वन्द्व में धँसती और कभी-कभी सपाट प्रसंगों में प्रसरती युगबोध से सराबोर कमलेश्वर की कहानियों में विविधता, पठनीयता तथा अति विशिष्टता है। समयगत सत्य एवं समान्तर रचना दृष्टि के उत्कृष्ट उदाहरण प्रस्तुत करने वाली कहानियाँ उन्हें अपने युग का अग्रणी कथाकार बनाती हैं तथा आधुनिक युग के सामान्यजन की समूची वेदना को सम्यक् स्वर प्रदान करती हैं।

2. युगबोध के सन्दर्भ में कमलेश्वर के उपन्यास साहित्य की विशेषताएँ

कमलेश्वर ने अपने उपन्यासों में युगबोध एवं युगसत्य को प्राथमिकता दी है। उन्होंने सदैव अपने युग की समस्याओं के मानवीय पक्ष को रचना का आधार बनाया है। कमलेश्वर के उपन्यास

भी उनकी कहानियों की भाँति निम्न मध्यवर्गीय जीवन समस्याओं से जुड़े हुए हैं। मुख्यरूपेण हम उनके उपन्यासों के युगबोध को सामाजिक, राजनीतिक एवं आर्थिक वर्गों में विभाजित कर सकते हैं–

(क) सामाजिक युगबोध : स्वतन्त्रता के उपरान्त हमारे जीवन मूल्य बदल गये, जाति व्यवस्था में भी परिवर्तन आया। नगरीकरण, आर्थिक दबाव, औद्योगीकरण तथा आधुनिकीकरण ने जाति व्यवस्था में सेंध लगा दी। इससे परम्पराओं, रूढ़ियों तथा रहन-सहन में भी परिवर्तन आया। नारी की स्थिति परिवर्तित हुई। समाज बदला, उसके परम्परागत सम्बन्धों में छिन्नभिन्नता आ गयी। जीवन मूल्य खण्डित, विघटित हुए। परम्परागत मान्यताएँ, स्थापनाएँ, आदर्श तथा रहन-सहन में एकदम बदलाव आ गया। सामाजिक परिवर्तन एवं युगबोध का समाज, परिवार तथा व्यक्ति के सन्दर्भ में हम निम्नवत अध्ययन कर सकते हैं–

पारिवारिक सम्बन्धों में परिवर्तन : आज जीवन मूल्य विघटित होने का प्रभाव पारिवारिक सम्बन्धों पर स्पष्ट झलकता है। आज घर के सदस्यों के मध्य पूर्वकाल के जैसे पवित्र एवं प्रगाढ़ स्नेह सम्बन्धों का अभाव मिलता है। विश्वास का अभाव दिखाई देने लगा है। सभी पारिवारिक सम्बन्ध पति-पत्नी, पिता-पुत्र, माँ-बेटी, पिता-पुत्री, भाई-बहन, भाई-भाई आदि दरक गये, नाम मात्र के शेष रह गये। कमलेश्वर ने इस बदलाव का युगबोधानुकूल उद्‌घाटन अपने उपन्यासों में किया है।

मानवीय सम्बन्धों में आये बिखराव को कमलेश्वर ने बेहद ईमानदारी के साथ अपने उपन्यासों में दर्शाया है। 'तीसरा आदमी', 'आगामी अतीत', 'काली आँधी', 'लौटे हुए मुसाफिर' तथा 'समुद्र में खोया हुआ आदमी' आदि उपन्यासों में मानवीय सम्बन्धों का बदलाव एवं बिखराव स्पष्ट रूप से देखा जा सकता है।

'आगामी अतीत' में वर्गगत भेदभाव के कारण बिखरते पति-पत्नी सम्बन्ध देखे जा सकते हैं। कमल बोस पद एवं धन हेतु सच्चे प्रेम को त्याग देता है। "कमल बोस एवं निरूपमा के बीच रिश्ता टूटा हुआ तो बहुत पहले से ही था।"[42]

'समुद्र में खोया हुआ आदमी' उपन्यास में आदमी के आर्थिक अभाव से बिगड़ते हुए पारिवारिक सम्बन्धों का उल्लेख किया गया है। श्यामलाल, सिंधी ट्रांसपोर्ट कम्पनी में काम करता था। चोरी में बर्खास्त होने पर वह बेकार एवं निठल्ला हो गया, उसकी सत्ता समाप्त हो गयी। श्यामलाल परिवार के टूटने के विषय में मन के उद्‌गार इस प्रकार प्रकट करता है–"वीरेन की माँ...सब बिखर गया।"[43] इस प्रकार कमलेश्वर ने पारिवारिक सम्बन्धों में आये अलगाव तथा पारिवारिक जीदन की विसंगतियों को स्पष्ट रूप से अंकित किया है।

अभिभावक व सन्तान सम्बन्धों में बिखराव : जैसे-जैसे समय बदला वैसे-वैसे सन्तान की अपने माता-पिता से दूरियाँ बढ़ती गयीं। धीरे-धीरे संतान व माता-पिता के सम्बन्धों में परिवर्तन आता चला गया। पिता पुत्री सम्बन्ध प्राचीन काल से अति पावन एवं सम्माननीय रहे हैं, लेकिन आधुनिक युग में ये सम्बन्ध भी खोखला साबित हो रहे हैं। आज बेरोजगार पिता का घर में कोई स्थान नहीं है। पुत्र भी ऐसे पिता की बातें मानने को तैयार नहीं। इसका स्पष्ट चित्रण कमलेश्वर के उपन्यास 'समुद्र में खोया हुआ आदमी' में देखा जा सकता है। "पैटर्न हाउस में जब से तारा

ने जाना शुरू किया, श्यामलाल भी किसी न किसी बहाने वहीं जमे रहते। तारा को यह रखवाली ज्यादा पसन्द नहीं थी।''[44]

समकालीन परिस्थितियों में आये हुए बदलाव के कारण सम्बन्धों में विशेष रूप से माँ-बेटी के सम्बन्धों में दरारें पड़ने लगीं, आज-कल यह सम्बन्ध नौकरानी अथवा धाय सा बन गया है। 'समुद्र में खोया हुआ आदमी' उपन्यास से इसकी पुष्टि होती है। 'काली आँधी' में माँ-बेटी के सम्बन्धों का परिवर्तित रूप स्पष्ट दिखाई देता है। इस उपन्यास की नायिका मालती राजनीति में इतनी खो जाती है कि जब एक समारोह में उसकी स्वयं की बेटी उससे ऑटोग्राफ लेने उसके सामने आती है तो वह अपनी पुत्री को पहचान तक नहीं पाती है। इस प्रकार इन दोनों उपन्यासों में माँ बेटी सम्बन्धों का यथार्थ चित्रण किया गया है।

नारी मानसिकता का परिवर्तित रूप : नारी मानसिकता के परिवर्तित रूप को कथाकार कमलेश्वर ने अपने उपन्यासों में स्पष्ट रूप से चित्रित किया है। 'तीसरा आदमी' उपन्यास में 'चित्रा', 'काली आँधी' में मालती, 'सुबह दोपहर शाम' में सन्तो, 'लौटे हुए मुसाफिर' में नसीबन, 'आगामी अतीत' में चाँदनी, तथा 'डाक बँगला' में 'इरा' आदि के चरित्रों का भिन्न-भिन्न धरातलों पर वर्णन दर्शनीय है।

'काली आँधी' की मालती नारी की परिवर्तित मानसिकता का प्रतीक कही जा सकती है। वह सफलता के लिए कोई भी कीमत चुकाने के लिए तैयार है। वह राजनीति में सफल होने के लिए इतनी अधिक प्रयत्नशील रहती है कि अपने पति तथा अपनी बेटी तक को भी समय नहीं दे पाती। उसकी व्यस्तता तथा उसकी सफलता की भूख को, उसका अपनी बेटी को न पहचान पाना, स्पष्ट रूपेण दर्शा देता है। इसी प्रकार कमलेश्वर के अन्य उपन्यासों में भी नारी किसी परिस्थिति, स्वयं के स्वार्थ या अन्य किसी कारण के वशीभूत होकर अपनी मानसिकता तथा अपने विचारों को बदलती या उनसे समझौता करती रही है। कमलेश्वर के उपन्यास परिवर्तित नारी मानसिकता को भलीभाँति दर्शाते हैं।

नैतिक मूल्य पतन : स्वतन्त्रता प्राप्ति के बाद हमारे नैतिक संस्कारों में कमी आयी है। हम पाश्चात्य संस्कृति के अन्धानुकरण में लग गये हैं। कमलेश्वर ने नैतिक मूल्यों के पतन को अपने उपन्यासों 'आगामी अतीत', 'डाक बँगला', 'लौटे हुए मुसाफिर', 'एक सड़क सत्तावन गलियाँ' आदि में स्पष्ट रूप से चित्रित किया है।

नारी शोषण : स्वतन्त्रता प्राप्ति के बाद नारी शोषण में वृद्धि हुई है। वह कभी-कभी अनाथ एवं आश्रयहीन होने से, आर्थिक अभाव के कारण तथा मनोरंजन आदि कारणों से शोषित की गयी। कमलेश्वर के उपन्यासों में शोषित नारी की वेदना स्पष्ट दिखाई देती है। 'आगामी अतीत' की चाँदनी अपनी माँ की मृत्यु के बाद बिल्कुल अकेली तथा निराश्रित रह जाती है। उसकी असहायता का लाभ उठाया जाता है तथा वह एक वेश्या बन जाती है। 'डाक बँगला' की इरा, परित्यक्ता होने के कारण धन की कमी से जूझ रही थी। उसके आर्थिक अभाव का लाभ उठाया जाता है। उसके जीवन में चार पुरुष आते हैं तथा सभी उसका किसी न किसी रूप में शोषण करते हैं। वह जीवन भर शोषण का शिकार बनी रहती है। 'एक सड़क सत्तावन गलियाँ' की बंसिरी भी रंगीले के हाथों शोषण का शिकार बन जाती है।

धार्मिक पतन : आज के युग में अर्थ प्रधान हो गया है। धर्म की प्रधानता में क्षीणता आयी है। धार्मिक केन्द्र जो पहले आस्था के केन्द्र थे, वे भ्रष्टाचार एवं पापाचार के केन्द्र बन गये। हम इसकी सफल अभिव्यक्ति कमलेश्वर के सफल उपन्यासों 'एक सड़क सत्तावन गलियाँ' तथा 'लौटे हुए मुसाफिर' में हुई है।

(ख) राजनीतिक युगबोध : देश के विभाजन ने स्वतन्त्रता प्राप्ति की खुशी को ग्रस लिया। स्वतन्त्रता के नाम पर केवल सत्ता हस्तान्तरित हुई। स्वतन्त्रता का वास्तविक लाभ हमें नहीं मिला। मानव मन में तुच्छ स्वार्थ पनप गये। लोग अपना घर भरने में लग गये। किसी ने आजादी की परवाह ही नहीं की। साहित्यकारों ने भी समाज में घटित ओछी राजनीतिक गतिविधियों को चित्रित किया। समकालीन राजनीति पर व्यंग्य किये गये। कमलेश्वर ने भी अपने उपन्यासों में समाजवाद की स्थापना पर बल दिया। राजनीतिक युगबोध प्रकट करने वाले उनके उपन्यास हैं—लौटे हुए मुसाफिर, एक सड़क सत्तावन गलियाँ, काली आँधी, सुबह-दोपहर-शाम तथा डाक बंगला।

भ्रष्ट राजनीति एवं वोट : परतंत्र भारत में गाँधी एवं गाँधी के आदर्शों को अपनाने वाले करोड़ों भारतीय थे। आजादी मिलने पर जनसेवक नेताओं की संख्या में कमी आने लगी। लोकतंत्र का आधार क्या से क्या हो गया? जातिवाद, साम्प्रदायिकता, स्वार्थ तथा पैसा आदि के आधार पर वोट खरीद-फरोख्त प्रारम्भ हो गयी। गाँधीवादी आदर्शों के पतन की अभिव्यक्ति कमलेश्वर के 'रेगिस्तान' उपन्यास में हुई है।

कमलेश्वर ने 'काली आँधी' में मालती के चुनाव जीतने के सभी आँकड़ों की पोल खोलकर रख दी है। चुनावी भ्रष्टाचार कौशल का प्रत्येक कदम मालती के चुनाव में स्पष्ट दिखाई देता है। जातिगत भेदभाव की पोल खुल जाती है। मालती का लोक सभा चुनाव वोट की राजनीति एवं राजनीतिक भ्रष्टाचार की पोल खोलने की प्रत्येक चाबी अपने पास रखता हुआ दिखाई देता है।

(ग) आर्थिक युगबोध : आर्थिक युगबोध देश की राजनीति एवं सामाजिक युगबोध प्रक्रियाओं से अभिन्न रूप से जुड़ा हुआ है। देश की उन्नति-अवनति का आधार आर्थिक आधार होता है। युद्ध, स्वतन्त्रता, देश का विभाजन तथा औद्योगीकरण से उत्पन्न परिस्थितियों ने आर्थिक युगबोध को परिवर्तित कर दिया। स्वतन्त्रता के पश्चात् देश की उन्नति हेतु विकास योजनाएँ बनीं परन्तु आम आदमी के जीवन स्तर का उत्कर्ष कागजी आँकड़ों में ही प्रदर्शित हुआ। केन्द्रीय एवं राज्य सरकारें ऋणग्रस्तता की शिकार बन गयीं। कमलेश्वर के 'तीसरा आदमी', 'एक सड़क सत्तावन गलियाँ', 'समुद्र में खोया हुआ आदमी', 'डाक बँगला' तथा 'काली आँधी' आदि उपन्यास आर्थिक युगबोध को उद्घाटित करते हैं।

महँगाई एवं अर्थहीनता : महँगाई, सम्पन्न वर्ग के पूँजी कमाने का एक खेल है। इसका शिकार आम आदमी होता है। उच्च पूँजीवादी वर्ग महँगाई से रत्तीभर भी प्रभावित नहीं होता है। कमलेश्वर ने महँगाई का चित्रण 'तीसरा आदमी' में स्पष्ट रूप से किया है। 'तीसरा आदमी' में ही अन्य स्थल पर महँगाई का चित्रण देखा जा सकता है। 'दिल्ली के कर्जदारों से मैं परेशान आ गया था व हालत भी बरदाश्त के बाहर हो रही थी और मैं किसी तरह थोड़ा बहुत पेट

काटकर कर्जा चुका देना चाहता था। दिल्ली छोड़ने से पहले मैं कितनों के सामने कितना बेइज्जत हुआ, यह मेरी आत्मा ही जानती है। कितने अपमान सहे आदमी? किस-किस तरह के?''[45]

आवास समस्या : महानगरों में मध्य एवं निम्न वर्ग के लोगों के लिए आवास की विकट समस्याएँ हैं। ग्रामीण युवक कस्बों और नगरों तथा कस्बों एवं नगरों के लोग रोजगार व व्यवसाय के निमित्त महानगरों की ओर जाने को विवश हैं। मजदूरों, विद्यार्थियों, नौकरशाहों एवं सैलानियों आदि को अपने-अपने प्रयोजनार्थ एक स्थान से दूसरे स्थानों तक आना जाना पड़ता है तथा उन्हें अपने-अपने कार्यस्थलों पर आये दिन आवास समस्या से रूबरू होना पड़ता है। आवास मानव की मूलभूत आवश्यकता में से एक है। देश में जनसंख्या विस्फोटक रूप ले रही है। प्रत्येक व्यक्ति को आवास उपलब्ध कराना राष्ट्र की एक ज्वलंत व लाइलाज समस्या है। कमलेश्वर ने अपने उपन्यासों में इस जटिल समस्या की ओर पाठकों का ध्यानाकर्षित किया है।

कमलेश्वर ने अपने उपन्यासों में समकालीन सामाजिक, राजनीतिक तथा आर्थिक युगबोध का सटीक, स्पष्ट एवं प्रभूत चित्रण किया है। कमलेश्वर ने युगीन चेतना को अपनी कहानियों तथा उपन्यासों के माध्यम से दर्शाया है। वे कभी अपने परिवेश से कटकर कृत्रिम, काल्पनिक तथा अन्य किसी भी परिस्थिति में नहीं जीते हैं। उनके कथा-साहित्य में रोजी-रोटी, पति-पत्नी कलह, प्रेम, सन्देह, आस्थाएँ तथा निराशाएँ सभी अन्तर्द्वन्द्व के माध्यम से यथार्थरूप में दिखलाई देता है। युगबोध एवं युगसत्य को कमलेश्वर ने अपनी रचनाओं में सदैव प्राथमिकता प्रदान की है। उनकी रचनाओं में उनका युग साकार होकर बोलता है। उनकी पीढ़ी का सत्य बोलता है। उनके पास ऐसी तेज भाषा है, जो युगसत्य का वर्णन किये बिना नहीं रह सकती है। उन्हें अपने समय का पूर्ण ज्ञान है, जिसको उन्होंने अपनी रचनाओं में साकार बनाया है। उन्होंने अपने युग की समस्याओं को उठाया है तथा उनका यथार्थ चित्रण किया है।

उपन्यासगत विशेषताएँ : कमलेश्वर के उपन्यासों में आधुनिक युग, सम्पूर्ण समाज चित्रित हुआ है। उन्होंने समाज के सभी प्रश्नों पर लेखनी चलाई है। उन्होंने अपने समाज को खुली आँखों से देखा है। अतः अच्छाई-बुराई, उत्थान-पतन, पाप-पुण्य सभी का सटीक चित्रण इनके साहित्य में मिलता है। कमलेश्वर के समकालीन साहित्यकार राजेन्द्र यादव लिखते हैं कि–''कमलेश्वर अपना सच नहीं बोल सकता मगर अपने युग और अपनी पीढ़ी का सच वह बोल सकता है।''[46] इस सन्दर्भ में डॉ. घनश्याम मधुप के विचार हैं–''कमलेश्वर अपनी रचनाओं में युगसत्य को उद्घाटित करने में काफी सफल रहे हैं। उनके लघु उपन्यासों में बड़ी सूक्ष्मता और सांकेतिकता के साथ नये सामाजिक यथार्थ को विकसित किया गया है।''[47]

कमलेश्वर के उपन्यासों के विषय में पूर्व में स्पष्ट किया जा चुका है। उन्होंने 'सुबह-दोपहर-शाम,' 'एक सड़क सत्तावन गलियाँ,' 'लौटे हुए मुसाफिर', 'रेगिस्तान', 'कितने पाकिस्तान' उपन्यासों में स्वतन्त्रता से पूर्व एवं बाद के युग का अलग-अलग ढंग से चित्रण किया है। 'डाक बँगला', 'समुद्र में खोया हुआ आदमी', 'आगामी अतीत' आधुनिक युग के जीवन एवं तज्जन्य आर्थिक जटिलताओं को अभिव्यक्त करते हैं। 'काली आँधी', 'वही बात' उपन्यास आधुनिक प्रगतिवादी विचार धारा को प्रस्तुत करने वाले उपन्यास हैं, जहाँ मनुष्य सफलता हेतु दौड़ता है, सफलता मिलती भी है लेकिन मूल्यवान क्षण पीछे छूट जाते हैं। 'तीसरा आदमी' उपन्यास महानगरीय

जीवन का चित्रांकन प्रस्तुत करता है।

'एक सड़क सत्तावन गलियाँ' कमलेश्वर का प्रथम सफल उपन्यास है। आज भी यह उपन्यास इतना ताजगी भरा है कि यह बिल्कुल नहीं लगता है कि यह वर्षों पहले लिखा गया था। यह उपन्यास आकार में लघु होने पर भी बहुत बड़ा है। इसकी गहराई की थाह पाना मुश्किल है। इसमें पात्र अधिक हैं परन्तु हम उपन्यास पढ़ते समय पात्रों में नहीं उलझते हैं तथा मुख्य कहानी से दूर भी नहीं हट पाते हैं। छोटे नगर की निकट से देखी जिन्दगी का बड़ा ही सटीक वर्णन प्रस्तुत उपन्यास में मिलता है। वहाँ के लोगों के दुःख-दर्द, आशा-निराशाओं के झूले तथा अन्य हताशाएँ सब इस उपन्यास में उपलब्ध हैं। इस उपन्यास में युग बोलता सा प्रतीत होता है। विचारों के साथ भाँति-भाँति के कोमल एवं कठिन भावों का निर्वाह भी प्रस्तुत उपन्यास में पर्याप्त कुशलता से किया गया है। आदमी की अच्छाइयाँ, बुराइयाँ, घृणा, प्रेम, हिंसा, अहिंसा सबको प्रस्तुत उपन्यास में अभिव्यक्ति मिली है।

'डाक बँगला' उपन्यास भी अपने आप में एक उपलब्धि है। इसमें एक असाधारण नारी इरा के माध्यम से साधारण नारी की नियति एवं आन्तरिक एवं बाह्य संघर्ष को रूपायित किया है। इस उपन्यास में जीवनानुभूतियाँ बोलती हैं। जीवन-यापन हेतु शिक्षित नारी इरा किन-किन मार्गों पर चली। कितनों की अंकशायिनी बनी, इसे इस उपन्यास को पढ़कर जाना जा सकता है जहाँ, इस उपन्यास में रोमानियतमुक्त यथार्थ झलकता है, वहाँ यह और उच्चकोटि का बन पड़ा है।

'तीसरा आदमी' उपन्यास की कहानी मध्यवर्गीय दाम्पत्य की ऊँच-नीच का एक प्रामाणिक दस्तावेज है। यह उपन्यास एक लम्बी कहानी के अति निकट प्रतीत होता है। उपन्यास के अन्त में सुमन्त द्वारा आत्महत्या करना भी गढ़ा हुआ एवं बनावटी प्रतीत होता है। इसमें मध्यवर्गीय परिवारों के संस्कारों, कुंठाओं तथा आर्थिक असमर्थताओं का बड़ा ही स्वाभाविक एवं सशक्त वर्णन हुआ है। समस्त उपन्यास विश्वसनीय एवं यथार्थ शैली में विरचित है।

'समुद्र में खोया हुआ आदमी' सशक्त सार्थक एवं अति महत्त्वपूर्ण उपन्यास है। यह उपन्यास अनुभूति एवं अभिव्यक्ति दोनों ही दृष्टियों से सहज एवं स्वाभाविक है। यह हर उस परिवार की कहानी है, जो महानगर में टूटने एवं बिखरने के लिए विवश है तथा जिसका आर्थिक स्रोत बिल्कुल सूख चुका है। मध्यवर्गीय संस्कारों, जड़ताओं एवं कुंठाओं की पीड़ाओं की कराह इस उपन्यास में गूँज रही है। 'तीसरा आदमी' प्रभाव की दृष्टि से अत्युच्च कोटि का प्रभावपूर्ण उपन्यास है।

'लौटे हुए मुसाफिर' उपन्यास में कमलेश्वर ने निम्न वर्ग एवं छोटे शहर की जिन्दगी को रूपायित किया है, जिसमें उन्हें पूर्ण सफलता मिली है। यह उपन्यास मात्र दो-चार पात्रों की दुःखपूर्ण कहानी नहीं है, अपितु पूरे समूह एवं समुदाय की परिस्थितिजन्य यातनाओं को प्रस्तुत करने वाला श्रेष्ठ उपन्यास है। यह भारत विभाजन की पृष्ठभूमि पर लिखा गया एक सशक्त उपन्यास है।

'काली आँधी' उपन्यास एक असफल दाम्पत्य जीवन की करुण कहानी जैसा प्रतीत होता है लेकिन वास्तव में ऐसा नहीं है। यह मालती एवं जग्गीबाबू की करुण कहानी नहीं, उस

समय देश में व्याप्त राजनीतिक भ्रष्टाचार एवं छल-छद्म की करुण कहानी है। इन्हीं दोनों के सहारे लेखक ने अपने आस-पास के सामाजिक एवं राजनीतिक यथार्थ की आन्तरिक कहानी प्रस्तुत की है। इसमें मालती हमारी उन पूँजीवादी व्यवस्था की गलत महत्वाकांक्षाओं की प्रतीक है, जो स्वार्थ सिद्धि हेतु साधनहीन सामान्यजनों को बहकाने-फुसलाने अथवा उनका इस्तेमाल करने से बिल्कुल परहेज नहीं करती। उपन्यास का शीर्षक एवं अभिव्यक्ति दोनों ही सफल एवं सार्थक हैं। पूँजीवादी व्यवस्था में मालती गलत ढंग से सफलता प्राप्त कर लेती है। इसके लिए उसे अपने परिवेश एवं आत्मीयजनों को सदा के लिए छोड़ने की कीमत चुकानी पड़ती है।

'आगामी अतीत' उस स्थिति की बात कहता है कि जब सफलताओं की स्पर्धा में डूबा हुआ व्यक्ति अपने पुराने परिवेश अथवा वर्ग में लौटना चाहता है लेकिन लौट नहीं पाता। चाँदनी का ऐसा जीवट भरा चरित्र है, जैसा किसी भी हिन्दी के दूसरे उपन्यास में नहीं मिलता। अभिव्यक्त कौशल इस उपन्यास की अपनी विशेषता है।

'रेगिस्तान' उपन्यास में राष्ट्र भाषा हिन्दी प्रचारक विश्वनाथ का जीवन भारत भ्रमण एवं जगह-जगह हिन्दी मन्दिर स्थापना के साथ कहीं कोई परिवर्तन न होते देख हाहाकार करता हुआ रेगिस्तान बन गया। आदर्शवादी एवं गाँधीवादी विश्वनाथ का जीवन निराशा से भर गया। उसके हाथ कुछ भी नहीं लगा। सेवा के माध्यम से वह हिन्दू-मुस्लिम प्रेम जगाता है। इसमें स्वतन्त्रता के बाद की बदलती हुई सामाजिक स्थिति एवं मानसिकता का बड़ा ही सटीक वर्णन मिलता है।

'सुबह...दोपहर...शाम' उपन्यास में अँग्रेजी साम्राज्य का वर्णन किया गया है, जिसमें एक ओर संयुक्त परिवारों का टूटना तथा नगरीकरण का होना दृष्टिगोचर हो रहा है। इसमें राजनीतिक जीवन का यथार्थ चित्रण किया गया है साथ ही तत्कालीन ग्रामीण संस्कार चित्रित किये गये हैं।

'वही बात' उपन्यास में 'आगामी अतीत' की भाँति आज के युग का चित्रण किया गया है, जहाँ आदमी बाहरी सफलता के पीछे दौड़कर अपने जीवन के अमूल्य क्षणों को भूलकर अपने जीवन को हीन बना रहा है। इसमें पत्नी तथा पति के टूटते सम्बन्ध, आज की हिंसा वृत्ति एवं गरीबों की दुर्दशा का सफल एवं सटीक चित्रण किया गया है। कमलेश्वर के समस्त उपन्यासों के अध्ययनोपरान्त, जो बातें उभर कर सामने आयी हैं, उन्हें निष्कर्षरूपेण नीचे प्रस्तुत किया जा रहा है—

'देवा की माँ' तथा 'राजा निरबंसिया' से लेकर 'बयान' और 'कितने अच्छे दिन' तक की अपनी कथा यात्रा में जिस प्रकार कमलेश्वर ने अनेक पड़ाव एवं मंजिलें पार की हैं, उसी प्रकार अपनी औपन्यासिक यात्रा में भी उन्होंने 'एक सड़क सत्तावन गलियाँ' उपन्यास से लेकर 'कितने पाकिस्तान' उपन्यास तक अनेक मंजिलों को पार किया है। इनकी औपन्यासिक यात्रा के सात-आठ पड़ाव हैं।

औपन्यासिक लेखन की इस यात्रा में कई मंजिलें उन्होंने ऐसी भी पार कर ली हैं, जो हिन्दी के दूसरे अच्छे से अच्छे उपन्यासकार नहीं कर पाये हैं। उदाहरणार्थ यहाँ 'एक सड़क सत्तावन गलियाँ', 'समुद्र में खोया हुआ आदमी' और 'काली आँधी' का नाम बिना किसी द्विधा के लिया

जा सकता है, जिनमें युग बोलता हुआ दृष्टिगोचर हो रहा है। इनमें जो भी वर्णन मिलते हैं, उनमें युगबोध की झलक दूर से दिखलाई देती है।

अधिकांश कहानियों की भाँति अपने अधिकांश उपन्यासों में कमलेश्वर की दृष्टि सदा उद्देश्यगर्भा एवं सजग रही है। उनके अध्ययनोपरान्त यह नहीं लगता कि कमलेश्वर के दृष्टि पथ से उद्देश्य जरा भी इधर-उधर हो गया है।

यथार्थ जीवन की सबल एवं सशक्त अभिव्यक्ति तथा समर्थ भाषा कमलेश्वर के लघु उपन्यासों की जानी मानी विशेषताएँ हैं। इनकी भाषा में कहीं-कहीं भावातिरेक के कारण काव्यात्मकता सी आ गयी है।

कमलेश्वर अपने उन उपन्यासों में बेहद सफल उपन्यासकार सिद्ध हुए हैं जिनमें उन्होंने सहज, स्वाभाविक शिल्प एवं शैली को अपनाया है तथा कहीं-कहीं प्रतीकात्मक ढंग से भी अपनी बातें स्पष्ट कर सके हैं। 'एक सड़क सत्तावन गलियाँ', 'तीसरा आदमी', 'समुद्र में खोया हुआ आदमी' तथा 'काली आँधी' आदि इनके श्रेष्ठ लघु उपन्यास हैं। 'कितने पाकिस्तान' उपन्यास ऐतिहासिक पृष्ठभूमि पर आधारित है जिसमें भारत विभाजन के समय की त्रासदी का जीवन्त चित्रण मिलता है। यह कमलेश्वर जी का सफलतम उपन्यास है।

सभी उपन्यास निम्न मध्यवर्गीय समाज के राजनीतिक, सामाजिक, आर्थिक तथा वैयक्तिक जीवन से सम्बद्ध हैं। इनके उपन्यासों में जीवन के यथार्थ को वास्तविक रूप में चित्रित किया गया है। ये उपन्यास आकार में छोटे होने पर भी वृहद् कथा फलक वाले उपन्यासों के समान हैं। इनमें युगीन जीवन की विराटता भाषा के मितव्ययी प्रयोग के बीच चित्रित होती हुई दिखाई देती है। 'एक सड़क सत्तावन गलियाँ' में स्वाधीनता से पूर्व की स्थिति चित्रित है। कम्यूनिस्ट कांग्रेस विवाद, कस्बे में व्याप्त साम्प्रदायिकता, रामलीला और नाटक मंडली, समाचार पत्रों की दयनीय स्थिति, ड्राइवरों का व्यस्त एवं तनावयुक्त जीवन, प्रेम में टूटते बिखरते जीवन को यथार्थ के विश्वसनीय परिप्रेक्ष्य में चित्रित किया गया है।

वेश्या जीवन का वर्णन 'आगामी अतीत' उपन्यास में अति सूक्ष्मता एवं स्वाभाविकता से अंकित किया गया है। कमलेश्वर ने जीवन के कटु यथार्थ को समाज परिवेश के साथ प्रस्तुत किया है। साम्प्रदायिकता एवं रोटी-रोजी की विकट समस्या का वर्णन 'लौटे हुए मुसाफिर' में चित्रित है। 'काली आँधी' उपन्यास में सामाजिक एवं वैयक्तिक जीवन यथार्थ राजनीतिक परिप्रेक्ष्य में उद्घाटित हुआ है। समकालीन जीवन के जोखिमपूर्ण प्रसंगों को अपने उपन्यासों के लिए चुनकर कमलेश्वर ने अपने जागरूक होने का परिचय दिया है। आम जीवन की सार्थकता व्यंजित करने वाले विवरणों को उन्होंने चुना है तथा अपनी कथाओं का आधार बनाया है।

राजनीति घिनौनी, क्रूर एवं यातनादायक है। यह उच्च वर्ग की झूठ, खोखली एवं आडंबरपूर्ण स्थितियों की परिचायक है। कमलेश्वर की कथाएँ पूँजीवादी षड्यन्त्रों का पर्दाफाश करने वाली हैं। इनके उपन्यासों में अनेक समस्याएँ उठाई गयी हैं।

जीवन की विसंगतियों के मध्य तालमेल बैठाने की जद्दोजहद करने वाले कमलेश्वर के उपन्यासों में मध्यवर्ग का यथार्थ स्पष्टरूपेण उभरा है। मैनपुरी का बस अड्डा (एक सड़क सत्तावन गलियाँ), दिल्ली के कमरे में घुटते पति-पत्नी की जिन्दगियाँ (तीसरा आदमी) आदि की

चित्रात्मकता इस मध्यवर्गीय तथा निम्नवर्गीय जीवन का यह दमघोंटू विवरण आर्थिक, सामाजिक, राजनीतिक तथा नैतिक विषमताओं के परिणाम का वर्णन है। कमलेश्वर अपनी कथाओं में युगसत्य को उद्‌घाटित करने में काफी सफल रहे हैं।

युग एवं समाज को एक सम्पूर्ण परिवेश में प्रकट करने की लेखकीय उत्कंठा के परिणामस्वरूप लिखे इन उपन्यासों में लघु किन्तु पूर्ण सामाजिक फलक प्रस्तुत किया गया है। युगबोध एवं सत्यबोध को कमलेश्वर ने सदैव प्राथमिकता दी है।

कमलेश्वर ने सदा अपने युग की किसी न किसी समस्या एवं मानवीयता को अपनी रचना का आधार बनाया है। उनका चिन्तन जनवादी है, युगवादी है मानव एवं मानवतावादी है, जो जनसामान्य की चिन्ता से उत्पन्न है। उनका चिन्तन किसी प्रकार के बोझ से बोझिल नहीं है।

सन्दर्भ

1. एक दुनिया समानान्तर : सम्पादक राजेन्द्र यादव, पृष्ठ 42
2. वही, पृष्ठ 51
3. हिन्दी कहानी की रचना प्रक्रिया : डॉ. परमानन्द श्रीवास्तव, पृष्ठ 298
4. रामदरश मिश्र की कहानियों में यथार्थ चेतना और मूल्यबोध : डॉ. राधेश्याम सारस्वत, पृष्ठ 03
5. वही।
6. साठोत्तरी हिन्दी कहानी : मूल्यों की तलाश : डॉ. वासुदेव शर्मा, पृष्ठ 117
7. छठे दशक की हिन्दी कहानी में जीवन मूल्य : डॉ. अरुणा गुप्ता, पृष्ठ 21
8. परिकथा मई, जून 2007 (एक उदार चेतस मनुष्य) : डॉ. लक्ष्मीमल्ल सिंघवी, पृष्ठ 99
9. वही, पृष्ठ 98
10. परिकथा मई, जून 2007 (आन्तरिक ऊर्जा दृष्टि के बिना लेखन नहीं होता—सन्तोष गोयल का कमलेश्वर से आत्मीय संवाद) : डॉ. लक्ष्मीमल्ल सिंघवी, पृष्ठ 89
11. मेरे साक्षात्कार (कहानियों की कमी को व्यंग्य पूरा कर रहा है—गिरीश पंकज) : कमलेश्वर, पृष्ठ 93
12. वही, पृष्ठ 93
13. मेरे साक्षात्कार : कमलेश्वर, पृष्ठ 93-94
14. वही, पृष्ठ 85-86
15. वही, पृष्ठ 86
16. मेरे साक्षात्कार (कुछ और सवाल—नैमिशराय) : कमलेश्वर, पृष्ठ 74
17. वही, पृष्ठ 75
18. मेरे साक्षात्कार (कथा की विपन्नता कहानी की सम्पन्नता नहीं हो सकती—डॉ. दिनेश चमोला) : कमलेश्वर, पृष्ठ 63
19. वही।
20. मेरे साक्षात्कार : कमलेश्वर, पृष्ठ 18, 19
21. वही।
22. कथाकार कमलेश्वर : डॉ. के. पी. जया, पृष्ठ 290
23. काव्य के रूप : गुलाब राय, आत्माराम एण्ड संस, कश्मीरी गेट, दिल्ली, पृष्ठ 204
24. काव्य के रूप : गुलाब राय, पृष्ठ 214
25. साहित्यिक निबन्ध : डा. गणपति चन्द्र गुप्त, पृष्ठ 413

26. समकालीन कहानी युगबोध का सन्दर्भ : डॉ. पुष्पपाल, सिंह पृष्ठ 93
27. कस्बे का आदमी (नौकरी-पेशा) : कमलेश्वर, पृष्ठ 84, 92
28. वही।
29. खोयी हुई दिशाएँ (दिल्ली में एक मौत) : कमलेश्वर, पृष्ठ 143
30. छठे दशक की हिन्दी कहानी में जीवन मूल्य : डॉ. अरुणा गुप्ता, पृष्ठ 116
31. समकालीन कहानी युगबोध का सन्दर्भ : डॉ. पुष्पपाल सिंह, पृष्ठ 306
32. समकालीन कहानी समानान्तर कहानी (समकालीन कहानी विविध परिदृश्य-1) : डॉ. विनय, पृष्ठ 29
33. हिन्दी कहानी में युगबोध : डॉ. मंजुलता सिंह, पृष्ठ 186
34. बयान (जोखिम) : कमलेश्वर, पृष्ठ 90-91
35. मेरी प्रिय कहानियाँ (देवा की माँ) : कमलेश्वर, पृष्ठ 23
36. राजा निरबंसिया : कमलेश्वर, पृष्ठ 109
37. मांस का दरिया : कमलेश्वर, पृष्ठ 8-9
38. कमलेश्वर (कमलेश्वर : दलित मानवता के एहसासों के लेखक-दया पवार) : मधुकर सिंह, पृष्ठ 243
39. सारिका-अप्रैल 1975 : कमलेश्वर, पृष्ठ 09
40. वही।
41. वही, पृष्ठ 10
42. आगामी अतीत : कमलेश्वर, पृष्ठ 33
43. समुद्र में खोया हुआ आदमी : कमलेश्वर, पृष्ठ 99
44. वही, पृष्ठ 6
45. समग्र उपन्यास (तीसरा आदमी) : कमलेश्वर, पृष्ठ 206
46. कमलेश्वर की श्रेष्ठ कहानियाँ : सम्पादक राजेन्द्र यादव, पृष्ठ 20
47. हिन्दी लघु उपन्यास : डॉ. घनश्याम मधुप, पृष्ठ 160

8

कमलेश्वर के कथा-साहित्य में विविध सम्बन्धों का चित्रण

(क) कमलेश्वर के कथा-साहित्य में नारी एवं पुरुष के सम्बन्धों का चित्रण

समाज में होने वाले परिवर्तन से केवल साहित्य एवं नारी की मनोदशा में ही बदलाव नहीं आया, अपितु कहानीकारों की नारी विषयक दृष्टि भी परिवर्तित हुई। स्वतन्त्रता प्राप्ति के बाद नये कहानीकारों की दृष्टि में यह परिवर्तन देखा जा सकता है। इसके अनुसार नारी मात्र नारी नहीं है, वह श्रद्धा अथवा त्याग की मूर्ति, प्रतिमूर्ति नहीं है। यदि ऐसा होता तो उसके रूपों में विविधता एवं भिन्नता नहीं होती। वह तो केवल देवी ही होती, जबकि सामान्य धरातल पर ऐसा नहीं होता है। यथार्थ जीवन में नारी सर्वप्रथम माता है, बाद में और कुछ लेकिन स्वतन्त्रता से पूर्व नारी पहले माता थी, सभी धर्मपालिका की देवी थी और बाद में वह मादा थी।

स्वातन्त्र्योत्तर कहानीकार नारी को नारी रूप भें स्वीकारता है। उसे स्वतन्त्र इकाई मानता है, साथ ही कहा भी है– "नारी यों ही आदिकाल से सौन्दर्य तथा कला का केन्द्र रही है, फिर आत्मनिर्भर, स्वयं समर्थ अकेली नारी तो पुरुष के लिए सबसे बड़ा प्रलोभन और नियन्त्रण भी है। इस नियन्त्रण को प्रायः हर पुरुष कथाकार को स्वीकार करना पड़ा है और अपनी-अपनी सीमाओं, संस्कारों के साथ प्रत्येक ने उसकी शक्तियों, मजबूरियों और दयनीयताओं को कथासृष्टि दी है। पुराने संस्कारों और नयी परिस्थितियों के बीच नारी किस प्रकार पुरुष के अनेक टूटे सन्दर्भों के बीच अकेली होती जाती है। इसे आज की कहानी अधिक वास्तविक भूमि, अनेक सूक्ष्म संश्लिष्ट धरातलों और विविध संवेदनशील पक्षों से चित्रित करती है।"[1] इससे स्पष्ट है कि कहानी में अभिव्यक्ति के धरातल पर नारी को एक नवीन सन्दर्भ मिला है।

कथाकार कमलेश्वर ने नारी की परिवर्तित मनःस्थिति को स्वीकार करते हुए इस प्रकार कहा है–"आज नारियाँ नितान्त प्रमाणित सन्दर्भों और जीवन प्रसंगों से जुड़ी हुई हैं, जो पुरुष के माध्यम से जीवन मूल्यों या उसके अर्थों की खोज में तृप्त नहीं हैं, वे अपने पूरे व्यक्तित्व के साथ सहयोगी जीवन पद्धति की भागीदार हैं या स्वयं जिम्मेदार। सेक्स अब पाप बोध देने वाली क्रिया नहीं, एक वास्तविक और अनिवार्य आवश्यकता के रूप में स्वीकृत और समादृत है।"[2] इससे आगे भी वे कहते हैं कि– "...औरतें अब औरतें हैं, वे झूठी सती या वेश्याएं नहीं हैं– अब सम्बन्धों के ध्रुव दो हैं–स्त्री और पुरुष–जो संगतियों और विसंगतियों के साथ अपनी प्राकृतिक अपेक्षाओं से सीधे-सीधे सम्बद्ध हैं। नारी देह अब अपने निर्णय की वस्तु है।

धोखाधड़ी, बलात्कार या दीदीवादी अथवा भाभीवादी विकृत परम्परा का मानसिक अत्याचार अब लेखकीय सहानुभूति का विषय नहीं रह गया है।"[3]

अतः यह कहा जा सकता है कि स्वतन्त्रता प्राप्त करने के बाद नारी के प्रति कहानीकारों का दृष्टिकोण बदला और उसके व्यक्तित्व के साथ भारतीय हिन्दू आदर्श समाप्त हुए तथा नारी का अपना व्यक्तित्व एवं तज्जन्य सम्बन्ध उभर कर सामने आने लगे।

"युद्ध, स्वतन्त्रता और बाद के तेजी से बढ़ते औद्योगीकरण, शहरीकरण की परिस्थितियों, नारी के आत्मनिर्भर, आत्मनिर्णायक होने की नयी स्थितियों ने उसके स्वरूप और मानसिक गठन को और परिणामतः पुरुष के साथ उसके सम्बन्धों को भी बदला है। कथाकार ने खुलकर स्वीकार और चित्रित किया कि नारी और पुरुष का सम्बन्ध, न तो हवाई प्रेरणा का शक्ति स्रोत है, जहाँ सारी सामाजिक और अन्य असंगतियाँ अपने आप भी जाती हैं और न ही किशोर जिज्ञासा का है, जहाँ नारी का अनावृत शरीर देखकर ही पुरुष आँखें मूँद लेता है या भकुआया हुआ देखता रह जाता है। वह सम्बन्ध सामाजिक भीतियों को चुनौती देकर सेक्स सम्भोग के शरीरी-अशरीरी सुख का भी है। दो आत्मनिर्भर इकाइयों की समान मैत्री का भी है। शुद्ध नौकर-मालिक का भी है।.....और उन सबसे उत्पन्न होने वाली सामाजिक, मनोवैज्ञानिक परिणतियों, विकृतियों, नयी परिस्थितियों और उन्हें सँवारने-सँभालने के मानवीय प्रयत्न का भी है।"[4]

आजकल की कहानियाँ किशोर अध्यवसाय की ही कहानियाँ नहीं रह गयी हैं, जिनमें प्रेमी एवं प्रेमिकाएँ खाइयाँ पार करते हुए दृष्टिगोचर होते हैं। वे साथ आ जाते हैं अथवा साथ न आने पर टूट जाते हैं तथा कहानियाँ समाप्त हो जाती हैं। तदुपरान्त भी प्रेमी प्रेमिका का मिलन विछोह होता रहता है। नवीन स्थितियों में सम्बन्धों की जटिलता उस कहानी को आगे बढ़ाती है। पुराने मूल्यों को तिलांजलि देकर वह जन-जन के साथ सम्बन्ध बनाती फिरती है। इसमें मजबूरियाँ भी होती हैं, विद्रोह भी, अशिक्षा, अज्ञान भी तथा जीवन की उलझन भी। इसी यथार्थ को पकड़ने के लिए नये कथाकार इन सबका चित्रण अधिक ठोस एवं व्यावहारिक धरातल पर करते हैं। स्त्री-पुरुष के यौन सम्बन्ध मानसिक पूर्वाग्रह से ग्रसित थे, जिन्हें बड़े साहस से तोड़ा गया है। समझने का प्रयास भी किया गया है। उदाहरणार्थ—राजा निरबंसिया के वंश को भी कोई नारी ही चलाती है। जगपती की पत्नी अपनी ससुराल आ जाती है, सास बहू की बलइया लेकर घर की चाबी उसे सौंप देती है। जगपती की माँ न जाने कब से आस लगाये बैठी थी। उन्होंने आराम की साँस ली। पूजा-पाठ में समय कटने लगा। उसने चन्दा को समझाया कि बेटा! जगपती को बड़े लाड़-प्यार से पाला है। जब से तुम्हारे ससुर नहीं रहे, तब से इसके हठ पूरे करती रही हूँ। अब तुम इसका ध्यान रखना। जगपती की देखभाल का जिम्मा चन्दा को सौंप उसकी सास सदा-सदा के लिए मौन हो गयी। उसकी सास चार बरस तक जगपती की सन्तान का इन्तजार करते-करते इस अरमान को लेकर मरी कि मैं जगपती की सन्तान को गोद नहीं खिला पायी।

इसी बीच जगपती एक रिश्तेदार के यहाँ शादी में गया, वहाँ डकैती पड़ी, गोली जगपती की जाँघ में लगी। चन्दा रोती कलपती अस्पताल पहुँची, चन्दा को वहाँ रुकना पड़ा। कस्बे में अस्पताल था। कंपाउंडर बचन सिंह जगपती की मरहम-पट्टी करता था। उसने चन्दा से कहा—"किसी चीज की जरूरत हो तो मुझसे बताना।" चन्दा ने कृतज्ञता भरी दृष्टि से उसे देखा। वह

जगपती के लिए ताकत की दवाएँ ले आया। चन्दा के लिए कोठरी में खाट पहुँच गयी। पति के पूछने पर उसने कहा ये दवाएँ किसी की मेहरबानी नहीं, कड़ा बेचकर मँगवाई हैं। उसने जाकर कड़ा बचन सिंह को दिया भी लेकिन उसने उसे उसकी कलाई में पहना दिया। कंपाउण्डर का तबादला मैनपुरी हो गया। जगपती भी पन्द्रह-बीस दिन बाद ठीक हो गया, चन्दा उसे लेकर घर आ गयी। जगपती ने उससे कहा, "तुम्हारे कभी कुछ न होगा।" इससे आहत चन्दा सिसकती रही और न जाने कब सो गयी। एक दिन शाम को बचन सिंह साइकिल से उसके गाँव आ गया। जगपती से मिलकर फिर आने की कह गया और फिर धीरे-धीरे रोज आने लगा। उसने चन्दा से सम्बन्ध बना लिया। जगपती के लिए लकड़ी की टाल खुलवा दी। उसका कारोबार बढ़ गया। बचन सिंह आता, भोजन करता, चन्दा सामने बैठकर जगपती तथा बचन सिंह दोनों को ही भोजन कराती। कुछ दिन बाद यह खबर फैल गयी कि चन्दा के बाल-बच्चा होने वाला है। यह खबर जगपती ने भी सुनी तो क्रोधित होकर उसने चन्दा को बुरा भला कहा और एक हाथ उसकी कनपटी पर मारा। दूसरे दिन चन्दा घर छाड़कर अपने गाँव चली गयी। एक दिन मुंशी जी ने जगपती को बताया कि पन्द्रह-बीस दिन हुए चन्दा के लड़का हुआ है। चर्चा-कुचर्चाएँ हुईं। नारियों ने बुरा भला कहा। जगपती सोच रहा है–"वह मुझे नीच समझती है, कायर.... नहीं तो एक बार खबर तो लेती। बच्चा हुआ, तो पता तो लगता। पर नहीं, वह उसका कौन है? कोई भी नहीं! औलाद ही तो वह स्नेह की धुरी है, जो आदमी-औरत के पहियों को साधकर तन के दलदल से पार ले जाती है.....नहीं तो हर औरत वेश्या है और हर आदमी वासना का कीड़ा। तो क्या चन्दा...औरत नहीं रही? वह जरूर औरत थी, पर स्वयं मैंने उसे नरक में डाल दिया! वह बच्चा मेरा कोई नहीं, पर चन्दा तो मेरी है। एक बार उसे ले आता तो फिर यहाँ...रात के मोहक अँधेरे में उसके फूल से अधरों को देखता....निर्द्वन्द्व सोये पलकों को निहारता...साँसों की दूध सी अछूती महक को समेट लेता।"[5]

लेकिन "उसी रात जगपती अपना सारा कारोबार त्याग, अफीम और तेल पीकर मर गया क्योंकि चन्दा के पास कोई दैवी शक्ति नहीं थी और जगपती राजा नहीं, वह बचन सिंह कंपाउंडर का कर्जदार था।....... जगपती ने मरते वक्त दो परचे छोड़े, एक चन्दा के नाम, दूसरा कानून के नाम। चन्दा को उसने लिखा था– "चंदा, मेरी अन्तिम चाह यही है कि तुम बच्चे को लेकर चली आना.....अभी एक दो दिन मेरी लाश की दुर्गति होगी., तब तक तुम आ सकोगी। चन्दा आदमी को पाप नहीं पश्चात्ताप मारता है। मैं बहुत पहले मर चुका था, बच्चे को लेकर जरूर चली आना।' कानून को उसने लिखा था–"किसी ने मुझे मारा नहीं है...किसी आदमी ने नहीं। मैं जानता हूँ कि मेरे जहर की पहचान के लिए मेरा सीना चीरा जाएगा। उसमें जहर है। मैंने अफीम नहीं, रुपये खाए हैं, उन रुपयों में कर्ज का जहर था, उसी ने मुझे मारा है। मेरी लाश तब तक न जलाई जाए, जब तक चन्दा बच्चे को लेकर न आ जाए। आग बच्चे से दिलवाई जाए। बस।"[6]

चन्दा और जगपती पति-पत्नी थे। उन दोनों में मधुर सम्बन्ध थे परन्तु जगपती में पौरुष का अभाव था, वह चन्दा की गोद नहीं भर सका। बचन सिंह ने चन्दा से अपने सम्बन्ध बना लिए, उसे उसके पति की टाल चलाने के लिए कर्ज दिया। उसके यहाँ आना-जाना एवं प्रगाढ़

सम्बन्ध बना लिए। पश्चात्ताप की अग्नि में जगपती जल मरा क्योंकि वह तो राजा निरबंसिया सदृश था। राजा ने भी दो कार्य किये--एक रानी के नाम से बड़ा मन्दिर तथा पुत्र का नाम नये सिक्कों पर उत्तराधिकारी के रूप में खुदवा दिया। जगपती की अन्तिम इच्छा कि तुम बच्चे को लेकर चली आना बड़ी ही मार्मिक है परन्तु इन अवैध सम्बन्धों से उत्पन्न पश्चात्ताप की चिनगारी ने जगपती को पूर्णरूपेण समाप्त कर दिया। लेखक ने पति-पत्नी के सम्बन्धों का मार्मिक एवं करुणान्त किया है। निरबंसिया का वंश चन्दा ने ही चलाया।

'नीली झील' कहानी में पच्चीस-छब्बीस वर्षीय चंचल चित्त महेसा सड़क बनाने वाले मजदूरों के समूह में काम करता था। उसने अपनी उम्र से बड़ी स्त्री से सम्बन्ध बनाये। विधवा पंडिताइन ने उससे शादी कर ली थी। लोगों ने तरह-तरह की बातें कहीं किसी का कहना था, जवान देखकर पंडिताइन ने फाँस लिया और कोई कहता था कि महेसा रुपया-पैसा देखकर ढरक गया जो भी हो, दोनों तरह के लोगों को यह अच्छा नहीं लगा था, क्योंकि किसी को बुरा देखकर लोग बर्दाश्त नहीं कर पाते और अच्छा बनते देखना उन्हें सहा नहीं जाता। लेकिन महेसा ने किसी की परवाह नहीं की। पंडिताइन फिर से सुहागिन हुई थी और इतने दिनों बाद जब उसकी माँग में सिन्दूर और गोरे माथे पर पत्तीदार बालों के बीच बिंदिया चमचमाई, तो उसका रूप दुगना हो गया। दुहरे बदन की पंडिताइन जब चाँदी की करधनी बाँधकर चलती और पैरों में झाँझें जब झन्न-झन्न बोलतीं तो लोगों के कलेजे दरक जाते।

राह में साथ चलते महेसा से पारबती पंडिताइन कहती, "तुम्हें तो ज़रा भी सऊर नहीं है। मरद घरवाली के आगे-आगे चलता है, साथ नहीं!...लोग का कहेंगे? आगे चलो। और सिर पर साफा बाँधे महेसा कहता, 'बड़ी सरम आय गयी है! सहर में मेम लोग इसी माफिक चलती हैं, बल्किन बाँह में हाथ फँसा के!' और बस्ती के बाजार से खरीदा चमकदार केलासन का जम्फर झिलमिलाता देख उसका माथा गर्व से उठ जाता। पारबती कित्ती खूबसूरत है।"[7]

महेसा का विवाह भले ही अग्नि को साक्षी करके नहीं हुआ हो लेकिन पंडिताइन उसकी हो चुकी थी, उसने महेसा का हाथ पकड़ लिया था। उसके साथ रहने लगी, हास-परिहास चलता रहता और वह अपने भाग्य पर इठलाता फिरता, दोनों एक-दूसरे के अनुसार अपने व्यवहार को बनाकर रहने लगे। उनके सम्बन्ध स्त्री-पुरुष जैसे प्रगाढ़ बन चुके थे और एक दिन देवियों की पूजा के लिए जब पारबती ने महावर लगाया तो चमचे में घुला लाल रंग उँगली में लेकर उसने पारबती के होठों पर लगा दिया। पारबती छुटाने लगी तो उसने अपनी कसम दे दी और नुमाइश से लाये शीशे को उसके सामने कर दिया। पारबती ने लजाते हुए अपने लाल होठों को देखा, और बोली-- "तुम तो मेम से शादी करते! लाली पौडर वाली से।" और वह अपने को खुद किसी मेम से कम नहीं लगी थी, तभी महेसा ने उसकी गुदारी कलाई पकड़ते हुए कहा, "तुम किधर से कम हो और हँसती पारबती के उजले दाँतों को देखकर उसका मन खिल गया। पारबती के दाँत ठीक वैसे ही थे, जैसे उसने कभी देखे थे, हंस के पंखों की तरह धुले हुए।"[8] दोनों के सम्बन्ध घनिष्ठता की चरम सीमा तक पहुँच चुके थे।

वह पारबती के कहने के अनुसार चलता था, यहाँ तक कि उसने उसके कहने से बड़ी-बड़ी कलमें कटवाई थीं, वह अपनी चोटी में मोटी गाँठ बाँधने लगा था। उसने मेले तमाशे जाने के

लिए अच्छे बैलों की जोड़ी एवं एक रब्बा गाड़ी खरीद ली थी। बैलों को सजाकर रखता था, उनके गलों में घण्टियाँ बाँधता था तथा सींगों पर पॉलिश लगा कर रखता था, उसने रब्बा को सतरंगी बना लिया था। दौड़ के लिए दाँव लगाकर उसने पारबती से कहा था कि यदि 'तुम साथ नहीं बैठोगी तो दौड़ में नहीं जाऊँगा।' और पारबती ने उसे बहुत समझाया, 'हमारा तमाशा दिखाओगे?.....बहुत लड़कपन है तुममें।' इतने पर महेसा ने कहा– 'और तुम बूढ़ी हो गयी हो न।' सरम नहीं आती हमारे सामने कहते हुए।.......बतिया बछरी-से दाँत हैं अभी, बात बड़ी-बूढ़ियों की तरह करती हो। इतना ही नहीं दौड़ के लिए जाते-जाते जब ऊसर से रब्बा गुजर रहा था, तो पारबती ने चतुराई से उसे मना लिया था और मन में कोई मलाल लाये बिना महेसा मेला दिखाकर बिना दौड़ में हिस्सा लिए लौट आया था।

इस प्रकार दोनों की सम्बन्धों की गहनता को देखकर हमेशा महेसा और पारबती के विषय में बस्ती में भाँति-भाँति की चर्चाएँ होती थीं, लोग बातें करते थे पर उन दोनों को किसी की चिन्ता नहीं थी। पारबती रुपये का लेन-देन करती थी तो सब उससे दबे-दबे रहते थे। वे पीछे-पीछे उसे कोसते रहते थे तथा सामने चिकनी-चुपड़ी बातें करते थे। इसे दोनों समझते थे लेकिन उन्होंने कभी अपने मन को इन व्यर्थ की बातों की अग्नि में नहीं झुलसाया। पारबती अस्पताल में भर्ती हुई, बच्चा पेट में ही मर गया तथा उसके शरीर में जहर फैल गया और पारबती चल बसी। यद्यपि पारबती विधवा थी लेकिन उसके सम्बन्ध महेसा से पति से भी अधिक प्रगाढ़ बन गये थे। उसके मरते ही वह अल्प समय में ही बूढ़ा हो गया यद्यपि वह पारबती से दस वर्ष छोटा था, उसे वक्त ने बूढ़ा बना दिया था। "सूने घर में महेसा आठ-आठ आँसू रोता और उसे पारबती की एक-एक बात याद आती...चीजें देखता तो आँखों में आँसू भर आते।...एक टीन का बक्सा जिसमें.....कपड़े रुक्के और रुपये.....सन्दूक.....चूड़ियों का लच्छा देखकर वह उस दिन रो पड़ा था....शायद तभी पारबती ने गेरू से यह सगनौती उठाई होगी.....वह जो कुछ करती थी उसमें सिर्फ उसी के लिए तो सब-कुछ था, और कौन था उसका? न पारबती का कोई था और न अब महेसा का कोई रह गया है।"[9] यह है सम्बन्धों की चरम सीमा जहाँ दोनों एक-दूसरे के लिए थे। इससे बढ़कर सम्बन्धों की दृढ़ता और क्या हो सकती है?

इसके अतिरिक्त पति-पत्नी सम्बन्धों की दृढ़ता 'एक रुकी हुई जिन्दगी', 'ऊपर उठता हुआ मकान' आदि कहानियों में भी देखे जा सकते हैं–

कमलेश्वर ने 'एक रुकी हुई जिन्दगी' कहानी में पति-पत्नी के आपसी सम्बन्धों की सुदृढ़ता एवं पवित्रता को प्रकाश में लाने का कार्य किया है। सभी सम्बन्धों में सर्वोच्च, श्रेष्ठ एवं पवित्रतम सम्बन्ध पति-पत्नी का ही होता है। एक के हटने पर भी उन सम्बन्धों की पवित्रता में कोई कमी नहीं आती है। दिल्ली में घूमते हुए एक बार मैं (कहानी का एक पात्र) एक पुराने दोस्त चमन से मिला, उसे देख वे अतीत में खो गये। एक बार चमन 'मैं' को अपने घर ले गया था। घर में उसकी पत्नी सतवन्ती से उसका परिचय हुआ। सतवन्ती घर की घड़ी की आवाज पर अपने कुरते का सबसे ऊपर वाली चटकनी का बटन खोलती एवं बन्द करती घड़ी की टिक-टिक से ताल मिला रही थी। आज चमन उन्हें घर ले आया लेकिन उन्हें सतवन्ती दिखाई नहीं दी।

चमन ने उन्हें बताया कि वह चार वर्ष पहले ही गुजर गयी। "चार बरस हुए सतवन्ती को

गुजरे हुए। इसी कमरे में उसकी मौत हुई थी— रात को सवा आठ बजे!''[10] उन्होंने यह सुनकर दीवार-घड़ी की ओर देखा, जो सवा आठ बजा रही थी। पत्नी की मृत्यु के बाद जैसे उसके जीवन की गति ही रुक गयी थी, वह पूर्णरूपेण अकेला पड़ गया था तथा दुःख एवं घुटन भरी जिन्दगी जी रहा था। चमन घड़ियों का ही व्यापार करने लगा था। इससे स्पष्ट है कि परिस्थितियों के बदलने पर भी आदमी नहीं बदलता, वह उसी अतीत में खोया रहता है, उसी में जीवन की सार्थकता मानता है।

'ऊपर उठता हुआ मकान' में भी वृद्ध दम्पति की प्रणय कलह चित्रित है। मुरारी का विवाह गौरी से हुआ था। इसमें मुरारी बाबू की सम्मति नहीं थी। अतः वे रूठकर जसवन्त नगर चले गये। पिता वहाँ जाकर उन्हें बलात् ले आते हैं। काफी समय बीत गया— पैंतालीस वर्ष। मुरारी बाबू और गौरी का बेटा कानपुर में रहता था और अपने माता-पिता के लिए प्रति मास मनीआर्डर भेजता था, उसे पाकर वे दोनों झगड़ते थे। मुरारी बाबू रूठकर घर से निकल जाते थे तथा दोपहर को पत्नी के लिए दही लेकर लौटते हैं। मुरारी बाबू अपने पुत्र की उत्तरदायित्वहीनता पर बिगड़ते रहते हैं कि वह मात्र पैसे भेजता है और हाल चाल तक नहीं पूछता। एक दिन मुरारी बाबू के देर से आने पर उनकी पत्नी बिगड़ उठी उसने कहा—''हमारे खयाल से तुम अपना खाना भी वहीं मँगवा लिया करो...बेकार लौटना पड़ता है।''[11] इस विषय में दोनों के मध्य गहन झगड़ा हुआ। उन्होंने दो-तीन दिनों में अकेले हरिद्वार जाने की घोषणा कर दी। मुरारी बाबू तो हरिद्वार नहीं गये लेकिन गौरी उन्हें अकेला छोड़कर बेटे के पास कानपुर जरूर चली गयी।

बेटा अब दस रुपये कम करके मनीऑर्डर भेजने लगा। उसने कभी ऐसा सोचा भी न था। एक दिन गौरी बेटे के परिवार के साथ आ गयी। पुत्र ने भोजन करते हुए माँ को ऋषिकेश एवं हरिद्वार ले जाने की बात कही। पति के पास लौटकर गौरी ने श्रृंगार किया। रात को उसने अपने पति से मात्र इतना ही पूछा कि कोई तकलीफ तो नहीं हुई, फिर उनका जीवन निर्बाध गति से बढ़ने लगा। यहाँ लेखक ने पति-पत्नी के सम्बन्धों के बीच तकरार एवं अनबन का अतिरोचक चित्रण किया है। जैसा भी हो पति-पत्नी आखिर पति-पत्नी ही रहते हैं।

कमलेश्वर ने 'सीखचे' एवं 'एक अश्लील कहानी' तथा '....या कुछ और', 'आत्मा की आवाज' कहानियों के माध्यम से अतृप्त दाम्पत्य जीवन सम्बन्धों को चित्रित किया है। पति-पत्नी के सम्बन्धों को दृढ़ से दृढ़तर बनाने में यौन सम्बन्ध अति महत्त्वपूर्ण होते हैं। हमारे देश में इसे विवाह पूर्ण करता है। विवाह शारीरिक एवं मानसिक सम्बन्धों में भी प्रगाढ़ता लाता है। पति-पत्नी की अतृप्ति इतर यौन सम्बन्ध खोजने की चेष्टा करती है। आज-कल यह साधारण बात है। परम्पराओं में विश्वास रखने वाली नारियाँ अपनी मजबूरी के कारण अतृप्त जीवन जीती हैं। यह अतृप्ति प्रदर्शन, मानसिक संघर्ष, स्वस्थ युवकों को देखने की अभिलाषा, सम्बन्ध मुक्त होकर स्वतन्त्र जीवन-यापन करने की ललक तथा घुटन भरा जीवन जीना आदि के रूप में प्रकट होती है। यदि उक्तांकित कहानियों में नारी पुरुषों के सम्बन्धों का विश्लेषण करें, तो हम पाएँगे कि नारी की स्थिति में बदलाव आया है। वह अपने प्रति सोचने लगी है। परम्परागत रूढ़ियों का पालन मजबूरी में करती है, कर्तव्य एवं धर्म समझ कर नहीं।

स्वतन्त्रता प्राप्ति के बाद बदलते हुए परिवेश एवं परिस्थितियों के घेरे में पड़कर हमारे देश

में नर-नारी सम्बन्धों की स्थिति बदली है। आज व्यक्ति व्यक्ति, व्यक्ति परिवार, व्यक्ति समाज यहाँ तक कि पत्नी एवं पुरुष के सम्बन्धों में अन्तर स्पष्ट रूप से दिखाई देने लगा है। मानवीय सम्बन्ध अति क्षीण हुए हैं, विषमता बढ़ी है तथा इस विषमता का प्रभूत प्रभाव स्त्री एवं पुरुष के पारस्परिक सम्बन्धों पर भी पड़ा है।

हमारे कहानीकारों एवं उपन्यासकारों ने नर-नारी सम्बन्धों में आये हुए परिवर्तनों को गहनता से देखा, परखा और अनुभव किया है तथा कथा-साहित्य में नारी एवं पुरुष सम्बन्धों का चित्रण अति सजीवता एवं गहनता के साथ किया है। उन्होंने नारी की बदलती मनःस्थिति को स्वीकार किया है। उन्होंने औरतों को औरत माना है, झूठी सती एवं वेश्याएँ नहीं। उन्होंने सम्बन्धों के दो ध्रुव स्वीकार किये हैं– नारी और पुरुष, जो संगतियों एवं विसंगतियों के साथ-साथ अपनी प्राकृतिक अपेक्षाओं के लिए सीधे-सीधे सम्बद्ध हैं। उनके सम्बन्ध अपने हैं, उनकी देह उनकी है और उनके निर्णय की वस्तु है। वह पुरानी रूढ़ियों के बन्धनों से मुक्त होने लगी है।

पुरुष के साथ अच्छे सम्बन्ध न रहने पर अथवा अनेक यातनाएँ भोगने पर नारी की निष्ठा डगमगाती है तब वह मानसिक आक्रोश अभिव्यक्त करती है। अन्दर ही अन्दर उसे घुटन होती है। वह विद्रोह पर उतारू हो जाती है। 'एक अश्लील कहानी' कहानी में यही व्यक्त हुआ है, पति पत्नी की ओर अधिक ध्यान नहीं देता है। यौन सम्बन्धों से असन्तुष्ट रहने के कारण वह घुटती है, अँगड़ाइयाँ लेती है, परपुरुष सम्बन्ध का दोष लगाकर पीटकर नंगी करके घर से निकाल दी जाती है। पति प्रताड़ना को सहती है। 'जो लिखा नहीं जाता' कहानी में सम्बन्ध इतने खराब हो जाते हैं कि सुदर्शना को अपने पति से तलाक लेना पड़ता है।

कमलेश्वर के उपन्यासों में चित्रित नारी पुरुष सम्बन्धों को इस प्रकार देखा जा सकता है–

'एक सड़क सत्तावन गलियाँ' की बंसिरी सरनाम सिंह के आकर्षण में ऊँची हवेली को त्याग कर वेश्या बन जाती है, नौटंकी में अंग प्रदर्शन कर रोटी कमाने वाली औरत। जब वह बेवफा हो जाता है, तो वह सरनाम पर झपटती है उसके मरने की मनौतियाँ मनाती है। वह तो सरनाम के वायदे पर विश्वास करके मर्यादा छोड़ सड़क पर आयी थी। प्रथम बार उसे भोगने वाला पुरुष कभी उसके साथ न रह सका तो संघर्षशील बंसिरी ने रंगीले जैसे पुरुष की संभोग्या बनकर विवाहिता सम्बन्ध बना लिए। कैसी विचित्र स्थिति है– वह रंगीले की विवाहिता है लेकिन मन एवं मस्तिष्क पर सरनाम सिंह का आधिपत्य है। वह सरनाम के कृत्यों से उससे घृणा करती है तो दूसरी ओर उससे आशा। सरनाम से उसके सम्बन्धों में झटका लगने पर वह असन्तुलित हो जाती है, वह सरनाम की कटु स्मृतियों को धिक्कारती है।

'डाक बँगला' की नारी इरा उस नारी का प्रतीक है, जो जीवन में अनेक पुरुषों से सम्बन्ध बनाती है, वे मिथ्या आश्वासन देकर अपनी आवश्यकताओं की पूर्ति करके चले जाते हैं। डाक बंगले का सम्बन्ध कई पुरुषों से है। इरा विमल, बतरा, डॉ. चन्द्रमोहन, मेजर सोलंकी तथा तिलक आदि प्रत्येक पुरुष को अपनाती है लेकिन कोई भी उसके सम्बन्धों को सामाजिकता का जामा नहीं पहना पाता है क्यों? सभी के सम्बन्ध स्वार्थ के हैं, केवल स्वार्थ के। वास्तव में यह उपन्यास स्त्री-पुरुष सम्बन्ध की नग्न तस्वीर है।

'तीसरा आदमी' विवाहित जीवन में किसी तीसरे की उपस्थिति पर आधारित उपन्यास है।

नरेश चित्रा के विवाह के दिन से ही यह अनुभव करता है कि उसके रिश्ते का भाई सुमन्त उनके वैवाहिक जीवन पर छाता जा रहा है। महानगर में आर्थिक अभाव एवं आवास समस्या के कारण नरेश अपनी पत्नी को लेकर भाई सुमन्त के साथ रहने को विवश हो जाता है। उसे प्रति क्षण सुमन्त की छाया आगे पीछे दिखने लगती है और उसे ऐसा प्रतीत होता है कि चित्रा पर से उसका अधिकार समाप्त हो गया। यहाँ तक कि वे अपनी कामेच्छाओं को भी एक-दूसरे के समक्ष व्यक्त नहीं कर पाते हैं। इस उपन्यास में नर-नारी सम्बन्ध विवाह से प्रारम्भ होकर अधिकार के लिए संघर्ष करते हुए प्रतीत होते हैं। सन्देहों के घेरे में आकर सम्बन्धों का बिखराव हो जाता है। चित्रा स्वावलम्बी बन जाती है। सुमन्त आत्महत्या कर लेता है फिर भी दोनों के सम्बन्ध नहीं बन पाते हैं और बिखराव की स्थिति बन जाती है। पति-पत्नी के सम्बन्ध के बीच तीसरे की अनुमति पूरे उपन्यास में व्याप्त है।

'समुद्र में खोया हुआ आदमी' उपन्यास निम्न मध्यमवर्गीय समाज एवं उसके चरित्रों की सजीव चित्रावली है। यह निम्न मध्यमवर्गीय परिवार के विघटन की कहानी है। श्यामलाल के परिवार की आर्थिक स्थिति दयनीय हो जाती है। वह निरर्थक पिता है। वीरेन्द्र के लापता होने के कारण श्यामलाल का घर और टूटता चलता है। आर्थिक विपन्नता के कारण उसकी पत्नी रम्मी पति से सम्बन्ध तोड़ देती है। आर्थिकता हमारे जीवन की धुरी है, इससे जीवन चक्र चालित है। कमलेश्वर ने इस उपन्यास में इसी क्रूर सत्य को उद्‌घाटित किया है।

'आगामी अतीत' में लेखक ने वेश्याओं की जिन्दगी अति सूक्ष्मता से चित्रित की है। चाँदनी संसार भर की वेश्याओं का प्रतिनिधित्व करती है। चन्दा इसमें एक स्वाभिमानी चरित्र है, जो आजीवन कमल बोस का इन्तजार करती है। चन्दा पागलखाने में मौत को प्राप्त करती है। माँ की मृत्यु के शोक में चाँदनी रात भर पागलों के दवाखाने में रहती है, वहाँ एक कैदी दाह संस्कार के विषय में सहानुभूति प्रकट करते हुए उसके साथ बलात्कार करता है। कमल बोस सब कुछ जानकर चाँदनी को पुत्री रूप में स्वीकार करना चाहता है। चाँदनी बेटी रूप के सम्बन्ध से घृणा करती है तथा कमल बोस से 'रेट' की बात करती है। वेश्या होकर वह ईमानदारी का धंधा करना चाहती है। 'मेहनत की कमाई' की बात कहती है। जीवन संघर्षों से जूझती हुई उसने सब कुछ सहने एवं करने के बाद जाना कि परिश्रम का पैसा, ईमानदारी का पैसा ही पेट की भूख मिटाता है। सभी सम्बन्ध पैसे पर निर्भर हैं। वास्तव में लेखक ने नर-नारी सम्बन्धों के पुराने समस्त आयामों को तोड़कर उसे नवीन परिवेश में इस उपन्यास में प्रस्तुत किया है।

अपने उपन्यासों में भी कमलेश्वर ने सफलतापूर्वक नर-नारी सम्बन्धों को अभिव्यक्ति दी है, जो विविध रूपात्मक है। 'काली आँधी' में महत्वाकांक्षिणी नारी अपने पति से तो क्या पुत्री से भी सही सम्बन्धों का निर्वाह नहीं कर पाती है। बाह्य संघर्ष करती है, सफलता की मंजिलें तय करती है, समाज के लिए समय निकालती है। पति से भी प्रोत्साहन पाती है परन्तु वह आश्वस्त नहीं हो पाती। उसकी कथनी और करनी में अन्तर हो जाता है। उसके पारिवारिक सम्बन्ध शून्य में सूखी 'तुमड़ी' की भाँति लटक जाते हैं। मालती का अहंकार पारिवारिक सम्बन्धों को बिखरा देता है। उसकी सफलता यात्रा में लिली तथा जग्गी बाबू को कोई स्थान नहीं।

कमलेश्वर ने अपने उपन्यासों में नर-नारी सम्बन्धों को सर्वत्र चित्रित करने का प्रयास किया

है, सम्बन्ध अनेक रूपात्मक हैं। वे समय की जटिलता के साथ-साथ जटिल होते चले जा रहे हैं। कमलेश्वर के उपन्यास एवं कहानियाँ यह स्पष्ट करती हैं कि नर-नारी सम्बन्धों में जटिलता आयी है और यह जटिलता कथात्मक विकास के साथ बढ़ती हुई दृष्टिगोचर हो रही है।

कमलेश्वर के कथा-साहित्य में स्त्री-पुरुष सम्बन्ध पूर्ववर्ती लेखन की तुलना में सब प्रकार से भिन्न रूप में प्रस्तुत किये गये हैं। प्रेम विषयक उपन्यास बड़े ही अस्वाभाविक संत्रास एवं पीड़ा से परिपूरित हैं अथवा वे विकृत एवं रुग्ण मनोवृत्ति संसूचक हैं अथवा व्यक्तित्व की कुंठाग्रस्तता से विषाक्त होते रहे हैं। लेकिन कमलेश्वर के उपन्यासों में यह स्थिति टूटती हुई परिलक्षित नहीं होती है, अपितु स्त्री-पुरुष दोनों ही स्वतन्त्र अस्तित्व चाहते हैं। कमलेश्वर के उपन्यासों में समकालीन अन्य उपन्यासकारों की भाँति स्त्री-पुरुष सम्बन्धों में परिवर्तन का चित्रण हुआ है। चाहे यह सम्बन्ध पति-पत्नी का हो अथवा प्रेमी-प्रेमिका का। उनका वर्तमान स्वरूप पूर्ववर्ती कहानियों में चित्रित स्त्री-पुरुष सम्बन्धों से पूर्णरूपेण भिन्न हैं। स्त्री-पुरुष सम्बन्धों के साथ ही प्रेम सम्बन्धों में भी परिवर्तन आया है। अब प्रेम का रूढ़नैतिक मूल्यों से कोई सम्बन्ध नहीं रहा है। प्रेम सम्बन्धों में परिवर्तन के साथ-साथ काम सम्बन्ध में भी परिवर्तन देखने को मिलता है। काम सम्बन्धों के परिवर्तन का चित्रण कमलेश्वर के 'डाक बँगला' उपन्यास में स्पष्ट रूप से देखा जा सकता है।

(ख) कमलेश्वर के कथा-साहित्य में संवेदना का स्वरूप

कमलेश्वर के उपन्यासों की कथावस्तु कस्बों से लेकर बड़े महानगरों के विविध क्षेत्रों तक फैली हुई है। उनके उपन्यास किसी भी दार्शनिक बोझ से नहीं दबे हैं। वैसे "उनका चिन्तन एक ऐसे बुद्धिजीवी का चिन्तन है जिसमें अतिरिक्त आग्रह नहीं है, न उनकी कृतियों में कुंठाग्रस्त परिस्थितियों, मनोवैज्ञानिक विश्लेषणों तथा यौन की विकृतियों का अतिरिक्त आग्रह है। उनकी कृतियाँ एक प्रकार से पाठकों को अपने साथ 'इनवाल्व' करने वाली कृतियाँ हैं.....जिस मार्मिक पक्ष का वे चित्रण करते हैं, वह हमारे सामाजिक जीवन का हमारा अनुभव होता है।"[12]

कमलेश्वर के लिए 'कहानी' मूलतः असहमति का माध्यम रही है। उनकी कहानियाँ समय की धुरी पर घूमती हुई सामान्य सच्चाइयों के प्रति और पक्ष में लिए गये निर्णयों की कहानियाँ हैं। प्रारम्भ में इन निर्णयों का क्षेत्र कस्बाई परिवेश रहा है।

अतः कमलेश्वर को कस्बाई अनुभवों अथवा संवेदनाओं तक सीमित कथाकार ही कहा जाता रहा है। वस्तुतः ग्राम, कस्बा, नगर तथा महानगर के स्तर पर संवेदना का विभाजन करना कुछ समीचीन प्रतीत नहीं होता है। डॉ. विवेकी राय ने सही रेखांकित किया है कि—'राजा निरबंसिया' कहानी संग्रह की कहानियों में लोक जीवन की सांस्कृतिक स्पर्शमूलक संवेदनाएँ हैं।"[13] इसके बाद कमलेश्वर महानगरीय यथार्थ चित्रण में रुचि लेने लगे। जनधर्मिता उनकी कहानियों में निरन्तर बनी रही। श्रीपत राय ने बहुत पहले ही 'सर्वहारा' से उनकी निकटता को पहचान करके लक्ष्य किया था—"कमलेश्वर का जीवन अनुभव बहुत छोटा, सीमित पर अतिशय सजीव है। कस्बे के सर्वहारा वर्ग के बड़े मार्मिक चित्र उन्होंने उपस्थित किये हैं।" कमलेश्वर ने 'राजा निरबंसिया' के संशोधित संस्करण में 'नयी भूमियों का सृजन' शीर्षक के अन्तर्गत अपनी

जनधर्मिता के स्वरूप को स्पष्ट करते हुए लिखा है कि–"आज की कहानियाँ कल्पना के पंखों पर नहीं उड़तीं बल्कि दुनिया की व्यावहारिक और वास्तविक जिन्दगी से उनका सीधा सम्बन्ध है। धरती के हर कण के प्रति लगाव, हर मोड़ के प्रति जिज्ञासु भाव और हर गड्ढे को पाट देने की सहानुभूतिपूर्ण विह्वलता उनमें है। यह विह्वलता बाद में समान्तर कहानी के दौर में विरचित कमलेश्वर की कहानियों में वैचारिकता से अनुशासित होकर नये तेवर से लैस हुई हैं।"[14]

"कमलेश्वर के उपन्यासों की कथाभूमि कस्बों से लेकर बड़े शहर के विभिन्न क्षेत्रों तक फैली हुई है। कमलेश्वर नये उपन्यासकारों की उस पीढ़ी के लेखक हैं, जिन्होंने जैनेन्द्र, इलाचन्द्र जोशी और अज्ञेय की परम्पराओं से हटकर एक नवीन और स्वस्थ सामाजिक और मनोवैज्ञानिक भूमि देने की चेष्टा की है।"[15]

कथाकार एवं उपन्यासकार कमलेश्वर की कहानियों तथा उपन्यासों के पात्र अचेतन जगत में जीते हैं लेकिन वे सामाजिकता को कदापि नहीं नकारते हैं। इन पात्रों को अचेतन अन्तर्द्वन्द्व की ओर प्रेरित करता है। वह संघर्ष एवं द्वन्द्व इनको समझौतावादी बनाता है। कमलेश्वर के पात्र केवल मजबूरियों एवं परिस्थितियों के तहत ही पलायन करने को उद्यत होते हैं। 'डाक बँगला' उपन्यास का विमल आर्थिक कठिनाइयों से परिपूरित परिस्थितियों से मजबूर होकर पलायन करता हुआ दृष्टिगोचर होता है। इस उपन्यास में जीवन के यथार्थ रूप का जो चित्रण उपन्यासकार ने किया है वह अन्य उपन्यासों से कई अर्थों एवं स्तरों में भिन्न है। कमलेश्वर के प्रायः सभी उपन्यास निम्न मध्यवर्गीय बिखराव एवं टूटन की आर्थिक विषमताओं से सम्बद्ध हैं।

कमलेश्वर के उपन्यासों में मानवीय संवेदना है। वे मानवीय संवेदना के धरातल पर ही अवस्थित हैं। उनके उपन्यासों का यह मानवीय पक्ष कहीं-कहीं पर उनके पात्रों के माध्यम से आया है तो कहीं कठिन स्थितियों के माध्यम से। 'डाक बँगला' में मानवीय सम्बन्ध चेतना मानवीय सम्बन्धों के माध्यम से ही आयी है। वह किसी को किसी प्रकार दुःखी नहीं देख सकती। "पर तिलक मेरी सब से बड़ी मजबूरी यही थी कि जो भी आदमी मेरे निकट आया, उसमें सुन्दरता की कोई न कोई किरण मेरे लिए फूटने लगती थी या तो उसका मन मुझे जीत लेता था, उसके दुःख मुझे हार मानने को मजबूर करते थे या उसका अपनापन मुझे मार देता था।"[16]

उपन्यासों के क्षेत्र में "कमलेश्वर अपनी ही इमेज को तोड़कर ऊपर उठने वालों में से हैं। उनमें आस्था और अनास्था का अजीब मिश्रण देखने को मिलता है। उपन्यास लिखना इनका व्यवसाय नहीं विश्वास है।"[17] कमलेश्वर का हृदय मानवीय संवेदनशीलता से सराबोर है। उन्होंने निम्न मध्यवर्ग के लोगों की दयनीय स्थिति को देखा एवं परखा है। "जो न अपनी बौद्धिक सीमा से नीचे उतरकर बिल्कुल नीचे के सर्वहारा मजदूर वर्ग में आ सकते हैं और न अपने प्रयास के बावजूद उभरकर ऊँचे ही चढ़ पाते हैं। एक ओर ढहती सामन्तशाही के खँडहर तो दूसरी ओर नगरों, कस्बों में सड़ती मानवता।"[18] इसी संवेदनशीलता के राजमार्ग से कमलेश्वर के रचना संसार की सवारी जाती है। उनकी रचना यात्रा में संवेदना की स्रोतस्विनी आदि से अन्त तक बहती है।

उपन्यासकार होने के साथ-साथ कमलेश्वर श्रेष्ठ कहानीकार भी हैं। कमलेश्वर की कहानियों की श्रेष्ठता का कारण उनका शिल्प नहीं उनका गहन कथ्य है, जिसके माध्यम से वे पाठक को

प्रभावित किये बिना नहीं रह सकते। वे अपनी कथाओं में अपने आपको तोड़कर दुबारा बनाने की अद्‌भुत एवं अदम्य क्षमता रखते हैं। इसके मूल में उनका संवेदनशील हृदय एवं उससे भी ऊपर उनका संवेदनशीलता से परिपूरित लेखन है, वे अपनी अभिव्यक्ति को समयानुकूल ढालने में सक्षम हैं। नयी कहानी से लेकर समान्तर कहानी तक कमलेश्वर का विकास एक संवेदनशील लेखक का अनिवार्य एवं समयानुकूल व्यवस्थित विकास है। क्या कथाकार का यह विकास बाहर से उधार लिए हुए 'दर्द' पर टिका है? अथवा भीतर की गहराइयों से खींचकर निकाले गये सुख से हुआ है? लेकिन ऐसा नहीं है यह दोनों से ही नहीं, कमलेश्वर की कथाओं के 'थीम' तो व्यक्ति एवं परिस्थिति की वह घनीभूत संयुति है। परिवेश का वह, वह अनुभूतिपरक संवेदित क्षण है, जिसे आज की यथार्थता कह सकते हैं। यह यथार्थ किसी बुद्धिजीवी लेखक, कवि एवं कथाकार का है, जो कमलेश्वर के कथाकार में समाया हुआ है। इसे हम अभारतीय अथवा विदेशी प्रभावान्वित नहीं कह सकते हैं।

कमलेश्वर से पूर्व के कथाकारों का शायद आज से पूर्व ऐसा सीधा सम्बन्ध कभी भी रहा था। यथार्थता के वास्तविक रूप को देखने की ऐसी भूख कथाकारों में इनसे पूर्व कम ही देखने को मिली है, हाँ वे आदर्शपरक यथार्थवादी धरातल तक ही रहे। "शायद आज से पहले के कथाकार ने अपने विषय का ऐसा सीधा सामना कभी नहीं किया था। वह अपने विषय के प्रति कभी भी इतना ईमानदार नहीं रहा था क्योंकि इस यथार्थ को देखने के लिए पहले का कथाकार कोई न कोई चश्मा सामने रखता था। कभी कोई आदर्श होता था, कभी कोई दर्शन और कुछ न सही तो अपने को सही सिद्ध करने का आग्रह। लेकिन इस पीढ़ी के लेखक की दृष्टि को बाहरी और भीतरी ट्रेजेडियों ने जैसा सूक्ष्मदर्शी और संवेदनशील बना दिया है वैसा पहले कभी नहीं हुआ।"[19] कमलेश्वर के लेखन में जो संवेदनशीलता आयी, वह देवों, देव शिशुओं, आदर्शों, सिद्धान्तों एवं दर्शनों के विषाक्त अनुभवों ने उन्हें यथार्थ को समझने, झेलने एवं लिखकर अभिव्यक्त करने की साहस भरी अपूर्व दृष्टि दी, जिसने उन्हें बिना किसी लाग लपेट, निर्ममता एवं तटस्थता के साथ यथार्थता को प्रामाणिकता एवं पूरी सत्यनिष्ठा के साथ लिखने की संवेदनशील क्षमता प्रदान की। उन्होंने शिव अथवा अशिव, सुन्दर अथवा असुन्दर को सत्य के यथार्थ धरातल पर चुनौतीपूर्ण चित्रण हेतु स्वीकारा, जिसे उन्होंने संवेदनशीलता के साथ चित्रित किया। वे कभी आधुनिकता के यथार्थ से डरे नहीं, उन्होंने परिवेश एवं मनुष्य दोनों को समझने का भरसक प्रयास किया है। यथार्थ दृष्टि की चेतना से कमलेश्वर ने युग के व्यक्ति एवं परिवेशगत सार्थक सन्दर्भों को अपनी कहानियों में थीम, कथ्य एवं विषय के रूप में स्वीकार किया।

स्वातन्त्र्योत्तर काल की बहुमुखी प्रगति ने देश को सुसमृद्ध बनाने की भरपूर चेष्टा की है परन्तु इससे धनीवर्ग धनी हुआ है, गरीब-अमीर के बीच की खाई बढ़ी है। देश में हुए परिवर्तनों का कुप्रभाव देश के आम आदमी पर पड़ा है। विशेष रूप से निम्न मध्यवर्ग ने बहुत कुछ भुगता है और वह भुगत रहा है। मध्य निम्नवर्ग अनेक समस्याओं से बुरी तरह जूझ रहा है। नयी-नयी परिस्थितियाँ उसे तोड़कर मजबूर बना रही हैं। वह अपने अस्तित्व एवं अस्मिता की रक्षा हेतु घुटन भरा जीवन जी रहा है। आर्थिक विवशता उसके सामने है। मध्यवर्ग की स्थिति दयनीय है वह अत्यधिक दुःखी है।

कमलेश्वर ने मध्यवर्गीय जीवन की वास्तविकता का रहस्योद्‌घाटन करने में मानवीय संवेदना का आश्रय लिया है। वह हीनग्रन्थि के शिकार मध्य एवं निम्नवर्गीय जन के सुचित्रण में मानवीय संवेदना अपनाते हुए ही आगे बढ़े हैं। उनके लेखन एवं कथ्य का मूलाधार ही मानवीय संवेदनशीलता है। 'इतने अच्छे दिन', 'भरेपूरे-अधूरे' 'अकाल' तथा 'दुःख भरी दुनिया' में गरीबी से पीड़ित लोगों की जिन्दगी का यथार्थ अंकन तथा साथ ही गरीबों पर हो रहे अमानवीय अत्याचारपूर्ण व्यवहार का चित्रण बड़ी ही सजीवता एवं संवेदनशीलता के साथ किया गया है।

नारी जीवन की विसंगतियों में तन का पेशा करने वाली महिलाओं के जीवन का अति यथार्थ, जीवन्त एवं भयावह चित्र कमलेश्वर के कथा-साहित्य में मिलता है। जीवन मूल्य उतने महत्त्वपूर्ण नहीं रह गये हैं जितना मांस का मूल्य है। मानव सहज भावनाएँ जैसे प्यार, ममता, दया, स्नेह तथा आत्मीयता का अभाव है और इनके स्थान पर तन की भूख दिखाई देती है। इस पेशे में अन्य किसी की कोई परवाह नहीं। आने वाला तन का भूखा भेड़िया है, वह तन की भूख मिटाने आता है और पेट की भूख मिटाने के लिए वेश्याएँ और के तन की भूख मिटाती हैं। इस कहानी में परवशता है, छटपटाहट है। 'मांस का दरिया' कहानी में 'सेक्स जीवन की भौतिक जरूरत है' इस तथ्य की मार्मिक अभिव्यक्ति हुई है। वास्तव में लेखक ने संवेदना व ईमानदारी को सच्चाई से सहेजा है।

कमलेश्वर की कहानियों में विशदता एवं विराटता का बोध विभिन्न पक्षों का संस्पर्श एवं यथार्थ की समुचित अभिव्यक्ति है। 'राजा निरबंसिया' कहानी में लेखक ने अपने परिवेश एवं वातावरण में आधुनिक मूल्यों का शोधन किया है। इसमें "न केवल जीवन की विसंगतियों, टूटते हुए जीवन मूल्यों और तीखे यथार्थ को अपितु हृदय के संवेदनों और गोपनों को अपेक्षित ऋजुता और मार्दव के साथ अभिव्यक्ति देने की क्षमता कमलेश्वर की लेखनी को सहज प्राप्य है, चाहे प्रिय प्रतीक्षा की भयातुरता मिश्रित भावभूमि हो (साँप), चाहे वयस्का पुत्री की उपस्थिति में प्रौढ़ा नारी की यौन आवश्यकता की पूर्ति की आकांक्षा, संयत शालीनता...का निदर्शन हो (तलाश), चाहे अभावमय त्यक्ता जीवन में छलिया पति के साथ सम्बन्ध निर्वाह की छटपटाहट और तज्जनित प्रतिक्रिया हो (देवा की माँ), कमलेश्वर की कलम हर स्थिति और परिवेश के चित्रण में सजीव यथार्थ को साहजिक संस्पर्श देने में सफल हुई है।"[20]

'नीली झील' कहानी में देहाती महेसा की जीवन धारा नवप्रसूता पत्नी पारबती की मौत ने एकदम बदल कर रख दिया। पत्नी के अन्तिम समय मन्दिर और धर्मशाला के निर्माण हेतु वचनबद्ध महेसा झील की ओर आकर्षित होकर कुछ दिनों के लिए उदासीन सा हो जाता है तथा शिकारी की गोली से मृत सारसनी के लिए करुण क्रन्दन करते हुए सारस को देखकर महेसा ने नीलाम में मन्दिर की जगह के स्थान पर अज्ञात प्रेरणा से प्रेरित होकर नीली झील को ही खरीद लेता है तथा वहाँ तख्ती लगा देता है कि यहाँ शिकार खेलना मना है—महेसा पाण्डे नीली झील का मालिक। इस तख्ती से काल के क्रूर हाथों से असमय छीनी गयी पत्नी के विछोह की वेदना साकार होती है। सारस का जोड़ा उसके जीवन हेतु रूपक बन गया जिससे उसका अन्तर मानवीय संवेदना से भर गया, जिसे कमलेश्वर ने बड़े ही सहज भाव से तराशकर साकार बनाया है।

'साँप' कमलेश्वर की शुद्ध प्रेम कहानी है जिसमें यौनभाव का मनोवैज्ञानिक विश्लेषण हुआ है। इसमें कथा नायक बरसाती परिवेश में अपनी प्रियतमा इन्दु को गाँव से दूर गिरिनगर में मिलने हेतु बुलाता है। उसका मन प्रच्छन्न भय से ग्रसित है। सामाजिक मर्यादाएँ इन्दु को सहज ही नहीं आने देंगी। यही उसके मन मस्तिष्क पर साँप के रूप में सवार हो जाता है। कथा नायक के मन में चल रहे भय एवं प्रेम के संयुक्त भाव का कलात्मक चित्रण किया गया है। प्रियतमा का स्नेह संस्पर्श सर्पदंश की धारणा में परिवर्तित होकर उसे पसीने से छलछला कर अर्धबेहोशी की दशा में ला पटकता है, जो भय की पराकाष्ठा है, जिससे प्रेम भी भय में रूपान्तरित हो गया है। मानवीय संवेदनाओं का अद्‌भुत सम्मिश्रण ही सेक्स का स्वीकृत प्रतीक साँप बन कर सामने आया है। 'हेयर पिन' निकाल जब इन्दु उसके हाथ में थमाती है तो भय का खोखलापन एवं कथा नायक का कमजोर एवं रुग्ण व्यक्तित्व प्रकट हो जाता है।

'तलाश' भी वात्सल्य एवं शारीरिक भूख के मध्य चल रहे संघर्ष की कहानी है, जिसे कमलेश्वर ने अति सरलता एवं शालीनता से चित्रित किया है। एक विधवा नारी घर में युवापुत्री के रहते हुए किस प्रकार जिस्म की प्यास को बुझाने का प्रयास करती है परन्तु सुभी को उसका आभास हो ही जाता है, फिर भी वह अपनी माँ की उफनती हुई शारीरिक इच्छाओं के प्रति बेखबर रहने का अभिनय करती है। परिस्थिति से समझौता करते हुए माँ की प्रत्येक सुविधा का खयाल रखती है। यही अपनी माँ की तुलना में उसकी प्रौढ़ता, समझदारी एवं चातुरी है, जो स्वयं लड़कियों के हॉस्टल में रहकर समस्या को सुलझाने का प्रयास करती है। संयत मानवीय संवेदनाओं का प्रौढ़ निरूपण ही कहानी की कलात्मकता है।

'कितने पाकिस्तान' कमलेश्वर की मानवीय संवेदनाओं से सम्पूरित, सशक्त एवं कलात्मक कथ्यमयी कहानी है। इसमें प्रेम एवं मानव को विभाजित करने वाली मजहबी-दीवारों के बीच कसमसाते हुए आदमी की विगत स्मृतियों के चित्र हैं। सुकुमार बन्नो मंगल की प्रेमिका थी। दो जातियों के अलगाव एवं आर्थिक दुरवस्था ने जो दुरवस्था पैदा कर दी यही कहानी का कटु यथार्थ है। कहानी तीन भागों में विभाजित है—'मेंहदी के फूल' 'रात चाँदनी थी और बन्नों नंगी थी' तथा 'और कोई है'। प्रथम भाग में प्रेम की मनभावन तस्वीर एवं पलायन है। दूसरे भाग में शराबी मुनीर से ब्याही सद्यःप्रसूता बन्नो नवजात शिशु को गँवाकर 'दूधभरी छाती' की कराह से सिसकती एवं तड़फती हुई दिखाई गयी है। तीसरे भाग में परवशता में वह वेश्या बन जाती है, जिसे उसका बुजदिल तथा नपुंसकीय मनोवृत्ति वाला पुरुष रोक तक नहीं पाता है। मानवीय संवेदनाओं की दुर्बलता का इससे बढ़कर ह्रास और क्या हो सकता है।

'देवा की माँ' कहानी में परित्यक्ता नारी की छटपटाहट, आत्मनिर्भरता, सपत्नीक रह रहे पति को पुनः प्राप्ति की आशा, छलिया पति के प्रति घृणा, पति की बीमारी में क्षेम प्रार्थना, पुत्र वात्सल्य, देवा के जेल जाने पर सगे सम्बन्धियों का विपन्न नारी के प्रति आँखें चुराने का जनमानस का सजीव चित्रण आदि का सफल चित्रण कमलेश्वर की कलम का कमाल है। 'देवा की माँ' देवा को उसके पिता से नहीं मिलने देती क्योंकि उसके पिता ने अपने दायित्व का निर्वाह तक नहीं किया, वास्तव में उसका पिता मानवीय संवेदनाओं से रहित अतिशय स्वार्थी व्यक्ति दिखाई देता है, जिसने चोरी अथवा अन्य दुष्कर्म में नहीं राष्ट्रीय आन्दोलन में भाग लेने पर भी

जेल से नहीं छुड़ाया।

'चप्पल' कहानी मानवीय संवेदनाओं के द्वार खोले बैठी है। 'भूखे नंगे लोग' तथा 'लाश' आदि कहानियों में भी मानवीय संवेदना चित्रण अनूठा हुआ है। 'कस्बे का आदमी' तथा 'नीली झील' कहानियाँ उस स्थिति का उद्‌घाटन करती हैं, जहाँ मानवीय संवेदनाएँ मानव के अतिरिक्त अन्य पशु-पक्षियों तक की ओर प्रकट होती हैं। मनुष्य में इस मशीनी सभ्यता के युग में भी पशु-पक्षियों के प्रति करुणा की अजस्र धारा प्रवाहित होती है। साथ ही 'दूसरी सुबह' व 'सूरज पश्चिम में निकलता' कहानियाँ मशीनी सभ्यता के घुटते जीवन की भयंकरता को भी प्रकट करती हैं।

कमलेश्वर मानवीय संवेदनाओं के लेखक हैं। जीवन विषयक दृष्टिकोण, व्यक्ति व्यक्ति के मध्य, व्यक्ति एवं समाज के मध्य, व्यक्ति एवं व्यापक संस्थाओं के मध्य मानवीय संवेदनाएँ उद्‌घाटित हुई हैं। उन्होंने इन मानवीय संवेदनाओं के माध्यम से जीवन को परखने का सत्प्रयास किया है। कमलेश्वर की कहानियाँ मानवीय संवेदनाओं से पुष्ट कहानियाँ हैं, जिनसे वे अपने युग के अग्रणी कथाकार बन सके हैं।

(ग) आधुनिक हिन्दी कथा जगत में कमलेश्वर का स्थान

कमलेश्वर एक श्रेष्ठ कहानीकार एवं उपन्यासकार हैं। उन्होंने कथा-साहित्य को नयी जमीन दी है। दिशाहीन लेखकों के ऐय्यारी, तिलस्मी एवं सस्ते रोमांटिक साहित्य के पाठकों को कथा-साहित्य पढ़ने की ओर सहज आकृष्ट किया है। नये कथाकारों को नूतन प्रकाश दिया है। सहयात्रियों को सुदृष्टि प्रदान की है। नवीन प्रतिभाओं को तलाश किया है। कहानी को सजीवता प्रदान की, इतना ही नहीं—''कहवाघरों और महानगरों, कॉकटेल पार्टियों और सेक्स की देहलीज़ से अर्द्ध चेतनावस्था में पड़ी कहानी को उठाकर सर्वहारा के दरवाजे पर ला खड़ा किया है। प्रतिक्रियावादी समझ से आक्रान्त नये लेखकों को सही मानसिकता की पहचान कराई है। कहानी के टुच्चे स्वभाव को बदलकर उसे दबंग और शक्तिशाली बनाया है। लिजलिजी संवेदना, यौन कुंठा और अजनबीपन व्यक्त करने वाले साहित्य को नकार कर उसे सार्थकता प्रदान की है, अन्तर्मुखी कहानी को बहिर्मुखी बनाया है। कहानी को नयी परिभाषा दी है।''[21]

कमलेश्वर ने नये लेखकों को अपने परिवेश एवं जीवनानुभवों में से अपनी कहानियों का विषय चुनने की समझ प्रदान की है। उन्होंने समयसंगत विषय को छाँटने की सशक्त दृष्टि प्रदान की है तथा उन्होंने उन कहानियों को नये कथाकारों के जीवनानुभवों से निकाला है, जो प्रतिक्षण आदमी के साथ जीवन जी रही हैं। आम आदमी की विभिन्न मुद्राएँ जहाँ से झाँकती हैं। घुटन एवं टूटन के विरुद्ध जो अपनी अदम्य अकूत शक्ति के साथ संघर्षशील है, जो समय के सम्पूर्ण अनुभव का परिचय कराती हैं तथा जिन्होंने अपने आपको सर्वहारा के साथ भली भाँति जोड़ लिया है। वैयक्तिक यथार्थ को उद्‌घाटित करने वाली कहानियाँ अपने वास्तविक तेवरों को लेकर वर्ग एवं समय सापेक्षता से जुड़ चुकी हैं। आज की कहानी यथार्थ का बोध कराती हुई भी बिल्कुल सहज है। भाषा, शिल्प, रूपात्मकता, गठन, विषय एवं गुणों के क्षेत्र में उसने अपनी सहजता को बरकरार बनाये रखा है, खोया नहीं है। इसकी दिशा संघर्षरत, व्यापक

तथा सामाजिक पक्ष की है। उसमें स्थिरता नहीं गतिशीलता है।

आज की कहानियाँ सहज हैं, आस्थावान हैं, प्रभावशालिनी हैं। इनमें एकपक्षता अथवा एकांगीपन कदापि कहीं भी नहीं है। ये स्वाभाविकता से परे नहीं हैं, वास्तविक अभिव्यक्ति की पक्षधर हैं। ये कहानियाँ स्वयं बोलती हैं। रचनाकारों की आवाजें इन पर लदी नहीं रहतीं। कहानियों के वक्तव्य उथले नहीं होते, वे गहराइयों में उतरकर आदमी के अन्दर ध्वनित होते हैं। आज की कहानी सामन्ती मुहावरों एवं रूपवाद से पूर्णरूपेण मुक्त है। ये कहानियाँ वर्तमान का मानवीय विश्लेषण करती हुई भविष्य निर्धारण की दिशा के कपाट खोलती हैं तथा आज के नये लेखक, अपनी कहानियों के माध्यम से, अपने साथी, सहयात्री नेता के विश्लेषणों के आधार पर अपने द्वन्द्वात्मक यथार्थ को पहचानकर आदमी के समस्त जीवन को परिभाषित कर रहे हैं।

नये लेखकों की यह खोज कमलेश्वर ने किस साहित्यिक जड़ता के विरोध में की? कहानी कहाँ भटकन के जंगल में खो गयी थी, उसकी रचना प्रक्रिया में किस प्रकार की उदासीनता आ गयी थी? जिसे पाठक स्वीकार नहीं कर पा रहा था। वह कौन सा उपेक्षित पक्ष था जिसकी अपेक्षा सुस्थापित साहित्यकारों से की जाती थी? संरचना प्रक्रिया में वह कौन सी उबाऊ एवं अनावश्यक गरिष्ठ अवस्था आ गयी थी, जिसे पाठक स्वीकार नहीं कर रहे थे, उनके मस्तिष्क में नहीं उतर पा रही थी? वास्तव में ये कहानियाँ पाठकों एवं लेखकों के मध्य तादात्म्य स्थापित नहीं कर पा रही थीं जिससे अलगाव की स्थितियाँ उत्पन्न हो रही थीं। दोनों के मध्य फासला काफी लम्बा हो गया था। एक स्पष्ट विभाजक रेखा खिंच चुकी थी। रचनाकार एवं पाठक दोनों अलग-अलग ध्रुवों पर अवस्थित थे, कहानी आम आदमी से सम्बन्ध नहीं जोड़ पा रही थी, पाठक कहानी से ही नहीं वरन् साहित्य से ही विमुख होने लगे थे। इसके लिए संक्षेप में हम कहानी के इतिहास पर दृष्टिपात करते हैं, जिससे कहानी के पड़ाव स्पष्ट हो जाएँगे।

प्रथम कहानी 'इन्दुमती' सन् 1900 अथवा 'दुलाई वाली' सन् 1907 से लेकर नयी कहानियों के कथा कालखण्ड को हम देखते हैं तो यह स्पष्ट हो जाता है कि कहानी के विकास की गति स्पष्ट, सरल तथा सीधी नहीं है। व्यर्थ के आदर्शों, वादों, परम्पराओं, धाराओं, विचारों और आन्दोलनों के सूने उबाऊ तथा फिसलन भरे क्षणों को इसने झेला है। सरस्वती, इन्दु, सुदर्शन एवं भारत मित्र में प्रकाशित वृद्धजनों की कहानियाँ उत्पत्ति एवं प्रयोग की कहानियाँ कही जाती रही हैं। इस प्रयोगकाल की पूर्णता चन्द्रधर शर्मा गुलेरी की कहानी में प्राप्त होती है।

'पंच परमेश्वर' सन् 1916 के साथ हिन्दी कहानी की नवीन यात्रा प्रारम्भ हुई, तदुपरान्त लगभग 15 वर्ष तक प्रेमचन्द की अकेली प्रतिभा कहानी साहित्य पर छायी रही। प्रेमचन्द ने वर्तमान को ही कहानी का क्षेत्र चुना। यथार्थवादी समाजोन्मुख दृष्टिकोण को लेकर ही वे चले। उस समय की कहानियाँ घटनाश्रयी न होकर जीवनाश्रयी थीं, कथानक जीवन अंशों को प्रस्तुत करते थे तथा इसी के प्रस्तुतीकरण को प्रेमचन्द की सफलता कहा जा सकता है।

उस परम्परा के समानान्तर एक अन्य परम्परा चल रही थी, जिसका प्रतिनिधित्व जयशंकर प्रसाद कर रहे थे, वैसे प्रेमचन्द एवं प्रसाद एक-दूसरे के पूरक बनकर रहे लेकिन दोनों के दृष्टिकोण में भिन्नता थी। एक ने समय सापेक्षता से अपने को जोड़ रखा था तो दूसरे ने अतीत

के आदर्शवादी खँडहरों से, जिन्हें तराशते हुए विचारोत्तेजक, रोमानी एवं काल्पनिक कहानियों की सृष्टि की जा रही थी। यही कारण था कि प्रसाद जी अधिक दिनों तक अपनी इस परम्परा को स्थापित नहीं रख सके। रामकृष्ण दास, विनोद शंकर व्यास, चण्डी प्रसाद 'हृदयेश' तथा गोविन्द बल्लभ पन्त के उपरान्त यह प्रवर्तित परम्परा आगे नहीं चल सकी। आगे चलकर इस परम्परा को प्रकृतवाद एवं नग्न यथार्थ रूप में बेचन शर्मा उग्र, चतुरसेन शास्त्री एवं पदुमलाल पुन्नालाल बख्शी की रचनाओं में देखा गया, जिसे साहित्य ने अस्वीकार कर दिया।

'विशाल भारत' में सन् 1928 ई. में जैनेन्द्र कुमार की कहानी 'खेल' प्रकाशित हुई, इसे कहानी परम्परा का तीसरा अध्याय माना जा सकता है। प्रेमचन्द ने कृषकों एवं निम्न मध्यवर्ग के लोगों को अपनी कहानियों का विषय बनाया, जबकि जैनेन्द्र किसी न किसी रूप में घरों एवं नारियों पर ही अपनी कहानियाँ लिखते रहे। वे अन्तर्मन के मनोविज्ञान एवं अन्तर्द्वन्द्वों का चित्रण करते रहे। इन्होंने अपनी कहानियों में विविध समस्याओं का मनावैज्ञानिक विश्लेषण भी किया। अज्ञेय, इलाचन्द्र जोशी एवं रामप्रसाद घिल्डियाल 'पहाड़ी' आदि ने इस परम्परा को स्वीकार किया तथा उसे पुष्ट करने का समुचित प्रयास किया। उनके इस प्रयास से शिल्प एवं विधान योजना के अतिरिक्त किसी भी क्षेत्र में नूतनता का समावेश नहीं हुआ तथा सभ्यता के ऊपरी संस्कारों पर ही लेप चढ़ाया जाता रहा।

कहानी मनोवैज्ञानिकता के मकड़जाल में फँस गयी। तब यशपाल ने प्रेमचन्द की परम्परा को पुनर्जीवित करते हुए नयी दिशा दी परन्तु सिद्धान्त स्थापन एवं सामाजिक मूल्य पुनर्निर्धारण के अतिरिक्त वे आगे कुछ नहीं कर पाये। प्रेमचन्द ने भारतीय समाज को अपनी कहानियों में समेट कर रखा था उसे यशपाल, अमृत राय, चन्द्र किरण तथा राधाकृष्ण आदि नहीं रख पाये। परिणामतः कहानी में एक गतिरोध की स्थिति पैदा हो गयी।

स्वतन्त्रता प्राप्ति से पूर्व लिखी जा रही हिन्दी कहानी स्वातन्त्र्योत्तर हिन्दी कहानी से भिन्न है। धीरे-धीरे पूर्ववर्ती कहानी को नकार दिया गया। अब पाठक आदर्श नहीं यथार्थ चाहता था, आजादी के बाद नयी कहानियों की परम्परा से पूर्व भी कहानी अनेकानेक वादों, खेमों, विचारों एवं प्रवृत्तियों के पिजड़ों के अन्दर घुटती रही। नये-नये प्रयोग हुए, कहानी को नवीन कोणों से आँका गया। स्वतन्त्रता प्राप्ति के प्रारम्भिक कई सालों तक यही बिखराव एवं भटकाव की त्रासद एवं विडम्बनापूर्ण स्थिति रही। "स्वतन्त्रता प्राप्ति के ठीक बाद तो शिक्षित मध्यवर्ग में अवसरवादी चेतना ही दिखाई पड़ती है। सन् 1950 तक आते-आते हम अनेक कठिनाइयों और समस्याओं के होते हुए भी एक स्वाभाविक आस्था का उन्मेष देखते हैं। विश्वराष्ट्रों के बीच भारत के बढ़ते हुए विश्वासयुक्त सम्बन्धों के कारण आज के कहानीकार (व्यापक अर्थ में रचनाकार) में रचना चेतना की विकास प्रक्रिया में त्रिमुखी संघर्ष का बोध प्रत्यक्षतः दिखाई पड़ता है। इस प्रक्रिया में पहला संघर्ष अभिव्यक्ति के लिए संघर्ष है। दूसरा निजी चेतना अधिकाधिक मानवीय संवेदना से सम्बन्ध (स्थापित) करने के लिए आत्मसंघर्ष है। तीसरा संघर्ष मानव समस्याओं की अनुभूति प्राप्त करते हुए अपने जीवनानुभव को व्यापक और तीव्रतर बनाने के लिए है। संघर्ष के इन विविध स्तरों की सम्मिलित चेतना जिस कहानीकार में जितनी ही अधिक है वह स्वभावतः उतना ही अधिक (रचनात्मकता के क्षेत्र में) सफल है।" (नयी कहानी संघर्ष और प्रकृति :

देवीशंकर अवस्थी)

नयी एवं पुरानी के सन्दर्भ में यह कहा जाने लगा कि पहले कहानी मिथ्या थी, अब सच्ची है, पहले काल्पनिकता पर आधारित थी अब सत्यपूर्ण यथार्थ पर। अतः पहले की कहानी पुरानी थी और आज की नयी। ''नयी कहानी में तलाश पात्रों की नहीं यथार्थ की है, पात्रों के माध्यम से यथार्थ की अभिव्यक्ति पहले कहानी कला मूल्यों को लेकर लिखी जाती थी, अब जीवन मूल्यों को लेकर। पहले कहानी झूठी थी अब सच्ची है।'' (हिन्दी कहानी, अपनी जबानी : डॉ. इन्द्रनाथ मदान) संक्रान्ति युग समाप्त हुआ, कहानी का गत्यावरोध भी समाप्त होने की स्थिति तक पहुँच गया। पाठक कहानी के अस्तित्व को स्वीकारने लगे।

कहानी पर छायी हुई सिद्धान्तवादी विचारधारा लुप्त होने लगी। सत्य को कहानी का विषय बनाया गया। ''इसलिए यह कहा जा सकता है कि स्वातन्त्र्योत्तर कहानी ने झूठ के तत्त्व को काटकर एक नयी दिशा की ओर प्रयाण किया है। इस झूठ को काट फेंकने में उन केन्द्रीय पात्रों का बहुत महत्त्व है जिन्होंने कहानी की इस मुक्ति में अनजाने ही योग दिया। प्रेमचन्द, यशपाल, रांगेय राघव आदि के यहाँ भी इस मुक्ति का संकेत मिलता है पर उसकी समाप्ति सन् 50 के आसपास ही हुई। इस मुक्ति का ही यह परिणाम है कि हिन्दी कहानी ने विराट को क्षण के आईने में और खण्डित क्षणों को व्यापक युगबोध की निरन्तर प्रवाहमान धारा के आईने में देख सकने की शक्ति प्राप्त की।''[22]

नया कहानीकार किसी आयोजित सत्य का निर्वाह नहीं करता है। इसलिए यह नयी कहानी रचना होकर भी पुरानी कहानी से भिन्न है, फिर भी नयी कहानी को आरोपों के घेरे में खड़ा किया गया; नये वाद एवं नये फैशन से इसे जोड़ा गया और समीक्षा करना प्रारम्भ कर दिया, जिसे नये कहानीकारों ने स्वीकार ही नहीं किया। ''नयी कहानी की मानसिकता शिल्प शैली या विचार पद्धति से सम्बद्ध नहीं है। उसका नयापन एक खास वाद या खास तरह का फैशन नहीं है और न ही वह एक नारा है। नयी कहानी का नयापन एक पूर्ववर्ती परम्परा से उसकी विच्छिन्नता में है– और इस बात में अपनी उपलब्धियों की खोज वह अपने प्रयोगों के अन्दर से कर रही है।''[23]

यह निर्विवाद रूप से कहा जा सकता है कि नयी कहानी अपनी पूर्व परम्परा से अलग हुई। वह अपने नये प्रयोग एवं पुरातनता के मोह से पूर्णरूपेण मुक्त हो गयी। स्वनन्त्रता से पूर्व हिन्दी कहानी की दशा आदर्शोन्मुख थी। इस सन्दर्भ में मनमोहन मदारिया के विचार इस प्रकार हैं–''स्वतन्त्रता से पहले कतिपय अपवादों को छोड़कर हिन्दी कहानी एकांकी और आदर्शोन्मुख थी उसके सामने एक ही नारा था–स्वतन्त्रता का। स्वातन्त्र्योत्तर काल में हिन्दी के कहानीकार के सामने स्वतन्त्रता का नारा तो नहीं रहा, लेकिन एक नया नारा जरूर उभरा, देश की समृद्धि का, जो सन् 1947 से सन् 1962 तक हिन्दी कहानीकार इससे मोहाविष्ट रहे।''[24] तथा समकालीन आदमी पर कहानियाँ लिखी जाने लगीं, जिनमें भाई-भतीजेवाद की राजनीति, भ्रष्टाचार, प्रशासनिक सड़ाँध, स्वार्थपरता, बिखरते टूटते सामाजिक रिश्ते, बिखरते नर-नारी सम्बन्ध, विकृत मर्यादाएँ, कुंठित मनोविज्ञान, प्रचारवादी प्रवृत्तियाँ तथा यथार्थ एवं समकालीन विसंगत परिवेश आदि विशेषताएँ थीं।

'कस्बे का आदमी', 'राजा निरबंसिया' से लेकर लगभग एक दशक तक नयी कहानियों की उपलब्धियों का दौर हिन्दी कथा संसार पर छाया रहा। कमलेश्वर, मोहन राकेश तथा राजेन्द्र यादव नयी कहानी के स्तम्भ के रूप में उभर कर सामने आये तथा कहानी विधा समृद्ध हुई। सन् 1965 ई. के बाद अचानक नयी कहानियों का दौर समाप्त सा होने लगा। नयी कहानी के नाम पर अयथार्थ, क्राफ्टमैनशिप से भरी हुई, जीवन से कटी हुई कहानियाँ सामने आने लगीं। स्वयं कथाकार कमलेश्वर सन् 1966 में 'भरेपूरे-अधूरे' कहानी के बाद बिल्कुल सतही अनुभव की कहानियाँ प्रस्तुत करने से अपने आप को रोक नहीं सके।

परिणाम यह हुआ कि पुनः एक बार कहानी में गतिरोध की स्थिति पैदा हो गयी। सन् 1964, 65, 66 तथा 67 के आसपास के लेखकों की कहानियों के पात्र उठते हुए झाग की भाँति पाठकों को कुछ क्षणों के लिए चमत्कृत अवश्य कर देते थे। उनमें विदेशी नयेपन के साथ भाषायी दुरूहता थी। उस समय की कुछ कहानियों को छोड़कर वे काल्पनिक सी प्रतीत होती थीं। उनमें अनुभवों का अभाव स्पष्ट लक्षित होता था, वे कहानियाँ भाव एवं फैशनवादी अधिक थीं, वस्तुवादी कम। वे पराजय बोध एवं अस्वीकृति सीमा से बद्ध दिखाई देती थीं। उनमें ओढ़ा हुआ नयापन था परन्तु आम आदमी की पीड़ा पर वे अपनी वांछा की मुहर नहीं लगा पायी थीं। उनमें अभिव्यक्त दर्द उधार लिया हुआ सा प्रतीत होता था। इस समय की कहानी के रचनाकार अपनी प्रख्यातत्रयी (कमलेश्वर, मोहन राकेश, राजेन्द्र यादव) की पंक्ति में यथाशीघ्र खड़े होना चाहते थे। सिद्ध होने से पूर्व ही प्रसिद्ध बनने की उनमें ललक थी। इन लेखकों की कहानियों के पात्र बिल्कुल अपरिचित से बनकर हमारे समक्ष प्रस्तुत होने लगे। पाठक उनकी ओर आकृष्ट नहीं हुए वरन् उनके मन में कहानी के प्रति वितृष्णा जाग उठी।

कहानियाँ अस्वाभाविकता लिए हुए विकृत बनकर सामने आने लगीं। कभी कहानी चरित्र प्रधान बनाई गयी तो कभी शिल्पोन्मुख। कभी वैयक्तिकता एवं सामाजिकता के धरातल पर इन्हें नग्नता प्रदान की गयी तो कभी नारेबाजी के चक्कर में इनकी दम घोंटी गयी। इतना ही नहीं आन्दोलनों के मध्य कहानियों को अस्तित्वहीन बना दिया गया। किसी ने इन्हें परम्परा से जोड़ा तो कहीं इन्हें परम्पराविहीनता से जोड़कर शून्य में लटकाया गया। कहानी को इतना तराशा गया कि वह अस्तित्व ही.....कुरूपा नारी प्रतिमा सी जड़ हो गयी और अपना अस्तित्व ही खो बैठी। जड़ता की स्थिति में नयी कहानियों के कथाकार तमाशे के रूप में उसको देखने में लगे थे, तो कमलेश्वर ने आगे बढ़कर इसे पुनः एक बार नया संस्कार दिया तथा कहानी को बिखराव से बचा लिया। मूकदर्शक बने रहना, निरपेक्ष उदासीन अथवा तटस्थ बनकर देखते रहना उन्हें पसन्द न था। उन्होंने आधुनिकता के नवीन मान मूल्यों को स्वीकार कर कहानी को नवीन सांस्कारिकता से जोड़ा।

"जिस तरह कमलेश्वर ने नयी कहानी को स्थापित करने और उसे मान्यता दिलाने में अपना गहरा और व्यापक प्रभाव कथा संसार पर छोड़ा, उसी तरह रूढ़ समझकर उसे नकार भी दिया। जिस तरह चेखव ने कहानी का शास्त्रीय रूप तोड़ा उसी तरह कहानी में गतिशीलता लाने के लिए कमलेश्वर ने उसके रूढ़ और हठी स्वभाव को बदला। कहानी के मिजाज की विरक्ति और उदासीनता तोड़कर आन्तरिक कुंठा और अनास्था को अस्वीकार कर स्वाभाविक

अभिव्यक्ति की वकालत कर रचना को संवेद्य बनाकर आम आदमी के लिए और उसकी ही नियति से कहानी को जोड़कर जिस नयी धारा और परम्परा की शुरुआत कमलेश्वर ने की है, वह नये लेखकों के लिए पथप्रदर्शिका तो बन ही चुकी है, आने वाले रचनाकारों के लिए भी वह प्रकाश स्तम्भ है।''[25]

कमलेश्वर ने समान्तर कहानी में प्रवक्ता के रूप में 'आम आदमी' को अपनी वैचारिक सहानुभूति प्रदान की है। वे आम आदमी के विषय में लिखने वाले प्रखर कहानीकार हैं। कमलेश्वर की मान्यता है कि 'यातनाओं के जंगल से गुजरते मनुष्य की इस महायात्रा का जो सहयात्री है, वही आज का लेखक है, सह और समान्तर जाने वाला सामान्य आदमी के साथ।' कमलेश्वर के आम आदमी का दायरा अति विशाल है, उसमें वेश्या, कलम घसीट अध्यापक से लेकर मजदूर किसान तक सम्मिलित हैं। कमलेश्वर की अन्तिम दौर की कहानियाँ खेतिहर किसान एवं मजदूरों से लगभग शून्य हैं। 'भूखे और नंगे लोग' कहानी में कश्मीरी मजदूरों का उल्लेख अवश्य किया गया है। 'बयान' एवं 'नागमणि' कहानियाँ व्यवस्था के अन्तर्विरोधों एवं सीमाओं का उद्घाटन करती हैं। ''बयान एक बहुत सशक्त कहानी है, जो न्यायतंत्र के खोखलेपन को उद्घाटित करती है।''[26] ऐसी डॉ. रामदरश मिश्र की मान्यता है। 'नागमणि' एवं 'बयान' मोहभंग की स्थिति से भी आगे जाकर व्यवस्था के प्रति तीव्र क्षोभ का प्रदर्शन करती है। ''नागमणि में विश्वनाथ का बीमार होना व्यवस्था के दमघोंटू होने का सबूत है। हिन्दी प्रचारक का क्षुब्ध होकर अंग्रेजी बोलने लगना निराला जी की विक्षिप्तता को याद दिलाता है।''[27] 'इतने अच्छे दिन' में कमलेश्वर साफ कर देते हैं कि जनतन्त्र समाजवाद आदि आम आदमी के लिए नहीं है। वह तो पूर्ववत् अभाव एवं यातनाभरी जिन्दगी जीने के लिए अभिशप्त है। अन्तिम समय में उनका लिखना कुछ कम हुआ था लेकिन उसकी सार्थकता बनी हुई थी।

उनकी कहानियाँ रचनात्मक एवं ऐतिहासिक दोनों ही दृष्टियों से महत्त्वपूर्ण हैं। कमलेश्वर के ऐतिहासिक प्रदेय के विषय में डॉ. रामदरश मिश्र लिखते हैं—''कमलेश्वर और उन जैसे कुछ अन्य समाजोन्मुखी कहानीकारों को सामने रखकर उन लोगों को जवाब दिया जा सकता है, जो यह आक्षेप लगाते हैं कि नयी कहानी आत्मकेन्द्रित कहानी है।''[28] डॉ. धनंजय वर्मा उनकी प्रशंसा में लिखते हैं कि—''कमलेश्वर एक ऐसा लेखक है जिसके यहाँ हिन्दी कहानी की पूरी यात्रा, उसके लगभग हर मोड़ की प्रतिनिधि कहानी मिल सकती है और परम्परा से अन्तर ही नहीं, उसके विकास की दृष्टि से भी ये महत्त्वपूर्ण हैं। इस लिहाज से हिन्दी कहानी की परम्परा को उन्होंने आत्मसात् किया और उसे लगभग भोगा है।'' डॉ. सुरेश सिन्हा की उनके विषय में मान्यता है कि—''घोर आत्मपरकता, कुंठा, घुटन एवं पलायनवादी प्रवृत्तियों के घने जाल से हिन्दी कहानी को खुली वायु में लाकर नया अर्थ देने का श्रेय बहुत अंशों में कमलेश्वर को है।'' इससे स्पष्ट है कि कमलेश्वर की कहानियों में नवीनता है, ताजगी है।

वे प्रेमचन्द की परम्परा को आगे बढ़ाने वाले कहानीकार हैं। कथ्य एवं शिल्प की दृष्टि से उनकी कहानियाँ निरन्तर विकासमान रही हैं। शिवप्रसाद सिंह ने कमलेश्वर की कहानियों की भाषा को 'मुंशी स्टाइल' कहा है। उनकी कहानियों का जो स्वरूप उपलब्ध है उसमें प्रवाह तथा

प्रभाव दोनों का ही समावेश है। उन्होंने भाषा को गढ़ा नहीं है न शाब्दिक चमत्कार लाने का ही प्रयास किया है। उन्होंने कभी प्रयोग के लिए प्रयोग नहीं किया। उन्होंने जो भी लिखा स्वानुभूति के दायरे में आम आदमी के लिए लिखा है तथा तदनुकूल भाषा का प्रयोग किया है। इससे संप्रेषणीयता को शक्ति मिली है। संकेतों एवं प्रतीकों से उनकी भाषा को प्रखरता मिली है। 'नागमणि' एवं 'राजा निरबंसिया' आदि कहानियों में प्रतीक अत्यधिक मुखर हैं। कमलेश्वर के लेखन में शिल्पगत दुरूहता भी नहीं है। शिल्प वैशिष्ट्य के कारण प्रभावोत्पादकता बढ़ गयी है।

"हालाँकि नयी कहानी और समान्तर कहानी के प्रवक्ता के रूप में कमलेश्वर का व्यक्तित्व बहुत विवादास्पद रहा है लेकिन उनकी कहानियों की प्रासंगिकता और श्रेष्ठता को लेकर बहुत विवाद नहीं है। अनुभव, वैचारिकता और कथन पद्धति के समुचित तालमेल से निर्मित उनकी कहानियों में परिवेश बोलता है। टूटते, हारते और अकुलाते मनुष्य की गरिमा में अपने विश्वास को कमलेश्वर ने कहानियों में सधे ढंग से व्यक्त किया है। बहुत कम ऐसे प्रतिबद्ध कहानीकार हैं जिनकी कहानियों में विचारधारा थोपी हुई नहीं लगती। कमलेश्वर की कहानियों में वैचारिकता धमनी में बहने वाले खून की तरह अन्तर्निहित है। हिन्दी कहानी के इतिहास में 'राजा निरबंसिया', 'बयान', 'दिल्ली में एक मौत' आदि कुछ एक कहानियों का स्थान महत्त्वपूर्ण है।"[29]

इससे स्पष्ट है कि कमलेश्वर का मूल्य एक रचनाकार के रूप में अत्यधिक है तथा कहानी साहित्य के इतिहास में उनका स्थान भी अत्युत्कृष्ट है। वे अपनी आन्दोलनधर्मिता के द्वारा सार्थक रचनाशीलता के लिए अधिक जाने जाते हैं।

आधुनिक कथा जगत में कमलेश्वर के स्थान के विषय में विचार करते हैं तो निस्संदेह रूप में कह सकते हैं कि जब नयी कहानी के मलबे पर उस पीढ़ी के कहानीकार अपनी कहानियों को पाठकों के जेहन में उतारने की तरकीबें सोच रहे थे, जहाँ वे अपने डगमगाती स्थापना की सुरक्षा में जुटे हुए थे, वहाँ कमलेश्वर अपना श्रेष्ठ कथा-साहित्य रचने के साथ-साथ श्रेष्ठ कथाकारों को भी गढ़ रहे थे। यह सब कार्य उन्होंने उसी प्रकार किया जैसे हिन्दी साहित्य में आचार्य महावीर प्रसाद द्विवेदी एवं भारतेन्दु बाबू हरिश्चन्द्र ने किया था। डॉ. जॉनसन ने जो कार्य अंग्रेजी के लिए किया, एण्ड्रीगाइड ने फ्रेंच साहित्य के लिए किया तथा तानिजाको ने जापानी भाषा के साहित्य हेतु किया, ठीक वैसा ही कार्य कमलेश्वर ने हिन्दी साहित्य की कहानी विधा के लिए किया है। प्रति वर्ष 'सारिका' के माध्यम से उन्होंने कहानीकारों की नयी पौध तैयार की। नये कथाकारों एवं साहित्यकारों हेतु वैज्ञानिक टिप्पणियों का सारिका में प्रकाशन न केवल नये साहित्यकारों की चिन्तनधारा को अग्रसर करने में सहायक हुआ है वरन् उन्हें वरदान के साथ निरुत्साहित होने से भी बचाया है। इस प्रकार वे कथा जगत में कथाकार-सर्जक के रूप में विख्यात हुए। कहानियों के साथ-साथ उन्होंने हिन्दी साहित्य को श्रेष्ठ उपन्यास भी दिए हैं, जिनमें अनावश्यक विस्तार नहीं है। कमलेश्वर के उपन्यासों में आधुनिक संचेतना का प्रचुर समावेश है। युगबोध एवं युगसत्य को उन्होंने सदैव अपने कथा-साहित्य में प्राथमिकता प्रदान की है। हमारे विचार से कथा-साहित्य में कमलेश्वर का स्थान अत्युच्च कोटि का है, इसमें कोई सन्देह नहीं।

सन्दर्भ

1. एक दुनिया समानान्तर : राजेन्द्र यादव, पृष्ठ 36
2. नयी कहानी की भूमिका : कमलेश्वर, पृष्ठ 18
3. वही, पृष्ठ 19
4. एक दुनिया समानान्तर (आवृत्ति 2006) : सं. राजेन्द्र यादव, पृष्ठ 34
5. समग्र कहानियाँ (राजा निरबंसिया) : कमलेश्वर, पृष्ठ 145, 146
6. वही।
7. समग्र कहानियाँ (नीली झील) : कमलेश्वर, पृष्ठ 353
8. वही।
9. वही, पृष्ठ 358-359
10. समग्र कहानियाँ (एक रुकी हुई जिन्दगी) : कमलेश्वर, पृष्ठ 307
11. समग्र कहानियाँ (ऊपर उठता हुआ मकान) : कमलेश्वर, पृष्ठ 261
12. कमलेश्वर : मधुकर सिंह, पृष्ठ 220
13. हिन्दी कहानी समीक्षा और सन्दर्भ : डॉ. विवेकी राय, पृष्ठ 82
14. नयी कहानी प्रतिनिधि हस्ताक्षर : डॉ. वेदप्रकाश अमिताभ, डॉ. रंजना शर्मा, पृष्ठ 69
15. कमलेश्वर के उपन्यासों में मनोविज्ञान : डॉ. रेखा शर्मा, पृष्ठ 56
16. डाक बँगला : कमलेश्वर, पृष्ठ 73
17. कमलेश्वर के उपन्यासों में मनोविज्ञान : डॉ. रेखा शर्मा, पृष्ठ 48
18. वही।
19. एक दुनिया समानान्तर : राजेन्द्र यादव पृष्ठ 26
20. स्वातन्त्र्योत्तर हिन्दी कहानी (नयी कहानी के प्रमुख हस्ताक्षर–प्रो. सुमन अजमेरी) : सं. डॉ. रामकुमार गुप्त, पृष्ठ 80
21. कमलेश्वर (नया लेखन और कमलेश्वर) : सं. मधुकर सिंह, पृष्ठ 297
22. नयी कहानी की भूमिका : कमलेश्वर, पृष्ठ 91
23. हिन्दी कहानी पहचान और परख : सं. डॉ. इन्द्रनाथ मदान, पृष्ठ 42
24. हिन्दी कहानी, दो दशक की यात्रा : सं. डॉ. रामदरश मिश्र, डॉ. नरेन्द्र मोहन, पृष्ठ 71-72
25. कमलेश्वर (नये लेखक और कमलेश्वर-सच्चिदानंद धूमकेतु) : मधुकर सिंह, पृष्ठ 302
26. हिन्दी कहानी एक अन्तरंग पहचान : डॉ. रामदरश मिश्र पृष्ठ, 142, 138
27. वही।
28. कहानीकार कमलेश्वर सन्दर्भ और प्रकृति : डॉ. रामदरश मिश्र, पृष्ठ 15
29. नयी कहानी प्रतिनिधि हस्ताक्षर : डॉ. वेदप्रकाश शर्मा 'अमिताभ', डॉ. रंजना शर्मा, पृष्ठ 74

9

कमलेश्वर के कथा-साहित्य की वस्तु एवं शिल्प

(क) कमलेश्वर की कहानियों की भाषा का स्वरूप

भाषा कहानी का मूल उपकरण है। भाषा भावाभिव्यंजन का माध्यम है। कहानीकार के अभीष्ट भावों के अभिव्यक्तिकरण हेतु भाषा आवश्यक है। कहानी की भाषा की दुरूहता उसके भावात्मक प्रवाह में बाधक होती है। सरल, सहज एवं मुहावरेदार भाषा कहानी को व्यावहारिकता प्रदान करके विश्वसनीय बनाती है, पाठकों को अपनी ओर आकृष्ट करती है। क्लिष्ट भाषा कहानी में नीरसता पैदा करती है तथा कहानी की प्रभावशीलता को कम करती है। निरर्थक वाक्जाल, शब्दाडम्बर एवं दुरूहता आदि के कारण कहानी की ग्राह्यता कम होती है। उसकी पठनीयता कम होती है, पाठकीय रुचि में विघ्न पड़ता है।

कमलेश्वर नयी कहानी की भाषा के सम्बन्ध में स्वयं ही कहते हैं– ‘‘नयी कहानी ने भाषा की जड़ता को तोड़ा। व्यक्तिगत और किताबी भाषा से अपने को पृथक्कर समय के विस्तार में जी रहे मनुष्य की बोली में ही उसने नये अर्थों की तलाश की।’’[1] अतः कमलेश्वर ने भी साहित्यिक बोध से दबी संस्कृतगर्भा हिन्दी को छोड़कर आम आदमी की बोलचाल की हिन्दी को ही अपनाया है। उन्होंने अपनी समस्त कहानियाँ लिखते समय सबसे पहले यही बात ध्यान में रखी है कि भाषा कहीं दुरूह तो नहीं हो रही है तथा आम आदमी एवं पाठकों की समझ से ऊपर तो नहीं है। अपनी अनुभूति के अनुसार सरल एवं बोलचाल की भाषा का प्रयोग वे जीवन भर करते रहे। उन्होंने किसी भी स्तर पर प्रयोग नहीं किया। उनकी भाषा सरल है, सर्वसामान्य की समझ में तुरन्त आने वाली है। भाषायी कठिनता, अलंकारिकता एवं चमत्कारपूर्णता उनकी कहानी में नहीं है। उनकी भाषा विषयवस्तु का स्पष्ट साक्षात्कार कराने वाली है, पात्रानुकूल है। उनकी भाषा का फलक अति विस्तृत एवं वैविध्यपूर्ण है। इसलिए उसमें एकरसता का अभाव है। इसकी छवियाँ, रंग, मुद्रा, भंगिमा एवं संकेत विविध रूपमयी हैं। उनकी भाषा हिन्दी एवं मनोदशा को स्पष्टरूपेण चित्रित करने वाली है, सजीव है तथा कहानी को सजीवता प्रदान करने वाली है। कमलेश्वर समकालीन कहानी के प्रतिष्ठापकों में से एक हैं। उनकी कहानी की हिन्दुस्तानी के झमेले से निकलकर सम्पूर्ण देश को भावात्मक एकता प्रदायद समर्थ भावमय प्रयोग के रूप में देखी जा सकती है। इनकी कहानियों में हिन्दी, अंग्रेजी, देशी भाषाओं के प्रचलित शब्दों के साथ सामान्य व्यवहार के कुछ अन्तर्राष्ट्रीय शब्द भी मिलते हैं। कमलेश्वर की भाषा पर विचार करते हुए डॉ. शिवप्रसाद सिंह लिखते हैं कि–‘‘कमलेश्वर की भाषा की मूल प्रवृत्ति मुंशी स्टाइल

की है।"[2] इस प्रकार भाषायी दृष्टि से कमलेश्वर सीधे प्रेमचन्द से जुड़े हुए माने जाते हैं।

कमलेश्वर की भाषा विषयक मान्यता इस प्रकार है—"भाषा की कोई जाति नहीं होती। एक जनता अपने जज्बातों, जरूरतों और संघर्षों के लिए भाषा को पैदा करती है और इस्तेमाल करती है, उसे लेकर जीती या मरती है।"[3] आलोचकों का मत है कि वे उर्दू मिश्रित हिन्दी लिखते हैं, लेकिन कमलेश्वर भाषा को इस प्रकार उर्दू हिन्दी दोनों ही भाषाओं को एक मानकर चलते हैं। वे इस विषय में ऐसा मानते हैं— 'सवाल हिन्दी अथवा उर्दू हिन्दी का नहीं, आम आदमी की लड़ाई का है और उस लड़ाई के लिए उपयोगी भाषा का है। आधुनिक भारत में सर्वहारा वर्ग की जो लड़ाई चल रही है, वह महत्त्वपूर्ण है। यह लड़ाई भाषा की नहीं आर्थिक, सामाजिक और ज्यादा आधारभूत हकों की लड़ाई है। यह लड़ाई हर वक्त लड़ी जा सकती है, सिर्फ चुनाव आने के वक्त राजनीतिक हुक्मरानों, पूँजीपतियों और सत्ताधारियों के सामने पूँछें हिलाकर और मंगल में प्रशस्तियाँ पढ़कर नहीं लड़ी जातीं। यह एक मुश्तरका लड़ाई है और एक मुश्तरका ज़बान में ही लड़ी जा सकती है।' इस प्रकार कमलेश्वर की भाषा आम आदमी की भाषा जिसका प्रारम्भ हिन्दी में प्रेमचन्द ने किया तथा कमलेश्वर भी उसी प्रकार की भाषा से सुसम्बद्ध हैं।

कमलेश्वर ने अपनी कहानियों में आम आदमी की ही भाषा प्रयुक्त की है फिर भी इसमें अंग्रेजी के वाक्यांश, शब्द, उर्दू के शब्द तथा पंजाबी के शब्दों का प्रयोग मिलता है। मुहावरों, संकेतों, प्रतीकों तथा आलंकारिक उपमाओं का प्रयोग भी देखा जा सकता है। हिन्दी में तत्सम शब्द भी बहुलता से मिलते हैं। इतना ही नहीं तद्भव शब्द भी मिलते हैं।

अंग्रेजी वाक्यों एवं शब्दों का प्रयोग : कमलेश्वर की कहानियों में अनेक वाक्य कहानी का प्रभाव बढ़ाने हेतु प्रयोग किये गये हैं, साथ ही अंग्रेजी शब्द तो इनकी भाषा में पग-पग पर मिलते हैं।

अंग्रेजी वाक्य प्रयोग : 'इतिहास कथा' कहानी में—'शी इज़ वैरी डिजायरेबल...एण्ड ऑफकोर्स अ डिजायरेबल एण्ड डिजायरिंग लेडी कैन स्लीप विथ ऐनी वन', 'बट नॉट विथ यू', 'सर! हैव यू अ टैरिफिक सेंस ऑफ ह्यूमर?', 'एंज्वाय योर लंच विथ प्रमिला', 'एण्ड व्हाट एबाउट योर लंच?', 'तुम्हारा शरीर मुझे पाप के लिए पुकारता है' कहानी में—'बट एवरी सिविलाइज्ड मैन शुड नो नॉट टू आउटरेज द डीसेंसी आफ अदर मैन', 'ही मस्ट नो हाउ टू बिहेव...थिंक आफ इट डेविल गिविंग सरमन्स', 'यू मे स्क्रू एनीबडी बट कांट मेक एन एग्जीबिशन आफ इट', 'दैट मीन्स दयानंद सिंह इज़ एण्टी-वीमैन, नो...नो...नो... दि कमेंट इज़ नॉट एण्टी-वीमैन', 'दिस विल डिमोंस्ट्रेट टु द नेवर नेशंस द वैल्यु आफ टैक्नोलॉजिकल टाइज़ विथ इण्डिया', 'प्राइम मिनिस्टर हैज़ द कंट्रोल ओवर मैग्जीमम नम्बर आफ सच क्वांगोज...एण्ड हिज प्रिंसिपल सेक्रेटरी, बीइंग अ क्वांगो हिमसैल्फ, बिकम्स द की डिस्पेंसर आफ दीज़ जॉब्स', 'इण्डिया मस्ट डिक्लेयर इट्स सपोर्ट फॉर अ रशिया-ईरान पाइपलाइन', 'वी कांट गो बैक इंटू हिस्टरी', 'मकसूद इज अ ब्रिलियेंट डिप्लोमेट', 'मकसूद पुट हिज़ फ्रंट डाउन एण्ड सैड-नो क्राइसिस', '...एण्ड यस-मकसूद वन द पाइंट', 'इजिंट इट अ ब्रिलियेंट पीस आफ आर्गुमेंट?', 'दिस वॉज ट्रैजिक', 'इट्स नो सेलिब्रेशन...यट इट्स एन इम्पोर्टेंट ऑकेजन', 'द डिवोर्स इज़ विथ म्यूचुअल कंसैंट' 'चार महानगरों का तापमान' कहानी में—आइ हैव ए ब्रेन फॉर बिज़नेस एण्ड ए बॉडी फॉर सीन, ओह

आइ रियली लव यू..., 'आत्मा अमर है' कहानी में–'लुक्स मोर हैंडसम', 'मिस्टर वासवानी इज़ ए जीनियस', 'ही इज़ ए स्टोर हाउस ऑफ विज़डम', 'ही वाण्ट्स ए मूवमेण्ट', 'इंतज़ार' कहानी में–'इज़ इट ए ब्लडी मेडिकल रिपोर्ट?', 'ही नोज हिज़ पास्ट, प्रजेंट एण्ड यूचर', 'अच्छा थीक है' कहानी में–'इफ दे फील सेटिस्फाइड, देन इट्स ऑलराइट', 'थैंक यू...टीचर... ही विल नॉट बी ए प्रॉब्लम चाइल्ड फार यू', 'स्टोरी' कहानी में–शी इज़ माई वाइफ.... व्हाई यू आर हैरेसिंग हर... दैट्स अवर प्राइवेट...., 'नागमणि' कहानी में–'सो यू विल गो टू योर कन्ट्री यस यू कैन', 'शोक-समारोह' कहानी में–'एण्ड हाऊ आर यू बड़े जीजा जी?, इट वाज शॉकिंग, इट वाज फुल ट्वेंटी सेविन मिनिट्स ऑन फोन... यस, एंज्योड...यस डैडी... वैरी मच.....आइसक्रीम, पिज्जा एण्ड मैगी.....फ्रूटी.....एवरीथिंग.....लवली पिकनिक मम्मी', 'चप्पल' कहानी में–'एण्ड यू नो, वी डाक्टर्स आर वर्स्ट पेशेंट्स', 'आत्मा की आवाज' कहानी में–'नॉट सीरियस बट सिली', 'नाच' कहानी में–'आयी लव यू इटैंसली, आयी कांट लिव विद-आउट यू, आयी सी यू इन माई ड्रीम्स, ओह! इट इज़ सो काइण्ड आफ यू, इट इज़ ऑल बिकाज ऑफ यू, प्लीज अटैंड टू इट' इत्यादि अनेकानेक अंग्रेजी वाक्यों का प्रयोग कमलेश्वर की अन्य कहानियों में भी किया गया है।

अंग्रेजी शब्द प्रयोग : कमलेश्वर ने अपनी कहानियों में अंग्रेजी के शब्दों का प्रचुरता से प्रयोग किया है यथा–'इतिहास कथा' कहानी में–आई.एफ.एस. अफसर, पेपर्स, स्टैंड एंड रिसपोंसेज, इंडो-पाक, न्यूक्लियर फैक्टर, एनालिसिस, हाई-लेविल मीटिंग्स, सेक्रेटरी, टर्म्स कंडीशंस, मेजर जनरल, रिपोर्ट, कटिंग्स, स्ट्रैटेजिक स्टडीज, इंस्टीट्यूट, बाइलेटरल टॉक्स, सिविल मैरिज, रिसेप्शन, मिसेज, मैरिड, हनीमून, डिपार्टमेंटल सीनियोरिटी, फॉरेन, कैरियर, ओह नो! नो...नैवर, सर्विस, सिविल, कम्पटीटिव, लव मैरिज, ब्लडी, पोस्टिंग, कार्डलैस, लंच, डैस्क, क्लब, ड्राइवर, स्कूल, पिकअप, मीटिंग, वर्किंग, ओ के, पार्टी, बार रूम, बैकग्राउंड, नाइंटी-नाइन परसेंट, रिजर्वेशन, ड्राप, बाय, मिडिल ईस्ट, फादर, क्लासीफाइड डाकुमेंट्स, शिपिंग कंपनी, रिटायरमेंट, सी. बी. आयी., केस, करप्शन, मिसएप्रोप्रिएशन, एस्पियोनेज, मिसयूज आफ पावर, एडमिरल, डैडी, प्रोग्राम, ईस्ट इंडिया कंपनी, 'मांस का दरिया' कहानी में- टॉप्स, नेलपॉलिश, पेंसिल, पिन, सिनेमा, नोटिस, जेल, सेनेटोरियम, होटल, फिटर, क्रप्स, पोस्टर, रजिस्टर, ब्लाउज, कप्स, लाइट, 'रात चाँदनी थी और बन्नो नंगी थी' कहानी में-'एस. टी. स्टैंड, कलक्टर, ड्रिल मास्टर, मिनट, टाइप, पुलिस, बिल्डिंग, लिट, लैट, कोकाकोला, बीयर, बिज़नेस, पर्सनल, पेटीकोट, 'कामरेड' कहानी में–प्रॉविंशियल ऑफिस, पार्टी लिटरेचर, टिफिन कैरियर, लिमिटेड कम्पनी, ऐजेंट, हाई कोर्ट, सेंट्रल आर्डिनेन्स डिपो, 'फरार' कहानी में–म्युनिसपैलिटी, ड्यूटी, 'नंगा आदमी'–कहानी में–रेडियो, एरियल, शेव, गजेटेड पोस्ट, कंपिटीशन, ब्रिलियंट कैरियर, एम.ए. फर्स्ट क्लास, शू, टाई, पैंट, यूनिवर्सिटी, लेक्चरर, डिग्री कॉलेज, नोट्स, ग्रे, गेम्स सुपरिन्टेन्डेंट, मिलिट्री एकेडमी, यू फुलिश, लंच, पैड, बिल, मैनेजर, ट्रांजिट कैम्प, इनलैण्ड, 'रात, औरत और गुनाह' कहानी में–वकील, प्लेट, बेबी स्वेटर, बटन, मशीन, शो-केस, 'अजनबी लोग' कहानी में–बैकवे, रिक्लेमेशन, मेरीन ड्राइव, मेडल, कार्निस, विंग, स्पॉट, पैड, सीमेंट, टैंक, कंक्रीट मिक्सिंग, किरासिन, ट्रांजिस्टर, आर्कीटेक्ट, कान्ट्रेक्टर, स्टोरी, बल्ब, ट्राली, 'राजा निरबंसिया' कहानी में–मिडिल, मैट्रिक, आपरेशन, इंच, कंपाउंडर, मिनिट, टॉनिक, साइकिल,

'नाच' कहानी में—लव एट फर्स्ट साइट, एक्सीडेंट, स्टैनो, क्रेप-पेपर, मेटल पीस, कुशन, डांस, प्रोग्राम, सेंट, वैनिटी बैग, सैंडिल, लिपिस्टिक, रूज-पाउडर, डिक्टेशन, आर्डर प्लेस, ऑफिस, कारपेट, टैबिल-लैंप, वेस्ट पेपर बास्केट, स्कर्ट, बेल्ट, डियर, लॉन, रिलेशंस, क्रिसमस ट्री, प्रेजेंट्स, बंडल, लिस्ट, पादरी, पर्स, फोटो, पार्टी, 'फालतू आदमी' कहानी में—पापा, मिडवाइफ, इलास्टिक, मेटर्निटी होम, बाथरूम, 'युद्ध' कहानी में—रेलवे वर्कशॉप, सेक्टर, पैटन टैंक, काउण्टर, पैकेट, रेलिंग, स्कूटर, कनॉट प्लेस, पार्लियामेंट स्ट्रीट, कर्जन रोड, कार लाइट, ब्लैक आउट, रेडक्रॉस, फर्स्ट एड पोस्ट, जीप, एन.सी.सी., वर्दी, पेट्रोल पम्प, ट्रक, साइन बोर्ड, कुली, स्पेशल, 'चप्पल' कहानी में—आल इण्डिया मेडिकल इंस्टीट्यूट, आई.सी.यू., केबिन, लोर, आपरेशन थियेटर, इमरजेंसी वार्ड, रिटायर, फ्रिज, माडर्न, पेंशन, क्रिटिकल, वार्ड ब्वाय, व्हीलचेयर, ऐक्सेसिव ब्लीडिंग, कंट्रोल, करेजसली बिहेव, आर्टीफिशल रेस्पेरेशन, मेडिकल टर्म्स, पासिबिल, कांशस, स्टेबलाइज़, रिकवरी, सिस्टम, स्ट्रैचर, ग्लूकोज़, आदि जैसे अनेकानेक अंग्रेजी के आम बोलचाल के शब्दों का प्रयोग कमलेश्वर की कहानियों में हुआ है।

अंग्रेजी के समान ही इनकी भाषा में अरबी एवं फारसी के शब्दों का भी प्रचुरता से प्रयोग हुआ है।

उर्दू-अरबी-फारसी के शब्दों का प्रयोग : शाही हरम, बेग़मों, हिफाज़त, काफ़िर, मुग़ल, मंज़िल, ज़बरदस्ती, इलाही, आवाज़, ज़ालिम, पाखाना, तारीख़, सालगिरह, सन्दूकची, जाली, गरीबों, हिसाब, ज़िन्दाबाद, पेसावरी, चीख, पहरेदार, रोशनी, दिमाग, मेहरबान, दीवार, चहारदीवारी, ख़ामोशी, फ़रार, बागी, ख़बर, इन्तज़ार, बरबाद, लापरवाह, मरहूम, करीब, मुशायरों, औरतें, ज़िन्दगी, कारोबार, मुनासिब, नकाबपोश, दिलचस्प, इन्तज़ाम, तरीका, मेहमानदारी, गुलदस्ते, फूलदान, मुश्किल, दस्तक, सरमायेदारों, महसूस, हालत, खुमार, मदहोश, लानत, मलानत, बदसूरत, बेजान शोखी, फसल, फारिग, जानवर, लापरवाही, मुंशी पटवारी, अफसर, नज़दीक, फिरकी, सुबह, नुमायश, आलीशान इमारतों, सिलसिला, सफ़ाई, मासूमियत, समझदारी, दफ़्ती, शाख़ों, रोशनदान, निशाना, बदबू, गुज़र यादगारों, आख़िर, ज़िन्दगी, जेब, नामोनिशान, अहसानमन्द, मलगुज़ा रूमाल, गर्दन, फुचड़ों, मुताबिक, मुख़ातिब, अस्तबल, खामख्वाह, दर्द, उदासी, पोते-पोतियों, मनहूस, जच्चाखाना, फ़िकर, बेहोश, ज़रूर, दिमाग़ी, ख़लल, पर्दे, बेख़ौफ, बद्दुआओं, दवाइयाँ, ख़ौफनाक, वारिस, बदसूरत, निगाहें, इल्ज़ाम, खूबसूरती, ग़म, बे-आवाज़, बेतरतीब, चेहरे, ताज्जुब, ख़त, सीख़चे, नफ़रत, तमन्नाएँ, पेशेवर, पैबन्द, पाजीपन, बेफ़िक्र, बग़ैर, रोज़, बाग़, मर्दानगी, फ़िक्र, ख़बर, इंसाफ़, मोहताज, ज़ेवर, मातम, ज़्यादतियों, कालिख़, सरेशाम, बेहद, अरब, कुलीगीरी, बदकिस्मत, बेकारी, ओहदे, ज़हर, जुल्म, फायदा, दास्तान, नौकरीपेशा, दोस्त, बन्दगी, सीना, ख़ातिर, रौशन, पर्दा, कसूर, आज़ाद, लिबास, अरमानों, असलियत, शिकन, बेबस, एतराज़, काबू, रिहाई, कमज़ोर, मशक्क़त, मुनसरिम, मालगुज़ारी, रोज़मर्रा, काश्तकारों, बग़ल, ज़रूरतें, नुक़्ता, ग़लती, किस्मत, हुक्के पर चिलम, एवज़, शौक़ीनों, फौज़दारी, मुक़दमे, दफ़्तर, अफ़सर, मुस्तक़िली, रिश्तेदार, सिर्फ़, बरदाश्त, नज़र, दुआ-बन्दगी, काग़ज़ात, फ़ौरन, तरफ, तहकीक़ात, मौका, नज़दीक, शिकस्त, हज़ारों, दर-असल, ज़मीन, रेज़गारी, काग़ज़, सेहत, वगैरह, सब्ज़ी, ज़ायका, इन्तज़ार, मंज़र, आख़िरी, तश्तरियाँ, कमीज़, बदइन्तज़ामी, ज़बरदस्ती, चीज़ें, फरमाइश,

बेरहम, फब्तियाँ, नमकहराम, गुनाह, तकल्लुफ़, खुसनसीब, अन्दाज़, गुलाब, बेचारे, बग़ैर, तमाम, चाकू, गलीचे, बेपर्दगी, इलाके, वक़्त, शक्लें, रुख़, अजीब, आमदरफ्त, मायूस, रिश्तेदारी, मसविदे, कतरनें, मुमकिन, रफ़्तार, सरासर बेईमानी, ईजाद, बख़्शीश, इलाज, वसूल, खुलेआम, उज़रत, फुरसत, निगाह, जोखिम, ज़्यादा, ज़रूरी, मरीज़, मुहर्रिर, ज़मींदार, मरहम, औकात, हालत, ताकता, नज़रें, दराज़दार, मीज़ान, मशगूल, तन्दुरुस्ती, तख़्त, कामदार, ज़बान, कब्र, मेहतरानी, ग़ैरमरद, उजागर आस्तीनें, हिक़ारत, पैमाइश, बेहाल, शरम लिहाज़, औलाद, कर्ज़, बेरोज़गारों, दाख़िल, काफ़ी, मायूसी, सफ़र, असर, खुलेआम, ख़्वाहिश, ज़ाहिर, फ़िक्रें, गिरफ्तारी, जुर्म, जुर्माना, तकाज़ा, हैसियत, नौकरी, मज़ाक यकीन, मुख़्तार, मुवक्किलों, मुताबिक, काबिल, फज़ीहत, दरियादिली, मर्दुमशुमारी, सिफारिश, एवजी, ज़िक्र, ज़रा, अहसान, कशिश, तसवीरें, नश्तरों, जुल्म, खूबसूरती, पसोपेश, शर्तिया, आवारागर्दी, साबित, तारीफ़, नक्शे, दिमाग़, ताज्जुब, आलीशान, ताजमहल, दरअसल, ज़ायदाद, कुतुबमीनारों, वास्ता, तकल्लुफ़, उस्ताद, जुर्मों, इन्तज़ार, बदनाम, हराम, मुर्दों, मरघट, दस्तूर, सियाह, गालीगुफ्तारी, रौनक, मर्द, वक्त, बदस्तूर, गलतबयानी, उसूल ज़रनामों, बखान, चादरें, तलाशती, बेदखल, आज़ादी मुबारक, लाज़मी, चश्मदीद कत्लेआम, तफसील, हकीकत, तक्सीम, दास्तान, अदीबे आला, जनाब, तलाक, अजीब सी गहमागहमी, नमक हलाली, रायशुमारी, कायनात, शराबनोशी, जिगर, नज़ारा, शिकस्त, मज़ार, अब्बाजान, पीरज़ादा, बरखुरदार, नामी गिरामी, तसल्ली, चकत्तों, हलालमीट, हमशक्ल, दास्तान, दिल मसोस उठा, कुदरती, डाकखाना, जोखिम, परचम, खुदगर्ज, आलीशान इमारतों, तस्कीन, मातहत, इनसानियत, मोर्चे वाले, जुलूस, तफ़सील, इज़ाजत, तारीफ़, सफ़र, गनीमत, हादसे, सालिम, हलकान, पसीना, उस्तरा, बेहोशी, खुद-ब-खुद, दरारें, पर्चे, मुसाफिर, ज़ाहिर, मुल्क, फकीर, अब्बा, खल्क, पुर्ज़ा, मुख़ालफत, तलबिया, हज्ज, दंगाई, नीमपागल, बुर्का, बोहरा-मुसलमान, तकलीफदेह, दिलफेंक, सैलानी, ताज्जुब, रियासत, फौज, गिरफ्त, शोरे, फुर्सत, ओहदा, पुख़्ता, किरदारों, फिरकों, फलसफे, जामातलाशी, मोरचा, बदसलूकी, जोरजबर्दस्ती, महूरत, रफ्तार, मर्तबा, अलाव, मुर्दाघर, गोश्त, आतिश की चरखियाँ, शर्मिन्दगी, तकसीम, मटन, बुत, जिस्म, फरियाद, तुर्शी, इज्ज़त।"[4] आदि अनेक लोक प्रचलित उर्दू-अरबी-फारसी शब्दों का कहानीकार कमलेश्वर ने अपनी कहानियों में प्रयोग किया है।

तत्सम शब्द प्रयोग : कमलेश्वर की कहानियों की भाषा में संस्कृत के शब्द भी प्रयुक्त हुए हैं। कुछ शब्द मूल रूप में ही संस्कृत के हैं तथा कुछ तत्सम हैं, जो संस्कृत शब्दों के समान ही हैं। ऐसे शब्दों का वर्णन यहाँ प्रस्तुत है– अत्याचार, प्रतिकार, उल्लंघन, कर्त्तव्य, विमुख, उज्ज्वल, उत्साहहीन, वनस्थली, पुरुषत्व, प्रतिध्वनि, संशयात्मक, विश्वास, तादात्म्य, तांत्रिक, लयहीन, सभापतित्व, साहित्यिक, धन्यवाद, उत्कट, वशीभूत, स्पर्द्धा, क्षुद्रता, महत्वाकांक्षा, सतर्क, सौन्दर्यप्रियता, जलजात, मस्तिष्क, नवीन, स्वागतमय, परमात्मा, स्वाभिमान, करुणा, भाग्यवान, प्रसव, मंत्रमुग्ध, अभ्यस्त, युद्धस्थल, महाभयंकर प्रतिबन्ध, अनाथपिण्डक, श्रेष्ठी, अंजलि, आमंत्रित, मूल्यवान, न्यायाधीशों, रक्षितकोषों, पूजाभाव, स्वर्ण, सांसारिक, अपरिचित, कृपणता, सप्रयास, इष्ट, प्रतिदान, ईर्ष्या-द्वेष, अट्टहास, सान्त्वना, अन्न, मुक्त, आनन्द, अलौकिक, भावुकता, अविश्वास, शृंगार, आकृति, दार्शनिक, प्राकृतिक, अप्रत्याशित, पवित्र, आशीर्वाद,

जर्जर, वासना, पुरुषोचित, प्रसन्नचित्त, पारिवारिक, करुण-रुदन, यौवन, मांसल, प्राण वायु, निर्जीव, आधिपत्य, अरक्षित, आत्महत्या, निर्लिप्त, संन्यासी, प्रवंचना, अंग-प्रत्यंग, श्रद्धास्पद, शान्ति, आकृति, सफलतम, सामर्थ्यवान्, सदपाठी, अन्तर्द्वन्द्व, हताश, अनुभूति, कल्पना, अनिश्चित, विश्वविद्यालय, प्रयत्नशील, समर्पित, व्यंग्यवाणी, सामाजिक, निराशापूर्ण, आस्था, अन्यमनस्क, संध्याकाल, मण्डप, न्यायाधीश, सिद्धान्त, अनुरूप, निष्प्राण, निराश, अकाल, परीक्षण, निष्काम, लिप्सा, निस्सहायता, आदेश, कर्कशध्वनि, कुत्सित, असम्मानित, वात्सल्य, स्निग्धता, निष्पन्द, चंचलता, मुखरता, नारीत्व, विरक्त, अप्रतिम, आत्मग्लानि, स्पन्दन, सतीत्व, प्रकृतिस्थ, निर्वाक्, प्रतीक्षा, विश्वासी, पीताभ, संयत, सन्तुष्ट, निरपेक्ष, व्यक्तित्व, अर्पित, राजनीतिक, सम्मेलन, कुंठित, औषधि, धन्वन्तरि, अशोकारिष्ट, पिण्ड, अक्षर, कटाक्ष, अभ्यस्त, ध्यान, पौरुष, निरर्थक, प्रकाशवान, व्याकुलता, ममता, आगन्तुक, विस्फारित, पवित्रता, महानता, कमनीयता, कलुष, निर्वासित, आकारहीन, अवज्ञा, निस्तब्धता, ज्वालामुखी, स्वर, विश्वास, निर्द्वन्द्व, दैवीशक्ति, उत्तराधिकारी, सतीत्व, पश्चात्ताप, दुर्गति, चित्रित, तालिका, गरिमा, नम्रता, मनोविज्ञान, प्रकाश, प्रारम्भिक, अनुवाद, चित्रात्मक, निष्कम्प, ब्रह्मचारी, दुर्मुख, बाघचर्म, निस्संग, अव्यक्त, आन्दोलन, यन्त्रचालित, पुरुषार्थी, तिरस्कारपूर्वक, स्वाभाविक, अम्लान, अक्षुण्ण, हताश, सन्धिस्थल, वंचना, निःस्वार्थ, आकर्षण, भाग्यवान, प्रतिज्ञा, तर्कजाल, सीमित, मूल्यांकन, पत्र, सुरुचिपूर्ण, स्मृतियाँ, मुक्ति, वरदान, समाज-निर्माण, चिन्ताहीन, अवाक्, दयावानों, बुद्धिमान, अनुशासन, धार्मिक, आचरण, संकट-मोचन, सम्मोहन, आभा, वातावरण, दार्शनिकता, तन्मयता, आत्मलीन, आध्यात्मिक शान्ति, सम्भावना, नितम्ब, मूल, स्मारक, अन्तराल, अध्यक्ष, साहित्य, आजन्म, महारथी, निधन, मानवतावाद, रहस्यवाद, मूलमंत्र, सत्यं शिवं सुन्दरम्, अनुमोदन, अनुरोध, स्वीकृति, निर्वाचित, शोकान्तिका, महाबलेश्वर, सन्तुलित, एकान्त, सन्देश, पुर्नगठन, प्रत्येक, नृशंसता, मूर्तिकार, मनुष्यत्व, कलश, शालीनता, आस्तिक, न्यूनता, सद्भावना, चित्रित, प्रदर्शित, समर्पण, सामाजिक विकार, नैसर्गिक, अहं, अवास्तविक, प्रयोजन, भयातुर, आकाशवाणी, अनिर्वचनीय, अपलक, तृष्णा, वातावरण, प्रवेशाधिकार, पत्रकार, उन्मुक्त, समाजवाद, प्रवचन, विज्ञापन, दर्प, नागपाश, साक्षी, शवयात्रा, ऊर्ध्वरेता, गृहस्थ, ब्रह्मचारी, सत्य-संकल्प, अहिंसा आत्मिकशक्ति, मृत्युशैया, कुविचार, उत्तेजक, ब्रस्मानन्द, अजस्र, अनन्त, कलुषित, गृहस्थाश्रम, शील, विशेषज्ञ, जनसम्पर्क अधिकारी, सदस्य, लोकसेवा, ईश्वर, संगीत, नामकरण, संस्कार, विराट, चित्रकार, विरक्ति, पवित्र, ग्लानि, कोषाध्यक्ष, तेजस्वी, रूपांगना, अणु, उद्योग, पंचशील, लघुक्रान्ति, अविकल, अनन्त, विरहमिश्रित, तृप्ति, जन्म-जन्मान्तर, भयानक, आत्मीय, मानसिकता, निस्तेज, भौतिकवाद, उन्नत, विक्षिप्तावस्था, यशगाथा, विमुख, पक्षधर, पर्यटन, अनासक्त, क्षणिक, परम्परावादी, अखण्ड, संक्रामक, सांस्कृतिक, मंगल घट, निरीह, दुस्साहसी, राष्ट्रभाषा, मंगलसूत्र, संस्कृति, असीम, अनुराग, विराग, अघोषित, प्रतीक्षालय, त्याग, दारुण, किंचित, न्याय, धन्यवाद, उद्धार, वाल्मीकि, महान, निःसंगभाव, शोक-सन्तप्त।"[5] आदि तत्सम शब्दों का प्रयोग कमलेश्वर की कहानियों में हुआ है।

तद्भव शब्द प्रयोग : इनके अतिरिक्त कमलेश्वर की कहानियों में तद्भव शब्द भी प्रयुक्त किये गये हैं यथा–जादव, परसराम, गरम, पितरपच्छ, बुलउआ, वरदी, जेतवन, बहनाया, पोसन,

दूध, सूरज, चन्द, जसवन्त, खच्चड़, माखन, गरमाहट, उसाँसें, गरदन, मनवा, सपना, मच्छर, रपट, परसा, विचारी, फूल, सफेद, दोपहर, साथिया, सुरिन्दर, चन्दर, दरशन, सहालग, तिरिया चरित्तर, रेलवाई, बिपत, शरम, पौडर, घर-गिरस्ती, शुक्कर, पुरजा, सिरधा, बरस, बुढ़ापा, बक्सा, नौगोरिया, सावित्तरी, पीछू, मुरदा, पक्खे, मरदानगी, नाऊ, जिजमान, गारद, जनेऊ, पाख, महराज, परतीत, बेफिकर, लेसन्स, ग्यारह, करम, बहू, फिकर इत्यादि।

पंजाबी शब्द प्रयोग : कमलेश्वर ने कुछ पंजाबी भाषा के शब्द भी अपनी कहानियों में प्रयुक्त किये हैं। जैसे 'अजीत' कहानी में– 'कुड़ियाँ तो हैं पर गबरू कहाँ हैं?', तार तपकने, पिंड ओही है, 'खोई हुई दिशाएँ' में–किसी होर ने लये होणगे चार आने...ते छै आने तों घट नहीं लंदे बादशाहो! आदि।

लोकोक्ति एवं मुहावरों का प्रयोग : लोकोक्तियों एवं मुहावरों के सम्यक् प्रयोग से कहानी कला सफल पुष्ट एवं व्यंजनापूर्ण बनती है। कमलेश्वर के पात्रों की भाषा लोकोक्तियों एवं मुहावरों से परिपूर्ण है। पात्र किसी भी परिवेश एवं सन्दर्भ के हों परन्तु उनके संवाद, कथोपकथन एवं वार्तालाप के मध्य प्रयुक्त मुहावरे एवं लोकोक्तियाँ भाषा को उबाऊ एवं बोझिल नहीं बनने देते। इनके प्रयोग से कमलेश्वर की कहानियाँ सरस, आकर्षक, जीवन्त तथा व्यंजना की नवीनता से परिपूर्ण बन गयी हैं तथा कमलेश्वर की भाषा में व्यंग्यात्मकता, भावात्मकता एवं विचार प्रधानता आदि गुण आ गये हैं। उदाहरणार्थ–'कर्तव्य' कहानी में-रक्त का निर्झर फूट पड़ा। युद्ध का पासा पलट चुका था। 'कामरेड' कहानी में–यहाँ दिन भर क्यों चक्कर काटते हैं?, गरीब में नौ मन चर्बी होती है। 'फरार' कहानी में–क्या ठिकाना, शायद जेब गरम करने के लिए अभी तक जाग रहा है। मेरे सिर पर दो हजार का इनाम है। 'उठती घटाएँ' कहानी में–सड़-सड़कर गल रहा हो। मेरे कदम डगमगाकर कुछ भारी से पड़ गये। फूले दिल पर मूसलाधार पानी पड़ गया। काम के लिए इनकार किस मुँह से करोगी। 'माटी सुबरन बरसाय' कहानी में–अरे कितने दिन लगेंगे तुझे फारिग होने में। पितर पच्छ में कोई फकीर खाली न जाए। 'सुबह का सपना' कहानी में–बेबी की पोल खोलते हुए ताली बजा कर कहा। धड़ाके की गूँज हुई और सब कुछ बदल गया। 'जन्म' कहानी में–ऐसा कौन-सा अनिष्ट उसने कर दिया है, जो कोई सीधे मुँह बात नहीं करता। कमर का दर्द छिपाए मशीन की तरह काम करती रही है। 'दूधों नहाओ, पूतों फलो।' बच्चे आँखें मुलमुलाने लगे। 'सफेद तितलियाँ' कहानी में–सबके रोंगटे खड़े हो गये थे। आँखें फाड़-फाड़कर देखती। मेरी आँखों में आँसू आ गये थे। उसकी शक्ल से भी नफरत हो रही है। मैं यह राज खुलने नहीं देना चाहती थी। पत्नी मुँह बिगाड़ कर उठने लगी। 'सीखचे' कहानी में–नजरें राह पर टिक जाती हैं। तू चवन्नी की संखिया खाकर लेट जा। इस स्वाद के अभाव में गंगा-जमुना बहाई थी। 'नंगा आदमी' कहानी में–तुम्हारे बिना शाम की महफिलें सूनी हैं। इतनी-इतनी रात तक घूमते हो? उसकी उम्र निकल चुकी है। नजरें उसे ताक रही हैं। अच्छे ओहदे पर पहुँच गया है। शहर का नाम रौशन कर दिया। ये हवाई नौकरियाँ कब तक चलतीं। अपना सीना फुलाते हुए बड़ी शान से कह दिया था। अपनी जान तक न्योछावर कर देगा। उसकी त्योरियाँ बदल गयीं। न जाने कौन सा भूत सवार था। अपने को धोखा कब तक दे सकूँगा? वह एकदम नंगा हो गया। 'अधूरी कहानी' कहानी में–मुझे

विवशता की इन बेड़ियों में बाँधा। यदि मांझी के हाथ की पतवार टूट जाए। अपने मन पर काबू नहीं पा सकता। अभाव मुझे निष्प्राण बना रहा है। उसकी प्रतीक्षा करूँगा...जितने जन्मों तक करनी पड़े। 'गाय की चोरी' कहनी में—इन्तज़ार में जी-तोड़ मेहनत कर रहे हैं। मुंशी जी से दुआ-बन्दगी हुई। दर्शन के सिपुर्द करके लौटा। बस......लाठियाँ निकल आयीं। 'अकाल' कहानी में—औरत के दिल पर साँप लोट जाता है हमारे बच्चे देखकर। दाई के सामने पेट नहीं छुपता। रोज टें-टें लगी ही रहेगी। चार दिन और जीना है। पकड़ ढीली होते ही उनका ध्यान बच्चों की ओर मुड़ गया। पत्तलों और बच्चों के चेहरों को निहारा और हताश हो गये। उनके अधखुले पोपले मुँह से निरीह भूख झाँक रही थी। 'रात, औरत और गुनाह' कहानी में—बिलख-बिलखकर रो पड़ी। जैसे उसकी चमड़ी उधेड़ी जा रही हो। बिचारी की आँख में खून उतर आया। नमक हराम। अपनी राह पर चला आया। उनका गला सूख-सा गया। कमरा बहुत वीरान-सा लग रहा था आदि-आदि।

भाषा में अलंकार प्रयोग : कमलेश्वर की कहानियों की भाषा में सजीवता उनके द्वारा किये गये अलंकार प्रयोग से आयी है। गद्य में काव्यात्मकता के कारण सशक्त भावुकता आ गयी है। अनुप्रास, रूपक तथा उपमा अलंकार स्वतः ही इनकी भाषा में आ गये हैं। उपमा अलंकार की तो भरमार-सी दिखाई देती है जिससे भाषा का रोचक स्वरूप दिखलाई देता है।

अनुप्रास अलंकार प्रयोग : जरा जल्दी जंजाल खत्म कर। प्लेट में पीले-पीले पनीर की पतली तराशी हुई पत्तियाँ सी पड़ी थीं। अविकल अनन्त आसमान तक जाती हुई।

रूपक अलंकार प्रयोग : ऊपर पीले आकाश का शामियाना तना था। उन रुपयों में कर्ज का जहर था। आदमी गुब्बारा होता है, जल्दी फूलता और जल्दी ही पिचकता है। दुःखों की मूर्ति बनी मेरे सामने आएगी। लहरों के सफेद फूल। उजागर संगमरमरी मूर्ति के रूप में उसके सामने थी। नंगे काले पेड़ों की टहनियों पर बर्फ की सफेद झालरें लटकी हुई थीं। छितरी-छितरी। मटमैली नाली में पनीले दूध का पतला साँप।

उपमा अलंकार प्रयोग : उसकी मोम सी गदली आँखें छोटी हो गयी थीं। चमड़े की तरह पूड़ियाँ थीं। वह वहीं घुटनों में मुँह दबाकर कातर सी फफक-फफककर रो पड़ी। और सनकियों की तरह चीखा। यंत्रचालित सा खाट पर मुँह गड़ा कर लेटा रहा। ऊँची एड़ी तरबूज के डंठल की तरह भीतर घुसी हुई थी। कैमरे के स्टैण्ड की तरह लम्बी-लम्बी उँगलियाँ थीं और बैशाखी की तरह की टाँगें। गिरजे सा शान्त वह घर अचानक कोलाहल से भर गया था। संगमरमर सा वह शरीर एकदम अनावृत था। बदन छकड़ा गाड़ी की तरह पलटे खाता है। चित्तीदार काले चमकदार बादल बिल्कुल साँप की खाल की तरह। जाँघ बासी मछली की तरह पुलपुली और खद्दर की तरह खुरदरी थी। भैंस की तरह फैलती ही जाती है। यह पहाड़ सी ज़िन्दगी...दिन दिन टूटता हुआ शरीर। उसकी गरदन कुचले हुए साँप की तरह तड़फड़ा रही थी। वैसे ही छड़ें पकड़े ईसा की तरह सूली पर लटके हुए हैं। अनारदाने से दाँत और हिरनी सी निगाहें बस कुछ न पूछिए। आज पारे की तरह हुकूमत हथेली से लुढ़क गयी। आँखों में प्यार की मद्धिम सी लौ दमक उठी थी। बहुत दिनों बाद उन्होंने मेरा हाथ अपने हाथ में लेकर उँगलियों को शटर की तरह दबाया था। शरीर पीलिया के रोगी की तरह पीला-पीला था। दूध पर पड़ी झिल्ली सी

मलाई के लिए चीख पुकार मचती है। शुतुर्मुर्ग की तरह गर्दन छिपाकर। अपनी स्थिति चौकीदार की सी लगने लगी। नदी के पानी में नसों की तरह सिवार फैला हुआ था। ताजिए की तरह कन्धों पर सधी इमारतें। संगमरमर की नंगी मूर्ति की तरह बैठी हुई चाय पी रही थी। पॉपलर के नंगे पेड़ सन्तों की तरह खड़े थे। कुछ हवा चलती तो कोहरे के टुकड़े खरगोशों की तरह भागने लगते। बकरी की तरह मिमियाती है। वित्तमंत्री कफन की तरह सफेद खादी पहने हुए थे। वे देवदूत से लग रहे थे। छातियाँ मरे हुए चूहों की तरह लटकती हुईं। पेट सैण्ड बैग्स की तरह हिलते हुए।

सूक्ति प्रयोग : कमलेश्वर की कहानियों में सूक्ति प्रयोग भी हुआ है। इन सूक्तियों से भाषायी उत्कर्ष बढ़ा है। ये सूक्तियाँ दो प्रकार की पायी जाती हैं– स्वनिर्मित सूक्तियाँ तथा अन्य महान पुरुषों के उद्धरण अथवा उनके द्वारा रचित सूक्तियाँ। दोनों ही प्रकार की सूक्तियाँ निम्नवत् हैं–

''कर्त्तव्य करके मिलने वाला सन्तोष हानि में भी सान्त्वना प्रदान करता है।' (पृ. 22), 'तुम्हारा कर्त्तव्य है, तेज तीखी-तलवार की धार.....जिस पर अभी तक चले हो और अब भी उसी पर चलना है!' (पृ. 22), 'इच्छा...मनुष्य को कर्त्तव्य-च्युत करने में कभी नहीं ठिठकती।' (पृ. 24), 'बदमाश का दिल और अकल न जाने किस वक्त बदल जाए।' (पृ. 30), 'औरतें जिन्दगी में एक बड़ी ताकत होती हैं... ।' (पृ. 33), 'सत्य की साधना के लिए आस्था और झूठ की साधना के लिए सतर्कता चाहिए।' (पृ. 35), 'पुरुष के ऊपर किसी एक नारी के अधिकार को दूसरी नारी हमेशा अत्याचार ही मानती आयी है।' (पृ. 36), 'जब अपनी चीज पराई होने लगती है तो आदमी का दिल बैठ जाता है।' (पृ. 80), 'पराया बच्चा पराया ही होता है। चाहे जितना अंग लगाओ पर खून तो खून है।' (पृ. 95), 'बदहाली और बेकारी आदमी से कैसे सब अधिकार छीन लेती है...एक बेकार आदमी के अधिकार कैसे गिरवी रखे जेवरात की तरह रखे रह जाते हैं।' (पृ. 123), 'औलाद ही तो वह स्नेह की धुरी है, जो आदमी, औरत के पहियों को साधकर तन के दलदल से पार ले जाती है... ।' (पृ. 145), 'औरत चाहे तो अच्छे भले आदमी को उलझा दे' कितनी देर लगती है? (पृ. 156), 'क्या जीवन में टेढ़े-मेढ़े रास्ते और समय का व्यवधान हमारी शक्ति को झुका सकते हैं?' (पृ. 174), 'भ्रम बुद्धिहीन के लिए है।' (पृ. 185), 'यह एकरसता धीरे-धीरे तुम्हें निर्जीव बना देगी... ।' (पृ. 191), 'आकर्षण प्रेम नहीं होता। इसलिए पहचानो और प्रत्येक आकर्षण को प्यार का नाम देकर कलंकित न करो।' (पृ. 195), 'पहले दिन के प्रभाव के अनुसार ही हर नवीन आगन्तुक की प्रतिष्ठा और उसके प्रति व्यवहार के लिए नियम बन जाते थे।' (पृ. 196), 'भय से मुक्ति सबसे बड़ा वरदान है।' (पृ.197), 'पुलिस वालों के साथ रहकर आदमी हर फन में पक्का हो जाता है।' (पृ. 206), 'पिछली जिन्दगी अधमरे साँप की तरह पलटा खाती है।' (पृ. 317), 'हर लड़की को अपना हाल पता है।' हर लड़की इस अकेलेपन से छूटकर भाग जाना चाहती है।' (पृ. 319), 'आदमी गुब्बारा होता है...जल्दी फूलता और जल्दी ही पिचकता है।' (पृ. 326), 'किसी को बुरा देखकर लोग बर्दाश्त नहीं कर पाते और अच्छा बनते देखना उनसे सहा नहीं जाता।' (पृ. 353)ए 'सचमुच आदमी बूढ़ा नहीं होताए वक्त उसे बूढ़ा बना जाता

है।' (पृ. 358), 'अपनी-अपनी जिन्दगियों का सन्तुलन हर व्यक्ति अलग-अलग ही खोजता है अपने बारे में अपने से बेहतर और कोई नहीं जानता...।' (पृ. 381), 'युवकों को ब्रह्मचर्य की उपासना करनी चाहिए, क्योंकि बिना बुद्धि और बल के अधिकारों की रक्षा नहीं होती।' (लोकमान्य तिलक पृ. 390), 'मैं चाहता हूँ, हनुमान जैसों की मूर्तियाँ स्थान-स्थान पर खड़ी की जाएँ और वहाँ लँगोटे में सच्चे लोग ही जाएँ।' (महामना मालवीय पृ. 391), 'वही देश सौभाग्यशाली होता है, जहाँ ब्रह्मचर्य, वेदोक्त धर्म और विद्या का प्रचार होता है।' (स्वामी दयानंद पृ. 391), 'ऊर्ध्वरेता अपने शरीर में व्याप्त वीर्य को खींचकर अपने मस्तिष्क में धारण कर लेता है।' (पृ.391), ''ब्रह्माभ्यासेन चाजस्त्रमनन्तं सुख शश्नुते!....ब्रह्मचर्येण तपसा देवा मृत्युपाध्नत! (पृ. 394)''[6]

संवादों में पात्रानुकूल भाषा प्रयोग : कमलेश्वर की कहानियों में दो प्रकार के संवाद मिलते हैं। लम्बे-लम्बे वाक्यों वाले दीर्घ संवाद तथा दूसरे छोटे-छोटे वाक्यों वाले लघु संवाद। संवाद कथा को बढ़ाने वाले तथा पात्रों के चरित्र को उभारने वाले होते हैं। इनमें भाषा की संप्रेषणीयता बड़ा ही महत्त्व रखती है। कमलेश्वर की कहानियों में संप्रेषणीयता की दृष्टि से भाषा सरल, सुबोध तथा पात्रों के अनुसार है। 'चार महानगरों का तापमान' कहानी लघु संवादों पर टिकी है तथा भाषा का चलता हुआ रूप इसमें देखने को मिलता है। अन्य देशी-विदेशी भाषाओं के शब्द भी इन संवादों में मिलते हैं, जिनसे कमलेश्वर की भाषा का यथार्थ स्वरूप प्रकट होता है—

''रैड रम'' वह समझ गयी......हलके से मुस्करायी.....
खूबसूरती भी मुसीबत बन जाती है.....
तुम हो ही इतनी खूबसूरत!
उन्हें मुझ पर नहीं, मेरी खूबसूरती पर शक है।
फिर वह दुबका हुआ गुलाबी जुगनू कौंधा।
तुम्हें मेरी एक ब्रेस्ट छोटी लगती है?
उसने हाथ से महसूस करते हुए कहा—कौन कहता है?
वही कहते हैं—कई बार कह चुके हैं.....
हलके-हलके अलाव जलने लगे.....।
जगह-जगह रेशमी रास्ते खुलने लगे.....वे रास्ते जो फोल्ड कर दिये गये थे.....
तुम मर्दों की मेल सोसाइटी मुझे पसन्द नहीं है.....
क्यों? हर मर्द सिर्फ बिस्तर तक ले जाना चाहता है.....
ऐसी की.....रैड रम—लिखूँ!
रैड रम—नहीं.....कोई आवाज़ है.....वह और सिमट गयी.....
क्या हुआ है तुम्हें?
मैं कहती हूँ .....कोई है.....आहट सुनो.....
लेकिन हो ही कौन सकता है?
तुन सोचो.....लेकिन कोई होता तो बैल बजाता.....
बैल खराब भी हो सकती है
लेकिन इस वक़्त कौन हो सकता है?

यही तो तुम्हारा हस्बैंड भी हो सकता है। तुम अपने हस्बैंड की दस्तक नहीं पहचानतीं? कोई है तो ज़रूर। कहते हुए उसने वाइन की बोतल और प्याले बैड के नीचे खिसका दिये। दस्तक तेज होती गयी। कोई और भी हो सकता है—मिलने वाला। अब तो दरवाज़ा खोलना ही पड़ेगा। तुम्हीं देखो.....।"[7]

इसी प्रकार आगे भी 'अजीत' कहानी केवल ऐसे ही संवादों पर टिकी है। इन संवादों में कमलेश्वर की भाषा की सरलता, सहजता तथा खिचड़ीपन स्पष्ट हो रहा है। ठीक इसी तरह का लघु संवाद एवं आभा दर्शनीय है—

"मैं अजीब सी बदहवासी, परेशानी और बेबसी में था।

आपका छोटा भाई था। एक ने सहानुभूति के लिए पूछा—

जी हाँ .....

बहुत बुरा हुआ.....

रोज यही हो रहा है।

एक बहुत बूढ़े सरदार जी भी लाइन के इन्तज़ार में बैठे थे। काउण्टर बाबू बहुत अच्छा था। उसने सरदार जी को पुकारा—आप ट्राई करो.....।

सरदार जी की टाँगें, बाँहें, उँगलियाँ सब काँप रही थीं। पता नहीं उम्र से या किसी और वजह से। उन्हें देखकर इन्तज़ार करती एक महिला ने उनकी मदद की.....

लाइये, मैं मिला देती हूँ..... कहाँ?

लुधियाना.....।"[8]

'रावल की रेल' कहानी के लघु संवाद भी बड़ी ही रोचक एवं सरल भाषा में कमलेश्वर द्वारा लिखित हैं—

"उसने किसी से पूछा—ये कैसी रेल है?

—ये बापू की रेल है।

—बापू.....महात्मा गाधी की?

—नहीं रावल की.....राजा की।

—पर रावल और राजा तो खत्म हो गये!

—पर उनकी रेल अभी चलती है.....यही तो लोकतंत्र है!

—लोकतंत्र!

—हाँ, तो और क्या ?

—यह कहाँ तक जाती है ?

—जहाँ तक तुम्हारा धीरज तुम्हें ले जा सके!

—धीरज..... वह कुछ उलझते हुए बोला— मुझे गांधी धाम तक जाना है।

—वहाँ तक भी यह पहुँचा देगी!.....तुम बहुत थके हुए लगते हो। तुम्हारे बदन में रेत भरी हुई है। जाके धो लो। फिर कुछ आराम भी कर लो।

—तब तक रेल छूट तो नहीं जाएगी ?

—नहीं.....यह सात-आठ घंटे बाद जाएगी।

टिकिट खरीदने गया तो उसने टिकिट बाबू से पूछा—तीनों दर्जों का किराया एक है?

नहीं, फर्स्ट का सबसे ज़्यादाए सैकिण्ड का उससे कम और थर्ड क्लास का सबसे कम!

—लेकिन तीनों दर्जों में सुविधाएँ तो बिल्कुल एक-सी हैं। फिर किराये में यह फर्क क्यों?

—क्यों? क्योंकि यह लोकतंत्र की रेल है!

—लेकिन.....

—ज्यादा बहस मत करो! टिकिट बाबू ने कहा— और जो कुछ जानना हो, गार्ड बाबू से जाकर जान लो! किस क्लास की टिकिट दूँ?''[9]

यहाँ विदेशी सांस्कृतिक परिवेश में स्पष्ट एवं दो टूक भाषा प्रयुक्त की गयी है। 'भूखे और नंगे लोग' कहानी की भाषा गरीब, दरिद्र लेकिन ईमानदारों की भाषा है, इससे सामान्य जनों की ईमानदारी प्रकट हो रही है—''और सुबह होते ही कमाला का बाप फटा हुआ बोरा ओढ़ कर आया था। साथ में कमाला भी था। वह बरामदे में अपनी टाँगों को सीने से चिपकाये घुटनों पर ठोड़ी रखे सिपाई के बगल में बैठा था।

जयदेव को देखते ही कमाला के बाप ने अदब से कहा, 'सलाम साब।' 'फिर उसकी मुद्रा देखकर हिम्मत करता हुआ बोला, 'कमाला को लाया है, साब! आपका सुबह का चाह बनाएँगा, और अब करेंगा। लोट इसने जरूर किदर खोया है, साब!' फिर कमाला को बगल से पकड़कर मेमने की तरह उठाता हुआ बोला, 'जा, जा, काम कर। साब माफी दिया है...।'

कमाला उठकर भीतर चला गया।

जयदेव मुस्करा कर बोला, क्यों कमाला मान गया?

कमाला का बाप धीरे से हँस दिया, 'मानेंगा, साब, लरका है अबी! हम लोग ऐसा नईं, साब!' और सिपाही की ओर इशारा करता हुआ बोला, 'मेम साब इस पर शक किया। बोला, इदर आने का जरूरत नईं। पर हम इसको बोला, साब, वईं शहतूत के नीचू सोएँगा....जब तलक मेम साब इस कोठी में रहेंगा तब तलक। इसको बोला कि मेम साब नाराज हुआ, पर तुम खबरदारी रखेंगा। आप साहब लोग का नुकसान नईं माँगता....केनू कि कोई बारदात बी हुआ तो हमीं पकरा जाएँगा...हम आप लोग का नुकसान नईं माँगता, साब!' वह खुशामदी की तरह से हें -हें कर रहा था। जयदेव कुछ कहता, तब तक श्रीमती सरीन ने उसे बुलाकर कहा, 'सुनिये, सिपाही से कह दीजिये, यहीं सो जाया करे! चलिये, चाय तैयार है।''[10]

इस कहानी में भावपूर्ण भाषा के दर्शन किये जा सकते हैं जिसमें चित्रात्मकता एवं लेखक की अलंकारप्रियता भी स्पष्ट है—''कमाला जब चाय बनाकर लाया, तो जयदेव ने उसे पहली बार गौर से देखा, किशोर कमाला, केसर-सा रंग, बेंत-पल्लवों जैसी लम्बी-लम्बी रक्तहीन अँगुलियाँ और सफेदे के पेड़ जैसा गात...

लाँबा, श्वेत, छरहरा। उमर के लिहाज़ से कमाला लम्बा था, पर उसकी किशोरता के परिचायक कनपटियों और गालों के सुनहरे रोएँ.......जयदेव देखता रह गया........कपिल मुनि के देश का किशोर कमाला! बात करने के लिए उसने यूँ ही पूछ लिया, ''तुम्हारा घर कहाँ है ?''[11]

'स्मारक' कहानी के लम्बे संवाद, शोक श्रद्धांजलि उद्धरण रूप में प्रस्तुत हैं, जिनमें

कमलेश्वर की भाषा की आभा स्पष्ट चमकती दिखाई दे रही है–

"शोक सभा में आये हुए सभी लोगों के चेहरे फक थे। अध्यक्ष भी थोड़ा सकते में आ गये थे। हवा एकदम बदल गयी थी। अपने सूखे हुए होठों को तर करते हुए अध्यक्ष ने कहा, "अभी हमारे नगर के तपस्वी नेता श्री जितेन्द्र जी ने आपके सामने अपने विचार रखे, हमें चाहिए कि हम उनका मनन करें। अपने महानतम लेखक के प्रति हमारी यही सच्ची श्रद्धांजलि होगी...अब मैं श्री बिहारी बाबू से करबद्ध प्रार्थना करूँगा कि वे संक्षेप में कुछ कहें।" कहकर अध्यक्ष ने अपनी घड़ी पर निगाह डाली।

बिहारी बाबू ने अपने कुर्ते की आस्तीनें हाथ तक सरका लीं और बड़े दुःखपूर्ण स्वर में बोले, "यह समय मेरे बोलने का नहीं है। साहित्य के दिग्गजों के सामने मुझे बोलते संकोच होता है। आज हम जिस महान आत्मा की शोक सभा के लिए यहाँ एकत्रित हुए हैं वे मेरे अपने थे।

"मेरी यही कामना है कि वे जो कुछ जीवनपर्यन्त सोचते रहे वह अधिक से अधिक लोगों तक पहुँचे, जो कुछ उन्होंने लिखा वह हमारे साहित्य की अमर निधि है। मैं अपने मित्र, अपने अग्रज और सरस्वती के वरद् पुत्र को अपनी तुच्छ श्रद्धांजलि अर्पित करता हूँ।" उनके बैठते ही प्रसिद्ध कथाकार भुवनेश जी अपने-आप खड़े होकर बोलने लगे, "मित्रो...संक्षेप में कहूँगा...आज से तीस साल पहले की बात है, जब मैंने लिखना शुरू किया था और तब से निरन्तर साहित्य की सेवा करता आ रहा हूँ। मैंने अब तक सरस्वती की साधना करके लगभग पचहत्तर से ऊपर गद्य-कृतियों का प्रणयन किया है, खैर इसे छोड़िए....आज हम अपने साहित्य के सुप्रसिद्ध प्रगतिशील लेखक के निधन के उपलक्ष्य में यहाँ एकत्रित हुए हैं...वे मेरे साथी थे।"[12]

"यह कसूर उनका नहीं, तुम लोगों की भूखी आँखों का है!" वर्मा बोला तो चन्द्रनाथ ने बड़ी हिकारत से कहा, "अभी आपने औरत की भूखी आँखें देखी नहीं हैं। एक बार देख लीजिए तो पसीना छूट जायेगा....पसीना! इनका यह शृंगार उसी भूख की खामोश आवाज है! आखिर इस बनने-ठनने का मतलब क्या है? ये औरतें सिर्फ आदमी के लिए बनती-सँवरती हैं! क्या जरूरत है कि आप सज-सँवरकर शाम को ही निकलें और ऐसी जगहों में आएँ जहाँ हजार निगाहें हों। इन्हें बेवक्त जाकर घरों में देखिये, मसली हुई साड़ियाँ, फीके होंठ और रूखे बाल। सौन्दर्य-प्रियता का यह मतलब नहीं कि शाम चार बजे आप का वह जुनून जागे!" बोलते-बोलते चन्द्रनाथ हकलाने लगा था।

"मुझे ऐसी औरतों से चिढ़ है, ये खोखली हैं, इन्हें दुनिया में सिर्फ आदमी की बाँहें चाहिए। मरी हुई आत्माओं की ये लाशें बदबू करती हैं, इन्होंने नौजवानों को रास्तों से उतारकर गन्दी खाइयों में फेंक दिया है–हताश और भटकते हुए आदमियों में बचे-खुचे आदर्श और महत्वाकांक्षाएँ तक इन सड़ी हुई औरतों ने छीन ली हैं, उन्हें गुमराह किया है।" चंद्रनाथ का हाथ मेज पर काँप रहा था।

"चोट खा गया है भाई! लड़का चोट खा गया है कहीं।" बिशन ने वातावरण हल्का करना चाहा। पर चन्द्रनाथ पर जैसे भूत सवार था, इस फ़ब्ती को नकारते हुए वह वर्मा की ओर ताकते हुए बोला, "और आप मुझे नैतिकता का पाठ पढ़ा रहे हैं। उन्हें जाकर समझाइए, जो चार बजे से मेक-अप करते-करते शाम के छह बजे तैयार होकर निकलती हैं। इनके प्रति श्रद्धा तब हो,

जब हम इन्हें खेतों में काम करते देखें, इंजनों को चलाते देखें, फैक्टरियों में खटते देखें, बिजली घरों में पसीना बहाते देखें। हम इन्हें काम में मशगूल देखें। रंगे हुए नाखून, पुते हुए होंठ, खुले हुए पेट और आँख में काजल की लकीरें इस बात का बुलावा हैं कि इन्हें श्रद्धा की नहीं, सिर्फ वासना की नजर से देखो। और आप मुझसे नैतिकता की बात करते हैं!"[13]

उचित शीर्षक एवं भाषा : कहानियों के नाम के अनुसार भाषा प्रयोग करना कमलेश्वर की अपनी विशेषता है। 'कर्तव्य', 'दुनिया बहुत बड़ी है', 'नौकरी-पेशा', 'गाय की चोरी', 'अनाथपिंडक सुदत्त', 'आत्मा की आवाज़', 'मांस का दरिया', 'साँप', 'बयान', 'राजा निरबंसिया', 'देवा की माँ', 'सच और झूठ', 'नागमणि', 'आत्मा अमर है', 'मानसरोवर के हंस', 'मेरी प्रेमिका', 'आसक्ति' तथा 'अजीत' आदि कहानियों की भाषा सरल, सार्थक, सटीक तथा सुबोध है। इन कहानियों में उर्दू, अरबी व फारसी भाषाओं के शब्दों का प्रयोग कम मात्रा में मिलता है। अंग्रेजी शब्दों का प्रयोग भी कम हुआ है तथा भाषा सुरुचिपूर्ण एवं बोधगम्य है। इनके साथ 'सफेद तितलियाँ', 'सीख़चे', 'नंगा आदमी', 'रात, औरत और गुनाह', 'फालतू आदमी', 'दुनिया बहुत बड़ी है', 'आजादी मुबारक', 'रात चाँदनी थी और बन्नो नंगी थी', 'सोलह छतों का घर', 'भूखे और नंगे लोग', 'दाल चीनी के जंगल', 'जामातलाशी' आदि कहानियों में पूर्व में बतलाई गयी कहानियों की अपेक्षा कुछ अन्य भाषाओं के शब्द अधिक हैं।

निष्कर्ष : कमलेश्वर की कहानियों की भाषा सरल एवं आम आदमी की समझ में आने वाली बोलचाल की भाषा के अति निकट है। इनकी कहानियों में कहीं-कहीं कुछ विदेशी शब्दों के रूप देखने को मिल जाते हैं। स्वरूप की दृष्टि से कहानियों में संस्कृत शब्दों की मात्रा कम है। वैसे तत्सम शब्द प्रचुर मात्रा में मिलते हैं। तद्भव शब्दों का भी अभाव नहीं। कुछ शब्द पंजाबी के भी मिलते हैं। बल देने के लिए शब्द का दो बार भी प्रयोग होता हुआ देखा गया है। जैसे—आहिस्ता-आहिस्ता, धीरे-धीरे, तरह-तरह, भागते-भागते, गिटपिट-गिटपिट, खिल-खिल, तड़-तड़, काट-काटकर, गुजरते-गुजरते, हलके-हलके आदि। मुहावरों एवं लोकोक्तियों के प्रयोग ने कमलेश्वर की भाषा को चुस्त-दुरुस्त बना दिया है। प्रतीक, बिम्ब, उपमा तथा रूपक आदि के प्रयोगों से इनकी कहानियों की अभिव्यंजना शक्ति और अधिक बढ़ी है। चित्रात्मकता कमलेश्वर की भाषा की अन्यतम विशेषता है। कुल मिलाकर इनकी भाषा का एक सर्वग्राह्य रूप बन पड़ा है जिसमें अन्य भाषाओं के चलताऊ शब्दों का प्रयोग कहानीकार ने चलते-चलते कर दिया है। हाँ, समस्त कहानियों में अंग्रेजी के ऐसे भी कुछ शब्द हैं, जो आम आदमी की समझ से बाहर हैं। यह लेखक की भ्रमणशील प्रवृत्ति एवं अंग्रेजी के अच्छे ज्ञान का परिचय कहा जा सकता है। सम्प्रेषणीयता की दृष्टि से उनकी भाषा चलन की है। कहीं भी ऐसे शब्द नहीं हैं, जो पाठकों को खटकते हों या उनकी समझ से ऊपर के हों। इतनी कहानियों में दस-बीस क्लिष्ट अथवा अन्य भाषाओं के कठिन शब्द कोई मायने नहीं रखते हैं।

भाषायी दृष्टि से लेखक सफल है। भावावेश में कहीं-कहीं पात्रों अथवा स्वयं कहानीकार के मुख से अपशब्द (गाली शब्द) निकल पड़ते हैं जैसे—'बन गया साला पाकिस्तान', 'अरे बदमाशों', 'नासपीटी उठ', 'वह साली मोटर साइकिल', 'साला आशिक बनता है', आलू खान। बन्द कर 'कलमुँही', 'करम-फूटी', 'यू फुलिश', **'बेशर्म'**, **'सत्यानाशी'**, 'कुलदोसी', 'बेहूदे', 'साले

जानता है दिल्ली गेट बना है', 'बास्टर्ड', 'कोढ़िन होकर मरेगी ससुरी' आदि। आज के चलन में अंग्रेजी शब्दावली हिन्दी के साथ घुलती जा रही है। लोग शान से प्रयोग करते हैं लेखक ने भी वही किया है। कुल मिलाकर लेखक का भाषा पर अधिकार है, ऐसा कहा जा सकता है कि भाषा सरस एवं सुरुचिपूर्ण है, ऊब से दूर है।

(ख) भाषा की व्यंजना शक्ति, शिल्प कौशल एवं कलात्मक अभिव्यक्ति

भाषा की व्यंजना शक्ति

अभिधा और लक्षणा शक्तियों के उपरान्त जिस शक्ति से हमें अन्य अर्थ का बोध होता है, उसे हम व्यंजना कहते हैं। वास्तव में व्यंजना शक्ति व्यंग्यार्थ का बोध कराती है। व्यंजना का व्युत्पत्तिपरक अर्थ है—प्रकाशित करना। यह शक्ति वास्तव में व्यंग्यार्थ को प्रकाशित करती है।

कमलेश्वर ने अपनी कथा यात्रा को चार दौरों में रेखांकित किया है—

1. अपने कथा स्रोतों की पहचान का और अपने परिवेश में जीने का दौर।
2. व्यक्ति के दारुण और विसंगत सन्दर्भों को समय के परिप्रेक्ष्य में समझने का दौर।
3. यातनाओं के जंगल से गुजरते मनुष्य के साथ और समानान्तर चलने का दौर।
4. दिल्ली लौट कर आने के बाद का दौर।

उनके इस विकास क्रम में कथ्य और शिल्प की दृष्टि से उनकी कहानियाँ निरन्तर विकसित होने की गवाही देती हैं।''[14] इस विकास में उन्होंने कभी नयी भाषा गढ़ने अथवा शाब्दिक चमत्कार उत्पन्न करने का कोई प्रयास नहीं किया तथा वे कभी भी प्रयोग के लिए प्रयोग करने के पक्षपाती नहीं रहे। अभिधा, लक्षणा से जब काम नहीं चला तो उन्होंने व्यंजना शक्ति का उपयोग कर अपनी भाषा को अदम्य शक्ति प्रदान की जिससे संप्रेषणीयता को बल मिला। उनका लक्ष्य हमेशा भाषा की संप्रेषणीयता पर ही रहा है। संकेतों एवं प्रतीकों का सहयोग लेकर उन्होंने अपनी भाषा को प्रखरता प्रदान की। 'नागमणि' एवं 'राजा निरबंसिया' आदि कहानियों में प्रतीक आत्यधिक मुखर हुए हैं। 'राजा निरबंसिया' में लोककथा की प्रतीकात्मकता के कारण कोई शिल्पगत बाधा अथवा असुविधा उत्पन्न नहीं हुई है। भाषायी दृष्टि से उनकी कहानियों में कोई अतिरिक्त सजगता दिखलाई नहीं देती है।

स्वाभाविकता उनकी भाषा का विशेष गुण बनकर उभरा है। भाषागत दुरूहता को उन्होंने अपनी कहानियों में कहीं नहीं आने दिया है। अभिधा उनकी कहानियों में सर्वत्र दिखाई देती है। लक्षणा एवं व्यंजना शक्ति से उनकी कहानियों की भाषा अत्यधिक प्रभावोत्पादक बन पड़ी है।

"फैंटेसी का प्रयोग कमलेश्वर बहुत अच्छे ढंग से नहीं कर पाये हैं।"[15] संवाद लेखन में लेखक ने पात्रानुकूल तथा वातावरणानुकूल शब्दों के सम्यक् प्रयोग की ओर ध्यान दिया है तथा शब्दों के इस प्रयोग के द्वारा भाषा में सार्थकता लाने की सुचेष्टा की है। उन्होंने अपने अनुभवों को भाषा के प्रवाह में बाँधने का सत्प्रयास किया है। भाषायी प्रभाव एवं प्रवाह के कारण भाषा की सम्प्रेषणशक्ति कहीं भी बाधित नहीं हुई है।

बिना प्रयास के ही शब्द अपनी सार्थकता प्रकट करते हुए उनके समक्ष आकर खड़े हो

जाते हैं वे चाहे अंग्रेजी के हों अथवा अन्य किसी भाषा के, वे उन्हें अपने उपयोग में तुरन्त ले लेते हैं। वहाँ बनावट, साज-सज्जा अथवा किसी प्रकार से तराशने की उन्हें फुरसत ही नहीं है। मुहावरेदार भाषा उनकी अभिव्यक्ति का सार्थक माध्यम बनकर उभरी है। भाषा की व्यंजना शक्ति ने उनकी भाषा के अर्थ के नये द्वार खोल दिये। अनुभूति एवं अभिव्यक्ति के बीच उनकी भाषा निश्चय ही एक तीसरी जीवन्त एवं स्वतन्त्र सत्ता के रूप में अवस्थित है। इसका कारण ज़िन्दगी की वास्तविकताओं को यथार्थ रूप में भोगकर कमलेश्वर ने अभिव्यक्त किया है। उनके शब्द ज़िन्दगी की सच्चाई को पहचानते हैं। सांकेतिकता उनकी कहानियों की प्राणशक्ति है।

विषय के प्रस्तुतीकरण, संगठन में संकुल प्रभाव सांकेतिकता इनकी कहानियों में निहित है, जो प्रभाव की संगीत लहरी से पाठक को बरबस अपनी ओर आकर्षित करता है। वे स्थूलता से सूक्ष्मता की ओर अग्रसर होकर अपनी कहानी कला एवं भाषा को नयापन प्रदान करते हैं। कहानियों की भाषा में अलंकारों का प्रयोग स्वतः ही हुआ है। इससे उनकी भाषा की व्यंजना शक्ति का अभिवर्धन हुआ है। कमलेश्वर का भाषागत प्रयोगफलक अति व्यापक एवं विस्तीर्ण है। उन्होंने एक ओर हिन्दी को समृद्ध बनाने हेतु परम्परागत प्रौढ़ता से परिचित होकर नवता लाने का प्रयास किया है तो दूसरी ओर समस्त भारतीय भाषाओं को प्रभावित करने की दृष्टि से अंग्रेजी वाक्यावली मिश्रित नवभाषा का प्रयोग किया है। चलताऊ अंग्रेजी शब्द प्रयोग से नव गहन व्यंजना शक्ति का विकास किया है। भाषिक प्रयोग की सूक्ष्मताओं को उन्होंने सहज ही अपनाने का प्रयास किया है।

कहीं-कहीं लघु वाक्य संरचना की है जिससे कोई भी सूक्ष्म भाव अथवा विचार ना छूटे, यह प्रयास हुआ है। कमलेश्वर की भाषा अति स्वच्छ एवं निर्मल है, उससे विषयवस्तु एवं पाठक के मध्य कोई भी व्यवधान नहीं रहता। उनकी कहानियों में प्रतीक संकेत पद्धति से सूक्ष्मता एवं अर्थवत्ता को उच्च स्थान प्राप्त हुआ है। चित्रात्मकता उनकी कहानियों का विशेष गुण है। 'दुःख-भरी दुनिया' कहानी से उदाहरण प्रस्तुत है–

"सुबह चारों बच्चे जागकर एक रजाई में कुलबुलाते रहते हैं। एक-एक कोना पकड़ कर खींचते हैं। रात की बची हुई मूँगफलियों को झपट-झपटकर फिर अपनी जेबों में भर लेते हैं। और फिर एक-एक कर ठिठुरते हुए हाथ-मुँह धोने के लिए निकलते हैं। दीपू के कानों की लवें नीली होती हैं, नाक नीली पड़ जाती है और सर्द ईंटों में फर्श पर वह पंजों के बल दौड़ता हुआ नल की पटिया पर पहुँचता है। खुली बाँहों के रोम उभर आते हैं–सर्दी की लहर से उसका शरीर रह-रहकर काँपता है। किसी तरह मुँह पर पानी चुपड़कर वह चूल्हे की ओर भागता है और घुटनों में दोनों हाथ दबाकर आग के सामने बैठ जाता है। विमला तब चाय बनाती है। चारों बच्चे चूल्हे के आस-पास जमा हो जाते हैं और छोटे-बड़े प्यालों में से सबसे बड़ा प्याला कभी किसी के हाथ आता है, कभी किसी के। फिर माँ से ऊपर तक प्याले भरने की जिद होती है–दूध पर पड़ी झिल्ली-सी मलाई के लिए चीख-पुकार मचती है।"[16]

इतना ही नहीं समूची कहानी अनेक चित्रों से भरी हुई है तथा एक क्लर्क की दशा, खीझ तथा उदासी भरे जीवन के गहरे जीवन्त चित्र उपस्थित करती है। पिता को पहाड़ा सही न सुनाने पर मार खाकर दीपू नामक बच्चा भूखा ही सो जाता है। माँ एक प्याला दूध गर्म करके लाती है। बारिश

हो रही है, इसी का चित्र इन पंक्तियों में रेखांकित है—"बाहर बारिश हो रही थी। हवा की सनसनाहट से खामोशी और भी भयानक लग रही थी। दीपू नींद में गहरी साँसें ले रहा था, और बच्चों पर रजाई ठीक करके उसने फिर प्यार से पुकारा, 'दीपू, दीपू, बेटे!' दीपू कुलबुलाया। विमला ने उसे उठाकर दीवार के सहारे टिका लिया। उसकी नींद नहीं टूटी थी। विमला ने उसे फिर धीरे से हिलाया, 'दीपू, दूध पी ले।' और नींद में दीपू बुदबुदाने लगा, 'अठारह छक्के एक सौ आठ...अठारह सत्ते... अठारहा सत्ते....' और सिसकी लेकर फिर से रो पड़ा।"[17]

'खोयी हुई दिशाएँ' कहानी में चित्र के माध्यम से अकेलापन एवं झूठा दर्प प्रकट हो रहा है। महानगरीय शून्यता द्रष्टव्य है—"निगाह दूर आसमान पर अटक जाती है, जहाँ चीलें उड़ रही हैं और मोजे की शकल में कटा हुआ आसमान दिखाई दे रहा है। उस गँदले आसमान के नीचे जामा मस्जिद का गुम्बद और मीनार दिखाई पड़ रही है, उनकी नोकें बड़ी अजीब-सी लग रही हैं। पीछे वाली दुकान के बाहर चोलियों का विज्ञापन है। रीगल बस स्टॉप के नीम के पेड़ों से धीरे-धीरे पत्तियाँ झड़ रही हैं। बसें जूँ-जूँ करती आती हैं—एक क्षण ठिठकती हैं—एक ओर से सवारियों को उगलती हैं और दूसरी ओर से निगलकर आगे बढ़ जाती हैं। चौराहे पर बत्तियाँ लगी हैं। बत्तियों की आँखें लाल-पीली हो रही हैं। आस-पास से सैकड़ों लोग गुजरते हैं, पर कोई उसे नहीं पहचानता। हर आदमी या औरत लापरवाही से दूसरों को नकारता या झूठे दर्प में डूबा हुआ गुजर जाता है।"[18]

इस प्राकृतिक एवं महानगरीय चित्र में गहन शून्यता भरी है तथा महानगरीय जीवन की हकीकतों को प्रस्तुत कर रही है। 'जार्ज पंचम की नाक' पूरी कहानी प्रतीकात्मक है। सजीवता एवं चित्रात्मकता इस कहानी के अन्य गुण हैं। व्यंजना शक्ति इस कहानी की भाषा का महान गुण है। 'बयान' कहानी की भाषा भी आम आदमी के दर्द को व्यंजित करने में पूर्णरूपेण सफल है। 'साँप' एवं 'पराया शहर' कहानियाँ भी भाषायी व्यंजना शक्ति की दृष्टि से उत्कृष्ट कहानियाँ ही कही जा सकती हैं।

'मांस का दरिया', 'देवा की माँ', 'कस्बे का आदमी', 'राजा निरबंसिया', 'पीला गुलाब', नौकरी-पेशा', 'एक अश्लील कहानी', 'नागमणि', 'सोलह छतों का घर', 'लाश', 'चप्पल', 'तलाश' तथा 'आत्मा की आवाज' आदि कहानियाँ भाषायी दृष्टि से सुसमृद्ध हैं। कहानीकार ने भाषा की व्यंजना शक्ति के माध्यम से किसी न किसी रूप में आम आदमी के दर्द के यथार्थ को उजागर किया है। दर्द, दर्द है उसकी कोटियाँ भिन्न हैं। विविध दर्दों की पर्तें कमलेश्वर ने अपनी कहानियों की भाषा की व्यंजना शक्ति के माध्यम से ही खोली हैं। दर्द कहीं आदमी का है, कहीं औरत का। कहीं वह किसी सधवा परित्यक्ता का है अथवा विधवा या वेश्या का। कहीं किसी बालक का है तो कहीं किसी युवक का। कहीं राजनीतिज्ञ नेता का अथवा सामान्य जन का। उसे लेखक ने पकड़ा है, अभिव्यक्त किया है। 'इतने अच्छे दिन', 'चार महानगरों का तापमान', 'रातें' तथा 'लाश' आदि की भाषा भी सशक्त है। इतना ही नहीं कमलेश्वर की चौथे दौर की कहानियों में उनकी भाषायी शक्ति और अधिक निखरी है। भले ही अन्य भाषा के शब्दों की बहुलता उनकी कहानियों में रही हो लेकिन व्यंजना शक्ति ने भावों की गहराई को और अधिक स्पष्टता दी है। उनके चौथे दौर की कहानियाँ दिल्ली लौट आने के बाद की हैं।

'इन्तज़ार', 'कोहरा', 'वीपिंग विलो', 'रावल की रेल', 'इतिहास कथा', 'आजादी मुबारक', 'सफेद सड़क', 'अपने देश में' तथा 'तुम कौन हो' आदि कहानियाँ भाषा की सशक्तता की दृष्टि से चूड़ांत कही जाएँगी। उनकी इन कहानियों की भाषा में लचीलापन है। किताबी भाषा से पृथक नये अर्थों का विस्तार है, शक्ति वैविध्य है तथा ताज़गी है।

शिल्प कौशल एवं कलात्मक अभिव्यक्ति : शिल्प कलात्मक निर्वाह पद्धति माना जाता है। शिल्प के माध्यम से लेखक अभिव्यक्ति हेतु बाध्य होता है। वह अपनी समस्त अव्यक्त अन्तःप्रेरणाओं के मध्य यथार्थ रूप में यह अनुभव करता है कि मुझे क्या कहना है। वास्तव में सार्थक अभिव्यक्ति को कलात्मक रूप में सुसज्जित करने का नाम ही शिल्प है। नयी कहानी में शिल्प के विविध प्रयोग किये गये, जो विचारगत एवं विषयगत रहे हैं परन्तु नयी कहानी में कलागत प्रयोग अधिक किये गये। इन्हें विद्वान दो रूपों में विभाजित करते हैं। शिल्पगत एवं भाषागत।

डॉ. शशिभूषण पाण्डेय 'शीतांशु' शिल्पगत प्रयोग को सोलह शीर्षकों में इस प्रकार विश्लेषित करते हैं–

"1. आंचलिक शिल्प का प्रयोग
2. विविध स्तरों वाले सूक्ष्म सांकेतिक शिल्प का प्रयोग
3. प्रतीकात्मक शिल्प का प्रयोग
4. बिम्बात्मक शिल्प का प्रयोग
5. दुहरे कथाशिल्प का प्रयोग
6. समाप्ति से आरम्भ के शिल्प का प्रयोग
7. कथानक ह्रास और कथा सूत्र के विशृंखल शिल्प का प्रयोग
8. चरमोत्कर्ष पर बोध सूत्र के स्पष्ट होने वाले शिल्प का प्रयोग
9. विचारोत्तेजक प्रलापीय शिल्प का प्रयोग
10. स्वैर कल्पना (फैंटेसी) के शिल्प का प्रयोग
11. व्यक्तित्व के द्विधा के प्रस्तुतीकरण के शिल्प का प्रयोग
12. एक कथा के अन्तर्गत कई कथा नियोजन के शिल्प का प्रयोग
13. आवर्तक शिल्प का प्रयोग
14. गाथा शिल्प का प्रयोग
15. समीकरण शिल्प का प्रयोग
16. तान्त्रिक प्रयोग।"[19] (क्रमांक 1 से 16 तक)

डॉ. गोवर्धन सिंह शेखावत नयी कहानी की शिल्पगत विशेषताओं का उल्लेख इस प्रकार करते हैं।

(क) सपाट बयानी
(ख) प्रतीकात्मकता– (1. समग्ररूप में प्रतीक प्रयोग, 2. आंशिक रूप में प्रतीक प्रयोग)
(ग) सांकेतिकता
(घ) बिम्ब विधान

एक कहानीकार में इन सभी शिल्प प्रयोगों को खोजना सही नहीं है क्योंकि एक कहानीकार की कहानियों में ये सभी प्रयोग मिलें यह आवश्यक नहीं। फिर भी कमलेश्वर की कहानियों में इनमें से विविध प्रयोग मिलते हैं। नयी कहानी की प्रधान शिल्पीय विशेषताएँ—सपाटता, प्रतीकात्मकता, सांकेतिकता तथा बिम्ब विधान के प्रयोग सहज रूप में देखे जा सकते हैं। इनके अतिरिक्त कहानियों में गौण रूप में कथानक ह्रास का शिल्प, चेतनप्रवाह, पूर्वदीप्ति आदि प्रयोग देखे जा सकते हैं। कमलेश्वर की कहानियों में शिल्प सुगठित कलात्मक एवं पूर्णरूपेण सफल है। कमलेश्वर की कथायात्रा उलझे हुए शिल्प से लेकर सपाट शिल्प तक की है। उन्होंने प्राचीन एवं नवीन कथाओं का संयोजन करके मिश्रित शिल्प को जन्म दिया है। वे कथ्य के अनुसार शिल्प बदलते हुए दृष्टिगोचर होते हैं। उनकी कहानियों का उद्देश्य मात्र मनोरंजन नहीं क्योंकि इससे कहानी के स्वतन्त्र विकास का मार्ग अवरुद्ध हो जाता है।

शिल्प रचना से कोई पृथक वस्तु नहीं होती है। किसी भी कलाकृति के लिए कथ्य एवं शिल्प अलग-अलग नहीं होते हैं। शिल्प के अन्तर्गत वे सभी युक्तियाँ आती हैं जिनका उपयोग रचनाकार अपने कथ्य की अभिव्यक्ति हेतु करता है। विषयवस्तु शोध एवं साज सँवार का माध्यम ही शिल्प कहलाता है। अनुभूति से अभिव्यक्ति तक की समस्त सृजन प्रक्रिया शिल्प के अन्तर्गत आती है। वस्तु को शिल्प से पृथक करके नहीं देखा जा सकता है। सफल रचना हेतु अनुभूति एवं अभिव्यक्ति की आन्तरिक एकता अत्यावश्यक है।

कमलेश्वर की कहानियों में अनुभूति एवं अभिव्यक्ति का सम्यक् समन्वय पाया जाता है। उनकी श्रेष्ठ कहानियों में अनुभूति की मौलिकता एवं अभिव्यक्ति की कलात्मकता के दर्शन होते हैं। इस विषय में उनकी मान्यता है कि—"कला के स्तर पर कहानी मेरे लिए एक बहुत ही कठिन विधा है। हर कहानी एक चुनौती बनकर सामने आती है और उसके सब सूत्रों को सँभालने से नसें फटने लगती हैं.......तमाम ऐसी तकलीफें मुझे उसी वक्त सताती है और मैं भागता रहता हूँ..... यह भगना तब तक चलता रहता है जब तक अनुभूति में आत्मसात नहीं हो जाता इसके बाद लिखना मेरी मुक्ति का प्रयास बन जाता हैं।"[20] इस प्रकार कहानी की सृजनयात्रा जिन्दगी, उसके विविध अनुभव, अनुभवों का अनुभूति में परिर्वतन व अभिव्यक्ति से यातनापूर्ण बन जाती है।

कमलेश्वर की कहानियों का विषय निम्न मध्यवर्ग के मध्य से जाता है। कमलेश्वर ने निम्न मध्यवर्ग के जीवन के प्रत्येक रंग को, उसके प्रत्येक उतार-चढ़ाव को अपनी कहानियों का विषय बनाया है। उनकी कहानियाँ आग्रहशील नहीं हैं, वे प्रवृत्तियों की हो सकती हैं। जीवन के यथार्थबोध को लेकर चलने वाली कहानियाँ हैं। यह यथार्थ बोध विराट निम्न मध्यवर्गीय है। निम्न मध्यवर्ग आज के दुर्दान्त संकटों को जाने अनजाने झेलता दिखाई दे रहा है। इसकी सही एवं सशक्त अभिव्यक्ति कमलेश्वर की कहानियों में मिलती है। निम्न मध्यवर्गीय मानव के जीवन संघर्ष को ही कमलेश्वर ने अपनी कहानियों का प्रमुख विषय बनाया है।

शिल्प एवं शैली की दृष्टि से उनकी कहानियाँ अति नूतन प्रयास हैं। 'राजा निरबंसिया' कहानी में—बचपन में माँ से सुनी कहानी को कमलेश्वर ने किस प्रकार बदलते युग का नया जामा पहना कर दो कहानियों को समानान्तर चला कर नव शिल्प का सृजन किया है। इसमें

उनकी शिल्पगत सजगता एवं अनुभूति की तीव्रता स्पष्ट झलकती है। राजा निरबंसिया की लोक कथा को समकालीन निम्न मध्यवर्गीय परिवार से जोड़कर सफल प्रयोग करते हुए शिल्पगत नूतनता को सार्थक बनाया है। इस विषय में डॉ. नामवर सिंह का कथन अति समीचीन ही है— "शिल्प विधान का यह नया प्रयोग कहानी में अनेक अर्थों एवं व्याख्याओं की सम्भावना भर देता है।"[21] इस नवीन प्रयोग की सफलता ने उनके कहानी लेखन में चार चाँद लगाये।

'नीली झील' भी कमलेश्वर की शिल्प की दृष्टि से एक नवीन प्रयास ही कही जायेगी। इसमें प्रकृति एवं काव्यात्मकता का मणिकांचन संयोग है। महेसा मन्दिर धर्मशाला निर्माण की जगह झील को नीलामी में खरीदकर शिकार न खेलने की पट्टिका लगा देता है, जो अहिंसा का सन्देश देता है। इसमें वस्तु एवं शिल्प का अद्‌भुत मिश्रण है।

कमलेश्वर की अधिकांश कहानियों का प्रारम्भ किसी मनःस्थिति, घटना, वातावरण चित्रण, प्रस्ताव अथवा अन्य किसी स्थिति से होता है, जो विकसित होने लगती है। पाठकों के समक्ष पात्रों के नाम, उनकी स्थिति तथा उनके सम्बन्ध स्पष्ट होने लगते हैं। यह प्रक्रिया अति सहज में होती है, वे पात्र परिचय देने में शीघ्रता नहीं करते। प्रारम्भ में पात्रों का न कोई उल्लेख और न कोई संकेतात्मक परिचय ही दिया जाता है। पात्रों का सहज विकास होता है।

यह भी उनके शिल्प की एक प्रमुख विशेषता मानी जाती है। कमलेश्वर की शिल्प यात्रा उलझे हुए शिल्प से लेकर सपाट शिल्प तक की है। उन्होंने प्राचीन एवं नवीन कथाओं को जोड़कर नवशिल्प संरचना की है। उन्होंने परम्पराएँ तोड़कर नवीन कथाशिल्प की उर्वर भूमि तैयार की, यह उनके व्यक्तित्व की विशेषता है।

देशकाल एवं वातावरण का चित्रण : देशकाल के अन्तर्गत कहानियों में प्रतिपादित प्रदेश, राज्य की सामाजिक, राजनीतिक, धार्मिक एवं सांस्कृतिक परिस्थिति चित्रण के साथ समाज के आचार-विचार, रहन-सहन एवं रीति-रिवाज चित्रित होते हैं। कमलेश्वर की कहानियों में इनका सम्यक् चित्रण हुआ है। कमलेश्वर की कहानियों में प्रतिपादित देश काल एवं वातावरण चित्रण को हम इस प्रकार विभाजित कर सकते हैं—

1. ग्राम एवं कस्बे विषयक वातावरण चित्रण : कमलेश्वर की इस प्रकार की कहानियाँ उनके ग्राम मैनपुरी तथा उसके आस-पास के वातावरण को चित्रित करने वाली कहानियाँ हैं। इनमें 'राजा निरबंसिया', 'मुर्दों की दुनिया', 'मानसरोवर के हंस' आदि हैं। इसी वातावरण से जुड़ी अन्य कहानियाँ 'नागमणि', 'गर्मियों के दिन', 'देवा की मा', 'कस्बे का आदमी', 'भटके हुए लोग', 'धूल उड़ जाती है', 'दुनिया बहुत बड़ी है', 'अकाल' तथा 'इतने अच्छे दिन' आदि हैं जिनमें ग्रामीण एवं कस्बे के वातावरण का बड़ा ही रोचक, सहज एवं हृदयस्पर्शी वर्णन किया है। इन कहानियों में प्यारेलाल, मुंशी जी, सुदर्शन दर्जी, हंसराज पंजाबी, जगपती, निसार, जुम्मन साईं तथा नसीबन आदि पात्र हैं, जो वहाँ के गली-मुहल्ला, कंकड़ की सड़क, गली तथा कुप्पी के प्रकाश में जीते हैं तथा मैनपुरी के वातावरण को उजागर करते हैं।

2. नगर विषयक चित्रण : 'एक अश्लील कहानी' इलाहाबाद में एक दोपहर घटी एक नंगी जवान औरत की घटना पर आधारित है। 'सीने का दर्द' कहानी भी इलाहाबाद के नगरीय वातावरण के चित्रण से जुड़ी कहानी है।

3. महानगर विषयक चित्रण : कमलेश्वर को अपनी नौकरी के कारण दिल्ली, बम्बई तथा कलकत्ता आदि महानगरों में रहना पड़ा। वे दिल्ली एवं बम्बई से अधिक जुड़े रहे। वहाँ उन्होंने जो कहानियाँ लिखीं उनमें महानगरीय वातावरण बोलता है। दिल्ली के चाँदनी चौक, करोलबाग, पार्लियामेण्ट स्ट्रीट, लाल किला, इरविन अस्पताल, गुरुदास रोड, पचकुइयां श्मशान, बम्बई के ब्रीच कैण्डी तथा कैम्प्स कॉर्नर आदि स्थानों का अतिसुन्दर वर्णन किया गया है जिससे महानगरीय वातावरण के सजीव चित्र उभरे हैं। बम्बई की रातों, सड़कों तथा प्रकाश का सजीव वर्णन किया है। सर्दी, गर्मी, कुहरा, बरसात, सड़क की पटरियों की भीड़ का चित्रण 'दिल्ली में एक मौत' तथा 'खोई हुई दिशाएँ' कहानियों में मिलता है। महानगरीय एकाकीपन एवं परिचय का अभाव, आदमी की लापरवाही, अहं, दूसरे को नकारना आदि कमलेश्वर की कहानियों में सजीव रूप में मिलता है। महानगरीय वातावरण का पूर्ण निर्वाह हुआ है।

4. विदेशी वातावरण विषयक चित्रण : कमलेश्वर की अनेक कहानियाँ विदेशी पृष्ठभूमि एवं विदेशी जीवन शैली पर आधारित हैं। जर्मनी, आस्ट्रिया, ग्रीस, इंगलैण्ड, बेल्जियम, विएना, जेनेवा, अफ्रीका तथा यूगोस्लाविया आदि स्थानों का वातावरण इनकी कहानियों में झलकता है। 'हवा है हवा की आवाज नहीं' कहानी जर्मनी के औद्योगिक वातावरण को प्रस्तुत करती है। 'आधी दुनिया' बेल्जियम के डोबर बंदरगाह के रोचक वातावरण को प्रस्तुत करने में सफल हुई है। इन कहानियों में पात्रानुकूल भाषा, देशकाल तथा वातावरण चित्रण देखने को मिलता है।

संवाद : कहानियों में संवाद अथवा कथोपकथन के माध्यम से कहानी का कथानक बढ़ता है तथा उसके पात्रों का चरित्र भली-भाँति विकसित होता है। अतः संवाद सरल, स्वाभाविक तथा पात्रानुकूल होने चाहिए। संवाद पात्रों की आन्तरिक मनोवृत्तियों को निखारने में भी सहायक होते हैं। कमलेश्वर की कहानियों में संवाद सही, सटीक, नुकीले तथा सीमित मिलते हैं। कहीं-कहीं पर लम्बे-लम्बे संवाद भी देखने को मिलते हैं।

शैली : कमलेश्वर ने अपनी कहानियों में अनेक लेखन शैलियों का प्रयोग किया है जिनमें मिश्रित, चित्रात्मक, आत्मकथात्मक, आत्मविश्लेषणात्मक, पत्रात्मक, डायरी, फैंटेसी तथा पूर्व दीप्ति आदि हैं। इनके साथ ही संकेत, बिम्ब एवं प्रतीक आदि का भी भली-भाँति प्रयोग हुआ है।

बिम्ब प्रयोग : कहानीकार अभिव्यक्ति को सार्थक एवं पूर्ण बनाने के लिए बिम्ब योजना का आश्रय लेता है। कमलेश्वर ने अपनी कहानियों में बिम्बों का सफल प्रयोग किया है। 'जोखिम', 'युद्ध', 'तलाश' तथा 'दाल चीनी के जंगल' आदि कहानियों में बिम्बों की भरमार है।

प्रतीक योजना : कमलेश्वर ने अपनी कहानियों को उच्च कोटि का बनाने के लिए उनमें सार्थक प्रतीकों का सफल प्रयोग किया है। 'खोई हुई दिशाएँ', 'मांस का दरिया', 'तलाश', 'नीली झील', 'नागमणि', 'पीला फूल', 'सीख़चे', 'लाश', तथा 'धूल उड़ जाती है' आदि कहानियाँ प्रतीकमयी हैं। 'खोई हुई दिशाएँ' कस्बे के एक संवेदनशील युवक के मन की छटपटाहट की अभिव्यक्ति है। 'नीली झील' महेश पाण्डेय के चरित्र एवं रुचियों का प्रतीक है। 'मांस का दरिया' समाज के भ्रष्ट नैतिक मूल्यों का प्रतीक है। 'तलाश' में ममी की तलाश आधुनिक युग के प्रत्येक व्यक्ति की तलाश का प्रतीक है। 'गर्मियों के दिन' कहानी में साइन बोर्ड लगाना परिवर्तन का प्रतीक

है। 'नागमणि' शीर्षक ही प्रतीकात्मक है। 'लाश' जनतंत्रात्मक व्यवस्था के मरण का प्रतीक है। 'सीख़चे' का शीर्षक प्रतीकात्मक है जिसमें जर्जर प्राचीन मान्यताओं को प्रतीक रूप में चित्रित किया है। 'पीला गुलाब' प्रेम में नैराश्य का प्रतीक है।

भाषा : कमलेश्वर की भाषा आम जनों की बोलचाल की भाषा है। इसमें अंग्रेजी, उर्दू, फारसी, अरबी तथा पंजाबी आदि भाषाओं के शब्द भी पाये जाते हैं।

शीर्षक : कमलेश्वर ने अपनी कहानियों के शीर्षक उचित, चौंकाने वाले, प्रतीकात्मक तथा कथा को स्पष्ट करने वाले रखे हैं।

शिल्प कौशल एवं कलात्मकता की दृष्टि से कमलेश्वर की कहानियाँ अत्युच्च कोटि की बन पड़ी हैं। शिल्प कौशल एवं कलात्मक दृष्टि से पूर्णरूपेण सफल मानी जा सकती हैं। वे इस क्षेत्र में नवीनता के पोषक हैं जिसमें उन्हें पूर्ण सफलता मिली है।

(ग) कमलेश्वर के उपन्यासों की भाषा का स्वरूप

उपन्यास में भाषा का स्थान अतिमहत्वपूर्ण होता है। यह एक ऐसा माध्यम है जिससे उपन्यासकार उपन्यास की कथा को आगे बढ़ाता है तथा उपन्यास में आये हुए पात्रों के चरित्र एवं मनोभावों के उद्‌गारों का यथातथ्य चित्रण करने में समर्थ होता है। भाषा शैथिल्य उपन्यासकार की असफलता का द्योतक है।

कमलेश्वर के उपन्यासों की भाषा सम्प्रेषणीयता की दृष्टि से अति सरल, सुरुचिपूर्ण, सहज, स्पष्ट, सशक्त तथा क्लिष्टता रहित है। उनकी भाषा प्रवाह एवं प्रभावपूर्ण है, जो पाठकों को प्रभावित किये बिना नहीं रहती। कमलेश्वर का अपनी भाषा पर पूर्ण अधिकार है। इसे हम उनकी भाषा की निम्नलिखित विशेषताओं के माध्यम से प्रकट कर सकते हैं–

(क) चित्रात्मकता : कमलेश्वर की भाषा का प्रधानतम गुण चित्रात्मकता है। उनके सभी उपन्यासों में यह गुण सर्वत्र मिलता है। वे भाषा के इसी विशेष गुण के कारण भावों को हृदयंगम कराने में सफल हुए हैं। कमलेश्वर की भाषा की चित्रात्मकता को हम निम्नलिखत उद्धरणों से पुष्ट कर सकते हैं– ''बाजा मास्टर ने हारमोनियम पर रखे हुए फूलों को सामने रखी रामायण की पोथी पर बिखरा दिया और कुंजियों पर मकड़े की टाँगों की तरह उँगलियाँ टिका दीं। पैरों में हरकत हुई और धुन फूट पड़ी–''रघुपति राघव राजाराम....।'' पंडित जी की करतालें ऐसे बोल पड़ीं जैसे कोई गंवार गाँव की वधू लच्छे और झाँझों के साथ पैरों में खड़ाऊँ पहने धीर गति से चली जा रही हो। तबलची भीतर मूर्तियों का शृंगार कर रहे थे। पुरुषों में थोड़ी शान्ति छा गयी, लेकिन औरतों की मजलिस बदस्तूर बातों में मशगूल थी! एकाध आवाज़ें आकर मंच से टकराईं–''लीला शुरू करो....पर्दा उठाओ!''[22]

''तम्बू की ऊपरी परत नीचे झुकती तो लटके हुए कपड़े आकुल जीवों की तरह काँपते और उनकी परछाइयाँ बड़ी देर तक पेंडुलम की भाँति एक सीमा में हिलती रहतीं।''[23] ''यह कमरा था जो उन्हें सबसे अलग करता था। कीलों पर मैले कपड़े, कोने में ट्रंक और उसके ऊपर तमाम घरेलू सामान। खिड़की पर मरी हुई खाल की तरह झूलता हुआ पर्दा, बल्ब के आसपास बुना हुआ जाला...और दीवार पर पं. जवाहर लाल नेहरू की एक तस्वीर।''[24]

"चिकवों की इस बस्ती में ही जुम्मन साईं की कोठरी और नसीबन की झोपड़ी भी थी। ये दोनों तब भी यहीं थे और अब भी यहीं हैं। इसके अलावा गिरे और ढहे हुए मकानों के निशान बाकी रह गये हैं। ज़मीन वही है, पीपल और जामुन के पेड़ भी वही हैं........दूर, मैदान जहाँ नीचा होकर हरी पहाड़ियों पर फैल जाता है, वहाँ बेरियाँ हैं...टीलों के पीछे कमरख और आँवले का जंगल है, जहाँ बम्बा बहता है...और ढलान के बायीं तरफ गहरा तालाब है जिसमें सूअर और भैंसें नहाती हैं।"[25]

"एक शाम...बस्ती में दिए जल गये थे। सलमा अस्पताल से लौट आयी थी। सत्तार अपनी कोठरी में बैठा था। पूरी बस्ती बड़ी उदास थी कि ज़ोर से हवा चलने लगी। जानू के मकान के सामने वाला पीपल भूतों की तरह हँसने लगा। कुछ ही देर बाद बारिश होने लगी। पानी बरसने का शोर चारों तरफ भर गया—बरसते और कच्ची गलियों में बहते पानी का शोर! मिट्टी कट-कटकर बहने लगी। टाट के पर्दे भारी होकर जिराबख्तर की तरह झूल गये और घरों के दियों की रोशनी काँप-काँपकर बुझने लगी..... ।"[26]

"आखिर गाड़ी चली—और सब चढ़ गये। उस भीड़-भाड़ में मैं चित्रा के डिब्बे में घुस गया। यों मेरे लिए भी वहीं रिज़र्वेशन था पर जब बड़े चाचा की फब्ती सुनी थी, तो मन संकोच से भर गया था। पर चित्रा का आकर्षण इतना ज़्यादा था कि उस लिहाज़ की बात को भूल ही गया। और जब गाड़ी कुछ दूर निकल आयी तो मैंने चित्रा की तरफ निश्चिन्त होकर देखा था। वह सीट पर पैर रखे, घुटनों पर ठोड़ी टिकाए मुझे देख रही थी। इतने पास से उसकी नज़र का वह पहला सम्मोहन मैं सह नहीं पाया था। आज भी अगर कुछ याद आता है तो सिर्फ दो आँखें। कुछ क्षणों के लिए मैं चित्रा के पूरे शारीरिक अस्तित्व को जैसे भूल ही गया था। आँखों के सिवा कुछ और दिखाई ही नहीं दिया था।"[27] "गौशाला से बड़ी लम्बी-लम्बी साँसें आ रही थीं। पूँछ झटकने और खुर पटकने की आवाजें और बुखारी से चूहों के दौड़ने की लगातार सरसराहट आ रही थी। चुहियाँ भी चूँ-चूँ करती दौड़ रही थीं।"[28]

"दिन भर पैदल और घोड़ों पर चलने के बाद आडू को पीछे छोड़ते हुए शाम होते-होते हम सीधे लिद्दरवट के डाक बंगले में पहुँच गये। जब हम वहाँ पहुँचे तो हल्की-हल्की बारिश हो रही थी। खच्चर वाले सामान लेकर पहले ही पहुँच चुके थे। डाक बँगला नया था—सामने दो कमरे, उनके पीछे बरामदा और बरामदे से पूँछ की तरह जुड़ा एक रास्ता, जो पीछे बने किचन और भंडारखाने के जुड़वाँ कमरों तक जाता था। सामने के ऊँचे पठार से देखने पर यह डाक बँगला हवाई जहाज़ की शक्ल का लगता था और उसके पीछे लिद्दरवट का पहाड़ सपाट चट्टान की तरह खड़ा था।"[29]

"कमरे में सैलानियों का सामान बिखरा हुआ था...हर चीज़ अस्त-व्यस्त थी—पलँग के पायताने जैम और पनीर के डिब्बे पलकें खोले पड़े हुए थे, एक कोने में अण्डों के छिलके जमा थे और रद्दी अख़बार के मुड़े-मुड़ाए टुकड़े। पलँग के एक पाये पर चादर के कोने से चिपकी थी छुरी, उसमें लगा मक्खन पोंछा नहीं गया था। कमरे-भर में सिगरेट के टुकड़े बिखरे हुए थे और पलँग के एक ओर प्लेट में सॉसेजेज़ के कुछ बचे हुए टुकड़े आधे पिये सिगार की तरह रखे थे, प्लेट की किनारी पर जैम चिपका था....दूसरे कोने में एक सूटकेस था और पलँग के

नीचे होल्डाल खुला हुआ पड़ा था–एक गिलास उसी पर लुढ़क रहा था......और पलँग–सफेद चादर बुरी तरह से मसली हुई थी, तकिये पर कोहनियों की टेक के गढ़े बाकी थे, तकिये के नीचे एक गन्दा रूमाल था और एक रेशमी साड़ी सिरहाने बेतरतीबी से पड़ी थी। तकिये के एक कोने से दबी हुई ब्रेसरी झाँक रही थी, जिसकी गेटिस टूटी हुई थी..... ।"[30]

"हर तरफ लोहा जलने की भारी-भारी सी महक भरी रहती। रात-भर भट्ठियाँ दहकती रहतीं। चादरों के टुकड़े मज़दूर लाद-लादकर फेंकते रहते। फाटक के भीतर अँधेरी रात में ऐसा लगता जैसे किसी वीराने में फौज का मोर्चा हो...भट्ठियों की रोशनी में नंगे बदन मज़दूरों के शरीर या चेहरे शैतानों की तरह चमकते थे। कभी कोई मज़दूर थककर वहीं लोहे की चादरों पर लेट जाता...पूरी फैक्टरी में पच्चीस-पच्चीस पावर के सात बल्ब थे जिनकी रोशनी वहीं अपने दायरे में मुरझा जाती थी। दो-तीन मज़दूरों का गोल कभी रात में ही ऊबड़-खाबड़ धरती और झाड़ियों को पार करके किसी समतल टुकड़े पर बैठ जाता और दारू पीकर तान छेड़ता.... ।"[31]

"इनका क्या करती हो?" "अरे, डॉक्टर हो इतना भी नहीं मालूम? सातों नमक ले लो और इन्हें सुखाकर, कूट-पीसकर मिला लो, तो भीतर के सब दर्द दूर हो जाते हैं।"

"तुम तो पूरी डॉक्टर हो?"

"आखिर वैद्य की बेटी हूँ।"[32]

प्रस्तुत उदाहरण से स्पष्ट है कि कमलेश्वर के उपन्यासों की भाषा सरल, गतिशील, चित्रोपम तथा यथार्थपरक है। साथ ही औपन्यासिक संवाद व्यंजनाशक्ति से परिपूर्ण हैं। उनकी भाषा कृत्रिमता से बहुत दूर है। उनकी भाषा का सबसे बड़ा गुण है–सरलता। भले ही कोई समीक्षक इनकी भाषा को उपन्यासों के अनुरूप स्तरीय भाषा न कहे लेकिन इसकी सरसता, सरलता एवं सजीवता जन-जन को आकर्षित करने वाली ही कही जाएगी।

'वही बात' उपन्यास के संवाद तीन प्रकार के हैं। दीर्घ, मध्यम एवं लघु। लघु संवाद भी अति सूक्ष्म रूप में देखे जा सकते हैं–

– "आइये, आप को घुमा लाऊँ, नकुल ने कहा।

– कहाँ?

– यहीं।

– नहीं।

– क्यों?

– यों ही.........आप कॉफी पीयेंगे?

– इस वक्त! बनाएँगी?

– नहीं! बार-बार कौन बनाये अपने लिए, इसलिए बना कर रख ली थी। आइये... ।"[33]

'वही बात' उपन्यास की भाषा सरल, सटीक, सजीव तथा चित्रात्मक है। उदाहरणार्थ– "डिप्टी साहब, आप को अपनी फैमिली और बच्चों के साथ आना चाहिए था...साइट पर खजांची बाबू नये डिप्टी इंजीनियर को समझा रहे थे। अकेले आप यहाँ कैसे रह पायेंगे? गेट से निकलकर सड़क पर मुड़ते हुए प्रशान्त ने एक बार फिर नकुल और समीरा की ओर देखा और दायाँ हाथ खिड़की से निकालकर अन्तिम बार विदा ले ली। नकुल और समीरा के हाथ हवा में उठे रह

गये।

वे दोनों बुत बने से खड़े थे। फिर जैसे किसी एहसास से घिरकर दोनों ने एक-दूसरे की ओर देखा और अपने हाथ नीचे खींच लिये।

दोनों की आँखें भीग आयी थीं।

नकुल ने धीरे से समीरा के कन्धे पर हाथ रख दिया और उसे अपने साथ भींच लिया।

— समीरा.......! उसने कहा।

— नकुल........! कह कर वह उसके साथ सिमट गयी और वे धीरे-धीरे अपने बँगले की ओर लौटने लगे।''[34]

'सुबह...दोपहर...शाम' यही चित्रात्मकता सुबह...दोपहर...शाम उपन्यास में भी स्पष्ट देखी जा सकती है—

''अम्मा ने फौरन सब सँभाल लिया—

— मैं अभी सबको देती हूँ! और उन्होंने बड़े चूल्हे से तमाम कोयले बाहर खींच लिए और दो बड़े चिमने उन पर रख दिए। लोहे की कड़ाही में गरम करने के लिए ऊपर तरकारी चढ़ा दी—

ले इटावा वाली, तू तरकारी चला। मैं पूड़ियाँ सेंकती हूँ।

बासी पूड़ियों की झल्लियाँ पास खिसका ली गयीं और चिपकी हुई पूड़ियों को छुड़ा-छुड़ाकर चिमटे के ऊपर लकीर में गरम होने को रख दिया गया। कोयले दहक रहे थे। पूरे घर में महक भर गयी थी, मैंथी की तरकारी के भुनते छिलके वाले आलू और हरी मैंथी की महक। चिमटी पर सिंकती पूड़ियों से झरती परतों के जलने की महक और कचौड़ियों में भरी दाल, सौंफ और हींग की भुनती हुई गन्ध। घर के कपड़ों में सबेरे-सबेरे आती धुली हुई गन्ध। खुले और कढ़े हुए सभी के बालों से फूटती हुई महक, मीठी-मीठी महक..... ।''[35]

'सुबह...दोपहर...शाम' की भाषा में पात्रानुकूलता है, निम्नलिखित संवादात्मक उदाहरण में पात्रानुकूल भाषा प्रयुक्त हुई है—

''मास्टर जी! तुम्हारा भाई को एक दिन हमारे को फाँसी देना पड़ेगा! अभी तलक हम तुम्हारा खातिर चुप रहा....काहे को तुम अच्छा आदमी होता...लेकिन किसू दिन तुम्हारे को भी तकलीफ में पड़ना पड़ सकता! तभी हमारे को कुछ नहीं बोलने का.....

— अब हम क्या करें सर! नवीन हमारे बस में नहीं है! प्रवीन ने कहा था।

— तो तुम उसू कू बोलो, सरेण्डर करने का........तुम्हारा खातिर हम उसू को उम्र भर सिर्फ कैद में डालने का ! तुम्हारा खातिर.... काहे को.......तुम पीसफुल टीचर होता है.... अबी तुम सबका सोचने का ! बाद में हमारू पास नहीं आने का ! तबी हम कुछ नहीं करने सकेंगा। तुम उसू को बोलो.... सरेण्डर करे........।''

चित्रात्मकता एवं सुसंवादात्मकता की इन उदाहरणों से कमलेश्वर के उपन्यासों की भाषा की स्थिति स्पष्ट हो जाती है।

(ख) रसमयता/काव्यात्मकता : काव्यात्मकता का सृजन कथ्य को अति संप्रेषणीयता प्रदान करने के लिए किया जाता है। पाठक पात्रों के साथ तादात्म्य स्थापित करता हुआ चलता है। काव्यात्मकता के कारण कल्पना एवं वास्तविकता और अधिक सजीव, प्राणवान तथा अर्थवान

बन जाती है। कमलेश्वर की भाषा में काव्यात्मकता का गुण सहज रूप में पाया जाता है, जो कहीं-कहीं संगीत स्वर लहरी में बंधकर गीतात्मक भी हो जाता है। जैसे–

"नदिया के ईरे-तीरे दुय घन रुखवा एक रे महुलिया एक आम रे।
नगर आजोध्या में दुय वर सुन्दर इक लछमन इक राम रे।।"

"क्या मिल गया भगवान मेरे दिल को दुःखा के
अरमानों की नगरी में मेरे आग लगा के...... ।"

सिनेमा के गीत पर आधारित, हेम के प्रेमपत्र का महत्त्व बढ़ाने के लिए लेखक कमलेश्वर ने काव्यात्मकता का आश्रय अपने उपन्यास 'एक सड़क सत्तावन गलियाँ' में लिया है। इस उपन्यास में जगह-जगह काव्यत्मकता बिखरी पड़ी है–

"हमने यह कवित्व खुद जाकर ले सच्चा हाल बनाई है।
आशा है इसमें झूठ बात रुपये में एक न पायी है।"

× × ×

पत्र लेखन में भावुकता प्रायः बढ़ जाती है। भावुकता काव्यात्मकता की प्रथम सीढ़ी है। यह तथ्य निम्नलिखित पंक्तियों से प्रकट होता है–

"हृदय की रानी हेम!

निठुर नियति के हाथों बार-बार प्रताड़ित होने पर भी तुम्हारा पीछा नहीं छोड़ता........सुना तुम्हारा विवाह तय हो गया है........यह दैव दुर्विपत्ति ही है कि मेरी रानी! मेरे आँसू नहीं थमते। मेरे हृदय को तुमने कभी समझा ही नहीं, जो तृप्त होते हुए अतृप्त था, उसमें शायद अब भी पिपासा है, जो आमरण शान्त न हो सकेगी..........तुमने तो आशाओं पर निराशा की काली चादर डाल दी। तुम्हें भी किसी शलभ को अपने जीवन दीप की आँच से जलाने की खूब सूझी और सफल भी हुई, अतएव उस शलभ की बधाई स्वीकार करो। एक प्रार्थना है, भूलना मत उस शलभ को, जिसने अपने अरमानों की चिता में आग लगा दी............ ।"

(ग) सूत्रात्मकता : कमलेश्वर के उपन्यासों की भाषा सूत्रात्मक है। उनके एक-एक वाक्य में समस्त स्थिति एवं घटनाओं का अनुमान लगाया जा सकता है। सूत्र रूप में वे बहुत कुछ कहने की सामर्थ्य रखते हैं। कुछ उदाहरण प्रस्तुत हैं–

–"ठीक है........पड़ोसी भी तो भाई समान होते हैं।"[36]

"अब उसकी आँखों में जमा हुआ मोम भी नहीं था, वह भी भीतर समा गया था।"[37]

"नहर का पुल पूरे तपते झुलसते इलाके का नखलिस्तान है।"[38]

"सारे शरीर पर रेंगते हुए पसीने के पतले-पतले साँप।"[39]

"मण्डी की नाड़ी धीमी पड़ते ही पूरी बस्ती उदास हो जाती है।"[40]

"रामायण की महिमा अपार है।"[41]

"हर तिनके से पतवार की उम्मीद होती है, शिवराज!"[42]

"गुस्से में आदमी सब कुछ कर सकता है।"[43]

"हर जगह जाति का सर्प फन फैलाए बैठा है।"[44]

"पाकिस्तान क्या बना, सब बिखर गया।"[45]

(घ) रूमानियत : कमलेश्वर के उपन्यासों की भाषा में रूमानियत के दर्शन होते हैं। इस प्रकार की भाषा का प्रयोग काम वासना एवं काम प्रवृत्तिपरक चित्रों को उभारने के लिए होता है। कहीं-कहीं पात्रों को विवश होकर कामेच्छा दिखानी पड़ती है। कहीं-कहीं पात्र स्वेच्छा से उसमें प्रवृत्त दिखाई देते हैं। कहीं बलात् उससे यह काम करने हेतु कहा जाता है। इस प्रकार कमलेश्वर ने अपने उपन्यासों में सभी जगह पात्रानुसार भाषा प्रयुक्त की है। इस प्रकार की भाषा के निम्नलिखित उदाहरण देखे जा सकते हैं–

"गद्दी तो इतनी पतली है, तुझसे सीधी तरह बैठा भी नहीं जाता.....बंसिरी कह रही थी कि उसका कन्धा गद्दी के नीचे आ रहा था, बोली– ये भी नहीं देखता, इधर काँटे हैं........ खाल छिल गयी। हट! अरे हट!........और बंसिरी जब गयी तब उसके सचमुच एक काँटा ऐसा चुभ गया था, जो न उसे अँधेरे में दीखता था और न टटोल कर बाहर ही खींचा जा सकता था।

उसके थके हुए शरीर में कुछ ऐसी सनसनाहट भर गयी थी, जो उसे आपे से बाहर किये दे रही थी। इतनी टूटन, थक़ान और हारी हुई झनझनाहट। सरनाम ने उसे मरोड़ दिया था। मांस कसकता था........कितनी गहरी नींद आती है ऐसे में। चैन और भुलावे की नींद, बेफिक्री की नींद, मदहोशी की नींद।"[46]

"उसके शरीर के अंग-अंग, पोर-पोर में जैसे लाखों करोड़ों गोरी-गोरी कोपलें विकसित हो गयी हों........भीतर लाखों रस स्रोत फूट पड़े हों और उनकी गन्ध धार होठों के तट तक आकर भीतर-भीतर लौट जाती हों, गीले तटों से होंठ और आँखों के पारदर्शी पानी में उन लहरों की पड़ती हुई प्रतिच्छाया........तन की घुमड़ती लहरियों से मांसल गहराइयों में पड़ती हुई भँवर! कमर के ऊपर भँवर नाभि की परिधि में पड़ती सर्पिल मांसल लहरें और अथाह गहराइयों की तरह थरथराता हुआ रसप्लावित सागर शरीर.........सचमुच उस क्षण बसन्ती रसवंती थी इरा।"[47]

"तुम्हारे साथ मैं कितना पूरापन महसूस करती हूँ नकुल। लगता है कोई मेरे लिए है... सिर्फ मेरे लिए...। कहते हुए समीरा ने नकुल को बिस्तर पर लिटा दिया फिर उसने खिड़कियों के पर्दे गिरा दिए।"[48]

समग्र उपान्यास के इन उद्धरणों से यह स्पष्ट है कि कमलेश्वर की उपन्यास-भाषा में रूमानियत की झलक है। इसके साथ उनकी भाषा इतनी ही जानदार, सशक्त एवं सामर्थ्यशालिनी है। इसमें गतिशीलता, प्रवाहमयता तथा स्पष्टता है। यह स्पष्टरूपेण कहा जा सकता है कि कमलेश्वर ने अपने उपन्यास एक विशेष रूमानियत के आधार पर उसके वशीभूत होकर लिखे हैं। कहीं-कहीं तो इनके उपन्यासों में रूमानियत भरी बेबसी दिखलाई देती है जैसे 'डाक बँगला' की निम्नलिखित पंक्ति से स्पष्ट होता है–"कितने अपने और साथ ही कितने बेगाने होते हैं–'डाक बंगले'। मुसाफिर आते हैं और चले जाते हैं।" इस वाक्य से स्थिति की विषमता का आभास कदापि नहीं होता है।

(ङ) सार्थकता : कमलेश्वर के समस्त उपन्यासों की भाषा सरल होने के साथ-साथ सारगर्भित, अर्थगर्भा तथा सार्थक है। उनके उपन्यासों की भाषा का एक-एक शब्द, एक-एक वाक्य सही एवं पूर्ण अर्थ की प्रतीति प्रदान करता है–

'काली आँधी' उपन्यास का यह वाक्य अपने आप में पूर्ण है तथा यह स्पष्ट करता है कि राजनीति एवं राजनीतिक वातावरण में सब कुछ जायज़ है—"मालती जी के चुनाव अड्डे—गोल्डन सन में शराब और शबाब से भरी रंगीन रातें।"[49]

"तू मेरी बहू नहीं...तू मेरी लक्ष्मीबाई है! कहते हुए बाबू जी रो पड़े थे। पता नहीं वे लाचारी में रो पड़े थे या खुशी से उनके आँसू फूट पड़े थे। अपने आँसू सुखाकर वे इतना ही और बोले थे— अब इस देश को कोई भी आजाद करे! लेकिन अब यह देश गुलाम नहीं रह सकता।"[50] इस उद्धरण में शान्ता के साहसपूर्ण कार्य के साथ देश के निश्चित रूप से स्वतन्त्र होने की बात कही गयी है।

"दो हफ्ते बाद वीरेन चला गया था। घर बहुत खाली-खाली सा लगता था, पर उसके खतों से जैसे सब सधा हुआ था। हर महीने वह पिताजी के नाम मनीआर्डर करता और मनीआर्डर पाते ही श्यामलाल आठ-दस दिनों के लिए घर में फैसला लेने लगते। पैसे खत्म होते ही फैसले लेने का हक अपने आप तारा के पास चला जाता, या एकाध बातें हरवंश तय कर देता...तब, जब रम्मी को वह दस-बीस रुपये चुपके से उधार देता।"[51]

प्रस्तुत उद्दरण में श्यामलाल की आर्थिक स्थिति का बड़ा ही स्पष्ट एवं मार्मिक चित्रण है। इसकी भाषा अति सरल होने के साथ-साथ सार्थक, अर्थपूर्ण एवं अर्थगर्भा है। इसमें पैसे की महत्ता वर्णित है।

निष्कर्ष : भाषा की दृष्टि से हम इस निष्कर्ष पर पहुँचते हैं कि कमलेश्वर के उपन्यासों की भाषा अति सरल होते हुए भी सशक्त एवं सामर्थ्यसम्पन्न है, जो औपन्यासिक स्थितियों का एक पूरा चित्र सा देती है। चित्रात्मक एवं यथार्थपरक भाषा भी इनके उपन्यासों में मिलती है। इनके उपन्यासों के संवाद व्यंजनाशक्ति सम्पन्न है। भाषा में प्रभाव एवं प्रवाह है। इनके उपन्यासों में अनेक चित्रण काव्यात्मकता से भरे हुए हैं। अच्छे विवरणों एवं चित्रणों में सूत्रात्मकता भी स्पष्ट परिलक्षित होती हैं। मुहावरों एवं लोकोक्तियों के साथ-साथ सूक्तियों का प्रयोग भी इनके उपन्यासों की भाषा में हुआ है। सटीक एवं अर्थगर्भा के सार्थक प्रयोग भी कमलेश्वर के उपन्यासों में देखे जा सकते हैं। यदि यह कहा जाय कि कमलेश्वर के उपन्यासों की सफलता उनकी सरल, सशक्त एवं व्यंजनापूर्ण भाषा में ही छिपी हुई है तो इसमें कोई अतिशयोक्ति नहीं होगी। उन्होंने अपने उपन्यासों की भाषा के इस स्वरूप का स्वयं ही निर्माण किया है।

(घ) कमलेश्वर के उपन्यासों की कलात्मक अभिव्यक्ति

अभिव्यक्ति का साधन अभिव्यंजना है जिसके माध्यम से कलाकार अपने मनोगत भावों एवं विचारों को उसी रूप में पाठकों के समक्ष प्रस्तुत करता है जिस रूप में वह स्वयं अनुभव करता है। वह सहृदय पाठकों को उसी भावभूमि पर विचरण कराता है, जो उसके मानस पटल पर अवस्थित हैं। एतदर्थ किसी भी साहित्यकार को अपनी रचना की विषयवस्तु सजा-सँवारकर प्रस्तुत करनी पड़ती है। रचनाकार अपने भावों, विचारों, अनुभवों को व्यंजित करने हेतु विशिष्ट कथा का आश्रय लेता है तथा साथ ही पात्रों का चरित्रांकन करना पड़ता है। सम्यक् देशकाल का सृजन करना पड़ता है और तदनुकूल भाषा शैली का चयन करना पड़ता है जिससे सटीक

एवं सम्यक् अभिव्यक्ति का भली-भाँति अंकन हो सके, रचना उत्कृष्ट व सफल बन सके तथा उसका पाठकों के साथ सफल तादात्म्य स्थापित हो सके।

संक्षेप में लेखक की यही कलात्मक अभिव्यक्ति अभिव्यंजना कहलाती है। कलात्मक अभिव्यक्ति के दर्शन हम वस्तु विधान, चरित्र विधान, देशकाल-वातावरण, भाषा शैली आदि बिन्दुओं के माध्यम से कर सकते हैं–

(क) वस्तु विधान : उपन्यास का विषय उसकी वस्तु कहलाता है। वस्तु कथानक का ही दूसरा नाम है। इसे कथावस्तु भी कहा जाता है। उपन्यासकार किसी विशेष योजना की दृष्टि से अपनी कथा को संगठित करता है। वह घटनाओं को एक विशेष क्रमानुसार रखता है, यही विशिष्ट संयोजना कथावस्तु है। उपन्यास का सम्पूर्ण कलेवर-भव्य भवन के रूप में कथानक से ही निर्मित होता है। कथावस्तु के विषय में डॉ. प्रताप नारायण टण्डन अपनी सम्मति व्यक्त करते हुए कहते हैं कि–"सम्बद्धता, मौलिकता, निर्माण कौशल, सत्यता तथा रोचकता को अच्छे कथानक का गुण कहा है।"[52]

किसी उपन्यास की सफलता का मूल रहस्य यह है कि उसमें मानव जीवन की सूक्ष्म-अनुभूतियों और सामाजिक समस्याओं का निरूपण कितनी विशदता एवं सूक्ष्मता से किया गया है, जो लेखक ऐसा करने में समर्थ होता है वह उतना ही सफल उपन्यासकार होता है। कमलेश्वर इसी प्रकार के उपन्यासकार हैं जिनके उपन्यासों की कथावस्तु ग्रामीण परिवेश से लेकर कस्बाई परिवेश तक फैली है। कस्बाई परिवेश से नगरीय परिवेश तक तथा नगरीय परिवेश से महानगरीय परिवेश तक विशदता लिए हुए है। उनके उपन्यासों की एक सामान्य सी विशेषता यह दिखलाई देती है कि उनमें निम्न मध्यवर्गीय परिवार का चित्रण तथा स्वतन्त्र भारत में स्वतन्त्र समझी जाने वाली नारियाँ जो वास्तव में स्वतन्त्र नहीं हैं, का विशेष रूप से चित्रण हुआ है। प्रत्येक उपन्यास की कथावस्तु पृथक एवं संक्षिप्त है, उस पर अलग-अलग क्रम से वर्णन अनिवार्य है। अतः कमलेश्वर के उपन्यासों के वस्तु विधान का विश्लेषण अलग-अलग किया जा रहा है, जो इस प्रकार है–

एक सड़क सत्तावन गलियाँ : वस्तु विधान : 'एक सड़क सत्तावन गलियाँ' कमलेश्वर द्वारा विरचित वर्णनात्मक शैली का प्रथम उपन्यास है। वस्तु विधान की दृष्टि से इस उपन्यास की कथावस्तु विशृंखलित दिखाई देती है। इसमें समस्त घटनाएँ बिखरी हुई हैं, जिन्हें लेखक ने एकसूत्र में बाँधने की सफल चेष्टा की है। उपन्यास में कस्बे में रहने वाले निम्न मध्यवर्ग की स्थिति को भली-भाँति पाठकों के समक्ष रखा गया है। कस्बाई व्यक्ति अपना मन रमाने के लिए राम लीला, नाटक-मण्डली तथा रास लीला आदि देखने का प्रयास करता है। जब मन रमाने के साथ आय के स्रोत के रूप में इन्हें अपनाता है तथा आय इन माध्यमों से पर्याप्त रूप में नहीं होती तो विवश होकर वह यदाकदा डकैती डाल लेता है। इन्हीं कस्बाई विशेषताओं को लेकर उपन्यास की कथावस्तु का प्रारम्भ होता है।

कथानक पुनः मोड़ लेता है जब दरोगा रंगीले को सरनाम के विपक्ष में गवाह बना लेता है तथा सरनाम के पकड़े जाने पर मुकदमा चलता है जिसमें रंगीले सरनाम के विरुद्ध गवाही देता है। लेकिन मुकदमे का निर्णय एकदम विपरीत होता है कि सरनाम एवं उसके साथी रिहा

कर दिये जाते हैं तथा मिथ्या साक्ष्य के अपराध के फलस्वरूप रंगीले को तीन वर्ष की सख़्त सज़ा सुनाई जाती है तथा अन्ततः जेल जाते समय वह बंसिरी की रक्षा का भार शिवराज को सौंपकर जेल जाता है तथा अपने कृत्य के लिए सरनाम से माफी माँगता है।

इस उपन्यास में सरनाम और बंसिरी की मुख्य कथा है। साथ ही शिवराज, हेम, बाजा मास्टर, कमला, मंगल आदि पात्रों की अलग-अलग कथाएँ भी चलती हैं, जिनके माध्यम से मुख्य कथा आगे बढ़ती है। राष्ट्रीय आन्दोलन तथा साम्प्रदायिक घटनाएँ भी उपन्यास में दिखाई गयी हैं लेकिन ये मुख्य कथा में बाधक नहीं होतीं। पृथक-पृथक घटनाओं के बावजूद उपन्यास का प्रत्येक पात्र किसी न किसी रूप में एक-दूसरे से जुड़ा हुआ है। उपन्यास में किसी भी प्रकार का बिखराव दिखाई नहीं देता, कथावस्तु बड़े ही रोचक एवं प्रभावपूर्ण ढंग से आगे बढ़ती है। उपन्यास की अन्य प्रासंगिक कथा एवं घटनाएँ मुख्य कथा को आगे बढ़ाती हैं साथ ही वे इतना संकेत देती हैं कि उपन्यासकार हमें कस्बों में रहने वाले निम्न मध्यवर्गीय पात्रों की सार्थक एवं असार्थक स्थितियों का विवरण दे सके।

'एक सड़क सत्तावन गलियाँ' उपन्यास की कथा का केन्द्र बिन्दु सरनाम एवं बंसिरी का जीवन ही है, जिसे जीने, भोगने हेतु उन्हें न जाने क्या-क्या करना पड़ा है।

डाक बँगला : वस्तु विधान : डाक बँगला एक भ्रमित शिक्षित आधुनिक नारी की कथा है, जिसे उपन्यासकार कमलेश्वर ने आत्मकथात्मक शैली में विश्लेषित किया है। इरा की कहानी एक ऐसी शिक्षित आधुनिका की कहानी है जिसने अपने जीवन में अनेक प्रकार के अच्छे एवं बुरे अनुभव प्राप्त किये लेकिन जीवन के हर मोड़ पर वह हारती ही चली गयी। जीत उससे कोसों दूर रही। वह अपनी टूटन भरी जीवनानुभूतियों को बड़े ही तटस्थ भाव से तिलक के सम्मुख अभिव्यक्त करती है।

कश्मीर यात्रा के मध्य इरा सोलंकी एवं तिलक के साथ एक डाक बंगले पर ठहरती है। वहीं एक रात वीरान जंगल में तिलक को साथ लेकर निकल जाती है और अपनी बदसूरत जिन्दगी के रहस्यों को वह भावुकता से सुनाती है—"तिलक मैं सब सुनती रही हूँ, अब मैं ही बोलती जाऊँगी। मेरी जिन्दगी बगैर मंजिलों के चलती रही—मैं चिर पथिक हूँ, मेरा पड़ाव कहीं नहीं है। इन पहाड़ी रास्तों में लोग जैसे पैदल चलते हैं वैसे ही मैं भी आज तक चलती रही हूँ। रास्ते में कोई गन्दी चाय की दुकान आ गयी तो लोग वहाँ भी रुककर एक प्याली पी लेते हैं क्योंकि और कोई चारा नहीं है।"[53]

इस प्रकार 'डाक बँगला' नारी जीवन की विडम्बना की करुण कहानी है। नारी जीवन और कुछ नहीं एक डाक बँगला है—मुसाफिर आते हैं, रहते हैं, प्यार करते हैं तथा उसे वैसा ही छोड़कर चले जाते हैं। इस उपन्यास की कथा एक साथ दो मार्गों पर चलती है। यह कथा एक साथ उसके बाह्य एवं अन्तस की कहानी है। कश्मीर यात्रा तथा सोलंकी उसकी बाह्य कथा के साथी हैं जबकि तिलक एवं इरा का अतीत उसकी आन्तरिक कथा के साथ चलता है।

तीसरा आदमी : वस्तु विधान : 'तीसरा आदमी' कमलेश्वर का सांकेतिक अभिव्यक्ति प्रदायक आत्मकथात्मक शैली में लिखित उपन्यास है। इसकी मुख्य कथा के मध्य 'मैं', चित्रा

एवं सुमन्त प्रमुख पात्र हैं। सम्पूर्ण कथा इनके इर्दगिर्द ही घूमती है, जो त्रिकोणात्मक रूप में चलती है फिर भी इस उपन्यास की कथा प्रेमपरक त्रिकोणात्मकता से पृथक है। इस उपन्यास का प्रारम्भ 'मैं' की अतीत स्मृतियों से होता है। 'मैं' अपने एवं चित्रा के विषय में सोचता है जहाँ उसे प्रारम्भ से ही सुमन्त मध्य में आता हुआ दिखाई देता है जिसका कारण वह स्वयं अपने आपको ही मानता है। सुमन्त दूर के रिश्ते का भाई था, जो शादी में आया था। बारात के लौटते समय 'मैं' ने ही सुमन्त को चित्रा की देखरेख हेतु उसके निकट छोड़ दिया था तथा स्वयं अपनी मित्र मण्डली में आ गया था। परिणामतः चित्रा सुमन्त से खुलकर बातें करने लगी और 'मैं' के हृदय में शक प्रारम्भ हो गया, जो अन्त तक चला। विवाहोपरान्त 'मैं' का स्थानान्तरण इलाहाबाद से दिल्ली हो जाता है, जहाँ 'मैं' एवं चित्रा को सुमन्त के सीलन भरे कमरे में ठहरना पड़ता है। परिणामतः पुनः सुमन्त एवं चित्रा 'मैं' को अति निकट दिखाई देने लगते हैं—"जब भी मैं ड्यूटी से लौटता तो देखता कि सुमन्त और चित्रा साथ-साथ किसी काम में लगे हुए हैं। अगर वह खाना पका रही है तो सुमन्त बैठा सलाद ही बना रहा है या सुमन्त दीवार में कील गाड़ रहा है तो चित्रा उसका स्टूल पकड़े खड़ी है। खिड़कियों और दरवाजों के लिए सुमन्त पर्दे का कपड़ा भी ले आया था और चित्रा ने सामने वाली दर्जिन से सिलवाकर, उन्हें सुतली में पिरोकर, टाँग भी लिया था।"[54]

'तीसरा आदमी' उपन्यास निम्न मध्यवर्गीय पति-पत्नी की कहानी के साथ महानगरीय जीवन की आवास व्यवस्था की ओर संकेत करता है जहाँ अपनी उन्नति हेतु आया हुआ कस्बे का प्रत्येक युवक प्रायः टूटकर बिखर जाता है, जिसका कारण सभी प्रकार के अभाव हैं। इसमें पति-पत्नी के मध्य तीसरा व्यक्ति प्रवेश कर जाता है और दोनों ही संशयग्रस्त हो जाते हैं। "चित्रा और 'मैं' दोनों ही संशय के शिकार हैं और 'मैं' ने उस दिन बहुत गहराई से यह अनुभव किया था कि सचमुच एक तीसरा आदमी हमारे बीच उपस्थित है, हर बात उसी पर ढलती है हर संशय वहीं इशारा करता है और हमारे बीच हर बार वही एक छाया आकर खड़ी हो जाती है, जिसे हम खुली आँखों से देखते हैं पर कुछ कह नहीं पाते।"[55]

इस प्रकार हम देखते हैं कि कमलेश्वर ने 'तीसरा आदमी' उपन्यास में दिल्ली जैसे महानगर में मानव जीवन एवं आशाओं के टूटते रहने की कहानी को बड़े ही कलात्मक ढंग से प्रस्तुत किया है।

काली आँधी : वस्तु विधान : कमलेश्वर के इस 'काली आँधी' उपन्यास के कथा तत्त्व के दो रूप देखने को मिलते हैं। एक रूप वह है जिसमें जग्गी बाबू एवं मालती के असफल जीवन को रूपायित किया गया है, दूसरी ओर भ्रष्ट राजनीति की कथा निरूपित की गयी है। कमलेश्वर ने मालती एवं जग्गी बाबू के माध्यम से वर्तमानकालीन समस्त राजनीतिक स्थितियों को उभारा है।

वर्तमानकालीन समाज तथा व्यक्ति के जीवन में भ्रष्टाचार एवं राजनीति ने ऐसा प्रवेश किया है कि कोई भी व्यक्ति उससे अछूता नहीं रहा है। 'काली आँधी' उपन्यास में यही सत्य उद्घाटित हुआ है। उपन्यास में अनेक स्थल ऐसे हैं जहाँ उच्चवर्गीय समाज एवं कस्बाई शहरी जीवन तथा निम्न मध्यवर्गीय सामाजिक समस्या पर प्रकाश डाला गया है। इस उपन्यास की मुख्य नायिका

मालती सत्ता प्राप्ति की आकांक्षा की शिकार है जिसकी प्राप्ति हेतु वह हर सम्भव एवं असम्भव प्रयास करती रहती है। वह अपने व्यक्तिगत एवं पारिवारिक जीवन तक को दाँव पर लगा देती है। मालती का लक्ष्य है—किसी भी प्रकार सफलता प्राप्त करना। इसके लिए वह हर परिस्थिति से समझौता करने का सशक्त प्रयास करती है।

मालती राजनीति एवं जनसेवा के बहाने व्यक्तिगत सत्ता स्थापित करती है। उसकी ये महत्वाकांक्षा एवं सफलताएँ उसके पारिवारिक विघटन का कारण बनती हैं। वह एक नेत्री तो बन जाती है परन्तु सफल पत्नी तथा माँ नहीं बन पाती है। मालती का व्यक्तित्व समाप्तप्राय हो जाता है। दूसरी ओर आदर्श शासन, जनसेवा, सुख शान्ति आदि का उनकी दृष्टि में कोई सरोकार नहीं। वह मात्र अपनी आवश्यकताओं एवं सफलता हेतु समयानुसार इन सबका प्रयोग करती है। तभी मालती अपने पति से कहती है—“गैर लोग मुझसे फायदा उठा सकते हैं पर आपके लिए मैं किसी लायक नहीं।”[56]

एक उद्धरण और देखा जा सकता है, जो दोनों के जीवन के यथार्थ को उद्घाटित कर रहा है— “लिली को भी कल जाना है! देखो मालती, जिन्दगी में हर चीज़ नहीं मिलती। आदमी को चुनाव करना पड़ता है कि उसे क्या चाहिए...इस चुनाव में जो चीज़ें छूट जाती हैं, उनके लिए दुःख नहीं करना चाहिए। तुमने जो ठीक समझा...उसे चुन लिया था। मैंने जो ठीक समझा, वह चुन लिया था, अब पछतावा कैसा?”[57]

इस प्रकार 'काली आँधी' उपन्यास का वस्तु विधान समष्टि चेतना को लेकर व्यक्ति सत्ता की अभिव्यक्ति है। सम्पूर्ण उपन्यास में मालती एक इकाई का रूप लेकर आयी है, जो पूँजीवादी व्यवस्था का प्रतीक है। कुल मिलाकर उपन्यास की कथावस्तु कलात्मकता लिए हुए अभिव्यक्त हुई है।

आगामी-अतीत : वस्तु विधान : कमलेश्वर विरचित 'आगामी अतीत' उपन्यास का वस्तु विधान आज की जटिल एवं विषम सामाजिक परिस्थितियों को अनावृत करता है। उपन्यास का नायक कमल बोस है, जो निम्नवर्गीय शिक्षित युवक है जो पूँजीवादी शक्तियों से समझौता कर अपने समस्त वर्ग को ही भूलकर अवसरवादी के रूप में उभरता है।

आधुनिक जीवन की यह विसंगति है कि व्यक्ति सफलता एवं प्रगति की राह पर दौड़कर अपने लक्ष्य को प्राप्त करता है, लेकिन अन्दर से वह पूर्णरूपेण रिक्त होता है। वह अपने अन्तर में छटपटाहट, तड़प एवं रिक्तता के कारण आजीवन पश्चात्ताप करता रहता है। 'आगामी अतीत' का कमल बोस एक ऐसा ही पात्र है, जो विकास पथ पर पच्चीस वर्ष तक अग्रसर होने के उपरान्त अपने अतीत को याद करके, बेचैन होकर छटपटाता है। वह अपने अतीत को पुनः प्राप्त करना चाहता है। कमल बोस डॉक्टरी एवं दवाइयों के पीछे दार्जिलिंग से कलकत्ता पहुँचा तथा पच्चीस वर्ष तक वह उसी दुनिया में घिरा रहा। अतीत की मधुर स्मृतियों के आते ही कमल बोस अपनी डॉक्टरी की दुनिया से भागना चाहता है। वह जीवन में पीछे छूटे हुए क्षणों को प्राप्त करने की चेष्टा करता है।

उपन्यास में कमल बोस की मुख्य कथा के साथ कस्बे में निवास करने वाली वेश्याओं की कथा भी चाँदनी के माध्यम से चलती है। कमलेश्वर ने वेश्या जीवन की मर्मान्तक मजबूरियों

का चित्रण बड़े ही नुकीले ढंग से किया है। चाँदनी के कथन वेश्या जीवन की दारुण वेदना कथा को स्पष्ट करने वाले हैं– "चले आते हैं, मरदुए! इश्क लड़ाएँगे...अबे, यहाँ धन्धा होता है, धन्धा! इश्क नहीं...अगली बार आना बच्चू तो जेब गरम और कमर पुख्ता करके आना...। सड़क पर आकर गिरे हुए आदमी ने उठकर इतना ही कहा था–'मेरे जूते...?' उसके जूते ऊपर रह गये थे।...लड़की ने तड़ातड़ दोनों जूते ऊपर से फेंक दिये और चीखी थी–'ये तेरी अम्मा का घर नहीं है! समझा!' और हाथ मटकाती चौखट का सहारा लिए वह वहीं जड़ी खड़ी रही जैसे उसे किसी की परवाह न हो।"[58]

कस्बे में निवास करने वाली वेश्याओं की यही विडम्बना है। इनके प्रेम का आधार अर्थ है। लौकिक एवं अलौकिक आदर्शों का यहाँ कोई मूल्य नहीं। 'आगामी अतीत' उपन्यास में कमलेश्वर ने पूँजीवादी व्यवस्था पर करारा व्यंग्य करते हुए उसे कलात्मक अभिव्यक्ति प्रदान की है। यह आर्थिक संतृप्त, आर्थिक अभावग्रस्त एवं उपेक्षित जीवन की कथा है। इन कथाओं के माध्यम से कमलेश्वर ने टूटते-बिखरते जीवन मूल्य को अभिव्यक्त किया है। इस उपन्यास में लेखक द्वारा हीनता, निराशा, अभाव, दुःख दर्द तथा सहानुभूति आदि मानवीय गुण स्वाभाविक ढंग से चित्रित हैं। प्रस्तुत उपन्यास में मानव मन की समस्त आन्तरिक वृत्तियाँ अपूर्व ढंग से अभिव्यक्त हुई हैं। स्नेह एवं घृणा का अपूर्व मिश्रण ही प्रस्तुत उपन्यास की अद्वितीय छवि है, जो पाठक मन को बरबस अपनी ओर आकर्षित कर लेती है।

लौटे हुए मुसाफिर : वस्तु विधान : प्रस्तुत उपन्यास की कथा भारत विभाजन की घटना पर आधारित है। उपन्यास के प्रारम्भ में कमलेश्वर ने ऐसा परिदृश्य प्रस्तुत किया है, जिसमें भारत विभाजन के उपरान्त एक चिकवों की बस्ती के उजाड़ की बात कही गयी है। उस बस्ती में हिंसा, मारकाट एवं तोड़-फोड़ आदि की कोई भी घटना घटित नहीं हुई पर मात्र सन्देह एवं घृणा की आग के कारण ही बस्ती उजड़ गयी– "...लेकिन सिर्फ नफ़रत की आग ने इस बस्ती को जलाया था।"[59]

'लौटे हुए मुसाफिर' उपन्यास में मात्र दो-चार पात्र नहीं हैं, इसकी कहानी समूचे समुदाय विशेष की कहानी है, जो सम्पूर्ण निम्न वर्ग का प्रतिनिधित्व करती है। चिकवों की बस्ती में निवास करने वाला समुदाय विशेष ही इस उपन्यास का केन्द्र बिन्दु है। सलमा, सत्तार, नसीबन, यासीन, बच्चन, इफ्तिकार, दिलावर, जुम्मन, गफूर, मकसूद आदि के द्वारा लेखक ने विभाजन पूर्व की स्थिति को बड़े ही कलात्मक ढंग से अभिव्यक्त किया है। उपन्यास में लेखक ने देश विभाजन की घटना के माध्यम से मानवीय सम्बन्धों के मानदण्डों को परखा एवं खोजा है। ये मानवीय सम्बन्धों की खोज लेखक को सत्तार, सलमा एवं इफ्तिकार इन तीनों में ही मिलती है। ये तीनों ही धार्मिक कट्टरता, साम्प्रदायिक उन्माद एवं संकुचित हृदयता से ग्रसित नहीं दिखाई देते हैं। तीनों ही मानवीय धरातल पर आधारित हैं।

कमलेश्वर के उपन्यास 'लौटे हुए मुसाफिर' में जहाँ एक ओर देश के विभाजनोपरान्त बस्ती के लोगों की मनोदशा का चित्रण किया गया है तो वहीं दूसरी ओर निम्नवर्गीय भूख, गरीबी एवं बेबस जीवन की दुर्दशा पर भी प्रकाश डाला गया है। मनुष्य अपनी भूख एवं दरिद्रता में जीवन बिताता रहा लेकिन उसने कदापि हार नहीं मानी। मनुष्य को हार माननी पड़ी है तो बस एक नफरत

से क्योंकि देश के दूसरे हिस्सों की भाँति यहाँ कुछ भी नहीं हुआ था– "विभाजन हुआ तो पंजाब में खून की नदियाँ बहीं......बंगाल में मारकाट हुई.......बस्तियाँ जलाकर राख कर डाली गयीं पर इस शहर में एक बूँद खून नहीं गिरा। मुहल्ले पर धावा नहीं हुआ। किसी ने किसी को नहीं मारा...लेकिन भीतर ही भीतर एक भूचाल आया हुआ था जिससे बस्ती की चूलें हिल रही थीं, हिली इमारतें ढह रही थीं। एक उबलता हुआ नफरत का दरिया नीचे ही नीचे बह रहा था... शक और डर सबके दिलों में समाये हुए थे।"[60]

'लौटे हुए मुसाफिर' उपन्यास की मूल कथा हिन्दुस्तान पाकिस्तान के विभाजन की कथा है। इसके साथ-साथ लेखक ने मूल कथा के साथ उपन्यास में सलमा सत्तार के प्रेम प्रसंग, सलमा की बेबसी, नसीबन की उदार भावना तथा साँई के जीवन के प्रति निजी दृष्टिकोण को जोड़ा गया है। कहीं उपन्यास में गाँधी जी द्वारा चलाये जा रहे आन्दोलनों से प्रभावित विचारधाराओं का भी आंशिक चित्रण किया गया है, जिससे कमलेश्वर की उपन्यास कला का कलात्मक रूप उभरकर सामने आया है तथा मानवीय पक्ष को संवेदनात्मक धरातल पर सहजता से स्थापित करने में सफलता भी मिली है।

डॉ. सुरेश सिन्हा अपने शब्दों में इस तथ्य को इस प्रकार प्रकट करते हैं–'लौटे हुए मुसाफिर' में आस्था, आत्मविश्वास, कर्त्तव्यपरायणता, देशानुराग एवं दायित्व निर्वाह का जो उन्होंने महान सन्देश दिया है वह आज के परिप्रेक्ष्य में अत्यन्त महत्त्वपूर्ण है और इसलिए इसी पीढ़ी के प्रकाशित उपन्यासों में कमलेश्वर का यह उपन्यास विशेष उल्लेखनीय हो जाता है।"[61]

समुद्र में खोया हुआ आदमी : वस्तु विधान : कमलेश्वर ने अपने इस उपन्यास में महानगरीय जीवन व उसमें रहने वाले निम्न मध्यवर्गीय परिवार के विघटन की कथा को स्थापित किया है। उपन्यास का प्रारम्भ दिल्ली निवासी परिवारों की ओर गये लेखकीय ध्यान से हुआ है। लेखक ऐसे परिवारों की ओर नीरस संकेत इस प्रकार देता है– "घर में सन्नाटा था। अलग-अलग हिस्सों में रहने वाले लोग चले गये थे। दरवाजों पर ताले पड़े हुए थे। खुली हुई खिड़कियों पर तौलिया, बनियान या अण्डरवियर सूखने के लिए पड़े थे। दस बजते-बजते पूरी इमारत में सन्नाटा छा जाता था...। चाहे सुबह के दस हों या रात के। थका-माँदा कोई आता तो उसके भारी कदमों की आहट कुछ देर सुनाई पड़ती। उसके बाद कुछ मिनटों के लिए कमरा जगमगाता। हलका-हलका शोर कमरे से आता फिर सब कुछ शान्त हो जाता। बत्ती बुझ जाती।"[62]

इस उपन्यास की मूल कथा श्यामलाल के परिवार की कथा है, जो किसी भी निम्न मध्यवर्गीय परिवार की कहानी कही जा सकती है, जो महानगर में टूटकर बिखरने हेतु विवश है। कमलेश्वर का 'समुद्र में खोया हुआ आदमी' उपन्यास मध्यवर्गीय परिवार के संस्कारों एवं उनमें व्याप्त कुंठाओं से परिपूरित है। इसमें परिवार का प्रत्येक व्यक्ति संघर्षशील है, अभावों से लड़ता हुआ प्रतीत होता है तथा अपने को सुख-सुविधा सम्पन्न बनाने हेतु प्रयासरत है। श्यामलाल की बड़ी बेटी चालीस रुपये प्रतिमाह की नौकरी करती है–"जैसे घर को सिर्फ चालीस रुपये महावार की जरूरत थी.....इतने से रुपयों की कमी के कारण पूरा घर रुका-रुका सा लगता था।"[63]

श्यामलाल का स्वयं फैक्ट्री में नौकरी करना, समीरा का नर्सिंग कोर्स हेतु हॉस्टल में रहना तथा रम्मी का तारा के घर चले आना आदि कुछ ऐसे प्रसंग हैं, जो परिवार की कारुणिक स्थिति को दर्शाने में सक्षम हैं। "तारा को भी एक और हाथ की जरूरत महसूस होती थी। पैसा भी इतना था कि आया रखी जा सकती थी। हरवंश ने धीरे से सुझा दिया था—और जो बात उसने सुझाई थी वह तारा को भी बहुत पसन्द आयी थी। इसलिए एक तारा ने बहुत अपनेपन से माँ से कहा था—"अम्मा अब तुम यहाँ चली आओ मेरे पास रहो, वहाँ तुम अकेली पड़ी रहती हो तो बराबर मन में खटका बना रहता है।"[64] इतना ही नहीं उसकी बात का प्यार अनुभव करते हुए रम्मी ने भी कह दिया था— "मेरा मन बहुत ऊबता है।" इतना कहकर वह तारा के घर चली गयी। रम्मी का बक्सा एक कमरे में लगा दिया गया तथा बरामदे में खाट पड़ गयी। वह तारा के घर में रहने लगी।

इस प्रकार कमलेश्वर ने इस उपन्यास में मानव जीवन के विभिन्न संघर्षों का वर्णन किया है। आज समाज बदल रहा है, उसकी परिस्थितियाँ बदल रही हैं। इसके लिए प्रथम तो मानव की आर्थिक परिस्थितियाँ उत्तरदायी हैं दूसरे व्यक्तिगत स्वार्थ। समाज में इसी कारण बिखराव, भटकन, टूटन तथा आन्तरिक घुटन के क्षण बढ़ रहे हैं। प्रत्येक मनुष्य आज स्वार्थों को पूर्ण करने में इस तरह लगा हुआ है कि वह समस्त रिश्तों को ही भूल बैठा है। आज सम्बन्धों का स्थान अर्थ ने ले लिया है। इसी के आधार पर सम्बन्ध बनते-बिगड़ते हैं। यही तथ्य प्रस्तुत उपन्यास 'समुद्र में खोया हुआ आदमी' में श्यामलाल के परिवार में देखने को मिलते हैं। श्यामलाल गृहस्वामी है, सबसे बड़ा है फिर भी घर में उसका कोई महत्त्व नहीं क्योंकि उसका आर्थिक पक्ष सबल नहीं, दुर्बल है। उसे घर के प्रत्येक निर्णय के लिए हरवंश एवं तारा का मुख देखना पड़ता है तथा उनका प्रत्येक निर्णय पूर्णरूपेण स्वार्थ पर ही आधारित होता है। इस सबको भली-भाँति जानते हुए भी श्यामलाल, रम्मी एवं समीरा को उनकी बात से सहमत होना पड़ता है। भले ही वे मन से सन्तुष्ट न हों।

प्रस्तुत उपन्यास में कमलेश्वर ने सम्बन्धों की निस्सारता एवं खोखलेपन को स्पष्ट किया है। माँ, बाप, बेटी, पति-पत्नी आदि सभी की निरर्थकता को बड़े ही कलात्मक ढंग से लेखक ने विविध पक्ष उजागर करते हुए पाठकों के समक्ष रखा है। मानव प्रायः अपनी समस्याओं एवं आवश्यकताओं के कारण एक-दूसरे को छोड़ते चलते हैं। प्रत्येक व्यक्ति आर्थिक असमानताओं में जीता है। यह आर्थिक वैषम्य ही मानव को डुबो देता है। यही समुद्र है। आम जन भी श्यामलाल की भाँति आर्थिक विषमता के सागर में डूबते चले जाते हैं।

वही बात : वस्तु विधान : कमलेश्वर विरचित 'वही बात' उपन्यास के अन्तर्गत चीफ इंजीनियर प्रशान्त एवं उसकी पत्नी समीरा तथा डिप्टी इंजीनियर नकुल की त्रिकोणात्मक कहानी कही गयी है। इन पात्रों के माध्यम से उपन्यास में स्त्री-पुरुषों के टूटते एवं जुड़ते सम्बन्धों की विकास प्रक्रिया को अभिव्यक्ति प्रदान की गयी है।

प्रस्तुत उपन्यास में कमलेश्वर ने रोमांटिकता को तोड़कर यथार्थ की भावभूमि पर उतरकर प्रशान्त के माध्यम से एक ऐसे चीफ इंजीनियर की कथा प्रस्तुत की है, जो कैरियर बनाने के चक्कर में अपने ही कार्यों में इतना अधिक व्यस्त हो जाता है कि वह अपनी पत्नी समीरा तक

के लिए ज़रा भी समय नहीं निकाल पाता है। जब समीरा को उसकी याद आती है तो फोन उन्हें जोड़ने के स्थान पर उनके सम्बन्ध में पृथकता प्रदान करता है, जहाँ मात्र तीन बातें ही की जाती हैं–

"शाम को पाँच बजते तो फोन की घण्टी फिर बज उठती। उधर से प्रशान्त की आवाज़ आती– उसी पहले के से सुर में।

– वही बात.........

– समी! क्या कर रही हो?

– बैठी हूँ.......समीरा का वही जवाब

– मैं सात बजे तक आ जाऊँगा.......।

– अच्छा।

– फिर......फिर......वही वही–उसी तरह। दूसरा दिन, तीसरा दिन, चौथा दिन, पाँचवाँ दिन।

वही फोन की घण्टी– और वही बात.......।

इस प्रकार की व्यस्तता एवं पति-पत्नी के मध्य उन्हीं सवाल जवाब को लेखक ने विशेष कलात्मक बनाकर उपन्यास को उत्कृष्टता के शिखर पर पहुँचाया है। इसी कहानी में एक अन्य स्थल पर जब प्रशान्त निरीक्षण पर आता है तो वह ड्राइवर से चलने को कहकर स्वयं पैदल ही बढ़ने लगता है तभी डिप्टी के बंगले, जहाँ नकुल एवं समीरा रहते थे, के पास पहुँचता है तो देखता है समीरा अचार के बर्तन धोकर सुखा रही है, वह प्रशान्त को देखकर सँभलती है तो मर्तबान हिलकर लुढ़कते हुए चकनाचूर हो जाता है, उसका ढक्कन पकड़े समीरा खड़ी रह गयी। प्रशान्त एक पल को ठिठका, रुका एवं कुछ सोचते हुए नीचे की ओर उतर गया। धूप थी, नकुल समीरा का छाता लेकर वहाँ पहुँचा हुआ था। उसने अर्दली को वो छाता दे दिया था। जब धूप में पैमाइश हो रही थी तभी "वह (अर्दली) कभी नकुल को छाया देता, कभी प्रशान्त को...करीब-करीब फुदक ही रहा था वह।"[65] कितनी मार्मिकता है इस प्रसंग में। इतना ही नहीं आगे के अंश में एक बार पुनः समीरा एवं प्रशान्त एक-दूसरे को देखकर हलो करते हैं, यह दृश्य दोनों की सौमनस्यता को सहज रूप में प्रकट करता है– "तीसरे पहर के आसपास समीरा ने देखा–प्रशान्त उसी रास्ते से अकेला लौट रहा था। प्रशान्त ने समीरा को देखा, समीरा ने प्रशान्त को। प्रशान्त ठिठक गया। समीरा अपना आँचल सँभालने लगी। मेंहदी की बाड़ के पास से गुजरते हुए प्रशान्त ने फिर आँखें उठाकर देखा। आँखें मिलीं तो धीरे से बोल उठा–हलो!

समीरा भी धीरे से बोल उठी–हलो!

...और प्रशान्त आगे बढ़ गया।"[66]

कुल मिलाकर पात्र, चरित्र-चित्रण, भाषा, शैली आदि की दृष्टि से उपन्यासकार का यह उपन्यास 'वही बात' एक उच्च कोटि का कलात्मक उपन्यास बन पड़ा है। इसकी संक्षिप्त एवं सबल कथावस्तु में जीवन का प्राप्य रहस्य छिपा है। मूल कथा के साथ अनेक उपकथात्मक प्रसंग जोड़कर इंजीनियरों, सरकारी अफसरों की भ्रष्टाचारी, रिश्वतखोरी एवं राजनीतिक स्थितियों को लेकर देश की वर्तमान राजनीति की ओर सांकेतिक अभिव्यक्ति का सफल प्रयास किया गया है। समीरा, व्यस्त जीवन में नारी की कारुणिक स्थिति के निदर्शन का प्रतीक बन गयी है। खजांची

बाबू एवं तहसीलदार के प्रसंग कथा की कलात्मकता में अभिवृद्धि करने वाले प्रसंग ही कहे जाएँगे। उपन्यास की कथा प्रभावी, जीवन संदेशदायिनी, मर्मस्पर्शी तथा नारी की घुटन का उद्घाटन करने वाली है। इसमें स्वातन्त्र्योत्तर भ्रष्ट राजनीतिक प्रभाव एवं अफसरशाही का बड़ा ही जीवन्त, सफल एवं मार्मिक चित्रण हुआ है।

अभिवृद्धि करने वाले प्रसंग ही कहे जाएँगे। उपन्यास की कथा प्रभावी, जीवन संदेशदायिनी, मर्मस्पर्शी तथा नारी की घुटन का उद्घाटन करने वाली है। इसमें स्वातन्त्र्योत्तर भ्रष्ट राजनीतिक प्रभाव एवं अफसरशाही का बड़ा ही जीवन्त, सफल एवं मार्मिक चित्रण हुआ है। कथावस्तु मनुष्य की आँखें खोलने वाली है। कहानियों के बारे में कही गयी कमलेश्वर की उक्ति उनके इस उपन्यास पर भी सटीक बैठती है–"घटनाएँ नयी नहीं होतीं। मानवीय सम्बन्ध भी नये नहीं होते। मनोवेग और आन्तरिक उद्वेग भी अछूते नहीं होते पर इन सबकी एक नयी दृष्टि से अन्विति ही नया प्रभाव छोड़ती है।"[67]

सुबह...दोपहर...शाम : वस्तु विधान : कमलेश्वर के 'सुबह...दोपहर...शाम' उपन्यास की वस्तु स्रोत ब्रिटिश साम्राज्यकालीन परतंत्र भारत की तनावपूर्ण स्थितियाँ हैं। इस उपन्यास की पृष्ठभूमि पूर्णरूपेण ग्रामीण एवं कस्बाई संस्कारों के साथ जनसाधारण की आंग्लसत्ता के प्रति विश्वास एवं अविश्वास की कहानी है। यही सत्य कमलेश्वर द्वारा दो परिवारों के माध्यम से व्यक्त किया गया है।

दूसरी ओर स्वतन्त्रता प्राप्ति में क्रान्तिकारियों की क्या भूमिका रही इसका चित्रण कमलेश्वर ने नवीन के माध्यम से किया है, जो अपने ही घर में चोरों की तरह आकर चला जाता है। सभी के स्नेह के बन्धनों को छोड़कर मातृभूमि की रक्षा में अपने सभी सुख-दुःख भूल जाता है। उपन्यास की इस कलात्मक कथा के तीन अंग हैं–प्रारम्भ में जसवन्त के गाँव का घर एवं कस्बाई संस्कार वर्णित हैं। घर में बड़ी अम्मा, माँ, पत्नी, बाबू एवं पुत्री शान्ता सामने आती है। जसवन्त घर से बाहर कस्बे के रेल विभाग में कार्य करने की बात कहता है तो बड़ी अम्मा का एक-एक वाक्य देशप्रेम एवं अंग्रेजों के प्रति आक्रोश व्यक्त करता है–तहसीलदार साहब ने मुझे रुक्का दिखाया था। यह नया हुकुम है... जी इसमें मैं कुछ नहीं कर सकता। तहसीलदार बोले–मुझे अफसोस तो है लेकिन क्या करूँ? इसमें अफसोस की क्या बात है। मैं दस्तख़त किये देता हूँ। यह लीजिये.... बाबूजी ने निब वाला कलम उठाया–"तब क्यों अँग्रेज बहादुर की गुलामी करने जा रहा है? तुझे भी क्या अपनी बुआ फूफाजी की गद्दारी अच्छी लगने लगी है।"[68]

उपन्यास का अन्त शान्ता के शौर्य एवं साहस के प्रसंग से ही होता है। प्रस्तुत उपन्यास में ग्रामीण एवं कस्बाई संस्कारों का सुखद एवं हृदयग्राही मिश्रण करके लेखक ने अपनी अद्भुत कथावस्तु निर्माण कला का परिचय दिया है। यह राष्ट्रप्रेम की सजीव गाथा है।

इसका प्रस्तुतीकरण अनूठा है। सही उपन्यास की विशेषता एवं सफलता का सूचक है। लोकप्रेम तथा राष्ट्रप्रेम का यह उपन्यास यथार्थ की भावभूमि पर उतारकर सजीवता से रचा गया है, जो प्रभावी है, पाठकों के मनों एवं मस्तिष्कों को भली-भाँति प्रभावित करता है।

रेगिस्तान : वस्तु विधान : कमलेश्वर का 'रेगिस्तान' उपन्यास उनकी 'नागमणि' कहानी का ही विशद रूप है। उपन्यास की अधिकांश घटनाएँ विश्वनाथ की स्मृति के आधार पर

उद्‌घाटित हुई हैं। यह एक ऐसे व्यक्ति की कहानी है, जो स्वतन्त्रता प्राप्ति के उपरान्त राष्ट्र भाषा के प्रचार एवं प्रसार में लग जाता है। वह समस्त जीवन के सुखों को तिलांजलि देकर जगह-जगह भ्रमण करते हुए हिन्दी मन्दिरों की स्थापना करता फिरता है। अन्त में इस आदर्श की अर्थहीनता उसके समक्ष प्रकट हो ही जाती है। वह दक्षिण में एक हिन्दी मन्दिर स्थापित करता है लेकिन अपने ही कस्बे में अंग्रेजी की जड़ें अत्यधिक मजबूत पाता है। तब वह स्वयं अपने को जड़वत् अनुभव करने लगता है–

"इतने वर्षों बाद लौटकर यहाँ की हिन्दी मिल जाती, तो शायद ये सब दुःख इतने सताते नहीं, यह तो यकीन होता कि चलो कुछ तो हुआ है। लकवा मारे शरीर का कोई अंग तो जीवित हो पाया है। पर यहाँ तो पीठ करते ही पाला पड़ गया! ...इतना अजनबी तो पहले भी नहीं था, जितना अब हो गया है। कहाँ है अपना देश....जिसमें साँस ले सकें!... अपनी तरह सहजता से जी सकें। ये जड़ें कैसे कट गयीं।....क्यों इतने लोग जड़ों से उखड़ गये? क्यों कुछ लोगों को सबकुछ मिल गया है और क्यों इतने लोगों को कुछ नहीं मिल पाया है। उस जैसे आदमी की जिन्दगी तो और भी दूभर हो गयी है, यह ठीक है कि वह खुद पेट के लिए संघर्ष करने नहीं गया था.... पर जो पेट के लिए जी तोड़ मेहनत कर रहे थे, उन्हें भी क्या मिला? एकाएक यह कितनी चीजें आसमान से उतर पड़ीं कि सबके हाथों से झपट्टा मारकर सबकुछ छीन ले गयीं उनका...सब गूँगे रह गये...तो यह हिन्दी मन्दिर क्या कर पायेगा। किसी को परवाह ही नहीं है।"[69]

विश्वनाथ के हिन्दी प्रेम को झटका तब लगा जब उसने अपने ही प्रदेश में हिन्दी का अपमान होते हुए देखा। वह गहरी सांस लेकर सोचने लगा–"आखिर किसलिए उसने जिन्दगी बरबाद कर दी? राष्ट्रभाषा प्रचार के लिए? हिन्दी के प्रचार और प्रसार के लिए? पर हुआ क्या?...सोचा तो यही था कि आजादी मिलने से पहले ही देश में अपनी भाषाएँ आ जाएँ...अपनी भाषाएँ–मराठी, गुजराती, मलयालम, तमिल, तेलुगु, बँगला, असमिया, पंजाबी, उड़िया, कश्मीरी, डोगरी, कन्नड़...ताकि देश गूँगा न रह जाए और सब भाषाओं को जोड़ने के लिए हिन्दी आ जाए...पूरे देश को अपनी आवाज़ मिल जाए...यही तो गाँधी जी ने सोचा था।

लेकिन हुआ क्या? आजादी के इतने वर्षों बाद जब कालीकट, कोचीन, बंगलौर, मद्रास से लौटा भी तो क्या मिला? इतने बरस एक जगह से दूसरी जगह भागता रहा....दक्षिण भारत में एक कोने से दूसरे कोने तक-देश को अपनी भाषाएँ देनी हैं...देश को हिन्दी देनी है...सन् तीस में निकला था स्वदेशी स्कूल की मास्टरी छोड़कर हिन्दी प्रचार के लिए! और अब लौटा तो देखा, जहाँ हिन्दी थी पहले, वहां भी हिन्दी नहीं रही है....कहां हैं अपनी भाषाएँ? कहाँ है हिन्दी? लोग वैसे ही गूंगे बैठे हैं...उसी तरह पड़े हुए हैं... ।"[70]

विश्वनाथ देखता है कि हमारे देश की सांस्कृतिक मूल्यवाहिनी जो भाषा होनी चाहिए, आज देश में उसके साथ कोई आकर्षण शेष नहीं रह गया है। सरकारी नीतियों के कारण विदेशी भाषा का प्रभाव दिनोंदिन बढ़ रहा है तथा हमारी राष्ट्रभाषा प्रभावहीन बन रही है। वह विक्षिप्त हो उठता है। अपने समस्त जीवन को राष्ट्रभाषा की सेवा में अर्पित करने वाला विश्वनाथ एकदम अंग्रेजी बोल उठता है–"बस्ती का बनिया श्यामलाल कभी घूमता-घामता उधर निकल जाता और

पूछता—का हाल है विश्वनाथ? तो विश्वनाथ उसे अचरज से देखता हुआ जवाब दे देता... एवरीथिंग इज़ ऑलराइट...व्हाई?''[71]

उपन्यास की मूल कथा के साथ बाकर मिस्त्री की प्रासंगिक कथा, विश्वनाथ की विक्षिप्तता का प्रसंग, देश के विभाजन के परिणामस्वरूप हिन्दुस्तान पाकिस्तान का व्यर्थ का आकर्षण तथा पुलिस का बाकर को पाकिस्तान जाने के लिए मजबूर करना बड़ा ही कलात्मक बन पड़ा है।

कितने पाकिस्तान : वस्तु विधान : साहित्य अकादमी पुरस्कार से सम्मानित 'कितने पाकिस्तान' कमलेश्वर का सामयिक, विचारोत्तेजक, कालजयी उपन्यास है। इसके जरिये लेखक इशारा करता है कि हिन्दुस्तान में कितने पाकिस्तान और भी बनेंगे। यह उपन्यास मूलतः भारत-पाकिस्तान विभाजन तथा विभाजनोपरान्त के हालातों पर केन्द्रित है, जिसमें कमलेश्वर ने कई हस्तियों, वाकयों का ज़िक्र किया है तथा अपनी भावनाओं को व्यक्त करने का सफल प्रयास किया है। इस उपन्यास में 'समय' को नायक के रूप में दर्शाया गया है, जो कि एक न्यायाधीश की भूमिका अदा करता है। इस सन्दर्भ में कमलेश्वर स्वयं कहते हैं– ''मेरी दो मजबूरियाँ भी इसके लेखन से जुड़ी हैं। एक तो यह कि कोई नायक या महानायक सामने नहीं था, इसलिए मुझे समय को ही नायक, महानायक और खलनायक बनाना पड़ा। और दूसरी मजबूरी यह कि इसे लिखते समय लगातार यह अहसास बना रहा कि यह मेरी पहली रचना हो... ।''[72] इसी वजह से इस उपन्यास को लिखने में कमलेश्वर को दस वर्ष का समय लगा।

हाहाकार, चीत्कार, आगजनी, सामूहिक हत्याएँ, बलात्कार, चीख-पुकार आदि से त्रस्त होकर लिखा गया यह उपन्यास समाज व कानून के ठेकेदारों पर करारा प्रहार है, जो निजी लाभ के लिए मासूमों व आम जनता के हितों व हकों की परवाह नहीं करते। सम्पूर्ण ऐतिहासिक घटनाओं का समावेश करते हुए कमलेश्वर ने विभाजन से पहले का भारत, विभाजन में राजनेताओं की भूमिका, विभाजनोपरान्त होने वाले रक्तपात, पाकिस्तान में हिन्दुओं, सिखों व मुसलमानों की पाकिस्तान को लेकर मानसिकता तथा वे सिख, हिन्दू व मुसलमान, जो कथित पाकिस्तान से हिन्दुस्तान में शरणार्थी के तौर पर आये थे, उनकी तकलीफों व दुःखों का अविस्मरणीय लेखन किया है। एक लम्बे समयान्तराल में लिखे गये इस उपन्यास में लेखक ने इतिहास में हुए युद्धों का सन्देशात्मक भाव से वर्णन कर बताया है कि युद्धों से किसी को कुछ हासिल नहीं होता सिवाय अफसोस के। इस सन्दर्भ में वे लिखते हैं– ''इतिहास रुका हुआ था। उसे कोई पछतावा नहीं था। पछताता तो इनसान है, इतिहास नहीं।''[73]

उपन्यासकार कमलेश्वर के उपन्यासों की कथावस्तु कस्बाई पृष्ठभूमि से लेकर बड़े नगर के विविध क्षेत्रों तक फैली हुई है, जिसमें समसामयिक समस्याओं, प्रताड़नाओं, द्वन्द्वों, मानवीय क्रूर स्थितियों, कुण्ठाओं, दबावों तथा सामाजिक विसंगतियों के विविध बिन्दुओं का सम्यक् चित्रण किया गया है। उन्होंने अपने उपन्यासों की कथावस्तु को सार्थक दृष्टिकोण से प्रासंगिक तथा अर्थवान बनाया है। उनकी उपन्यास कथाएँ अत्यधिक विश्वसनीय, कलात्मक तथा मानवीयता पर आधारित हैं। उन्होंने अपनी कथावस्तु तथा पात्र चयन विशाल क्षेत्र से किया है। उनके उपन्यासों की कथावस्तुएँ उनके परिचय, जीवन तथा अनुभव आदि पर टिकी हुई हैं। उन्होंने अपने समाज एवं सामाजिक अनुभवों को ही अपने उपन्यासों की कथावस्तुओं का मूलाधार

बनाया है। उन्होंने समाज के अतीत, वर्तमान एवं भविष्य की चेतना को पकड़ा है। उन्होंने अपनी विचारदृष्टि की उदात्तता एवं कलात्मकता को अपनी कृतियों में घोलने का प्रयास किया है। उनकी रचनाओं में चरित्रादि प्रमुख न होकर कथ्य ही प्रमुख है। अतः उन्होंने अपनी कृतियों के लिए कथावस्तु के महत्त्व को स्वीकारा है तथा उसे महत्त्वपूर्ण, प्रभावी, आकर्षक तथा कलात्मक बनाने में कोई कोर कसर नहीं छोड़ी है। कमलेश्वर एक जागरूक कथाकार हैं। उन्होंने अपनी वस्तु चेतना को बहुमुखी बनाया है तथा विविध स्थितियों का चित्रण बड़ी ही सच्चाई एवं सूक्ष्मता से किया है। वे अनेक स्तरों पर अपने उपन्यासों में सूक्ष्म से सूक्ष्म तथा जटिल से जटिल भावों, विचारों, अवधारणाओं, प्रत्ययों, घटनाओं, स्थितियों आदि को सजगतापूर्वक चित्रित करने में सफल रहे हैं। उन्होंने इसके लिए अपनी भाषा को नूतन शक्ति एवं सामर्थ्य दी है।

उनकी कृतियों में सहज अभिव्यक्ति, उनकी भाषा के कलात्मक निखार एवं चित्रात्मकता पर आधारित है। उनकी भाषाकी सरलता, सूक्ष्मता, मूर्तता एवं सूक्ष्मातिसूक्ष्म चित्रात्मकता उनकी अभिव्यक्ति की कलात्मकता के स्तम्भ हैं। भाषायी भावमयता, व्यंग्यात्मकता, आवेगात्मकता तथा संयतता ने उनकी औपन्यासिक वस्तु कलात्मकता को अति उत्कृष्टता प्रदान की है। सांकेतिक अभिव्यक्ति में उनकी वस्तु कलात्मकता सन्निहित है। इसी कलात्मकता के माध्यम से कमलेश्वर युगसत्य को प्राथमिकता देने में सफल रहे हैं। यह उनकी कलात्मक लेखकीय उत्कंठा का ही सुफल है। आकारीय लघुता होने पर भी उनके उपन्यास अनेकरूपता लिए हुए कलात्मक वर्णनों, बिवरणों, चित्रणों तथा संवादों से भरे पड़े हैं, जो बरबस ध्यान आकर्षित करने में सक्षम हैं तथा लेखक की कथात्मक लेखन प्रतिभा के प्रति पूर्ण आश्वस्त करते हैं।

वस्तु एवं शिल्प के विषय में डॉ. मदान का कथन सर्वथा उचित प्रतीत होता है— ''कमलेश्वर की कहानी निजी विकास यात्रा है। इसकी वस्तु में गहनता और इसके शिल्प में निखार आया है। कमलेश्वर की कहानी में कभी-कभी गढ़ना और तराशना भी है। अर्थ को अन्त में दुहराना रीतिबद्ध होने का परिचय देता है। इसकी रचना प्रक्रिया में जब आयाम खुलने लगते हैं तो इसका स्तर उठने लगता है (जो लिखा नहीं जाता) और स्तर तभी उठता है जब कहानी की रचना प्रक्रिया देशकाल में समानान्तर रूप से गतिशील हो जाती है।'' तथा वही कथन उनकी उपन्यास की कथावस्तु की कलात्मकता पर लागू होता है।

देशकाल-वातारण : देशकाल तथा वातावरण की दृष्टि से कमलेश्वर के सभी उपन्यास उत्कृष्ट कोटि के हैं। उन्हें 'एक सड़क सत्तावन गलियाँ' में कस्बाई वातावरण सृजन में सफलता मिली है। इसमें ग्रामीण परिवेश का चित्रण, रामलीला प्रसंग में भीड़ का वातावरण, भक्ति का प्रयास, विस्मय तथा रघुपति राघव राजा राम की झलक दिख रही है। नर-नारियों की वेश-भूषा आदि चित्रित लेखक ने यथार्थ वातावरण सृजित किया है।

'लौटे हुए मुसाफिर' में विभाजन के बाद भय एवं दहशत का चित्रण, यथार्थता एवं सटीकता लिए हुए है। मुसलमानों में भय व्याप्त है। दुकानें जल्द बन्द करना तथा मस्जिदों में भीड़-भाड़ आतंक का वातावरण का चित्र प्रस्तुत करती है। लौट कर आये बच्चे बड़े होकर मजदूरी करने अपने ही गाँव में आते हैं। अपने टूटे-फूटे मकान देख आहत एवं स्तब्ध हैं।

'तीसरा आदमी' में कमलेश्वर ने महानगर के एक छोटे कमरे का वातावरण प्रस्तुत कर

जीवन-यापन हेतु संघर्ष एवं आर्थिक अभावपूर्ण तनाव चित्रित किया है। इस वातावरण में पति शंकालु दृष्टि रखने को विवश है तथा अपना ही दोस्त 'तीसरा आदमी' का प्रतीक बन जाता है।

'डाक बँगला' दमित स्त्री का इकरारनामा है। अस्थाई निवास एवं प्राकृतिक वातावरण सृजन में लेखक को इस उपन्यास में विशेष सफलता मिली है। 'डाक बँगला' में स्त्री व्यथा की आनी-जानी जिन्दगी का प्रतीकार्थ प्रस्तुत करने आसमान के सूनेपन, खामोशी के नागपाश, अकेलेपन की झिलमिलाती यादों तथा मुक्त हँसी के दृश्य देशकाल एवं वातावरण के अनूठे दृश्य हैं।

'समुद्र में खोया हुआ आदमी' समाज की भीड़ में खोए व्यक्ति के दैनिक संघर्ष की करुण पारिवारिक गाथा चित्रित है। यथार्थ तस्वीर खींचने हेतु कमलेश्वर ने इस उपन्यास में यथार्थ वातावरण ही सृजित किया है।

'काली आँधी' में चुनावी वातावरण साकार हुआ है। होटल, भाषण, वाहनों का काफिला एवं मंत्रणा भरी चालों का चित्रण कर लेखक को देशकाल एवं वातावरण चित्रण में पूर्ण सफलता मिली है।

'आगामी अतीत' में वेश्यालयों का वातावरण सृजित कर लेखक ने विशेष सफलता प्राप्त की है। चाँदनी के व्यवहार चित्रण में कमलेश्वर ने कमल बोस के साथ का विशेष वातावरण प्रस्तुत कर उसमें नैतिकता की विजय दिखाई है।

'वही बात' में स्त्री की इच्छाशक्ति एवं पुरुष की महत्वाकांक्षा चित्रित करने के लिए कमलेश्वर ने देशकाल एवं वातावरण को सजीव रूप में चित्रित किया है।

'सुबह...दोपहर...शाम' का कथ्य एवं परिवेश आजादी से पूर्व के भारतीय समाज का है। आजादी के आन्दोलन का गहन प्रभाव दादी जैसे पात्र में देखा जा सकता है। उसके लिए लेखक ने विवाह, रेल यात्रा, अंग्रेजी पुलिस एवं क्रातिकारियों का वातावरण निर्मित किया है। यहाँ पारिवारिकता एवं क्रान्तिकारिकता का संगम चित्रित किया गया है।

'रेगिस्तान' में विश्वनाथ के गाँधीवादी आदर्श चित्रित हैं जिनसे विश्वनाथ का जीवन ही रेगिस्तान बन जाता है। स्वदेशी सदाचारिता एवं हिन्दी प्रेम का वातावरण यहाँ सक्रिय हुआ है। 'कितने पाकिस्तान' में लेखक को देशकाल एवं वातावरण में अभूतपूर्व सफलता मिली है। इसमें जीवन एवं इतिहास का संगम प्रस्तुत करके अद्‌भुत वातावरण सृजित किया है। इसमें अनेक देश, पुरुष एवं सभ्यताएँ यहाँ साकार हुई हैं।

(ङ) कमलेश्वर के कथा-साहित्य के पात्रों का बहिरंग एवं अन्तरंग चित्रण

कमलेश्वर का कथा-साहित्य उनकी कहानी एवं उपन्यास—दो रूपों में मिलता है। उपन्यास मानव जीवन का सचित्र फलक है तथा कहानी एक चित्र विशेष। कहानी एवं उपन्यासों की सार्थकता इस बात पर निर्भर है कि कथाकार कितने सशक्त एवं कलात्मक ढंग से समाज के चित्रों को चित्रित करता है। वह अपने पार्श्ववर्ती समाज एवं व्यक्तियों को किस रूप में दिखाता है। उनकी चेतना को किस प्रकार विस्तार प्रदान करता है। कहानी तथा उपन्यास के पात्र जीवन्त, सप्राण,

सहज तथा विश्वसनीय होने चाहिए। कहानी एवं उपन्यास पढ़ते समय पाठक की यह अनुभूति सदैव बनी रहनी चाहिए कि वह एक जीवित संसार सागर की ऊर्मियों से तरंगित हो रहा है। उसके पात्रों की भावसत्ता उसे उद्वेलित कर रही है। यहाँ यह स्पष्ट करना भी समीचीन होगा कि पात्रों की श्रेष्ठता एवं निकृष्टता का आधार उनमें निरूपित गुण दोष नहीं वरन् उनका खरापन होता है। दुष्ट पात्र के सम्यक् चित्रण में यदि लेखक सफल होता है तो उस पात्र के निरूपण को समुचित एवं श्रेष्ठ माना जाएगा।

कमलेश्वर के कथा-साहित्य के पात्रों को स्थूल रूप से हम चार भागों में विभाजित कर सकते हैं–

(1) **कमलेश्वर की कहानियों के स्त्री पात्र :** कमलेश्वर की कहानियों की 'स्त्री' अपने स्वतन्त्र व्यक्तित्व को लेकर अवतरित हुई है। वह किसी की पत्नी है लेकिन वह अपने इस रूप में अपनी अस्मिता एवं स्वातन्त्र्य को नहीं भूलती है। समाज के विविध स्तरों की स्त्रियाँ यहाँ हैं। कस्बे की स्त्री की सोच परम्पराबद्ध तरीके की है। वह पतिव्रता है। उसका हृदय अन्ध अगाध श्रद्धालु, पराधीन या गुलाम नहीं बल्कि अपने व्यक्तित्व के प्रति भली-भाँति सजग है। इसका प्रमाण है– 'राजा निरबंसिया' की चन्दा। वह अपने पति को बचाने हेतु कम्पाउण्डर से समझौता कर लेती है। मौत के मुँह से अपने पति को खींच लाने में वह अपने को समर्पित तक कर देती है लेकिन जब उसका पति स्वार्थ हेतु उसके शारीरिक सौन्दर्य का प्रयोग करना चाहता है तब वह विद्रोह कर उठती है, जो तुरन्त नहीं हुआ। जब उसका पति उसका अपमान करता है तब वह अपनी दुश्चिन्ता प्रकट करती है क्योंकि उसका पति उसे दुश्चरित्र मानकर असन्तोष प्रकट करता है। वह अपने पति के प्रति विद्रोह कर देती है, जो उसके स्वतन्त्र व्यक्तित्व को प्रकट करता है।

'बयान' की स्त्री अपने पति की ईमानदारी का बयान करती है तथा न्यायाधीश से निवेदन करती है कि वे पति की आत्महत्या के अपराध को उसके सिर पर न मढ़ें वरन् समस्त परिस्थिति पर विचार करें। 'मांस का दरिया' की जुगनू एक संवेदनशील स्त्री है। 'नीली झील' की 'पारबती' विधवा स्त्री है। वह अपने वैधव्य को घुट-घुटकर सहन नहीं करती। संतति मोह के कारण वह महेश पाण्डे से विवाह रचा लेती है। उसका माँ बनने का स्वप्न कभी पूर्ण नहीं हुआ। 'नागमणि' की सुशीला विवाह के कुछ समय बाद अपने देवर विश्वनाथ को अपनी मनोदशा से अवगत करा देती है। उसका विवाह विश्वनाथ से ही होने वाला था। वह उसे मन ही मन चाहती भी है। विश्वनाथ की ध्येय व्यस्तता उसके विवाह में बाधक बनी। मजबूरी में उसका विवाह एक वयोवृद्ध, विश्वनाथ के दूर के भाई विधुर से हुआ था जिसे वह स्पष्ट करती है। 'तलाश' की ममी अपने नारी व्यक्तित्व की तलाश में है।

'तलाश' की नायिका ममी अपने खोए हुए व्यक्तित्व की तलाश में है, जो विभिन्न आरोपित सम्बन्धों में लुप्त हो गया है। वह माँ होने के साथ एक नारी भी है, जो अपने पति की मृत्यु के साथ ही, अपनी नारी सुलभ भावनाओं को दफना नहीं देती अपितु उन्हें जीवित रखना चाहती है। इस कहानी में व्यक्ति सत्ता को एक मूल्य के रूप में ही स्वीकार किया गया है। 'तलाश' की माँ सम्भवतः हिन्दी कहानी की पहली माँ है, जो माँ होने से पूर्व एक नारी है और जो जीवन

में अपने नारीत्व को ही सार्थक करना चाहती है। प्रस्तुत कहानी की ही युवा लड़की सुमी भी एक अति संवेदनशीला युवती के रूप में चित्रित की गयी है।

'एक अश्लील कहानी' में एक लाचार रखैल जैसी लड़की है, जो एकाकीपन से अपने शरीर में अनुरक्त हो जाती है। उसके लिए अपने शरीर के अतिरिक्त जैसे कुछ शेष नहीं रहा है...नायक उसे देखता है...लेकिन वह आदर्शवादी होने के कारण स्त्री के अंग प्रदर्शन में रुचि लेते हुए भी उसकी व्यर्थता स्वीकार करता है तथा चाहता है कि स्त्री व्यवसाय में व नौकरी में आर्थिक दृष्टि से पुरुष की सहभागिनी बने। सामन्तवादी जीवनदृष्टि तो अब एकदम जर्जर एवं जीर्ण हो गयी है। वह औरत एक दिन नग्न करके बाहर निकाल दी जाती है। इसमें नारी के अन्तर्द्वन्द्व को प्रतीकात्मक रूप में उभारने की सफल चेष्टा की गयी है।

'आसक्ति' कहानी की सुजाता आरम्भ से ही एक बहन का दर्द लेकर आती है। बहन के नाते वह अपनी जिम्मेदारियों का पूर्ण निर्वाह करती है लेकिन नारी, नारी है। उसके भी अपने सपने हैं, उसका अपना भविष्य है और यही कारण है कि वह विवाह का निर्णय ले लेती है। उसके बाद भाई की उपेक्षा सामान्य सी बात है फिर भी वह अपने कर्त्तव्यों के निर्वाह की चेष्टा करती है।

'देवा की माँ' कहानी में देवा की माँ पति से अलग रहकर घुट-घुटकर जीवन काट देती है। देवा के जेल जाने पर उसका पिता जब उसकी कोई सहायता नहीं करता है तो देवा की माँ मन से अपने पति को त्याग देती है। यहाँ तक कि वह उसके बीमार होने पर भी देवा के बार-बार कहने पर भी अपने पति को देखने तक नहीं जाती है और अपने पुत्र को भी नहीं जाने देती। परित्यक्ता बनी रहकर ही घुट-घुटकर अपना वियोगमय जीवन बिता देती है।

'दिल्ली में एक मौत' में मिसेज वासवानी सम्पन्नवर्गीय स्त्रियों का प्रतिनिधित्व करने वाली महिला है जिसमें बनावटी फैशनपरस्ती के अतिरिक्त कुछ भी नहीं है। संवेदनशून्यता का पुट भी उसके व्यक्तित्व में मिलता है।

इस विवेचन के आधार पर हम कमलेश्वर के नारी पात्रों के विषय में निम्नलिखित निष्कर्ष पर पहुँचते हैं कि –

1. कमलेश्वर के स्त्री पात्र परम्पराबद्ध नहीं हैं। वे व्यवहार, जिन्दगी तथा परिस्थितियों के प्रति सजग हैं। किसी अल्प श्रेष्ठ मूल्य हेतु वे परम्परागत जीवनदृष्टि को नकारने में सक्षम हैं। उसके प्रति विद्रोह करने हेतु तैयार हैं जैसा कि राजा निरबंसिया की नायिका चन्दा करती है। 'मांस का दरिया' की जुगनू भी अपने नारकीय परिवेश में अपनत्व की भावना को खोजने में रत है। वह अपनत्व चाहती है, जो व्यक्ति विकास हेतु अत्यावश्यक माना जाता है।
2. ये स्त्रियाँ यथार्थ के धरातल से जुड़ी हुई हैं। आरम्भ से अन्त तक वे यथार्थ पर टिकी हैं। किसी भी कल्पना का आश्रय उन्होंने नहीं लिया है।
3. इन स्त्रियों में मानसिक अन्तर्द्वन्द्व स्पष्ट दिखाई देता है। यह मानसिक संघर्ष जीवन के विविध प्रश्नों को लेकर है। उनके इस मानसिक संघर्ष के पीछे उत्कट शारीरिक प्यास ही दिखाई देती है अथवा दो पुरुषों को लेकर उसकी द्वन्द्वात्मक स्थिति स्पष्ट झलकती

है। इन कहानियों की स्त्रियाँ विविध प्रश्नों से जूझ रही हैं। चन्दा, सुजाता, पारबती तथा जुगनू आदि स्त्री पात्रों की समस्याएँ यौन अथवा प्रेम समस्याएँ नहीं हैं। सन्तति, सम्पत्ति, बेईमानी एवं अपनत्व के साथ-साथ ये स्त्रियाँ जीवन की विभिन्न समस्याओं से संघर्ष कर रही हैं।

4. आसपास का परिवेश सम्पूर्ण व्यक्तित्व को ही नकार रहा है। कमलेश्वर के स्त्री पात्र भी ऐसे ही परिवेश में फँसे हुए हैं। इस परिवेश के सम्मुख स्त्रियाँ पूर्णरूपेण पराजित हुई हैं। उन्हें विवशता में कई निर्णय लेने पड़े हैं। 'मांस का दरिया' की जुगनू एवं 'राजा निरबंसिया' की चन्दा इसके उदाहरण हैं। 'बयान' की स्त्री पर पति की आत्महत्या का निर्णय भी प्रतिकूल परिवेश के रूप में दिखता है। क्रूर परिस्थितियाँ इनके समक्ष हैं।
5. कमलेश्वर के ये स्त्री पात्र जीवन के विभिन्न स्तरों से आये हैं। प्रतिदिन ग्राहकों से जूझने वाली तथा अपनत्व को खोजने वाली 'मांस का दरिया' की जुगनू यहाँ है, आरोपित सम्बन्धों से लड़कर नारीत्व खोजने वाली 'तलाश' की ममी, भाई एवं पति दोनों के प्रति कर्त्तव्य निर्वहनशील सुजाता, वैधव्य को नकार कर सन्तति चाहने वाली पारबती, पति रक्षार्थ परपुरुष के समक्ष सर्वस्व समर्पणशीला 'राजा निरबंसिया' की चन्दा तथा आधुनिक परिवेश में फैशन की दुनिया में व्यस्त एवं संपत्ति प्रदर्शन करने वाली 'दिल्ली में एक मौत' की संवेदनाशून्य मिसेज वासवानी भी यहाँ हैं।

(2) **कमलेश्वर की कहानियों के पुरुष पात्र :** कमलेश्वर की कहानियों में पुरुष पात्रों को अत्यधिक महत्त्व प्रदान किया गया है। जनवादी दृष्टिकोण एवं प्रगतिशील होने के कारण कमलेश्वर ने पुरुष पात्रों को संघर्ष हेतु दृढ़ता से खड़ा किया है तथा पुरुष पात्रों को अधिक उभारा है। उनके ये पात्र तीन प्रकार के हैं–

(क) कस्बे से सम्बद्ध पुरुष पात्र जैसे–जगपती, वैद्य महेश पांडे तथा विश्वनाथ आदि।
(ख) नगरीय वातावरण से सम्बद्ध पुरुष पात्र जैसे–चन्दर, फोटोग्राफर, निवेदक आदि।
(ग) महानगर से सम्बद्ध पुरुष पात्र जैसे–विनोद, वीरेन्द्र आदि।

ये सभी पात्र अपनी-अपनी परिवेशगत विशिष्टताओं को अभिव्यक्त करते हुए भी आधुनिक जीवन की विसंगति, टूटे जीवन मूल्यों का प्रतिनिधित्व कर रहे हैं। इनके विषय में निम्नलिखित निष्कर्ष प्रस्तुत हैं–

1. इन पात्रों में कस्बाई जीवन संस्कार अत्यधिक हैं। अतः इन्हें कृत्रिम, यांत्रिक एवं बौद्धिक जीवन जीने की आदत नहीं है। उदाहरणार्थ–'खोई हुई दिशाएँ' का चन्दर, 'कस्बे का आदमी' का छोटे महाराज, 'नीली झील' का महेश पाण्डे तथा 'मांस का दरिया' के कुछ पुरुष पात्र आदि।
   कमलेश्वर के पुरुष पात्र अपनत्व चाहते हैं। वे अभी तक पूर्णरूप से नगरीय नहीं बन सके हैं। इनमें संवेदनशीलता सुरक्षित है।
2. ये कस्बाई पुरुष पात्र अत्यन्त स्वाभिमानी एवं मस्तमौला हैं। छोटे महाराज (कस्बे का आदमी) शिवराज की तरफ से मिठाई खाते हैं। इसके बाद वे शिवराज को उसके बदले में हंगा कपड़ा दे देते हैं क्योंकि वे शिवराज की मनोदशा को पहले ही ताड़ जाते हैं।

वे किसी की दया पर जीना नहीं चाहते। यह स्वाभिमान छोटे महाराज में ही नहीं बल्कि चन्दर, फोटोग्राफर, महेश पाण्डे तथा विश्वनाथ आदि पात्रों में देखा जाता है। टूटे हुए होने पर भी वे स्वाभिमान को बचाये हुए हैं।

3. जगपती जैसे भी कुछ पात्र हैं, जो सम्पत्ति एवं व्यवसाय के इतने अधीन हो गये हैं कि उसे प्राप्त करने हेतु वे बात का सौदा करने तक को तैयार हैं। वे इस स्तर पर आधुनिकतावादी हैं तथा घोर अनास्थावादी हैं। आगे आत्मग्लानि के कारण वे आत्महत्या तक कर लेते हैं। जगपती की आत्महत्या उसे कस्बाई संस्कारों के निकट ला पटकती है।
4. 'राजा निरबंसिया' का जगपती, 'बयान' का फोटोग्राफर, 'नीलमणि' का विश्वनाथ, 'खोयी हुई दिशाएँ' का चन्दर, 'मांस का दरिया' का मदनलाल, तथा 'आसक्ति' का विनोद ऐसे ही पुरुष पात्र हैं, जो परिस्थितियों से जूझ रहे हैं, नितान्त अकेले और निःशस्त्र। परिस्थितियों से जूझते हुए इनका अन्तस बहुत कुछ मर रहा है तथा उसमें बहुत कुछ निर्माण भी हो रहा है। उनके अन्दर आधुनिक मूल्यहीनता, संवेदनशून्यता तथा निरर्थकता के साथ आधुनिक भावबोध के मूल्य निरन्तर उभर रहे हैं। इनसे अकेलेपन का अहसास और अधिक तीव्र हो उठता है। इससे कुछ पात्र आत्महत्या तक को मजबूर हो उठते हैं। जीवन की चरम निराशा का परिणाम ही आत्महत्या है।
5. ये पात्र 'संक्रमण' की स्थिति से गुजर रहे हैं। अभी ये पात्र पूर्णरूपेण यांत्रिक एवं शहरी नहीं बन पाये हैं। कमलेश्वर के पुरुष पात्रों की यह विशेषता है कि वे आधुनिक एवं गतिशील हैं। वे संक्रमणशील मानसिकता से गुजर रहे हैं। ये पात्र आधुनिक हैं, गतिशील हैं पर स्थितिशील नहीं। इनका रुकना आधुनिकता की प्रक्रिया का पूर्ण होना है। कमलेश्वर के ये पात्र यांत्रिक एवं निरर्थक जीवन जीने हेतु लाचार नहीं हैं, वरन् जीवन्त हैं, मूल्यवान हैं पर मूल्यों के टूटने से ये भी टूट रहे हैं। इन्हें जीवन की निरर्थकता का अहसास हो रहा है। जगपती, चन्दर एवं विश्वनाथ ऐसे ही पात्र हैं। शहरी एवं महानगरीय परिवेश के पात्र भी इसी संक्रमण की स्थिति में जीवन जी रहे हैं।
6. कमलेश्वर के ये पात्र प्रतिनिधिक एवं विशिष्ट दोनों ही प्रकार के हैं। इनके सामान्य पात्र विशिष्टता प्रेषक हैं जैसे 'कस्बे का आदमी' का छोटे महाराज, 'नीली झील' का महेश पाण्डे आदि। कभी विशिष्ट पात्र सामान्य हो जाता है जैसे 'बयान' में फोटोग्राफर। विनोद आधुनिक पीढ़ी का प्रतिनिधित्व करता है तथा सौन्दर्य के प्रति आकृष्ट लोगों का प्रतिनिधित्व करने वाला 'नीली झील' का महेश पाण्डे है। वैसे कमलेश्वर के पात्र यथार्थ जीवन जी रहे हैं। वे किसी आदर्श, कल्पना तथा विचारधारा से प्रभावित एवं परेशान नहीं दिखाई देते हैं। वे अपनी जिन्दगी की स्थिति से प्रतिबद्ध हैं तथा अपने तरीके से जीवन की प्रत्येक परिस्थिति से संघर्ष कर रहे हैं।
7. लेखक ने पात्रों की मानसिकता को ही प्रश्रय दिया है। आन्तरिक संघर्ष, अन्तर्द्वन्द्व, निष्क्रियता, नपुंसकता तथा ईमानदारी पर विभिन्न परिस्थितियों का प्रामाणिक रूप से उद्‌घाटन किया गया है। उदाहरणस्वरूप अपनी बहन की कमाई पर जीने वाला विनोद,

मजदूरों के चन्दे पर जीने वाला व वेश्या जुगनू की सहायता करने वाला मदनलाल, स्वाभिमानी छोटे महाराज तथा पश्चाताप दग्ध आत्महत्याकारी जगपती आदि हैं।

8. कमलेश्वर के सभी पात्र जीवन के प्रति सजग हैं। वे अपने परिवेश से असंतुष्ट दिखाई देते हैं। धन के लिए अतिरिक्त मोह करने वाला जगपती अन्त में आत्महत्या कर लेता है। जीवन में मूल्यों की अनिवार्यता को मान्य करने वाले कमलेश्वर के पात्र आत्महत्या कर लेते हैं जैसे जगपती तथा फोटोग्राफर। आत्महत्या जीवन से पलायन है। इस तरह भयावह जीवन से जूझने वाले पराजित होकर आत्महत्या को ही उचित मार्ग समझते हैं।

कमलेश्वर के पात्र प्रतिस्थापित समाज की संवेदनशून्यता, अमानवीयता, अप्रामाणिकता, बेईमानी, मिथ्या और पूँछ हिलाने वाली व्यर्थ व्यवस्था से परेशान हैं।

डॉ. सुरेश सिन्हा के मतानुसार– "ये पात्र वैयक्तिक लगते हुए भी कमलेश्वर के पर्सनल नहीं हैं। वे हमारे जीने वाले जीवन से ही सम्बन्धित हैं। इन पात्रों का सम्बन्ध कहीं समाज से कटा हुआ नहीं है, और न कहीं वे यथार्थ से मुँह मोड़ते हैं। अपनी स्थिति की वास्तविकता के प्रति सचेत होते हुए भी उनमें कहीं जिन्दगी से कतराने की प्रवृत्ति नहीं है.....ये पात्र न तो कहीं हवेली की तरह निर्जीव हैं न कहीं नीलम देश की राजकन्या की खोज में हैं......ये सब इस पलायनवाद से दूर जिन्दगी की कँटीली राहों पर जूझते हुए नवीन अर्थों एवं मूल्यों की खोज में अनवरत संघर्ष कर रहे हैं।"[74]

(3) कमलेश्वर के उपन्यासों में स्त्री पात्र : कमलेश्वर के ग्यारह प्रसिद्ध उपन्यास हैं। उनमें अनेक स्त्री पात्र हैं। इनमें से कुछ प्रसिद्ध नारी पात्रों का अन्तरंग एवं बहिरंग दृष्टि से संक्षिप्त चित्रण इस प्रकार किया जा सकता है–

(क) बंसिरी : कमलेश्वर की 'एक सड़क सत्तावन गलियाँ' उपन्यास रचना में बंसिरी प्रमुख स्त्री पात्र है, जिसके व्यक्तित्व से डाकू सरनाम सिंह भी प्रभावित होता है। अदालत में शिनाख्त न करके बंसिरी ने सरनाम को उपकृत किया। वह स्वयं उस पर फिदा थी। डकैती का केस समाप्त हुआ। सरनाम, बंसिरी के लिए नाटक समाप्त हुआ। "पर सरनाम के दिल में बंसिरी की अजीब सी अनुभूति थी– एक सतायी हुई दयावान नारी की, एक नासमझ लड़की की.....उसे देखकर उसकी पशुता अचानक मर गयी थी। अद्‌भुत प्रभाव था उसमें।"[75]

बंसिरी निम्नवर्ग की नारी है। उसका हृदय अति सरल एवं निर्मल है। वह नौटंकी में नाच-नाचकर लोगों का मनोरंजन करती है पर आत्मसम्मान को चोट नहीं पहुँचने देती। स्त्री जाति से नफरत करने वाला सरनाम उससे प्यार करते हुए उसके साथ घर बसाने का निश्चय करता है, लेकिन ऐसा नहीं हो पाता है और दोनों ही वियोग पीड़ित रहते हैं। बंसिरी का जीवन दुःख और पीड़ा का खुला दस्तावेज़ है यद्यपि वह निडर है, साहसी है। तभी वह डाकू, खूनी तथा बेफिक्र सरनाम की ओर झुक जाती है।

नाम भी उसे प्राप्त नहीं कर सका लेकिन वह प्रेम अवश्य करता है। उसने अपनी उदारता से बंसिरी को परास्त कर दिया। अवहेलना, अपमान एवं दुःख सहन करने वाली बंसिरी एक ऐसे वर्ग की नारी है जिसने जीवन जीने के लिए मजबूरी में अपना सौदा किया। परिस्थितियों ने उसकी कीमत पाँच सौ रुपये मात्र लगवा दी। असफल प्रेम बंसिरी के दुःखमय जीवन का

मूलाधार है। वह अनेक पुरुषों की भोग्या बनी, उसकी प्रतिष्ठा कुचली गयी लेकिन उसने हिम्मत नहीं हारी। चुनौती स्वीकार करना उसकी प्रकृति एवं जीवन नियति बन गयी। बंसिरी का जीवन नारी संघर्ष की दुःखद कहानी है जिसमें स्वाभाविकता, मानवीयता तथा भावी जीवन के प्रति अटूट आस्था है। उसके जीवन की यथार्थता पाठकों को उद्वेलित किये बिना नहीं रहती।

(ख) मालती : कमलेश्वर के उपन्यास 'काली आँधी' की नायिका मालती है, जो खजुराहो के बैरिस्टर प्रताप राय की बेटी है। वह बड़े बाप की बेटी है। पिता कैरियर बनाने हेतु उसे विदेश भेजना चाहता है लेकिन वह विदेश नहीं जाती। जगदीश वर्मा उर्फ जग्गी बाबू से प्रेम विवाह कर लेती है। लिली उसकी एकमात्र पुत्री है। जग्गी बाबू खजुराहो के एक होटल में मैनेजर हैं। वे मालती को प्रोत्साहित करते हैं। मालती राजनीति में प्रवेश करती है। जिला परिषद का चुनाव जीतती है। चुनाव जीतते ही उसका स्वभाव बदल जाता है। जग्गी बाबू से उसका संघर्ष प्रारम्भ हो जाता है।

मालती अपनी इमेज के चलते होटल बन्द करने की सलाह देती है। कितने ही स्वयंसेवक उसके राजनीतिक जीवन में हाथ बँटाते हैं। वह पति द्वारा भी वैसी ही मदद चाहती है। स्वाभिमानी जग्गी बाबू इसके लिए तैयार नहीं होते। वे अपने ढंग से जीवन जीना चाहते हैं पत्नी से अलग। लिली को वे पंचमढ़ी पब्लिक स्कूल में भर्ती कराकर भोपाल चले जाते हैं। वहाँ होटल गोल्डन सन के मैनेजर बन जाते हैं।

मालती का राजनीति के क्षेत्र में बड़ा नाम होता है। सफलता की सीढ़ियाँ चढ़ते हुए वह पति एवं पुत्री को एकदम भूल सी जाती है। मालती भोपाल लोकसभा से चुनाव लड़ती है। इस चुनाव में वह सारे दाँव-पेंच, पैंतरे, तिकड़मबाजियाँ एवं नाटक खेलती है, जो आज के चुनाव जीतने हेतु आवश्यक होते हैं। मिथ्या प्रतिष्ठा हेतु मालती ने पति को प्यार किया। वह संयोग से लोकसभा प्रचार काल में उसी होटल में ठहरती है जहाँ उसके पति जग्गी बाबू मैनेजर हैं। इतने निकट होते हुए भी दोनों में पति-पत्नी सम्बन्ध स्थापित नहीं हो पाया। फिर वह किसके लिए जी रही थी, चुनाव लड़ रही थी। ऑटोग्राफ देते समय वह पुत्री तक को नहीं पहचान पायी। स्वार्थ, सत्ताकांक्षा एवं अधिकाधिक सफलता के स्वार्थ भरे जीवनोद्देश्यों ने उसे अन्धा बना दिया था। उसके जीवन का खोखलापन जग्गी बाबू के शब्दों में देखा जा सकता है– "...तुम्हें अपनी बेरतार दौड़ती हुई जिन्दगी में सोचने का वक़्त ही कहाँ मिला है? मशीनें नहीं सोचतीं। मशीनों के लिए आदमी सोचता है और सफलता...सफलता सिर्फ एक मशीन है। अब तुम औरत नहीं एक सफलता बन गयी हो...जब तुम्हारी मुक्ति और ज्यादा सफल होते जाने में है...और कोई रास्ता नहीं है।"[76]

अन्त में लिली को पंचमढ़ी ले जाने हेतु जग्गी बाबू स्टेशन पर थे तथा मालती भी वहीं थी दिल्ली जाने के लिए। दोनों की गाड़ियाँ पाँच मिनट के अन्तराल से चलने वाली थीं और वो भी दो दिशाओं की ओर। मालती अपने स्वार्थ हेतु अन्यों का इस्तेमाल करती थी। वह अपने साथियों, जनता की गरीबी, धर्म एवं जातीय भावना यहाँ तक कि परित्यक्त पति का प्रयोग करना भी बखूबी जानती थी। 'वह किसी के लिए नहीं थी पर उसके लिए सब हों।' वह चुनाव जीतती थी, आश्वासनों की झड़ियां लगती थीं। मालती का चरित्र पूँजीवादी समाज व्यवस्था की उपज था। वह शोषक वर्ग का एक हिस्सा बन चुकी थी।

प्रस्तुत उपन्यास की नायिका मालती एक ऐसा पात्र है जिससे नारी जीवन की कोई समस्या उद्घाटित नहीं हुई है। उपन्यास का यह उद्देश्य भी नहीं है। बेटी लिली उन बातों की प्रतीक है जिन्हें स्वार्थ एवं सफलता के आगे पागल व्यक्ति रौंद देता है। स्वार्थग्रसित मालती अपने स्त्रीत्व तक को भूल जाती है। माता जैसी पवित्र भूमिका तक का निर्वाह नहीं कर पाती है। राजनीतिक परिस्थितियाँ मालती के चरित्र को ऐसा बना देती हैं। वह स्वातन्त्र्योत्तर भारतीय परिवेश का जीवन्त प्रतीक ही मानी जाएगी। उसका चरित्र आज के नेताओं के चरित्र को यथार्थ रूप में उजागर करने वाला है। डॉ. माधुरी शाह का कथन उसकी चारित्रिक प्रेरणा एवं प्रवृत्ति को स्पष्ट करने वाला है– "...इसलिए उपन्यास की नायिका मात्र एक व्यक्ति न होकर अपने समय के साथ जुड़ी हुई एक इकाई है जिसकी प्रत्येक कृति और उक्ति युग चेतना से संयुक्त है जैसा कि संकेत किया जा चुका है परन्तु उपन्यास का कथ्य महत्वाकांक्षी व्यक्ति के भीतर बैठी हुई फासिस्ट वृत्ति को सत्ता प्राप्ति के सोपानों से गुजरने का संकेत देना है। उस युगीन तथ्य को अभिव्यक्ति देना है कि ये फासिस्ट वृत्ति न केवल सत्ताकांक्षी व्यक्ति के निकटस्थ सम्बन्धों को खत्म कर देती है वरन् तमाम समष्टिमूलक प्रवृत्तियों का भी गला घोंट देती है, फिर चाहे यह प्रवृत्ति पक्षधर राजनीतिक मंच पर विकसित होती हो या और किसी मंच पर। इसकी निर्घृण और कृतघ्न अमानुषीय वृत्ति का रुख सत्ता हथियाने की दिशा में बना रहता है।"[77]

'काली आँधी' की नायिका मालती का चरित्र एक प्रतिनिधि चरित्र है। कमलेश्वर ने यथार्थ रूप में इसे चित्रित किया है। यथार्थ चित्रण की दृष्टि से इस चरित्र के चित्रण में उपन्यासकार को अतीव सफलता प्राप्त हुई है।

(ग) चाँदनी : कमलेश्वर के उपन्यास 'आगामी अतीत' की नायिका चाँदनी है। कमल बोस इसका नायक है, जो अपनी युवावस्था में डॉक्टरी का अध्ययन करते हुए कुछ दिन दार्जिलिंग जाकर रहने लगता है। वहाँ एक गरीब वैद्य की बेटी चन्दा से वह प्रेम करने लगता है। विवाह का वायदा करने पर भोली चन्दा उसे अपना सब कुछ अर्पित कर देती है। वह काफी समय तक नहीं लौटता। चन्दा उसकी प्रतीक्षा करती है। कमल वायदा भूलकर मानसी कैमिकल्स के मालिक की पुत्री निरूपमा से विवाह रचा लेता है। निरूपमा की अमीरी एवं सौन्दर्य कमल को आकर्षित तो कर लेते हैं लेकिन प्रेम सफल नहीं हो पाता क्योंकि यह प्रेम पर धन की विजय थी, प्रेम नहीं था। बहुत अधिक प्रतीक्षा करने के बाद चन्दा का विवाह एक लँगड़े हरकारे से होता है। चन्दा एक पुत्री को जन्म देती है। वह विधवा हो जाती है तथा पिता की भी मृत्यु हो जाती है। अन्त में चन्दा कमल की स्मृतियों के कारण पागल हो जाती है। पागलखाने में उसकी मृत्यु हो जाती है। चाँदनी से उसी रात बलात्कार हो जाता है। वह मातृविहीन निराधार होकर वेश्या बन जाती है। दूसरी ओर कमल बोस की पत्नी निरूपमा आत्महत्या कर लेती है। कमल बोस चन्दा की खोज में दार्जिलिंग जाता है तथा पता करते-करते वह कालिमपैंग में चन्दा की वेश्या लड़की चाँदनी तक पहुँच जाता है। अपने साथ लाकर उसे सुधारने हेतु प्रयत्नशील रहता है। वह कमल बोस को अपशब्द कहती है तथा उसका साथ छोड़कर वेश्याओं के अड्डे पर पुनः पहुँच जाती है। निर्धन चन्दा के जीवन के साथ चाँदनी का जीवन भी चौपट हो गया। कमल बोस का भी गृहस्थ जीवन बरबाद हो गया। चाँदनी का जीवन एक जलती आग की

कहानी बन गया। वह अपने पिता समान माँ के प्रेमी को अपना ग्राहक समझती है तथा वेश्या जीवन की वास्तविकता उसके सम्मुख प्रकट कर देती है– "तुम अमीरों के ये इश्क विश्क के चोंचले अपने लिए बेकार हैं। हम इश्क नहीं करते पेट भरते हैं पेट।"[78]

वेश्या जीवन की विवशताएँ एवं सच्चाइयाँ चाँदनी की वाणी से एक साथ प्रकट हो रही हैं। कमल बोस ने धन को महत्त्व देकर ही प्रेम, प्रेमिका तथा पत्नी सब कुछ खो दिया। वह चाँदनी से भी कहता है 'तुम्हें पैसे से मतलब' इस पर वह कहती है– 'नहीं चाहिए मुझे हराम के पैसे।' इसे सुन कमल बोस को धक्का लगता है। इसके बाद ईश्वर से डरने वाली चाँदनी और अधिक स्पष्ट स्वर में कह उठती है–"और क्या, कुछ करते धरते तो हो नहीं...समझते हो मैं फोकट में पैसे लेकर चली जाऊँगी। अरे बाबू, एक दिन सबको ईश्वर के यहाँ जवाब देना पड़ता है। ये पाप मैं काहे को लूँ?...धन्धा करूँगी तो पैसा लूँगी। ये मामूली काम नहीं है बाबू, बहुत पित्ता मारकर अनजाने आदमी को सहना पड़ता है। तुम औरत होते तो समझ पाते।"[79]

'चाँदनी' वेश्या जीवन की यथार्थ अभिव्यक्ति है। वह वेश्याओं का प्रतिनिधित्व करती है। यह उसके जीवन की मजबूरी है। वह अपनी माँ के मरणोपरान्त हुए हादसे को कमल बोस को स्पष्ट बताती है। यह उसके जीवन का विचित्र एवं अपरिहार्य मोड़ था जिसे अपनाने हेतु वह विवश थी–"मैं किसे बताती बाबू कि मेरे साथ क्या हुआ था? अब तो अम्मा भी नहीं थीं। उसके बाद मेरे सामने क्या रास्ता रह गया था? सिवाय इसके कि कोठे पर बैठ जाऊँ। कोई नहीं होता। कहीं कोई अपना होता तो शायद ढाँक-तोप कर मेरी जिन्दगी को रास्ते पर ला देता।"[80] अब जीवन को ठीक करने में बहुत देर हो चुकी है। वह अपनी वास्तविकता स्वीकार करते हुए कहती है– "मैं औरत नहीं हूँ। मुझे क्या मालूम औरतें क्या करती हैं। हाँ तवाइफ, तवाइफ होती है वह और कुछ नहीं होती।"[81] ऐसा प्रतीत होता है कि वह सच्ची तवाइफ बन गयी। कमल बोस के पास उसका मन नहीं लग रहा है, इसलिए एक रात वह अड्डे पर चली गयी। उसका स्पष्ट विवरण देते हुए वह कमल बोस से कहती है कि– "कल रात उधर रुकी थी न, तो बीस रुपये मिले थे। तुम दो सौ अस्सी देना। तुमसे बेईमानी नहीं करूँगी।"[82] चाँदनी के चरित्र में उसकी जीवन के प्रति गहरी आस्था ही उसकी महानता है। आत्मसम्मान उसके चरित्र का भूषण है। वह आशावाद की प्रतिमूर्ति है। नकारात्मक होते हुए भी उसका चरित्र अत्युच्च कोटि का है।

(घ) इरा : कमलेश्वर के उपन्यास 'डाक बँगला' की नायिका इरा है जिसे उपन्यासकार ने स्त्री-पुरुष सम्बन्ध की एक नग्न तस्वीर के रूप में चित्रित किया है। इरा ने अपने जीवन में अनेक व्यक्तियों के समक्ष आत्मसमर्पण किया है क्योंकि "वह सिर्फ आदमी से प्यार करती है। उसकी आत्मा का कोना-कोना यादों से भरा है।"[83] वह स्वयं वर्णन कर रही है कि–"मेरी आँखों में हर व्यक्ति की तस्वीर है, जिसके साथ मैंने थोड़े दिन गुजारे हैं।"

इस प्रकार हम देखते हैं कि पारिवारिक सम्बन्धों की दरार का परिणाम इरा है। आज यांत्रिकता, महँगाई, व्यस्तता, मूल्यहीनता एवं साधनों की कमी आदि के कारण परिवार बिखरे हैं। नैतिक मूल्य ह्रास भी इसका एक कारण रहा है। स्त्री-पुरुष सम्बन्ध भी प्रभावित हुए। नारी अधिकारों की चेतना के कारण ही इरा जैसे चरित्र प्रकट हुए। इरा बिना शादी किये विमल, महेंद्र

बतरा, मेजर सोलंकी तथा डॉ. चन्द्रमोहन आदि के साथ जीवन व्यतीत करने के लिए विवश हुई। इसके पीछे अर्थ ही विशेष कारण रहा है। दोगली अर्थव्यवस्था के परिणामस्वरूप विमल जैसे क्रान्ति पसन्द युवक पैदा हो रहे हैं तथा इरा जैसी लड़कियों की दुर्गति हो रही है, जो पढ़-लिख कर भी न तो भली-भाँति विकसित ही हो सकी और न ही सही जीवन-यापन कर सकी। सर्वत्र उन्हें कामुक दृष्टि से देखा जाता है। भोलेपन एवं मानवता के प्रेम की यही परिणति होती है। इरा का व्यक्तित्व टूटा, बिखरा एवं जगह-जगह धक्के खाता हुआ प्रदर्शित किया गया है जिसमें रूप का भोग है, कर्म का सम्मान नहीं।

इस प्रकार 'डाक बँगला' की नायिका इरा का चरित्र बीसवीं सदी के संक्रमणग्रस्त भारतीय समाज की जीवन्त एवं दयनीय नारी की स्थिति का चित्र प्रस्तुत करता है। उसका जीवन स्वयं एक डाक बँगला ही बन चुका है। उसे सच्चा प्यार कभी नहीं मिला। वह नौकरानियों के हाथों पली बिना माँ की बच्ची थी।

वह प्यार के लिए जीवन भर समर्पित होती रही लेकिन उसे सच्चा प्यार नहीं मिला। वह मानसिक आघात सहती रही।

(ङ) चित्रा : चित्रा कमलेश्वर के उपन्यास 'तीसरा आदमी' की नायिका है। वह नरेश की पत्नी है। नरेश इलाहाबाद में रेडियो उद्घोषक के पद पर कार्य करता है। नरेश और चित्रा की शादी में सुमन्त भी आता है। वह नरेश का दूर-दराज का भाई है। नरेश विवाह के दिन से ही यह अनुभव करता है कि सुमन्त उसके वैवाहिक जीवन पर छाता जाता है। वह उससे ईर्ष्या सी करने लगता है। शादी के बाद इलाहाबाद नरेश को छोटा लगने लगा। वह महानगर में चित्रा के साथ मजे करना चाहता है।

'तीसरा आदमी' की चित्रा स्वाभिमानी चरित्र वाली है। आर्थिक स्वावलम्बन के कारण ही वह दिल्ली में रहकर बच्चों के पालने एवं जीवन बिताने का निश्चय कर लेती है। वह समाज एवं पति की चिन्ता नहीं करती। पति के बिना स्त्री जी सकती है, वह इसका एक उदाहरण बनना चाहती है। उसके सामने नरेश पलायनवादी तथा बौना है। चित्रा में आत्मविश्वास, निर्भयता, जीवन्तता तथा कुछ कर गुजरने की उत्कंठा है। चित्रा अपने अहं की रक्षा अन्त तक करती है तथा नरेश के अहं को विचूर्ण कर देती है।

(च) रम्मी, तारा, समीरा : कमलेश्वर विरचित 'समुद्र में खोया हुआ आदमी' में तीन स्त्री पात्र हैं। रम्मी श्यामलाल बाबू की बीमार पत्नी है। तारा एवं समीरा दो जवान बेटियाँ हैं। परिवार आर्थिक विपन्नता में डूबा हुआ है। श्यामलाल की नौकरी छूटने पर वह हरवंश की दुकान पर ऑर्डर लाने का कार्य करता है। कमीशन के साथ वह थोड़ी उन्नति करता है और एक घड़ीसाज की आधी दुकान में हरवंश 'पैटर्न हाउस' खोल देता है। तारा, समीरा भी आसपास के घरों से कढ़े हुए कपड़े ले आती हैं। वे हरवंश के आसपास घूमती रहती हैं। यह श्यामलाल बाबू को बर्दाश्त नहीं। तारा ने पैटर्न हाउस में जाना प्रारम्भ किया। श्यामलाल ने मना किया क्योंकि उन्हें स्त्रियों द्वारा नौकरी करना पसन्द नहीं। वे अपने को परिवार का मुखिया बने रहने देना चाहते थे। स्त्रियों की कमाई उन्हें पसन्द नहीं। तारा नौकरी करती है। घर चलाने के अधिकार उसके पास चले जाते हैं। कमलेश्वर ने इस उपन्यास में नारी को सतीत्व एवं देवीत्व की सीमा से बाहर

निकालने की चेष्टा की है। तारा हरवंश को स्वीकार कर लेती है।

वह विवाह पूर्व यौन सम्बन्ध स्थापित करने में संकोच नहीं करती। हरवंश भी तारा से प्रेम करता है तथा विवाह कर लेता है। समीरा हरवंश की मदद से एक नर्सिंग ट्रेनिंग स्कूल में दाखिला ले लेती है। रम्मी एकाकी जीवन बिताती है। पेट की आग क्या-क्या नहीं कराती। पति दिल्ली में, रम्मी अकेली। तारा अपनी माँ को अपने पास बुला लेती है तथा ठीक नौकरानी जैसा ही बरताव करती है। उसे अपनी माँ को आया बनाकर रखने में कोई संकोच नहीं। वह अपनी माँ से कहती है– "...अम्मा, अब तुम यहाँ चली आओ। ...मेरे पास रहो। वहाँ तुम अकेली पड़ी रहती हो तो बराबर मन में खटका बना रहता है।"[84]

आज के भौतिकवादी परिवेश में सबकी आर्थिक आवश्यकता है और उसके चलते परिवार बिखरने में कोई देर नहीं लगती। तारा हरवंश का दामन थाम लेती है। हरवंश की मदद से ही समीरा नर्स की ट्रेनिंग करती है तथा उसकी माँ रम्मी अपनी ही बेटी के घर पर आया के समान कार्य करने को उद्यत हो जाती है। इस प्रकार तीनों के चरित्र के साथ बाबू श्यामलाल एवं हरवंश का चरित्र भी स्वाभाविक रूप से चित्रित किया गया है। सभी के चरित्र यथार्थ के धरातल पर ही निखरे हैं।

(छ) **समीरा :** कमलेश्वर के 'वही बात' उपन्यास की नायिका समीरा है। समीरा का विवाह प्रशान्त से होता है। प्रशान्त के बढ़ते कदमों से वह अत्यधिक आहत रहती है। वह वास्तव में ऐसा घर और पति चाहती है, जो दोनों ने बनाया हो और दोनों के द्वारा मिलकर ही चलता हो। प्रशान्त कार्य व्यस्तता, उन्नति के शिखर पर चढ़ने की ललक में समीरा को भूल जाता है। बार-बार टेलीफोन से बात करता है। वह प्रतिदिन समान बातें करता है और अपने देर से आने की सूचना देता है। वह उसके आने तक परेशान रहती है। आने पर भी वह दैनिक क्रियाओं तथा ऑफिस के कामकाज में व्यस्त रहता है। वह समीरा के मन की थाह कभी नहीं लेता है। समीरा को वह घर ही खाने को दौड़ता है। वह उस घर को कैदखाना समझती है। "हाँ प्रशान्त, हाँ। यह घर नहीं क़ैदख़ाना है।"[85] इसी कैदखाने में समीरा की इच्छाएँ दम तोड़ती रहती हैं। वह स्पष्ट कहती है–"इस घर में ऐसा क्या है, जो हमारा और तुम्हारा हो? सिवा इस बिस्तर के। और ये बैड भी फ़ॉरेस्ट रेंजर साहब ने बनवा दिये थे...। ये कालीन पी. डब्लू. डी. वालों ने बिछवा दिये थे। राशन अर्दली ले आता है। सब्ज़ी मैं बस्ती जाकर ले आती हूँ। इसे घर कहना चाहो तो जरूर कह लो। पर इसमें तुमने क्या जोड़ा है? क्या बनाया है?"[86] समीरा का अहं जाग्रत हुआ है। वह जानती है कि प्रशान्त उसके बिना कुछ भी नहीं कर सकता।

प्रशान्त की अति व्यस्तता ही समीरा की सफलता है। वह अपनी सन्तुष्टि नकुल में देखती है और उससे विवाह रचा लेती है। वह प्रशान्त को यह बताना चाहती है कि प्रशान्त की उपेक्षा का परिणाम इतना गम्भीर हो सकता है कि वह उसे छोड़ भी सकती है। समीरा कभी प्रशान्त से तृप्ति नहीं पा सकी। अन्त में नकुल से विवाह करके ही उसने तृप्ति की साँस ली। उसका अहं शान्त हुआ।

कमलेश्वर ने पाप को तर्कों के माध्यम से सही ठहराने का प्रयास किया है। नकुल भयभीत समीरा को अपने तर्क से सान्त्वना देते हुए प्रोत्साहित करता है जिससे समीरा अपने को सुरक्षित

अनुभव करने लगती है। अन्त में प्रशान्त द्वारा नकुल को सही मार्ग दिखाने के बाद समीरा का द्वन्द्व, अपराधबोध तथा भय समाप्त हो जाता है। वह कुंठा, पश्चात्ताप एवं पीड़ा से मुक्त होकर सामान्य हो जाती है।

(ज) शान्ता : शान्ता कमलेश्वर के उपन्यास 'सुबह...दोपहर...शाम' की नायिका है। यह उपन्यास ब्रिटिशकालीन परिप्रेक्ष्य पर आधारित है। यह चरित्र की दृष्टि से अति सफल उपन्यास है। इसमें अनेक पात्र हैं। स्त्री पात्रों में शान्ता प्रमुख है, जो इस उपन्यास की नायिका है। वह नवीन नामक क्रान्तिकारी की भाभी है। वह वीर एवं साहसी नारी के रूप में चित्रित की गयी है। उसके साहस का परिचय रेलगाड़ी में नवीन के बुरका ओढ़कर आने पर पीछा करती हुई पुलिस से उसकी बातचीत से ही होता है। वह नवीन को एक ओर निकाल देती है और पुलिस का मार्ग साहस से रोक लेती है–

"–नयी ब्याही बहू शान्ता घूँघट खोले सार्जेंट के सामने खड़ी थी–
– क्या है? वह सार्जेंट पर चीखी।
– उधर हटो सार्जेंट शान्ता पर चीखा।
– नहीं हटूँगी शान्ता चीखी थी।"[87]

साहसी के साथ वह मध्यवर्गीय परिवार की कुशल बहू के रूप में चित्रित की गयी है। वह पतिव्रता स्त्री है साथ ही देशप्रेम भी उसके अन्तरसागर में हिलोरें लेता है। उसके पति ने सरकारी अत्याचारों के समक्ष नतमस्तक होकर सभी क्रान्तिकारियों के स्थान बता दिये। तब वह तिलमिलाकर अपने पति से कहती है–"देखो–तुम मेरा सुहाग ज़रूर हो...लेकिन।...लेकिन क्या– 'देश के लिए कलंक हो', शान्ता ने कह ही दिया था।"[88] शान्ता का देवी तुल्य साहसी रूप तब सामने आता है जब वह फिरंगियों के मध्य से अपने देवर नवीन को बचा लाती है, वह उसे अपने साथ छत पर ले जाकर, नवीन के कहने पर कि भाभी अब कोई लाभ नहीं, तब भी कहती है कि तुम चुप रहो, चलाने दो इन्हें गोलियाँ और सिपाहियों को भी दुत्कारते हुए कहती है कि क्या तुम्हारे माँ बहनें नहीं हैं। तुम्हारे यही संस्कार हैं कि औरतों की ओर बढ़ो।

शान्ता साहसी, बोलने में चतुर और परिस्थिति के अनुसार आचरण करने वाली है।

(झ) नसीबन : कमलेश्वर के उपन्यास 'लौटे हुए मुसाफिर' की प्रमुख स्त्री पात्र है–नसीबन। वह जाति से मुसलमान है पर हिन्दुओं से भी प्रेम करती है। वह सभी के बच्चों से समान प्रेम करती है। एक ओर उन्हें फटकारती है तो दूसरी ओर उन्हें प्यार भी करती है। वह उनका सारा ध्यान रखती है– "पता नहीं कैसा बाप है, जो अपने बच्चों तक का ध्यान नहीं रखता। इतनी रात उतर आयी बच्चे घर में अकेले पड़े होंगे...भूखे प्यासे और यह पट्ठा घूम रहा है। अजीब आदमी है!...।"[89] देश में चारों ओर हिन्दू-मुस्लिम दंगे हो रहे थे लेकिन नसीबन पर कोई असर न था। वह मानवीयता की प्रतिमूर्ति है। वह सब दरोगा से कहती है–"मुझे पता नहीं है तो क्या बताऊँ, चाहिए तो मुझे गिरफ्तार कर लीजिये और मैं क्या कहूँ।"[90] वह सबकी सहायता करती है। वह सबको सावधान करती है। वह सबसे प्यार करती है। वह लौटे हुए बच्चों को देखकर रो पड़ती है और उनके घरों के निशान बताती है।

(ञ) **सलमा :** इसके अतिरिक्त भी इसी उपन्यास की एक ऐसी मुस्लिम नारी है, जो सत्तार से प्रेम करती है। वह अस्पताल में नौकरी करती है। वह सत्तार को सबकुछ सौंपकर भी उससे निकाह नहीं करती तथा न पति रूप में ही स्वीकार करती है। सलमा का चरित्र-नारी जीवन की विसंगतियों से भरा हुआ है। इस प्रकार कमलेश्वर ने हिन्दू, मुस्लिम सभी प्रकार के स्त्री पात्रों का अपने उपन्यासों में सम्यक् रूप से चरित्रांकन किया है।

(4) **कमलेश्वर के उपन्यासों के पुरुष पात्र :** कमलेश्वर के उपन्यासों में पुरुष पात्रों का चित्रण पूर्ववर्ती लेखन की तुलना में सर्वथा भिन्न रूप में हुआ है। 'एक सड़क सत्तावन गलियाँ' उपन्यास में सरनाम सिंह, रंगीले, सत्तार, शिवराज, मंगल तथा गेंदा कवि आदि अनेक पुरुष पात्र हैं लेकिन उपन्यास में सरनाम एवं रंगीले दो पात्रों का व्यक्तित्व निखर कर आया है।

कमलेश्वर के अन्य उपन्यास 'डाक बँगला' में विमल, बतरा, डॉ. चन्द्रमोहन, मेजर सोलंकी तथा तिलक आदि पुरुष पात्र हैं, जो इरा के जीवन को नया मोड़ देते हैं। इरा का जीवन धूप-छाँव का जीवन है। उसे प्रत्येक पुरुष ने अपनाया, स्वीकार किया, चूसा और फेंक दिया। इनमें विमल बेरोजगार, हताश, घुटनयुक्त, कुंठित एवं पलायनवादी प्रवृत्ति का रहा। बतरा अवसरवादी, कामी, लोलुप तथा स्वार्थ साधक था। डॉ. चन्द्रमोहन टूटती साँसों वाला, लिजलिजा, इरा की काम तृप्ति न कर पाने वाला तथा उदारवादी प्रवृत्ति का था। तिलक नया प्रेमी है, भोगी है तथा इरा के साथ घर बसाना चाहता है। इनमें से कोई भी पुरुष इरा को सुरक्षा प्रदान नहीं कर पाया। 'तीसरा आदमी' में नरेश तथा सुमन्त दो ही पुरुष पात्र हैं। इसमें स्वतन्त्र विचार प्रधान नारी चित्रा नायिका है। तीसरे आदमी के रूप में एक-दूसरे के लिए नरेश एवं सुमन्त हैं, जो अपने अधूरे व्यक्तित्व के कारण स्वतन्त्र पारिवारिक सत्ता स्थापित नहीं कर पाते। दोनों में किसी का भी व्यक्तित्व सार्थक, सौम्य एवं गरिमामयी नहीं है। नरेश पलायनवादी, भीरु एवं अर्थ संकोच से ग्रसित है। सुमन्त भी कायर है, जो आत्महत्या कर लेता है। नरेश व्यक्तित्वभग्न, सामर्थ्यहीन एवं अधूरा है, जो अपनी पत्नी को सही संरक्षण, पोषण एवं भोग नहीं दे पाता है। वह सुमन्त से आतंकित रहता है।

'समुद्र में खोया हुआ आदमी' उपन्यास में श्यामलाल परिवार का मुखिया है, जो निरन्तर अपनी परिस्थितियों से जूझता रहता है। वह जीवन पर्यंत तनावों एवं संघर्षों के बीच जीता है। श्यामलाल बिखरे हुए परिवार का टूटा हुआ व्यक्तित्व है तथा हीन भावना से ग्रसित है।

कमलेश्वर के उपन्यास 'काली आँधी' की नायिका मालती का पति जग्गी बाबू प्रमुख पुरुष पात्र के रूप में अवस्थित है। वे मालती के पति हैं। लिली के पिता हैं। जग्गी बाबू मालती से प्रेम विवाह करते हैं। खजुराहो में एक होटल के मालिक हैं। वे अपनी पत्नी के राजनीति में आने पर उसे प्रोत्साहित करते हैं। उनका यह मत है कि नारियों को देश के निर्माण में आगे आना चाहिए। मालती राजनीति में सफलता की सीढ़ियाँ चढ़ती चली जाती है। मालती का अहं जागता है, वह समझती है कि होटल बिजनेस के कारण उसकी इमेज खराब हो रही है। वह होटल बन्द करने की सलाह मानकर स्वाभिमानी जीवन जीते हैं। लिली को पंचमढ़ी के एक अच्छे पब्लिक स्कूल में भर्ती कराकर भोपाल में रहना प्रारम्भ कर देते हैं। वहाँ वे होटल गोल्डन सन में मैनेजर

का कार्यभार सँभालते हैं। जग्गी बाबू अपने अकेलेपन से समझौता करके जीने वाले निरीह प्राणी हैं, जो पत्नी एवं पुत्री से दूर रहकर जीवन काटने को विवश हैं।

कमलेश्वर के 'आगामी अतीत' में कमल बोस एवं प्रशान्त दो प्रमुख पुरुष पात्र हैं जिनमें कमल बोस का चरित्र अति महत्त्वपूर्ण है। कमल बोस का चरित्र ऐसा चरित्र है, जो आज के औद्योगिक युग में प्रगति की राह पर चल देता है, सफलता के पीछे भागता ही प्रतीत होता है लेकिन तब तक जिन्दगी बहुत आगे बढ़ जाती है। कमल बोस की महत्वाकांक्षा, उसके बड़े होने की लालसा उसे चैन से नहीं रहने देती। वह आगे बढ़ने हेतु सही और गलत तरीके अपनाता है। प्रशान्त का प्रस्तुत कथन उसके चारित्रिक गुणों को सामने लाने वाला है– तू फर्स्ट आया था...बस वहीं से तू कतई दूसरी तरह के सपने बुनने लगा था।

कमल एक अवसरवादी चरित्र के रूप में हमारे सामने आया है लेकिन उसका जीवन पश्चात्ताप से भरा हुआ है। पच्चीस वर्ष बाद चन्दा को खोजना उसके पश्चाताप का ही परिणाम है। वह चन्दा की बेटी चाँदनी को पुत्रीवत् अपने साथ रखकर अपने पुराकृत अपकार्य का पश्चाताप करता है लेकिन स्वाभिमानी चाँदनी के कारण उसकी यह इच्छा भी परिपूर्ण नहीं होती।

'लौटे हुए मुसाफिर' उपन्यास में साईं, सत्तार आदि अनेक पुरुष पात्र हैं लेकिन इनका सामूहिक चरित्र है, निजी चरित्र कहीं उभर कर नहीं आया है। साईं साम्प्रदायिकता बढ़ाने में सबसे आगे दिखाई देता है तथा सत्तार के मन में हिन्दुओं के प्रति कोई असंगत भावना नहीं दिखाई देती परन्तु उसके हृदय में पाकिस्तान जाने की ललक अवश्य है और वह भी अन्ततः पूरी नहीं होती। सत्तार अन्त में आत्महत्या करके अपनी जीवन लीला समाप्त कर लेता है।

कमलेश्वर के उपन्यास 'वही बात' में दो पुरुष पात्र हैं– प्रशान्त एवं नकुल। अनेक प्रासंगिक पात्रों में प्रशान्त सर्वप्रमुख है, चीफ इंजीनियर है तथा उपन्यास का नायक है। वह अपने कार्य के प्रति जागरूक है, अपने विषय में निष्णात है व सरकारी कार्यों में अत्यधिक रुचि लेता है। उसे पारिवारिक जिम्मेदारियों का निर्वहन नहीं आता। यह उसका सबसे बड़ा दुर्गुण है।

नकुल इसी उपन्यास का अन्य पात्र है, जो आधुनिक विचारों पर आधारित नवयुवक है। वह भावुक है, समीरा की छोटी से छोटी बात का खयाल रखता है। इसी भावुकता के कारण समीरा उसकी हो गयी। साथ ही वह परिश्रमी एवं कर्मठ भी है। उत्तरदायित्व निभाने की क्षमता उसमें पूर्णरूपेण विद्यमान है। सरकारी कार्यों में भी वह दीन दुःखियों की मदद करता है। "हाँ तहसीलदार साहब ने नाराजगी इस बात पर की है कि क्यों हमने सरकारी खर्चे पर आदिवासियों को घर बना कर दिये हैं। मैं अड़ गया कि हमने सही किया है।" उसके इस कथन से दीन-हीनों की सहायता की बात पुष्ट होती है। वह एक ओर आदिवासियों की सहायता करता है तो दूसरी ओर प्रशान्त का घर ही उजाड़ देता है। इससे नकुल के व्यक्तित्व की विसंगति स्पष्ट है। आधुनिक जीवन शैली में ऐसे अनेक पात्र मिलते हैं। खजांची बाबू, तहसीलदार आदि अन्य पुरुष पात्र भी हैं लेकिन उनका चारित्रिक निखार नहीं किया गया है।

कमलेश्वर के 'सुबह...दोपहर...शाम' उपन्यास में पुरुष पात्रों में नवीन प्रमुख पात्र है। वह शान्ता का देवर है। वह एक क्रान्तिकारी है तथा वेश बदलने में सक्षम है। वह अपनी भावनाओं

में पारिवारिक प्रेम समेटे बैठा है। क्रान्तिकारी जीवन की क्षणभंगुरता उसके सामने है—"सोचा, भाभी के दर्शन तो कर लूँ...पहचान तो लूँ। नहीं तो क्या पता किस घाटी में, किस पहाड़ी में या जंगल में घेरकर ये गोरे कुत्ते मुझे मार डालें...।"[91] जब कभी उसे अपनी माँ की याद आती है तो उसके आँसू छलकने लगते हैं। वह भूख-प्यासमय जीवन व्यतीत करता है। "बरसों से भूखा हूँ भाभी। अम्मा के हाथ का खाना खाने को कब से तरस रहा हूँ। कहते-कहते नवीन की आँखों में पानी आ गया।"[92] वह अपने व्यक्तिगत स्वार्थ त्याग चुका है परन्तु उसे घरवालों की नित्य याद आती है तो छिपकर उनसे मिलने भी पहुँच जाता है। वह क्रान्तिकारियों के निवास स्थान पर ही रहता है तथा किसी प्रकार समय बिताता है। वह उसी में आनंदित होता है।

अभावपूर्ण एवं कष्टप्रद जीवन में भी नवीन अपने मार्ग से नहीं हटता। जब प्रवीन क्रान्तिकारियों के अड्डों का पता बता देता है तो सभी उसके गद्दार भाई की आलोचना करते हैं। तब वह व्यथित हो जाता है और मौत की परवाह किये बिना पता लगाने की इच्छा से घर की ओर चल पड़ता है क्योंकि उसे विश्वास है कि उसका भाई ऐसा नहीं कर सकता और यादि उसने ऐसा किया भी है तो क्यों? किस दशा में—मंजू भैया कहाँ हैं? मेरे पास एक पल का भी समय नहीं है...पुलिस को पता है...मैं आया हूँ...लेकिन मेरी मौत से ज़्यादा कीमत इस वक़्त भैया की ईमानदारी को साबित करने की है।"[93] इस प्रकार वह एक ईमानदार, देशभक्त एवं वफादार क्रान्तिकारी के रूप में उपन्यास में प्रस्तुत किया गया है।

'रेगिस्तान' कमलेश्वर का एक आदर्शवादी उपन्यास है। चरित्रांकन की दृष्टि से भी यह एक सफल उपन्यास के रूप में पाठकों के समक्ष आता है। प्रस्तुत उपन्यास में प्रमुख पुरुष सच्चा प्रचारक है। उसने इसी कार्य को जीवन लक्ष्य बनाया है। उसने गाँधी जी के आदर्श को पूर्ण करने में अपना सम्पूर्ण जीवन ही लगा दिया। अंग्रेजी का ज्ञान होते हुए भी वह अपने पिता को उत्तर देता है— "बाबू जी शहर में ही स्वदेशी स्कूल खुल रहा है...वहाँ अपनी भाषा के जरिये सब विद्या और ज्ञान देने का प्रबन्ध होगा। हमने तय किया है हम उसी स्कूल में पढ़ाएँगे।"[94]

विश्वनाथ अपने आदर्शों के पीछे अपने समस्त व्यक्तिगत सुखों को त्याग, ब्रह्मचर्य का व्रत धारण करते हुए आजीवन हिन्दी सेवा में लग जाता है। गाँधी जी के अथक प्रयासों के बाद भी हिन्दी प्रगति पथ पर नहीं बढ़ पाती। अतः उसका अन्तस हाहाकार करने लगता है। वह दक्षिण में हिन्दी मन्दिर की स्थापना करता है फिर भी उसके स्थान पर अंग्रेजी को ही पाता है तो उसका मन ग्लानि एवं क्षोभ से भर जाता है। बाकर मिस्त्री उस पर टिप्पणी करता है—"तुमने भी अपनी जिन्दगी चौपट कर ली यार। का रखा है इस हिन्दी मन्दिर में, बाकर ने पूछा।

—तो और क्या करते...और कुछ सीखा ही नहीं...गाँधी जी ने यही सिखाया...विश्वनाथ ने डूबी आवाज़ में कहा।"[95]

विश्वनाथ उम्र भर परिश्रम करता है लेकिन अन्त में हताश हो जाता है तथा स्वयं अंग्रेजी की ओर पलायन करते हुए कहता है— "एवरीथिंग इज ऑलराइट...।"

कमलेश्वर अपने उपन्यासों में नर-नारी दोनों पात्रों के चित्रण में सफल हुए हैं। पात्रों के अन्तरंग एवं बहिरंग चित्रण की दृष्टि से यह स्पष्ट है कि कमलेश्वर ने अपने पूर्ववर्ती

उपन्यासकारों से पृथक रूप से चरित्रांकन किया है। उनके "उपन्यासों के पात्र विरोधाभास की स्थितियों से गुजरते हैं जहाँ पर उनका अचेतन मन कुंठित है।"[96] इतने प्रभावी उनके पात्र विकृत मानसिकता वाले नहीं हैं। वे जीवन से समझौता करके अपने भीतरी द्वन्द्व से सामंजस्य स्थापित करते हैं। नारी पात्र नायक के समक्ष झुकते नहीं। पुरुष पलायन करते हैं तथा स्त्री समझौता।

(च) कमलेश्वर की शैलियाँ : औपन्यासिक शिल्प विधान में शैली तत्त्व का विशेष स्थान है। उपन्यासकार शैली के माध्यम से अपनी रचना को प्रभावपूर्ण एवं आकर्षक बनाता है। भाषा भावाभिव्यक्ति का माध्यम है तथा उस माध्यम की प्रयोग विधि को शैली का नाम दिया जाता है। डॉ. प्रेम भटनागर की मान्यता है कि—"प्रत्येक कथाकार का अपना स्वतन्त्र व्यक्तित्व होता है...इसी प्रकार उसकी एक स्वतन्त्र शैली होती है। यह शैली उसके विचार, भाव, कल्पना, संस्कार, स्वभाव, प्रतिभा और जीवन दृष्टि के अनुरूप अभिव्यक्ति पाती है।"[97] अतः हम कह सकते हैं कि उपन्यास की रचना में शैली का महत्त्वपूर्ण स्थान है। उपन्यास की शैली सरल एवं सरस होनी चाहिए। रोचकता के अभाव में कोई भी औपन्यासिक कृति सफल नहीं कही जा सकती। आवश्यकता पड़ने पर शैली में गाम्भीर्य एवं काल्पनिकता का पुट भी दिया जा सकता है।

कथा प्रसंगानुकूल शैली प्रयोग प्रशस्य होता है। कमलेश्वर ने शैली के विविध रूप अपनाये हैं। हम उनकी शैली को निम्नलिखित बिन्दुओं द्वारा विश्लेषित कर सकते हैं।

1. स्वाभाविक शैली : 'एक सड़क सत्तावन गलियाँ' कमलेश्वर का प्रथम उपन्यास है। इसकी शैली स्वाभाविक है। यद्यपि उनके सभी उपन्यास स्वाभाविक शैली में ही लिखे गये हैं फिर भी प्रस्तुत उपन्यास में स्वाभाविक शैली लेखन पर ही बल डाला गया है।

उनके इस उपन्यास में ही नहीं बल्कि लगभग सभी उपन्यासों में इसी शैली के दर्शन होते हैं। प्रायः देखा जाता है, जहाँ वाक्य लम्बे, भाषण उबाऊ नहीं होते वरन् समय की माँग होते हैं तथा जिनमें कृत्रिमता नहीं होती, वहाँ यह शैली देखी जाती है।

"छोटा सा टेढ़ा-मेढ़ा मकान। सामने एक चबूतरा। चबूतरे पर पड़ा एक तख्त। नीचे एक कमरा। ऊपर रहने की जगह। ऊपर वाली मंजिल में एक खिड़की और दुकान के बाहर वाली दीवार पर ही टीन का एक बोर्ड लटक रहा था—'धन्वन्तरि औषधालय' जहाँ नश्तर भी लगाया जाता है और बिच्छू काटने का खास इलाज होता है—वैद्य दिलबहादुर थापा, रजिस्टर्ड।"[98]

2. यथार्थवादी शैली : कमलेश्वर के 'आगामी अतीत' उपन्यास में वेश्या जीवन का यथार्थ चित्रण यथार्थवादी शैली में देखते ही बनता है। चाँदनी की वेशभूषा एवं उसके संवाद यथार्थता का अहसास दिलाते हैं "जैसे ही कमल बोस कोठे पर पहुँचा, उसे देखते ही चाँदनी भड़क गयी थी। फिर आ गया धन्धा खराब करने। इधर चक्कर काटने से क्या होगा...?"

— 'मेरी बात तो सुनो बेटी!' कमल बोस ने आज़िज़ी से कहा।

— 'फिर वही साली बेटी बेटी की रट। अरे! यहाँ बेटियाँ नहीं, बीवियाँ मिलती हैं, घण्टे भर की बीवियाँ...' वह बिगड़ी थी—'जा, जा शिलाजीत खा के पहले हौसला पैदा कर, समझा बुड्ढे।"

— 'मैं कुछ और कहना चाहता था— अगर तुम कुछ वक़्त दे सको...।' कमल बोस जैसे तैसे बोला था।

– 'और क्या बात करना चाहता है? अरी ओ चम्पा!' चाँदनी ने भीतर आवाज़ दी। 'यह साला खूसट मुझे पटाने आया है।' कहते हुए उसने बीड़ी सुलगाई और कश लेते हुए कहा–'कपड़े तो बड़े कीमती पहने हैं...जेब में भी कुछ है...ये गुदड़ी बाजार से लिए हैं क्या?''[99]

3. आत्मकथात्मक शैली : कमलेश्वर ने 'डाक बँगला', 'तीसरा आदमी' तथा 'काली आँधी' में आत्मकथात्मक शैली अपनायी है। इन उपन्यासों में स्वयं 'मैं' पुरुष दूसरों की कथा कहता हुआ सब पात्रों से जुड़ा रहता है तथा पूर्व का आभास किसी न किसी वाक्य से अवश्य कराया जाता है। 'काली आँधी' के निम्नलिखित अंश से हम इसे स्पष्ट कर सकते हैं– ''जग्गी बाबू मेरे दोस्त हैं। होटल गोल्डन सन के मैनेजर। होटल के मैनेजरों के बारे में तरह-तरह की ऊँची-नीची बातें रहती हैं पर जग्गी बाबू इस पेशे में अपनी तरह के अकेले आदमी हैं। मुझे मालूम है कि उन्होंने अपनी जिन्दगी को क्यों एक जगह रोक रखा है।''[100]

''आज भी जब मैं इरा के बारे में सोचता हूँ तो उसकी सूरत शक्ल से ज्यादा मुझे मेजर सोलंकी, बतरा, डॉक्टर और विमल याद आते हैं। मेरे कानों में कभी दौड़ते हुए घोड़ों की टापों की आवाज़ गूँजने लगती है। कभी बतरा की कैद परछाईं याद आती है, कभी डॉक्टर का वह जुमला जैसा तुम चाहो और कभी विमल का ध्यान आता है जिसके शरीर में पसीने के काँटे उगते थे और मेरे सामने काश्मीर के दृश्य आज भी घूम जाते हैं जहाँ इरा ने मुझे ये सब बताया था।''[101]

''बात बिगड़ती ही चली गयी। ऐसा मैंने कभी सोचा नहीं था। सपने में भी यह खयाल नहीं आया था कि चित्रा मेरे साथ ऐसा करेगी जो कुछ उसने किया। उसे चाहते हुए भी मैं भुला नहीं पाया और आज जबकि बातें फिर बदल गयी हैं.....मैं इतना मजबूर हूँ कि कुछ भी नहीं कर सकता। एक बार तो मन में आया था कि लौट जाऊँ और चित्रा को ले आऊँ पर ऐसा मैं कर नहीं पाया।''[102]

4. मनोवैज्ञानिक शैली : कमलेश्वर ने सदैव अपने युग की समस्याओं के मानवीय पक्ष को अपनी कृतियों की आधारभूमि बनाया है। उनकी रचनाएँ चिन्तन एवं दार्शनिकता के बोझ से मुक्त हैं। उनके चिन्तन में अतिरिक्त आग्रह दिखाई नहीं देता है। उनकी रचनाओं में कुंठाग्रस्त परिस्थितियों, मनोवैज्ञानिक विश्लेषणों तथा यौन विकृतियों का कोई अतिरिक्त आग्रह नहीं है। उनके उपन्यासों की कथाभूमि कस्बों से लेकर महानगरों तक फैली हुई है। वे नये उपन्यासकारों की उस श्रेणी के लेखकों में हैं जिन्होंने जैनेन्द्र, इलाचन्द्र जोशी तथा अज्ञेय की परम्पराओं से हटकर एक नवीन एवं स्वस्थ मानसिक तथा सामाजिक भूमि देने का प्रयास किया है। उनके उपन्यासों में मनोविज्ञान का अपना अलग महत्त्व है। इनके पात्र अचेतन जगत के हैं, जो सामाजिकता को नकारते नहीं। इनका अचेतन अन्तर्द्वन्द्व की ओर प्रेरित करता है। यह संघर्ष और द्वन्द्व ही इन्हें समझौतावादी बनाता है। इनके पात्र परिस्थितिजन्य मजबूरी से पलायन करते हैं। आर्थिक परिस्थितियों से घबराकर 'डाक बँगला' का विमल पलायन करता है। 'डाक बँगला' उपन्यास में जीवन की यथार्थता को मनोवैज्ञानिक शैली के माध्यम से चित्रित किया गया है। कमलेश्वर के उपन्यास मानवीय संवेदना की भावभूमि पर आधारित हैं। स्थितियों एवं पात्रों के माध्यम से उनके उपन्यासों में मानवीय पक्ष को उजागर किया गया है। इरा किसी को दुःखी

एवं निराश नहीं देखना चाहती भले ही वह स्वयं जिन्दगी भर लुटती रही। इसका चित्रण लेखक ने मनोवैज्ञानिक शैली को आधार बना कर किया है– "पर तिलक, मेरी सबसे बड़ी मजबूरी यही थी कि जो भी आदमी मेरे निकट आया, उसमें सुन्दरता की कोई न कोई किरण मेरे लिए फूटने लगती थी। या तो उसका मन मुझे जीत लेता था या उसके दुःख मुझे हार मानने को मजबूर करते थे या उसका अपनापन मुझे मार देता था।"[103]

इसके अतिरिक्त उनके उपन्यास 'काली आँधी', 'आगामी–अतीत' तथा 'वही बात' आदि में भी मनोवैज्ञानिक शैली के दर्शन होते हैं।

5. प्रतीकात्मक शैली : 'समुद्र में खोया हुआ आदमी' कई भागों में विभक्त उपन्यास है। इसे क्रमोच्छेदक ढंग से लिखा गया है। इसके प्रत्येक शीर्षक को प्रतीकात्मक शैली में प्रस्तुत किया गया है। श्यामलाल का पूरा परिवार ही इस संसार रूपी समुद्र में नौका के समान है, जो लहरों एवं थपेड़ों से मार खाकर क्षत-विक्षत है। "सोचते-सोचते पूरा शहर धुन्ध में डूब जाता...वह अपार सागर में बदल जाता...भयंकर तूफान में पछाड़ें खाता हुआ हज़ारों–हज़ार मील तक फैला हुआ समुद्र...और उस समुद्र में डूबता हुआ एक जहाज...एक अकेला जहाज। जहाज बुरी तरह घिर गया है और उसके हिस्से टूटते जा रहे हैं।...एक बड़ी लहर अब उसे बीच से तोड़ने ही वाली है और उसके बाद जल समाधि। सड़कों पर एक के बाद एक लहरें आती चली जा रही हैं...आदमियों की लहरें...और वे इस जन समुद्र में डूबते जा रहे हैं। छटपटाहट में इधर-उधर हाथ-पैर मार रहे हैं पर कोई सहारा नहीं मिलता। कोई किनारा दूर-दूर तक नज़र नहीं आता...।"[104]

'डाक बँगला' उपन्यास में भी प्रतीकात्मक शैली के दर्शन होते हैं। वैसे सम्पूर्ण उपन्यास प्रतीक पर आधारित दृष्टिगत होता है। उपन्यास में इरा अपने स्थान पर अकेली है। बतरा भी एकाकीपन की अनुभूतियों का प्रतीक दिखाई देता है। विमल एवं सोलंकी भी अपनी-अपनी स्थितियों में विवशता के प्रतीक ही हैं। कमरे में अकेली घूमती हुई बतरा की परछाईं तथा ओह गॉड कहना और एक विशेष ग़ज़ल गाना उसकी यंत्रणाजन्य स्थगित स्थिति का प्रतीक ही है।

इरा की स्मृति में बसा घर के सामने का सेमल का वृक्ष जीवन की स्थितियों का प्रतीक है जिसके काँटेदार तने पर आकांक्षाओं के फूल खिलते हैं। ये फूल जीवन की आकांक्षाओं के प्रतीक ही हैं। "हमारे घर के सामने एक सेमल का पेड़ था। वह पेड़ आज भी मेरी स्मृति में उलझा हुआ है। उसके तने पर काँटे थे.....ऊँचाई बहुत थी और खुली हुई बाँहें आसमान की नीली पृष्ठभूमि पर फैली हुई थीं और शाखों में मांसल लाल फूल थे।"[105]

"पिछवाड़े बड़े सूखे पेड़ की राक्षसी बाँहों में बतरा की अकुलाती परछाईं फिर कैद हो गयी थी और रात को क्लब से लौटने के बाद वही रिकॉर्ड सुनाई पड़ने लगा था–

"गैर की बस्ती में कब तक दर-ब-दर मारा फिरूँ!

ऐ ग़मे-दिल क्या करूँ ऐ वहशते-दिल क्या करूँ!"[106]

इतना ही नहीं 'डाक बँगला', 'काली आँधी' तथा 'रेगिस्तान' आदि उपन्यासों के नाम तक प्रतीकात्मक हैं।

6. कलात्मक शैली : कमलेश्वर की लेखनी में एक विशेष कलात्मकता है। वे किसी भी समस्या को पाठकों के समक्ष बड़े ही कलात्मक ढंग से प्रस्तुत करते हैं। पात्रों की वेशभूषा, बोलचाल, रहन-सहन सभी कुछ तदनुकूल प्रस्तुत करना उनकी विशेषता है। कलात्मक शैली उनके एक नहीं सभी उपन्यासों में देखी जा सकती है।

इन उपन्यासों में अपनायी गयी शैलियों के अतिरिक्त कहानी साहित्य रचना में कमलेश्वर ने मिश्रित शैली, आत्मकथात्मक शैली, आत्मविश्लेषणात्मक शैली, फैंटेसी शैली, पूर्वदीप्ति शैली तथा व्यंग्यात्मक शैली आदि विविध शैलियों का भी प्रयोग किया है।

7. मिश्रित शैली : वर्तमान सामाजिक जीवन की जटिलताओं एवं उनके अन्तर्विरोधों तथा नयी समस्याभिव्यक्ति हेतु विभिन्न शिल्प पद्धतियाँ अपनायी गयी हैं। पौराणिक एवं लोक कथाओं को समकालीन समस्याओं में मिश्रित कर नयी दृष्टि से अर्थान्वित कर युगसत्य को उद्घाटित करने का कुशल प्रयास मिश्रित शैली में हुआ है। इसमें दुहरे शिल्प का निर्वाह बड़े ही कौशल से किया है। कहानी का आरम्भ लोककथा शैली से किया है। साथ ही ऐतिहासिक, मनोविश्लेषणात्मक तथा पूर्वदीप्ति शैलियों का साथ-साथ प्रयोग मिलता है।

"एक राजा निरबंसिया थे। उनके राज में बड़ी खुशहाली थी...।"[107]

"कड़े बेचकर चन्दा उसका इलाज करा रही थी। वे सब दवाइयाँ और ताकत के टॉनिक ...उसने तो कहा था, ये दवाइयाँ किसी की मेहरबानी नहीं हैं। मैंने हाथ के कड़े बेचने को दिये थे...पर...! उसका गला बुरी तरह सूख गया।"[108]

'एक थी विमला' में एक कहानी के अन्तर्गत चार कथाओं के शिल्प का प्रयोग किया गया है, जो कहानी के समग्र प्रभाव को अत्यधिक गहन बनाता है। साथ ही प्रभाव की एकान्विति ही इस शिल्प की विशेषता बनकर प्रकट होती है। इसमें चार स्त्रियों की कथा के द्वारा स्त्री के प्रति पुरुष वर्ग की मानसिकता उद्घाटित हुई है।

8. आत्मविश्लेषणात्मक शैली : इस शैली में एक पात्र अथवा प्रमुख पात्र आत्मकथात्मक ढंग से स्वयं ही अपने व्यक्तित्व का विश्लेषण करता है। इसमें किसी अन्य पात्र या व्यक्ति का कोई समावेश नहीं होता है। इसका प्रयोग 'राजा निरबंसिया' का जगपती, 'पानी की तस्वीर' का अक्षत, 'खोई हुई दिशाएँ' का चन्दर, 'पराया शहर' कहानी का सुखबीर, 'नंगा आदमी' का रवि तथा 'बयान' का फोटोग्राफर आदि पात्र इन कहानियों में अपने-अपने व्यक्तित्व का विश्लेषण करते हैं।

9. फैंटेसी शैली : कमलेश्वर की कहानियों में वर्तमान जीवन में व्याप्त विसंगतियों, असमानताओं, अव्यवस्थाओं एवं तर्कहीन अवस्थाओं को चित्रित किया गया है। कल्पना का यह रचनात्मक आधार कहानीकार को परिवेश एवं परिस्थितियों से ही मिला है। फैंटेसी के रूप व रचनात्मकता में कल्पना की प्रमुखता दिखाई देती है जिसमें अमूर्त तत्त्वों, स्वप्नावस्थाओं, ऐन्द्रजालिक स्थितियों आदि के द्वारा जीवन का अति यथार्थ चित्रित करने का सफल प्रयास किया गया है। 'लाश', 'अपने देश के लोग', 'जोखिम', 'जॉर्ज पंचम की नाक', 'जिन्दा मुर्दे', 'दुःखों के रास्ते', 'दालचीनी के जंगल', 'अपना एकान्त' तथा 'इतने अच्छे दिन' कहानियों में इस शैली

का प्रयोग देखा जा सकता है। 'जिन्दा मुर्दे' कहानी में "आगे बढ़कर उन्होंने ब्रिगेडियर की वर्दी का कॉलर जरा सा एक तरफ खींच दिया।...

एक क्षण के लिए उन्होंने कैमरे को देखा और बोले– 'रेडी...रेडी...स्माइल प्लीज...वन... टू...थ्री! शुक्रिया... ।"[109]

'अपने देश के लोग' कहानी में "उन रीलों पर हजारों तस्वीरें थीं...लेकिन बहुत अजीब! उनमें कुछ तस्वीरें मकानों की। अच्छे साफ-सुथरे मकानों की। कुछ तस्वीरों में सजी हुई दुकानों के अक्स थे। जिनके शोकेसेज में सुन्दर-सुन्दर साड़ियाँ लटक रही थीं। कुछ तस्वीरें कमीजो, पैंटों और कोटों की थीं।... अच्छे होटलों की थीं। सेहतमन्द बच्चों और उनके कपड़ों की थीं। खिलौनों और राशन की थीं। बनारस और हरिद्वार की थीं। मन्दिरों और तीर्थ स्थानों की थीं। दवाइयों और फलों की थीं। बच्चों की रंग-बिरंगी पोशाकों और खिलौनों की थीं।"[110] 'दुःखों के रास्ते' कहानी में 'मैं' को ऐसा प्रतीत होता है कि–"हाँ, अभी दो बार घण्टी बजी थी। शायद बलराज ही आया था। खिड़की से मैंने उसका कटा हुआ धड़ देखा था। वह धड़ ठिठक-ठिठककर आगे बढ़ रहा था...इसी टूटी हुई सड़क पर, जो मेरी खिड़की की दो सिमतों में कैद है।"[111]

प्रस्तुत उदाहरणों से स्पष्ट है कि कमलेश्वर ने अपनी कहानियों में फैंटेसी शैली का प्रयोग बड़ी ही कुशलता से प्रचुर मात्रा में किया है।

10. पूर्वदीप्ति शैली : इस शैली का प्रयोग कमलेश्वर ने वर्तमान से जुड़ी घटनाओं एवं पात्रों की स्मृति से जोड़कर अतीत की किसी घटना को अंग बनाते हुए किया है। इस पूर्वदीप्ति शैली का प्रयोग पात्रों की अतीतकालीन स्मृतियों के बार-बार उभरने के माध्यम से अनेक कहानियों में हुआ है। उपरोक्त शैली–'जो लिखा नहीं जाता', 'नीली झील', 'राजा निरबंसिया', 'दालचीनी के जंगल', 'खोई हुई दिशाएँ', 'चायघर', 'दुःख भरी दुनिया', 'कुछ नहीं कोई नहीं' आदि कमलेश्वर की कहानियों में पायी जाती है।

11. व्यंग्यात्मक शैली : सड़ी-गली रूढ़ियों, भ्रष्ट एवं घिनौनी व्यवस्था पर आधुनिक युग में तीव्र व्यंग्य किये जाते हैं। कहानीकार कमलेश्वर भी व्यंग्य बाण छोड़ने में अति कुशल हैं। व्यंग्य कभी शुद्ध व्यंग्य के रूप में तो कभी फैंटेसी के रूप में इनकी कहानियों में आया है। कमलेश्वर की कहानियों में व्यंग्य कथ्य एवं शैलीगत दोनों ही रूपों में देखा गया है। शैलीगत व्यंग्य कथ्य की भाषा की व्यंग्यात्मक शक्ति से उत्पन्न होता है। कमलेश्वर ने अपनी बहुत सी कहानियाँ व्यंग्यपरक शैली में लिखी हैं। विशेष रूप से उनकी राजनीतिक एवं महानगरीय जीवन से सम्बद्ध कहानियों में व्यंग्यात्मक शैली के दर्शन होते हैं। उदाहरणार्थ– 'दिल्ली में एक मौत', 'शोक समारोह', 'अपने देश के लोग', 'जार्ज पंचम की नाक', 'बयान', 'लाश', 'स्मारक', 'अपने अजनबी देश में', 'इनसान और हैवान' तथा 'जोखिम' आदि।

इनके अतिरिक्त कमलेश्वर ने अपनी कहानियों में बिम्ब का प्रचुर प्रयोग किया है। 'जोखिम', 'युद्ध', 'तलाश', 'दालचीनी के जंगल' आदि कहानियों में बिम्बों की भरमार है। बिम्बों के साथ उनकी कहानियों में सार्थक प्रतीक भी मिलते हैं जिनसे कहानियों की संप्रेषणीयता में चार चाँद लग गये हैं। उनकी सार्थक एवं सफल प्रयोगमयी कहानियाँ हैं– 'पीला गुलाब',

'सीख़चे', 'नीली झील', 'लाश', 'नागमणि', 'तलाश', 'मांस का दरिया', 'खोई हुई दिशाएँ' तथा 'धूल उड़ जाती है'। इन कहानियों में कमलेश्वर ने प्रतीकों का सुप्रयोग किया है। साथ ही अपने कथा-साहित्य को प्रभावी बनाने हेतु विविध शैलियों का प्रयोग बड़ी ही सफलता से किया है।

सन्दर्भ

1. नयी कहानी की भूमिका : कमलेश्वर, पृष्ठ 210
2. आधुनिक परिवेश और नवलेखन : डॉ. शिवप्रसाद सिंह, पृष्ठ 185
3. धर्मयुग, दिसम्बर 2, 1973 : सम्पादक धर्मवीर भारती, पृष्ठ 12-13
4. समग्र कहानियाँ : कमलेश्वर, पृष्ठ 21-696
5. वही, पृष्ठ 21-696
6. समग्र कहानियाँ : कमलेश्वर, पृष्ठाकंन-यथोपरि
7. समग्र कहानियाँ (चार महानगरों का तापमान) : कमलेश्वर, पृष्ठ 681-682
8. समग्र कहानियाँ (अजीत) : कमलेश्वर, पृष्ठ 669
9. समग्र कहानियाँ (रावल की रेल) : कमलेश्वर, पृष्ठ 544-45
10. समग्र कहानियाँ (भूखे और नंगे लोग) : कमलेश्वर, पृष्ठ 460-61
11. समग्र कहानियाँ (भूखे और नंगे लोग) : कमलेश्वर, पृष्ठ 454
12. समग्र कहानियाँ (स्मारक) : कमलेश्वर, पृष्ठ 265-66
13. समग्र कहानियाँ (एक अश्लील कहानी) : कमलेश्वर, पृष्ठ 222-23
14. नयी कहानी प्रतिनिधि हस्ताक्षर : डॉ. वेदप्रकाश अमिताभ, डॉ. रंजना शर्मा, पृष्ठ 73
15. वही, पृष्ठ 74
16. समग्र कहानियाँ (दुःख-भरी दुनिया) : कमलेश्वर, पृष्ठ 437
17. वही, पृष्ठ 439
18. समग्र कहानियाँ (खोयी हुई दिशाएँ) : कमलेश्वर, पृष्ठ 368
19. नयी कहानी के विविध प्रयोग : डॉ. शशिभूषण पाण्डेय 'शीतांशु', पृष्ठ 132
20. मांस का दरिया-कहानी संग्रह (आत्मकथ्य) : कमलेश्वर, पृष्ठ 9-10
21. कहानी : नयी कहानी : डॉ. नामवर सिंह, पृष्ठ 29-30
22. समग्र उपन्यास (एक सड़क सत्तावन गलियाँ) : कमलेश्वर, पृष्ठ 12,13
23. डाक बँगला : कमलेश्वर, पृष्ठ 7
24. समुद्र में खोया हुआ आदमी : कमलेश्वर, पृष्ठ 13
25. समग्र उपन्यास (लौटे हुए मुसाफिर) : कमलेश्वर, पृष्ठ 91, 94
26. वही।
27. समग्र उपन्यास (तीसरा आदमी) : कमलेश्वर, पृष्ठ 161
28. सुबह-दोपहर-शाम : कमलेश्वर, पृष्ठ 46
29. समग्र उपन्यास (डाक बँगला) : कमलेश्वर, पृष्ठ 220
30. वही, पृष्ठ 223
31. समग्र उपन्यास (समुद्र में खोया आदमी) : कमलेश्वर, पृष्ठ 341
32. समग्र उपन्यास (आगामी अतीत) : कमलेश्वर, पृष्ठ 452-453
33. समग्र उपन्यास (वही बात) : कमलेश्वर, पृष्ठ 541
34. वही, पृष्ठ 569
35. समग्र उपन्यास (सुबह...दोपहर...शाम) : कमलेश्वर, पृष्ठ 628-629

36. वही, पृष्ठ 635
37. वही, पृष्ठ 664-65
38. समग्र उपन्यास (रेगिस्तान) : कमलेश्वर, पृष्ठ 673, 678
39. वही।
40. समग्र उपन्यास (एक सड़क सत्तावन गलियाँ) : कमलेश्वर, पृष्ठ 11, 19
41. वही।
42. वही, पृष्ठ 62, 71
43. वही।
44. समग्र उपन्यास (एक सड़क सत्तावन गलियाँ) : कमलेश्वर, पृष्ठ 75
45. समग्र उपन्यास (लौटे हुए मुसाफिर) : कमलेश्वर, पृष्ठ 93
46. समग्र उपन्यास (एक सड़क सत्तावन गलियाँ) : कमलेश्वर, पृष्ठ 33
47. समग्र उपन्यास (डाक बँगला) : कमलेश्वर, पृष्ठ 240-41
48. समग्र उपन्यास (वही बात) : कमलेश्वर, पृष्ठ 549
49. समग्र उपन्यास (काली आँधी) : कमलेश्वर, पृष्ठ 418
50. समग्र उपन्यास (सुबह...दोपहर...शाम) : कमलेश्वर, पृष्ठ 642
51. समग्र उपन्यास (समुद्र में खोया हुआ आदमी) : कमलेश्वर, पृष्ठ 301
52. हिन्दी उपन्यास में शिल्प का विकास : डॉ. प्रतापनारायण टण्डन, पृष्ठ 76
53. समग्र उपन्यास (डाक बँगला) : कमलेश्वर, पृष्ठ 227
54. समग्र उपन्यास (तीसरा आदमी) : कमलेश्वर, पृष्ठ 170
55. वही, पृष्ठ 182
56. समग्र उपन्यास (काली आँधी) : कमलेश्वर, पृष्ठ 368
57. वही, पृष्ठ 438
58. समग्र उपन्यास (आगामी अतीत) : कमलेश्वर, पृष्ठ 482
59. समग्र उपन्यास (लौटे हुए मुसाफिर) : कमलेश्वर, पृष्ठ 89
60. वही, पृष्ठ 145
61. हिन्दी उपन्यास उद्भव और विकास : डॉ. सुरेश सिन्हा, पृष्ठ 109
62. समग्र उपन्यास (समुद्र में खोया हुआ आदमी) : कमलेश्वर, पृष्ठ 293
63. वही, पृष्ठ 296
64. वही, पृष्ठ 562
65. समग्र उपन्यास (वही बात) : कमलेश्वर, पृष्ठ 564
66. वही, पृष्ठ 564-65
67. हिन्दी कहानी फिलहाल : डॉ. चन्द्रभान रावत, डॉ. रामकुमार खंडेलवाल, पृष्ठ 11
68. समग्र उपन्यास (सुबह...दोपहर...शाम) : कमलेश्वर, पृष्ठ 577
69. समग्र उपन्यास (रेगिस्तान) : कमलेश्वर, पृष्ठ 701
70. वही, पृष्ठ 679
71. कितने पाकिस्तान : कमलेश्वर, पृष्ठ 4
72. समग्र उपन्यास (रेगिस्तान) : कमलेश्वर, पृष्ठ 711
73. कितने पाकिस्तान : कमलेश्वर, पृष्ठ 54
74. नयी कहानी की मूल संवेदना : डॉ. सुरेश सिन्हा, पृष्ठ 110
75. एक सड़क सत्तावन गलियाँ : कमलेश्वर, पृष्ठ 38
76. काली आँधी : कमलेश्वर, पृष्ठ 121
77. कमलेश्वर का कथा-साहित्य : डॉ. माधुरी शाह, पृष्ठ 201

78. आगामी अतीत : कमलेश्वर पृष्ठ 96,97,102,105
79. वही।
80. वही।
81. वही।
82. आगामी अतीत : कमलेश्वर, पृष्ठ 106
83. डाक बँगला : कमलेश्वर, पृष्ठ 29
84. समुद्र में खोया हुआ आदमी : कमलेश्वर, पृष्ठ 110
85. समग्र उपन्यास (वही बात) : कमलेश्वर, पृष्ठ 543
86. वही।
87. सुबह दोपहर शाम : कमलेश्वर, पृष्ठ 80
88. वही, पृष्ठ 155-56
89. लौटे हुए मुसाफिर : कमलेश्वर, पृष्ठ 60
90. वही, पृष्ठ 63
91. सुबह..दोपहर..शाम : कमलेश्वर, पृष्ठ 77, 78
92. वही।
93. वही, पृष्ठ 158
94. रेगिस्तान : कमलेश्वर, पृष्ठ 11
95. वही, पृष्ठ 67
96. कमलेश्वर के उपन्यासों में मनोविज्ञान : डॉ. रेखा शर्मा, पृष्ठ 55
97. हिन्दी उपन्यास शिल्प बदलते परिप्रेक्ष्य : डा. प्रेम भटनागर, पृष्ठ 31
98. समग्र उपन्यास (आगामी अतीत) : कमलेश्वर, पृष्ठ 450
99. वही, पृष्ठ 487
100. समग्र उपन्यास (काली आँधी) : कमलेश्वर, पृष्ठ 365
101. समग्र उपन्यास (डाक बँगला) : कमलेश्वर, पृष्ठ 213
102. समग्र उपन्यास (तीसरा आदमी) : कमलेश्वर, पृष्ठ 159
103. डाक बँगला : कमलेश्वर, पृष्ठ 73
104. समुद्र में खोया हुआ आदमी : कमलेश्वर, पृष्ठ 65
105. डाक बँगला : कमलेश्वर, पृष्ठ 42
106. डाक बँगला : कमलेश्वर, पृष्ठ 58
107. समग्र कहानियाँ (राजा निरबंसिया) : कमलेश्वर, पृष्ठ 130
108. वही, पृष्ठ 137
109. समग्र कहानियाँ (जिन्दा मुर्दे) : कमलेश्वर, पृष्ठ 450
110. समग्र कहानियाँ (अपने देश के लोग) : कमलेश्वर, पृष्ठ 410
111. समग्र कहानियाँ (दुःखों के रास्ते) : कमलेश्वर, पृष्ठ 268

10

कमलेश्वर के कथा-साहित्य का समग्र मूल्यांकन

(क) कमलेश्वर के नाटकों का स्वरूप एवं उनका मूल्यांकन

कमलेश्वर एक प्रसिद्ध कहानीकार एवं श्रेष्ठ लघु उपन्यासकार हैं, साथ ही उन्होंने गद्य साहित्य की नाट्य विधा पर भी अपनी लेखनी चलाई है। उनके नाटक बच्चों, युवकों तथा वृद्धों तक के लिए लिखे गये हैं। उन्होंने कई कहानियों का नाट्य रूपान्तरण भी किया तथा कई मौलिक नाटकों का भी सृजन किया। उन्होंने कई नाटकों का अनुवाद भी किया है।

नाटक के विषय में स्वयं कमलेश्वर का मत इस प्रकार है, जो उनके नाटकों के स्वरूप को स्पष्ट करता है—

"इस नाटक में वे सामन्त हैं, जो सर्वहारा की क्रान्ति को कुचल देना चाहते हैं...हमारे यहाँ सत्ताधारी राजनीतिज्ञों का वर्ग है, जो जनता के नाम पर अपनी सत्ता को स्थापित कर रहा है। इस नाटक में क्राजबेकी, क्राजबेकी का भतीजा, डाक्टर, किसान और लेखक स्वयं आजतक कहीं न कहीं हमें हमारी स्थितियों को मूर्तिमान करते दिखाई देते हैं। भ्रष्टाचार, पतन, मूल्यहीनता, अवसरवादिता, पदलोलुपता, जनता के नाम पर जनता का शोषण, न्यायहीनता और अन्धापन जो नाटक में व्याप्त हैं, वे भारतीय प्रजातंत्र के संत्रास को भी उजागर कर रहे हैं। संस्थाओं, वर्गों और व्यक्तियों के नाम दूसरे हैं पर जनता एक ही तरह से अभिशप्त, संत्रस्त है।"[1]

इससे स्पष्ट है कि कमलेश्वर ने जो भी नाटक लिखे वे भ्रष्टाचार, पतन, मूल्यहीनता, अवसरवादिता, पदलोलुपता, जनशोषण, न्यायहीनता के विरोधी हैं, शुद्ध मानवतावादी दृष्टि उनके नाटकों में व्याप्त है। मानव की हितकामना को लेकर ही उन्होंने नाटक लिखे हैं।

कमलेश्वर विरचित नाटक : अधूरी आवाज, रेगिस्तान (अप्रकाशित), लाल बहादुर शास्त्री, भारत माता ग्रामवाहिनी, हिंदोस्तां हमारा, चन्द्रकान्ता, कमलेश्वर के बाल नाटक।

नाट्य रूपान्तरः चारूलता (ठाकुर रवीन्द्रनाथ के 'नष्ट नीड़' का रूपान्तरण), खड़िया का घेरा (मूल लेखक—ब्रेख़्त), गबन, गोदान, निर्मला के नाट्य रूपान्तरण, (अप्रकाशित एवं अप्राप्त)।

कथाकार कमलेश्वर ने कहानी को दृश्य-श्रव्यता प्रदान करते हुए उन्हें नाटक बनाया। कमलेश्वर के नाटक जीवन की यथार्थता को चिह्नित करने वाले हैं। उन्होंने अन्यों द्वारा लिखी रचनाओं को नाट्य में रूपान्तरित किया। समस्यागत धरातल पर कमलेश्वर के नाटक बहुआयामी हैं, जो जीवन के विभिन्न रंगों में रँगे हुए हैं। नाटककार कमलेश्वर ने अभिशप्त, कुंठित,

विसंगतिमय जीवन को परत-दर-परत खोलकर पाठकों के समक्ष रखने का प्रयास किया है। विषय निर्वाचन में वे पूर्णरूपेण सफल रहे हैं। आर्थिक वैषम्य, कुर्सी प्रेम के साथ प्रेम एवं त्याग जैसे उदात्त गुणों पर भी बड़ी ही सक्षमता से लेखनी चलाई है। नाट्य रूपान्तर से ही वे कूदकर पटकथा लेखन में आये। उनका टी.वी. पर 'परिक्रमा' कार्यक्रम भी उनके नाटक की ओर झुकाव का ही सशक्त प्रमाण है। फिल्मों में उन्होंने संवाद लिखे। वे गरीब जनता के दुःखों को उन्हीं की जुबान में ड्रामा व ड्रामाई अन्दाज में खोखला व भावुकतारहित पेश करते थे। उनके अनूदित नाटकों की भाषा भी अति सरल, रोचक तथा पाठकों को मोहित करने वाली है। उनके नाटक मात्रा में भले ही कम हों, बाल नाटकों के रूप में हों अथवा अनूदित हों, हैं उच्च कोटि के, सकारात्मक सोच के। उनके नाटकों की भूमिका में समय सापेक्ष सच्चाई बोलती है। उपन्यासों, कहानियों के क्षेत्रों के समान वे नाटकों के क्षेत्र में भी चर्चित हुए।

कमलेश्वर की रचनाओं पर आधारित निम्नलिखित फिल्मों का निर्माण किया गया है—

बदनाम बस्ती (एक सड़क सत्तावन गलियाँ), फिर भी (तलाश कहानी पर आधारित), अमानुष (संवाद लेखन किया), आँधी (काली आँधी पर आधारित), मौसम (आगामी अतीत), घड़ी के दो हाथ (पटकथा एवं संवाद लेखन), पति, पत्नी और वह (पटकथा एवं संवाद लेखन), आनन्द आश्रम (संवाद लेखन), तुम्हारी कसम (पटकथा एवं संवाद लेखन), वही बात (कहानी, पटकथा एवं संवाद लेखन), राम बलराम (पटकथा एवं संवाद लेखन), मृगतृष्णा (संवाद लेखन)।

नाटक एवं फिल्म के क्षेत्र में कमलेश्वर अत्यधिक सफल रहे हैं। वैसे हिन्दी के अनेक लेखकों ने फिल्मों में जाने का प्रयास किया जिनमें मुंशी प्रेमचन्द, अमृतलाल नागर, सुदर्शन, भगवती चरण वर्मा आदि प्रमुख हैं। लेकिन ये साहित्यकार फिल्म क्षेत्र में आये तथा एक दो फिल्म देकर लौट गये। वे टिक नहीं पाये, कारण चाहे जो भी रहे हों। कमलेश्वर ने करोड़ों हिन्दी भाषायी लोगों की इच्छा पूर्ण की। वे स्वतंत्रता प्राप्ति के दौर के उन उत्कृष्ट लेखकों में से एक हैं जिन्होंने कहानी, उपन्यास तथा नाटक लेखन के साथ पटकथाएँ भी लिखीं। उन्होंने हिन्दी से प्यार किया। हिन्दी भाषी अपनी जनता से प्यार किया। यह प्यार अहंकार से नहीं, अपनी बात को प्यार से समझाते हुए किया। फिल्म जगत भी उनके कन्धे से कन्धा मिलाकर खड़ा हो गया। रात और दिन लिखते हुए वे फिल्म जगत की अदम्य शक्ति के रूप में उभरे। उनका ज्ञान अपरिमित था। पात्रों को समझने तथा उनकी नस पकड़ने में वे माहिर थे। उनकी स्मरण शक्ति असीम थी, उनमें मूल सृजनात्मक शक्ति थी। वे तपे हुए कुंदन की भाँति थे, जो दूर से ही चमक बिखेरते थे। उनमें भाषायी कौशल था, जैसा बहुभाषायी हमारा देश है वैसी बहुभाषा शब्दरूपी उनकी भाषा थी, जिसका सब आदर करते थे।

उनकी लेखन शैली में अनूठापन था। अपने समय का उन्हें बोध था। आम आदमी की भाषा में उन्होंने लिखा। धरती की सच्चाइयों एवं भूगोल को उन्होंने देखा, अनुभव किया तथा उन्हें शब्दबद्ध किया अपनी निजी शैली में। उन्होंने फिल्मी जमींदारी को समाप्त करने में अपनी सक्रिय भूमिका अदा की। उनमें देशभक्ति थी। कमलेश्वर यथार्थ भूमि पर लिखते थे। सृजनात्मकता ही उनकी शक्ति थी। उन्होंने जो भी लिखा नवीन लिखा। उनकी लेखन शक्ति एवं नूतनता पर फिल्म निर्माता एवं निर्देशकों ने विश्वास किया। फिल्म लिखवाने वालों की एक

लम्बी पंक्ति उनके सामने हर समय रहती थी। वे फिल्म निर्माता उनके हाथों में फिल्म सौंपकर चिन्ताहीन हो जाते थे, पूर्ण निश्चिन्त। वह इसलिए कि कमलेश्वर कुछ भी इधर-उधर से उठाने वाले नहीं थे तथा न वे ऐसा करते थे कि निर्माता की विषय वस्तु पर कोई अन्य फिल्म लिखना प्रारम्भ कर दें।

फिल्म जगत का कोई लेखक एक-दूसरे का नाम नहीं लेता, वह तो दूसरे लेखक के बारे में सुनता है और उसकी काट करता है लेकिन कमलेश्वर इस प्रकार के लेखक न थे। उन्हें अपने परिश्रम एवं समय की पहचान थी। इनका प्रयोग कर ही वे इतने विख्यात हुए। वे कभी पार्टियों में नहीं घूमते थे। ऊँचे होटलों में बैठने के शौकीन नहीं थे। गप्पें मारने से कोसों दूर रहते थे तथा अपनी कर्मठता, लेखन की नवीनता एवं सृजनात्मकता में विश्वास करते थे। अतः लोग उनसे फिल्म विषयक कार्य कराने हेतु पंक्ति में खड़े रहते थे।

कमलेश्वर ने नाटक लिखे, जिनमें आधुनिक विसंगतियों के साथ देशभक्ति भी झलकती है। उन्होंने बालकों के लिए भी नाटक लिखे, कुछ नाटकों का बांग्ला तथा अंग्रेजी भाषा में अनुवाद किया तथा ईमानदारी से फिल्में लिखीं। यद्यपि वे कभी किसी प्रोड्यूसर अथवा निर्देशक के पास काम माँगने नहीं गये। यही उनका बड़प्पन था। पहले हिन्दी के लेखक फिल्मों के कार्य को अछूत मानते थे। कभी सच्चे हृदय से उन्होंने इस कार्य को गले नहीं लगाया। कमलेश्वर फिल्मों में जनता की हिन्दी लेकर आये तथा उन्होंने अन्य हिन्दी लेखकों का फिल्म जगत में आने का मार्ग प्रशस्त किया।

इस प्रकार हम देखते हैं कि कहानी, उपन्यास के क्षेत्र में कार्य करते हुए उन्होंने अनेक नाटक लिखे, अन्य भाषाओं के नाटकों का हिन्दी में अनुवाद किया तथा फिल्में लिखीं। हिन्दी के इस क्षेत्र के अन्य भावी लेखकों का मार्ग प्रशस्त किया।

(ख) कथा-साहित्य के सन्दर्भ में कमलेश्वर की उपलब्धियाँ

हिन्दी कथा-साहित्य के साठोत्तरी कथाकारों में कमलेश्वर का अत्युच्च स्थान है। उनकी प्रतिभा बहुमुखी है। वह किसी एक विधा तक सीमित नहीं रही। समय एवं विषयानुसार उनकी कारयित्री प्रतिभा ने उपन्यास, कहानी, नाटक, नाट्यरूपान्तरण, पत्रकारिता, आलोचना, यात्रा विवरण, टी. वी. एवं फिल्म विषयक कार्य के साथ-साथ अनेक सम्पादन कार्यों में संलग्नता दिखाई। कहानी लेखन के साथ सन् 1948 में उन्होंने हिन्दी के क्षेत्र में लेखन प्रारम्भ किया। निरन्तर लेखन कार्य के विविध पड़ावों से यात्रा करते हुए वे फिल्मों के क्षेत्र में प्रविष्ट हुए।

स्वतन्त्रता प्राप्ति के बाद संक्रान्ति काल समाप्त हुआ। पाठक कहानी के अस्तित्व को स्वीकारने लगे। कहानी पर छाये सिद्धान्तवादी प्रभावों से कहानी को मुक्ति मिलने लगी। भाई-भतीजावादी राजनीति, हिंसा, भ्रष्टाचार, प्रशासनिक दायित्वहीनता, स्वार्थता का चरम, बिखरते सामाजिक रिश्ते, मानवीय सम्बन्धों की विकृत मर्यादाएँ, कुंठित मनोविज्ञान, प्रचारवादी प्रवृत्तियाँ, जातिवाद का नग्न नृत्य एवं चरित्रहीनता जैसे यथार्थ एवं विसंगत परिवेश में समकालीन मानव को केन्द्र मानकर कहानियाँ लिखी गयीं। ये कहानियाँ जीवन सत्यों से जुड़ी यथार्थ कहानियाँ थीं। नयी कहानी की उपलब्धि का दौर लगभग डेढ़ दशक तक कथा-संसार पर छाया रहा।

कमलेश्वर, मोहन राकेश एवं राजेन्द्र यादव ये तीनों नयी कहानी के आधार स्तम्भ माने जाते हैं। इनके अतिरिक्त लेखकों का एक विशाल वर्ग कहानी विधा को समृद्ध बनाने में लग गया। सन् 1964 से 1967 तक नयी कहानी में कुछ गतिरोध पैदा हुआ। कमलेश्वर ने उसे दूर किया। वे उसे घर की चारदीवारी से बाहर निकालकर खेत, चौपाल तथा सड़क के फुटपाथ तक ले आये हैं। इनकी कहानियों में बीसवीं सदी के भारत के कोने-कोने के दर्शन होते हैं। इन्होंने लगभग सवा सौ कहानियाँ लिखी हैं जिनके लगभग एक दर्जन कहानी संग्रह हैं तथा समग्र कहानियाँ नाम से एक वृहद् संग्रह है। इनकी कहानियों में परम्परागत आदर्शों एवं पिछड़े मूल्यों के प्रति घोर असहमति के साथ वैयक्तिकता, कुंठा, मानसिक विलास, पराजय तथा जीवन के निर्णयों से पृथक विषय भी मिलते हैं। कमलेश्वर की कहानियाँ मानव के दारुण एवं विसंगत सन्दर्भों को समय के परिप्रेक्ष्य में समझने एवं यातनाओं के जंगल से गुजरते मानव के साथ एवं समानान्तर चलने की कहानियाँ हैं। पूँजीवादी व्यवस्था एवं उसके अन्तर्गत सामाजिक-आर्थिक दबावों की टकराहट के साथ स्थितियों एवं क्रूर यथार्थ को लेखक ने सम्यक्रूपेण उद्‌घाटित किया है।

कमलेश्वर ने मार्क्सवादी चिन्तनधारा पर आधारित वस्तु जगत की पहचान कर भारतीय कहानी को केन्द्रीय विधा के रूप में प्रतिष्ठित कराने में सहयोग दिया है। इन्होंने अपने कथा-साहित्य की विषयवस्तु सीधे-सीधे जनजीवन के अनुभवों से प्राप्त की है। एक ईमानदार रचनाकार की भाँति कमलेश्वर हमेशा इतिहासगत प्रगतिशील वैचारिकता के साथ स्वयं को संश्लेषित एवं परिवर्तित कर दोषयुक्त अंशों को छोड़ते एवं नकारते हुए सच्चाई को निरन्तर स्वीकारते हैं। वे समकालीन रचनाकारों के मध्य हमेशा ताजा एवं नवीन बने रहते हैं। कमलेश्वर ने कहानी को सहचिन्तन का विषय बनाया है तथा उसे कहानीगत एवं सौन्दर्यवादी, साहित्यशास्त्रीय, आध्यात्मिक और भाववादी अवधारणाओं से मुक्ति हेतु निरन्तर संघर्ष किया है।

इन्होंने ग्यारह उपन्यास लिखे हैं लेकिन उनमें समाज एवं राजनीति की मनःग्रंथियों से सन्तप्त मानव की क्रियाओं का एवं निम्न मध्यवर्गीय जीवन का यथार्थवादी चित्रण कर गागर में सागर भरने का कार्य किया है। कमलेश्वर व्यक्तिवादी धारणाओं एवं मुद्राओं से नहीं लड़े हैं अपितु वामपन्थी अमूर्तताओं एवं भटकाव के कारण अतिवादियों की वैयक्तिक आकांक्षाओं, कुंठाओं का भी इन्होंने नग्न रूप प्रकट किया है। पुराणपन्थी, आध्यात्मिक एवं पुरोहितवादी अवधारणाओं की क्रूरताओं के विरोध में भी इन्होंने आवाज़ उठाई है। इन्होंने अपने उपन्यासों में कस्बाई संकीर्णताओं के दिवालियेपन को भी चित्रित किया है, साथ ही महानगरीय विशालता की समस्याओं को भी प्रकट किया है। नगरीय सौन्दर्य की मोहकता से दूर आपदाक्रान्त जनजीवन की बेचैनी का चित्रण किया है। साथ ही इन्होंने उपन्यासों की वस्तु चेतनानुसार भाषा प्रयुक्त की है। नाट्य रूपान्तरण, आलोचना एवं यात्रा-वृत्तान्त कार्य भी किया है। नयी धारा, संकेत, समान्तर, मेरा हमदम मेरा दोस्त, गर्दिश के दिन, प्रगतिशील कहानियाँ आदि का सम्पादन कार्य भी किया है।

तीन खण्डों में प्रकाशित कमलेश्वर की आत्मकथा सर्चलाइट की तरह उनके अपने, उनके समकालीनों के तथा पत्र-पत्रिकाओं, फिल्म जगत, दूरदर्शन इत्यादि के वातावरण पर रोचक, बड़ी

बेबाक़ी और स्पष्टवादिता से प्रकाश डालती है। साहित्य के अतिरिक्त फिल्मी दुनिया के रोचक संस्मरण हैं। गंगा पत्रिका, सारिका, साप्ताहिक पत्र इंगित आदि में भी सम्पादन कार्य किया है। कमलेश्वर की अनेक कहानियों एवं उपन्यासों पर फिल्में बनी हैं तथा इन्हीं ने फिल्म लेखन कार्य भी किया है। पटकथा एवं संवाद लेखन के साथ टी.वी., आकाशवाणी आदि के लिए स्क्रिप्ट्स तैयार की हैं। टी.वी. कार्यक्रम 'परिक्रमा' आपका अति लोकप्रिय कार्यक्रम रहा है। कल्पना, हंस, संगम, ज्ञानोदय, वसुधा, सुप्रभात, समाज कल्याण, आजकल, नयी कहानियाँ तथा लहर आदि में इनकी रचनाएँ प्रकाशित हुई हैं। "विप्र गोस्वामी, संजय, हरिश्चन्द्र, सौमित्र सिन्हा तथा पर्यवेक्षक आदि उपनामों से लिखने वाले कमलेश्वर प्रसाद वास्तव में राष्ट्रीय साहित्य के मैक्सिम गोर्की हैं।"[2]

कमलेश्वर ने कथा शिल्प को नव्यता प्रदान की है। अपने अनुभवों एवं अनुभूतियों की यथार्थ अभिव्यक्ति हेतु शिल्प के क्षेत्र में नवीन प्रयोग किये हैं। उनकी अधिकांश कहानियाँ तथा उपन्यास आत्मकथात्मक शैली में विरचित हैं। उन्होंने अपने भावों, विचारों एवं घटनाओं को प्रभावोत्पादक बनाने हेतु फैंटेसी शैली, प्रतीक योजना एवं बिम्ब विधान को प्रसंगानुकूल अपनाया है। कथा-साहित्य में मिश्रित शैली का श्री गणेश करने वाले हमारे कमलेश्वर ही हैं। भाषा की सरलता, सहज संप्रेषणीयता से उनका कथा-साहित्य भरा पड़ा है। समकालीन समस्याओं को उजागर करने में उन्होंने व्यंग्य का सहारा भी लिया है। पूर्वदीप्ति शैली प्रयोग से इनके उपन्यासों की चारुता बढ़ी है। कहानियों के प्रतीकात्मक शीर्षक भी उन्होंने बड़े ही मनोयोग से छाँटे हैं।

कमलेश्वर का चिन्तन एक जनवादी का चिन्तन है। उन्होंने अपनी कहानियों तथा उपन्यासों में समसामयिक, सामाजिक, आर्थिक, राजनीतिक, धार्मिक एवं नैतिक क्षेत्रों में हुए परिवर्तन को युगबोधस्वरूप अति सहजता एवं सतर्कता से अनावृत कर पाठकों के समक्ष प्रस्तुत किया है। उन्होंने अपने कथा-साहित्य में जीवन के कटु सत्यों को लेकर जीने वाले यथार्थ चरित्रों का उद्घाटन किया है। उनके पात्रों के चरित्र किसी ढोंग या पाखण्ड से संचालित नहीं हैं बल्कि वे समय एवं परिस्थितियों के अनुसार अपने विवेक से जीते हैं।

कमलेश्वर की उपलब्धियाँ हिन्दी साहित्य के कथा-साहित्य को सम्पन्न बनाती हैं। यही कारण है कि आधुनिक युगीन कथाकारों में कमलेश्वर एक शक्ति सम्पन्न महान कथाकार हैं। कहानी हो अथवा उपन्यास उन्होंने कहीं भी अनावश्यक विस्तार में रुचि नहीं दिखाई है। संक्षिप्तता, सारगर्भिता, मानवीय संवेदनशीलता आदि गुण उनके कथा-साहित्य में विद्यमान हैं, जो उनकी सृजनशील प्रतिभा के मूर्तिमान रूप हैं। मध्यवर्गीय पात्रों की मानसिकता का सम्यक् चित्रण कमलेश्वर के कथा-साहित्य का मूल कथ्य है। इनके कथा-साहित्य में जीवन का, जो संघर्ष चित्रित हुआ है वह आरोपित अथवा काल्पनिक नहीं वरन् यथार्थ है तथा पात्रों की मानसिकता को पकड़ने का सफल प्रयास है।

कमलेश्वर का कथा-साहित्य युगीन चेतना से परिपूर्ण है। कमलेश्वर के लेखन में कहीं पुनरुक्ति दोष नहीं पाया जाता है। उसमें समूचा युग बोल रहा है। उनके कथा-साहित्य का मार्ग जीवन से साहित्य की ओर गतिशील है। कमलेश्वर जीवन को उसके यथार्थ रूप में देखने के पक्षपाती रहे हैं और यही उनके कथा-साहित्य में झलकता है। उनका कथा-साहित्य जीवन संघर्ष

एवं जटिलताओं से भरा है और इन्हीं संघर्षमयी जटिलताओं ने कमलेश्वर के कथा-साहित्य को शक्ति, प्रगति एवं गति दी है। कमलेश्वर के कथा-साहित्य में स्त्री-पुरुष सम्बन्ध उनके पूर्ववर्ती कथाकारों की तुलना में पूर्णरूपेण निराले रूप में प्रकट हुए हैं। हिन्दी के कथा-साहित्य में अस्वाभाविकता, संत्रास, कुंठा एवं पीड़ा के स्वर अत्यधिक दिखाई देते हैं लेकिन कमलेश्वर के कथा-साहित्य में इसे बदलती हुई स्थिति के रूप में रूपायित किया गया है। प्रतिकूल परिस्थितियों में भी कमलेश्वर के स्त्री पात्र संघर्षशील रहते हैं, आत्महत्या नहीं करते। वे अहंवादी होते हैं। वे समझौता अवश्य कर लेते हैं लेकिन हताश नहीं होते।

(ग) कमलेश्वर के कथा-साहित्य का मूल्यांकन एवं उपसंहार

कमलेश्वर हिन्दी कथा जगत के प्रमुख वक्ता के रूप में अवतीर्ण हुए। कमलेश्वर की ख्याति का प्रमुख आधार उनका कथा-साहित्य ही है। उन्होंने समाज के मध्यवर्ग को अपने कथा-साहित्य का रचना विषय बनाया। एक प्रगतिशील कथाकार होने के कारण उनमें जीवन से प्रतिबद्धता एवं शाश्वत मूल्यों के प्रति विद्रोह का आग्रह विद्यमान रहा है।

स्वतन्त्रता के बाद सत्ता एवं सत्ताधारियों की स्वार्थपूर्ण नीतियाँ, भ्रष्ट शासन व्यवस्था एवं न्यायतंत्र के खोखलेपन आदि के दुष्परिणामों के शिकार आम आदमी की निरीहता एवं दीन-हीन अवस्था, भ्रष्ट पुलिस व्यवस्था से दम तोड़ने को मजबूर लोगों की असहाय अवस्था आदि की सफल अभिव्यक्ति कमलेश्वर के कथा-साहित्य में विशेष रूप से हुई है। 'लाश', 'जार्ज पंचम की नाक', 'रातें', 'जोखिम', 'बयान', 'दालचीनी के जंगल', 'मानसरोवर के हंस', 'स्टोरी', 'इनसान और हैवान', 'अपने अजनबी देश में' तथा 'नागमणि' आदि कहानियाँ इसके उत्कृष्ट उदाहरण हैं।

राजनीति में व्याप्त भ्रष्टाचार की पोल खोलने में कमलेश्वर ने व्यंग्य का आश्रय लेकर अपनी रचनाओं को उत्कृष्टता की ऊँचाइयों तक पहुँचाने में कोई भी कमी नहीं छोड़ी है।

स्वतन्त्र देश में मोहभंग की स्थितिपरक नियति भोग कर ही कमलेश्वर ने शिक्षित, सुयोग्य एवं दम घुटती हुई पीढ़ी के मार्मिक चित्र खींचकर अभिशप्त उच्च शिक्षा की योग्यताओं एवं उपाधियों की कीमत को चित्रित किया है। उन्होंने मूल्यहीनता को पाठकों के समक्ष रखा है। बेकार भटकते हुए, तनाव एवं मानसिक द्वन्द्व सहते हुए युवकों के दुःख-दर्द एवं संघर्ष का चित्रण उनके कथा-साहित्य में स्पष्ट झलकता है। 'बेकार आदमी', 'आसक्ति', 'युद्ध', 'जोखिम', 'दूसरे', 'शरीफ आदमी', 'नंगा आदमी' तथा 'सरोकार' आदि ऐसी ही कहानियाँ हैं। स्वतन्त्रता प्राप्ति के लम्बे अन्तराल के बाद भी गरीबों की स्थिति ज्यों की त्यों बनी हुई है। उससे छुटकारा नहीं मिल पा रहा है। सत्ताधारी गरीबी हटाने की योजनाएँ बनाते हैं, घोषणाएँ करते हैं लेकिन उनकी कथनी और करनी में जमीन आसमान का अन्तर है। अनेक बनावटी, दिखावटी उपायों के बाद भी हम जहाँ के तहाँ हैं। गरीबी हटने के स्थान पर सुरसा के मुख की भाँति बढ़ रही है। 'मांस का दरिया', 'इतने अच्छे दिन' तथा 'कितने पाकिस्तान' आदि कहानियों में नारी शोषण का अति सफल एवं सटीक चित्रण हुआ है।

कमलेश्वर ने 'सीखचे', '...या कुछ और' तथा 'एक अश्लील कहानी' में स्वातन्त्र्योत्तर

भौतिक सुख सुविधाओं की बढ़ोतरी से स्तर परिवर्तन के कारण नारी स्वतन्त्रता के थोथे नारों एवं परम्पराओं के सीखचे में जकड़े अतृप्त जीवन की विवशता को चित्रित किया है।

पाश्चात्य सभ्यता, संस्कारों की अति एवं स्वातन्त्र्योत्तर जीवन मूल्यों में होने वाले परिवर्तन के कारण प्रेम की परिभाषा ही बदल गयी। आज के सम्बन्ध भौतिक सुख भोग एवं मन बहलाव एक तात्कालिक सम्बन्ध में परिवर्तित हो गये हैं। इसका सहज एवं यथार्थ उद्‌घाटन कमलेश्वर की 'पीला गुलाब', 'अधूरी कहानी', 'सीने का दर्द', 'पानी की तसवीर', 'सच झूठ', 'प्रेमिका' नामक कहानियों में हुआ है।

साधु सन्तों के देश में आजकल उनके द्वारा कृत अधार्मिक एवं पतित व्यवहार की पोल 'ब्रांच लाइन का सफर' कहानी में खोली गयी है। नैतिक मूल्य पतन एवं अधार्मिकता की ओर भी संकेत किया गया है। मानव मात्र के प्रति ही नहीं मानवेतर प्राणियों के प्रति भी कमलेश्वर के हृदय में ममता, प्यार, करुणा व संवेदनशीलता है। 'नीली झील' में कमलेश्वर की यही करुणा एवं सौन्दर्यप्रियता देखी जा सकती है। भाषा की काव्यात्मकता से यह प्रतीत होता है कि कमलेश्वर मूलतः कवि हैं।

कमलेश्वर की विदेशी जीवन पर आधारित कुछ कहानियाँ उनकी यायावरी आदत की देन हैं। उन्होंने विदेशी जीवन के विविध बिन्दुओं का सही, सफल एवं सटीक चित्रण किया है। विदेशियों का पारिवारिक जीवन, बेशभूषा, असहायता, अकेलापन, मानसिक द्वन्द्व, स्वतन्त्रता, व्यवस्था के प्रति आक्रोश एवं घृणा आदि सभी कुछ तो कमलेश्वर की कहानियों में चित्रित हुआ है।

कमलेश्वर के कथा-साहित्य में निम्न मध्यवर्गीय समाज की सामाजिक, राजनीतिक, आर्थिक एवं वैयक्तिक जीवन सम्बद्ध मानवीय पक्ष संवेदना के धरातल पर सहजता एवं कलात्मकता के साथ रूपायित किया गया है।

'एक सड़क सत्तावन गलियाँ' में नारी शोषण, नौटंकी के कलाकारों की जीवन विसंगतियाँ, आजादी के बाद कस्बे की बस व्यवस्था से उत्पन्न जिन्दगी की उथल-पुथल, कपटपूर्ण आध्यात्मिकता एवं वर्गगत शोषण प्रस्तुत किया गया है। 'तीसरा आदमी' में पति-पत्नी के मध्य तीसरे के आगमन से उत्पन्न संशय, मानसिक द्वन्द्व एवं तनाव-भरी मनोदशाओं का अति सूक्ष्मता के साथ चित्रण किया गया है। महानगरीय जीवन की आवास व्यवस्था, अकेलापन, अजनबीपन, घुटन, आर्थिक अभाव, संत्रास आदि के अंकन में कमलेश्वर किसी से पीछे नहीं रहे हैं।

'समुद्र में खोया आदमी' उपन्यास में कमलेश्वर ने महानगरीय परिवर्तित परिवेश में आर्थिक विषमता के कारण टूटी-बिखरी मध्यवर्गीय परिवारों की जिन्दगी का अति स्वाभाविक एवं सटीक चित्रण किया है। यथार्थवादी शैली में यह उत्कृष्ट प्रतीकात्मक उपन्यास है। प्रतीक निर्वाह लेखक ने बड़े ही कलात्मक ढंग से किया है।

'आगामी अतीत' में कमलेश्वर ने आज की जटिल एवं विषम सामाजिक परिस्थितियों के आर्थिक पक्ष के महत्त्व एवं उसके कटु यथार्थ को अनावृत किया है। अपनी प्रत्येक आर्थिक विपन्नता को सम्पन्नता में बदलने हेतु नायक कमल बोस को पूँजीवादी शक्तियों के सम्मुख समझौता करते हुए नतमस्तक होना पड़ता है। समाज की इसी क्रूरता पर तीक्ष्ण व्यंग्य पूर्वदीप्ति

शैली में प्रस्तुत किया गया है। प्रवाह एवं प्रभावपूर्ण भाषायी प्रयोग ने कहानी को अति संवेदनात्मक बना दिया है। चाँदनी जैसे जीवन्त नारी पात्र अन्यत्र कहीं उपन्यासों में देखने को नहीं मिलते।

'डाक बँगला' की इरा नारी जीवन की नियति है। इसमें नारी जीवन के संघर्षों को भी उजागर किया गया है। अकेली शिक्षित नारी की भटकन का खुला दस्तावेज ही 'डाक बँगला' है। नारी घर नहीं डाक बँगला बनकर रह जाती है। अकेली शिक्षित नारी का कोई अस्तित्व व व्यक्तित्व नहीं, यही दर्शाना इस उपन्यास का मूल उद्देश्य है, जो लेखक की वामपन्थी सोच का एक उच्च परिणाम ही कहा जाएगा।

गाँधीवादी आदर्शों का अधःपतन 'रेगिस्तान' उपन्यास में देखा जा सकता है। आत्मकथात्मक एवं पूर्वदीप्ति शैली में लेखक ने गाँधीवादियों के निरर्थक जीवन की असारता चित्रित की है।

'सुबह...दोपहर...शाम' में आंग्ल सत्ता के विरुद्ध देश में हुए क्रान्तिकारी आन्दोलनों का जिक्र किया गया है। अंग्रेजी शासन के विरुद्ध लड़कर अपने परिवार एवं मातृभूमि के मान की रक्षा हेतु प्राणों की बाजी लगाने वाली शान्ता नामक वीरांगना के माध्यम से नारी के यक्तित्व को स्पष्टरूपेण प्रकाशित किया गया है।

'लौटे हुए मुसाफिर' में देश के विभाजन से जुड़े साम्प्रदायिक दंगों के दुष्परिणामों के शिकार चिकवों की बस्ती के निरीह बच्चों के मार्मिक चित्र प्रस्तुत हैं, जो बड़े होकर 'लौटे हुए मुसाफिर' के रूप में रोजी रोटी के लिए कार्य करने अपनी ही जन्मभूमि पर वर्षों बाद मजदूर बनकर लौटे हैं। आजादी के अनेक वर्षों बाद भी सबकुछ ज्यों का त्यों है।

कमलेश्वर के कथा-साहित्य में समसामयिक, सामाजिक, राजनीतिक, आर्थिक, धार्मिक एवं नैतिक परिवर्तन से उत्पन्न मध्यवर्गीय जीवन संघर्ष का चित्रण बड़ी ही ईमानदारी से किया हुआ मिलता है। सरल एवं प्रवाहपूर्ण भाषा में कथाकार ने यथार्थ को रूपायित किया है। सामाजिक दायित्व का पूर्ण निर्वाह एवं सोद्देश्यता उनके कथा-साहित्य की एक महान उपलब्धि ही कही जाएगी।

कमलेश्वर ने अपने युग को अन्य लेखकों की अपेक्षा अपनी रचनाओं में अपने कथा-साहित्य को अधिक साकार किया है। वे एक प्रतिबद्ध कथाकार हैं। उन्होंने अपने सम्पादन काल में अनेक कथाकारों को प्रोत्साहित कर उनका पथ प्रदर्शन भी किया। कमलेश्वर के कथा-साहित्य के विस्तृत अध्ययन एवं विश्लेषणोपरान्त मैं इस निष्कर्ष पर पहुँचती हूँ कि वे सामाजिक दायित्व एवं युगबोध के भावों से गहन रूप से जुड़े हुए थे। उनका समस्त कथा-संसार मध्यवर्गीय समाज पर आधारित है। वर्तमान मध्यवर्ग एक ओर आधुनिक मूल्यों की बात करता है तो दूसरी ओर वह बुरी तरह कुप्रथाओं एवं रूढ़ियों में जकड़ा हुआ है। विसंगतियों भरा जीवन जीते हुए भी वह अति महत्वाकांक्षी है। कमलेश्वर ने जीवन के कटु सत्यों को लेकर जीने वाले यथार्थ चरित्रों का उद्घाटन किया है। उनके सभी पात्र किसी भी ढोंग एवं पाखंड से मुक्त हैं। स्वविवेकानुसार जीवन जीने की कोशिश करते हैं।

कमलेश्वर का कथा-साहित्य हिन्दी साहित्य की अमूल्य निधि है। उनका कथा-साहित्य लोकमंगल की दृष्टि से रचित उत्कृष्ट साहित्य है। भाषा की सरलता इस उत्कृष्टता को शीर्ष

बिन्दु पर पहुँचा रही है। उन्होंने तन-मन से हिन्दी कथा-साहित्य की श्रीवृद्धि की। वे हिन्दी कथा-साहित्य को विश्व साहित्य के स्तर तक उठाने के लिए प्रयत्नशील रहे। अति स्पष्टता, सरलता, सटीकता, चित्रात्मकता एवं प्रभावशीलता कमलेश्वर के कथा-साहित्य की अमिट विशेषताएँ हैं। उनका कथा-साहित्य निर्विवाद रूप से प्रासंगिक है, श्रेष्ठ है। भले ही उनका व्यक्तित्व नयी कहानी और समानान्तर कहानी के प्रवक्ता के रूप में विवादास्पद रहा हो। आज मैं देखती हूँ कि कमलेश्वर कहानीकार, कथाकार, नाटककार, आलोचक, फिल्मकार एवं टी.वी. के परिक्रमाकार हैं तथा मेरा पन्नाकार हैं– क्या कुछ नहीं हैं? वे सफलताओं के शिखर को विजित कर चोटी पर बैठे हुए दृष्टिगोचर होते हैं। उन्होंने कभी हिन्दी एवं अहिन्दी भाषियों में कोई अन्तर नहीं किया। वे मानवतावादी ईमानदार देशभक्त कथाकार के रूप में अमर हैं।

सन्दर्भ

1. खड़िया का घेरा : अनुवादक कमलेश्वर, पृष्ठ 7
2. कमलेश्वर : सं. मधुकर सिंह, पृष्ठ 374

सन्दर्भ ग्रन्थ-सूची

1. समग्र कहानियाँ — कमलेश्वर (प्रथम संस्करण 2001)
2. समग्र उपन्यास — कमलेश्वर (प्रथम संस्करण 2000)
3. कितने पाकिस्तान — कमलेश्वर (संस्करण 2000)
4. एक सड़क सत्तावन गलियाँ, समुद्र में खोया हुआ आदमी, काली आँधी, सुबह...दोपहर... शाम, तीसरा आदमी, डाक बंगला, रेगिस्तान — कमलेश्वर
5. मेरे साक्षात्कार — कमलेश्वर
6. मेरा हमदम मेरा दोस्त — कमलेश्वर
7. परिक्रमा, महफ़िल, तुम्हारा कमलेश्वर, चन्द्रकान्ता, लाल बहादुर शास्त्री (टेली-नाटक), आँखों देखा पाकिस्तान, आत्मकथा (तीन खंडों में)— जो मैंने जिया, यादों के चिराग, जलती हुई नदी, हिन्दोस्तां हमारा, चन्द्रकान्ता — कमलेश्वर
8. अपनी निगाह में — कमलेश्वर
9 कमलेश्वर — सं. मधुकर सिंह
10. कमलेश्वर के उपन्यास — डॉ. सत्यजीत चिरवलीकर
11. कमलेश्वर की श्रेष्ठ कहानियाँ — सं. राजेन्द्र यादव
12. कमलेश्वर के उपन्यासों में मनोविज्ञान — डॉ. रेखा शर्मा
13. बहुचर्चित उपन्यास और उपन्यासकार — डॉ. अमर जायसवाल
14. खड़िया का घेरा — कमलेश्वर (प्रथम संस्करण 1970)
15. औरों के बहाने — सं. राजेन्द्र यादव
16. हिन्दी लघु उपन्यास — डॉ. घनश्याम 'मधुप'
17. कहानीकार कमलेश्वर : संदर्भ और प्रकृति — प्रो. सूर्य नारायण
18. कमलेश्वर : कहानी का संदर्भ — पुष्पपाल सिंह
19. आईने के सामने — सं. मोहन राकेश

20. नयी कहानी सन्दर्भ और प्रकृति — डॉ. नामवर सिंह
21. कमलेश्वर का कथा-साहित्य — डॉ. माधुरी शाह
22. नयी कहानी : प्रकृति और पाठ — श्री सुरेन्द्र
23. कहानी स्वरूप और संवेदना — राजेन्द्र यादव
24. शास्त्रीय समीक्षा के सिद्धान्त (भाग-1) — गोविन्द त्रिगुणायत
25. काव्य कला तथा अन्य निबन्ध — जयशंकर प्रसाद
26. साहित्यालोचन — डॉ. श्यामसुन्दर दास
27. हिन्दी साहित्य का इतिहास — आचार्य रामचन्द्र शुक्ल
28. कुछ विचार — मुंशी प्रेमचन्द
29. कहानी का रचना-विधान — जगन्नाथ प्रसाद शर्मा
30. हिन्दी की प्रतिनिधि कहानियाँ — अज्ञेय
31. हिन्दी कहानी का उद्‌भव व विकास — डॉ. सुरेश सिन्हा
32. कथा यात्रा — सं. राजेन्द्र यादव
33. समुद्र सन्तरण — जयशंकर प्रसाद
34. आधुनिक हिन्दी साहित्य — सं. हजारी प्रसाद द्विवेदी
35. हिन्दी कहानी और कहानीकार — प्रो. वासुदेव
36. अधूरा चित्र (अपना दृष्टिकोण) — रमाप्रसाद 'पहाड़ी'
37. जैनेन्द्र के विचार — जैनेन्द्र कुमार
38 हिन्दी कहानी : पहचान और परख — इन्द्रनाथ मदान
39. नयी कहानी : संदर्भ और प्रकृति (एक और शुरुआत—डॉ. नामवर सिंह) — सं. देवीशंकर अवस्थी
40. नयी कहानी की मूल संवेदना — डॉ. सुरेश सिन्हा
41. नवें दशक की हिन्दी कहानी में मूल्य-विघटन — राहुल भारद्वाज
42. आधुनिक हिन्दी कविता का इतिहास — डॉ. चातक
43. स्वातन्त्र्योत्तर हिन्दी कहानी — कृष्णा अग्निहोत्री
44. हिन्दी कहानी का विकास — डॉ. देवेश ठाकुर
45. हिन्दी नयी कहानी का समाजशास्त्रीय अध्ययन — डॉ. महेश चन्द्र दिवाकर
46. आधुनिक हिन्दी कहानी परिपार्श्व — डॉ. लक्ष्मीसागर वार्ष्णेय
47. कहानी कला और प्रेमचन्द — प्रो. श्रीपति शर्मा
48. साहित्य दर्पण — विश्वनाथ
49. हिन्दी उपन्यास और यथार्थवाद — डॉ. त्रिभुवन सिंह
50. नया साहित्य : नये प्रश्न — आचार्य नन्ददुलारे वाजपेयी

51. हिन्दी साहित्य	हजारी प्रसाद द्विवेदी
52. हिन्दी साहित्य : सामाजिक चेतना	डॉ. रत्नाकर पाण्डेय
53. द्विवेदी युगीन साहित्य	संकटा प्रसाद मिश्र
54. प्रेमचन्द आज के सन्दर्भ में	डॉ. गंगा प्रसाद विमल
55. हिन्दी उपन्यास : एक अन्तर्यात्रा	डॉ. रामदरश मिश्र
56. हिन्दी उपन्यास साहित्य की विकास परम्परा में साठोत्तरी उपन्यास	पारुल कान्त देसाई
57. अज्ञेय का कथा-साहित्य	डॉ. ओम प्रभाकर
58. मार्क्सवादी साहित्य चिन्तन : इतिहास तथा सिद्धान्त	डॉ. शिवकुमार मिश्र
59. हिन्दी उपन्यास : सामाजिक चेतना	डॉ. कुँवरपाल सिंह
60. जल टूटता हुआ	डॉ. रामदरश मिश्र
61. यथार्थवाद	जगदीश चन्द्र
62. तमस	भीष्म साहनी
63. हिन्दी के मनोवैज्ञानिक उपन्यास	डॉ. धनराज मानधाने
64 हिन्दी उपन्यास शिल्प बदलते परिप्रेक्ष्य	डॉ. प्रेम भटनागर
65. हिन्दी लघु उपन्यास	डॉ. अमर प्रसाद जायसवाल
66. स्वातन्त्र्योत्तर हिन्दी कहानी	सं. डॉ. रामकुमार गुप्त
67. समकालीन कहानी समानान्तर कहानी	डॉ. विनय
68. नयी कहानी प्रतिनिधि हस्ताक्षर	डॉ. वेदप्रकाश अमिताभ
69. हिन्दी कहानी, दो दशक की यात्रा	सं. डॉ. रामदरश मिश्र, डॉ. नरेन्द्र मोहन
70. कहानीकार कमलेश्वर : सन्दर्भ और प्रकृति	डॉ. रामदरश मिश्र
71. हिन्दी उपन्यास में शिल्प का विकास	डॉ. प्रताप नारायण टण्डन
72. हिन्दी कहानी : फ़िलहाल	डॉ. चन्द्रभान रावत, डॉ. रामकुमार खण्डेलवाल
73. कहानी नयी कहानी	डॉ. नामवर सिंह
74. स्वातन्त्र्योत्तर हिन्दी कहानी	सं. डॉ. रामकुमार गुप्त
75. हिन्दी उपन्यास : उद्‌भव और विकास	डॉ. सुरेश सिन्हा
76. साहित्य सहचर	हजारी प्रसाद द्विवेदी
77. एक दुनिया : समानान्तर	सं. राजेन्द्र यादव

पत्र एवं पत्रिकाएँ

1. राष्ट्रीय सहारा
2. ब्रजगरिमा सान्ध्य दैनिक
3. अक्षरम् संगोष्ठी
4. सचेतना
5. लहर
6. आधार : सातवाँ दशक मूल्यांकन विशेषांक
7. आलोचना
8. सारिका
9. हंस
10. परिकथा
11. धर्मयुग
12. कहानी

□□